本书编审委员会

主编单位：厦门轨道交通集团有限公司
　　　　　　中铁二院工程集团有限责任公司

顾　　问：王文格　黄灵强　郑建伟　陆建华

主　　编：程正明　许黎明　张大成　蔡　波　李少波　陈晓坚　朱祖华　吴炳毅

编　　委：展晓义　赵荣生　徐　超　李明洪　白　净　于用庆　杨　波　郭　敏
　　　　　　方昌福　李劲松　赵洪楚　王　建　俞济涛　漆文年　何　进　徐　宁

审　　查：陈绳册　万家刚　李逢春　赵国旭　赵　月　曾美珍　黄集生　白国斌
　　　　　　王胜平　李金梗　刘文彤　杨　育　李永东　刘典基　陈顺益　郑作铿
　　　　　　石　磊　蔡文明　张竹清　吴　爽　许双牛　顾静航　罗小峰　王加灿
　　　　　　刘文能　廖靖琳　陈辉华　王勇林　苏世荣　叶红星　镇方胜　魏锦地
　　　　　　刘　宏　弓瑞强　温敏健　吴　凡　张文辉　张映根　林　正　余冬科
　　　　　　邹青辉　王仁山　张海航　刘志勇　陈浩莹　芮道强　何广飞　李　强
　　　　　　王　成　袁　钊　陈显志　周才发　李驰宇　张昌雷　陈祖伟　李　懋
　　　　　　王书文

编写组：余玉梅　黄　栩　刘宗洲　朱雄涛　刘名元　张世铭　刘卫东　刘　倩
　　　　　　李奇默　涂智溢　沈瑞田　应立弢　苗　沁　王金刚　陈　焘　刘　强
　　　　　　胡文聪　扶晓康　申文明　吴新明　顾一杰　王聘贤　李瑞嘉　郭镇洲
　　　　　　马　挺　刘洪纪　赵飞龙　孔永波　殷　海　苏小棚　郭紫林　汤梅芳
　　　　　　赖世华　杜　鑫　方　浩　郑　侃　贾运强　孙　路　薛　佳　王民治
　　　　　　王金龙　洪永流　张　涵　林艺勇　戴伟俊　朱梁芳　郑仁癸　罗　俊
　　　　　　梁万金　桑梓杰　陈　凯　叶　伟　王建文　王绍勇　刘　皓　郝连波
　　　　　　韩　伟　黄雪峰　林敏平　李玉章　薛　煌　何　涛　唐晓勇　赖晋中
　　　　　　唐　洁　李　龙　马云涛　郑　伟　王　宁　石　影　王福萍　乔　峰
　　　　　　张兴军　谭本兴

照片提供：潘介东　梁喆宇

厦门市轨道交通 1 号线
工程设计总结

厦门轨道交通集团有限公司
中铁二院工程集团有限责任公司 编著

图书在版编目(CIP)数据

厦门市轨道交通1号线工程设计总结/厦门轨道交通集团有限公司,中铁二院工程集团有限责任公司编著.—厦门:厦门大学出版社,2019.11
ISBN 978-7-5615-7266-5

Ⅰ.①厦… Ⅱ.①厦…②中… Ⅲ.①城市铁路—轨道交通—工程设计—厦门 Ⅳ.①U239.5

中国版本图书馆 CIP 数据核字(2018)第 298385 号

出 版 人	郑文礼
责任编辑	李峰伟
美术编辑	李嘉彬
技术编辑	许克华

出版发行	厦门大学出版社
社　　址	厦门市软件园二期望海路 39 号
邮政编码	361008
总　　机	0592-2181111　0592-2181406(传真)
营销中心	0592-2184458　0592-2181365
网　　址	http://www.xmupress.com
邮　　箱	xmup@xmupress.com
印　　刷	厦门集大印刷厂

开本	889 mm×1 194 mm　1/16
印张	25.5
字数	642 千字
版次	2019 年 11 月第 1 版
印次	2019 年 11 月第 1 次印刷
定价	218.00 元

本书如有印装质量问题请直接寄承印厂调换

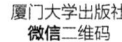
厦门大学出版社
微信二维码

厦门大学出版社
微博二维码

厦门轨道集团挂牌成立

1号线工程可行性报告评审

历程
—— 硕果累累

1号线初步设计评审

1号线开工典礼

1号线隧道全线贯通

1号线轨道全线贯通

1号线全线"电通"

1号线验收通过

1号线首列车接车

1号线试运营评审

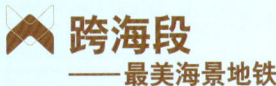

跨海段
——最美海景地铁

厦门北车辆段

鸟瞰

控制中心大屏

控制中心
—— 扬帆起航

喜迎十九大召开

音乐鼓浪屿

主题列车

民俗博饼节

1号线装修风格定位

厝

选用"厝"作为主题的理由：

- 为厦门度身定做，具有独树一帜的地铁形象
- 与1号线沿线周边建筑元素相呼应
- 开宗明义，占领区域文化先机

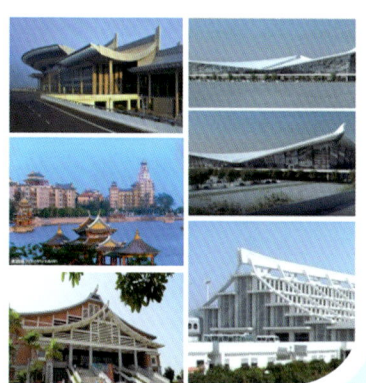

站内装修
——闽南筑韵，大厝迎宾

建筑文化

建筑文化

厝

提炼
演变

曲线形态
色彩

车站出入口
—— 闽南筑韵，大厝迎宾

序一

今年是中国地铁运营50周年,也是厦门地铁1号线开通运营、厦门进入地铁时代的第二年。近两年来,厦门地铁1号线运行安全、平稳,客流也较运营初期有了较大的提升。轨道交通作为大运量廊道型交通运输方式的作用日益凸显,正进一步优化市民出行方式,提升市民生活质量,拓展城市空间结构,推动岛内旧城改造和岛外新城开发,促进跨岛发展,为厦门城市美好生活提供平台。

但城市轨道交通又是一个复杂的系统工程,特殊的地理位置和历史、人文环境,使得厦门轨道交通建设遇到了很多难点。特别是作为第一条线路的地铁1号线,对厦门来说是个全新的课题。在实施过程中,我们不断学习借鉴其他城市地铁成功经验和做法,围绕工程建设中遇到的基岩突起和孤石等复杂地质条件、地面降水等难点问题,持续开展技术创新及总结,不断完善和提高管理水平,逐步推进标准化工作,制定了多项企业技术标准,为地铁1号线高质量开通试运营起到了重要作用。为了更好地指导后续线路的建设和运营,贯彻"设计服务好建设运营"的理念,实现"以人为本、效益最佳"的目标,有必要及时进行思考和总结。

回顾1号线规划、设计和建设的坎坷,感慨良多!从最早2003年启动前期规划、筹划城轨建设,到2008年快速公交(bus rapid transit,BRT)一期工程正式投入使用,再到2010年重新开局谋划大运量地铁,到2017年年底建成开通地铁1号线,过程辗转艰辛。这些都是综合考虑城市规划要求、交通发展策略、工程技术条件、经济发展水平、社会环境影响等各种因素的结果,是适应大城市发展巨变过程中的必然经历,也是一笔宝贵的财富,我们必须要充分发挥它的作用和效益。为此,我们组织设计单位编制了本书,将一些思考和体会,以及一些具体的做法汇总成册,必将对持续提升后续线路建设及运营的技术水平、服务品质都具有重要意义。

国务院办公厅于2018年6月正式颁布了《关于进一步加强城市轨道交通规划建设管理的意见》（国办发〔2018〕52号），提出了新时期轨道交通"量力而行、有序推进，因地制宜、经济适用，衔接协调、集约高效，严控风险、持续发展"的基本原则。这份文件为今后很长一段时间我国城市轨道交通的发展指明了方向。作为新开通地铁运营的城市，与轨道交通先进城市比较，厦门仍处于发展的起步阶段，仍需要结合城市发展情况奋起直追，综合各种资源，利用"后发优势"，在逐步探索和实践中保持厦门轨道交通的可持续发展。

随着后续线路的建成通车，厦门轨道交通犹如一条条逶迤蜿蜒的巨龙，将承载起今后很长一段时间城市空间拓展的重担。如何让其发挥更大的作用和效益，是摆在厦门轨道人面前的一份考卷；如何获得广大市民的满意，是我们未来工作最重要的方向。"雄关漫道真如铁，而今迈步从头越"，本书名为总结，但实为一个新的起点，我们坚信，厦门轨道交通事业正沿着高质量发展的方向，扬帆起航，并将不断超越。

谨以此文为序！

厦门轨道交通集团有限公司党委书记、董事长：王亚栋

序二

近年来,我国轨道交通建设飞速发展,在规划、设计、施工、运营领域都积累了许多经验,取得了巨大成就。编者根据厦门轨道交通1号线设计实践,系统总结了规划、设计过程中的研究、创新及经验,编成了《厦门轨道交通1号线工程设计总结》一书,即将出版发行,邀我作序,倍感荣幸。

厦门是一座美丽海岛型城市,素有"东方夏威夷"之称。改革开放40多年来,厦门作为最早的经济特区之一,社会经济发展取得了显著的进步。2002年,习近平同志为厦门提出"四个结合"的"跨岛发展"战略,为城市发展带来了新的契机。之后厦门轨道交通的发展虽然历经波折,但仍然取得了不少重大成就,先是BRT于2008年开通运营,之后地铁规划建设又迅速提上日程,远景线网规划10条线路。国家发改委于2012年5月和2016年10月批准厦门市两轮建设规划,近年相继要建成5条线路。毫无疑问,轨道交通的规划与建设将加快厦门从海岛型城市向海湾型城市的发展。

厦门轨道交通1号线工程,是厦门轨道交通首条开工建设的线路,途经岛内主要交通干道,连接岛外集美新区和国铁厦门北站,是厦门轨道交通的骨干线。面对岛内狭窄的街道、众多的风貌保护建筑,全线起伏多变的地质条件、复杂的基岩凸起和孤石等特殊难题,广大建设者不忘初心、不畏艰难、勇于探索,在实践中不断尝试和创新,保障工程建设顺利、安全、按期完成,实现了厦门地铁从无到有的突破,并已安全运行近两年时间,取得了良好的社会效益。

每一座城市的第一条地铁线路都有着十分重要的意义,不仅要制定本线的技术标准,还需要统筹兼顾全线网标准的确定,难度和复杂程度可想而知。本书就是根据厦门轨道交通1号线工程的规划、设计历程及特点,结合设计、建设单位的实践经验进行的总结,编写思路清晰,内容全面,对厦门后续轨道交通建设及至全国城市轨道交通的发展都具有理论、实践、创新的指导和参考意义。

最后，衷心祝愿厦门轨道交通建设能够取得更大的成绩，为城市发展提供更大的空间。同时，希望本书的出版可以进一步营造轨道交通设计总结与提升工作的氛围，推动地铁建设由"高速发展"向"高质量发展"的转变。

中国工程设计大师：

前 言

厦门是我国东南沿海重要的中心城市，全市陆域面积1699平方千米，海域面积390多平方千米，由本岛思明区、湖里区及外围海沧区、集美区、同安区和翔安区共6个行政区组成，其中厦门岛面积约为157.76平方千米（含鼓浪屿）。2002年，习近平同志为厦门提出"四个结合"的"跨岛发展"战略，加快了厦门从海岛型城市向海湾型生态城市转变。

厦门轨道交通规划始于2005年，第一版线网规划于2006年4月完成编制，并同步开展第一期建设规划的编制。鉴于当时的城市经济发展水平以及轨道交通项目审批复杂、建设周期长等原因，厦门市委市政府经研究后暂时搁置了轨道交通建设，转向投资省、见效快的BRT建设。BRT一期工程2007年9月25日动工，2008年9月1日正式投入使用，成为中国首个采取高架桥模式的BRT系统。随着城市快速发展以及国内大运量轨道交通的蓬勃发展，2009年，厦门市再次将轨道交通建设提上日程，2010年，组建了厦门轨道交通建设领导小组并下设办公室，再次启动轨道交通规划工作。《厦门市城市轨道交通线网规划》于2011年3月通过了厦门市政府批准，该版线网规划由6条线路组成，总长度246千米，设站138座。2011年11月，厦门轨道交通集团有限公司挂牌成立，具体负责地铁的规划、建设、运营及配套土地开发。

《厦门市轨道交通建设规划（2011—2020）》于2012年5月获国家发改委批复。该规划构建了"三向出岛、连接岛外重点区域"的基本骨架线网，强化本岛和岛外的联系，建设1号线一期工程、2号线一期工程和3号线一期工程3条线路，总长75.3 km，设站58个，总投资503.7亿元。

1号线一期工程是南北向的交通动脉，南起思明老城区，向北穿越中山公园、火车站商圈、莲坂商圈、嘉禾路、高崎、园博苑、集美新城，到达火车北站，全长30.23 km，设站24个，全线设置综合维修基地一座，停车场一座，主变电所两座，控制中心一座。项目于2011年10月启动总体设计，2013年8月厦门市发改委正式批复立项，概算投资232.05亿元。工程于2014年4月1日全面开工建设，2017年12月31日开通试运营。

1号线一期工程的可行性研究过程经历了多个重点段落线站位比选和重大技术方案研究，如中山路方案与镇海路线位方案比选、厦禾路与湖滨南路线位方案比选、跨海段优化、杏北路方案与杏锦路方案比选、杏林支线方案研究、车辆段选址方案比选、控制中心选址方案比选等。

鉴于1号线一期工程的技术标准将对全网起到示范作用，除国家法律、法规规定需要进行的配套专题外，秉持提前预判、提前处理的理念，我们在前期阶段通过广泛调研把能想到的问题基本都进行了认真分析和专题研究。内容涵盖车站公共区设计标准、车辆选型、全网资源共享、行车组织、牵引供电制式、施工工法、跨海段专题研究、施工交通组织规划、征地拆迁政策等。特别是针对厦门复杂的地质特点，开展了盾构专题研究，对上软下硬、孤石群等地质难题提前做好技术准备，明确盾构参数，指导盾构选型。

在设计管理中，我们勇于开拓创新，积极拥抱IT新技术。在传统AFC系统基础上创新研发电子票务平台和第三方接入平台，开通时即实现电子票务，实现微信、支付宝等移动支付和第三方应用乘车码的统一接入标准。通过实践研究，开创了BIM技术在国内地铁工程应用的"厦门模式"，即业主主导、第三方咨询、设计师建模的组织管理模式。参建各方通力合作，取得显著成效，有效提升了设计协同效率和设计成果质量，为机电工程装配式施工奠定了技术基础，有效提升了机电工程安装质量，节约施工工期。

本书由厦门轨道交通集团有限公司组织编写，总体设计单位中铁二院工程集团有限责任公司牵头，各规划、勘察、设计等单位参加编写，对工程从规划、工可，到总体设计、初步设计、施工图设计、现场施工配合等全过程进行了系统的回顾和总结，对设计过程中经历的主要方案研究决策过程进行了分析论述，特别是对项目施工、试运营过程中反馈的设计得失以及相关问题进行了认真总结分析。"历史是一面镜子"，总结的目的是为后续线路建设提供经验借鉴。同时，本书的出版希望能对其他兄弟城市轨道交通建设提供参考。

在此书出版之际，谨对长期以来关心、支持厦门地铁建设的各级政府相关部门，对项目筹备及勘察设计与建设过程付出艰辛努力的各届人士、专家、各参建单位和专业技术人员致以崇高的敬意和衷心的感谢！

由于时间仓促，加上编者水平有限，书中难免存在错误和不当之处，恳请各级领导和专家给予斧正。

编委会

2019年11月

目 录

规划篇

1 启动前期规划、筹划城轨建设（2005—2006） ········· 3

    1.1 厦门市城市轨道交通线网规划（2006版） ········· 3

    1.2 厦门市城市轨道交通建设规划（2006版） ········· 6

    1.3 用地控制规划和调整规划 ········· 7

2 暂时搁浅，另谋建设BRT（2006—2009） ········· 9

3 重新开局，谋划大运量地铁（2010—2012） ········· 11

    3.1 厦门市城市轨道交通线网规划 ········· 11

    3.2 厦门市城市轨道交通建设规划（2011—2020） ········· 13

4 启动建设程序，1号线一期工程开展可行性研究 ········· 16

    4.1 第一阶段（2011年年底）——跨海段优化 ········· 16

    4.2 第二阶段（2012年年底）——与BRT分道扬镳 ········· 17

    4.3 第三阶段（2014年年初）——举棋不定中山路 ········· 19

    4.4 第四阶段（2014年年底）——忍痛割爱，弃老城促发展 ········· 21

设计篇

5 概 述 ········· 27

    5.1 工程概况 ········· 27

5.2	建设规模	27
5.3	建设工期及设计年限	28
5.4	设计过程	28

6 设计原则综述及关键技术标准 31

6.1	设计概述	31
6.2	线路走向、车站分布主要标准	31
6.3	车站公共区设计标准	31
6.4	车站、区间结构工程方案研究	36
6.5	牵引供电制式选择	41
6.6	车辆选型	42
6.7	AFC系统互联网业务创新应用	43
6.8	线网门禁系统建设	44
6.9	前期组织策划	44

7 BIM技术在轨道交通中的应用 47

7.1	BIM应用组织模式	47
7.2	BIM应用平台架构	48
7.3	各阶段BIM应用点及成果	48
7.4	BIM应用体会与建议	51

8 线　路 54

8.1	线路总体方案	54
8.2	线路走向调整历程	54
8.3	线路方案平面设计	56
8.4	线路方案纵断面设计	78
8.5	线路调线调坡设计	86
8.6	设计体会与建议	91

9 车　辆 93

9.1	适应范围	93

| 9.2   车辆型式 ·· 93
| 9.3   列车编组 ·· 93
| 9.4   主要技术参数 ··· 93
| 9.5   运用条件 ·· 97

10 限　界 ·· 100
    10.1 设计原则 ·· 100
    10.2 主要工程方案 ··· 100

11 行车组织与运营管理 ··· 105
    11.1 客流预测 ·· 105
    11.2 行车组织 ·· 107
    11.3 辅助配线与系统能力 ·· 109
    11.4 设计体会与建议 ··· 111

12 工程地质勘察 ·· 113
    12.1 工程概况 ·· 113
    12.2 勘察工作量布置原则及内容 ··· 113
    12.3 主要工程地质勘察成果 ··· 116
    12.4 主要工程测量成果 ·· 120

13 车站工程 ··· 122
    13.1 车站建筑设计 ·· 122
    13.2 车站装修与导向设计 ·· 149
    13.3 车站结构与防水设计 ·· 159
    13.4 典型站及换乘站设计 ·· 168
    13.5 设计体会与建议 ··· 216

14 区间工程 ··· 226
    14.1 概　况 ··· 226
    14.2 盾构法区间 ··· 227
    14.3 矿山法区间 ··· 234

14.4 跨海区间 ………………………………………………… 251

14.5 出入段、场线设计 ………………………………………… 251

14.6 区间附属工程（联络通道、泵房）设计 ……………………… 261

14.7 防水设计 …………………………………………………… 263

14.8 风险工程控制 ……………………………………………… 266

14.9 设计体会与建议 …………………………………………… 272

15 轨道工程 275

15.1 设计参数 …………………………………………………… 275

15.2 先建段特殊设计 …………………………………………… 276

15.3 主要技术特点及创新 ……………………………………… 277

15.4 设计体会与建议 …………………………………………… 277

16 供电系统 278

16.1 系统方案 …………………………………………………… 278

16.2 主要技术特点及创新 ……………………………………… 279

16.3 安装、调试过程中发现的主要问题及对策 ………………… 280

16.4 运行过程中的主要问题及处理 …………………………… 281

16.5 设计体会与建议 …………………………………………… 282

17 信号系统 284

17.1 系统功能及构成 …………………………………………… 284

17.2 主要技术特点及创新 ……………………………………… 284

17.3 安装、调试过程中出现的问题及处理 ……………………… 285

17.4 设计体会与建议 …………………………………………… 286

18 通信系统 287

18.1 系统功能及构成 …………………………………………… 287

18.2 机场段电磁兼容 …………………………………………… 291

18.3 主要技术特点及创新 ……………………………………… 291

18.4 安装、调试过程中出现的问题及处理 ……………………… 292

18.5 设计体会与建议 …………………………………………………… 292

19 综合监控及综合安防系统 …………………………………………… 293

19.1 综合监控系统 …………………………………………………… 293

19.2 环境与设备监控系统 …………………………………………… 296

19.3 火灾自动报警系统 ……………………………………………… 297

19.4 门禁系统 ………………………………………………………… 299

19.5 安防系统 ………………………………………………………… 299

19.6 设计体会与建议 ………………………………………………… 300

20 通风空调系统 ………………………………………………………… 301

20.1 系统组成和主要功能 …………………………………………… 301

20.2 节能措施 ………………………………………………………… 301

20.3 安装、调试和运营过程中出现的问题及处理 ………………… 303

20.4 设计体会与建议 ………………………………………………… 304

21 给排水与消防系统 …………………………………………………… 310

21.1 系统构成及配置 ………………………………………………… 310

21.2 系统主要技术特点及创新 ……………………………………… 310

21.3 安装、调试和运营过程中出现的问题及处理 ………………… 314

21.4 设计体会与建议 ………………………………………………… 315

22 动力照明系统（含UPS电源整合）………………………………… 318

22.1 车站动力照明系统构成及配置 ………………………………… 318

22.2 主要技术特点及创新 …………………………………………… 318

22.3 UPS整合电源系统 ……………………………………………… 327

22.4 安装、调试和运营过程中出现的问题及处理 ………………… 327

22.5 设计体会与建议 ………………………………………………… 328

23 站台门系统 …………………………………………………………… 330

23.1 系统构成及配置 ………………………………………………… 330

	23.2	主要技术特点及创新 ……………………………………	330
	23.3	安装、调试和运营过程中出现的问题及处理 ……………	331
	23.4	设计体会与建议 ……………………………………	333

24 电扶梯系统 …………………………………… 335

	24.1	系统构成及配置 ……………………………………	335
	24.2	设计体会与建议 ……………………………………	335

25 自动售检票系统 …………………………………… 336

	25.1	系统构成及功能 ……………………………………	336
	25.2	系统主要方案设计 ……………………………………	336
	25.3	主要技术特点及创新 ……………………………………	337
	25.4	安装、调试和运营过程中出现的问题及处理 ……………	338
	25.5	设计体会与建议 ……………………………………	338

26 车辆段/停车场 …………………………………… 340

	26.1	功能定位 ……………………………………	340
	26.2	设计规模 ……………………………………	340
	26.3	上盖物业开发 ……………………………………	341
	26.4	设计体会与建议 ……………………………………	343

27 控制中心 …………………………………… 349

	27.1	选址与建筑 ……………………………………	349
	27.2	功能定位 ……………………………………	350
	27.3	控制中心工艺设计 ……………………………………	350
	27.4	调度大厅设计 ……………………………………	351
	27.5	设计体会与建议 ……………………………………	352

28 人　防 …………………………………… 353

	28.1	工程特点 ……………………………………	353
	28.2	设防范围 ……………………………………	353
	28.3	人防系统设计 ……………………………………	353

28.4　设计体会与建议 …………………………………………………… 353

29　防淹门 …………………………………………………………………… 355

30　环境保护 ………………………………………………………………… 356
　　30.1　环境影响分析 ……………………………………………………… 356
　　30.2　环境保护措施 ……………………………………………………… 357

31　总概算 …………………………………………………………………… 359
　　31.1　编制原则 …………………………………………………………… 359
　　31.2　总概算 ……………………………………………………………… 359
　　31.3　以设计阶段为重点的方案优化投资控制 ………………………… 359
　　31.4　以指标控制为要点的概算文件编制 ……………………………… 361

32　工程设计管理 …………………………………………………………… 367
　　32.1　工程设计分工和设计总体管理的目标任务 ……………………… 367
　　32.2　设计总体组织机构和工作流程 …………………………………… 370
　　32.3　设计总体管理工作重点和工作内容 ……………………………… 373

附　录

附录1　大事记 ………………………………………………………………… 377
附录2　轨道交通1号线所获荣誉 …………………………………………… 379

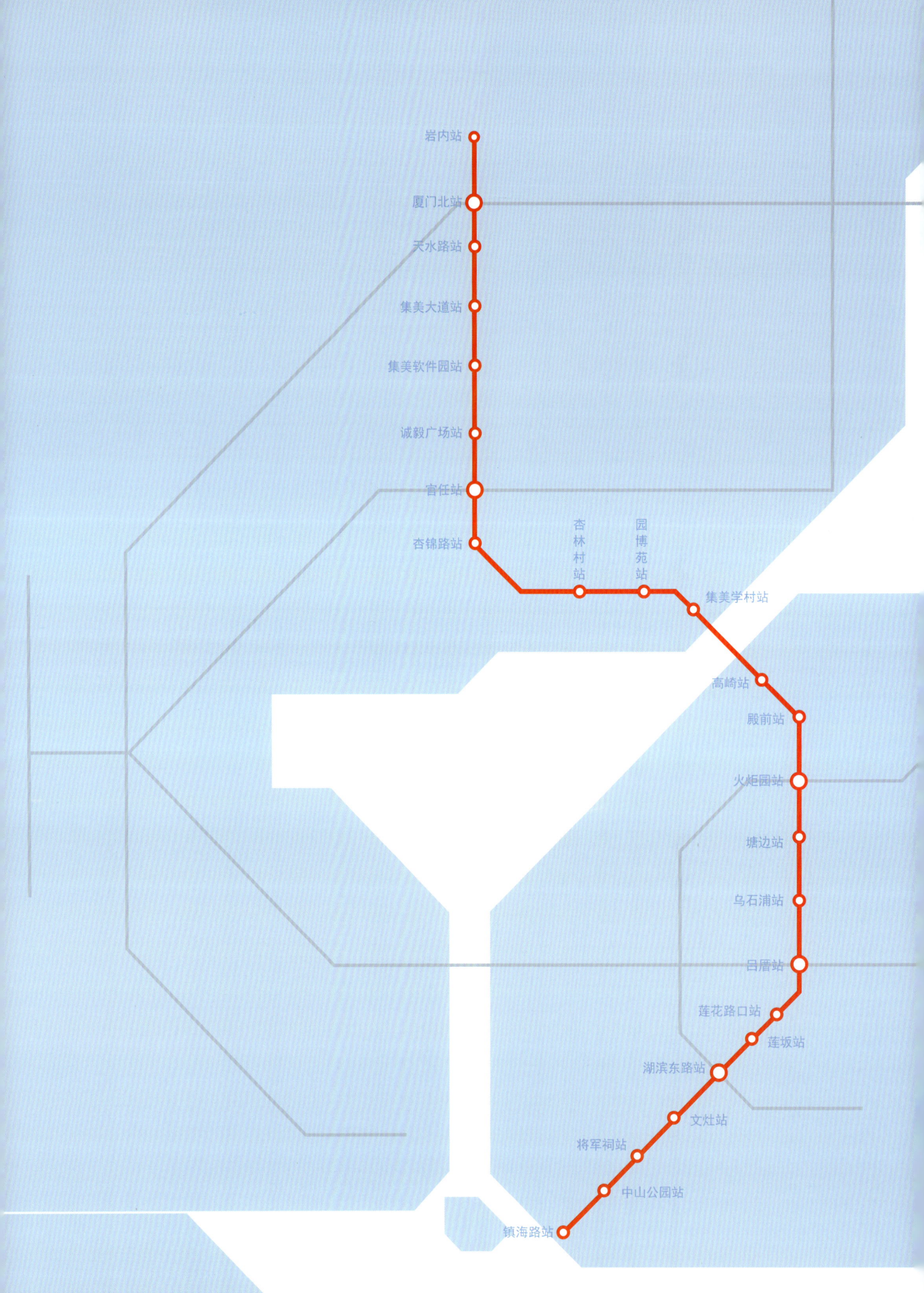

规划篇

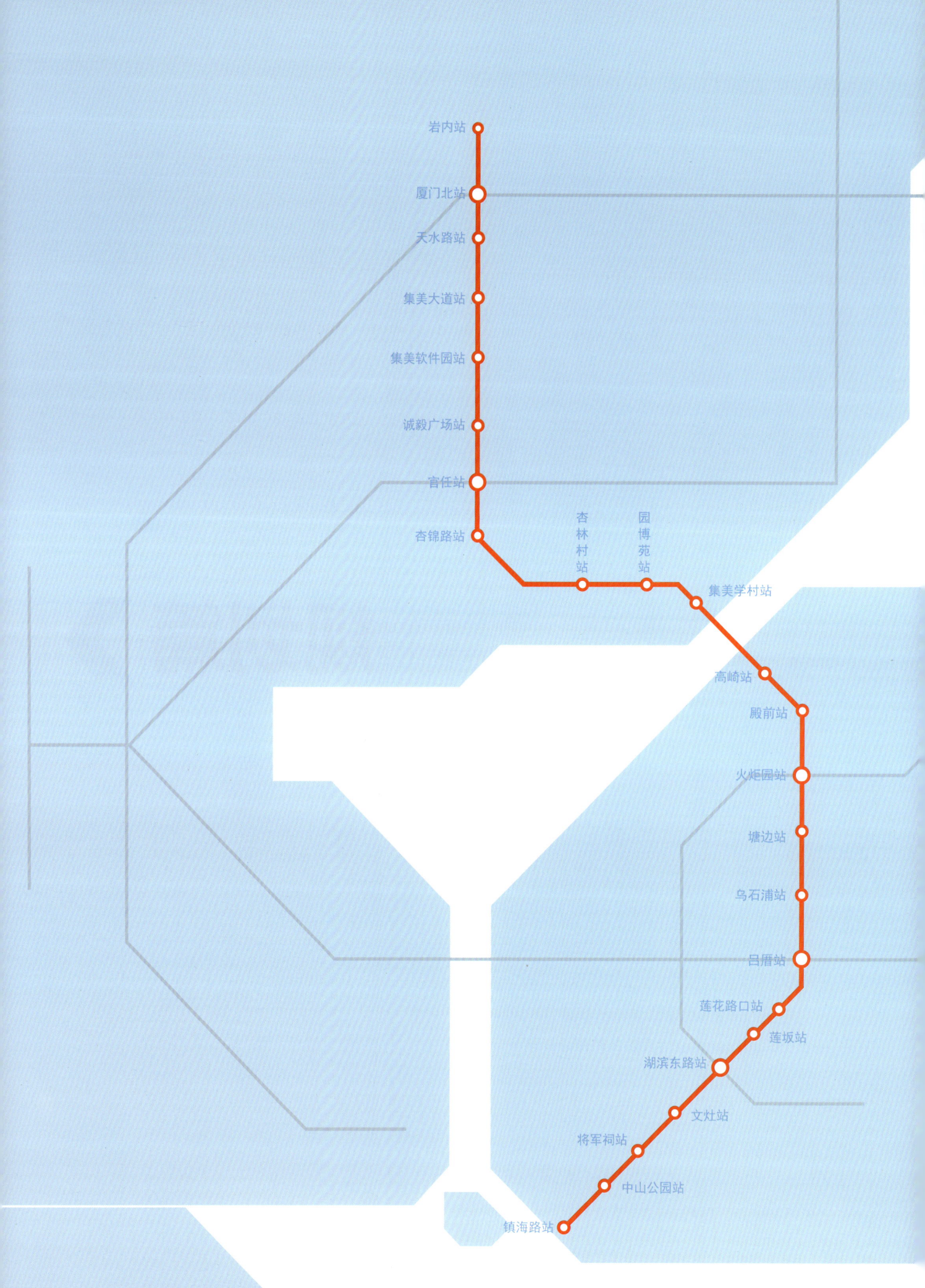

… 规划篇

1 启动前期规划、筹划城轨建设（2005—2006）

20世纪初，伴随着我国城市化进程的快速发展，交通拥堵问题日益严重，特大城市已开始筹划大规模城市轨道交通建设。厦门市早在2003年就开始了城市轨道交通的前期规划研究工作，在城市经济发展水平有限的条件下，曾经提出利用岛内废弃的既有铁路服务于城市交通的轨道交通规划方案，也曾经提出建设轻轨的规划方案。

厦门市在城市公共交通发展方面一直处于全国较为领先的水平，2003年公交出行占全方式出行的27.5%。但随着厦门市由"海岛型"向"海湾型"城市布局的发展，城市规模进一步扩展，新一轮《厦门市城市总体规划（2005—2020）》对城市交通提出了更多更高的要求，包括交通供给、高水平的服务等等，它直接影响着厦门市能否顺利跨出海岛，能否顺利实现新一轮的发展建设目标。2005年10月21日，中共厦门市委召开城市交通专题会议（〔2005〕58号文），提出抓紧开展城市轨道交通的筹建工作。自此，厦门市开始着手布置轨道交通的前期各项规划的编制工作。

2005年年底，由厦门市规划局和厦门市路桥建设投资总公司委托北京中城捷工程咨询有限责任公司（2008年更名为中国地铁工程咨询有限责任公司，以下简称"中城捷公司"）和中国城市规划设计研究院、厦门市城市规划设计研究院（以下简称"厦门市规划院"）等数家在轨道交通、城市交通、城市规划等方面的权威机构进行相关规划研究：中城捷公司负责主编《厦门市城市轨道交通线网规划》（修编）、《厦门市城市快速轨道交通线网控制性详细规划》、《厦门市城市快速轨道交通建设规划（2006—2020）》，厦门市规划院负责主编《厦门市城市快速轨道交通线网土地利用和调整规划》，中国城市规划设计研究院负责主编《厦门市城市快速轨道交通客流预测报告》以及相关各规划阶段的客流预测技术支持。同时，提出由中城捷公司全面负责整个轨道交通前期规划的总体技术协调。

自此，厦门市的城市轨道交通前期规划正式启动。在厦门市委、市政府和多家编制单位的共同协作努力下，2006年3月，厦门市城市轨道交通前期规划方案通过了国内行业权威知名专家的咨询评审，并于2006年4月获得厦门市规划局的批复。与此同时，首期工程建设规划、网络各线的用地控制规划和用地调整规划同步开展并取得阶段性成果，具备了上报国家审查批准的基本条件。

1.1 厦门市城市轨道交通线网规划（2006版）

依据2003版《厦门市城市总体规划（2003—2020）》，规划期厦门将成为300万人以上、远景400万人左右的超大型城市，优先发展和发挥公共交通运输系统的骨干作用是其必由之路。建立以大运量、便捷、高效率的轨道交通系统是保障城市整体功能的重要基础，并以轨道交通系统形成交通走廊的运输骨干，提高城市关键通道的运输效率、集散跨海交通出行能力，构建多功能、多层次协调发展的公共交通运输体系。同时，随着厦门海湾型城市目标推进和交通枢纽地位的提升，对外客运联系需求和枢纽布局模式将随之发生根本性改变。在重大综合交通设施（高速铁路客站、公路综合枢纽等）向岛外转移的趋势下，岛外地区的区域辐射功能逐步提高。因此，必须通过轨道交通系统与对外客运枢纽衔接，一体化组织客流集散，服务厦门，辐射东西两翼城市群，促进厦、漳、泉区域城市一体化的发展进程。

线网规划提出厦门市城市轨道交通规模为150～200 km。在"一主四辅"的布局形态和"一主二副三次"的中心结构下，厦门海湾型城市规划发展呈现明显放射式发展走廊，即：

1）本岛—集美—同安发展走廊。该走廊是城市近中期优先发展带，连接机场、铁路等主要对外交通设施，是城市轨道交通的优先配置走廊。

2）本岛—海沧—马銮发展走廊。该走廊是西海域扩展走廊，服务本岛与海沧次中心、马銮副中心的联系，并可先期实施与漳州区域一体化发展，但其发展进程滞后于北向城市发展走廊。

3）本岛—翔安发展走廊。该走廊是东海域扩展走廊，在与泉州都市圈的对接、培育海峡西岸经济区增长点、提升中心城市地位等方面具有重要的战略意义，是厦门远景海湾型城市发展的重要方向。

4）西海域—东海域环湾走廊。该走廊是厦门海湾型城市远景发展的潜在走廊，连接东西海域，服务与辐射东西两翼城市群。

为支持城市发展走廊和适应交通需求，厦门市城市轨道交通线网形态将形成以放射线为主、环形联络线为辅的基本构架，在本岛线路的布局上，兼顾现状形成的客流走廊和东部开发，以网络化提高轨道交通的集散功能，并预留远景扩展线路的条件，应对区域扩张和一体化城市发展。推荐方案为由4条线组成放射式线网（图1.1-1），其中1号线有1条支线，线网总长165.8 km，岛内总长度54.7 km，换乘站9座，线网密度本岛核心区0.82 km/km^2，本岛中心区0.47 km/km^2，本岛平均密度0.55 km/km^2。

1.1.1 1号线及支线

1号线是轨道交通线网中从本岛出发到达集美、同安的南北向骨干线路，覆盖了城市最重要的南北向发展轴向。线路跨越思明区、湖里区、集美区，由轮渡码头沿厦禾路、嘉禾路、莲前路、县黄路，经阳光百合、农业科学研究所、县后到达高崎国际机场，再从高崎机场东部备降区以外通过，与集美大桥并线跨越海湾到达集美嘉庚体育馆，沿集美大道至大学城，然后到达厦门北站。线路总长32.6 km。

1号线支线连接同安与集美，并通过与1号线的良好衔接达到直接联系本岛的目的，对同安区的发展起到至关重要的作用。线路由1号线嘉庚体育馆站分岔线向东北方向转入同集路，沿同集路经凤林、东安、洪塘头、潘涂、四口圳过环城南路到达同安银湖路。线路长17 km。未来根据需要结合同安旧城改造可考虑将线路向北延伸穿过同安老城，并预留向汀溪延伸的条件。

1.1.2 2号线

2号线从本岛东部出发，横穿本岛，经海沧至马銮，跨越了湖里区、思明区以及岛外海沧区。线路走向覆盖了本岛东部发展轴、本岛东西发展轴和本岛向岛外西部发展轴。从线路的功能来看，线路沿途经过五缘湾、会展中心、莲坂商业中心、筼筜湖休闲中心、市政府、国际码头等本岛内的大型客流集散点，具备良好的客流效果。同时，线路向西跨出本岛延伸至岛外马銮副中心，覆盖了规划的西部发展轴，对厦门由本岛向西部扩展提供强有力的交通支持。因此，2号线是一条客流需求和规划引导兼顾的线路，是轨道交通线网中重要的东西向骨干线。

线路起始于五缘湾北部，沿本岛东部主干路五石路向南延伸，经过五缘湾、规划中央商务区（Central bussiness district，CBD）核心、观音山居住区，至吕岭路转向西，并一直向西延伸至湖滨北路，向东跨出本岛到达海沧，沿沧林路经过海沧中心区，穿过蔡尖尾山至新阳工业区，或由马青路绕过蔡尖尾山、大坪山进入新阳工业区，沿翁角路北侧路到达马銮湾，沿马銮湾东侧路延伸至天竺山风景区南大门。线路总长度39 km。

1.1.3　3号线

3号线从本岛西南部出发，穿过本岛跨海至翔安城市副中心，跨越了思明区、湖里区以及岛外翔安区，形成城市东部发展轴向，是轨道交通线网中东轴骨干线。

线路起始于厦门大学站，沿思明南路、镇海路、公园东路、白鹭洲路，穿过筼筜湖后转入七星路，穿过仙岳山后沿华昌路进入湖里区中心；之后线路向东转入湖里大道，沿湖里大道、火炬路、枋湖北二路向东直至五缘湾并跨海出岛进入翔安区；线路跨海后经东界，沿规划的翔安大道向北，途经新店、后莲、黎安，至洪溪并跨越福厦高速公路后，沿规划城际铁路南侧并行至终点翔安火车站。线路全长42.0 km。

图1.1-1　厦门市城市轨道交通线网规划方案（2006）

1.1.4　4号线

4号线是远景外围组团得到充分发展后沿海湾的一条干线，连接马銮、杏林、集美、厦门西站、西柯、马巷等。4号线与1号线及支线、2号线和3号线均有换乘节点，并在马巷端留有向泉州方向延伸条件，在马銮留有向漳州方向延伸条件。4号线在线网中起到联系各组团和各条线路的联络线作用，同时为厦门市域轨道交通与闽南金三角大区域轨道交通的衔接提供条件。

线路起始于西部的马銮湾，经马銮湾北岸向东进入杏林，沿杏林西路、杏林北路穿过杏林，跨过厦漳泉高速公路至厦门西站，之后向东进入西柯镇，沿同安湾北部地区向东，经西炉、同美、黎安、马巷至终点蔡厝。线路全长42.9 km。

1.2　厦门市城市轨道交通建设规划（2006版）

结合国务院办公厅《关于加强城市快速轨道交通建设管理的通知》（国办发〔2003〕81号文件）以及《国务院办公厅转发建设部等部门关于优先发展城市公共交通意见的通知》（国办发〔2005〕46号），中城捷公司会同厦门市规划院、中国城市规划设计研究院等几家单位对厦门市轨道交通建设的必要性、建设条件、建设时机、建设规模、建设方案等各方面展开深入研究，中城捷公司负责各参编单位的技术总协调。

建设规划提出不同规模的两个方案，在对各方案进行详细技术经济比较后推荐方案二作为上报的建设规划方案。该方案按照2003版厦门市城市总体规划2020年发展目标构建，3条骨干线沿3个发展轴线跨海向岛外延伸。建设方案如图1.2-1所示。

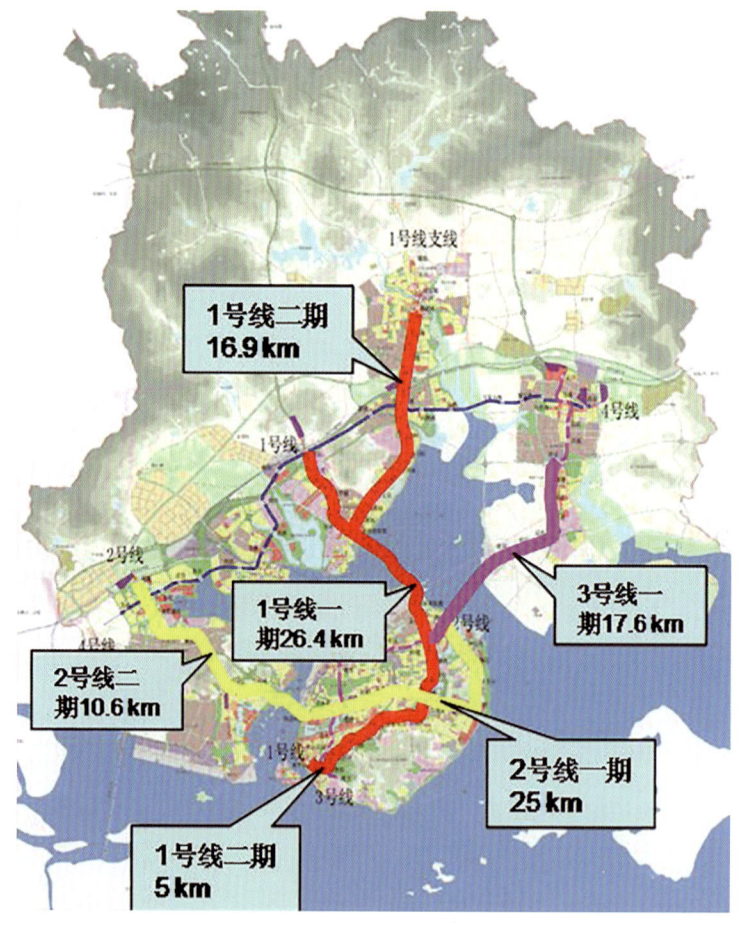

图1.2-1　厦门市城市轨道交通近期建设规划（2006）

在实施顺序上，2010年建成1号线一期工程（厦门站—北客站）；2015年前建设1号线二期体育馆—银湖路，厦门站—轮渡，与1号线一期衔接，同时在本岛内修建2号线并延伸出岛至海沧卢坑，打通西轴向跨海通道；2020年前，修建3号线东轴向跨海通道，向岛内1号线岭下相连，向岛外延伸至翔安，同时将2号线延伸至马銮，见表1.2-1。

表 1.2-1 建设项目实施计划

线 别	建设年份进度															
	2005	2006	2007	2008	2009	2010	2011	2012	2013	2014	2015	2016	2017	2018	2019	2020
1号线一期	←――――――――――→															
1号线二期						←―――――――――→										
2号线一期					←―――――――――→											
2号线二期										←―――――――→						
3号线一期										←―――――――→						

1.3 用地控制规划和调整规划

结合国务院办公厅《关于加强城市快速轨道交通建设管理的通知》（国办发〔2003〕81号文件），厦门市着手进行全线网各条线路沿线的用地控制详细规划的研究，划定轨道交通建设用地控制红线，旨在为轨道交通建设提供良好的实施条件，为建设项目的审批提供支持性文件。

2007年6月，由中城捷公司和厦门市规划院共同完成的《厦门市轨道交通线网用地控制性详细规划》（以下简称控规）通过了厦门市规划局的评审，成为厦门市轨道交通建设规划用地控制管理的依据。同时，厦门市规划院还针对轨道交通沿线土地开展了梳理、分析、优化、调整工作，完成了《厦门市轨道交通线网用地调整规划》。

线网控规中对2号线线路可能出现的不同路由选择，在规划阶段进行了双路径控制，为后续建设项目开展可行性研究提供更为灵活的规划条件。控规方案如图1.3-1所示。各线运营系统控制规模一览见表1.3-1。

图1.3-1　厦门城轨线网控规总图（2007）

表 1.3-1 各线运营系统控制规模一览

项 目	贯通 1号线	独立运营方案		2号线	3号线	4号线
		1号主线	1号支线			
高峰客流断面/万人	3.17	3.17	2.01	2.46	3.07	2.39
控制规划车辆选型	B	B	B	B	B	B
车辆编组/（辆/列）	5	5	4	4	5	4
列车定员/人	1195	1195	950	950	1195	950
站台有效长/m	100	100	80	80	100	80
高峰开行对数/对	30	30	24	30	30	30
系统运能/人次	35850	35850	22800	28500	35850	28500
运能储备/%	12.9	12.9	13.4	15.9	16.6	19.2
运用车数/（列/辆）	71/355	52/260	25/100	62/248	59/295	67/268
配属车数/（列/辆）	84/420	60/300	30/120	75/300	70/350	80/320

2 暂时搁浅，另谋建设BRT (2006—2009)

2006年五一长假前的最后一天，所有上报国家待审的规划文件均已准备停当，就等市发改委向国家发改委提交申请报告了。而此时，厦门市自己似乎并没有拿定主意，建设规划申报工作被搁置。

五一国际劳动节后，厦门市相关部门又开始进行关于建设规模的研究，但至7月份，所有关于城市轨道交通的研究工作宣告暂停。现在想来其主要原因是当时的城市经济发展水平还不足以支撑数百亿投资的轨道交通建设；城轨交通项目必须申报国家批复，难度大、周期长；大运量的轨道交通以地下线路为主，施工难度大、建设周期漫长，对城市交通影响大。在当时的背景下，厦门市希望寻求一种投资少、周期短、见效快的交通基础设施，在较短的时间内解决当下本岛与岛外的交通出行，因此建设的思路开始向其他交通模式转换。

在从地铁—轻轨—BRT的研究和决策过程中，原有的城轨交通规划技术团队和业主单位全部更换，由厦门市政建设开发总公司替代厦门市路桥集团公司成为项目业主，中铁第四勘察设计院集团有限公司（以下简称"铁四院"）作为新的设计单位，按照预留高架轻轨建设条件的要求开展设计。线路路由基本上选择了厦门城轨交通1号线及支线的走廊位置。

2007年，高架BRT工程开始动工，2008年9月1日，BRT一期工程正式投入使用，成为中国首个采取高架桥模式的BRT系统。BRT一期工程共建4条线路，即快1线（第一码头枢纽站至厦门北站）、快2线（第一码头枢纽站至同安枢纽站）、快3线（第一码头枢纽站至前埔枢纽站）和快4线（厦港枢纽站至灌口枢纽站），如图2-1所示。BRT建设工期仅花了不到一年的时间，总投资30亿元，用较短的时间、较少的投入为厦门市民提供了一个不受地面交通干扰的公共交通骨干网络系统，实现了当时市委、市政府的意图。

由于线路选择了城市最重要的客运走廊（规划城轨1号线路由），因此BRT建成通车后迅速成为公交客运中的骨干系统。在BRT建成的同时，厦门市围绕BRT线路开行了20多条链接公交线路连接城市主要客运集散点，形成骨干加链接的多层次公交网络，使得厦门市公交系统的整体效率和服务水平得到大幅提升，对缓解城市交通拥堵问题、拓展城市开发空间、提高城市知名度起到显著的效果。

但是，也正是由于线路选择了城市最重要的客运走廊——规划城轨1号线路由，BRT在建成初期就取得极佳的客流效果，日客运量达到30万以上，迅速达到了客运能力的极限，高峰时期人满为患，车内十分拥挤。虽然运营公司不断对运营线路和链接线路进行改造优化，但受制于BRT交通模式的限制，客运能力无法大幅提升，之前计划改造为轻轨的解决方案更是由于每天几十万的客流需求无法停运而不能实施。

图2-1 厦门BRT一期工程线路

3 重新开局，谋划大运量地铁 (2010—2012)

时间到了2009年，在BRT越来越难以满足城市日益增长的交通需求下，在国内一、二线城市大规模建设轨道交通的空前形势下，厦门市政府有关部门开始走出去对国内其他已经获批建设轨道交通的城市进行考察学习，释放出厦门市即将重新启动城市轨道交通的规划建设的信号。

2009年10月，中城捷公司再次受厦门市规划局的邀请，为厦门市的城市轨道交通建设出谋划策。其间，中城捷公司对BRT改造轻轨、城轨线网调整、运量规模、建设思路等进行了广泛的研究，提出了《厦门市轨道交通工作建议》：厦门市依托本岛，通过轨道交通加强组团间联系，支持"海湾型"城市的形成，建立集约、高效、可持续发展的综合交通体系是必要和紧迫的；厦门建设轨道交通的时机已经成熟，建议尽快完成上报的相关工作；结合现状发展需求，应尽快在构架稳定的前提下进行线网规划调整；轨道交通是解决跨海交通问题的唯一选择，建议近期建设方案为三面出岛，首期选择北向出岛，尽可能选择建设大运量地铁系统。

2010年，厦门市组建了城市轨道交通建设办公室，将原来的城轨前期规划技术团队重新组建起来，包括中城捷公司、厦门市规划院、中国城市规划设计研究院等多家国内和本地最有经验的单位，由厦门市规划局担纲城轨线网规划和用地控制规划的责任主体，市发改委负责建设规划和上报工作。

历时一年的研究，至2011年年初，厦门市的轨道交通前期规划工作全部完成，包括由厦门市规划局牵头组织编制的《厦门市城市轨道交通线网规划》（2011版）、《厦门市城市快速轨道交通线网控制性详细规划》（2011版）以及《厦门市轨道交通客流预测报告》，由厦门市发改委牵头组织编制的《厦门市城市快速轨道交通建设规划（2011—2020）》以及《厦门市城市快速轨道交通建设规划（2011—2020）环境影响评价报告》。随后，厦门市轨道交通建设规划由厦门市发改委向国家发改委申报，经过国家发改委、建设部会签和环保部的审查，最终该规划经国务院同意，于2012年5月11日取得国家发改委正式批复（发改基础〔2012〕1323号）。

3.1 厦门市城市轨道交通线网规划

根据《厦门市城市总体规划修编（2010—2020）》和《厦门市城市综合交通规划（2010—2020）》，厦门市在2010年编制完成了《厦门市城市轨道交通线网规划》，并于2011年3月通过了厦门市政府批准。该线网根据《厦门市城市总体规划修编（2010—2020）》和《厦门市城市综合交通规划（2010—2020）》目标、城市交通需求和建设重点，2020年规划目标网为1、2、3号线组成的放射式骨干线网（含1号线支线），总长121.3 km，呈本岛向北、东、西三向辐射形态，主要承担本岛与环湾组团间跨海交通联系的功能，同时兼顾岛内及岛外组团内部公共交通骨干功能。岛内总长度53.0 km，换乘站6座，线网密度本岛0.48 km/km²，岛外0.10 km/km²。远景线网由6条线构成，在远期线网的基础上增加4、5、6号线，总长246.2 km，岛内总长度71.7 km，换乘站19座，线网密度本岛0.65 km/km²，岛外0.29 km/km²。各线路具体方案见表3.1-1。

表3.1-1 轨道交通远景规划线网方案

线路名称	线路功能	长度/km	车站/座	换乘车站/座	平均站间距/km
1号线	中心放射骨干线	31.5	23	4	1.4
1号线支线	辅助线	9.5	6	1	1.6
2号线	中心放射骨干线	39.1	25	3	1.6
3号线	中心放射骨干线	41.2	28	4	1.5
4号线	辅助线	40.4	31	7	1.3
5号线	环海湾线	41.6	21	6	2.0
6号线	辅助线	42.9	23	3	1.9
合计	辅助线	246.2	138	19	——

1）1号线：为南北骨架线，加强本岛与集美片区快速跨海联系，并服务于岛内外火车站。线路起于本岛南部传统核心区中山路区域，途经厦门火车站、莲坂、SM城市广场等重要客流节点后向北敷设，贯穿湖里区后北向跨海，随后线路经过杏林组团，串联集美新城，终止于厦门北站。线路全长31.5 km，设车站23座，平均站间距1.4 km。

2）1号线支线：位于城市北部集美组团，加强杏林、灌口片区与本岛的快速联系。线路南起岛外杏林组团，沿西北向敷设，终止于城市西北部灌口组团。线路全长9.5 km，设车站6座，平均站间距1.6 km。

3）2号线：为东西骨架线，加强本岛与海沧区快速跨海联系。线路东起本岛东北部钟宅湾，先沿南向串联五缘湾、观音山CBD等重要客流节点，后转入西向贯穿本岛，途经岭兜、江头、松柏等片区，向西跨海后连接海沧湾居住组团，过蔡尖尾山后继续向西北，到达马銮城市副中心，终止于天竺山以南。线路全长39.1 km，设车站25座，平均站间距1.6 km。

4）3号线：为西南至东北向骨架线，加强本岛与翔安片区快速跨海联系。线路起于本岛南部厦门大学，穿越城市老城区向北敷设，过仙岳山后转为东向敷设，贯穿湖里区后跨海到达翔安片区，连接翔安新城并继续向北，串联新店、马巷组团，终止于翔安火车站。线路全长41.2 km，设车站28座，平均站间距1.5 km。

5）4号线：为南北向辅助线，加强本岛与集美和大同组团快速联系，是1号线北向出岛的补充，线路大部分延用BRT线位。线路起于本岛南部，沿东西向连接厦门火车站、莲坂，后转向北至高崎机场后经集美大桥跨海，继续向北，贯穿西柯后终止于大同组团北部。线路全长40.4 km，设车站31座，平均站间距1.3 km。

6）5号线：为环海湾轴向骨架线，加强环湾组团之间的快速联系。线路起于城市西部马銮副中心，沿东向串联杏林、集美、西柯片区，终止于马巷组团。线路全长41.6 km，设车站21座，平均站间距2.0 km。

7）6号线：为翔安区内辅助线。线路起于翔安区大嶝岛，沿西北向贯穿大嶝及新店组团，与3号线相交并行构成平行换乘后向北，连接新店、马巷组团后转入同安区，终止于大同组团。线路全长42.9 km，设车站23座，平均站间距1.9 km。

厦门市轨道交通线网规划（2011版）如图3.1-1所示。

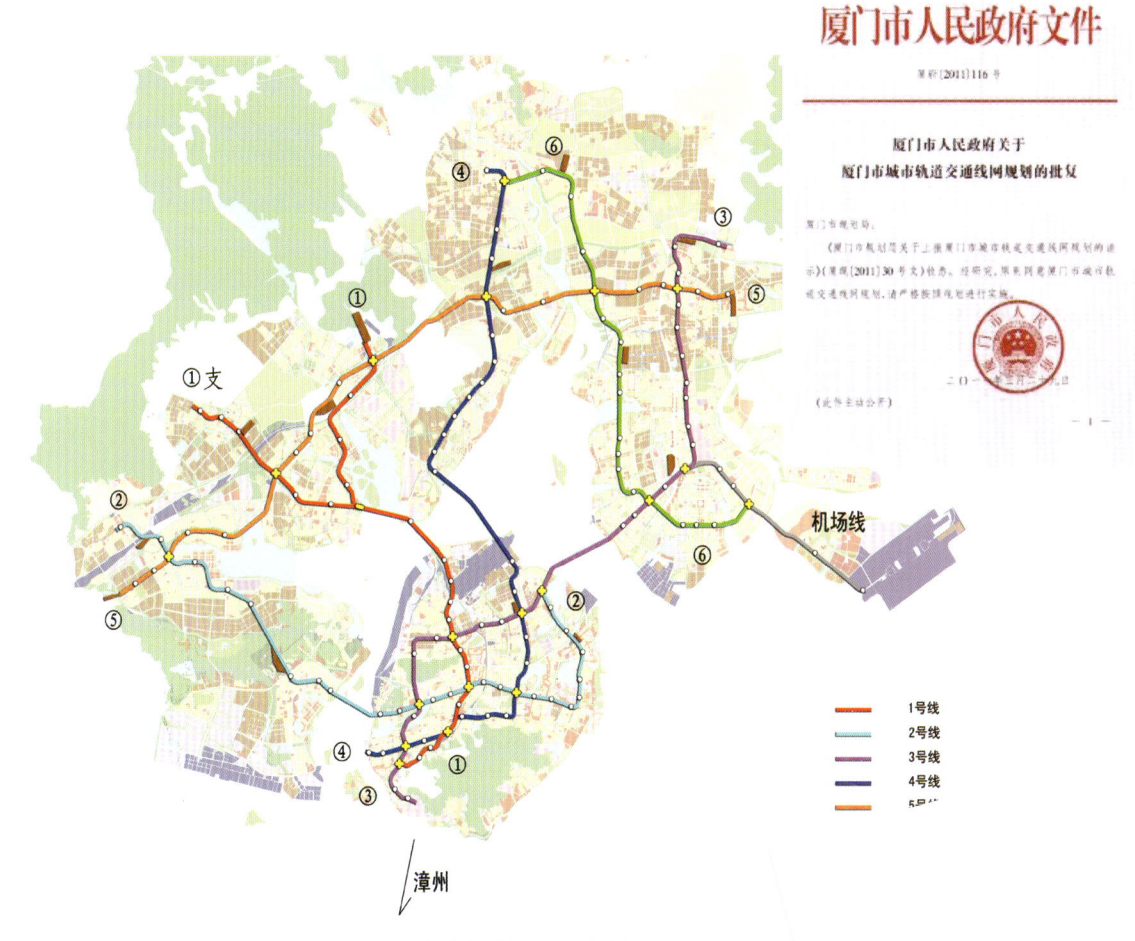

图3.1-1 厦门市轨道交通线网规划（2011版）

3.2 厦门市城市轨道交通建设规划（2011—2020）

厦门市向国家申报的《厦门市轨道交通建设规划（2011—2020）》以《厦门市城市轨道交通线网规划》为依据，以经过城市主要功能区、支撑城市近期建设重点、具备有效引导城市发展功能、疏通跨海通道的交通瓶颈等为原则，综合考虑厦门市的交通需求、经济承受能力和建设强度，经方案比选确定了近期（至2020年）建设1号线一期工程（中山路西站—厦门北站）、2号线一期工程（五缘湾站—卢坑站）和3号线一期工程（厦门大学站—洪前站），线路总长度85.1 km，共设站57座，如图3.2-1所示。

国家发改委受理厦门市轨道交通建设规划申报后，随即委托中国国际工程咨询公司进行了技术审查，认为：

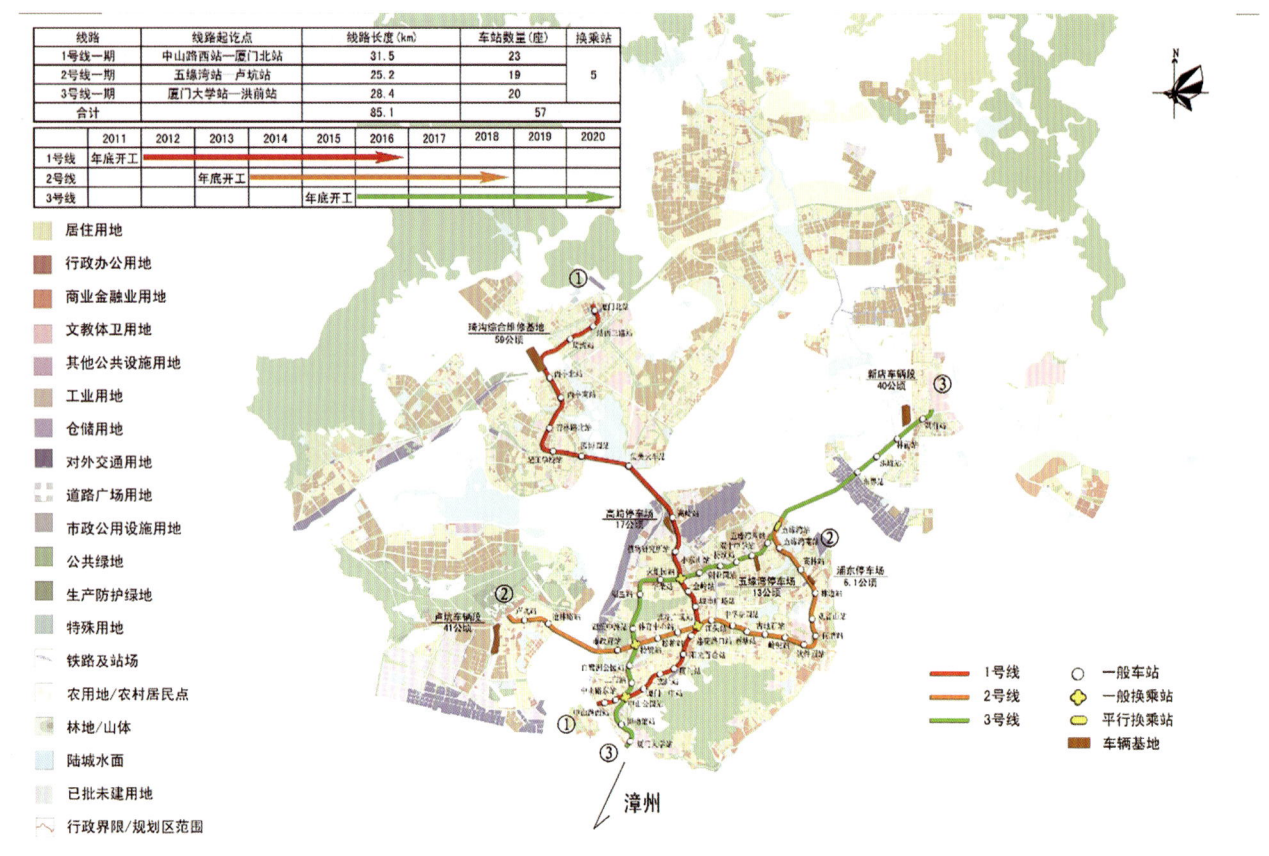

图3.2-1 申报的厦门市轨道交通建设规划

1)《厦门市城市轨道交通建设规划（2011—2020）》提出的以实现"三向出岛、连接近期岛外重点区域"的基本骨架线网，强化本岛和岛外的联系，对实现厦门市整体平衡发展具有重要作用。

2）1号线、2号线和3号线岛内段线路走向基本稳定，根据本岛与岛外的客流联系强度，以及岛外发展成熟程度分析，可先期建设。

3）3号线岛外连接的翔安地区是厦门市"十二五"规划的重点发展地区，但部分线路线位位于总体规划城市建设用地之外，应在做好与城市总体规划协调的基础上，适时开展本项目的前期工作。

厦门市根据评估意见，对近期建设项目进行了研究。在《补充报告》中，提出近期建设1号线一期工程、2号线一期工程及3号线一期工程3条线路，总长约75.3 km（图3.2-2），总投资503.67亿元，技术经济指标6.69亿元/正线公里。

1）1号线一期工程：为构建厦门本岛与集美片区快速跨海连接通道，覆盖厦禾路、嘉禾路等主要交通走廊，连接厦门火车站、厦门北站等重要交通枢纽，加强中山路、火车站前、莲坂、SM城市广场等成熟商业、住宅区的轨道联系，带动集美新城、厦门北站片区等城市近期重点建设区域发展，建设1号线一期工程（中山路西站—厦门北站），长约31.5 km，建设年限为2011—2016年。

2）2号线一期工程：为构建厦门本岛与海沧区快速跨海连接通道及厦门岛东部地区南北向交通走廊，加强五缘湾、观音山、软件园等重要商务区，以及江头、松柏、滨北、体育中心、海沧湾等主要客流集散点的轨道联系，建设2号线一期工程（五缘湾站—卢坑站），长约25.2 km，建设年限为2013—2018年。

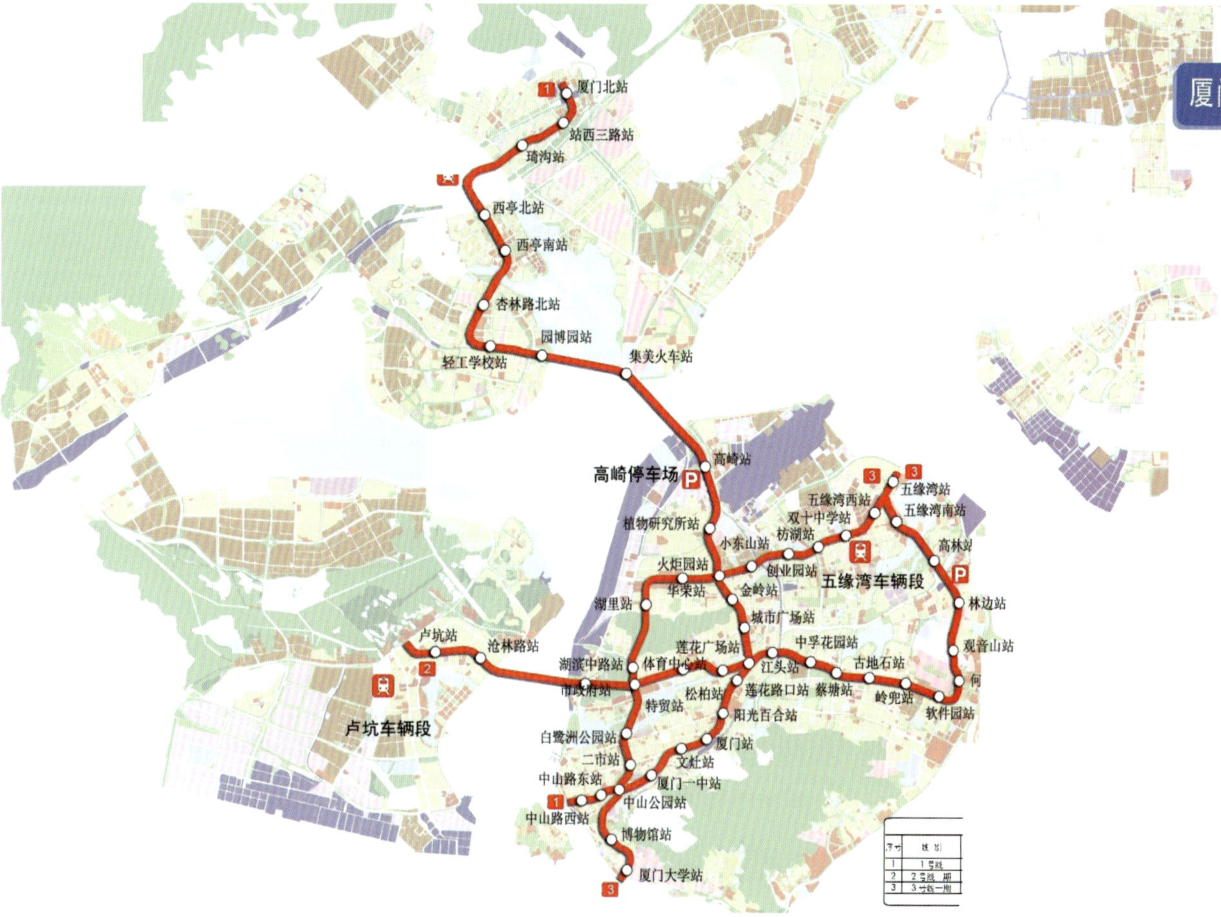

图3.2-2 批准的厦门市轨道交通建设规划

3）3号线一期工程：为构建厦门岛南部思明核心区与北部湖里新区的连接通道，加强厦门大学、南普陀、白鹭洲、湖里区政府、创业园、五缘湾CBD等重要客流点的轨道联系，建设3号线一期工程（厦门大学站—五缘湾站），长约18.6 km，建设年限为2015—2020年。

厦门市轨道交通建设项目一览见表3.2-1。

表3.2-1 厦门市轨道交通建设项目一览

序号	线 别	起终点	线路长度 / km		车站 / 座	总投资 / 亿元	建设期限
			总长度	其中：地下线			
1	1号线	中山路西站—厦门北站	31.5	31.5	23	203.84	2011—2016
2	2号线一期	五缘湾站—卢坑站	25.2	25.2	19	176.19	2013—2018
3	3号线一期	厦门大学站—五缘湾站	18.6	18.6	16	123.64	2015—2020
	合 计		75.3	75.3	58	503.67	

4 启动建设程序，1号线一期工程开展可行性研究

在申报建设规划的同时，厦门市轨道交通规划建设工作领导小组办公室成立，在市委、市政府的领导下，由厦门市发改委牵头，开始紧锣密鼓地启动建设项目可行性研究工作，其中1号线一期工程作为申报计划中首期工程，其可行性研究工作在3个申报项目中先期启动。

2011年4月20日，经厦门市轨道交通规划建设工作领导小组会议研究同意（厦轨道办〔2011〕函12号），委托中城捷公司开展《厦门市轨道交通1号线一期工程项目可行性研究报告》的编制工作。同时，与可行性研究相关的10多项专题研究逐步启动，包括厦门市规划院、地勘院、地震勘测中心、供电局、铁四院，中国安全生产科学研究院，厦门大学等多家研究机构。

2011年9月，市委、市政府决定成立厦门轨道交通集团有限公司（以下简称"厦门轨道集团"），全面启动公司筹建和工程建设研究工作。

城市轨道交通是极为复杂的系统工程，作为厦门市轨道交通网络中第一条建设线路，制定的技术标准也将成为网络中其他后续项目的技术标准。同时，厦门海岛城市特殊的地质条件与城市核心区高强度开发下局促的道路条件和用地条件，使得1号线在前期研究中遇到了许多无法从其他城市借鉴经验的难题，包括跨海工程、中山路商业步行街实施方案、厦禾路高架BRT共走廊建设风险、厦门火车站地下商业街实施方案、厦门站和厦门北站铁路枢纽换乘接驳、海洋环境保护、抛石填海和淤泥围堰地质条件的施工处理方案等。因此，项目前期工作经历了长达3年的深入研究，线路路由、敷设方式、站点设置、工程方案都历经各种变化，厦门轨道交通1号线一期工程可行性研究最终于2013年8月获得了厦门市发改委批准。

前期方案研究过程主要划分为以下4个阶段。

4.1 第一阶段（2011年年底）——跨海段优化

该阶段可研方案于2011年8月底正式提交，总体上遵循《厦门市城市轨道交通建设规划（2011—2020）》，提出的1号线为厦门市的南北向骨架线，构建本岛、杏林、集美快速跨海连接通道，将厦门站、厦门北站两大客运交通枢纽及中山路商贸圈、莲坂商贸区、嘉禾路商业中心、杏林组团、集美新城等紧密联系起来，为沿线各重点功能区、综合交通枢纽、商贸区及居住区之间提供方便快捷的交通衔接。

1号线一期工程起点位于中山路西端，终点位于厦门北站，岛内途经中山路、文园路、厦禾路、嘉

禾路，主要为地下线；跨海段沿高集海堤和集杏海堤的预留走廊布设，主要为地上线；岛外沿杏前路、杏林北路、和美路、珩山街、珩田路布设，均为地下线。线路经过思明区、湖里区、杏林、集美，总长度31.3 km，其中地下线26.7 km，地面线2.3 km，高架线2.3 km；设车站24座，其中地下站23座、高架站1座（不含2座预留车站）；平均站距全程1.3 km，本岛1.0 km，跨海段3.4 km，岛外1.4 km；本岛北部设高崎停车场，厦门北站北侧设岩内综合维修基地（图4.1-1）。

1号线一期工程设置全封闭、追踪运行系统，选择B型车6辆编组，高峰小时运能达到4.38万人次，列车最高运行速度80 km/h，采用DC1500V架空接触网供电方式，工程总投资231.8亿元。

与批准建设规划不同的是，为合理利用高集海堤和集杏海堤既有废弃铁路路基，跨海段由海底隧道调整为沿海堤敷设，原规划的地下线改为地面和高架线，既节

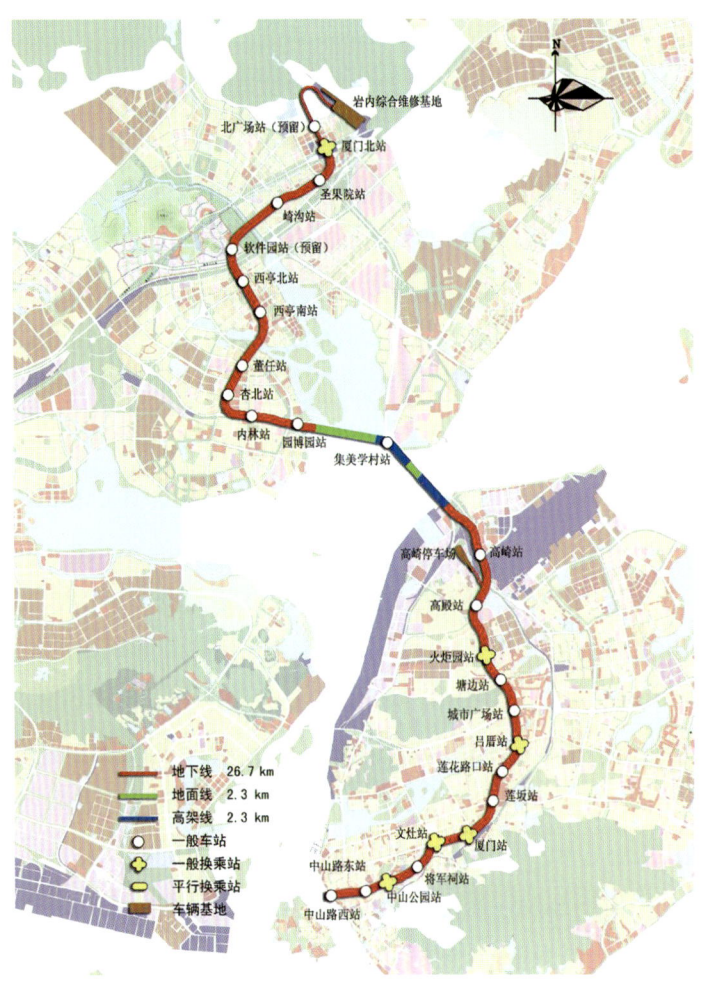

图4.1-1　1号线一期工程总平面示意（2011年年底）

省工程和运营投资，又降低了工程风险。同时，由于规划的岩内国铁动车基地调走，规划将其用地调整为城市轨道交通设施用地，故将原建设规划设于崎沟的综合基地调整至岩内。另外，原火炬园站附近的控制中心由于拆迁难度大，调整至湖滨南公交场站；在中山路、高殿村、杏林、集美新城等区段，结合工程实施方案的深入研究，对线位和站位设置进行了局部优化调整。

4.2　第二阶段（2012年年底）——与BRT分道扬镳

2012年3月，厦门市发改委和轨道集团共同组织了关于厦门市轨道交通1号线一期工程线站位专家咨询会，邀请了来自全国各地的业内知名专家对1号线一期工程线站位方案进行了研讨和技术审查，专家们对线路总体走向和车站分布给予肯定，对线路局部方案比选提出了意见和建议，要求对工程重、难点地段进一步开展深化研究。

重、难点地段深化研究主要针对厦禾路区段1号线与高架BRT的关系、地铁车站与厦门火车站的换乘关系、梧村地下商业街工程实施风险等问题展开，进一步对湖滨南路方案与厦禾路方案进行更为深入的技术经济比选论证。总体设计单位中铁二院工程集团有限责任公司（以下简称"中铁二院"）对厦禾路段

的工程实施风险进行了更为深入的专题研究，厦门市轨道集团亦多次邀请业内工程专家对建设实施方案进行技术咨询，最终，考虑到第一条线路的建设实施风险，厦门市最终决定选择湖滨南路方案作为上报方案。另外，随着集美新城建设方案逐步落实，此次还将线路位置调整至诚毅大道，与集美新城的开发建设相结合。

2012年6月，厦门市发改委向国家发改委上报《厦门市轨道交通1号线一期工程可行性研究报告》，提出1号线起点为厦门北站，终点为中山路西站，线路长31.7 km（其中地下线27.1 km、高架线2.3 km、地面线2.3 km），共设车站24座（换乘站7座），并预留2座车站，其中地下站23座（不含2座预留车站），高架站1座，在本岛北部设高崎停车场，厦门北站以北设岩内综合维修基地，湖滨南公交场站用地设控制中心1处，火炬园及内林分设2座主变电所。

2012年7月，中国国际工程咨询公司受国家发改委委托在厦门市组织召开《可研报告》现场评估会，评估认为文灶—莲坂区段线站位方案由原厦禾路方案改为湖滨南路方案，未能与厦门火车站一体化衔接，乘客换乘距离达600 m，从功能、工程风险、投资等进一步比选论证，及其他补充完善意见。

之后厦门市组织编制单位编写了《补充报告》，对文灶—莲坂区段提出3个线路走向共计6个线站位比选方案。11月，中国国际工程咨询公司在北京组织召开《厦门市轨道交通1号线一期工程可行性研究补充报告》评估会，评估认为，湖滨南路、禾祥路两方案均避开了厦禾路路中的BRT高架桥桥桩和梧村地下商业街，工程实施难度较小，而两者与厦门火车站的换乘距离均较远（前者为600 m，后者为300 m），未能一体化衔接厦门火车站。同时，禾祥路方案相比湖滨南路方案，拆迁量大，实施条件差（道路红线窄，建筑退线少）；厦禾路方案涉及BRT高架桥桥桩及梧村地下商业街，施工和协调存在难度；由于BRT两侧3个方案均涉及地下商业街，协调难度和征用代价较大，社会影响也较大，工期难以保证。BRT南侧方案避开了地下商业街，但隧道外侧与BRT桥桩最近处为0.8 m，实施难度大，应进一步优化线路，加大区间隧道外侧与BRT高架桥桥桩的距离，以降低工程实施风险。建议重点比选厦禾路BRT南侧方案和湖滨南路方案，优先考虑厦禾路BRT南侧方案，而湖滨南路方案在降低工程风险和交通疏解难度方面具有优势，可作为备选方案在下阶段同步进行研究，见表4.2-1。

表4.2-1 厦禾路BRT南侧方案与湖滨南路方案对比分析

	BRT南侧方案	湖滨南路方案
线路长度		
实现上位规划意图	好	较差
车站数量	3	3
拆迁量/m²	65700	63700
换乘距离/m	100	600（自动步道）
对地下商业街影响	小	无
对BRT高架桥桥桩影响	距离较近	无
实施难度	较大	较小
投资包括拆迁及估算商业补偿/亿元	21.7	16.7

对此，厦门市组织编制单位进一步开展研究，最终厦禾路方案由于导致BRT停运后交通疏解措施难实现，具有较大的社会稳定风险，因此并未推荐该方案；而湖滨南路方案在进一步采取优化措施提高与厦门火车站的换乘便捷性后，作为推荐方案。

推荐的1号线一期工程起于中山路西端南侧，止于厦门北站北广场。线路经由中山路、文园路、湖滨中路、湖滨南路、嘉禾路、高集海堤和集杏海堤、杏前路、杏林北路、诚毅大街、珩山街、珩田路（图4.2-1）。线路全长31.7km，其中地下线27.1 km（约占全线的85.5%），高架及地面线4.6 km（占全线的14.5%）。全线共设车站26座（2座预留站），其中地下站25座，高架站1座。最大站间距3990 m，最小站间距610 m，平均站间距1400 m。投资估算总额为232.53亿元，技术经济指标7.34亿元/正线公里。

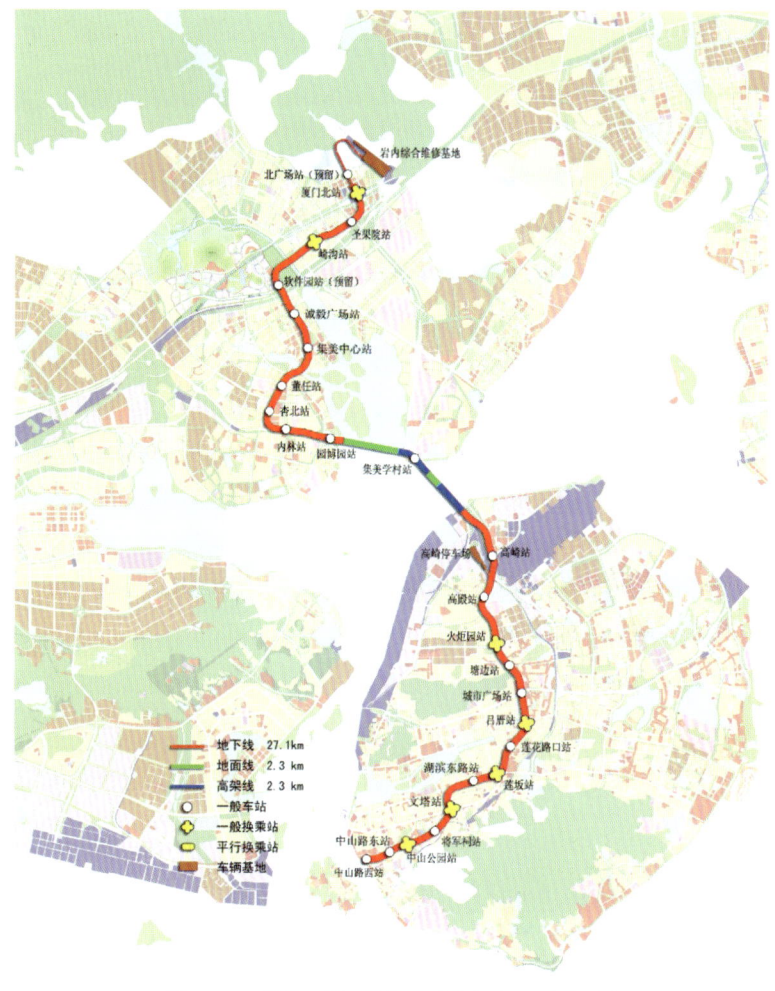

图4.2-1　1号线一期工程总平面示意（2012年年底）

4.3　第三阶段（2014年年初）——举棋不定中山路

其实，线路起点中山路区段的工程实施方案一直受到极大的关注：一是厦门岛填海造地的历史原因使得中山路街区沿线的地质条件极为复杂；二是老城区狭窄的街道和密集的古老骑楼式建筑作为历史传承，既是厦门市历史文化名城的名片，繁华的商圈也是厦门城市现代化发展的窗口，这里的一举一动都会带来极大的社会影响。

中山路红线宽15 m，两侧均为商业，其空间肌理、建筑风格和文化集中体现了闽南地方特色，平均日客流量8万多人次，节假日高达10万人次以上。作为传统商业街，中山路的街道空间尺度和街面景观特色更成为厦门人和外来游客心目中的城市形态意象，极具历史、文化和商业价值。

规划阶段，1号线起点段线位一直沿中山路敷设，以最大限度地满足轨道交通对中山路历史街区的服务水平。但随着研究的深入，中山路方案工程实施风险逐步显现，因此可研阶段在规划基础上补充了北线方案和南线方案进行技术经济综合比较，最后推荐了结合中山路南侧旧城片区改造同步实施的南线方案，既能照顾中山路的商业和旅游客流，也能通过旧城改造改善片区老旧环境，提升城市现代化形象（图4.3-1）。

2013年4月18日至20日，由厦门市地铁办主办、厦门轨道集团承办，厦门市轨道交通1号线一期工程中山路段线路方案与旧城保护专家咨询会在厦门召开，会议邀请了来自北京、上海、广州、成都、天津、南昌、长春等地的包括城市规划、文物保护、轨道工程、轨道运营、综合开发等多专业十

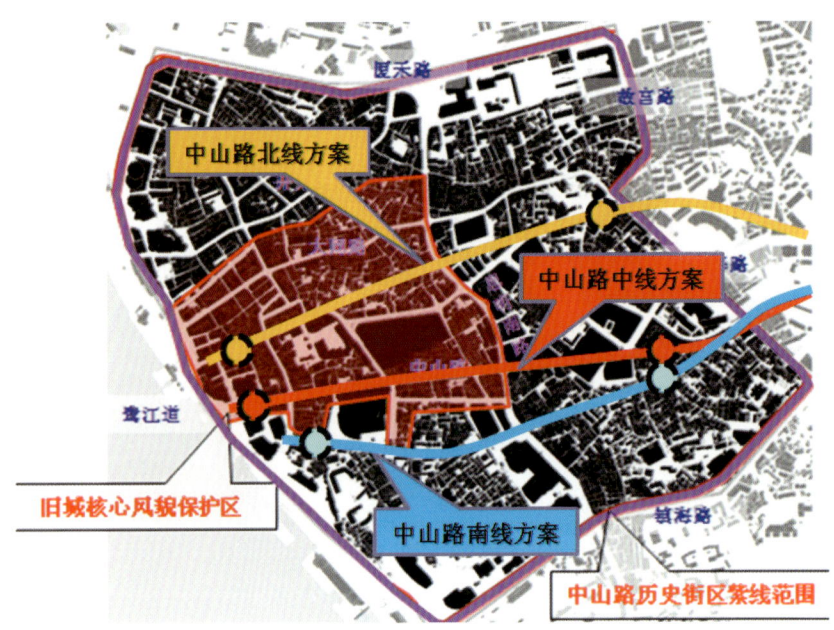

图4.3-1　中山路北、中、南线方案与旧城保护线位关系

几位知名专家齐聚一堂，为厦门市轨道交通1号线一期工程中山路段的建设实施方案献计献策。咨询会上，工程专家多数赞成中山路南线方案，认为轨道交通建设对旧城保护影响有限；而文保专家则提出完全相反的意见，认为，"中山路街区保护的意义在于它的原真性、整体性和连续性""保护是指整体肌理的保护，不是只保护个别风景建筑"。可以看出，专家咨询会讨论非常激烈，意见并不统一，存在较大争议。

在此期间，国家简政放权政策实行，将原本由国家发改委审批的可研项目下放至省级行政部门，厦门市作为计划单列市和经济特区，由市发改委负责受理1号线的最终审批。2013年8月23日，厦门市发改委对《厦门市轨道交通1号线一期工程项目可行性研究报告》进行了批复（厦发改交能〔2013〕103号），批复的可研方案为：

本工程线路起自中山路西站，沿中山路西段南侧以地下敷设方式向东，穿越中山公园以南地块后，沿文园路、湖滨中路、湖滨南路、嘉禾路、海堤路向北出岛；高集、集杏海堤以高架和地面方式跨海；跨海后以地下敷设方式，沿杏前路、杏林北路、诚毅大街、规划的珩山街、珩山路、厦门北站，止于厦门北站北广场。线路全长32.5 km，设车站26座，其中地下站25座，高架站1座。中山公园、文灶、莲坂、吕厝、火炬园、厦门北站等6座车站具备与其他轨道交通线路换乘的条件。本岛北部设高崎停车场，厦门北站以北设岩内综合维修基地，湖滨南路公交场站用地内设控制中心1处，火炬园及内林分设2座主变电所。

车辆采用B型车，直流1500 V架空接触网供电方式，最高运营时速80 km。初、近、远期均采用6辆编组（4动2拖），初期配车34列204辆。工程机电设备配置方案按咨询评估后确定的方案执行。

项目批复总投资估算232.05亿元。其中资本金92.82亿元，占总投资的40%，由市财政承担；资本金以外的资金利用国内银行贷款解决。

与呈报的可研方案相比较，批复意见将厦门北站北侧800 m预留线路改为近期建设，并将2座预留车站（软件园、北广场）改为近期建设。

值得注意的是，市发改委可研批复中第五条意见提到（表4.3-1）："请你司在下一步工作中，优化部分路段线路方案，结合线路沿线实际情况，对你司提出的中山路西站—中山公园站的中山路南侧方案和镇海路方案，园博苑站—集美中心站的杏北路方案和杏锦路方案等，在设计阶段进一步比选论证，深化完善。"

表 4.3-1　市发改委可研批复意见与建设规划对照

序号	主要指标		市发改委可研批复意见	建设规划	建议深化完善段落的长度 / km	建议深化完善的原因
1	平面走向	中山路区域	建议对中山路南侧方案和镇海路方案进一步比选论证	中山路	1.9	中山路南侧方案工程实施条件差，拆迁量大，对旧城保护不利
2		杏林区域	建议对杏北路方案和杏锦路方案进一步比选论证	杏前路、杏北路	5.9	杏前路方案工程实施条件差，拆迁量大

4.4　第四阶段（2014年年底）——忍痛割爱，弃老城促发展

按照厦门市发改委的批复意见，厦门市地铁办和轨道集团继续组织编制单位对上述两处线站位方案开展研究。

4.4.1　中山路片区

考虑到厦门旧城集中展现了厦门近代城市建设之中西合璧的精华，是厦门最宝贵的建筑文化遗产，也是全国目前少数保存较完整、独具特色的骑楼风貌街区，具有重要的历史、建筑、商业、旅游和文化价值，对其保护和传承不仅具有历史意义，更具有重大的现实意义，厦门市规划部门相应提出了完全退出中山路历史街区紫线范围的镇海路方案。随后，可研编制单位进一步对中山路南线方案和镇海路方案开展了更为深入细致的专题研究工作，从功能需求、客流效果、工程难度、建设代价、交通接驳等各方面开展论证。最后，考虑到中山路南线方案的前提是轨道交通建设结合旧城改造共同实施，如果中山路片区不再进行大范围改造，中山路南线方案将不具备实施条件；镇海路方案虽然功能有所逊色，但不失为退而求其次的最佳选择，如图4.4.1-1所示。

4.4.2　杏林片区

厦门岛外的杏林组团是城

图4.4.1-1　中山路南线方案、镇海路方案与旧城保护线位关系

市次中心，文教、居住、商业综合片区，1号线可研一直沿用规划方案沿杏前路、杏林北路布设，为杏林片区已形成的城市中心提供较好服务。但线路途经老城区拆迁量大，工程实施困难，建设代价大，而沿线又没有可供开发的土地，轨道交通站点周边土地升值带来的效益难以体现。按照市发改委可研批复意见，线路改走杏锦路后，沿线现状拆迁量少，工程实施相对简单，沿线两侧可改造开发的用地较多，对老城区的客流服务也能兼顾。同时，该方案沿片区外围主干路敷设，公交接驳换乘条件好。最终，1号线由单纯服务老城中心改由新城老城兼顾的杏锦路方案，是以发展的眼光考虑轨道交通建设的明智之举，如图4.4.2-1所示。

图4.4.2-1　1号线杏林段方案规划开发潜力对比

4.4.3 调整方案后履行相应的法律手续

按照国家发改委《城市轨道交通规划管理暂行办法》（发改基础〔2015〕49号文件）的有关规定："国家批复的建设规划明确基本建设方案，确定线路起讫点、基本路由、敷设方式、车站数量、工程投资、建设年限等约束性内容。规划实施中可根据实际情况优化完善建设方案，但约束性内容不得随意变更，基本路由、敷设方式、车站数量、工程直接投资的变动不得超过规划方案的15%。项目不得提前开工和压缩工期。"而厦门地铁1号线上述两段线路平面走向调整长度达7.8km，占线路总长的24.6%，必须对该两段线路调整的必要性与合理性报请国家发改委有关部门批准认可后备案。

对此，2013年11月8—9日，应厦门市政府邀请，由中国国际工程咨询公司牵头组织北京、上海、广州、成都等地专家，在厦门市召开了厦门市轨道交通1号线一期工程线路方案调整论证会。国家发改委基础产业司、厦门市政府、海军厦门警区、市发改委、市规划局、市建设与管理局、市市政园林局、市国土局、市环保局、思明区政府、集美区政府、市妇幼保健院、厦门轨道集团以及编制单位中城捷公司、中国城市规划院、中铁二院、厦门市规划院、铁四院的领导和代表参加了会议，与会专家认真审阅了有关文件，听取了编制单位的全面汇报，实地踏勘了线路，并与相关部门和单位进行广泛交流和讨论，最终得出主要结论如下：

1）中山路区域。虽从服务功能来看中山路方案最具优势，但方案拆迁量大，如不能结合旧城改造同步实施，则工程难以按期实现。调整方案（镇海路方案）工程实施条件具有优势，但该方案位于中山路商业区边缘，虽然有利于对中山路旧城风貌保护区的保护，但对区域服务功能有一定影响。若选择镇海路方案，须结合站点周边交通一体化设计，做好各种交通方式和人行设施的接驳，以保障1号线对中山路区域的服务水平。

2）杏林区域。原方案（杏前路方案）选择从杏林区域中心通过，对杏林区域的服务功能较好。但杏前路方案拆迁量大，面临的不确定性因素较多。调整方案（杏锦路方案）布设于待开发地块内，可与地块物业开发统筹规划、建设，从工程实施角度更具可实施性。建议深入研究并落实站点周边交通一体化设计，做好各种交通方式接驳，保障1号线对杏林区域的服务水平。

建议下一步应对由于方案调整变化而引发的社会稳定风险进行深入调查研究，并做好调整方案的公示和宣传工作，广泛征求民众意见，落实风险防范和控制措施。

据此，国家发改委办公厅颁发了《关于同意对厦门市轨道交通1号线一期工程局部线路方案优化调整的复函》（发改办基础〔2014〕149号文件），对两处线位方案优化调整予以肯定。在此基础上，厦门市发改委于2014年6月6日颁发了《厦门市发改委关于调整厦门市轨道交通1号线一期工程可行性研究报告的批复》（厦发改交能〔2014〕58号文件），对调整后的可行性研究报告予以批复。

调整后获批的可研方案为：1号线一期工程线路全长30.3 km，其中地下线25.9 km，地面线1.6 km，高架线2.8 km。起自镇海路站，经文园路、湖滨中路、湖滨南路、嘉禾路、海堤路向北出岛，经高集、集杏海堤跨海，沿杏锦路、诚毅大街、珩山路至厦门北站，止于厦门北站北广场（图4.4.3-1）。共设车站24座，其中地下车站23座，高架站1座，在中山公园、文灶、莲坂、吕厝、火炬园、厦门北站6座车站预留与其他轨道交通线路换乘条件。线路在本岛北部设置高崎停车场，在厦门北站以北设置岩内综合维修基地。在园博苑用地内设控制中心1处，在火炬园及董任分别设置2座主变电所。车辆采用B型车，1500 V架空接触网

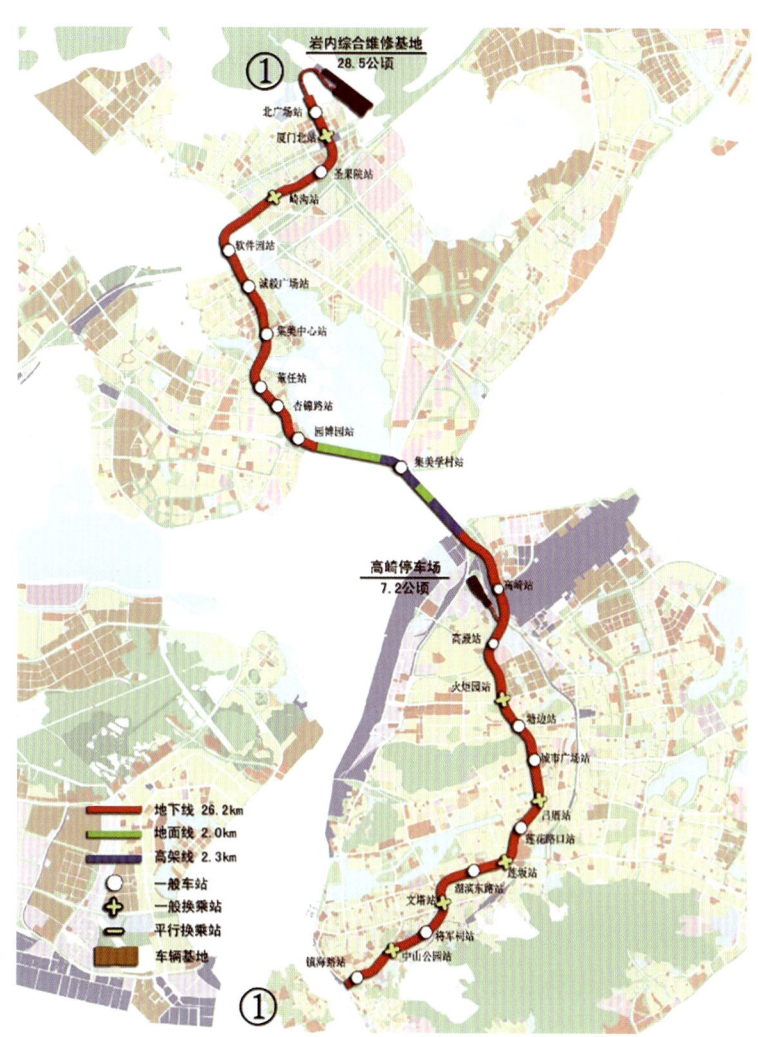

图4.4.3-1　1号线一期工程的可研总平面（2014年6月最终获批）

供电方式，最高时速80 km/h。初、近、远期均采用6辆编组（4动2拖），初期配车40列240辆。项目总投资223.3亿元，其中资本金40%，其余以银行贷款方式解决。项目总工期4.5年。

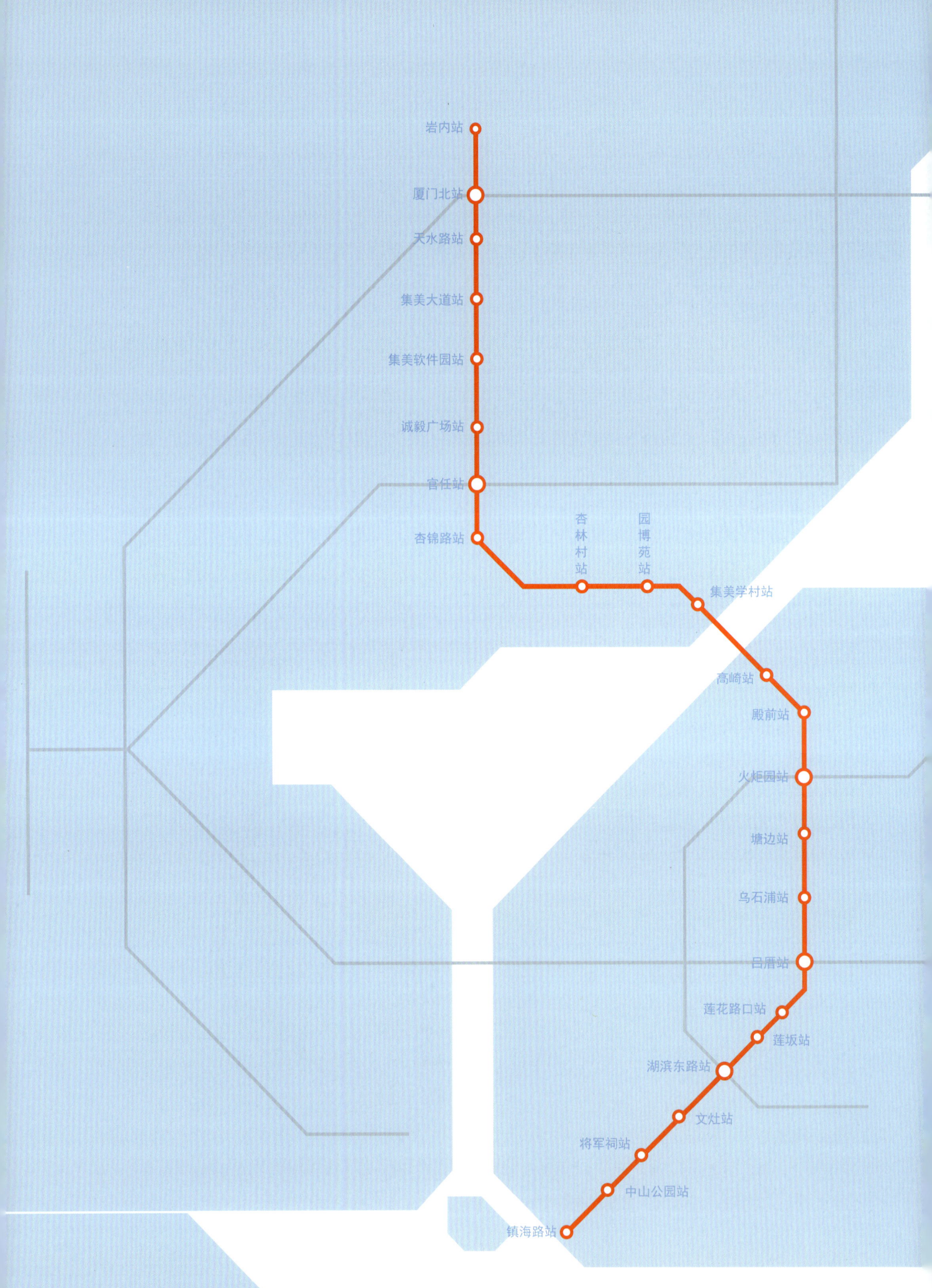

设计篇

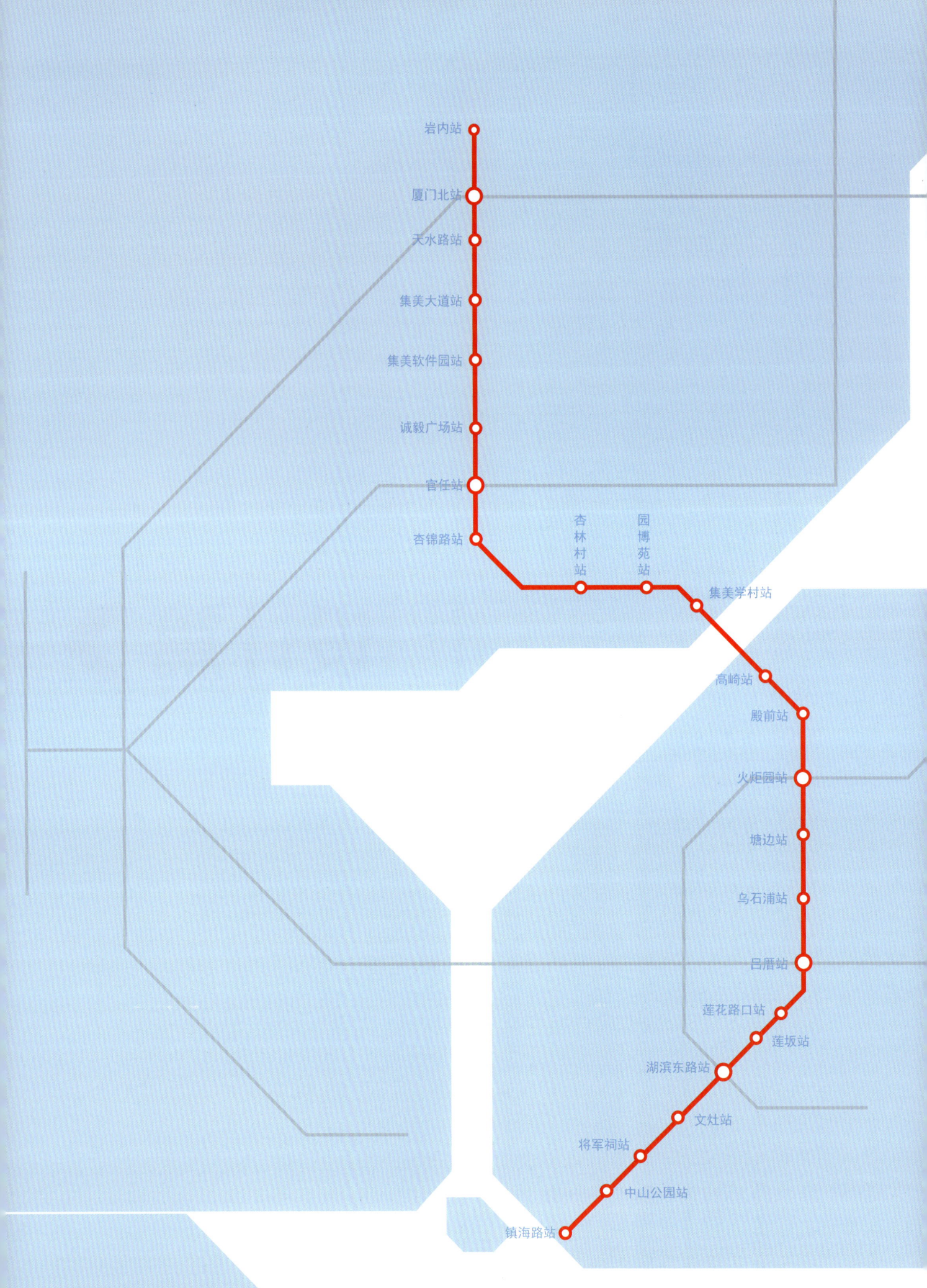

5 概　述

5.1　工程概况

厦门市轨道交通1号线作为规划线网中最为重要的一条中心放射状骨干线，由本岛西南端向北辐射形成快速跨海连接通道。线路主要沿城市重要的南北向发展轴敷设，连接了本岛和岛外的杏林、集美和同安三大组团。

1号线工程线路整体呈南北走向。线路起于思明区镇海路，沿镇海路、公园东路向北敷设，于公园东路、虎园路交叉口南侧地块内设中山公园站；而后继续沿图强路、文园路敷设，在厦禾路湖滨中路口设文灶站；出站后经由厦门市公共交通总公司地块转入湖滨南路，由明发广场前折向嘉禾路北上，在湖滨北路口设吕厝站，与2号线换乘后一直沿嘉禾路布设；穿越亚植所后设高殿站，与出入场线接轨；在国铁高崎火车站附近进入原海堤路，利用高集和集杏海堤分别以高架和地面方式跨海，在园博苑西侧转入杏锦路西侧地块敷设，而后下穿杏林湾进入集美新城沿诚毅大街绿轴敷设；在软件园地块设站后沿规划珩山路、珩田路接入本线在国铁厦门北站已建成的预留工程，出站后向北到达1号线工程的终点岩内站；站后设交叉渡线接厦门北车辆段出入线。

1号线工程线路在本岛北部设置高崎停车场，在岛外岩内设厦门北车辆段，主要承担近期1、2、6号线车辆的大架修任务。

根据《厦门市城市轨道交通建设规划（2011—2020）》，全线网在园博苑站地面设1座控制中心，以实现资源共享。

5.2　建设规模

轨道交通1号线工程线路长度为30.23 km，其中本岛15.0 km，岛外15.23 km，地下线25.09 km，地面线2.34 km，高架线2.80 km；共设置车站24座，其中地下站23座，高架站1座；最大站间距3.84 km，最小站间距0.62 km，平均站间距1.3 km，其中岛内平均站间距1.2 km，岛外平均站间距1.5 km；全线设置综合维修基地1座，停车场1座，主变电所2座，控制中心1座。

厦门轨道交通1号线工程（不含同期实施工程）概算总额为241.36亿元，技术经济指标7.98亿元/正线公里。

5.3 建设工期及设计年限

5.3.1 建设工期

厦门市轨道交通1号线工程是厦门市建设的首条轨道交通线路，根据市政府计划安排，于2014年4月开工建设，2018年9月建成通车，建设总工期4.5年。在厦门市委、市政府的正确领导下，经全体参建单位的努力和市各相关部门的大力支持，1号线工程于2017年12月31日建成通车。

5.3.2 设计年限

按照计划安排，厦门市轨道交通1号线工程将于2018年建成通车，设计年限初期为2021年，近期为2028年，远期为2043年。

5.4 设计过程

2011年9月通过公开招标，中铁二院承担厦门市轨道交通1号线工程设计总体、设计管理工作。

2011年10月，中铁二院作为1号线工程设计总体、设计管理单位进驻厦门，全面开始总体设计和技术管理工作，对全线线路、土建及系统配置进行了方案比选、协调，基本稳定了全线的线站位方案，于2012年5月完成总体设计文件，并先后编制完成了《初步设计技术要求》、《初步设计文件组成与内容》、通用图等一系列指导性、总体性文件。

2012年7月5—7日，《厦门市轨道交通1号线工程总体设计》通过厦门轨道交通集团公司组织的专家组审查。

2012年3月9—10日，《厦门市轨道交通1号线工程初勘阶段岩土工程勘察报告》通过轨道集团组织的专家组审查。8月份完成全线地形修测和导线点布设。

2012年3—6月，经过公开招投标程序，土建工点单位和系统设计单位陆续进驻厦门，参与厦门市轨道交通1号线工程设计。其间配合规划单位完成商业开发策划和交通衔接规划设计，先后组织两次初步设计中间成果审查，于2012年9月22日完成全线初步设计文件。

2012年9月24—27日，厦门市建设与管理局在厦门组织召开了"厦门市轨道交通1号线工程初步设计预评审会"。

专家组认为初步设计文件内容较全面、翔实，线站位和车辆基地选址已征得城市规划、土地等主管部门的认可，设计方案基本稳定；机电设备系统构成、功能和配置满足运营模式要求；车站建筑布置、结构设计方案和施工工法选择基本可行，车辆基地平面布置合理，工艺设计基本满足运营需要；选用的主要技术标准符合国家规范规定，编制深度达到本阶段要求。

2013年9月9日，厦门市轨道交通1号线工程初步设计获得厦门市建设与管理局批复。批复意见认为："初步设计文件选用的主要技术标准符合国家规范规定，编制深度达到本阶段要求，线站位和车辆基地选址已征得我市相关主管部门的认可，设计方案基本稳定，机电设备系统构成、功能和配置满足运营模式要求，车站建筑布置、结构设计方案和施工工法选择基本可行，车辆基地平面布置合理，工艺设计基满足运营需要，概算调整符合国家有关文件规定。"

批复意见："建议在下一步工作中，对部分路段线路方案进一步优化，结合线路沿线实际情况，对起点段、高殿村段、杏林段以及崎沟片区的线站位方案进行比选，尤其是拆迁量大的地段。"

2013年12月6—8日，厦门市建设与管理局在厦门组织召开了"厦门市轨道交通1号线工程初步设计调整专家预评审会"。根据初步设计批复意见，主要针对下列4段局部线站位方案及引起的机电设备系统变化进行评审。

1）起点站—将军祠站：调整初步设计线路起自镇海路海景大酒店前，之后沿镇海路、公园东路敷设，并于公园东路和虎园路东南象限地块内设中山公园站，然后区间下穿厦门宾馆后接入文园桥线位。

2）火炬园站—高崎站：调整初步设计线路在石鼓山立交以东转入嘉禾路，并在嘉禾路下设殿前站，站后区间为避让成功大道在嘉禾路下的锚杆箱涵段，于嘉禾路内侧敷设，然后转入嘉禾路，继而接入高崎站，出入场线于嘉禾路北侧出地面，以路基形式接入停车场。

3）园博苑站—官任站：调整初步设计线路沿杏锦路敷设，园博苑站设于园博苑西门的停车场地块内，区间下穿杏林大桥引桥桥台后于北侧地块内设双岛四线的杏林村站，支线上跨主线后沿规划三南路敷设，杏锦路站设于110kV园博变西侧，线路下穿杏林湾后跨杏林湾路路口设官任站。

4）集美大道站—厦门北站：本段线位基本沿用原初步设计线路，初步设计调整将崎沟、圣果院两站合并至天水路口。

专家组认为《调整一初步设计》就局部区段的线路调整而引起线路长度、配线、车站、区间、车站数及其相对应机电设备系统、车场、工程筹划的变化等内容较为全面、翔实，方案基本可行；概算采用定额及计费标准等基本符合国家、福建省和厦门市的有关规定，内容较为全面，编制深度达到了本阶段要求。

根据厦门市社会经济发展的新要求，对厦门市轨道交通线网进行调整，2014年3月17—28日通过专家评审，在新线网中取消1号线至灌口支线并向同安延伸（二期工程）。

2014年4月12—13日，厦门市建设与管理局在厦门组织召开了"厦门市轨道交通1号线工程初步设计调整专家预评审会"。

本次初步设计调整根据新线网，对下列两段工程做了调整：

1）杏林村站及前后区间。根据厦门市轨道交通线网的最新调整，取消1号线支线，同时线路延伸至同安。杏林村站取消原双岛四线设置，改为标准站带站前单渡线形式，并与上盖物业开发相结合，车站标高已与物业开发单位协调。现园博苑站—杏林村站区间和杏林村站—杏锦路站区间均设置为单坡，采用盾构法施工。

2）岩内站及站前区间。终点站岩内站预留二期工程接口，因车站需同时满足列车通过、折返、出入段功能，所以将原设计一层侧式车站改为二层岛式车站，一、二期正线直接对接，出入段线于站后通过道岔接轨，从而满足功能要求。

专家组认为《调整二初步设计》文件内容较全面，翔实，线路取消支线并预留向同安方向延伸而引起线路配线、车站及其相对应机电设备系统、车场变化以及相应的预留原则较为全面，设计方案基本可行；车站建筑布置、结构设计方案和施工工法选择基本可行，文件编制深度基本达到本阶段要求。

2014年8月15日，厦门市轨道交通1号线工程初步设计调整获得厦门市建设与管理局批复。批复意见认为："《调整一初步设计》关于局部区段的线路调整而引起线路长度、配线、车站、区间、车站数及其相对应机电设备系统、车场、工程筹划的变化等内容较为全面、翔实，方案基本可行；概算采用定额及计费标准等基本符合国家、福建省和厦门市的有关规定，内容较为全面，编制深度达到了本阶段要求。《调整二初步设计》文件内容较全面、翔实，线路取消支线并预留向同安方向延伸而引起线路配线、车站及其相对应机电设备系统、车场变化以及相应的预留原则较为全面，设计方案基本可行；车站建筑布置、结构设计方案和施工工法选择基本可行，文件编制深度基本达到本阶段要求。""原则同意调整的初步设计文件，认为经优化、调整后，可作为下阶段设计工作的依据。"

6 设计原则综述及关键技术标准

6.1 设计概述

作为厦门轨道交通线网规划中实施的第一条线路,1号线的工程属性既需要满足单条线路的要求,同时也会对后续线路的技术标准及技术方案的确定起到重要作用。本章通过对1号线线路走向、车站分布及局部线站位方案研究,车站公共区标准设计,车站、区间结构工程方案研究,牵引供电制式选择等方面的总结,系统地回顾了1号线若干技术方案和技术标准比选研究的历程和结论,以供读者参考和借鉴。

6.2 线路走向、车站分布主要标准

1号线工程共设车站24座,其中地下站23座,高架站1座;换乘车站5座,13座车站位于厦门本岛内。

轨道交通车站的分布对客流的吸引与疏导有着至关重要的作用,在符合《地铁设计规范》(GB 50157—2013)要求的同时,需综合考虑轨道线网规划的换乘节点、沿线主要客流集散点和现状及规划的交通枢纽,如火车站、公交枢纽、大商圈,分析线路周边的地形地质情况、建设可行性与造价、施工、运营成本等。大站间距可以减少车站数量,从而节约车站的土建工程投资,但同时也将引起部分客流向邻近车站转移,导致邻近车站规模增大;小站间距由于车站数量较多,车站总投资会相应增大,但吸引客流、服务功能好。

1号线工程车站分布体现"以人为本"的原则,既解决沿线主要客流的集散,为地区建设、促进跨岛发展创造优越的条件,同时以线网规划的换乘节点、城市交通枢纽点为基本站点,兼顾客流集散需求及换乘衔接的便利性,细化车站与城市其他交通的一体化规划设计。1号线工程站间距分布原则如下:

1)衔接新老城区,服务通勤客流,站间距"疏密有致"。
2)岛内老城区居住人口密度高,平均站间距宜为1 km。
3)跨海过湾段站间距较大,利于缩短全线运营时间。
4)全线平均站间距不宜大于1.5 km。

6.3 车站公共区设计标准

6.3.1 总体原则

车站公共区是乘客售检票和进出站的主要区域,是轨道交通展示其自身形象的重要场所,也是控制

车站投资、提升车站品质、优化人流流线、强化轨道交通与周边地块联系、提高服务水平的重要载体，因此公共区布置是轨道交通车站设计的灵魂。

车站公共区标准设计为1号线工程全线车站设计时需要遵循的设计标准，根据乘客行为模式、运营模式、设备条件综合考虑，包括功能布局、客流组织、设备布置、人性化设施等部分内容。

1）功能布局：提供安全、方便、畅顺及有效率的车站功能布置，方便乘客进出站和识别，方便运营的交叉管理。

2）客流组织：对客流的有效组织，使乘客能迅速及顺畅地完成车站旅程。根据客流组织，车站的设施配合客流布置。

3）设备布置：为了管理运营的效率最大化，对设备布置模式进行统一，方便运营管理人员使用。

4）人性化设施：以人为本，充分考虑乘客及工作人员的心理、生理因素，了解他们的需求，真正体现出对乘客及工作人员的尊重与关心。

6.3.2 设计重点

通过对全国各地近期已建或在建轨道交通车站的公共区标准化设计进行分析，结合厦门轨道交通的工程特点及客流分布特点，从以下11个方面对1号线工程车站公共区标准化设计进行研究。

（1）单、双柱的选择

目前国内城市轨道交通车站一般采取单柱双跨或者双柱三跨两种结构形式。从结构角度分析，双柱三跨柱距适中，受力均匀，在站台宽度相同的情况下能有效降低梁、板、柱的结构尺寸。因此，1号线工程车站采用双柱布置。

（2）柱距的确定

双柱三跨车站中站台层结构柱距站台门距离较近，需根据站台门固定扇的间距确定，采用9750mm柱距。

从图6.3.2-1可以看出，采用9750mm柱距与应急门关系良好。紧急状况下，应急门开启后，均避开结构柱，有视线遮挡的为楼扶梯位置，共有4处，最小距离为2.4m，其余8处均无遮挡。

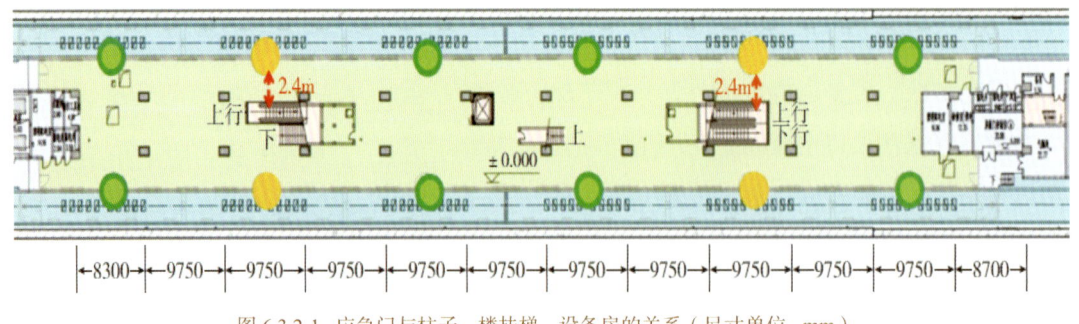

图6.3.2-1 应急门与柱子、楼扶梯、设备房的关系（尺寸单位：mm）

从图6.3.2-2可以看出，采用9750mm柱距，站台层乘客上下车空间体验好。正常状况下，站台门开启后，乘客上下车，所有结构柱均避开了乘客视线，上下车上方与前方无遮挡，流线顺畅。有遮挡处仅为楼扶梯处和设备管理房处。

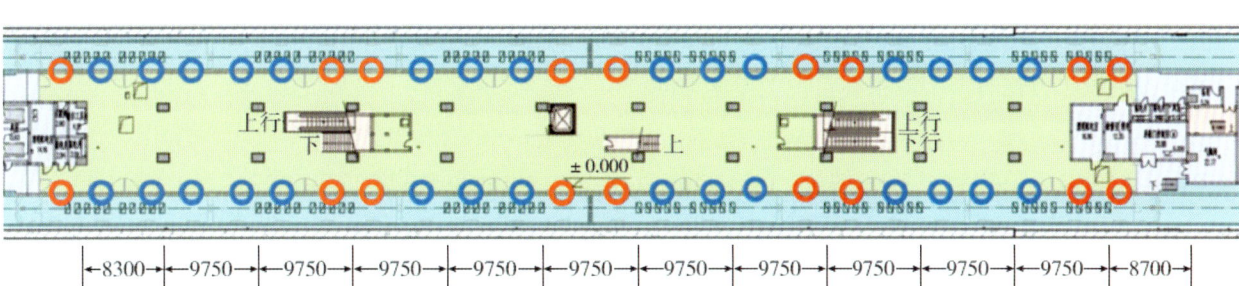

图 6.3.2-2　站台门开启扇与柱子、楼扶梯、设备房的关系（尺寸单位：mm）

（3）层高的确定

对于一般轨道交通车站而言，公共区狭长而压抑，因此空间高度的增加对提升空间效果尤为重要，但同时应保证结构合理，且控制工程造价。国内轨道交通车站站厅层、站台层装修净高一般为3 m。1号线工程设计中，一般站厅层公共区地面装修后至顶板底面高度提升为4.8 m，站台层按常规设计为4.55 m。为便于公共区两端综合管线的交叉布置，站厅层两端通道连通处将顶板中纵梁上翻，有利于确保车站装修后的净高，此区域吊顶下最小净高满足3.0 m。

如图6.3.2-3所示，站厅层公共区的吊顶采用人字坡，在设计和施工中利用建筑信息模型（building information modeling，BIM）技术对管线综合和吊顶安装进一步优化后，站厅公共区边跨吊顶下装修最小净高提升到3.2 m。

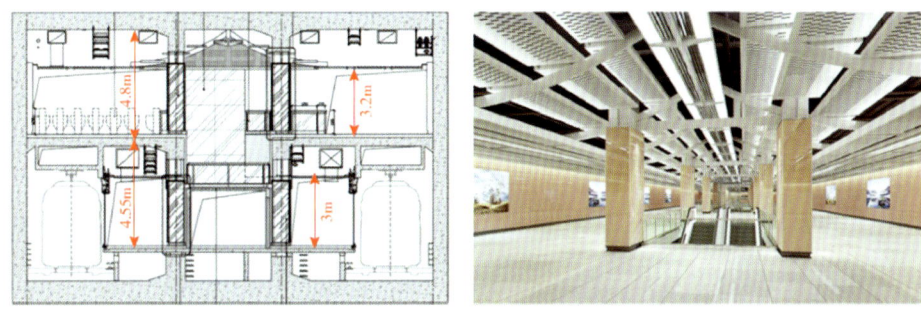

图 6.3.2-3　车站公共区横剖面及装修效果

（4）岛式站台宽度的确定

根据1号线工程客流预测的结果，按照地铁设计规范进行计算，非换乘车站采用2.5 m宽侧站台均可满足要求。考虑到国内许多城市的地铁在运营过程中客流增长迅猛，均出现不同程度的拥堵现象，为提升厦门地铁服务质量，为将来客流增长预留余地，同时结合目前国内车站设计的发展趋势，确定1号线工程岛式站台宽度双柱车站不小于12 m、单柱车站不小于11 m、侧式站台扣除站台门后的净宽不小于3 m的原则，与交通枢纽和大客流商圈衔接的车站按预测客流计算预留余量，换乘站原则上不小于14 m。

（5）无障碍电梯的设置

目前国内轨道交通车站设计中，无障碍电梯位于公共区端部和位于公共区中间的做法均有，见表6.3.2-1。

1号线工程采用无障碍电梯位于公共区中间的方案，可以较好地适应轨道交通车站全面实行安检后的运营客流组织，方便有需要的乘客自由地使用无障碍电梯。

表 6.3.2-1　无障碍电梯位于公共区中间优缺点

优　点	缺　点
1. 不影响自动售票机、闸机布置和设备区布置 2. 有利于实现付费区内无障碍换乘 3. 运营管理方便，一般情况下不需要特殊的服务 4. 有利于实现无障碍电梯与列车内无障碍设施配合的标准化 5. 启动安检程序时，客流组织不受影响	1. 对站厅、站台的空间视觉效果有较大影响 2. 对中部空间布置扶梯和电梯相比较，电梯的输送能力较弱，且紧急状况下不能参与疏散

（6）无障碍电梯与楼梯的组合方案

1号线工程车站公共区标准设计付费区设3组楼扶梯：一端为两扶，另一端为一楼一扶，呈"八"字形布置；中间为电梯与折跑楼梯组合布置。在站厅布置中，将上下行双扶梯组尽量朝向分向客流较大的一端，有利于客流集散。无障碍电梯与楼梯的组合形式有多种，1号线工程在初步设计阶段进行了多方案比选，最终选择了无障碍电梯与折跑楼梯组合的方案，如图 6.3.2-4 所示。

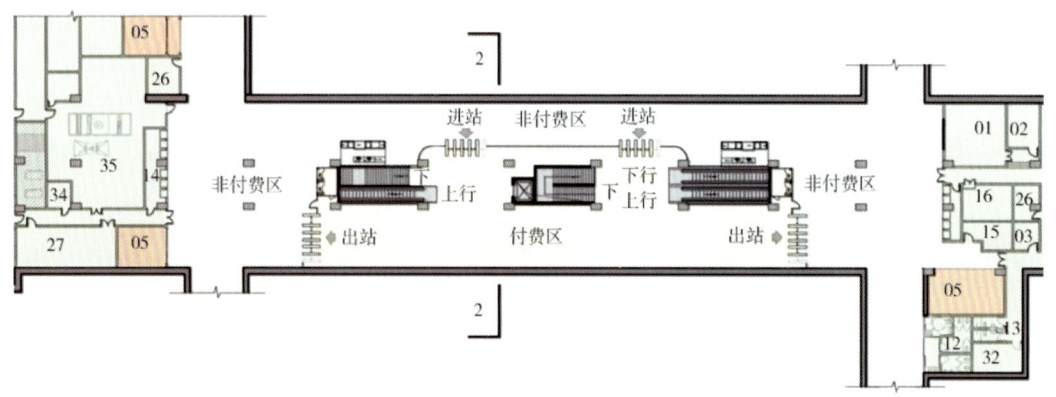

图6.3.2-4　公共区楼扶梯布置

公共区楼扶梯的布置要满足紧急疏散的需要，即根据地铁设计规范，必须在 6 min 内将站台层所有的人员输送到站厅层。考虑到紧急情况下，采用扶梯疏散的安全性不及楼梯，1号线工程车站设计标准要求站台至站厅至少设置 2 部楼梯。同时在现行规范基础上根据运营实际，进一步细化了扶梯参与疏散的具体情况和计算原则：在紧急情况下，一台上行扶梯停运检修，其余上行扶梯均上行，按照扶梯的输送能力参与疏散；下行扶梯均停运，按照 0.55 m 宽楼梯的输送能力参与疏散。此外，客流高峰期为避免楼扶梯口部产生较长时间、较严重的拥堵，因此有必要在满足基本要求的基础上增加楼扶梯数量。在此设计原则下，1号线工程标准站采用两扶和一扶一楼于两端呈"八"字形布置，中部布置一组无障碍电梯和折跑楼梯组合，折跑楼梯在站台层开向两扶方向，以提高站台层在紧急情况下楼梯疏散的均匀度和覆盖范围。正常情况下，这种楼扶梯、电梯的布置方式也有利于工作点的均匀覆盖，有利于保证站台与站厅乘客集散的均衡。

比选过程中还提出了无障碍电梯与楼梯的5种组合方案，结合客流组织、疏散计算、结构设计等多种因素进行比较：

1）无障碍电梯单独设置，削弱了公共区楼扶梯的疏散能力。

2）与两部双跑楼梯组合，导致站厅层付费区过于局促。

3）与L形楼梯组合，楼梯的宽度受限于中纵梁及电梯孔，不能满足人员疏散的要求。

4）与T形楼梯组合，需中断中板中纵梁。

5）与扶梯组合，将导致站厅层付费区过于局促，且楼扶梯在站台层的分布不均匀。

换乘车站则主要考虑两线换乘的客流动线组织，主要的楼扶梯组均朝向换乘客流方案布置，在先行保障常规客流的换乘需求后，无障碍电梯则根据实际情况不一定居中设置，但原则上应设置于付费区内，方便乘客使用。

（7）自动售、验票机的设置

自动售、验票机是车站的主要运营设备，供乘客购票、充值、查询。地铁售、验票机的布置通常有嵌入式自动售、验票机和外置式自动售、验票机两种。由于运营管理每天需要从自动售票机中取出钱币、放入车票，并需要对售、验票机进行维修，为方便维修、管理，故推荐采用嵌入式自动售、验票机的设置。

嵌入式自动售、验票机原则上不置于站厅公共区两端的端墙内，为防止购票排队乘客影响通道进出站、过街客流，安装嵌入式自动售、验票机的端墙原则上内退通道口2m，预留出排队缓冲空间。

（8）公共卫生间、工作人员卫生间的设置位置

公共卫生间的设置位置一般有两种方案：①设于付费区，站台层；②设于非付费区，通道口部。

工作人员卫生间一般布置于管理人员较多的设备管理区内，方便使用。1号线工程采用表6.3.2-2所示方案——公共、工作人员卫生间集中布置于通道口部。

表6.3.2-2 公共、工作人员卫生间集中布置于通道口部优缺点

方案图示	优点	缺点
	1.体现地铁作为公共基础设施的便民性、人性化的特点，可兼顾市政公共卫生间功能 2.对车站内部环境的影响最小	不便于乘客在付费区内的使用

（9）进、出站闸机的位置确定

出站客流为集中客流，瞬时客流量较大，因此将出站闸机布置在公共区端部，前后留出较宽松的缓冲空间，方便乘客安全迅速地从车站内部疏散出站外。进站客流为连续客流，客流量较均匀，故可布置于车站公共区中部，乘客进入车站之后，需先购票、安检，再进付费区，这段流程正好需要一定的走行距离。

（10）票务中心的位置确定

票务中心的主要功能为人工售票、补票、问询。为方便补票，将票务中心与出站闸机结合布置，同时，为了方便乘客问询及人工售票，将票务中心设于公共区端部、安检区之外。

（11）车站安检设施布置基本原则

1）为方便管理，安检机必须设于车站出入口与进站闸机之间。

2）标准公共区按"中间进、两端出"的流线布局进行设计，设置两处安检设施。

3）换乘站和特殊布局的车站根据客流动线合理设置安检设施。

6.4　车站、区间结构工程方案研究

6.4.1　车站结构方案

车站是整个地铁系统的重要组成部分，车站形式的选择受许多因素的制约，需要多方案比较、综合考虑。车站形式的选择是否合理，对线路埋深、车站结构形式、施工工期及土建工程造价及乘客使用便利等具有极大的影响。

地下车站施工方法的选择，一方面受沿线工程地质和水文地质条件、环境条件（地面建筑物和地下构筑物的现状、道路宽度、交通状况、环境保护等）、轨道交通的功能要求（线路平面布置、车站形式、车站埋置深度、开挖宽度）等多种因素的制约，另一方面又会对施工期间的地面交通和城市居民的正常生活、工期、工程实施的难易程度、城市规划的实施、地下空间的开发利用、运营效果等产生直接影响。施工方法对结构形式的确定和土建工程造价有决定性影响。

地铁车站结构形式与施工方法密切相关，采用不同的施工方法对应的结构形式也不相同。国内轨道交通车站建设中，常用的施工方法有明挖法、盖挖法、矿山法，国外也有采用盾构法施工的车站。针对厦门市轨道交通1号线工程沿线工程地质和水文地质条件、环境条件以及对厦门地区基坑主要支护形式的调研结果，车站基坑围护结构形式主要采用了钻孔灌注桩+止水帷幕+内支撑体系。

1号线工程共设置车站24座，其中地下站23座，高架站1座。地下车站结构形式均采用框架结构体系，采用全明挖车站8座，采用明挖+局部盖挖车站14座，高架车站1座，厦门北站高铁站同步已建成轨道交通站1座。地下车站围护结构形式采用钻孔灌注桩+止水帷幕+内支撑体系的有16座，采用地下连续墙+内支撑体系的有5座，采用放坡开挖的有1座，高架车站采用钻孔桩基础。

6.4.2　区间结构方案

区间隧道是连接车站的地下建筑物，其结构形式一般由其所采用的施工方法及功能需要而定。施工方法对结构形式的确定和轨道交通土建工程造价有决定性影响，因此施工工法的确定，必须因地制宜、

统筹兼顾，选择的工法应技术可靠、水平先进、经济合理。区间隧道主要的施工工法有明挖法、暗挖法（又分矿山法、盾构法）。

施工方法的选定，一方面受沿线工程地质和水文地质条件、环境条件（地面建筑物和地下构筑物的现状、道路宽度、交通状况等）、线路平面位置、隧道埋置深度、开挖宽度等多种因素的制约，同时也会对施工期间的地面交通和城市居民的正常生活、工程的难易程度、工期、造价、地下空间的开发利用、运营效果等产生直接的影响。

1）镇海路站—将军祠站区段：周边建筑多为多层建筑，较为集中，局部为高层建筑，线路已绕避。隧道上方主要为杂填土、残积砂质黏性土、全风化和强风化花岗岩，隧道主要穿越中风化和微风化花岗岩。采用明挖法施工，基坑深度较大，工程造价高，管线迁改难度大，上部建筑密集拆迁难度大。根据地质情况及穿越土层条件，采用盾构法施工，虽对沉降控制较好，对上部建筑物影响较小，但因主要穿越中风化和微风化花岗岩，岩质坚硬，对盾构刀具磨损较大，且有无法推进风险。中山公园站至将军祠站隧道穿越山体，隧顶中至微风化花岗岩层厚，地面预处理难度亦大。另外，结合车站工筹及场地条件，较难满足盾构始发、调头场地条件。采用矿山法，结合联络通道设置竖井并提供矿山法隧道工作面，工期可得到保障。由于在中至微风化岩中掘进，地面基本没有沉降，局部风化槽段采取相应施工措施也可较好控制沉降，减小对上部建筑物影响，因此采用矿山法施工。

2）将军祠站—乌石浦站区段：线路主要沿现状道路湖滨中路、厦禾路、嘉禾路敷设，道路为城市主干道，交通繁忙，地下管线密集，区间两侧建筑物密集。隧道穿越的地层主要有粗砾砂层、淤泥层、黏土层、残积砂质黏性土、残积砾质黏性土、全风化花岗岩、散体状和碎裂状强风化花岗岩。区间隧道周边环境条件复杂，周边建（构）筑物对沉降控制要求较高，管线迁改难度大，明挖施工对地面交通影响较大。由于区间穿越了大量的粗砾砂层、淤泥层、残积砾质黏性土等不良地质，采用矿山法施工，隧道极易产生涌泥、涌砂和坍塌，其施工风险和工程造价高。本段地层虽然局部段有中至微风化岩突起并有孤石发育，在隧道底板置于稳定地层的前提下优化隧道埋深，尽可能多地避开中至微风化岩突起，并结合车站对部分中至微风化岩突起段进行矿山法施工和地面爆破预处理，整体上有利于盾构机掘进。因此，该区段主要采用盾构法施工。

3）乌石浦站—高崎站区段：线路主要沿嘉禾路、高集海堤与集杏海堤走行。塘边—高崎段区间隧道下穿石鼓山立交桥、福厦铁路、成功大道等，沿线地质条件多变，地面高低起伏，局部地段基岩突露。隧道洞身穿过地层主要为可塑至硬塑残积黏性土、全风化及散体状强风化花岗岩，局部涉及中风化或微风化花岗岩残余体。隧道顶板以上地层主要为人工填土、残积层和全至强风化带，花岗岩球状风化体赋存于花岗岩的全风化岩层、强风化岩层和残积土层中，强度较高，由于它与其周围土石的强度相差巨大，且体量一般，因此不易被勘探全部发现。在施工过程中，花岗岩球状风化体会导致瞬间刀盘作用力大增，易造成刀盘变形、刀具的严重损坏、隧道管片破损、隧道中心线偏移盾构机、盾构机瘫痪等许多难以预料的问题。目前盾构机对孤石的处理方法主要有人工破岩、盾构机破岩、地面钻探破岩和冲孔桩破岩4种。根据目前广州、深圳地铁盾构机对孤石的施工经验，采用人工破岩方法的前提条件是开挖面必须自稳，采用盾构机破岩方法的代价是要花很长的时间进行围岩的加固和盾构机的停机等待，采用地面钻探破岩和冲孔桩破岩方法需增加足够的钻探孔提前探测清楚孤石情况。该段是厦门进出岛的重要通道，管线多（水、电、气、通信等），对交通影响大，场地条件难以协调，施工难度大。本段不发育含水砂层和软弱淤泥层，地下水可控，且穿越残积土和全、强风化层在翔安隧道施工时积累了丰富的经验。采用矿山法施工，从施工的安全性、工期和工程量各方面具有较大优势，因此本区段采用矿山法施工。

4）岛外区段：周边环境简单，区间地层上覆杂填土、全新统冲洪积层，局部发育全新统海积砂层，下伏残积土和花岗岩风化层。由于线间距较大和线路埋深，隧道（或隧底）主要位于残积硬塑状砂质黏性土和全风化花岗岩中，中至微风化岩突起和孤石不甚发育，有利于盾构掘进，因此该区间主要采用盾构法施工。

6.4.3 盾构隧道主要参数的选择

盾构法隧道管片结构设计应综合考虑线路的曲线要素，施工误差，测量误差，结构受力及变形，结构的安全性、耐久性等需要来确定。其主要设计内容包括内径、幅宽、保护层厚度、衬砌环厚度、分块、拼装方式、组合类型、连接形式、接触面构造等。1号线工程盾构隧道结构主要参数及推荐理由见表6.4.3-1。

表 6.4.3-1　盾构隧道结构参数

序号	项目	参数	推荐理由
1	内径	ø5500 mm	盾构隧道所处地层主要为残积砾质黏性土、全至强风化花岗岩层，局部穿越砾砂、淤泥、黏土层，软弱地层范围较大。结合国内相似轨道交通工程盾构隧道穿过软弱地层的设计、施工及运营经验，考虑综合施工误差为±100 mm，后期沉降50 mm，衬砌环内径采用 ø5500 mm
2	幅宽	1200 mm	根据国内外已建地铁盾构隧道情况，衬砌环幅宽主要有1000mm、1200mm和1500mm这3种。衬砌环幅宽加大，对于线路曲线半径、施工管理、后配套系统有了更高的要求。1号线工程线路走向较为曲折，共设47个角点，300 m半径曲线达 4 处，线形相对较差，结合考虑线路的曲线设置、施工经验等因素，衬砌环幅宽采用 1200 mm
3	保护层厚度	外侧 50 mm，内侧 40 mm	国内城市地铁管片外侧保护层多采用50 mm，内侧保护层多采用40 mm，结合厦门水文地质环境、结构构造及耐久性要求、管片厚度和受力要求，保护层厚度采用外侧50 mm、内侧40 mm
4	衬砌环厚度	350 mm	根据国内已建地铁盾构隧道情况，衬砌环厚度主要有 300 mm 和 350 mm 两种。根据厦门工程地质报告和水文地质情况，衬砌结构混凝土材料的密实性和抗渗性成为其耐久性的一项重要指标，而结构的厚度又对抗渗性有着极大影响。综合衬砌结构受力、变形、配筋、造价、防水、耐久性等方面的分析，衬砌环厚度采用350 mm
5	分块	6 分块	根据国内外实践经验，通常隧道直径 6 m 左右的盾构以 6 块居多。小封顶块尺寸较小，拼装成环方便。根据隧道施工的实践经验，考虑到施工方便以及受力的需要，采用小封顶形式，即（5+1）分块，一块封顶块、二块邻接块、三块标准块
6	拼装方式	错缝	衬砌圆环有通缝、错缝两种拼装方式。错缝拼装能使圆环接缝刚度分布趋于均匀，减少结构变形，可取得较好的空间刚度，但衬砌环之通缝内力加大，且管片制作精度不够时容易在推进过程中被顶裂，甚至顶碎。通缝拼装施工难度较小，衬砌环内力较错缝衬砌环小，可减少管片配筋量，但衬砌空间刚度稍差。综合比较后采用错缝拼装形式

续表

序号	项目	参数	推荐理由
7	组合方式	通用环	考虑到目前国内既有盾构和相配套的管模形式，本工程采用通用环管片。通用型管片具有钢模少、利用率高，管模成本低，管片拼装简单化、易于管理，轴线偏差小，易于盾构推进时的纠偏，管片精度高，不会因管片类型供应上不造成工程质量问题，可采用靠自动化测量、软件自动选择管片拼装位置，环面止水效果，渗漏水环节少等特点
8	接触面构造	纵缝接触面设凸凹榫	接触面构造包括密封垫槽、嵌缝槽及凸凹榫的设计，凸凹榫的设置有助于提高接缝刚度、控制不均匀沉降、改善接缝防水性能，也利于管片拼装就位。鉴于厦门地区地质复杂、上下地层差异较大，衬砌环设计在纵缝接触面设凸凹榫

6.4.4 盾构选型

盾构选型主要考虑地质条件、周边环境、参考类似工程实例等综合确定。厦门地质条件复杂，盾构施工风险大。例如，中至微风化岩面起伏造成的上软下硬地层中盾构机姿态控制困难，长时间扰动上部软弱地层（主要是淤泥层和砂层）易造成地面沉降过大；黏土地层中刀盘易结泥饼；砂层中易出现喷涌及密封渗漏；软土中遇到球状花岗体可能造成对盾构机刀盘损坏。针对这种情况，厦门轨道集团组织开展了盾构选型专题研究工作。根据华南地区类似地质盾构隧道施工大多选用复合式土压平衡盾构机的经验，结合厦门轨道交通的施工场地，综合考虑地面环境、工程造价等因素，选用对各种地层适应性较好的复合式土压平衡盾构机。根据管片外径6200 mm，考虑到复合地层中同步注浆管布置形式、盾尾壳厚度等因素，选用6480 mm的开挖直径，且采用锥形设计。厦门盾构选型关键参数见表6.4.4-1。

表 6.4.4-1 厦门盾构选型关键参数

序号	项目	参数	推荐理由
1	主驱动选型	液压驱动	液压驱动能够轻易地实现大变速比的机械传动，低速启动扭矩大，转速控制特性好，液压驱动马达体积小，可以为盾构机前部腾出相对较大的空间
2	刀盘扭矩	大于 900 kW	根据复合地层盾构施工经验，密实地层掘进所需的刀盘扭矩较松软地层的刀盘扭矩大，盾构掘进可能要面对各种复杂的地质情况，要保证刀盘切削扭矩足够
3	螺旋输送器	轴式螺旋输送机	厦门花岗岩残积土和风化层中局部存在大量的孤石，虽然从过石粒径上考虑可选用带式螺旋输送机，但是更需考虑到螺旋机的强度和防喷涌能力
4	螺旋输送器所需功率	> 200 kW，最大扭矩在 200 kN·m 左右	经验表明，螺旋输送器的实际驱动功率远大于计算出来的数值，因为在施工中，不同的渣土特性，或者是在螺管内形成土塞的需要，往往会发生堵塞，为保证正常出渣，需要为螺旋输送器预备足够的驱动功率
5	刀盘形状	平面圆（斜）角刀盘	岩层中切削半径是由安装在刀盘周边的刀具的超挖实现的，为使刀具具备良好的破岩效果，刀盘边缘应有一定角度，结合厦门轨道交通的地质特点选用平面圆（斜）角刀盘

续表

序号	项目	参数	推荐理由
6	刀盘开口率	大于30%	厦门是典型的燕山期花岗岩地层，花岗岩残积层黏粒含量高，易发生结泥饼现象，且部分地段存在大量的花岗岩球状风化体，在满足刀盘刚度和刀具配置的基础上，尽可能增大开口率，并注意开口率的均匀性，防止中心部位开口率过小而发生频繁结泥饼的现象；在刀盘面板和周边外缘焊接网状耐磨条和碳化钨超硬耐磨保护层；刀箱两侧焊接耐磨保护块，降低刀箱损伤概率
7	刀具选型	以选用盘形刀圈为主	根据厦门的地质条件，以选用盘形刀圈为主，在全风化、强风化花岗岩地层中，选用齿形刀圈，并备用足够的重型刀圈及配置超挖刀。由于花岗岩球状风化体的存在，滚刀极易碰撞后损伤，因此滚刀设计成具有一定弹性和伸缩性，并配备刀具磨损自动检测装置
8	注浆系统	3种注浆系统	厦门轨道交通地质情况的特殊性，地面环境的复杂性，同时配备超前注浆、同步注浆及二次注浆3种注浆系统

6.4.5 特殊地质条件（孤石）处理

盾构在含孤石地层中施工存在一定的风险，风险主要表现为盾构姿态控制困难，开挖面稳定性控制难度大。盾构在该类地层中掘进，常发生盾构偏离轴线、喷涌、开挖面失稳、结泥饼、刀盘刀具严重磨损、甚至在岩层中发生因边缘刀具磨损严重而使"盾构被围岩卡住"等风险事件的发生。

遭遇孤石时，首先要准确判断孤石的大小和位置，同时要对孤石进行地面预爆破处理，确保盾构顺利通过该地段。对孤石的处理方法主要有：

1）对于在孤石发育地层中掘进，盾构机刀具最主要的破坏形式有刀圈崩断，刀圈偏磨，刀座、刀盘变形等，应通过控制掘进速度、刀盘扭矩、贯入度、刀盘转速等措施减少刀圈崩断、刀圈偏磨，通过控制推力来减少刀座、刀盘变形，增加泡沫剂等添加剂的使用。

2）针对有孤石的地层，在施工前，加密补充地质勘探孔，提高勘察质量的可靠性。

3）掘进过程中注意观察盾构机掘进的异常情况以及掘进参数的异常变化（如速度突然变慢，推力、扭矩突然增大，刀盘振动，盾构机有异响声等），判断是否碰上球状风化岩体。掘进过程中随时监测刀具和刀盘的受力状态，确保其不超载并观测刀盘是否受力不均，以防刀盘产生变形。

4）勤检查、勤更换刀具。在花岗岩球状风化体群地层中施工，刀具（包括刀盘）的磨损和破损是很严重的，其主要原因是工作面的地质环境变化非常频繁。因此，对刀具和刀盘的检查和更换就更要成为一种例行工作。

5）施工中发现孤石的处理办法。对于强风化地层中中风化孤石，盾构可直接掘进通过。对于强风化地层中少量微风化孤石，也优先采取盾构慢速、小推力直接切割，不必先进仓处理。盾构若切割不掉，可开仓查看，首先检查刀具情况，若换用最好的滚刀都切割不掉时，在确认工作面安全前提下，人工进仓破除，否则先加固地层，再处理。对于全风化、残积土中孤石，优先采取盾构慢速、小推力直接切割，不必先进仓处理；盾构若切割不掉，先用盾构超前钻系统对地层进行注浆加固或建立气压，然后可开仓查看，首先检查刀具情况，若换用最好的滚刀仍切割不掉时，如地面具备施工条件，优先采用地面人工挖小直径孔取出。对于接近隧道底板的孤石，可采取冲孔破碎法处理，或在地面对孤石周边地层进行注浆加固，通过盾构再次切割处理，在不得已情况下，人工进仓破除。

6）不能通过盾构机直接破除的孤石，采取如下方法进行破除：

①对孤石周边风化土层进行地面或洞内预加固，然后再盾构机破岩。

②洞内静态爆破或火药爆破。

③地面钻孔爆破或冲孔破除或旋挖钻孔清除孤石。

④压气作业条件下人工破除孤石，破除时可采用岩石分裂机等设备。

⑤采用地面三重管旋喷桩袖阀管洞内注浆等加固措施或压气作业等措施进行刀具更换，缩短刀具更换时间。

6.5 牵引供电制式选择

6.5.1 牵引供电制式

城市地铁牵引供电制式是指牵引供电系统采用的电流制式、电压等级、馈电方式等。1号线工程牵引供电制式采用直流制式、直流1500 V电压和架空接触网。

6.5.2 牵引供电授流方式比选

根据目前国内外城市地铁牵引供电制式的应用和发展状况，1号线工程从安装结构、对隧道净空的影响、对桥梁结构的影响、授流质量和允许列车运行速度、导体磨耗寿命、可靠性、安全性、自然灾害与防腐蚀、工程实施、运营维护、城市景观、车辆方面等方面对直流1500 V全线架空接触网、直流1500 V全线接触轨、直流1500 V接触轨/架空接触网组合3种授流方案进行了详细的比选（表6.5.2-1）。

表6.5.2-1　供电授流方式优缺点比较

授流方式	优　点	缺　点
直流1500 V全线架空接触网	安装位置高、安全性好；隧道区段刚性架空接触网系统的结构简单、可靠性高；初期系统投资最低；车辆生产技术成熟，运营维护经验丰富；轨行区作业，通常无须停电、挂接地线，对运营服务质量影响较小	高架区段接触网系统的限界和荷载要求较接触轨系统大，土建成本较高；地面和高架区段的柔性架空接触网系统的结构复杂、可靠性稍差，在长期运营过程中，有接触导线断线的事故隐患；运营成本高；接触网支柱和线、索会对沿线的城市景观产生一定的影响
直流1500 V全线接触轨	结构简单、可靠性高；运营维护成本较低；对沿线的城市景观无影响	安装位置低而电压等级高，存在安全隐患（尤其是在人员活动频繁的车场内），因而对安全规章制度和人员要求高，必须通过严格的技术措施和规章制度来保证接触轨系统的安全性；工程一次性投资高；轨行区作业，均须停电、挂接地线，通常时间较长，对运营服务质量影响较大
直流1500 V接触轨/架空接触网组合	车场采用架空接触网系统，安全性好，对城市景观稍有影响；正线采用接触轨系统，可靠性高，对沿线的城市景观无影响	工程投资较高；车辆需配置两套授流装置，生产技术不是十分成熟，车辆投资和运营维护成本较高，工程的可实施性差；正线轨行区作业，均须停电、挂接地线，通常时间较长，对运营服务质量影响较大

经过研究得出如下结论：

1）从牵引供电的提供电能服务的本质需求上，架空接触网和接触轨两种接触网形式均具有成功建设和运营管理与经验，均能够成熟可靠地向城市地铁车辆提供电能，均能够满足安全可靠的运行要求。

2）从牵引网的整体技术性能上，两种接触网形式各具各的技术优势，同时各有各的不足，其中：

①架空接触网形式具有运行经验丰富，安全性高，车辆能够连续授流，一次性建设成本较低，对车辆选型没特殊要求，高架及地面段防淹防雷效果好的优点。与接触轨相比，主要的缺点是，运营维护成本较高，柔性运行可靠性（架空刚性悬挂除外）稍低于接触轨。

②接触轨形式具有运行可靠性高，钢铝复合轨使用寿命长，运营维护成本较低的优点。与架空接触网相比，主要的缺点是，在地面段运行安全性需要技术与管理的保障，乘客紧急疏散是最大问题，车辆选型较少。

2009年12月2—3日在广州召开了"城市轨道交通直流牵引网供电制式技术研讨会"。会议由施仲衡院士提议，广州地铁院和北京城建院共同主办。与会代表来自北京、上海、广州、天津、深圳等11个城市，涵盖了建设、运营、设计、科研院校等近20家单位，共40余名相关的领导和业内专家出席，经过认真研讨，达成基本共识：

1）直流1500 V刚性架空接触网更适用于地下线路为主的线路。

2）直流1500 V柔性架空接触网适用于列车运行速度较高的线路。

3）直流1500 V接触轨系统更适用于城轨线网中高架线路比例较高的线路。

经综合比较，结合1号线工程具体线路条件，确定采用直流1500 V全线架空接触网方案。

6.6　车辆选型

从线网规划网络层面分析，厦门市轨道交通线网规划由6条线路组成，总规模近300 km，线网规划服务范围人口总量达650万人。1号线是全网中承担了北向出岛的最主要的骨干线，根据客流预测数据，1号线远期高峰小时客流断面为3.71万人次/时，全日客流量达到95.04万人次，属于大运量系统；采用6B编组，按照高峰小时2 min的发车间隔，可提供运输能力4.38万人/时。对于1号线而言，本岛内沿线均为城市发展最为成熟的区域，影响较大的集美片区目前发展已趋于成熟，采用B型车6辆编组能够满足1号线的客流需求。

从国内车辆选型情况看，虽然人口规模在1000万人以上的城市，其中有条件的平原城市，如成都、武汉、南京、郑州等，骨干线路已开始选择或逐步将B型车调整为A型车，但存在同一城市A、B车型并存，将增加车辆基地布置的难度，以及备品备件的品种和未来维修维护的工作量。而人口规模在1000万以内的城市，如昆明、长春、贵阳等，骨干线路基本以选择B型车为主。

据预测，厦门市未来人口的极限容量为800万人，规划人口增量的区域主要分布在本岛东部（海西经济带动）和北部（机场、港口搬迁）、翔安片区（大量待开发用地）、同安区域和海沧区域。对此，市规划局已委托开展线网规划的修编，可对厦门市的轨道交通网络进行加密、补充和完善，以应对规划人口增长的发展趋势。

另外，厦门地形条件受山水阻隔，道路曲折、起伏、狭窄，且城市在有限的用地条件下进行高密度开发，道路两侧高楼林立，再加上工程地质条件复杂，若采用A型车，由于其车辆轴距比B型车长3.1 m，最小转弯半径由原来的300 m增大至350 m。为适宜A型车的技术条件，最小半径增大将会使部分线路侵入地块内与既有建构筑物发生冲突，将造成沿线大量的拆迁。以北京地铁14号线和成都地铁7号线6B改6A的实例，调整后工程建设总投资增加了30%以上。

因此，综合多方面的因素考虑，厦门地铁采用B型车更为适合。从车体材料来看，耐候钢车体较重，耐腐蚀性能方面不如不锈钢和铝合金车体，维修量和运营成本较大，现有的车型较老，目前新建线路使用较少。不锈钢车体和铝合金车体各有千秋：不锈钢车体最大的优点是耐腐蚀，这种车体外表不用涂漆，因此易于维护，并可以减少喷漆工序和喷漆车间。目前国内有一些线路采用不锈钢车体，如北京地铁的部分线路和西安地铁。采用铝合金车体的优点是不易锈蚀、质量轻。铝合金车体与钢车体相比，还可减轻相应质量的10%。根据国内有关厂家测算，采用铝合金作为车体材料，车辆的自重可减少约3t。铝合金车体目前在国内得到广泛的采用，如广州地铁、上海地铁、上海莘闵轻轨线、南京地铁、杭州地铁等均采用或即将采用铝合金车体的车辆。结合国内车体材料的应用及发展趋势，建议选择铝合金车体。

在速度方面，80 km/h列车90%以上的区段车辆最高速度都可以得到发挥，仅在跨海大间距区段适应性逊于100 km/h和120 km/h列车。因此，从经济性的角度，采用80 km/h列车较优。

综合考虑实际运营效果和经济性，推荐1号线采用B型车，最高速度80 km/h，4M2T编组列车，铝合金车体。

6.7 AFC系统互联网业务创新应用

随着移动互联网时代的到来，智能移动终端的覆盖率日益提高，人们对移动设备的使用习惯已经建立，出现了电子票务这种新型的购票模式。其方便快捷的购票服务、灵活多样的支付方式深得乘客的喜爱，并已在航空、铁路、地铁等交通运输逐步推广应用。

目前，广州、深圳、郑州、成都、重庆、杭州等城市轨道交通系统中已经对自动售检票（automatic fare collection，AFC）互联网票务相关业务进行了推广和测试，效果良好。

基于上述原因，经广泛调研和深入讨论后，拟对正在实施的厦门轨道交通1号线AFC系统功能进行调整，将传统的AFC系统相关业务向互联网延伸，增加互联网支付、手机直接过闸进/出站功能，以满足乘客日益增长的互联网服务需求，方便乘客。

与传统的计算机网络系统相比，基于云计算的办公自动化（office automation，OA）平台系统具有以下特点：

1）计算、存储设备集中布设，方便管理，网络终端设备更节能，节省运营成本。
2）对终端设备的监控更全面、更彻底，有利于保证网络安全。
3）系统扩展方便，能实现不停机扩展。

鉴于以上原因，在1号线的OA系统中采用云计算技术，在控制中心建设OA云平台，在沿线需要的工作岗位设置瘦终端，以便实现对全线网的OA计算机系统实现统一监控管理。

6.8 线网门禁系统建设

当厦门地铁系统成网运营时，不可避免地需要进行跨线作业，需要持相同的门禁卡进入不同线路相关区域。为此，需要将线网中的各线路门禁系统进行联网，实现互联互通。而实现互联互通的方式有以下两种方式：

1）各线路门禁系统通过接口互联，通过统一接口标准的方式实现互联互通。
2）在线路门禁系统之上，建设线网门禁系统，通过数据和协议转换实现各线路门禁系统间的互联互通。

目前，不同的门禁系统供应商所提供的门禁系统出于安全考虑，无法实现友好接口和互联互通。线网门禁系统通过中间数据表的方式与各线路门禁中央进行数据交换，在保证各线路门禁系统相互独立和安全的前提下，实现厦门轨道交通网络门禁系统的互联互通。

鉴于上述原因，为实现线网统一授权管理，在1号线门禁系统建设的同时，建设了线网门禁系统，并发布了统一线网门禁授权的接口技术标准。

6.9 前期组织策划

1号线作为厦门首条轨道交通线路，不仅要面临复杂的工程实施难度，工程组织管理经验缺乏也是一个巨大的问题。工作"千头万绪"，如何把握住"主线"，可以说是关系到1号线工程成败的关键。为此，厦门轨道集团"先谋后动"，十分重视前期调研和策划统筹工作，从源头上把握工程技术标准和工程组织管理，为最后1号线的顺利开通奠定了坚实的基础。

6.9.1 扎实推进前期调研工作

前期阶段除了对北京、上海、广州、深圳等轨道交通较为发达城市进行实地考察调研，学习先进理念和管理经验，厦门轨道集团尤其重视借鉴近年来新开通轨道交通线路城市在具体开展首条线路建设时面临的困难和解决措施。这样做的原因是：北、上、广、深等城市首条地铁开通时间已经十分久远，不管是宏观政策还是经济发展水平已不可同日而语，对新进开通城市地铁的学习就显得尤为重要了。每到一座调研考察城市前都做足功课，先期查阅大量资料，做到对考察对象心中有数，带着问题虚心进行交流请教，并认真编写考察报告，使得厦门轨道建设的管理者迅速开阔了眼界，提升了认识，在宏观上把握住首条线路工程的特点和难点，有针对性地指导下一步工作，取得了预期的效果。

6.9.2 充分利用"外脑"

厦门轨道集团创建初始，就确定了充分利用外脑的思路，根据工作需要，采用专题咨询（评审、讲座）、常年特聘、常驻等多种形式，聘请行业内有较高专业技术或丰富实践经验的行业技术人员及高层管理人员担任专家，成立市、企业两级专家委员会或技术委员会，加强轨道交通工程建设、运营筹备、项目招投标等方面的咨询、审核、技术把关等工作，提升专业建设层次，保障项目顺利推进。1号线建设及运营筹备期间，共聘用常驻专家10人，涉及结构、安全、深基坑、土建区间、供电、信号等专业领域；常年特聘专家7人，涉及房建建筑、结构、运营筹备等。

每年不定期举办技术讲座，先后邀请多位国内轨道交通知名专家进行专题交流，内容包含设计、施工、风险控制、技术管理等，使得工程技术人员迅速进入角色，为日后大规模开展工程设计、施工管理提供了基础。同时，这些讲座对所有参建单位都开放，做到了共同学习、共同进步。现仅将部分专题列出，以飨读者：《城市轨道交通规划与设计的基本概念》、《地铁供电系统介绍》、《城市轨道交通弱电系统技术交流》[含通信、信号、综合监控、自动售检票系统（AFC）、安防及门禁等系统]、《城市轨道交通控制中心简介》、《安全风险管理在中国地铁建设中的实践浅析》、《轨道交通工程建设安全风险管理汇报交流》、《地铁施工过程中的一些经验与教训》、《北京地铁项目的技术管理》、《城市轨道交通创新及精细化管理案例分享》、《地铁车站明挖法基坑设计》、《地铁车站结构型式和单柱车站结构设计》和《轨道交通的建设和运营安全事故案例》。

6.9.3 设计组织模式及设计招标

经过前期调研，结合厦门轨道集团实际管理现状，经充分论证后，厦门轨道交通选择总体总包+设计咨询（监理）+土建、系统工点设计+勘察的设计勘察模式，重点抓好设计总体总包及设计监理管理，落实"三个到位"——设计人员到位、设计工作到位、审查工作到位，认真做好各阶段的工程风险源评估、专项设计和评审，后续线路也基本沿用这种模式。

勘察设计招标首先是进行招标策划，明确设计前期、服务类均采用综合评分法进行招标等一系列重要原则，同时对投标单位资格进行严格审核，在全国轨道交通技术一流、经验丰富的综合或专业设计单位中择优选择参与单位，为勘察、设计方案的安全、经济及合理做好了基础准备。

6.9.4 结合厦门实际情况有针对性的开展专题研究工作

除了国家法律、法规规定需要进行的配套专题，厦门轨道集团在工程可行性（简称"工可"）、总体设计、初步设计、施工图设计阶段又有针对性地开展了若干专项研究，内容涵盖线路方案、资源共享、行车组织、牵引供电制式、盾构选型、施工工法、跨海段专题研究、施工交通组织规划等，应该说在前期阶段能想到的问题基本都进行了分析，秉持的理念就是提前预判、提前处理。这里特别说明的一点是，1号线是第一条线路，1号线技术标准的确定还必须统筹兼顾整个线网的标准，具有举足轻重的作用，很多技术标准的确定要放在线网层面进行综合考虑。专题研究的成果再结合专家评审意见，为下一步开展设计及施工提供了重要支撑，遇到实际问题能迅速提出有效解决方案。鉴于篇幅，本书不一一列举专题研究内容，仅部分进行说明，供读者参考。

1）线网层面：《厦门市城市快速轨道交通线网建设规划车辆段、综合基地设置专题研究》、《厦门城市轨道交通网络建设资源共享研究》、《线网主变电所资源共享分布》、《厦门市城市轨道交通规划线网牵引供电制式专题研究报告》、《厦门市轨道交通近期建设工程电力专项规划与选址、选线、投资概况分析》、《厦门市轨道交通清分中心（ACC）专题研究》和《近期建设线网站点用地收储规划》。

2）线路层面：《线站位方案比选报告》、《行车组织运营方案专题》（总体设计）、《1号线行车组织及运能分析专题研究报告》（初步设计）和《1号线支线功能定位及线位方案调整研究》。

3）工法、结构、风险分析：《施工工法选择专题报告》、《盾构选型专题报告》、《厦禾路段工程风险分析报告》、《1号线施工安全评估以及对城市建设与管理影响的综合研究》、《地下车站及区间防水方案专题报告》、《地铁区间隧道管片选择专题报告》、《耐久性设计方案报告》、《1号线与国铁福厦线并行段安全影响分析与评估研究》和《跨海段专题研究》。

4）机电、系统:《智能照明控制系统方案》、《通风空调智能低压配电方案》、《UPS整合电源设置方案》《厦门1号线变电所设置情况对比》、《地铁应急照明电源系统设置方案》和《再生能源利用报告》。

5）交通疏解:《轨道交通一号线线路与站点施工期间交通影响分析》、《轨道交通1号线站点片区交通组织规划》和《厦门高崎公交停车场交通影响分析》。

6）专项科研:《厦门轨道交通1号线盾构关键技术专题研究咨询》、《厦门地铁盾构孤石和突出岩石爆破技术研究》、《厦门轨道交通工程变形控制与监测技术研究技术开发》、《减振孔和数码雷管降低爆破振动速度的应用技术研究》、《1号线工程基坑地层的工程地质特征与力学参数选取方法研究》和《厦门轨道交通施工降水关键技术研究》。

另外，前期策划还完成了运营筹备、综合开发、安全风险控制等专题，十分系统地梳理了面临的工作和具体的问题，基本做到了"心中有数"。鉴于本书是设计方面的总结，此部分内容不做详细描述。

6.9.5 制度建设

轨道交通是一个多系统、多领域的大型综合性工程，涉及专业及参与单位数量较多，往往需要几家设计单位，十几家施工单位共同协作才能完成。而各设计单位在长期的工程实践中均形成了本单位自己的习惯做法，虽然均是按照相关规范及规定进行设计，但由于对规范的理解存在差异，经常会造成各个设计单位图纸的表达互有不同，甚至出现矛盾的地方。鉴于此，厦门轨道集团迅速编制了设计管理制度、审查制度、考核制度等一系列管理规定，为后续设计组织理顺了流程，做到有章可循，并且在后续工作中不断完善和补充。具体来说，建立的规章制度有月报制度、会议制度、设计基础资料交底会审制度、设计工作巡检制度、设计考核管理制度、设计方案变更管理制度、工程设计变更管理制度、勘察管理制度等。

6.9.6 工程筹划

轨道交通项目一般均为城市最大的市政工程项目之一，具有投资大、工期长、施工复杂等特点，要站在统筹全局的高度，明确前期、招标、设计、施工、运营筹备等各项工作工期安排，用以指导全线建设。

通过总工期策划明确总工期目标、里程碑工期、关键工期节点、关键线路和重要控制工序、各个工序之间的逻辑关系等，为各工程单位编制实施性总体进度计划提供依据，使厦门轨道交通1号工程所有参建单位和人员达到"统一认识、统一思想、统一行动"的效果，以确保厦门轨道交通1号线工程顺利实施。

工程筹划编制前，建设单位派专人赴广州进行学习，全面了解广州在工程筹划方面的经验和教训，在此基础上编制了《厦门轨道交通1号线工程总工期策划》。整个工程筹划包括工程建设总工期计划、工程勘察设计计划、施工准备工作、土建施工工期计划、机电设备系统工期计划、运营筹备计划等内容，并于2012年10月进行了专家评审。现在回过头来看，整个1号线的实施基本是按照当初工程筹划的安排有计划、有组织实施的，取得了很好的统筹和指导作用。

"凡事预则立，不预则废"，即做任何事情之前，都要先计划清楚。项目管理也一样，将工程项目的预期目标进行筹划安排，对工程项目的全过程、全部目标和全部活动统统纳入计划的轨道，用一个动态的可分解的计划系统来协调控制整个项目，以便提前揭露矛盾，使项目在合理的工期内以较低的造价高质量地、协调有序地达到预期目标。厦门轨道交通1号线前期统筹策划较好地体现了上述作用。

设计篇

 BIM技术在轨道交通中的应用

厦门市在轨道交通1号线建设之初就确定将BIM技术运用到轨道交通的建设管理过程中，实现对设计、建造、试运营全过程的数字化集成管理，提高厦门轨道交通建设的管理效率。

7.1 BIM应用组织模式

虽然BIM技术应用于轨道交通在全国已有多个案例，但很多项目的BIM技术应用都是由专门的BIM公司完成的，设计单位完成二维CAD制图，BIM公司在此基础上完成三维模型。该模式存在下列问题：

1）非专业性。BIM建模人员并非专业设计人员，模型细节不能很好地体现设计者的意图。

2）非直接性。专业之间的接口和协调主要通过第三方人员的成果完成，设计人员无法直接根据模型进行沟通，容易出现误解。

3）非及时性。设计变更和局部调整很难及时更新到模型中，容易出现错漏。

4）非协同性。BIM建模人员在建模和检查过程中发现设计缺陷时，不能对设计内容进行直接修改，而是通过沟通告知设计人员进行二维设计修改，再由BIM建模人员进行模型修改。BIM建模人员成了中转协调方，设计单位与第三方BIM建模公司需要多次反复沟通，工作效率较低，失去了直接应用BIM技术进行协同设计的意义。

为避免以上所列举的弊端，充分发挥BIM技术的优势，厦门轨道交通1号线采用"业主主导、BIM咨询单位统筹和各方参与实施"的全新组织结构模式，建设单位聘请上海市地下空间设计研究总院为项目的BIM应用提供专业化的咨询服务，中铁二院总体组将BIM设计及应用纳入总体管理范围，协助咨询单位制订BIM应用的总体方案、实施标准和模型交付标准，把控设计阶段BIM模型完成进度，对各设计阶段交付模型提出各专业总体审查意见，如图7.1-1所示。

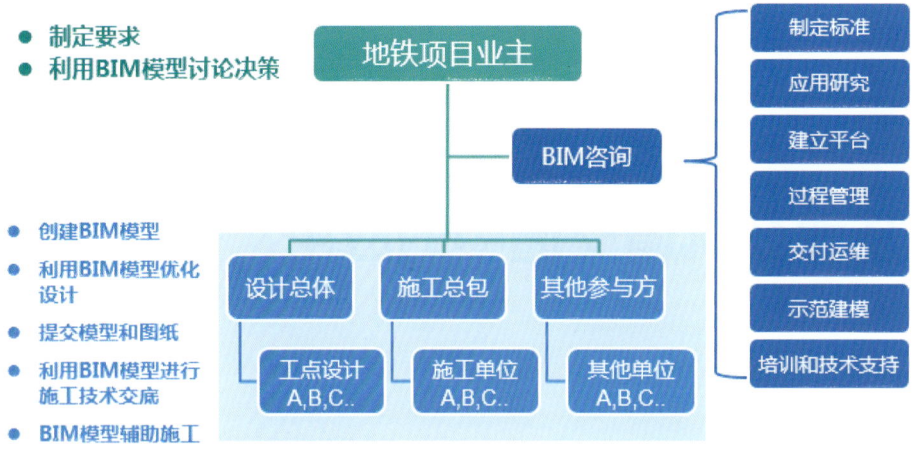

图7.1-1 业主主导、BIM咨询单位统筹和各方参与实施应用模式

7.2 BIM应用平台架构

厦门轨道交通BIM设计采用 *Autodesk Revit* 软件，搭建基于Revit Server技术的BIM协同管理平台，各设计单位进行协同设计，BIM模型动态更新。各专业设计人员可实时信息沟通，相互配合；总体及监理单位可在协同管理平台审查BIM模型；业主设计管理部门可实时浏览BIM模型，检查设计进度及设计成果；业主运营部门可以随时检查设计是否满足检修及维护需求；BIM咨询单位对节点模型有最高权限管理并进行最终归档。协同设计平台架构如图7.2-1所示。

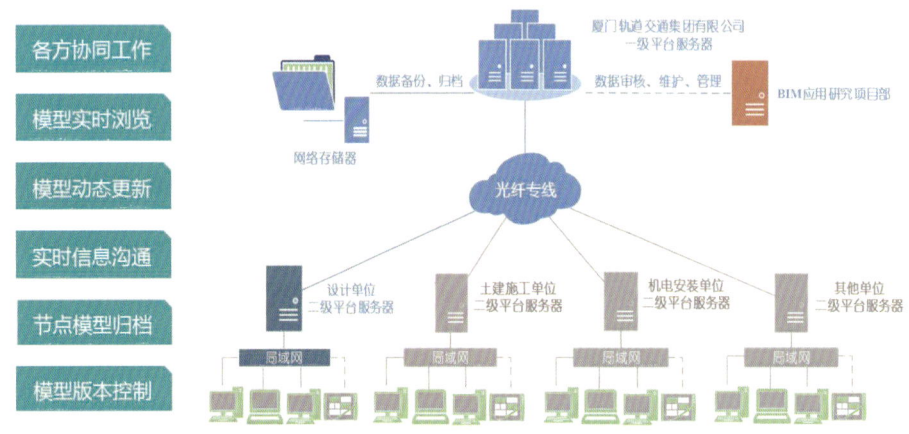

图7.2-1 协同设计平台架构

7.3 各阶段BIM应用点及成果

7.3.1 各阶段 BIM 应用点

（1）初步设计阶段

设计单位完成车站出入口及场地仿真BIM模型，根据厦门市规划局要求，应用BIM模型完成车站三维

规划报建。

根据出入口及场地仿真BIM模型，设计人员优化车站出入口、风亭布置，优化车站与周边建筑物对接设计方案。

（2）土建施工图阶段

设计单位应用车站BIM模型优化设备及管理用房布置，核查设备运输路径及孔洞预留。

通过对厦门1号线车站BIM模型虚拟漫游体验的检查，发现部分房间过于狭长、房间利用不合理、孔洞遗漏或位置不合理等问题。

（3）机电施工图阶段

完成车站综合管线BIM模型设计，进行碰撞检查，机电设备检修空间检查，房间净高检查。

厦门市轨道交通1号线工程完成车站综合管线BIM模型设计后，轨道公司组织总工办、机电部、运营公司的专业工程师进行审查，提出优化建议，并邀请施工单位专家进行评审，后期由综合支吊架供货商进一步深化支吊架模型，保证综合管线BIM设计的可实施性，避免"纸上谈兵"。

（4）装修施工图阶段

车站装修设计效果检查，实现室内墙面、地面、吊顶、隔断等的三维模型绘制，利用三维模型在任意的视角上推敲设计，确定材料材质、饰面颜色、灯光布置、固定设施等，优化风口、探测器、喷头、PIS屏、摄像头、导向标识及广告牌的布置。

工程各阶段BIM应用点见表7.3.1-1。

表7.3.1-1　工程各阶段BIM应用点

序号	BIM应用内容	项目阶段				实施主体
		初步设计	土建施工图	机电施工图	机电安装	
1	规划三维报建	●				工点设计单位
2	出入口及场地仿真，优化附属布置	●	●			工点设计单位
3	车站设备及管理用房布置优化		●			工点设计单位
4	设备运输路径及预留孔洞检查		●	●		工点、系统设计单位
5	机电设备检修空间检查，管线碰撞检查			●		工点、系统设计单位
6	各专业与装修接口检查，房间净高检查			●	●	工点、系统设计单位
7	应用BIM模型施工交底				●	工点、系统设计单位

7.3.2　BIM应用成果

在厦门市轨道交通1号线BIM应用的过程中，搭建了厦门市轨道交通BIM协同管理平台，初步建立了厦门市轨道交通工程BIM模型族库，目前族库中已有通用设备族约300个，各系统供货商已基本完成供货设备族的制作，乙供设备族的制作正在进行中，后期还可根据需求不断增加，并形成了以下标准化成果（图7.3.2-1～图7.3.2-5）：

1)《厦门市轨道交通1号线工程BIM技术应用研究总体方案》。

2)《厦门市轨道交通1号线工程BIM设计流程》。

3)《厦门市轨道交通1号线工程BIM应用点实施细则》。

4)《厦门市轨道交通1号线工程BIM实施行为标准》。

5)《厦门市轨道交通1号线工程BIM模型交付标准》。

6)厦门市轨道交通工程BIM模型族库族（通用族和各专业族库）。

7)车站和区间模型（全线24座车站、1座控制中心、1个车辆基地、1个停车场均完成模型设计）。

图7.3.2-1　BIM应用标准化成果

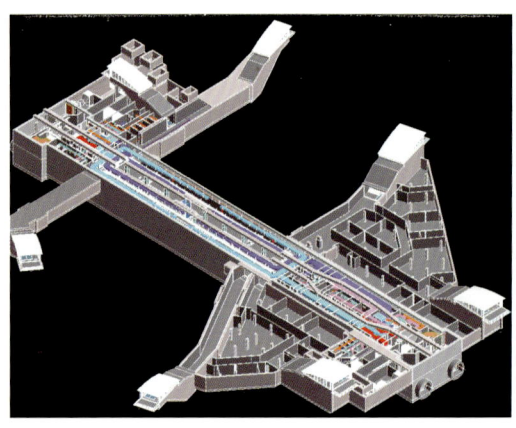

图7.3.2-2　标准车站模型

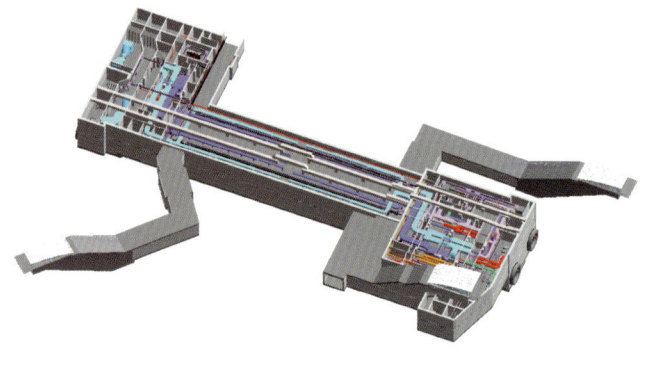

图7.3.2-3　带物业车站模型

设计篇

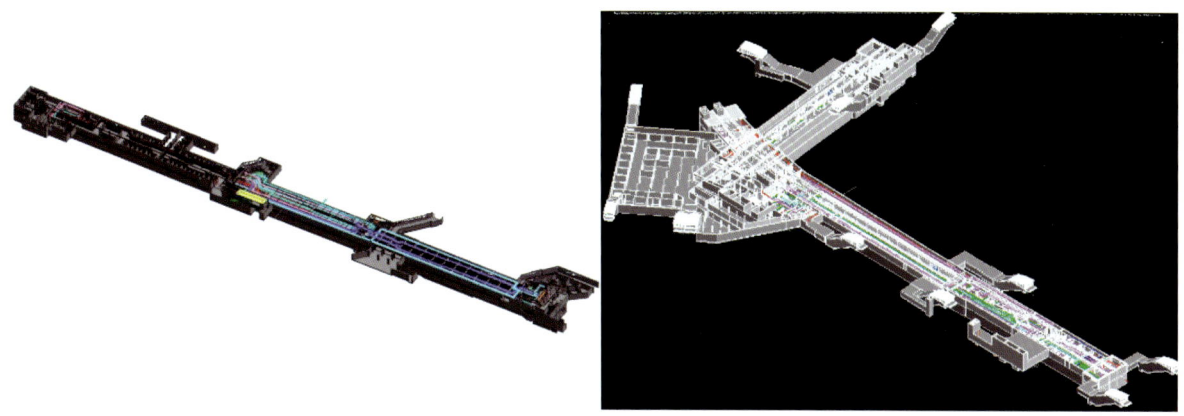

图7.3.2-4　带配线车站模型　　　　　　　　图7.3.2-5　换乘车站模型

7.4　BIM应用体会与建议

7.4.1　BIM应用体会

2014年3月，厦门市轨道交通1号线工程BIM技术研究方案和阶段性成果评审会在厦门轨道交通集团公司成功通过专家评审，专家组肯定了"业主主导、BIM咨询单位统筹和各方参与实施"的BIM模式，认为本项目是国内在城市轨道交通领域首次系统性应用BIM技术，是技术和管理上结合的历史性变革，符合工程项目全寿命周期信息管理的发展方向，课题研究具有实际应用意义和推广价值；认为本项目的BIM技术应用总体方案可行，技术路线正确，BIM实施标准框架较合理，具有良好的扩展性，基本实现了项目预期目标，具有较强的实用性，已形成全面推广和应用的基础，如图7.4.1-1所示。

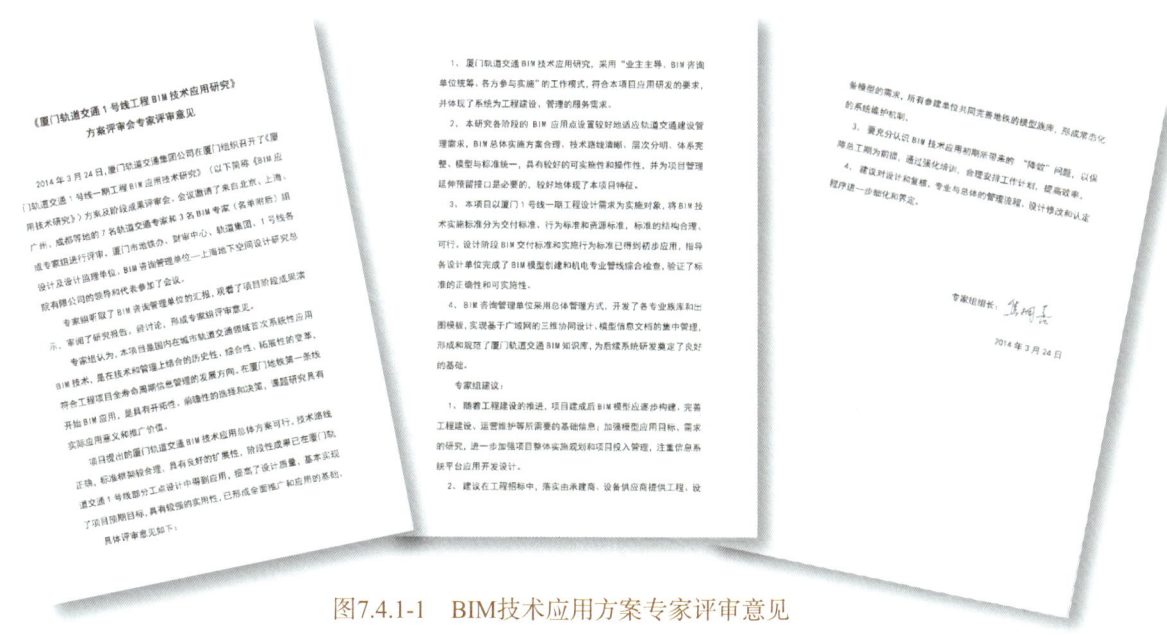

图7.4.1-1　BIM技术应用方案专家评审意见

(1) 地铁项目 BIM 技术应用的实施过程

厦门轨道集团高度重视 BIM 技术在地铁工程建设、运营管理全生命周期的应用，1号线工程的建设过程中，首创了地铁 BIM 应用"业主主导、专业 BIM 咨询、各单位实施"的"厦门模式"，将 BIM 技术应用的要求通过合同纳入参建各方工作范围。同时，也从 BIM 技术在工程建设中的持续广泛应用中获益良多。

厦门轨道1号线工程是全国首个整条地铁全线、全专业采用 BIM 协同设计，含全线车站\区间、停车场和车辆段，超过20个设计专业。

在设计、施工及运营各阶段均采用了 BIM 技术，结合工程 BIM 技术应用需求和实践经验，厦门轨道集团开展了厦门地铁 BIM 技术应用的标准体系建设，编制了厦门地铁 BIM 技术应用企业级标准《工程建设阶段 BIM 模型交付标准》、《工程建设阶段 BIM 技术应用实施方案》、《BIM 技术应用协同设计平台技术标准与接入要求》、《工程建设阶段BIM 设计应用指南》和《工程建设阶段 BIM 技术应用管理办法》，在指导 BIM 技术在1号线工程中的实践发挥重要作用，为 BIM 技术在厦门地铁工程中持续推广应用奠定了良好的基础。

(2) BIM 应用成效

1）设备及管理用房设计优化。利用 BIM 模型梳理房间布置原则，检查房间的功能分布、面积设置不合理等问题。

2）管线综合设计优化。通过专项检查，24个车站合计解决了10113个管线综合设计问题。

3）检修空间优化。增加检修空间，减少运营期的检修成本。

4）装修与土建、机电协调关系优化。在装修 BIM 专项检查中，装修与土建、机电的碰撞问题，24个车站合计发现约3000处。

5）装修方案比选应用 VR 技术，可通过身临其境的三维体验比选装修方案。

6）土建预留预埋检查。检查土建预留洞口与设计理论模型的尺寸偏差，检查漏开孔洞；将土建竣工模型与机电管线的设计模型进行整合，提前解决机电施工与土建误差的配合问题。

7）BIM 模型用于场地管理。临水临电的施工场地规划，利用 BIM 设计成果，标准化设计施工现场的临水、临电、监控、安防、临边防护等设施，对施工现场进行合理布局，对施工作业面、作业计划、设备材料、人力及机具资源进行统筹管理。

8）机电施工辅助。支吊架厂商根据管线综合后的BIM 模型进行支吊架设计，更加充分利用BIM 模型，也使综合支吊架的设计更加简便、准确，减少返工，提高施工效率和精度。

9）效益提升。

①经济效益：仅管线综合 BIM 设计检查一项应用，解决各类设计问题10113处，这些问题如遗留到施工阶段解决，将产生约4000万元的返工费用。

②管理效益：提高了沟通效率，大大减少了设计变更，施工工期缩减3个月以上。

③质量效益：全流程 BIM 设计和审查，提高设计质量；BIM 施工深化应用，提高施工安装质量。

④进度效益：虚拟建造，提前发现冲突问题，合理优化施工顺序，减少返工造成的延误。

⑤运营效益：将运维需求提前纳入设计审查范围。

7.4.2 BIM应用建议

根据厦门市轨道交通工程BIM技术的应用经验，提出以下几点建议供其他项目BIM应用借鉴和思考：

1）明确项目BIM应用目标，明确项目不同阶段BIM模型深度要求及其实施主体。

建模的目标不同，直接决定了模型的详细程度不同。根据项目对模型的用途和详细程度不同，模型在不同的段其深度要求也不尽相同。应根据项目特点、项目的不同阶段提出明确的可实施的BIM应用目标，制定不同设计阶段BIM设计模型的深度要求，提出BIM应用的工作流程、组织架构以及各主体职责。

2）应用BIM模型出二维施工图，需要BIM二次开发软件公司及设计人员的共同推动。

目前BIM软件的专业化程度不够，无设计过程中的相关专业计算部分，部分图例与目前的国标图集要求不一致。同时，多数设计人员对BIM软件应用不够熟练，应用BIM软件的设计思维也与设计人员以往的设计习惯不尽相同。在完成BIM模型设计并导出二维平面图后，尚需要大量的平面图标注及图面处理工作，设计效率较低，因此应用BIM技术进行施工图设计和出图的项目案例较少。但随着鸿业等公司基于Revit平台的建筑、水暖电专业软件的二次开发和不断完善，应用BIM技术进行施工图设计和出图也必将得到广泛应用。

3）基于BIM技术开发轨道交通工程BIM协同设计及管理平台、建设管理BIM应用平台、运营维护管理BIM应用平台，推动轨道交通工程的信息化设计、建设及管理。

BIM技术并非简单的三维建筑模型设计，而是一种数字信息的应用。其最终目标是通过参数模型整合项目的相关信息，在项目设计、运维的全生命周期过程中进行共享和传递，使工程技术人员对各种建筑信息做出正确理解和高效应对，为设计团队以及建设运营单位在内的参建各方提供协同工作的基础，实现项目信息化管理，从而提高生产效率、节约成本、缩短工期。

应按照设计、建造、运维3阶段来开发或选择各阶段适用、实用的BIM技术平台，明确各阶段BIM模型的深度要求及实施主体，才能更快实现BIM技术信息化目标。

4）BIM时代设计思维及设计管理也需要相应改变，以适应和促进BIM技术的应用和发展。

基于BIM协同管理平台的多专业协同设计，能够实时信息更新以及与其他专业沟通协调，因此设计人员的设计思维也需要相应改变，应更加注重BIM模型中数据信息的准确，更加注重与其他专业的及时沟通和配合。

8 线 路

8.1 线路总体方案

厦门市轨道交通1号线作为规划线网中最为重要的一条中心放射状骨干线，由本岛西南端向北辐射形成快速跨海连接通道。线路主要沿城市重要的南北向发展轴敷设，连接了本岛和岛外的杏林、集美和同安三大组团。

一期工程线路整体呈南北走向，线路起于思明区镇海路，沿镇海路、公园东路向北敷设，于公园东路、虎园路交叉口南侧地块内设中山公园站，而后继续沿图强路、文园路敷设，在厦禾路湖滨中路口设文灶站，出站后经由厦门市公共交通总公司地块转入湖滨南路，设湖滨东路站（与3号线换乘）、莲坂站，出站后由明发广场前折向嘉禾路北上，设莲花路口站，在湖滨北路口设昌厝站与2号线换乘后一直沿嘉禾路布设，设乌石浦、塘边站，在湖里大道与嘉禾路口设火炬园站（与3号线换乘），出站后继续沿嘉禾路布设，穿越亚植所后设殿前站与出入场线接轨，在国铁高崎火车站附近线路进入原海堤路，利用高集和集杏海堤分别以高架和地面方式跨海，在园博苑西侧转入杏锦路西侧地块敷设，而后下穿杏林湾进入集美新城沿诚毅大街绿轴敷设，在集美软件园地块设站后沿规划珩山路、珩田路接入本线在国铁厦门北站已建成的预留工程，出站后向北到达本线的终点岩内站，站后设交叉渡线接厦门北车辆段出入线。

1号线一期工程线路长度为30.23 km，本岛15.0 km，岛外15.23 km（地下线25.09 km，地面线2.34 km，高架线2.80 km）；共设置车站24座（地下站23座，高架站1座），最大站间距3.84 km，最小站间距0.62 km，平均站间距1.3 km（岛内平均站间距1.2 km，岛外平均站间距1.5 km）；全线设置综合维修基地1座，停车场1座，主变电所2座，控制中心1座。

8.2 线路走向调整历程

在本工程初步设计阶段，前后历经两次较大的线站位方案的调整，分别是起点站—将军祠站、火炬园站—高崎站、园博苑站—官任站、集美大道站—厦门北站和取消支线预留二期线路引起的调整。

8.2.1 起点站—将军祠站

2012年9月版初步设计线路起点自中山路以北、钻石海岸大厦以东的老城区，下穿中华城后设中山路站，之后穿越华侨大厦—华建大厦中间道路转向中山公园南侧，于公园东路和虎园路交叉口东北象限内设中山公园站,随后接入文园桥线位。

2013年12月版初步设计线路根据规划方案的调整,线路起自镇海路海景大酒店前,之后大致沿镇海路、公园东路敷设,并于公园东路和虎园路东南象限地块内设中山公园站,然后区间下穿厦门宾馆后接入文园桥线位。

调整后的线位避开了中山路历史风貌保护区的范围,减少了近6万平方米的拆迁面积,同时也能较好地服务中山路片区的客流。

8.2.2 火炬园站—高崎站

2012年9月版初步设计线路下穿规划西二通道与石鼓山立交后于高殿村内利用航油专用线空间设高殿站,之后线路下穿福厦铁路、成功大道后转入嘉禾路接入高崎站,出入场线于殿前站后爬出地面,占用福厦铁路牵出线用地,接入高崎停车场。

2013年12月版初设修编线路在石鼓山立交南侧即向东转入嘉禾路,并在嘉禾路下设殿前站,站后区间避开成功大道在嘉禾路下的锚杆箱涵段,于嘉禾路内侧敷设,然后转入嘉禾路,继而接入高崎站,出入场线于嘉禾路北侧爬出地面,拆迁一定厂房后以路基形式接入停车场。

调整后的线位方案避免了对高殿村的拆迁,减少拆迁面积约5.2万平方米,从而保证了工程工期,但车站置于嘉禾路下方,需采用地下三层站,工程难度和实施风险较大。

8.2.3 高崎站后U形槽段—集美学村站—园博苑站前

2013年4月,根据初步设计调整审查会专家意见,海堤段线路限界较为苛刻,故压缩疏散平台宽度,高崎站后U形槽之后的两段海堤路基线间距由4.4 m改为4.2 m,敷设方式也由路基改为桥梁,集美学村站维持高架方案。

调整后的线位减少了空间占用,同时有利于集美学村站前后两侧联通道路的布置。另外,路基改为桥梁后,桥梁下方存在一定的通行空间,改善了海堤路的路幅条件。

8.2.4 园博苑站—官任站

2012年9月版初步设计中,园博苑站设于集杏海堤南侧,而后下穿杏林大桥桩基群沿杏前路敷设,于杏前路和文华路下穿隧道交叉口设双岛四线的内林站,站后支线上跨主线左线沿集灌路敷设,主线以300 m的半径转向杏林北路,分别设杏北站和董任站,然后下穿杏林湾,于杏林湾路北侧、诚毅科技馆前设官任站。

2013年12月,初步设计调整,结合工程实施条件和规划需求,将线路调整至沿原线位东侧的杏锦路敷设,园博苑站设于园博苑西门的停车场地块内,区间下穿杏林大桥引桥桥台后于北侧地块内设双岛四线的杏林村站,支线上跨主线后沿规划三南路敷设,线路下穿杏林湾后于杏林湾路跨路口设官任站。

2014年4月,根据线网规划的调整,取消支线,因此初步设计调整方案将杏林村路站由双岛四线车站变更为标准岛式车站。

8.2.5 集美大道站—厦门北站

本段线位基本维持了2012年9月版的初步设计线路,但根据线网规划的调整,将崎沟站、圣果院站合并设置于天水路口。

8.3 线路方案平面设计

8.3.1 起点站—中山公园站

本段线路是1号线起点段,位于厦门市本岛西南侧的镇海路—中山公园片区,是厦门重要的旅游、商住、医疗、教育、客运中心,沿线主要分布和平码头、第一广场、妇幼医院、中华城、第一医院、实验小学、中山公园等重要基础公共服务建筑设施,同时也是厦门市中心现存面积最大的旧居改造区,如图8.3.1-1所示。

图8.3.1-1　中山路片区实景

随着和平码头的服务功能和定位的提升,本片区将会吸引更大的客流,成为连接中山路、鹭江道与中山公园、厦禾路的交通走廊。

由于中山路片区地质条件差,因此可研阶段对中山路的北线(沿思明西路)、中线(沿中山路)和南线方案均做了深入的分析比选,如图8.3.1-2所示。可研报告认为中山路南线浅埋方案拆迁量相对较小,对中山路商业影响小,并能够满足本次客流预测所需求的运营服务水平,且工程实施条件更优,如在落实旧城改造规划、中山路南线片区拆迁条件的前提下,可将轨道交通建设与片区改造计划相结合,建议作为推荐方案。

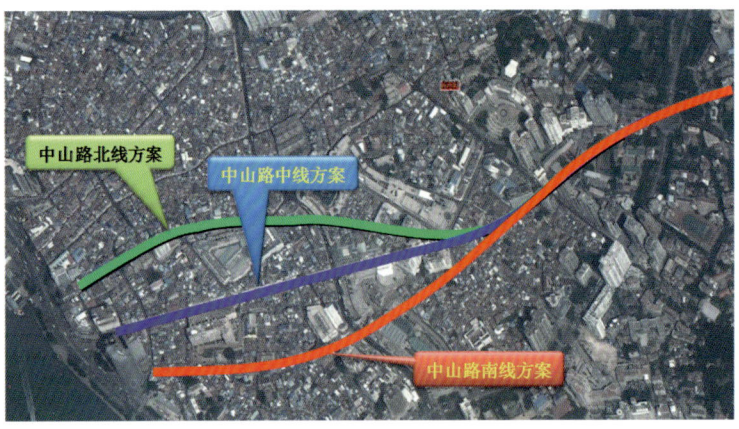

图8.3.1-2　起点段线路走向方案示意

初步设计阶段在取得中山路沿线初勘成果后,对中山路中线、北线和南线方案做了进一步深化分析,确认了可研报告的研究成果,并在南线基础上做进一步的方案深化。同时由于规划部门提出对中山路片区历史文化风貌的保护要求,因此初步设计阶段提出了镇海路的比选方案,如图8.3.1-3所示。

图8.3.1-3　调整后的起点段线路走向方案示意

（1）中山路南线方案（方案一）

中山路南线方案位于万石山坡北麓坡脚，与中山路相隔约120 m，但标高提升约10 m，地质条件明显优于中山路。南线方案线路起点设于水仙路与钓仔路路口海光大厦下方，在中山海景广场南侧设中山路西站。车站与和平码头接驳条件较好，但与轮渡和升平路口的公交车站衔接稍差。线路出站后沿通奉第巷敷设，向东下穿定安小学（4层）和聋哑学校（5层）及大片旧城区民居，而后沿文安路下穿中华城、台光花园后于金同成大厦和陈化成故居之间设中山路站，如图8.3.1-4所示。

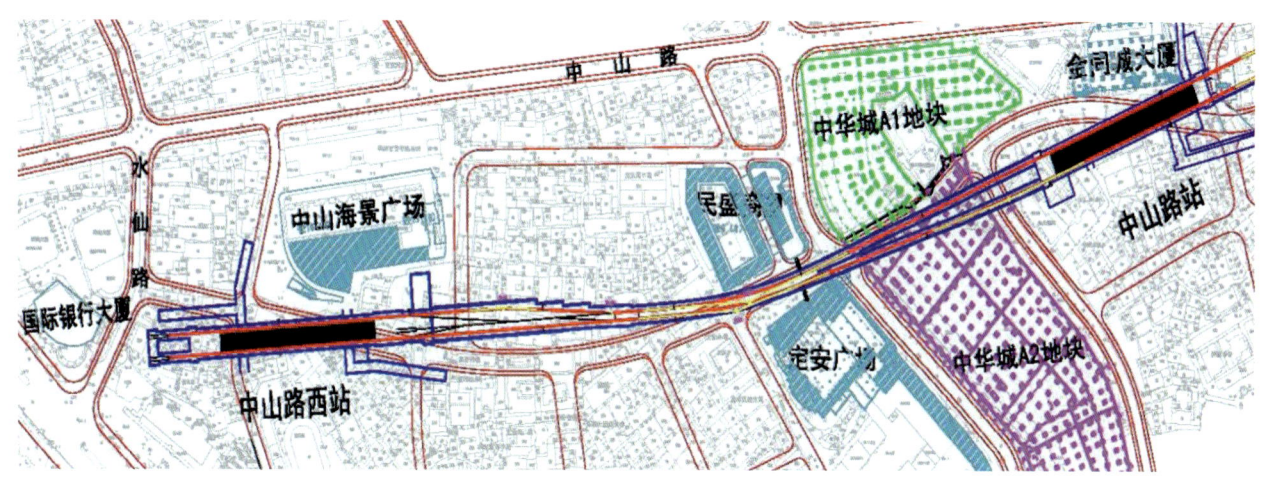

图8.3.1-4　中山路南侧方案示意

本方案线路长1.45 km，线形顺直，最小曲线半径为350 m。由于受国际银行大厦限制，起点站无站后折返条件，设计采用站前折返，折返能力30对/时，配线组织复杂，运营管理较为不便，且起点站与中山路站相隔仅为640 m，客流吸引范围重叠较大。

工程建设条件方面，车站范围内地势高差达12 m，物业开发条件较差；车站施工需开挖30 m深基坑，且区间需大断面下穿中华城，工程风险较大。

(2) 镇邦路—中山路南侧方案（方案二）

鉴于中山路南线方案工程风险较大，且站前折返不利于运营组织管理，因此深化南线方案得出镇邦路方案。

该方案线路起点站设于镇邦路西侧升平路口（8.3.1-5所示），位于中山路北侧旧城区地块内，沿镇邦路呈南北向布置，车站中心距中山路仅60 m，站后为大片低矮民房，无大型风貌保护建筑，因此线路可向北延伸实现站后折返。车站北侧距轮渡码头和公交总站较近，客流条件好，且与周边规划结合良好，建设时可结合本区域旧城区改造进行综合物业开发。

图8.3.1-5　升平路现状照片

线路出站起点站后即向南下穿中山路，并以350 m的半径于中山海景广场前折向东沿规划钓仔路敷设，线路以单洞单线形式下穿定安小学、思明特教文安小学以及大量旧城区民居后，于思明南路前接入方案一线位，并同样以单洞暗挖工法下穿中华城地块，于金同成大厦南侧设中山路站，如图8.3.1-6所示。

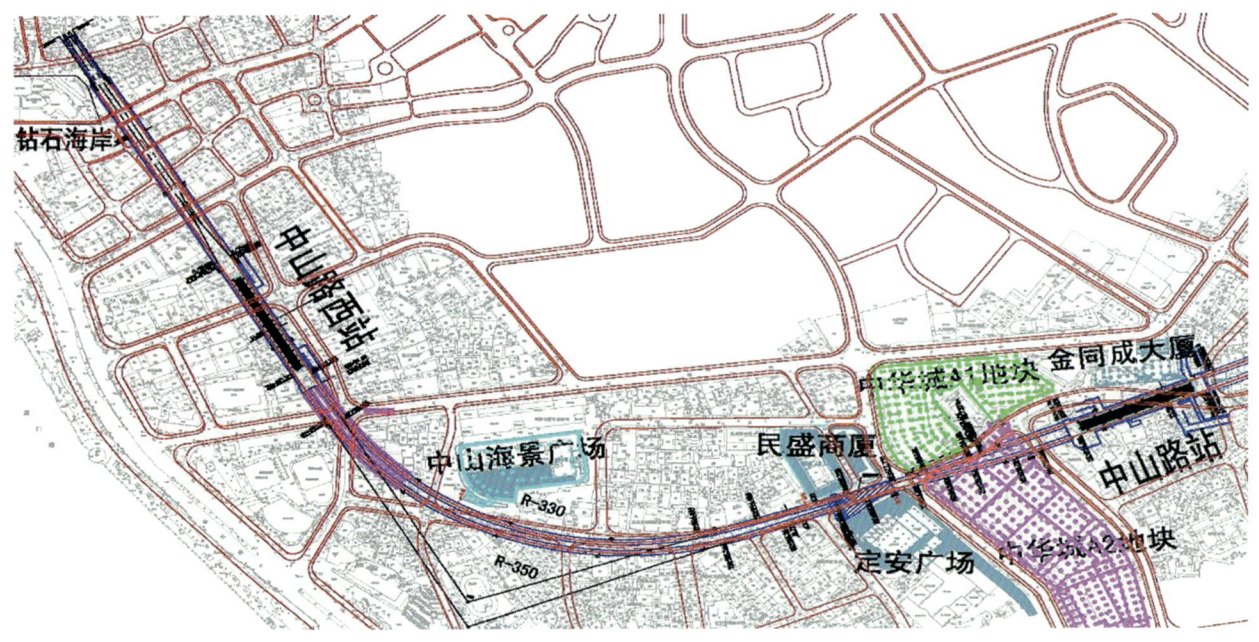

图8.3.1-6　镇邦路—中山路南侧方案示意

(3) 镇海路方案（方案三）

线路走向如图8.3.1-7中红线所示，起点站设于鹭江道与镇海路交叉口以北，出站后沿镇海路、公园东路敷设。起点站采用岛式站台，站后设交叉渡线双折返线。车站南侧距和平码头较近，客流条件好，且与周边规划结合良好，建设时可结合周围商业建筑进行综合物业开发。

线路出站起点站后分别以两个300 m半径的曲线沿镇海路下穿双十中学过街通道，避开镇海大厦地下

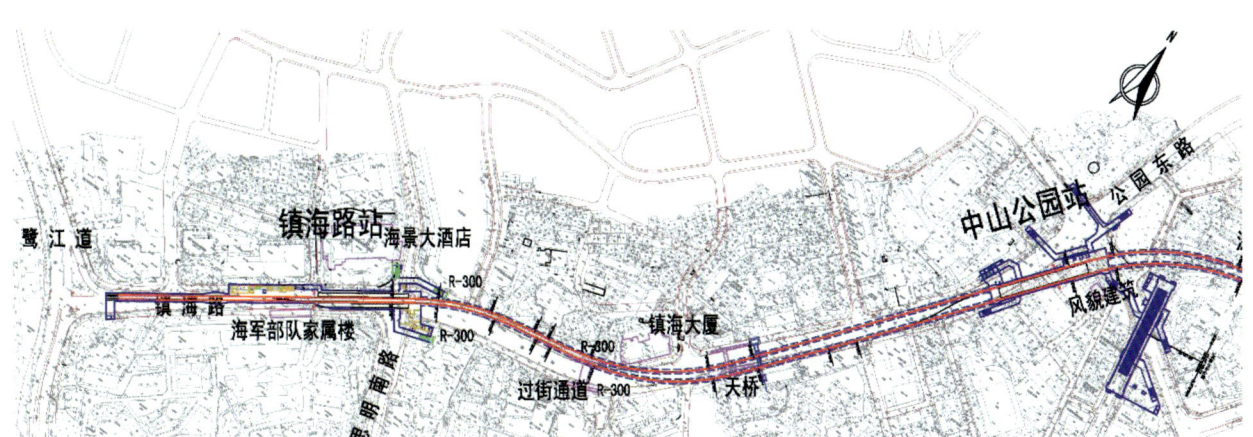

图8.3.1-7 镇海路方案示意

室边墙和第一医院过街天桥桩基,继而沿公园东路向北敷设,于地块内设中山公园站。

（4）推荐意见

通过对以上3个方案的深入研究,结合线形条件、工程难易度及投资进行比选后认为:方案一和方案二拆迁量大,需要结合旧城区改造一起实施。厦门市政府出于对旧城区风貌建筑保护的考虑,决定暂缓旧城改造,因此方案一、二实施存在困难。方案三线路沿道路敷设,工程难度、拆迁量及造价均远远低于方案一和方案二;虽然近期客流吸引没有方案一好,但随着远期和平码头的服务功能提升,方案三客流服务能力也会得到极大提升,对中山路片区的交通分流能起到很大的促进作用,有助于缓解老城区交通压力,故最终初步设计推荐沿镇海路敷设方案。三者比较情况见表8.3.1-1。

表8.3.1-1 起点段线站位方案比较

方　案	镇海路方案	中山路南侧方案	镇邦路—中山路南侧方案
线路长度及线形	1.79 km（R_{min}=300 m）	1.99 km（R_{min}=350 m）	2.1 km（R_{min}=350 m）
站间距/m	956 m	640 m、776 m	964 m、776 m
车站数	2座	3座	3座
折返方式及能力	站后 30 对/时	站前 30 对/时	站后 32～34 对/时
总建筑面积	32194 m²	50287 m²	68615 m²
总拆迁面积	4000 m²	75800 m²	126483 m²
工程重难点及风险源	1. 基坑开挖深度大,最深处有 21 m 2. 基坑离海军宿舍大楼较近,开挖风险较大 3. 改迁的管线离基坑较近	1. 需拆迁学校 2 所、风貌建筑 2 座、挂牌古树 3 棵 2. 车站 30 m 深基坑 3. 大断面下穿中华城	1. 拆迁量较大,且存在众多商铺,社会影响大 2. 大断面下穿中华城
规划及服务	1. 离和平码头近 2. 车站沿道路敷设,无法上盖物业 3. 客流吸引较好	1. 离和平码头较近 2. 车站范围地势高差达12m,且斜穿规划钓仔路,无法上盖物业 3. 两站距离近,客流吸引范围重叠大	1. 与周边规划结合良好并可结合上盖物业 2. 车站与轮渡码头和公交总站较近,客流条件好
总投资	54980 万元	70460 万元	77418 万元

8.3.2 中山公园站—将军祠站

本段线路于公园东路与虎园路交叉口南侧地块设中山公园站,与现规划7号线形成通道换乘。车站采用明挖工法,站前设单渡线,并与风貌保护建筑净距保持9m以上。线路出中山公园站后沿图强路南侧下穿深田社区部分建筑和厦门宾馆6#楼与8#楼后,并穿过北侧公共绿地,于文园路高架桥下方折入文园路敷设,在将军祠路口设将军祠站,如图8.3.2-1所示。

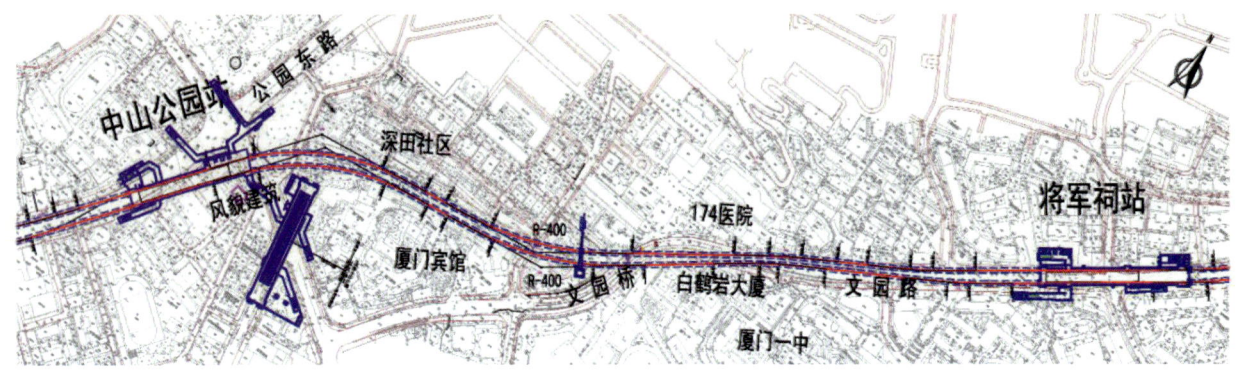

图8.3.2-1 中山公园站—将军祠站线路平面图示意

本区间控制性建筑较多,主要有威士顿7号会所风貌保护建筑、厦门宾馆(图8.3.2-2)、文园路高架桥、174医院、白鹤岩大厦、厦门一中等,其中对文园路高架桥的穿越方案是本段线路研究的重点。

图8.3.2-2 风貌保护建筑与厦门宾馆

文园路高架桥位于中山公园—将军祠区间文园路与深田路立交道口,建成于1991年4月,是厦门第一座城市跨线桥梁。该桥结构为连续单箱梁S形变坡桥,桥面宽8m,桥下净空最大4.5m;主桥上部结构为C40单箱式双悬臂连续箱梁,悬挑长2.5m;下部结构采用浅基础和钻孔灌注桩基础两种形式,桥墩(台)基础都以中等风化花岗岩为持力层;桥墩均为独立柱形墩,墩顶均设置砼矩形上盖梁,如图8.3.2-3所示。

根据该段线位区间走向和文园桥基础情况,线路在穿越文园桥时主要研究了以下3个比选方案。

（1）方案一：侧穿桥桩方案

由于文园路桥整体呈S形，线路下穿时与桥交角较小，在隧道侧穿文园桥时导致区间隧道与文园桥桥桩之间最小净距仅有0.27 m。

根据区间风险分析，侧穿方案施工时，隧道开挖会使2#、4#桥桩出现横向位移和倾斜，3#桥桩因为桩周土向隧道洞室挤压，而出现沉降。

（2）方案二：桩基托换方案

由于方案一对4#桥墩影响较大，因此方案二考虑将左线隧道向左偏移约2 m，从4#桥桩下方穿过，将4#桥桩进行桩基托换，如图8.3.2-4和图8.3.2-5所示。在预顶和截桩之前，桥上交通依然保持不变，但需要限速、限重，地面交通需要禁止车辆通行，人行不受影响；在预顶和截桩期间，桥上须禁止车辆通行。预顶和截桩的时间可选择在夜间进行。

桩基托换的工程造价总计约270.8万元，预计工期3.5个月。

图8.3.2-3　文园路跨线桥

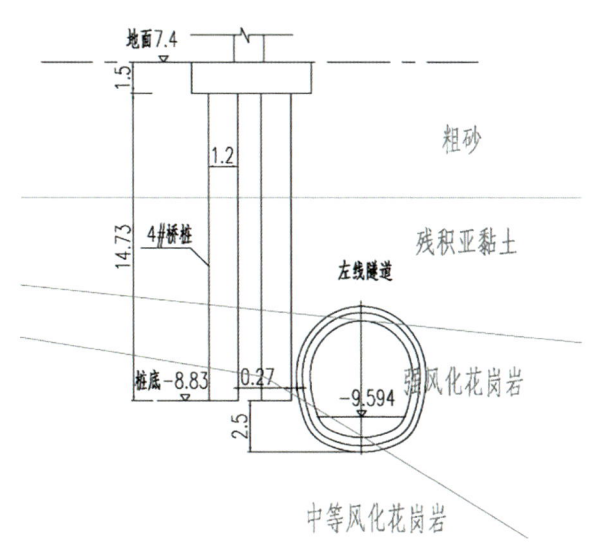

图8.3.2-4　左线隧道与4#桩基关系

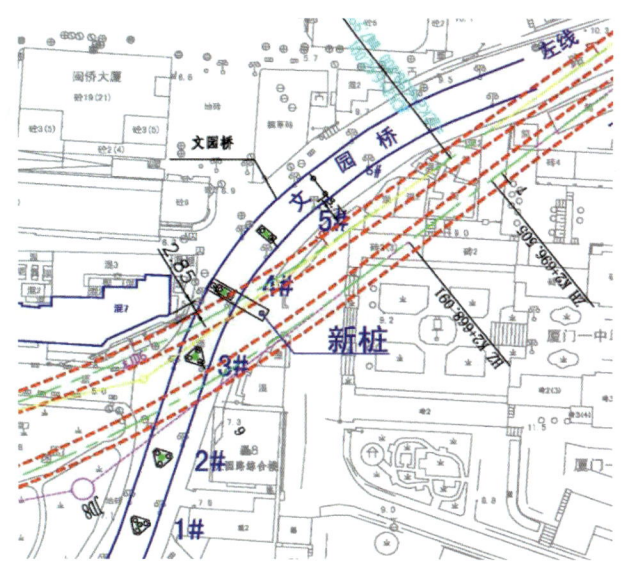

图8.3.2-5　4#桩基托换线路示意

（3）方案三：拆桥重建方案

2012年1月，厦门市市政工程管理处委托厦门市工程检测中心对该桥进行了检测，主要结论如下：

1）该桥现阶段的完好状况等级为D级（不合格状态，应进行中修或大修）。

2）上部各跨主梁均出现不同程度的开裂现象，其中以2#～3#跨（30 m跨）的情况较为严重，其最大裂缝宽度达0.40 mm，部分裂缝在腹板厚度方向已完全贯通。

3）上部结构刚度损失，现阶段文园路高架桥上部主体结构不能满足原设计荷载的要求。

由于桥梁大修后使用年限仅为20年，因此考虑结合轨道交通建设对文园路高架桥进行拆除重建。新桥桩位经过重新布置，隧道与桥桩的最小净距增大至2.7m，满足区间施工要求。新桥设计年限为100年，拆除文园桥的工程费用约为310万元，重建文园桥的工程费用约719.7万元，相关房屋拆迁费用约248万元。

（4）实施方案

综合考虑方案一与方案二的施工风险和文园路桥的检测情况，结合市政及规划等相关部门的建设意见，最终实施方案采用了文园桥重建方案。

8.3.3 将军祠站—莲花路口站

本段线路位于厦门本岛火车站—莲坂商贸区，厦门站已是成熟的铁路客运枢纽，周边商业、居住区已经成熟；莲坂商贸区也已是本岛的重点商业区域；厦禾路、湖滨南路两侧现状多为新建高层，建筑密度较高，且厦禾路路中为已经建成运营的高架BRT。经过研究讨论，线路路由主要有厦禾路方案和湖滨南路方案，如图8.3.3-1所示。

图8.3.3-1 厦禾路方案与湖滨南路方案示意

（1）厦禾路方案

本段线路规划方案为沿厦禾路布置，途经厦门火车站客流集散中心，如图8.3.3-1中蓝线所示，但方案存在重大的技术问题和工程风险：

1）厦禾路路中为BRT系统，轨道交通区间穿越会影响BRT正常运营。

2）火车站站前厦禾路道路地下一层为梧村商业街，车站布置或区间穿越均存在困难。

3）文园路转厦禾路时受到帝豪大厦或BRT桥桩影响，工程风险大，如图8.3.3-2所示。

图8.3.3-2　BRT桥、帝豪大厦与梧村地下商业街

可研阶段分别对线路从BRT高架桥两侧穿越和两线从BRT桥南侧穿越做了对比，如图8.3.3-3所示。

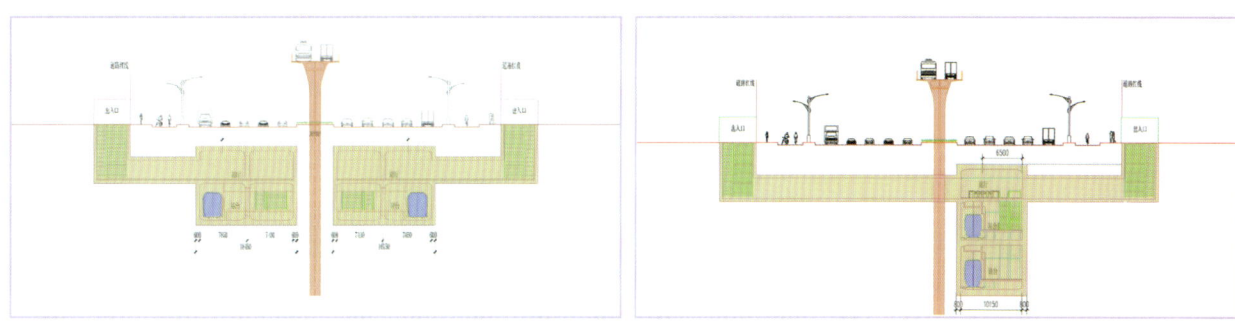

图8.3.3-3　分离岛与叠侧式车站方案对比

（2）湖滨南路方案

线路出将军祠站后以350 m的半径曲线避开弘龙商业城及BRT桩基后进入湖滨中路（红线宽38 m），于厦禾路湖滨中路口北侧设文灶站与规划4号线文灶站换乘。线路左线隧道距离弘龙商业城和BRT桥梁桩基础结构净距分别为2.06 m和1.94 m，满足结构施工要求，如图8.3.3-4所示。

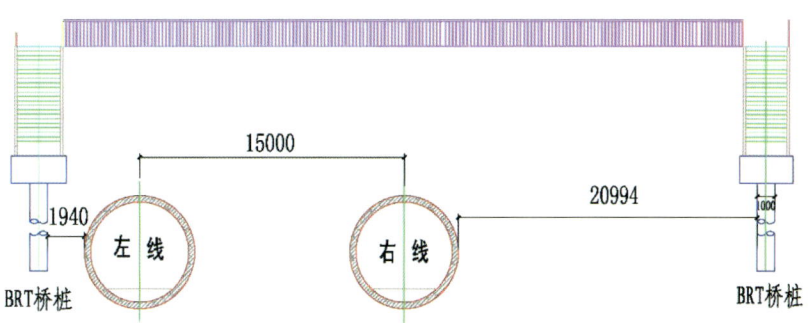

图8.3.3-4　BRT桥桩与区间隧道关系

线路出站后继续前行至禾祥东路路口处以350m的半径折向东下穿厦门公交总公司地块转入湖滨南路，其间需避让2根湖滨中路加气站地下储气罐桩基和湖滨南路南侧鸿翔大厦地下室基础，如图8.3.3-5和图8.3.3-6所示。

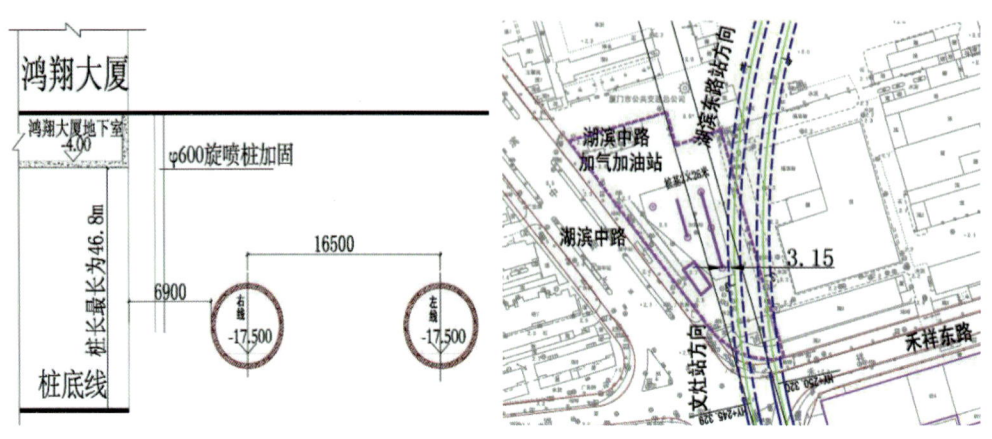

图8.3.3-5　加气站桩基与线路关系　　　　图8.3.3-6　鸿翔大厦与线路关系

而后线路沿湖滨南路敷设（红线宽度44 m），线路略靠道路南侧布设，平面上避开道路北侧的1.5 m×1.5 m市政排水管，并分别于湖滨东路路口设湖滨东路站、湖明路口设莲坂站。

本段线路平面示意图如图8.3.3-7所示。

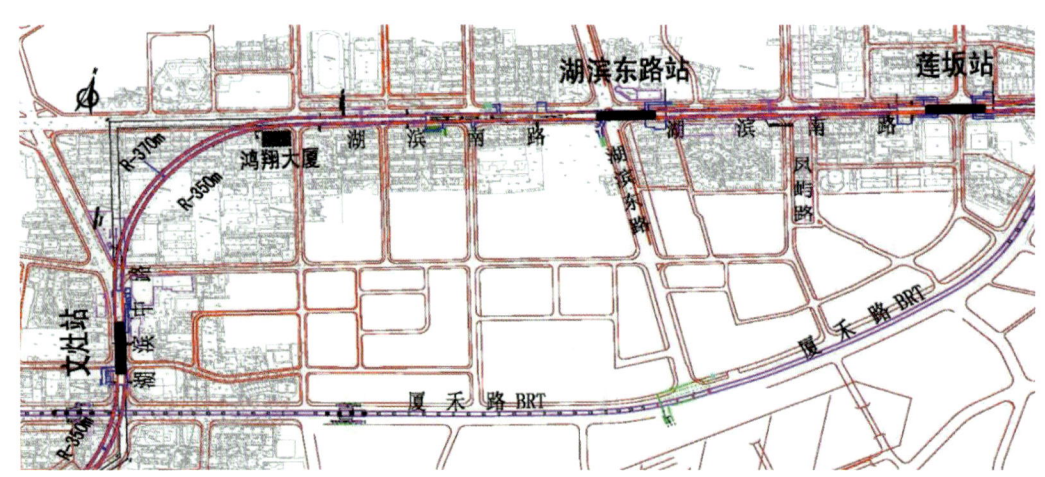

图8.3.3-7　将军祠站—莲坂站线路平面示意

湖滨南路方案线路沿线没有重大工程风险，且湖滨东路站有设置故障列车停车线条件，有利于行车运营组织，缺点是未接通厦门火车站客流。

8.3.4　莲花路口站—火炬园站

本段线路主要沿本岛南北向主干道嘉禾路以地下线形式敷设。嘉禾路道路条件宽阔，两侧规划主要为商住用地，现状大部分已按规划实施。规划道路红线宽度为60 m，轨道交通建设场地条件较好。

线路出莲坂站后，左右线分别从莲坂跨线桥东西两侧绕行折向北进入嘉禾路，并在莲岳路嘉禾路口设莲花路口站。绕行段左线采用300 m半径的曲线由宝福大厦和莲跨线桥之间穿过，区间隧道与宝福大厦地下室结构最小净距为0.77 m，距莲坂跨线桥桥台桩基净距为1.89 m；右线以300 m半径的曲线由莲坂跨线桥桩基之间穿过，并在平面上避开明发商业广场地下车库结构，区间隧道与莲坂跨线桥桩基、明发商业广场地下室结构最小净距分别为1.87 m和0.98 m，如图8.3.4-1所示。

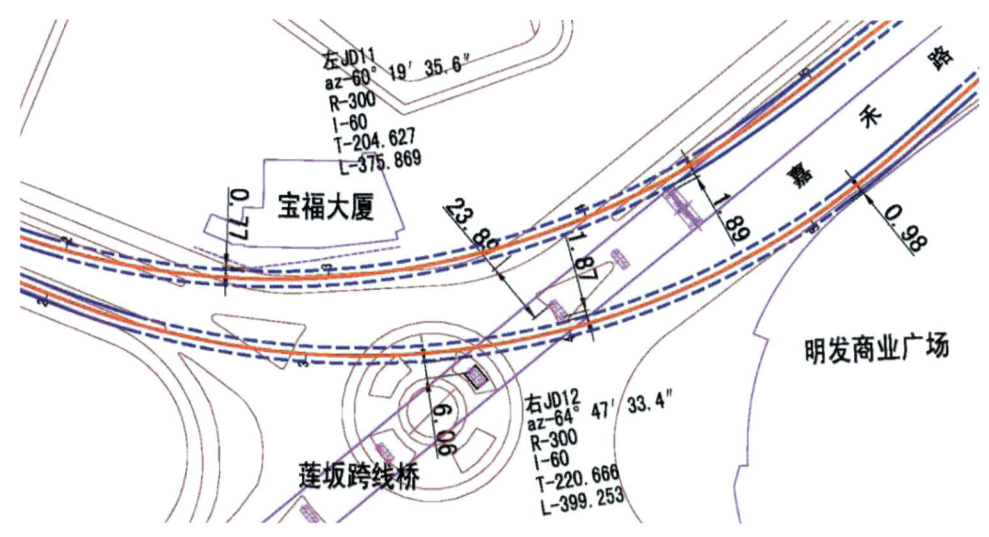

图8.3.4-1　莲坂站后区间线路与建筑结构关系

线路出莲花路口站后沿嘉禾路继续前行，受吕岭路口道路线形、2号线换乘条件及周边建筑物影响，左右线分别以300 m、310 m半径的曲线由吕厝跨线桥桥位下方穿过，并在路口设吕厝站与2号线换乘。2号线东侧受吕岭路线形及周边建筑边界条件影响，站位无法跨路口布设，仅与1号线形成L形换乘。

吕厝跨线桥：上部结构为钢箱连续梁，桥面宽度18.0～19.8 m；下部结构为双桩柱式桥墩；桩基类型为摩擦桩，桩径1.50 m/1.80 m，桩端持力层位于碎块状强风化花岗岩岩层。

莲坂跨线桥和吕厝跨线桥实景如图8.3.4-2所示。

图8.3.4-2　莲坂跨线桥和吕厝跨线桥实景

在综合了多方案的比选后，推荐1号线车站方案布置于吕厝跨线桥北侧桥台位置，吕厝跨线桥拆除重建。

线路出吕厝站后继续沿嘉禾路地下向北敷设，在嘉禾路仙岳路口设乌石浦站。本段线路走向如图8.3.4-3所示。

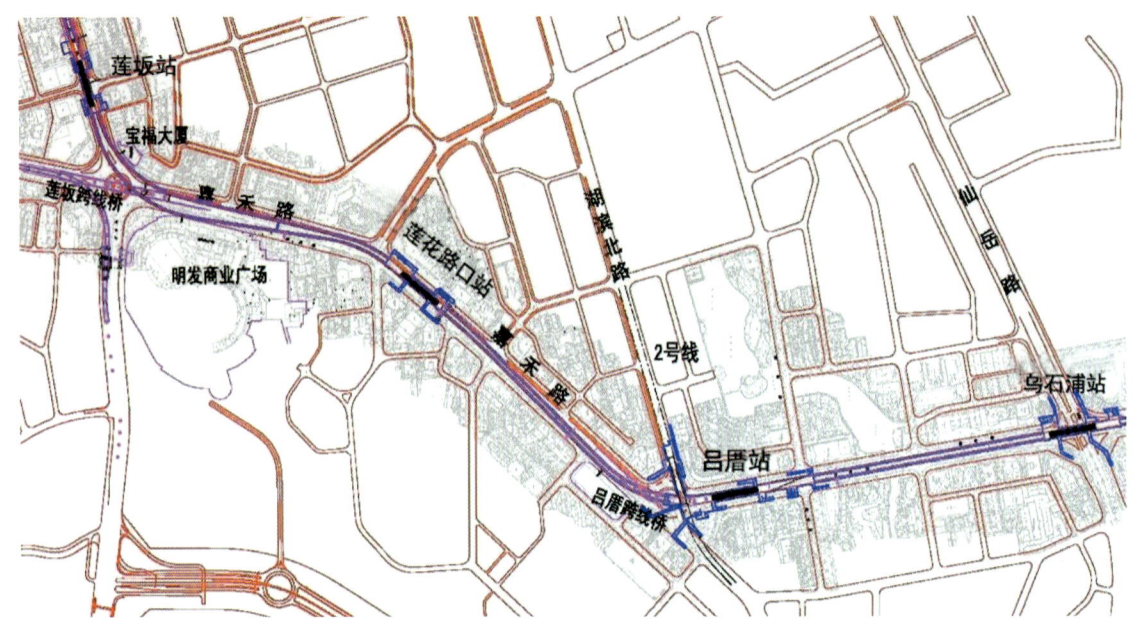

图8.3.4-3　莲坂站—乌石浦站站线路平面示意

线路出乌石浦站后沿嘉禾路布置，分别在园山南路口设塘边站，火炬路口设1、3号线换乘站火炬园站，如图8.3.4-4所示。受地形条件限制，本段线位（乌石浦站～塘边站）出现了本工程中最大纵坡，纵坡坡度达29.5‰。

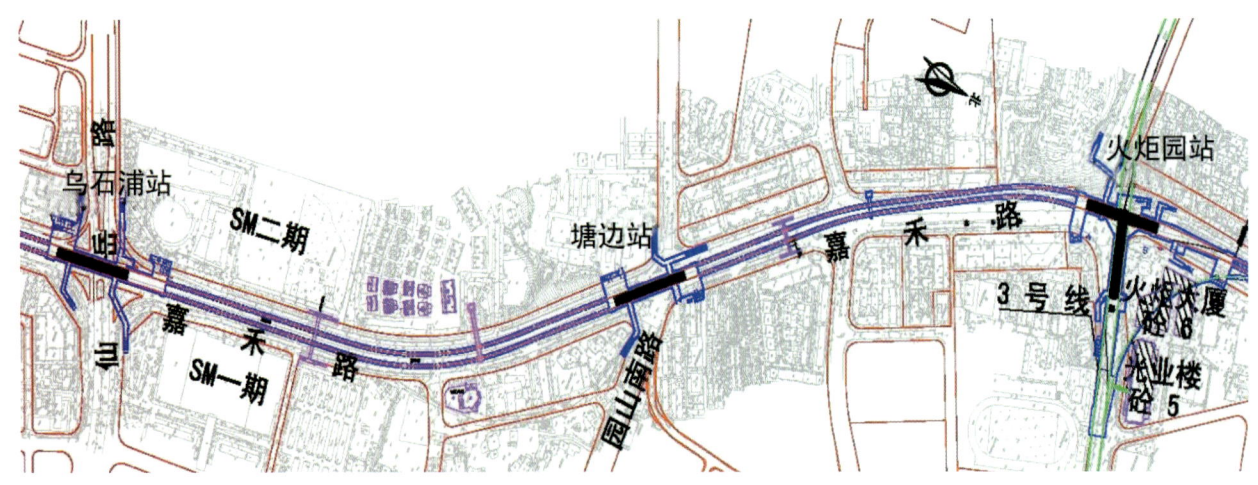

图8.3.4-4　乌石浦站—火炬园站线路平面示意

8.3.5 火炬园站—高崎站

本段线路沿本岛南北向主干道嘉禾路以地下线形式敷设；本段线位在建设中主要考虑了1、3号线的换乘节点布置，火炬园—高崎区间对规划第二跨海西通道的预留，区间穿越石鼓山立交方案以及高殿村—高崎区间下穿福厦铁路和成功大道的因素，其中较为重大的线位方案比选系殿前站站位布置。

（1）火炬园站—高崎站线位方案

1）高殿村方案（方案一）：

线路以350 m的半径穿越石鼓山立交桩群后，进入高殿片区地块。为尽量降低区间拆迁量，拟在原航油专用线位处设高殿站，站后接出入场线，正线出站后，左右线拉开距离从出入场线下方穿越向东敷设，以800 m的半径下穿福厦线和成功大道机场连接线后回归嘉禾路，在嘉禾路海堤路口设高崎站，站后设单渡线。

2）嘉禾路方案（方案二）：

线路沿嘉禾路敷设，线路以350 m的半径穿越亚植所少量地块后，重新转入嘉禾路，并于嘉禾路过街通道以北设殿前站，站后主线间接高崎停车场出入场线，上跨主线左线后沿地面敷设接入停车场，避开了航标灯桩基并占用少量国铁牵出线用地。正线出站后，左右线拉开距离，下穿成功大道与福厦铁路后，避开航标灯桩基往北敷设，以700 m的半径接入嘉禾路，在嘉禾路海堤路口设高崎站，站后设单渡线。

本段线路平面示意图如图8.3.5-1所示。

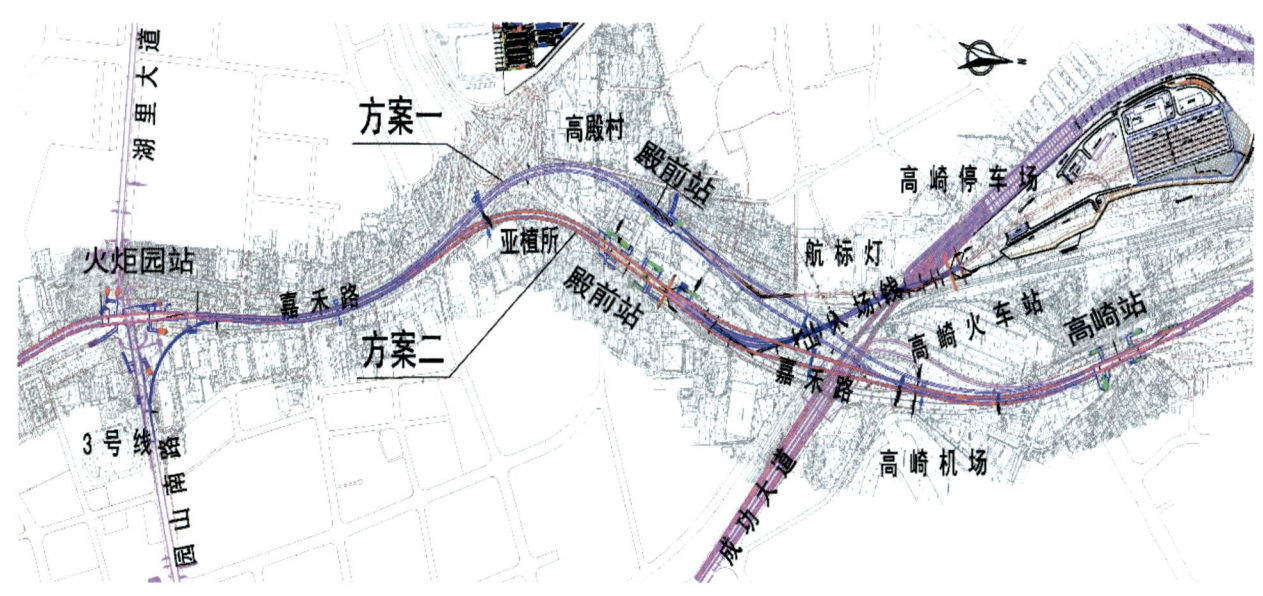

图8.3.5-1　火炬园站—高崎站线路平面示意

3）推荐意见：

高殿村方案车站位于高殿村内，尽管线路主要沿铁路牵出线敷设，但会引起大量拆迁；调整方案线路沿嘉禾路敷设，拆迁量有较大幅度的减小，具体对比分析见表8.3.5-1。

表 8.3.5-1　高殿段线站位对比

方　案	嘉禾路方案	高殿村方案
线路长度/km	2.53	2.62
总拆迁面积/m²	27000	65584
工程重难点及风险源	1. 高殿站主要位于嘉禾路下，施工条件差，风险较大，土建投资相对较高 2. 需改迁直径2m原水管，难度较大，且施工期间会对交通产生影响	1. 拆迁量较大 2. 高殿站占用铁路牵出线
规划及服务	车站东边为水厂和亚植所，西边为高殿村，呈单边客流，服务功能相对较差，但与嘉禾路沿线公交接驳较好	车站位于高殿村，东侧为嘉禾路，西侧为闽南古镇，服务功能较好
土建投资/亿元	6.98	5.58

综合上述对比，嘉禾路方案虽车站服务功能和施工条件不如高殿村方案，但是拆迁量远远小于后者，且线路长度也缩短将近90 m，从总投资和社会影响角度考虑，采用嘉禾路方案。

（2）火炬园站方案

火炬园站为1、3号线换乘站，地块内火炬大厦坐落于区间联络线上方，受3号线换乘条件及周边高压铁塔的限制，车站布置及前后渡线、联络线的设置存在较大难度，区间无其他重要控制性建筑物，如图8.3.5-2所示。

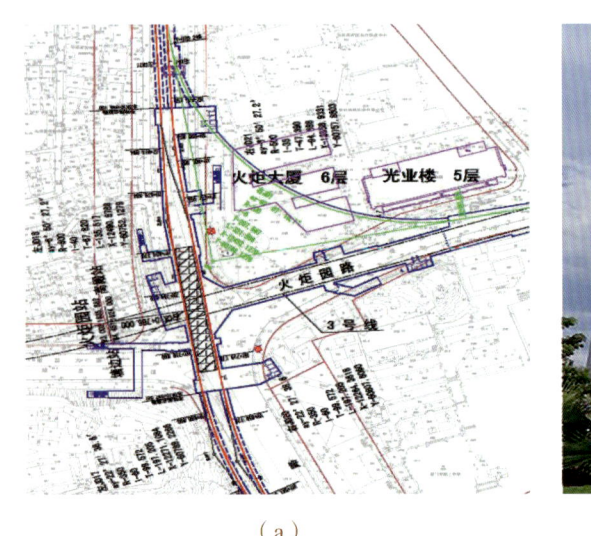
（a）

（b）

图8.3.5-2　火炬园站线站位示意（a）及拆迁的火炬大厦（b）

线路出乌石浦站后继续沿嘉禾路向北敷设，于嘉禾路—园山南路路口设塘边站，于嘉禾路—火炬路路口设火炬园站与3号线形成换乘。火炬园站站形的调整结合了3号线两侧3站2区间以及联络线的布置需求。

根据线网车辆大架修资源共享方案，1号线和3号线于火炬园站需设置联络线。结合3号线车场规划，联络线设于东北象限车辆调运较为顺畅，故拟拆迁火炬大厦。同时，为避免对光业楼的拆迁，站位需紧靠嘉禾路西侧布设。最终确定火炬园站为T形换乘站。

8.3.6 高崎站—园博苑站

高崎站为1号线厦门岛内最后一站，根据线网规划，线路出高崎站后即跨海到达集美区（集美学村），而后再度跨越杏林湾到达杏林片区。本段线路针对跨海通道在可研阶段对路由方案存在重大比选。

（1）跨海线位

可研报告在跨海通道选择方面存在两组比选，方案一拟利用现状鹰厦铁路进岛通道跨海，方案二则另辟通道由海底隧道穿越，如图8.3.6-1所示。

图8.3.6-1　海堤段线路方案比选示意

可研报告认为鹰厦线通道废弃后，海堤改造工程已预留轨道交通走廊的实施条件，从合理利用既有条件和节省投资的角度考虑，将1号线沿集杏海堤和高集海堤的方案可以很大程度上降低工程造价。另根据气象统计资料，台风每年会有3～4次，但影响有限且可预测，居民可计划出行。沿海堤方案建设、运营综合效益好，受台风影响有限，故作为推荐方案。其效果图如图8.3.6-2所示。

图8.3.6-2　高集海堤段轨道交通及规划海堤路效果

(2)与福厦铁路并行段

根据可研报告线位方案，线路沿海堤路布置，出高崎站后采用矿山法下穿DN2000原水管和铁路货场专用线，而后沿既有海堤路西侧铁路货场下方敷设，过中埔路口线路即爬升至地面，在入海前与福（鹰）厦铁路并行敷设。根据海堤路的周边情况和外界条件，本段线路存在以下两种比选方案：

1）占用福厦铁路边坡方案（方案一）：

线路出高崎站后沿既有海堤路地下敷设，过中埔路口后线路由地下转为地面并迅速爬升为地面，跨过滨海路后线路以高架形式过海。为避免拆迁海堤路右侧民房，线路路基段紧邻既有福厦铁路，路堤填高0～3m，左侧路肩距福厦铁路路肩最小距离4.3m，占用福厦铁路边坡，如图8.3.6-3和图8.3.6-4所示。

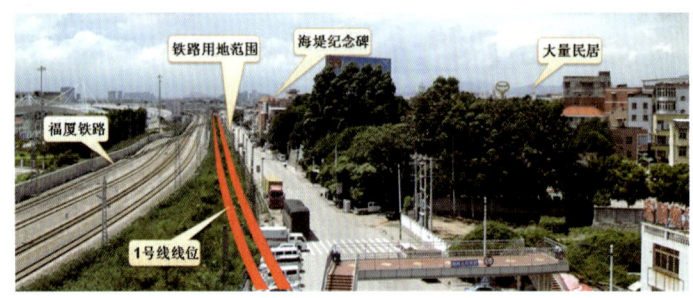

图8.3.6-3　占用铁路用地方案线路示意

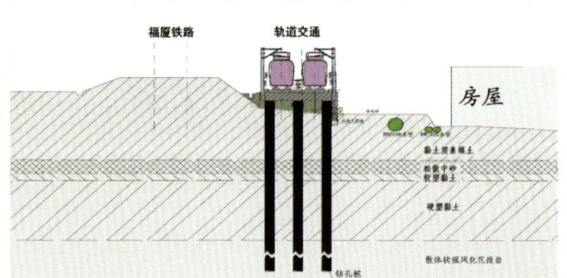

图8.3.6-4　占用铁路用地方案横断面示意

2）拆除居民区方案（方案二）

本方案轨道交通线路以西侧国铁用地范围为限制条件，紧贴铁路防护栅栏，完全占用既有海堤路，将规划海堤路向东推移布置于轨道交通右侧，并拆迁既有海堤路右侧临街民房，如图8.3.6-5和图8.3.6-6所示。

图8.3.6-5　拆除居民区方案线路

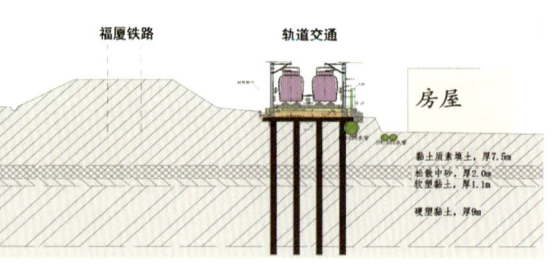

图8.3.6-6　拆除居民区横断面示意

3）方案推荐意见：

经过对以上两个方案的研究比选（表8.3.6-1），为尽量减少建设用地，采用占用福厦铁路边坡与铁路并行的方案。

表 8.3.6-1 高集海堤入海口线路敷设形式对比

	优 点	缺 点
方案一	1. 不影响海堤纪念碑 2. 不影响海堤路路中的DN2000的原水管 3. 线路与国铁用地重叠,对周边环境和景观影响最小,占地最少	1. 占用铁路用地防护栅栏内6 m,路基工程填高0～3 m,对既有线沉降有一定影响,需对铁路路基本体进行加强防护 2. 需拆迁铁路货场3000 m²
方案二	轨道交通线路避开国铁主体,不占用其防护栅栏内用地,对国铁的运营安全不产生影响	1. 需拆迁铁路货场1500 m²,海堤路右侧民居15000 m² 2. 需对海堤路路中一处DN2000原水管进行迁改 3. 占用海堤纪念公园用地

线路出岛时沿鹰厦铁路通道利用海堤开口改造工程跨越高集海域,进入集杏半岛,在驻防部队外侧老集美火车站南侧设集美学村站,车站为高架车站。受驻防部队及地块线形影响,该车站有效站台进入曲线段较长,曲线半径大于800 m。线路出站后即以310 m的半径向西偏转,以路基形式继续沿集杏海堤敷设,在园博苑西门停车场地块内设园博苑站。本段线路平面走向如图8.3.6-7所示。

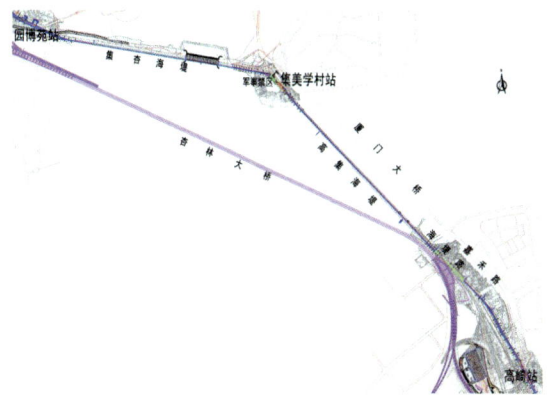

图8.3.6-7 高崎站—园博苑站线路平面示意

8.3.7 园博苑站—官任站

本段线路位于厦门市岛外杏林片区,规划为城市的次中心、文教区、居住、商业综合片区。初步设计阶段,本段线位方案存在较大范围的线位比选,如图8.3.7-1所示。

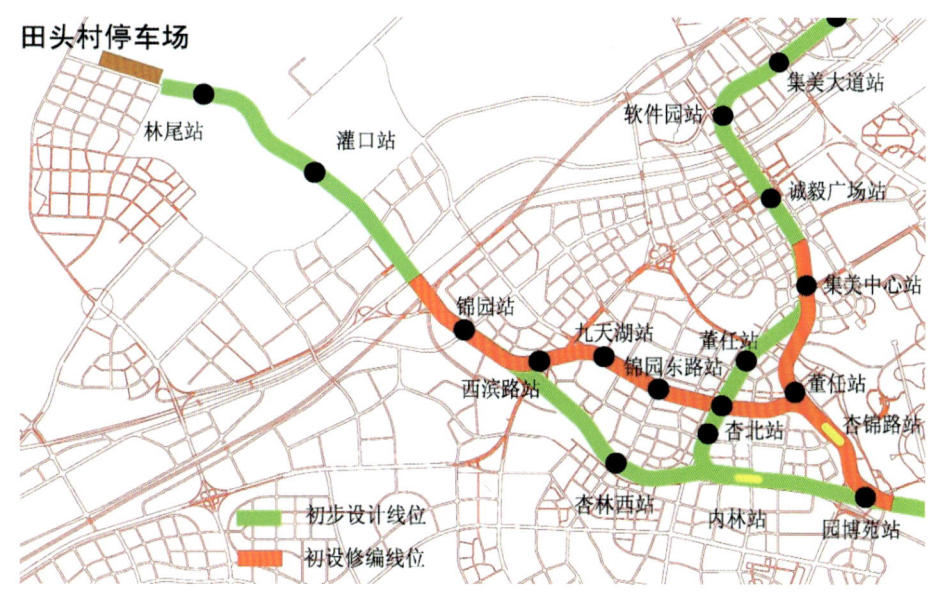

图8.3.7-1 园博苑站—官任站线路比选示意

(1)杏前路—杏林北路方案（方案一）

由于原线网规划1号线设有灌口方向的支线，主、支线分别沿杏林北路和杏前路布置，接轨站位于内林站，主、支线呈Y形交路

该方案线路在过了杏林大桥主引桥桥台后即拉开线间距，于杏前路人行天桥下方设内林站，与规划1号线支线接驳，该站为双岛四线站台。支线出站台后与主线立体交叉并继续沿杏前路向西敷设，主线则穿越地块向北沿杏林北路敷设。受支线线位限制，本线采用了300 m半径曲线继而沿杏林北路敷设，分别于中宛路和九天湖路口设杏北站和董任站。本段线路平面方案如图8.3.7-2所示。

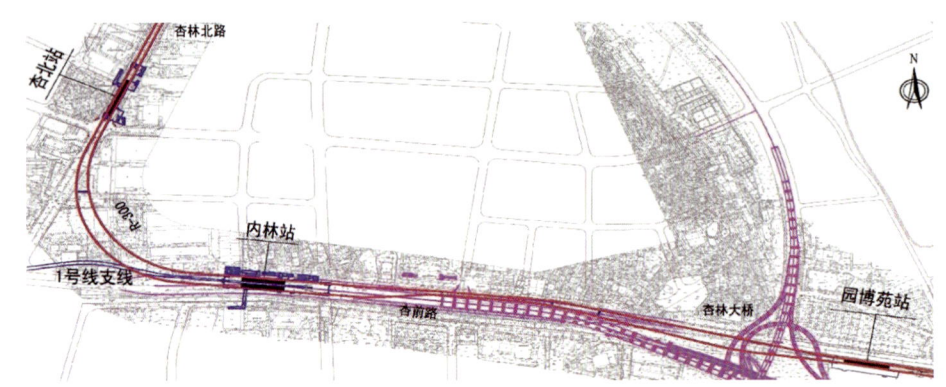

图8.3.7-2　园博苑站—杏北站线路平面示意

为避让杏林湾大桥，线路在出董任站后往东北方向穿规划地块，自杏林湾下方穿越，然后以370 m的半径区间转向北侧，穿过杏林湾路，沿和新路于诚毅科技馆与集美文教区服务中心之间设官任站和站后故障列车停车线。

由于车站站后配线区上方为集美新城规划公共绿地，并设有新建庙宇一座，为尽量降低车站施工对庙宇造成的影响，故站后配线区间拟采用单洞双线矿山法施工。董任站—官任站线路平面方案如图8.3.7-3所示。

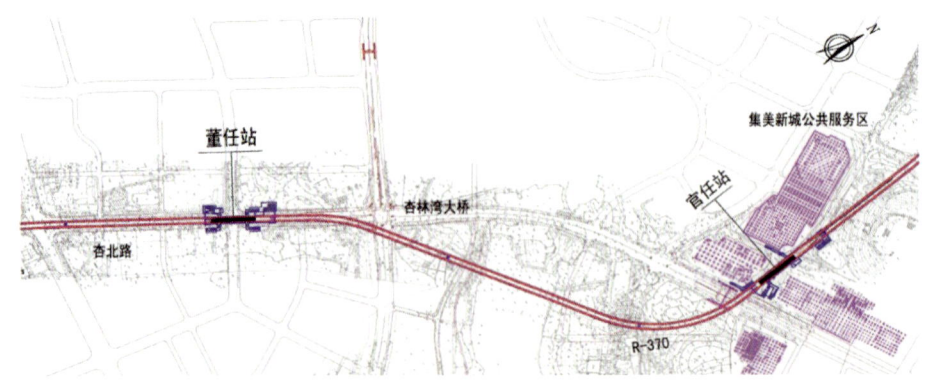

图8.3.7-3　董任站—官任站线路

（2）杏锦路方案（方案二）

园博苑站位于园博苑西门停车场地块内，预留上盖物业开发条件。出站后区间分别以330 m和350 m的半径下穿杏林大桥引桥匝道及杏林大桥桥台，于规划三南路南侧地块绿地内设杏林村站。园博苑站—杏林村站区间在里程右CK20+755和左CK20+031处区间结构分别与园博会所和杏林大桥引桥桥台桩基的净距为0.6 m和2 m左右。杏林村站为双岛四线车站，线间距33 m，如图8.3.7-4所示，车站中间设1号线支线，既可实现支线独立运营又可与主线贯通运营，组织形式较为灵活。园博苑站～杏林村站平面方案如图8.3.7-4所示。

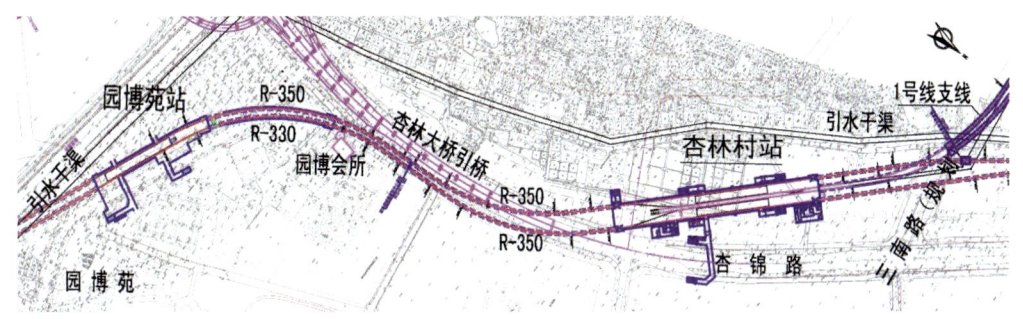

图8.3.7-4　园博苑站—杏林村站线路平面

出站后，支线下穿主线左线，转向规划三南路向西敷设，于海翔大道出入匝道以北道路转入建规线位。主线出站后继续沿绿轴向北敷设，于园博变和引水干渠之间空地内设杏锦路站。出站后线路以350 m的半径往东穿越中航城与园博湾新建楼宇之间空地，之后下穿杏林湾和少量民宅后向北敷设，于杏林湾路天桥东侧、集美新城公共服务区中间空地内跨路口设官任站，车站站后配有一根停车线，作为将来故障车辆的临时停靠，站后配线形式及施工工法与方案一一致。杏锦路站—官任站线路平面方案如图8.3.7-5所示。

图8.3.7-5　杏锦路站—官任站线路

（3）推荐意见

方案二与方案一相比，最明显的特点是线路缩短了1.85 km，且车站区间主要以空地内敷设为主，拆迁量小，工程实施难度相对较小。两个方案的对比情况见表8.3.7-1。

表 8.3.7-1　杏锦路段线路方案比较

方　案	杏锦路方案	杏前路—杏林北路方案
线路长度/km	3.6	5.45
车站数/座	4	5
总拆迁面积/m²	8868	36000
工程重难点及风险源	1. 园博苑站区间需下穿引水干渠，施工存在一定的风险 2. 杏锦路站和董任站均在地块内，需结合上盖物业开发一起实施，协调工作量大 3. 董任站东侧为变电站，管线迁改工作量大，施工风险较大	1. 园博苑站后区间需下穿杏林大桥桩基群，施工风险较大 2. 内林站前区间需下穿文华路隧道，使得车站埋深为地下三层，且车站结构需与文华路隧道一并实施；车站南侧出入口需下穿福厦铁路，从而造成内林站造价高，施工困难，协调工作量大 3. 内林站—杏林区间以300 m的半径从杏前路转入杏林北路，线性条件差，拆迁量大
规划及服务	1. 园博苑站将为规划P+R换乘提供较好服务 2. 杏锦路站和董任站将更好地服务杏锦路片区新城客流 3. 官任站为跨路口设置，更好地照顾到杏林湾路南侧客流	本段线位经过杏林片区核心区域，客流服务能力好
土建投资/亿元	11.9	15.5

综合上述对比，杏锦路方案总投资远远低于杏前路—杏林北路方案，且施工难度较小，故初设修编线位采用杏锦路方案。

（4）规划调整方案

2014年3月，根据最新线网规划需求，1号线取消了支线，因此初步设计调整线路中，杏林村站调整为标准站，站位不变，站前设单渡线。站前线路半径可由350 m调整至380 m，线路与杏林大桥桩基净距增大至4.1 m，保证了施工安全。杏林村站需与上方物业开发结合建设，车站高程有所降低，同时前后区间工法由明挖法改为盾构法。本段线位如图8.3.7-6所示。

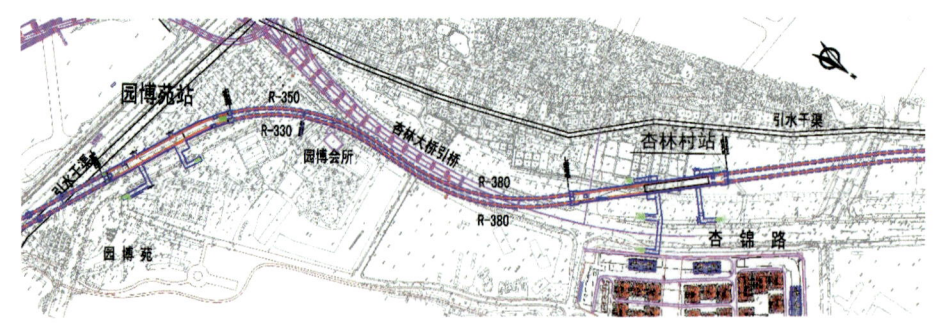

图8.3.7-6　园博苑站—杏林村站线路平面（现方案）

现方案杏锦路站—官任站区间由于泵房设置要求，线间距由10 m调整为12 m，下穿杏林湾后接入官任站。原方案中，官任站后设置单列位故障列车停车线，经计算，殿前—官任方向故障列车处理时间为

31.4～33.4 min，略大于30 min。现方案中，官任站后设双列位停车线，从而省去了救援车辆推送故障车进停车线后解钩的时间（约5 min），因此使该方向的故障列车救援时间控制在28 min左右。而增加一列车长度停车线的工程造价仅增加约1000万元，故该方案性价比较高。该段线位如图8.3.7-7所示。

图8.3.7-7　杏锦路站—官任站线路

8.3.8　官任站—集美软件园站

本段线位线路出官任站后，以450 m的半径转至沿集美中心中央主轴——诚毅大街敷设，线形较为顺直。而后线路下穿海翔大道和沈海高速，到达北侧集美软件园三期开发地块内，并在地块内合建集美软件园站。

本段线位在可研阶段对诚毅大街方案与和美路方案做过相应比选，两组方案的线路走向、长度、车站数量基本一致，因诚毅大街方案沿线开发强度略高，对东南部行政办公服务较好，因此在规划层面诚毅大街方案较优，如图8.3.8-1所示。

线路在穿越沈海高速至集美软件园地块内设站时，受同期建设的跨线桥影响，对集美软件园站的布置方案做过相应比选，如图8.3.8-2所示。

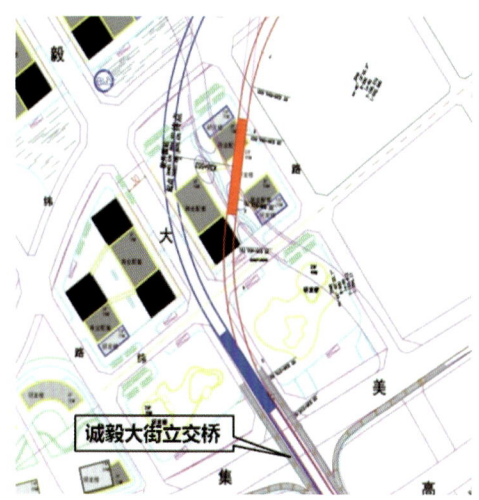

图8.3.8-1　和美路与诚毅大街方案比选　　图8.3.8-2　集美软件园站位方案比选

本区间的平面控制因素主要为诚毅大街立交桥。该桥位于集美新城主轴北端，立交桥上跨沈海高速和集美北大道，是连接集美新城和集美软件园的重要通道。根据与规划局及相关政府部门协调的结果，桥梁采用双幅桥列于轨道交通两侧，轨道交通区间布置于诚毅大街正下方，该桥已处于施工阶段，如图8.3.8-3所示。经综合比较集美软件园站采用与地块结合方案。

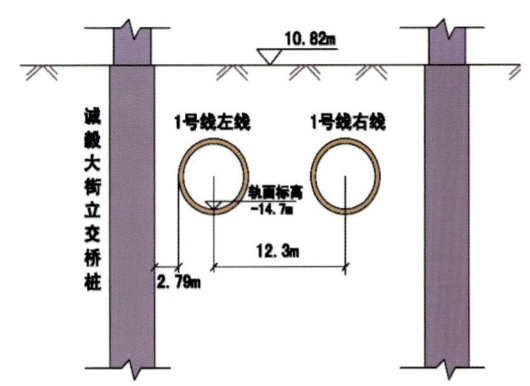

图8.3.8-3 诚毅大街桥桩与区间关系示意

8.3.9 集美软件园站—岩内站

本段线位位于集美软件园三期和厦门北站商圈范围，线路出集美软件园站后折向东下穿碧溪（与碧溪大桥同期建设），沿规划的珩山路敷设，沿途设集美大道站、天水路站、厦门北站（2010年已与厦门北站同期建设完成）及岩内站（一期工程终点站）。

（1）天水路站站位选择

本段线位沿线建设之初，大部分地块尚处于规划之中，已建成的成规模片区主要有厦门北站和圣果院运营片区。因此，为促进地块发展，原初步设计方案设有集美大道站、崎沟站和圣果院站、厦门北站、岩内站5站。根据原线网规划，崎沟站为规划4号线的换乘站，车站布置如图8.3.9-1所示。

图8.3.9-1 集美软件园站～厦门北站站位布置（原方案）

其中，崎沟站位于崎沟村内，拆迁面积较大，工程进度很难保证；而圣果院站受厦门北站已建成的南广场区间条件限制，车站位于圣果院运营总部内，道路路幅宽度窄，车站设置的工程实施存在较大困难，如图8.3.9-2所示。

鉴于修编后的线网规划已经调整4号线线位，崎沟站不再是线网锚固点，根据规划部门建议，将崎沟站和圣果院站

图8.3.9-2 圣果院运营中心现状

合并，合并后的天水路站位于天水路口，车站实施条件较好，拆迁已经基本到位，且站位有利于天水路沿线客流的接驳。调整后站位如图8.3.9-3所示。

图8.3.9-3　集美软件园站—厦门北站站位布置（现方案）

（2）岩内站

厦门北站为侧式站台，受其影响岩内站原规划为地下一层侧式站台。2014年4月，根据最新线网规划需求，1号线取消了支线，二期工程自岩内站延伸至同安，因此岩内站需同时具备列车通过和出入段功能，且岩内站远期并非终点站，故改用地下二层岛式站台。二期线路由一期线路正线引出，出入段线通过交叉渡线与正线接轨，并于二期线路之间敷设；车站前设单渡线，增加折返能力。调整前后的线位如图8.3.9-4所示。

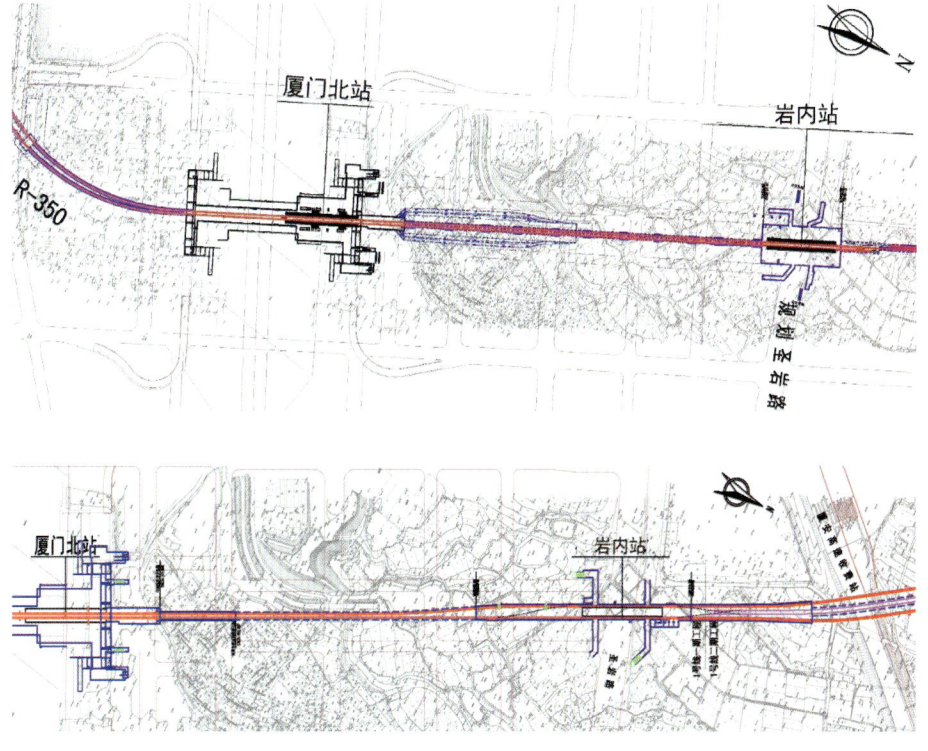

图8.3.9-4　岩内站前后方案对比

线路出站后，出入段线于厦安高速收费站前扩大与二期线路的线间距，而后出入段线采用单洞双线暗挖法，一期线路预留土建延伸接口。

8.3.10 出入场段线

（1）出入场线

线路自殿前站站后引出后，左右线分别采用单洞单线暗挖隧道形式，上跨正线左线接入高崎停车场场址，出入场线路基段双线并行。

原方案考虑由出入场线引出一根联络线与东侧高崎货场线连接，作为厦门轨道交通车辆运输专用线，因协调难度等暂缓修建。

（2）出入段线

出入段线线路自岩内站引出，采用单洞双线的大断面矿山法向北敷设，而后调头，穿越沈海高速接入厦门北车辆基地，穿越高速前后采用明挖法施工。

8.4 线路方案纵断面设计

8.4.1 镇海路站（起点）—将军祠站

镇海路站受地形影响，为地下两层、局部地下一层站，站前带双折返线，纵断面采用2‰排水坡度向车挡。中山公园站受远期线（原线网规划3号线）限制，采用地下三层站（远期线地下两层站），站前为满足折返设单渡线。镇海路站—中山公园站区间受前后车站埋深的影响，而区间没重要控制因素，采用坡度为15‰的单面坡顺接。

中山公园站—将军祠站区间地势起伏较大，车站轨面高差将近14 m，主要控制因素为3号线、厦门宾馆地下室、厦门一中过街通道和排洪涵。由于与远期线不是同期实施，因此线路出中山公园站后，预留与远期线区间2.5 m覆土空间。同时，为增大与厦门宾馆之间的净距，区间第一个坡较缓，为10‰上坡，区间结构与厦门宾馆地下室净距在12 m以上；之后用22.98‰上坡，接入将军祠站。区间隧道与排洪涵的竖向净距为5.07 m，与厦门一中过街通道的竖向净距为7.07 m，如图8.4.1-1所示。

镇海路站—将军祠站区间纵断面如图8.4.1-2所示。

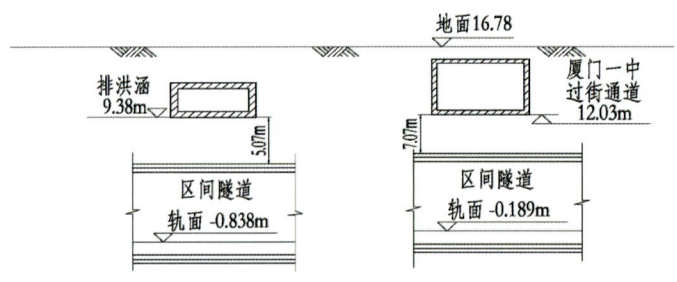

图8.4.1-1　区间隧道下穿排洪涵及一中过街通道示意

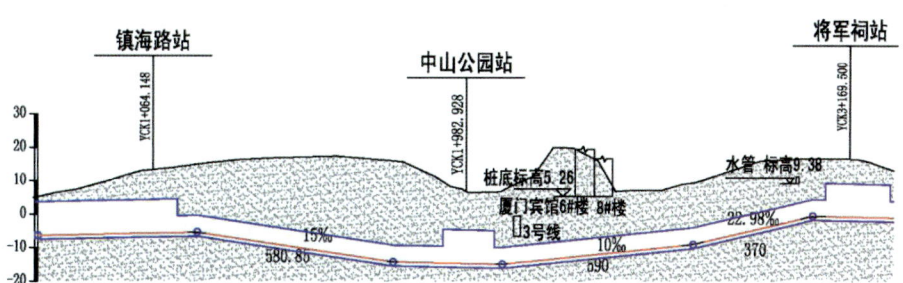

图8.4.1-2 镇海路站—将军祠站纵断面示意

8.4.2 将军祠站—莲花路口站

将军祠站—文灶站地面自然高差达13 m，该区间采用单坡下坡接入文灶站。由于区间长超过600 m，因此靠近文灶站一端设区间横通道。

文灶站—湖滨东路站地势相对平缓，车站均采用地下二层岛式车站，车站设2‰坡度以利排水，其中湖滨东路站设站后双停车线。文灶—湖滨东路区间按联络通道及泵站位置要求设"V"形节能坡。

湖滨东路站—莲坂站区间较短，采用单面坡衔接，区间上方设有17#排洪沟，截面尺寸30.0 m×2.1 m，其下方为人工挖孔桩基础，施工时采用注浆加固措施对土体进行加固。经计算，盾构结构顶标高距桩尖净距为1.33 m，如图8.4.2.1所示。

莲坂站—莲花路口站区间地质条件复杂，下伏基岩起伏较大，且受到明发广场地下车库通道的限制，如图8.4.2.2所示。线路采用8.5‰的单面坡将区间结构调整到散体状强风化岩层中，区间结构顶至车库结构底净距为2.488 m，满足盾构施工要求。

本段区间纵断面设计如图8.4.2-3所示。

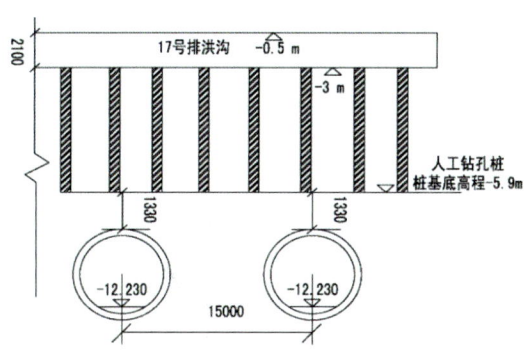

图8.4.2-1 区间隧道下穿排洪沟示意

图8.4.2-2 明发地下车库通道现状

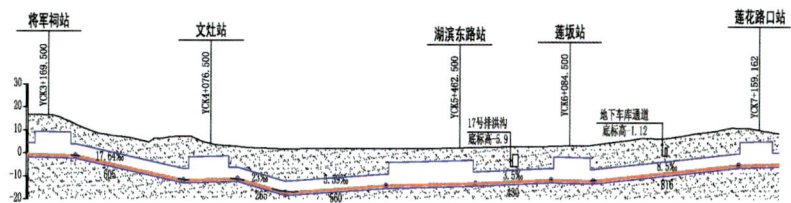

图8.4.2-3 将军祠站—莲花路口站纵断面示意

8.4.3 莲花路口站—塘边站

本段线路区间地势起伏较大，主要体现在乌石浦站—塘边站区间，局部地段自然纵坡接近34‰，同时存在筼筜内湖等一些管沟（图8.4.3-1和图8.4.3-2），横穿1号线区间。纵坡设计主要受上述因素控制。

图8.4.3-1　筼筜内湖现状

图8.4.3-2　SM城市广场现状

莲花路口站—塘边站区间1号线车站除塘边站为局部地下三层外，其余均为地下二层，其中吕厝站为1、2号线换乘站，设地下三层站。由于周边地势平缓，根据建设时序，将1号线设为地下二层，2号线设为地下三层。车站及单渡线范围内设2‰的排水坡度。

莲花路口站—吕厝站地势平缓，区间结合联络通道及泵房位置要求设置为"高站位、低区间"的凹形纵断面。吕厝站—乌石浦站由于车站标高相差不大，且区间长度不足600m，因此采用"人"字坡设计，可以少设一处泵房，减小工程投资；区间下穿扩大基础桥台的江头桥，区间结构顶距桥台基础底净距3.46m，满足盾构施工要求。嘉禾路乌石浦站—塘边站地势较陡，自然坡率达34‰，纵断面设计时左右线分别采用坡率29.5‰、坡长699.59m和坡率29.11‰、坡长706m的坡度爬升至塘边站，塘边站轨面埋深18m，因其地表坡度较大，所以该车站设计为局部地下三层，如图8.4.3-3所示。

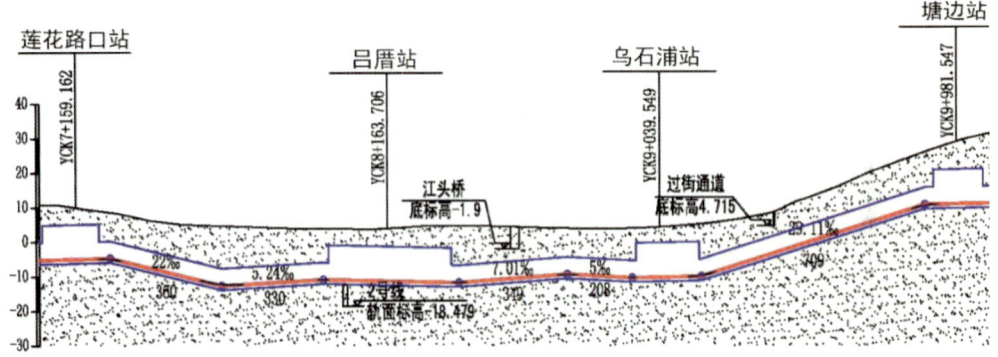

图8.4.3-3　莲花路口站—塘边站纵断面

8.4.4 塘边站—高崎站

本段线路纵坡设计主要受车站埋深、3号线轨面标高、地形条件、预留西二通道隧道结构、出入场线、福厦铁路、机场连接线隧道结构底板埋深及联络通道和泵房位置控制。

1）福厦铁路：本段铁路共有3股道（两股为福厦铁路正线，一股为高崎火车站集装箱货场联络线）。福厦铁路为2010年通车运行新建高速铁路，属国家Ⅰ级双线电气化铁路干线，设计速度为250 km/h，本段运行速度约110 km/h，地铁隧道穿越段为宽枕碎石道床路基。

2）成功大道机场连接线：该段形式为下穿隧道，埋深较大，结构底标高约-4.1 m，对轨道交通区间坡度及车站埋深制约极大，如图8.4.4-1所示。

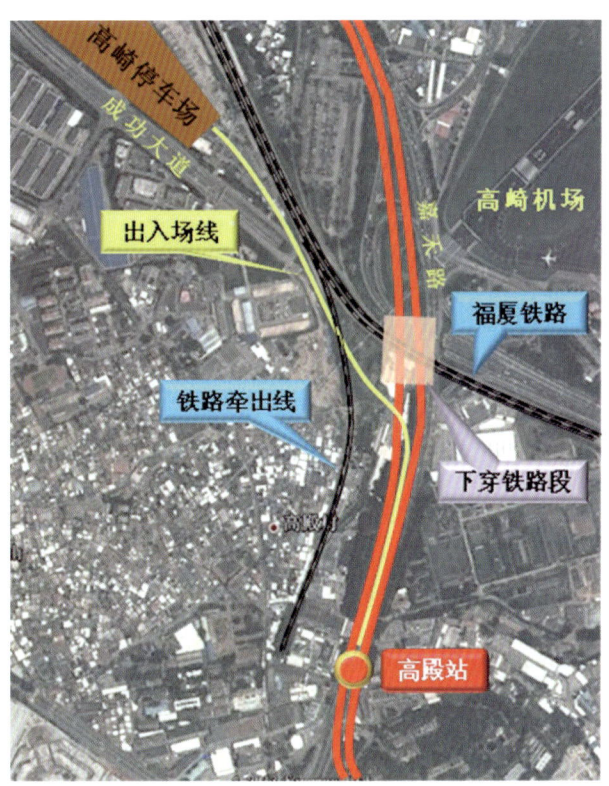

图8.4.4-1　隧道与铁路和成功大道关系

火炬园站为1、3号线换乘站，平面设站后单渡线和1、3号线联络线。考虑到1号线前后区间地势高差较大，并且须为规划西二通道预留地下空间，而3号线相对较平缓，故将1号线设于地下三层，考虑综合物业开发，车站及配线范围内采用平坡，设计轨面标高为13.65 m；3号线设于地下二层，设计轨面标高为20.42 m。

由于火炬园站—殿前站自然下坡坡度较大，且石鼓山立交前有规划西二通道，因此区间纵断面设计时采用坡率26.2‰、坡长730 m的坡度下坡至规划西二通道位置，轨面埋深-26.72 m（地面标高23.11 m，轨面设计标高-3.61 m），为西二通道的建设预留了足够的结构净空；过规划西二通道后线路以坡率26.21‰、坡长310 m的坡度爬升至殿前站。

殿前站平面设出入场线引入高崎停车场，高崎站设站后单渡线，车站及轨道结构范围内2‰的排水坡率。区间线路主要受机场联接线隧道结构底板标高（与左线相交处分别为-2.747 m和-4.508 m）的限制，右线以坡率28‰、坡长526 m，左线以坡率28.6‰、坡长515.5 m的坡度下穿福厦铁路、机场连接线隧道，距福厦铁路轨面标高14 m以上，距连接线左线隧道结构底板最小净距为3.2 m（左线），满足区间隧道结构施工安全要求，如图8.4.4-2所示。

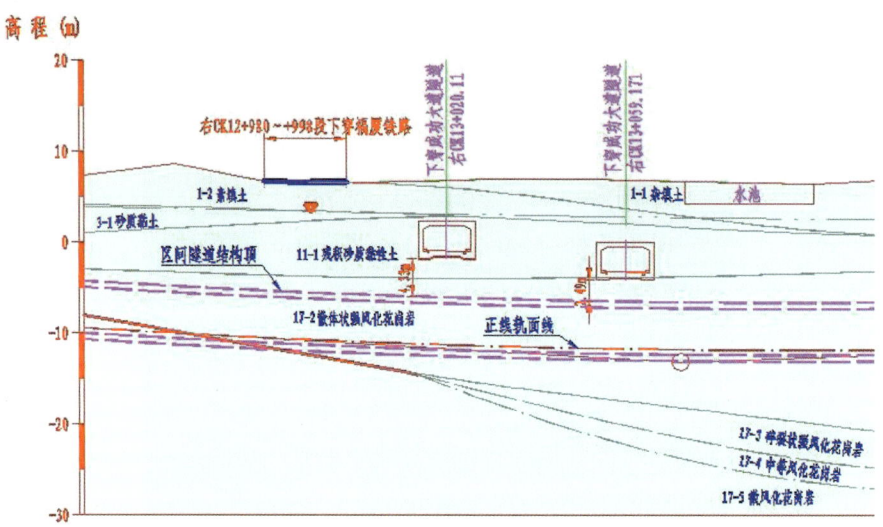

图8.4.4-2　区间下穿福厦线及成功大道示意

区间在嘉禾路西侧、匝道北侧绿地范围内设联络通道及泵房，后即以坡率28‰、坡长406 m的坡度爬升至高崎站。本区间纵断面设计如图8.4.4-3所示。

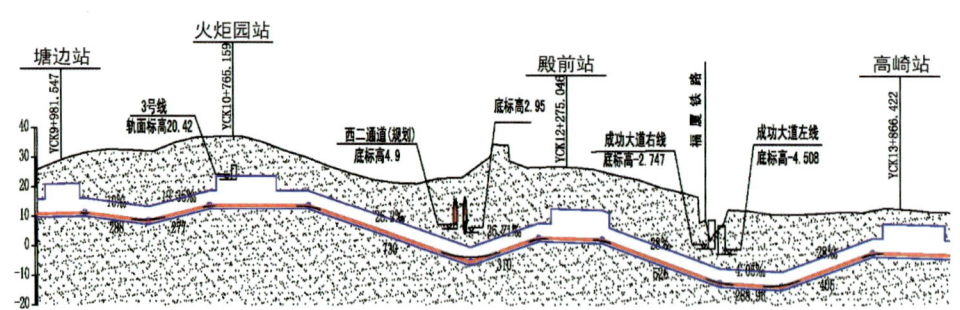

图8.4.4-3　塘边站—高崎站纵断面示意

8.4.5　高崎站—园博苑站

本段线路利原高集和集杏海堤并结合其开口改造工程过海，线路需由地下转至地面、高架敷设。因此，线路纵坡控制因素较多，主要有以下几点：

1）受福厦铁路引桥段影响，线路需提前由地下爬升至地面，以地面形式与福厦铁路并行敷设至入海口再接入海提桥梁工程。

2）海堤开口工程的通航净空要求。

3）受集美学村站站位的影响，轨道交通需采用适宜的敷设方式满足线路南侧居民和单位以及驻防部队的出行需求，并满足规划景观的需求，如图8.4.5-1所示。

图8.4.5-1　集美学村站站位与周边规划

高崎站为地下二层车站，出站后区间隧道为省去区间排水泵房，同时满足与地面盐业专用线埋深净距，线路以4‰坡率缓慢爬升440 m后，以28‰的坡率爬升至地面，与规划环岛路隧道净距最近为2.93 m（左线），满足施工要求。经过456 m与国铁并行的路基段后，线路即以坡长428 m、坡率22‰的坡度接入海堤开口工程以满足桥下通航净空的要求；继而以坡长418 m、坡度18‰的坡率与公路桥梁一同下坡至标高13.38 m后，以桥梁形式敷设至集杏半岛。由于集美学村站受站前道路净空与西侧军事用地高射仰角限制，集美学村站标高经过研究后确定为12.92 m，车站为平坡设置。线路以桥梁通过高集海堤后，以坡长184 m、坡率2.5‰下坡接入集美学村站。出站后为满足市集美运输公司旁道路的桥下净空要求，线路过了道路后以坡率25‰、坡长293.6 m的坡度下坡至集杏海堤路面标高，利用原鹰厦铁路以路基形式敷设至园博苑正门口，以坡率28‰的坡度下坡下穿集杏海堤与引水干渠后进入园博苑站，与现状引水干渠净距为3.854 m，满足施工要求，如图8.4.5-2所示。

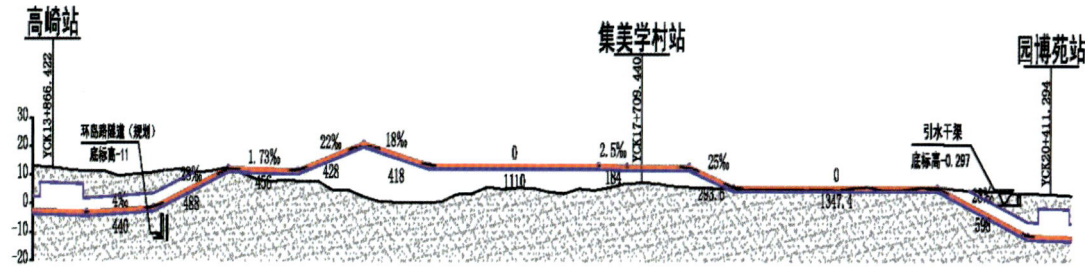

图8.4.5-2　高崎站—园博苑站纵断面示意

8.4.6 园博苑站—官任站

本段线路纵坡控制因素主要有杏林大桥引桥桥台、杏林湾、市政管线共同沟等。

1）杏林大桥桥台：杏林大桥引桥桥台连接杏林大桥主桥和杏锦路，线路下穿处已避开桩基，线路左线离桩基最小净距4.1 m，且线路离桥台底净距6 m以上，满足施工要求，如图8.4.6-1所示。

2）市政共同管沟：位于杏林湾路下方、集美中心站正上方，共同沟将于车站主体施工完后重建，如图8.4.6-2所示。

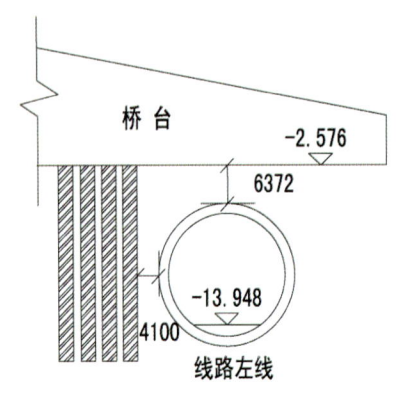

图8.4.6-1 杏林大桥桥台与线路关系

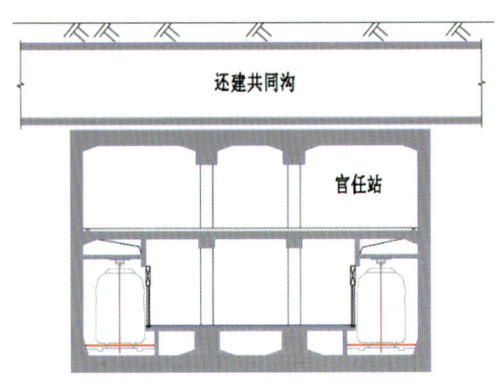

图8.4.6-2 集美中心站与共同沟关系

园博苑站后区间经与相关单位最新的协调情况，区间与上盖物业取消同期实施，因此工法由明挖法改为盾构法。1号线支线取消后，杏林村站由双岛四线站变成标准站带单渡线的站型。由于杏林村站需结合上盖物业开发，车站位置和标高经与开发单位协调妥当，仍沿用原初设调整时的位置和标高。而园博苑站与杏林村站轨面标高相差3.39 m，纵断面可采用单坡。由于杏林村站与杏锦路站轨面标高相差3.59 m，现初设调整线路出杏林村站后，采用坡长374 m、坡率11.09‰的单坡接入杏锦路站。

线路出杏锦路站后，以坡长407 m、坡度20‰的坡度下坡，并以坡长510 m、坡率7‰的较缓坡度下穿杏林湾，区间保证12 m以上覆土，然后以坡长223 m、坡率21.38‰的坡度上坡进入官任站，车站为地下三层站，向站后配线方向以坡率2‰的排水坡落坡。园博苑站—官任站纵断面如图8.4.6-3所示。

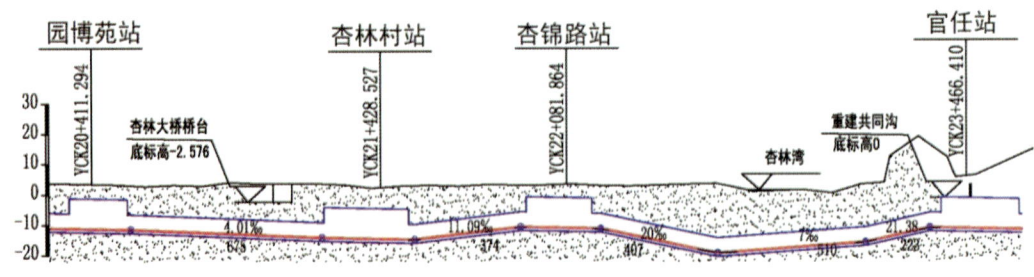

图8.4.6-3 园博苑站—官任站纵断面示意

8.4.7 官任站—集美大道站

本段线路主要受新洲路共同沟、纵八路钟楼、海翔大道下穿隧道及市政共同沟、碧溪等因素控制。

线路出官任站过了道岔后下坡，左右线以坡长分别为498 m和198 m、坡率均为5‰的两段坡度设计为凹形纵断面，其间分别下穿新洲路共同沟和纵八路钟楼，线路区间隧道与两者的竖向净距分别为9.7 m和6.4 m，满足区间隧道施工要求，其后以坡长253 m、坡率22.72‰的坡度爬升至诚毅广场站。其竖向关系如图8.4.7-1和图8.4.7-2所示。

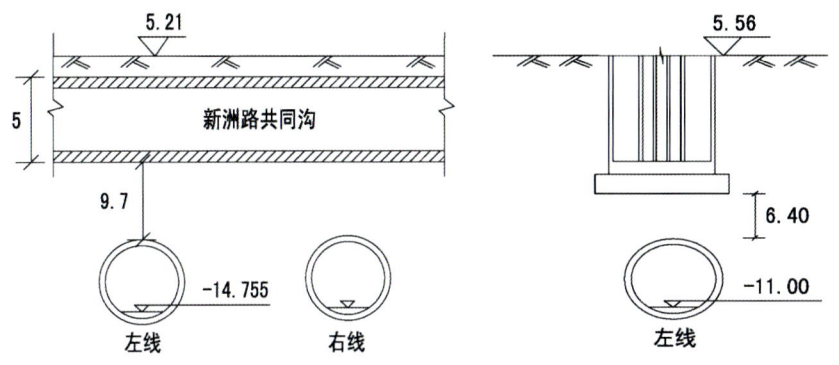

图8.4.7-1　区间下穿新洲路共同沟　　　图8.4.7-2　区间下穿纵八路钟楼

诚毅广场站—集美大道站地势平缓，其间各站均为地下二层岛式车站，区间设为"高站位、低区间"的凹形纵断面。线路先后下穿海翔大道和碧溪。线路与海翔大道的竖向关系如图8.4.7-3所示。

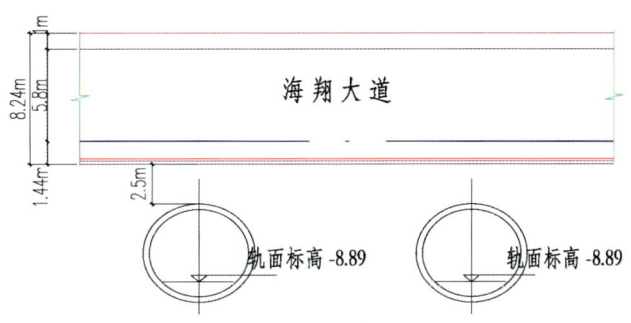

图8.4.7-3　区间隧道下穿海翔大道示意

为保证线路下穿碧溪时有足够埋深，线路出集美软件园站后即以坡长348 m、坡率25‰的坡度下坡至碧溪前，设联络通道及泵房；再以坡长517 m、坡率6.52‰的坡度上坡至集美大道，设集美大道站。本段线位的纵断面示意图如图8.4.7-4所示。

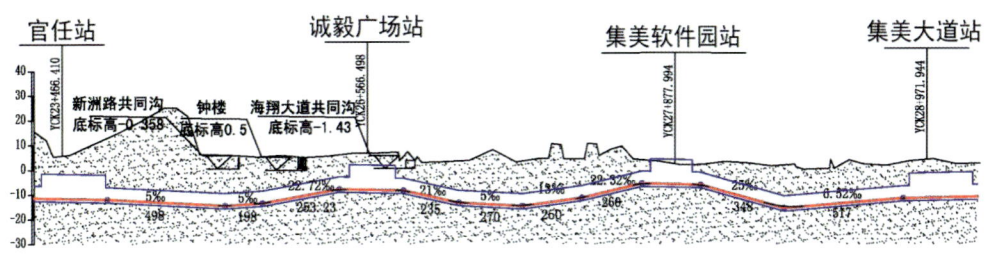

图8.4.7-4　官任站—集美大道站纵断面示意

8.4.8 集美大道站—岩内站

本段线路除集美大道站—天水路站段地势较陡外，其余段地势平缓，纵坡重要限制条件较少，线路纵断面主要结合地形条件、车站埋深、区间废水泵房及联络通道位置尽可能设计成"高站位、低区间"的凹形纵断面，为列车进出站节能创造条件。

厦门北站为预留工程，车站及部分区间已施工，按实测高程数据对本段落进行修正。本段区间纵断面示意图如图8.4.8-1所示。

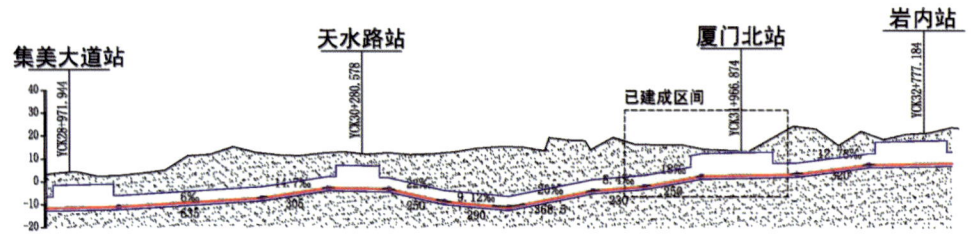

图8.4.8-1 集美大道站—岩内站纵断面示意

8.5 线路调线调坡设计

8.5.1 调线调坡设计基本概念

调线调坡设计是在城市轨道交通线下工程基本完成后、铺轨工程尚未开始时的一项重要工作。城市轨道交通的土建结构与一般铁路有所不同，其基础大部分是隧道或桥梁，一旦完成便很难改变。同时，受施工场地环境限制，在施工过程中存在不可避免的测量、施工误差，结构变形变位等因素，竣工后的桥梁或隧道的中心线往往会偏离原设计位置，当出现的误差超过允许范围时，只能通过调整线位及高程的方法与之适应，这就是所谓的调线调坡设计。

8.5.2 厦门地铁1号线调线调坡设计特点

作为厦门市的第一条地铁线，厦门地铁1号线肩负重要的历史使命，同时各位建设者承担巨大的责任和压力。因此，作为影响全线通车运营的关键性工作，厦门地铁1号线的调线调坡工作具有其独有的特点，总结起来就是4点："时间紧、任务重、难度大、要求高"。

（1）时间紧

厦门1号线自2014年4月1日开始全面施工，至2017年3月12日全线洞通，土建施工时间短，相应的铺轨施工和机电设备安装施工工期也十分紧张，因此留给调线调坡的时间极为紧凑。

（2）任务重

厦门1号线铺轨总长度64.789 km，包含24个车站，23个双线区间，同时还包含高崎出入线，厦门北出入段线的调线调坡，任务较重，工作量较大。

（3）难度大

相较国内绝大部分城市区间隧道主要采用单一的盾构施工方法，厦门1号线由于沿线地质情况复杂，区间集合了盾构、明挖、暗挖、高架等多种工法形式，各种形式轨道、限界等要求均有所区别（表8.5.2-1），这无形中就增加了调线调坡工作的难度。

表 8.5.2-1　限界、轨道、接触网相关技术要求

序　号	水平偏差	接触网安装高度	类　型	轨道结构高度 /mm
1	盾构段<15 cm，明挖段<5 cm，暗挖段<10 cm	一般情况下>4460 mm，困难情况下>4360 mm	车站设计范围内的一般整体道床（包括道岔区整体道床）和U形槽断面一般整体道床	560
2			盾构地段（圆形断面）一般整体道床和中等减振地段整体道床	760
3			暗挖地段（马蹄形断面）普通整体道床	650
4			盾构地段（圆形断面）高等、特殊减振地段整体道床（钢弹簧浮置板道床）	800
5			车站地段（矩形断面）特殊减振道床（钢弹簧浮置板轨道）	750

（4）要求高

全线铺轨施工采用CPⅢ轨道精密测量系统，对测量以及调线调坡的精度要求较高。

8.5.3　调线调坡典型案例分析

（1）湖滨东路站—莲坂站左线区间

湖滨东路站—莲坂站区间左线区间全长约460 m，莲坂站为盾构始发站，双线均设有高等减振段，高等减振地段整体道床轨道结构高度采用800 mm，详见表8.5.3-1。

表 8.5.3-1　湖滨东路站—莲坂站左线区间轨道结构高度

序　号	敏感点	线　路	减振里程起点	减振里程终点	单线长度 /m	减振级别
13	绿家园、福津大街一区、金辉园	右线	K5+470	K5+600	130	中等
		双线	K5+600	K5+950	700	高等
	福津大街二区、槟榔东里、海峡农业科技交流中心等	左线	K5+950	K6+450	500	中等

一般和中等减振段整体道床轨道结构段高度为760 mm，上部接触网结构安装高度一般为4460 mm，困难情况下不得小于4360 mm。

根据断面测量数据，左线区间出莲坂站后即发生偏移，在30 m范围内线路向右偏移最大量达到35 cm，需调整线路平面，见表8.5.3-2。

表 8.5.3-2　湖滨东路站 — 莲坂站左线区间断面测量数据

序号	断面里程	线路左侧 A2（线路中心距离左侧隧道壁距离）			线路右侧 B2（线路中心距离右侧隧道壁距离）		
		设计高程/m	实测高程/m	误差/mm	设计高程/m	实测高程/m	误差/mm
94	K5+966.874	2.795	2.952	157	2.705	2.552	−153
95	K5+971.679	2.790	3.052	262	2.710	2.456	−254
96	K5+973.779	2.788	3.105	317	2.712	2.423	−289
97	K5+976.487	2.786	3.130	344	2.714	2.378	−336
98	K5+981.298	2.781	3.138	357	2.719	2.367	−352
99	K5+982.000	2.780	3.130	350	2.720	2.373	−347
100	K5+986.097	2.776	3.075	299	2.724	2.423	−301
101	K5+990.227	2.772	2.976	204	2.728	2.525	−203
102	K5+990.896	2.771	2.953	182	2.729	2.540	−189
103	K5+995.710	2.766	2.848	82	2.734	2.638	−96

由于湖滨东路站 — 莲坂站区间左线水平施工误差较大，且偏移段位于出站后第一个600 m半径曲线的缓和曲线上，该曲线与前面一个450 m半径曲线的夹直线长度仅为20.032 m，如图8.5.3-1所示。

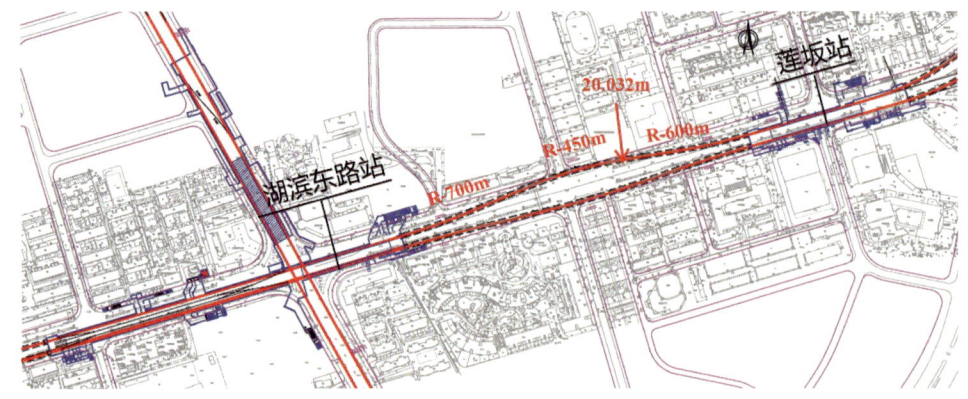

图8.5.3-1　原湖滨东路站 — 莲坂站左线区间方案

调线调坡方案：通过适当改变600 m半径曲线交点位置，并在车站内加设一组3000 m半径曲线，从而向右偏移量缩小为17 cm左右，同时有效站台内线路较原方案往结构边墙方向偏移最大处为3 cm，可基本满足限界要求，经现场限界检测亦满足要求，如图8.5.3-2所示。

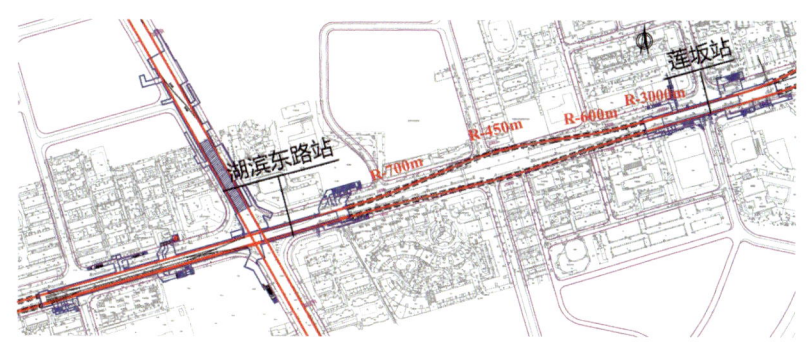

图8.5.3-2　调线调坡后湖滨东路站—莲坂站左线区间方案

（2）杏锦路站—官任站左线区间

杏锦路站—官任站左线区间出杏锦路站后，即通过一组350 m小半径曲线下穿杏林湾。该小半径曲线长达500 m，且需下穿杏林湾水域，地质情况复杂多变，因此较难控制盾构机姿态，施工难度较大。

根据第三方测量单位提供的数据显示，区间线路先是向左偏约180 mm，在300 m后又向右偏了180 mm，在同一个曲线内推出了完全相反的两个方向，导致调线调坡设计工作难度较大，见表8.5.3-3。

表 8.5.3-3　杏锦路站—官任站左线区间断面测量数据

序　号	断面里程	线路左侧 A2（线路中心距离左侧隧道壁距离）			线路右侧 B2（线路中心距离右侧隧道壁距离）		
		设计高程/m	实测高程/m	误差/mm	设计高程/m	实测高程/m	误差/mm
1	ZDK22+170.000	2.662	2.513	−149	2.838		
2	ZDK22+175.000	2.650	2.501	−149	2.850	2.984	134
3	ZDK22+180.000	2.638	2.481	−157	2.862	3.061	199
4	ZDK22+185.000	2.626	2.445	−181	2.874	3.100	226
5	ZDK22+190.000	2.614	2.438	−176	2.886	3.072	186
…	…	…	…	…	…	…	…
65	ZDK22+490.000	2.605	2.757	152	2.895	2.722	−173
66	ZDK22+495.000	2.605	2.771	166	2.895	2.705	−190
67	ZDK22+500.000	2.605	2.781	176	2.895	2.702	−193
68	ZDK22+505.000	2.605	2.780	175	2.895	2.716	−179
69	ZDK22+510.000	2.605	2.755	150	2.895	2.723	−172
70	ZDK22+515.000	2.605	2.739	134	2.895	2.738	−157
71	ZDK22+520.000	2.605	2.776	171	2.895	2.785	−110

调线调坡方案：通过适当改变350 m半径曲线交点位置，并将曲线前缓长由60 m改为70 m，用足15 cm的盾构隧道允许误差，尽量使隧道左右偏移量均衡。经限界专业确认，该方案基本可行，但需将隧道内排水管位置向下偏移10 cm方可满足限界要求，经与区间给排水专业协商，给排水专业同意进行调整，后经现场限界检测亦满足要求，如图8.5.3-3所示。

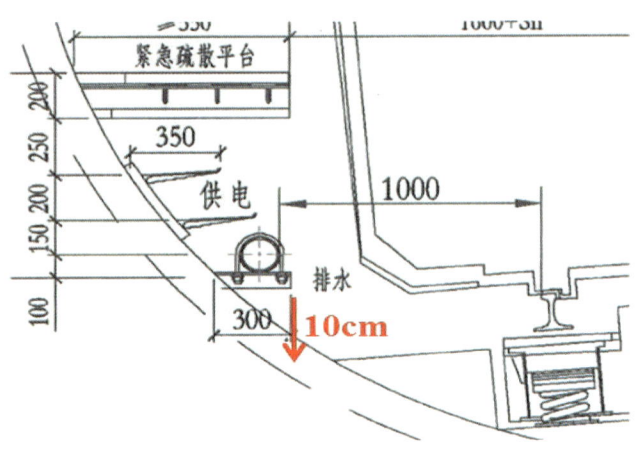

图8.5.3-3　排水管调整示意

8.5.4　调线调坡设计成果

全线共计24个车站和23个区间。车站范围内，平面调整2处，为文灶站、湖滨东路站左线。区间平面调整合计为8处，分别为将军祠站—文灶站左线、湖滨东路站—莲坂站左线、殿前站—高崎站左右线、杏锦路站—官任站左线、诚毅广场站—集美软件园站左线、集美大道站—天水路站左线、天水路站—厦门北站左线，如图8.5.4-1所示。

纵断面中，文灶站左右线标高、湖滨东路站右线标高有调整，此外绝大部分区间纵断面均有调整。

经过调线调坡后线路情况较好，能满足正常运营要求。

全线于2017年5月8日实现轨通，并于6月30日实现电通。

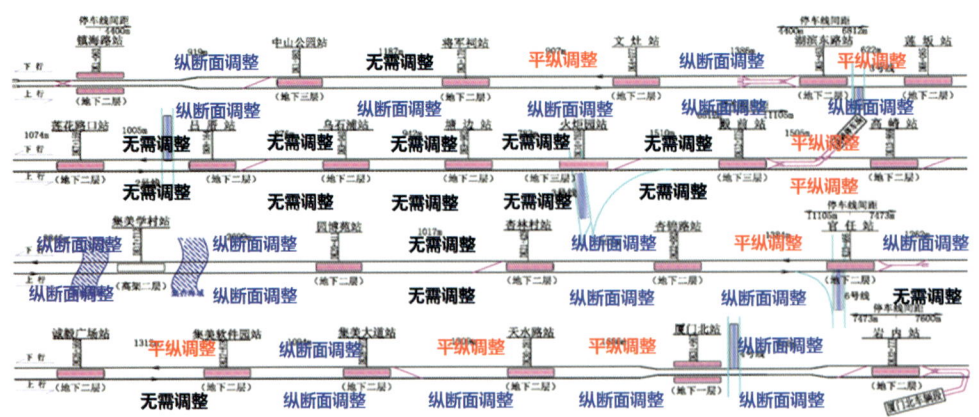

图8.5.4-1　全线调线调坡情况梳理

8.6 设计体会与建议

1）缓和曲线尽量不进车站有效站台。

受地形等条件限制，经梳理，厦门轨道交通1号线全线24个车站共有11个车站缓和曲线进有效站台，该设计并不违反线路设计规范，但给车站建筑、限界、区间、站台门、人防等专业增加了设计难度，同时会增加现场施工难度，亦不利于后期的运营养护，建议未来厦门在地铁设计工作中注意尽量将缓和曲线移出车站有效站台。

2）尽量避免短距离内设置反向曲线。

众所周知，线路在短距离内设置反向曲线对行车舒适性会造成不利影响，同时给施工带来极大困难，容易造成较大的施工误差。但在实际线路设计中，往往无法避免该情况，尤其在困难地段（如区间需绕避桥梁等障碍物）常采用短距离反向曲线。例如，湖滨东路站—莲坂站左线区间设计时，区间采用短距离反向曲线绕避湖滨南路上的排洪涵洞，在施工过程中盾构机较难调整姿态，造成盾构误差达35 cm，不得不进行调线调坡来纠偏。因此，选线过程中应尽量避免短距离反向曲线设置。

3）尽量避免"半径小曲线长"的曲线。

缺乏经验的施工单位在推进这类曲线时出现误差较大，在纠偏时如果没有经验会推成S弯，使得线路难以调线。例如，1号线杏锦路站—官任站左线区间，出杏锦路站后的第一组350 m小半径曲线，在施工时推成S弯。对线路设计人员的启示是：在选线过程中应尽量沿道路红线，避免从一条道路转向垂直的另一条道路，这样的近乎90°的弯道往往半径小曲线长，而且切割地块，也不利于地块的开发使用

4）线路夹直线及圆曲线长度等设置不宜太接近规范规定的最小值。

根据《GB 50157—2013地铁设计规范》规定，B型车线路曲线长度不宜小于一节车辆长度20 m，困难情况下不得小于B型车全轴距，避免一节车辆同时跨越在3种线形上，造成车辆运动轨迹过渡不顺畅，影响行车安全。夹直线的设置长度考虑到安全性和舒适性，原则上不小于20 m。但在实际设计当中，应尽量避免夹直线及圆曲线长度太接近该规范值，为后续的调线调坡工作留足余量。

5）车站两端竖曲线设置位置不宜太靠近有效站台。

《GB 50157—2013地铁设计规范》里提倡纵断面设计为节能坡，也就是出站下坡，进站上坡。车站坡度一般为2‰，相邻一般为25‰左右的下坡，竖曲线端部不能进入站台。若竖曲线端部到有效站台边或道岔端部距离过小，则在某些情况下会难以进行调坡设计。一旦车站结构体出现上浮，车站内轨面需要整体上移，在这种情况下，如果原竖曲线过于靠近车站，则上浮后竖曲线切点向车站内靠拢，有可能不能满足规范要求。这里简单进行分析，如果上移0.15 m，车站两端坡度若为25‰，则切点向车站方向移动为6 m。建议竖曲线切点距离车站有效站台端预留10 m的距离富余量，既满足动力坡需要，又能满足可能的调线调坡需要。

6）平曲线及竖曲线端部不宜太靠近道岔端部。

《GB 50157—2013地铁设计规范》规定，对于9号道岔，平、竖曲线端部距离道岔两端距离不应小于5 m。实际线路设计工作中应在此基础上留有一定的富余量，避免因调线调坡引起线路突破规范的情况发生。

7）最大坡度不宜太接近规范规定最大坡度。

根据某施工单位推进经验，下穿建筑物（包括下穿建筑物桩基的情况）时，盾构容易"栽头"，难以控制坡度，往往推进的比实际的坡度大，造成调坡非常困难。因此，在这种情况下，坡度不要用到最大坡度，应采用25‰左右的坡度，与最大限制坡度（30‰）有一定富余量，一旦施工误差较大，也可在满足规范的情况下调线调坡。

8）加强车站端部的施工配合工作。

根据厦门1号线的调线调坡经验，在车站端部区间始发段容易发生盾构或暗挖施工错误的问题，尤其若遇到始发段位于曲线上，则施工单位在现场施工过程中易发生结构中心与线路中心的偏移量设置错误、盾构姿态调整不及时等情况。因此，线路及区间设计等专业必须在施工前做好施工交底工作，确保施工单位正确施工。

9 车辆

9.1 适应范围

本车辆适用于厦门轨道交通1号线工程。

9.2 车辆型式

车辆有带司机室的拖车（Tc1/Tc2车）和具有动力的动车（分为带受电弓的Mp1/Mp2车、不带受电弓的M1/M2车）两种车型，由一辆拖车和两辆动车组成一个列车单元。

9.3 列车编组

由两个列车单元（Tc*Mp*M）组成的4M2T 6辆编组列车，每个Tc*Mp*M为最小可动单元，当整列车解编为两个Tc*Mp*M最小可动单元时，每个Tc*Mp*M单元在人工简单操作下可迅速形成端车回路，Tc车可操控Tc*Mp*M单元，如图9.3-1所示。

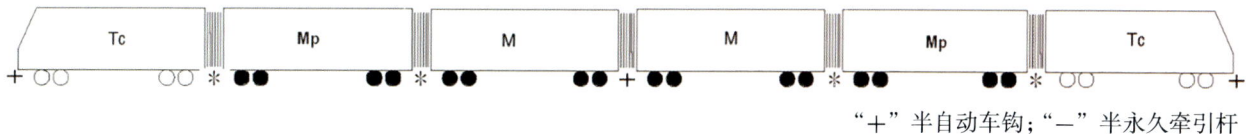

"+"半自动车钩；"—"半永久牵引杆

图9.3-1　列车编组示意

不带轮缘润滑装置：=Tc1 — Mp1 — M1+M2 — Mp2 — Tc1=。
带轮缘润滑装置：=Tc2 — Mp1 — M1+M2 — Mp2 — Tc2=。

9.4 主要技术参数

B型地铁，受电弓受电，直流1500 V。

9.4.1 运行速度

1）最高运行速度：80 km/h。

2）构造速度：90 km/h。

3）全线平均旅行速度：≥35 km/h。

4）列车在车辆段运行速度：25 km/h。

5）列车在车辆段内最大安全退行速度：10 km/h。

6）列车联挂速度：≤5 km/h。

7）通过洗车机稳定运行速度：3 km/h。

9.4.2 载客量与轴重

（1）列车载客量

1）座席载客量（AW1）：

①拖车座位数量（纵向布置）：36座/辆。

②动车座位数量（纵向布置）：42座/辆。

③残疾人座位的位置和数量：M1、M2车辆端部，每车一个轮椅固定区。

2）定员载客量（AW2）（6人/m^2）：

①拖车（包括座席人员）：230人/辆。

②动车（包括座席人员）：250人/辆。

3）超员载客量（AW3）（9人/m^2）：

①拖车（包括座席人员）：327人/辆。

②动车（包括座席人员）：352人/辆。

4）列车载员人数：

①AW2工况：1460人/列。

②AW3工况：2062人/列。

每车布置4个残障、孕、老、幼座位。

（2）列车重量

1）空车状态：

①拖车（Tc）（AW0）：≯32 t/辆。

②动车（M）（AW0）：≯34.8 t/辆。

③一列空车质量：203.2 吨/列。

2）载客状态：见表9.4.2-1。

表9.4.2-1 载客状态

载客状态（AW）	拖车（每辆）		动车（每辆）		列车（4M2T）		备注
	（人）	（t）	（人）	（t）	（人）	（t）	
AW0	0	32	0	34.8	0	203.2	每位乘客按60kg计
AW1	36	34.16	42	37.32	240	217.6	
AW2	230	45.80	250	49.80	1460	290.80	
AW3	327	51.62	352	55.92	2062	326.92	

3）轴重：≤14 t。

（3）车辆质量偏差

1）整备状态下的车辆质量是规定值的97%。

2）同一动车的每根轴上所测得的轴重与该车各动轴实际平均轴重之差小于实际平均轴重的2%。

3）每个车轮的实际轮重与该轴两轮平均轮重之差不超过该轴两轮平均轮重的±4%。

9.4.3 车体主要结构尺寸

1）车体长度：19000 mm。

2）Tc车长度（车钩连接面之间长度）：20290 mm。

3）M车长度（车钩连接面之间长度）：19520 mm。

4）列车长度：118660 mm。

5）站台高度处车辆宽度：2800 mm。

6）车辆最大宽度：2870 mm。

7）车辆高度（轨面至车顶高、新轮、不含受电弓）：3800 mm。

8）车辆高度（轨面至车顶高、受电弓落弓后）：3820 mm。

9）车辆地板面距轨面高度：1100 mm。

10）车辆客室地板面沿车辆中心线到天花板的最小高度：2100 mm。

11）车辆客室内乘客站立区最小高度（不包括门区）：1900 mm。

12）车辆两转向架间中心距：12600 mm。

13）自动车钩中心线距轨面高度：660+10 mm。

14）客室车门门间距：4460mm。

9.4.4 牵引制动特性

（1）牵引特性

1）在超员情况下，在平直干燥轨道上、车轮半磨耗状态、额定电压时，列车牵引性能由下列参数确定：

①全线平均旅行速度：≥35 km/h。

②平均启动加速度（0～40 km/h）：≥1.0 m/s²。

③平均加速度（0～80 km/h）：≥0.6 m/s²。

④列车牵引计算黏着系数：0.16～0.18。

2）对列车在故障状态下的运行能力的要求：

①列车在丧失1/4动力的情况下，在AW2载荷工况下，列车可以正常往返一个全程。

②列车在AW3载荷工况下，在丧失1/2动力的情况下，应能在正线最大坡道（35‰）上启动，并运行到下一站，清客后空车能运行至车辆段。

3）坡道救援能力要求：

一列AW3载荷的列车，全部丧失动力时，应能由一列空载（AW0）列车，在正线最大坡道（35‰）上启动并推行到下一车站。

（2）制动特性

列车制动由再生制动、电阻制动、空气制动和停放制动4种制动方式组成。常用制动采用电制动（包括再生制动和电阻制动）优先，电制动不足时由空气制动补足的微机控制的混合制动方式。快速制动由电阻制动和空气制动混合提供。紧急制动全部使用空气制动。停放制动采用弹簧储能制动压缩空气缓解，必要时可手动缓解的方式。除停放制动外，不论使用何种制动方式和何种载荷工况，均符合下列各项指标要求。

1）在空载和超员间的任何载荷情况下，在平直干燥轨道上、车轮半磨耗状态、列车在最高运行速度80 km/h时，从给制动指令到停车时，平均减速度为：

①最大常用制动：≥1.0 m/s²。

②快速制动：≥1.2 m/s²。

③紧急制动：≥1.2 m/s²。

2）电—空制动转换点：≤6 km/h。

3）制动计算黏着系数：0.14～0.16。

4）停放制动：

①空载列车安全、可靠地停放的最大坡道：40‰。

②AW3载荷列车安全、可靠地停放的最大坡道：35‰。

5）紧急制动距离（初始制动速度80 km/h，干燥平直线路）：

①AW0～AW2载荷：≤205 m。

②AW3载荷：≤215 m。

全电制动恒电制动力运行最高运行速度高于75 km/h，低速停车前电-空制动转换点速度5～8 km/h。列车牵引及制动的响应时间应满足定点停车精度±300 mm的要求。

全电制动最高速度（直流1500 V，AW2）：≥80 km/h。

列车纵向冲击率：≤0.75 m/s³。

9.5 运用条件

9.5.1 环境条件

1）月平均最低气温：12.4 ℃（2月）。

2）月平均最高气温：28.5 ℃（7月）。

3）极端最高气温：38.5 ℃。

4）极端最低气温：2.0 ℃。

5）平均年降水量：1183.4 mm。

6）年最大降水量：1998.8 mm。

7）平均相对湿度：78%。

8）平均年日照：2162 h。

9）海拔高度：0～30 m。

9.5.2 线路条件

车辆在隧道、高架和地面线路上运行。

列车右侧行驶，运行时采用单司机值乘的轨道交通自动驾驶（automation train operation，ATO）方式或单司机手动驾驶方式。

列车具有无人自动折返功能。

列车在地面或高架线地段，遇暴风8级（风速17.2～20.7 m/s）时，列车应缓行；当横风风速为8级、9级时，需减速运行；当横风风速达到11级时，可安全停放，并可以最大车速5 km/h运行。

1）最小平面曲线半径：

① 正线：300 m，困难地段250 m。

② 车场线：150 m。

2）最小竖向曲线半径：

① 区间正线最小竖向曲线半径：5000 m，困难地段3000 m。

② 车站两端最小竖向曲线半径：3000 m，困难地段2000 m。

③ 辅助线最小竖向曲线半径：2000 m。

3）纵向坡度：

① 正线最大纵向坡度：30‰，困难地段35‰。

② 辅助线最大纵向坡度：35‰，困难地段40‰。

4）线路上部结构参数：

① 轨距：1435^{+6}_{-2} mm。

② 钢轨：

a. 正线、辅助线和试车线：60 kg/m。

b. 车场线：50 kg/m。

c. 钢轨剖面：按TB/T 2344。

d. 轨底坡：1/40。

③道岔：

a. 正线、辅助线和试车线：9号道岔。

b. 车场线：7号道岔。

④轨道最大超高值：120 mm。

5）站台：

①站台计算长度：118 m。

②站台边缘距线路中心线水平距离：1500 mm。

③车辆与站台间水平距离：100 mm。

④站台装修面至轨顶垂直高度：1050 mm。

车辆系统所有设备满足厦门气候条件，能防腐蚀、防虫害（尤其是白蚁和啮齿类动物）、防水、防霉、防灰尘、防火、防雷击、防冰雹、防雾霾等。

最小行车间隔时间：初期为180 s，近期为138 s，远期为120 s。

9.5.3　运输组织

车辆经国家铁路和公路运送。铁路运送速度满足100 km/h要求。

9.5.4　供电条件

1）受电方式：架空接触网受电弓。

①地下区段：刚性架空接触网。

②地面及高架区段：柔性架空接触网。

2）供电电压：

①额定供电电压：直流1500 V。

②电压变化范围：直流1000～1800 V。

3）接触网高度（距轨面）：

①隧道内接触网接触线高度：4040 mm（极端情况不低于4000 mm）。

②出入线：4600 mm（极端情况不低于4400 mm）。

③车辆段、停车场：5000 mm（静调库、月检线5400 mm）。

9.5.5　通信信号

列车装有ATO装置，行车安全自动防护（automation train protection，ATP）设备等。

列车装有无线电台通信设备。

9.5.6　运用服务设施

列车乘客疏散采用侧式平台疏散方式。

9.5.7　列车连挂条件

两列车连挂或列车编组单元之间进行连挂时要求在直线轨道上进行操作。

非直线轨道上进行的连挂应满足以下条件：

1）定圆曲线连挂：$R \geqslant 150$ m。

2）直线接曲线连挂：$R \geqslant 240$ m。

3）S曲线连挂：$R \geqslant 450$ m。

当不能满足以上条件时，必须借用辅助工具对车钩进行人工辅助连挂。

10 限 界

10.1 设计原则

轨道交通的限界是确定行车轨道周围构筑物净空的大小和各种设备、管线安装位置的依据。因此，限界按以下原则进行设计：

1）限界应保证列车高速、安全、正常运行，确定的限界尺寸应经济合理且能满足各种设备和管线安装的需要。

2）限界应根据车辆的轮廓尺寸和技术参数、轨道特性、受电方式、设备及管线安装、施工方法等因素，综合分析计算确定。

3）限界包括车辆限界（含受电弓限界）、设备限界、建筑限界，起控制作用的是设备限界和建筑限界。

4）限界是按平直轨道的条件制定的，曲线地段及道岔区的限界应在直线地段限界的基础上进行加宽。

5）车辆限界是车辆在正常运行状态下形成的最大动态包络线，按照设定的车辆轮廓线及设计参数，用最高行车速度80 km/h进行区间直线地段车辆限界设计。

6）设备限界是车辆限界外的一个轮廓，它考虑了列车在非正常运行状态下（一系悬挂或二系悬挂发生故障时）及其他未计及因素产生的增量，但不包括事故工况。除另有规定外，构筑物及固定设备的任一部分，即使计及了它们的刚性和柔性运动在内，均不得向内侵入此限界。

7）建筑限界中不包含测量误差、施工误差、结构沉降、位移变形等，在结构设计时，对结构施工、测量、变形误差、设备制造和安装误差以及在施工、运营中难以预计的其他因素在内的安全留量等，都应予以考虑。

10.2 主要工程方案

本工程主要限界设计断面包括矩形隧道（单、双线）、圆形隧道、马蹄形隧道、U形槽、地面线、高架桥梁及各类车站（岛式、侧式）类型，以及人防隔断门、曲线加宽、道岔加宽等特殊地段的建筑限界设计。

10.2.1 车 站

本工程涉及的地下岛式车站、地下侧式车站、高架岛式车站限界如图10.2.1-1所示。

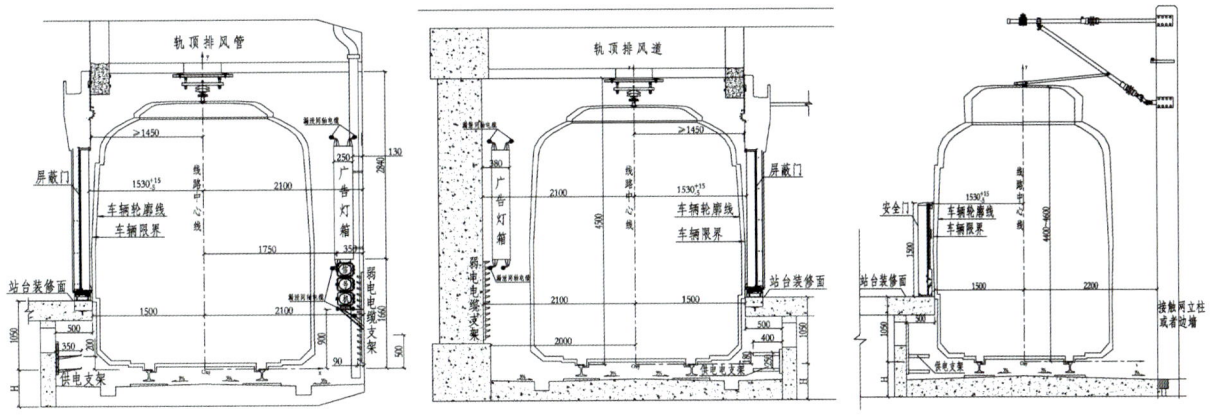

图10.2.1-1 地下岛式车站、地下侧式车站、高架岛式车站限界

10.2.2 区 间

本工程沿线地质情况复杂，设计有地下线、地面线、高架桥，区间采用多种施工方法，包括盾构、明挖、矿山法等，因此本工程区间限界设计较为复杂。

1）地下区间直线地段矩形隧道建筑限界行车方向左侧结构墙至线路中心线的距离为2300 mm，行车方向右侧结构墙距线路中心线的距离为2100 mm，建筑限界高度轨顶面以上为4500 mm，出入线及辅助线左右两侧建筑限界均不小于2100 mm，如图10.2.2-1所示。

2）区间直线地段单线马蹄形隧道建筑限界拱顶半径2500 mm，断面最大宽度5000 mm，腰部曲线半径5000 mm，如图10.2.2-2所示。

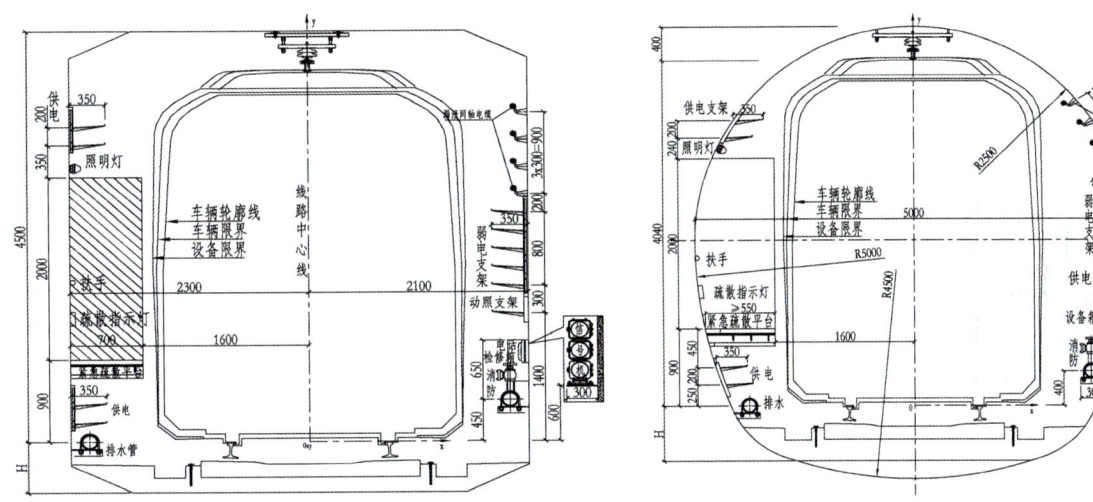

图10.2.2-1　正线单线矩形隧道直线段建筑限界　　　图10.2.2-2　单线矿山法隧道直线段建筑限界

3）区间直线地段圆形隧道建筑限界直径5200 mm，如图10.2.2-3所示。

4）区间直线地段单线桥梁建筑限界宽5000 mm，如图10.2.2-4所示。

5）双线矩形隧道建筑限界如图10.2.2-5和图10.2.2-6所示。

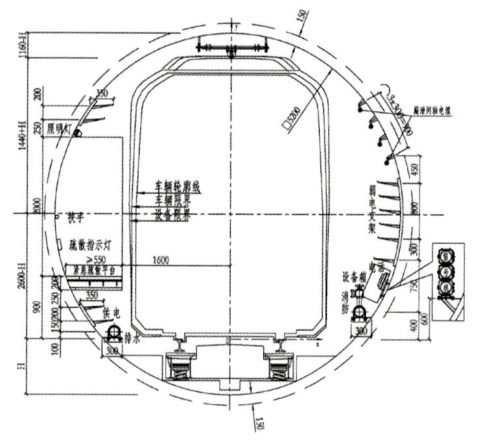

图10.2.2-3 单线盾构法隧道直线段建筑限界

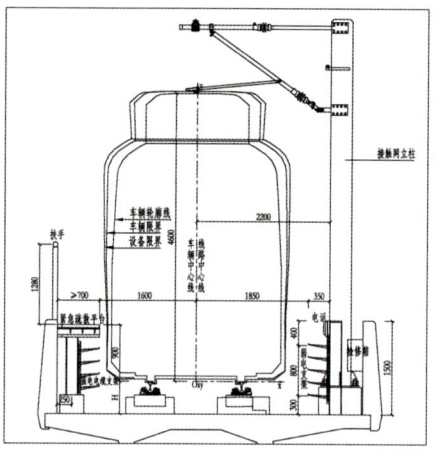

图10.2.2-4 单线高架直线段建筑限界

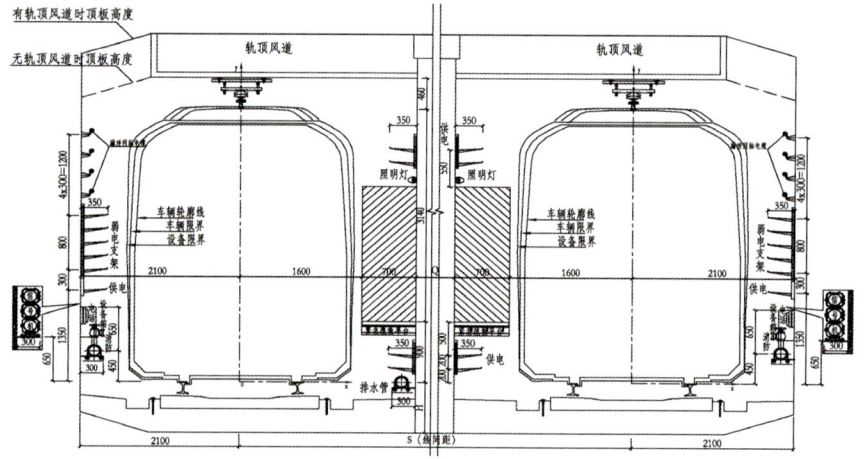

图10.2.2-5 双线有隔墙矩形隧道直线段建筑限界

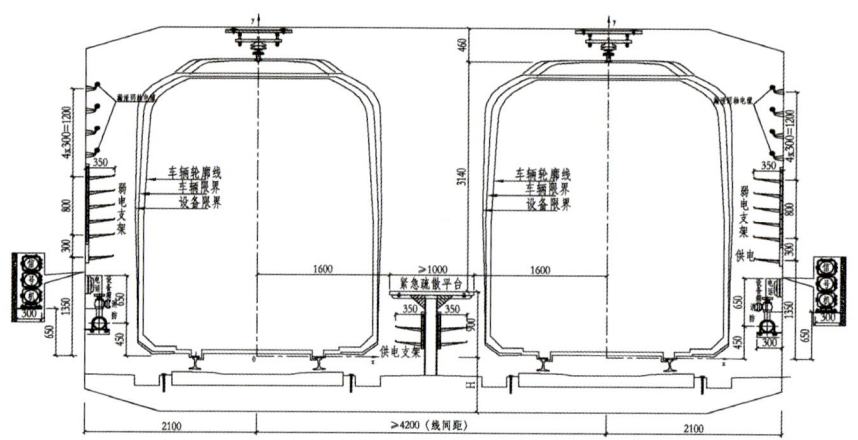

图10.2.2-6 双线无隔墙矩形隧道直线段建筑限界

6）区间直线地段双线马蹄形隧道建筑限界拱顶半径6500mm，断面最大宽度9550mm，腰部曲线半径3200mm和6200mm，如图10.2.2-7所示。

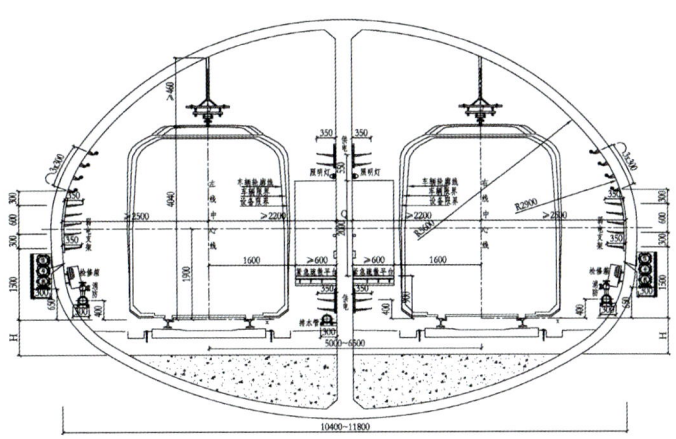

图10.2.2-7　双线矿山法隧道直线段建筑限界

7）双线U形槽建筑限界如图10.2.2-8所示。

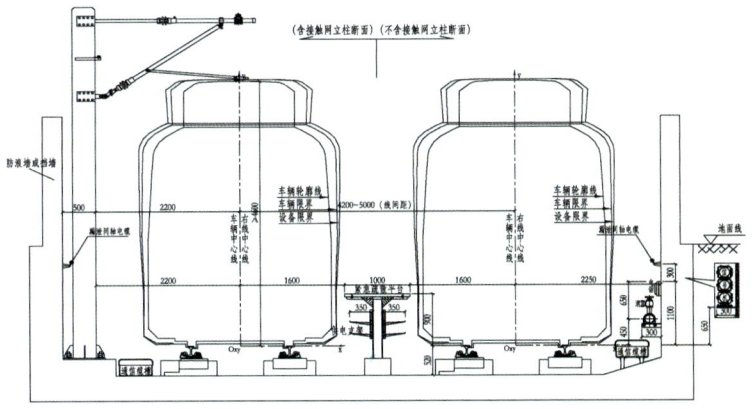

图10.2.2-8　双线正线敞口段建筑限界

8）双线桥梁建筑限界如10.2.2-9所示。

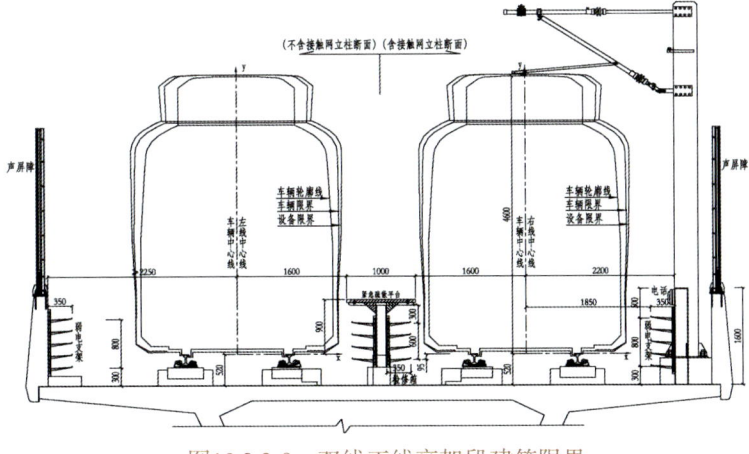

图10.2.2-9　双线正线高架段建筑限界

10.2.3 其他

1）人防门建筑限界：直线地段自线路中心线至门框边缘水平距离1950 mm；自轨面至帽沿底板高度4200 mm；曲线地段应在直线地段建筑限界基础上视水平曲线半径、轨道超高值、行车速度等计算确定是否加宽，如图10.2.3-1所示。

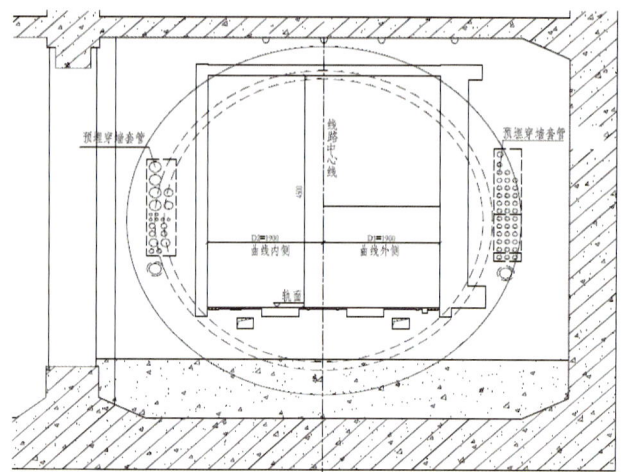

图10.2.3-1 人防/防淹门限界布置

2）车辆段建筑限界：

① 车辆段车库大门宽度按照《地铁设计规范》表22.3.12中的规定，不小于3400 mm。

② 车辆段车库大门高度4500 mm。

③ 库内高架检修平台建筑限界按轮廓线外扩80 mm进行控制。

④ 线路外侧设备离线路中心线的距离按设备限界确定。

11 行车组织与运营管理

11.1 客流预测

11.1.1 客流预测总体指标

轨道交通1号线为南北骨架线，是厦门市建设的第一条轨道线路，其覆盖了本岛—集美客流走廊，构建本岛与集美片区快速跨海连接通道。线路连接了思明区、湖里区、集美区等重要组团，终于集美区后溪镇岩内站，是由本岛向北辐射形成跨海快速连接通道的骨干线路。本线初、近、远期客运量分别为53.18万人次、85.15万人次、98.22万人次，见表11.1.1-1。

表11.1.1-1 1号线客流预测总体指标

指标 \ 设计年限	初期	近期	远期
全 日			
客运量/（万人次/日）	53.18	85.15	98.22
客运周转量/万人千米	557.89	971.82	1112.37
客流密度/［万人次/（千米·日）］	1.36	2.18	2.52
平均运距/（千米/人次）	10.49	11.41	11.33
早高峰			
客运量/（万人次/时）	7.59	12.27	14.15
客运周转量/万人千米	79.67	140.12	160.38
客流密度/［万人次/（千米·时）］	0.19	0.31	0.36
平均运距/km	10.5	11.42	11.33
单向最大高断面客流/（万人次/时）	2.50	3.6	3.78

11.1.2　组团客流分析

根据1号线线路走向及周边区域用地结构和类型，将1号线车站分为A、B、C、D这4个区域进行分析，各个区域范围分别为：A段为中山路段（镇海路站—中山公园站），B段为岛内及杏林段（将军祠站—集美学村站），C段为杏林东段（园博苑站—杏锦路站），D段为集美北段（官任站—岩内站）。

早高峰各区段交换量最大的是B段与D段，交换量为2.31万人次/时，占早高峰总客运量的22.87%；各区段内部交换量最大的是B段，达到2.97万人次/时，占总客运量的29.39%；早高峰A、B、C、D区域最大的交换量都与B区域发生，分别占10.17%、29.39%、13.02%、22.87%，与B区域有关的客运量占到早高峰总客运量的75.45%，如图11.1.2-1所示。

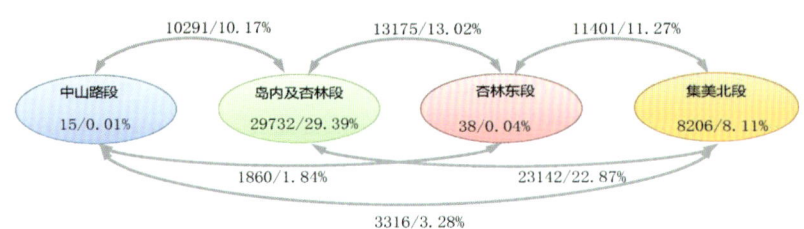

图11.1.2-1　1号线远期早高峰客流区域分析示意

11.1.3　客流时段分布分析

轨道交通1号线远期客流分时段比例如图11.1.3-1所示。

本线早高峰出现在7：30—8：30，晚高峰出现在17：30—18：30。早高峰两个小时（7：30—9：30）与晚高峰两个小时（17：30—19：30）的客流量占全日客流量的44.05%，表明其承担的通勤客流是总客流的一个重要组成部分。

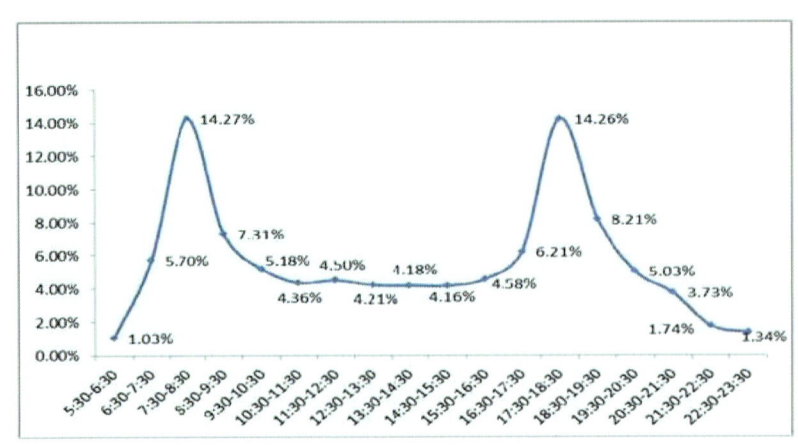

图11.1.3-1　1号线远期客流分时段比例

11.2 行车组织

11.2.1 车辆选型与列车编组

根据1号线客流预测成果，1号线远期最大客流断面为3.78万人次/时，属于大运量等级（2.5万～5万人）。考虑10%～15%的储备能力，远期高峰小时断面客流需求为4.16万～4.35万人，对照各类型系统运能的参考值，与客流需求相匹配的系统为B型车。因此，厦门市轨道交通1号线推荐采用B型车。

11.2.2 列车编组

从线网资源共享的角度考虑，1号线采用B型车6辆编组与轨道交通线网中相关换乘线路的运能及服务水平匹配性更好，且更有利于车辆维修及检修资源的合理利用，避免重复投资，实现线网运营组织协调统一。

对照国内轨道交通建设案例，与厦门市轨道交通1号线远期运量（3.78万人次/时）相当的其他城市，客流预测数据和车辆的选型编组情况见表11.2.2-1。

表11.2.2-1 国内部分城市轨道交通客流车型对照

城 市	线 别	远期高峰断面客流/（万人/时）	列车定员/人	车辆选型及编组
宁波	1号线	3.13	1260	B型车6辆编组
杭州	1号线	3.25	1244	B型车6辆编组
杭州	2号线	3.21	1244	B型车6辆编组
昆明	3号线	3.28	1460	B型车6辆编组
长沙	1号线	3.30	1240	B型车6辆编组
合肥	1号线	3.51	1460	B型车6辆编组
南昌	1号线	3.57	1460	B型车6辆编组
青岛	1号线	3.61	1460	B型车6辆编组
郑州	1号线	3.72	1460	B型车6辆编组
合肥	1号线	3.91	1460	B型车6辆编组
成都	1号线	3.91	1460	B型车6辆编组
成都	1号线	3.92	1460	B型车6辆编组
北京	8号线	3.92	1460	B型车6辆编组
西安	1号线	3.95	1460	B型车6辆编组

结合表11.2.2-1，参考国内部分城市轨道交通列车选型和编组的经验，远期客流断面量在3.0～3.5人次/时的线路一般采用B型车6辆编组，列车定员采用5人/平方米标准；远期客流断面在3.5～4.0人次/时的线路一般采用B型车6辆编组，列车定员采用6人/平方米标准。厦门市轨道交通1号线远期客流为3.78人

次/时，根据经验，可采用B型车6辆编组。

综上所述，厦门市轨道交通1号线初、近、远期推荐均采用B型车6辆编组。

11.2.3 最高运行速度目标值

厦门市轨道交通1号线一期工程起于镇海路站，终止于岩内站，全线运营长度为29.79 km，共设24座车站，最大站间距为3.84 km，最小站间距为0.620 km，平均站间距为1.3 km。全线站点分布不均匀，为尽量缩短全线旅行时间，提高运营服务水平，从站间距条件、列车运营指标、线路平面条件的适应性等方面，对列车最高运行速度目标值进行了分析研究，并就80 km/h和100 km/h两种最高运行速度进行技术经济比较，认为厦门1号线工程采用速度目标值为100 km/h的列车优势不明显，车辆性能得不到充分发挥，故1号线一期工程推荐采用最高运行速度为80 km/h的列车。

11.2.4 列车运行交路

根据修编线网规划，本线远期运营范围为镇海路站—环城南路站，本线初、近期采用单一交路形式，高峰小时开行对数分别为19对/时、26对/时；远期采用大小交路套跑形式，高峰小时开行对数分别为15对/时。推荐方案及其交路范围如图图11.2.4-1所示。

1）初期交路：镇海路站—岩内站，单一交路，高峰小时开行19对/时。

2）近期交路：镇海路站—岩内站，单一交路，高峰小时开行26对/时。

3）远期交路：镇海路站—环城南路站，大小交路。大交路为全线，高峰小时开行15对/时；小交路为镇海路站—岩内站，高峰小时开行15对/时。

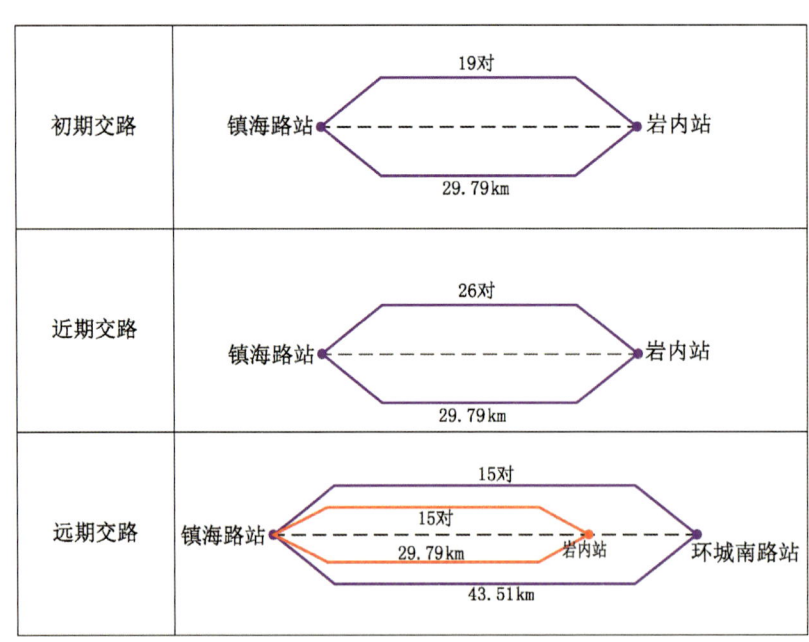

图11.2.4-1　1号线列车运行交路推荐方案

11.3 辅助配线与系统能力

11.3.1 车站配线

根据本线运营要求及线路情况，对远期全线车站配线进行了统筹考虑，对一期工程范围内的车站配线进行了深入研究。全线辅助配线方案如图11.3.1-1所示。

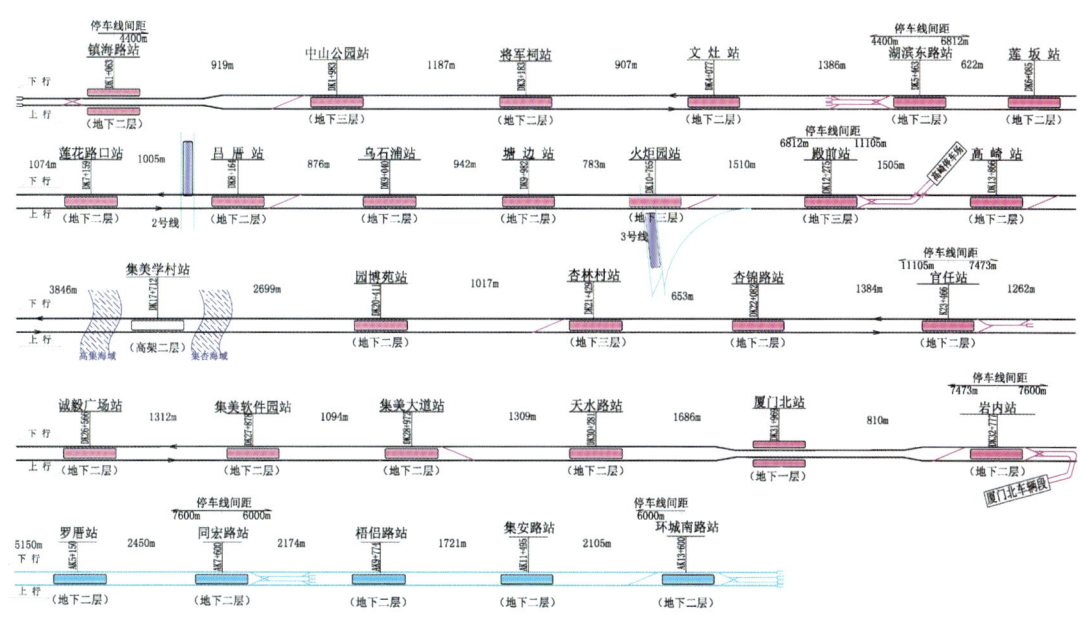

图11.3.1-1　1号线全线辅助配线

11.3.2 系统设计输送能力

系统设计运输能力以预测客流各年限高峰小时单向最大断面客流量、列车编组数、车辆定员、开行密度、列车运行交路等为依据进行设计，并按我国现行设计规范，远期系统设计能力应留有一定的储备余量。各设计年限输送能力见表 11.3.2-1。

表 11.3.2-1　1 号线系统设计输送能力

设计年限 项目	初 期	近 期	远 期	
高峰单向断面客流量 / 万人次	2.50	3.56	3.78	
列车交路	大交路	大交路	大交路	小交路
交路范围	镇海路站—岩内站	镇海路站—岩内站	镇海路站—环城南路站	镇海路站—岩内站
列车编组 / 辆	6	6	6	6
列车定员 / (人 / 列)	1460	1460	1460	1460
高峰小时开行列车对数 / 对	19	26	15	15

续表

设计年限 项目	初 期	近 期	远 期
最小行车间隔/min	3.16	2.3	2.0
运用列车数/(列/辆)	37/222	47/282	66/396
设计运输能力/(万人/时)	2.77	3.796	4.38
能力富余/%	9.88	6.22	13.69

由表11.3.2-1可知，本线建成后系统设计能力为30对/时，最大设计输送能力可达到4.38万人次/时，能满足3.78万人次/时的运量需求，且还有13.69%的运能富余。

11.3.3 列车配置

全线列车配置主要是指为满足正线列车运营、下线检修、留有运营备用等多种工况和功能的需要，运用车、备用车、检修车的数量配置情况，其中运用车数量是指为了满足高峰小时交路运营所需要的列车数。1号线各设计年限运用车及配属车数量详见表11.3.3-1。

表11.3.3-1 1号线列车配置

设计年限 项目		初 期	近 期	远 期
列车编组数/(辆/列)		6	6	6
高峰小时列车对数/(对/时)		20	26	30
列车最小运行间隔时间/s		180	138	120
列车配置/ (列/辆)	运用车	37/222	47/282	66/396
	备用/检修车	3/3	7/4	9/6
	配属车	43/258	58/348	81/486

11.3.4 系统能力

1）镇海路站折返能力：镇海路站折返用时各项折返作业时间为110 s。

2）岩内站折返能力：岩内站折返用时各项作业时间为110 s。

3）厦门北车辆段出段能力：厦门北车辆段出段用时各项作业时间为110 s左右。

4）厦门北车辆段入段能力：厦门北车辆段入段用时各项作业时间为110 s。

5）高崎停车场出场能力：高崎停车场出场用时各项作业时间为110 s。

6）高崎停车场入场能力计算：高崎停车场入场用时各项作业时间为110 s。

以上各系统能力均可以实现30对/时的系统要求。

11.4 设计体会与建议

11.4.1 辅助配线设置的体会与建议

轨道交通辅助配线是列车运营期间实现正常运营功能及非正常运营状态下处理故障和意外情况的功能性设施。该设施应保障列车各项运营功能的合理充分执行，同时也应考虑工程的可实施性和投资的经济性。

《地铁设计规范（GB 50157—2013）》中规定："正线应每隔5～6座车站或8～10 km设置停车线，其间每相隔2～3座车站或3～5 km应加设渡线。"

地铁设计规范对辅助配线的间隔布置进行了明确规定，其中对停车线间隔的布置要求主要需考虑列车救援的时间，从而将停车线间隔距离考虑为8～10 km。

结合工程运营实例，列车退出正线运营，需要救援的案例是比较少的。根据《城市轨道交通2015年度统计和分析报告》，列车退出正线运营的概率为0.037次/万车千米，即1次/27万车千米。若按列车全日运行18 h，旅行速度35 km/h计算，则列车出现正线退出运营事故的可能性为428.6天/次。结合实际运营的统计数据，考虑本类事件出现的概率较小，在实际工程设计中，若轨道交通线路在按规范要求设置停车线时，存在设置条件困难、工程拆迁量大或设置停车线工程代价较大的情况时，建议对停车线的设置和布局上可将停车线间距适当增大一些，在保障运营功能的同时，有效降低工程土建规模，节约工程投资。

下面将本线官任站停车线设置案例和心得做分享：厦门轨道交通1号线，按规范要求的距离和间隔设置停车线，分别在湖滨东路站、殿前站、官任站、岩内站等处设置了停车折返线及出入线，各配线的间隔基本满足规范要求。其中，官任站设置的停车线，在实际施工中较为困难，该站站后配线采用矿山法施工，临近正线已施工完成的盾构区间，工程风险较大。对该站的配线进一步研究，该站的前一站为杏锦路站，由于车站紧靠曲线线路，不具备设置停车线的条件；再前的两站为杏林村站、园博苑站，车站均紧靠曲线线路，也不具备设置停车线的条件；官任站的后一站为城毅广场站，线路条件较好，但站后是下沉的海翔大道，不具备明挖条件，工程施工困难。目前将停车线设置在官任站是从工程施工可行性、停车线间距、工程投资等多种要素约束下的合理选取，虽然停车线距离略超规范，但相对于在其他车站设置停车线而言，本方案是目前工程可实施性最佳、工程代价最小的停车线设置方案。

结合本线辅助配线设计过程及工程案例，在辅助配线上的主要体会和建议为：建议对停车线的设置和布局从更大的范围和更实际的工程需求上进一步考虑，若条件许可，可以按规范要求合理布设；若城市规划条件或者线路建设条件不适合建设，甚至难以实施，建议可将停车线间距适当增大一些，在保障运营功能的同时，有效降低工程土建规模，节约工程投资。

11.4.2 运营交路设置的体会与建议

在轨道交通工程设计中，为合理匹配全线客流断面量大小起伏的特性，行车组织的设计一般会采用大小交路的运输组织方案，即在高断面区段，单独组织小交路，以大小两重交路来加强对高断面客流的服务效果，从而可有效满足高断面客流人群的出行量大、等待时间短的出行需求。同时，全线开行的一个大交路为普适型和全照顾型交路，将对全线客流进行服务。

从全线来看，大交路范围内且未被小交路覆盖的区段范围，往往是线路两端，这些区域通常也是客流较小的区段。端头客流仅采用大交路的运输服务，能有效、较充分地满足端头区段客流的出行，虽然这些区段客流乘行的时间间隔略有加长，但对客流的运输承担上具备较强保障。同时，该种开行方式可较高效地节约运营成本。

目前，国内轨道交通开通运营的城市已较多，案例也具有丰富性和多样性。在实际运营中，一些大城市，甚至特大城市，在早、晚高峰时期，有些轨道交通线路端头区段的客流量并不小，甚至还很大，高峰期间客流量较饱满；而在平峰的时候，线路端头的客流量会下降较多。为应对这种客流变化趋势，一些城市在实际运营中会采用高峰时期全线单一交路，平峰时期大、小交路套跑的运营方案，这样的运营交路方案可以更好地匹配客流特征，灵活应对客流的变化特点，在满足运营需要的基础上，更好地节约运营成本。

结合本线及国内轨道交通运营实例，主要体会与建议如下：

1）轨道交通客流预测往往较早，受城市规划及建设实施程度等方面的因素影响，客流预测可能不一定都能够吻合未来年城市实际发展情况，因此预测客流数据也往往会与未来年实际产生的客流出行量有一定的偏差，这种偏差可能会导致交路设置与实际运营需求不完全匹配。

2）轨道交通方案设计中应该充分考虑城市规划、区域发展、新区建设、人口布局等因素，尽可能在设计过程中多收集线路沿线、周边现状及规划资料，征求城市建设、规划、国土等相关职能部门意见，合理、全面、灵活设置配线，使辅助配线具备多种方案运营的灵活性和可能性，从而能够以较丰富的运营条件充分应对后期实际运营的多种运营需求。

3）在合理、灵活设置配线的基础上，配置多种类型、适合多个客流形态、可灵活运营的交路模式。合理而灵活的运营交路方案应力求实现：满足已有预测客流各时期的出行需求，方案运能充分，能较好节约运营成本；具备灵活调整的可能性，能够一定程度地应对线路中间区域、端头区域或大客流出行区间的增长、缩短和变化的各种可能性，能够为线路和客流变化留有较充分的运营交路应对措施和方案，具有多种运营调整的可能性。

综上分析，我们认为运营方案不是一成不变的，在设计之初，应考虑留有灵活、可变、多样的运营条件，以方便在实际运营时，结合具体条件和实际需要，灵活选用不同的运营方案，从而合理经济地匹配客流出行特征，方便运营公司管理，从而带来更好的经济效益。

12 工程地质勘察

12.1 工程概况

厦门市轨道交通1号线工程起于中山路与鹭江道的交叉口，止于岩内站，设置有控制中心、高崎停车场、厦门北车辆段、主变电所2座（火炬园、董任）。轨道交通1号线工程线路长度为30.23 km，本岛15.0 km，岛外15.23 km。其中地下线25.09 km，地面线2.34 km，高架线2.8 km；共设置车站24座，其中地下站23座，高架站1座。

12.2 勘察工作量布置原则及内容

收集沿线区域地质、水文地质及既有工程的勘探、物探、测试、试验成果等地质资料，收集完成后经审核，满足轨道交通工程技术要求的资料加以利用，达到减少勘探工作量、节约投资的目的。

12.2.1 勘察工作量布置原则

（1）地下车站

沿结构轮廓线布置，结构角点以及出入口与通道、风井与风道、施工竖井与施工通道、联络通道等附属工程部位均有勘探点控制。每个车站不少于3条有代表性的横剖面。

控制性勘探孔的数量占勘探点总数的1/3，采取岩土样及原位测试勘探孔的数量不少于勘探点总数的2/3。

地下车站勘探孔深度按照以下原则确定：松散地层、全及强风化层一般孔钻至结构底板以下不小于15 m，控制孔钻至结构底板以下不小于25 m。中等或微风化岩石，一般孔钻至结构底板以下中等或微风化带内不小于3 m，控制孔钻至结构底板以下中等或微风化带内不小于5 m。

（2）高架车站

勘探点逐墩布设，且布置在桩位上。每墩布置1孔，相邻墩台左右交叉布置。桩端持力层起伏较大、地层分布复杂时，在该墩对桩位置增加钻孔。

控制性勘探孔的数量占勘探点总数的1/3，采取岩土样及原位测试勘探孔的数量不少于勘探点总数的1/2。

高架车站勘探孔深度按照以下原则确定：拟采用嵌岩桩，一般孔钻至预计桩端平面以下3倍桩身设计直径，控制孔钻至预计桩端平面以下5倍桩身设计直径；拟采用摩擦桩，一般孔钻至预计桩端平面以下3～5倍桩身设计直径，控制孔穿透桩端平面以下压缩层厚度（桩端平面以下至少10 m），且进入稳定地层。控制性勘探孔深度均应满足下卧层验算要求，对需验算沉降的桩基，勘探深度应超过地基变形计算深度。

（3）地下区间

区间勘探点在隧道结构外侧（3～5 m）位置交叉布置，区间隧道洞口以及联络通道、渡线、施工竖井等用勘探点控制，并形成剖面。区间隧道属于中等复杂场地，勘探点间距30～50 m。

控制性勘探孔的数量占勘探点总数的1/3，采取岩土样及原位测试勘探孔的数量不少于勘探点总数的2/3。

地下区间勘探孔深度按照以下原则确定：松散地层、全及强风化层一般孔钻至结构底板以下不小于2倍隧道直径（钻至结构底板以下15 m），控制孔钻至结构底板以下不小于3倍隧道直径（钻至结构底板以下20 m）。中等或微风化岩石一般孔钻至结构底板以下中等或微风化带内3 m，控制孔钻至结构底板以下中等或微风化带内5 m。

（4）区间高架段

勘探点逐墩布设，且布置在桩位上。每墩布置1孔，相邻墩台左右交叉布置。桩端持力层起伏较大、地层分布复杂时，在该墩对桩位置增加钻孔。

控制性勘探孔的数量占勘探点总数的1/3，采取岩土样及原位测试勘探孔的数量不少于勘探点总数的1/2。

高架区间勘探孔深度按照以下原则确定：拟采用嵌岩桩，一般孔钻至预计桩端平面以下3倍桩身设计直径，控制孔钻至预计桩端平面以下5倍桩身设计直径；拟采用摩擦桩，一般孔钻至预计桩端平面以下3～5倍桩身设计直径，控制孔穿透桩端平面以下压缩层厚度（桩端平面以下至少10 m），且进入稳定地层。控制性勘探孔深度均应满足下卧层验算要求，对需验算沉降的桩基，勘探深度应超过地基变形计算深度。

（5）区间路基段

区间路基采用桩板结构型式进行地基处理，纵向桩间距10 m，横向3根桩。钻孔布置于桩位上，每隔2排桩线路左右交叉布置1孔，每隔90～120 m布置1地质横断面，每个断面不少于2孔。

控制性勘探孔的数量占勘探点总数的1/3，采取岩土样及原位测试勘探孔的数量不少于勘探点总数的1/2。

桩板结构路基工程勘探孔深度按照以下原则确定：拟采用嵌岩桩，一般孔钻至预计桩端平面以下3倍桩身设计直径，控制孔钻至预计桩端平面以下5倍桩身设计直径；拟采用摩擦桩，一般孔钻至预计桩端平面以下3～5倍桩身设计直径，控制孔穿透桩端平面以下压缩层厚度（桩端平面以下至少10 m），且进入稳定地层。控制性勘探孔深度均应满足下卧层验算要求，对需验算沉降的桩基，勘探深度应超过地基变形计算深度。

（6）控制中心、高崎停车场及厦门北车辆段

控制中心、高崎停车场及厦门北车辆段建（构）筑物勘探孔深度根据设计要求，结合拟建建（构）筑物的工程性质、基础类型和地基土特点确定；主要分为桩基础和天然地基浅基础两类建筑物，按照《岩

土工程勘察规范（附条文说明）》（GB 50021—2001 2009年版）第四章中有关规定进行勘察工作量布置。

12.2.2 勘察工作量布置内容

（1）原位测试

原位测试方法根据岩土条件、设计对参数的需要、地区经验和测试方法的适用性等因素综合确定。本工程勘察主要采用钻探取样孔的勘察手段，局部布置静力触探孔，并针对性地适量布置标准贯入试验、动力触探试验、扁铲侧胀试验、旁压试验、波速测试、抽水试验等原位测试孔。各种勘察手段或方法互相印证、综合分析后提供准确可靠的勘察成果。

（2）室内试验

1）一般黏性土试验应提供以下参数：比重、天然含水量、天然密度、湿密度、天然孔隙比、饱和度、液限、塑限、塑性指数、液性指数、压缩系数、压缩模量（视需要选做固结系数、水平固结系数、各级压力下的孔隙比）、天然快剪、固结快剪、渗透系数（视需要选做无侧限抗压强度、静止侧压力系数）、自由膨胀率、有机质含量。粉土加做颗粒分析，并提供黏粒含量百分率ρ_c。对需要测定基床系数的，选择代表性样品采用三轴试验测定。对盾构施工的黏性土，应加做颗粒分析。

2）软土（原状土）试验应提供以下参数：比重,天然含水量,干、湿密度,天然孔隙比,饱和度,液限,塑限,塑性指数,液性指数,压缩系数,压缩模量,渗透系数,固结系数,各级压力下的孔隙比,直接快剪,选择1/2的样品加做固结快剪,三轴不固结不排水剪（UU）、三轴固结不排水剪（CU）(含有效应力强度),无侧限抗压强度,静止侧压力系数,灵敏度,有机质含量。在软土较厚地段，做高压固结试验，成果按e-lg$p$曲线的形式整理，确定先期固结压力并计算压缩指数和回弹指数，宜用三轴试验测定基床系数。

3）砂土、粉土（另包含花岗岩残积土、全风化层）试验应提供以下参数：比重、颗粒分析[包括砂土、粉土的级配、特征粒径（d_{70}、d_{60}、d_{50}、d_{30}、d_{10}）、不均匀系数、曲率系数及土名]，并提供黏粒含量百分率ρ_c。需要时，加做天然孔隙比、饱和度、相对密度。需要时，提供砂土的水上、水下坡角。

4）软土（视需要选代表性样品）三轴剪切试验应提供以下参数：不固结不排水、固结不排水测孔隙水压力，提供有效应力抗剪强度指标。

凡需要进行基坑开挖的工点，应进行三轴剪切试验，包括不固结不排水剪（UU）（c、Φ值）和固结不排水剪（CU）（c、Φ值）。

5）岩石试验项目如下：比重，密度（天然、烘干、饱和），吸水率，饱水率，孔隙率，单轴极限抗压强度（天然、饱和、烘干），软化系数，选择部分样品做弹性模量（E），泊松比，岩石抗剪断强度（c、Φ值），抗拉试验，岩石波速试验，以及软化或崩解试验、膨胀试验等。当破碎岩体取样困难时，可采用点荷载试验测定其强度指标，每组岩石试验数量不宜少于15块。每一工点具体试验项目应根据工程需要确定。

6）地下工程水质分析项目宜包括pH值、酸度、碱度、游离CO_2、侵蚀性CO_2、矿化度、硬度、溶解氧、导电率、Na^+、K^+、Mg^{2+}、Ca^{2+}、Fe^{2+}、Fe^{3+}、NH_4^+、Cl^-、SO_4^{2-}、HCO_3^-、NO_3^-、CO_3^{2-}、OH^-及有机质。

7）对处于地下水位以上的砼结构，取土样做土的腐蚀性试验。

8）岩土热物理指标包括导温系数、导热系数、比热容。取原状样进行室内试验，可采用面热源法、热线比较法及热平衡法。

12.3 主要工程地质勘察成果

12.3.1 工程沿线地基土分布及物理力学性质指标

拟建轨道交通1号线线路大致可按3段划分，即厦门本岛段、海堤跨海段及集美区段，各段沿线分布的微地貌类型较多，其中厦门本岛段主要以岛屿型圆缓低丘为主，局部坡脚地段为冲洪积阶地或海积阶地，岛内地形地貌经城市建设等人类工程活动改造较大，线路地形总体较为平缓至一般倾斜，沿线地面标高在4.5～38.0 m；海堤跨海段为港湾，两侧为滩涂潮间带，线路地面标高在-3.0～1.5 m；集美区段以坡残积台地为主，局部为冲海积阶地或海侵洼地，现地面标高2～13 m。

工程沿线上覆地层主要为第四系全新统人工填筑层（Q^s），全新统冲洪积层（Q_4^{al-pl}）（黏性土），海积层（Q_4^m）（淤泥、淤泥质黏性土、砂层及淤泥质砂），海陆交互沉积层（Q_4^{mc}）（黏性土），上更新统冲洪积层（Q_3^{al-pl}）（黏性土及砂层），坡积层（Q^{dl}）（黏性土），残积层（Q^{el}）（砂质黏性土）。下伏基岩为侏罗系上统南园组（J_3n）凝灰熔岩，燕山晚期第二次侵入似斑状二长花岗岩（$\eta\gamma_5^{3(1)b}$），燕山早期第三次侵入花岗岩（$\gamma_5^{2(3)c}$），辉绿岩（γ^δ）。轨道交通1号线穿越地层呈现两大特征，或穿越基岩凸起中等、微风化花岗岩层，或穿越花岗岩残积土、风化层，图12.3.1-1为体现两大特征的典型代表性地质纵剖面，主要土层的物理力学性质指标见表12.3.1-1。

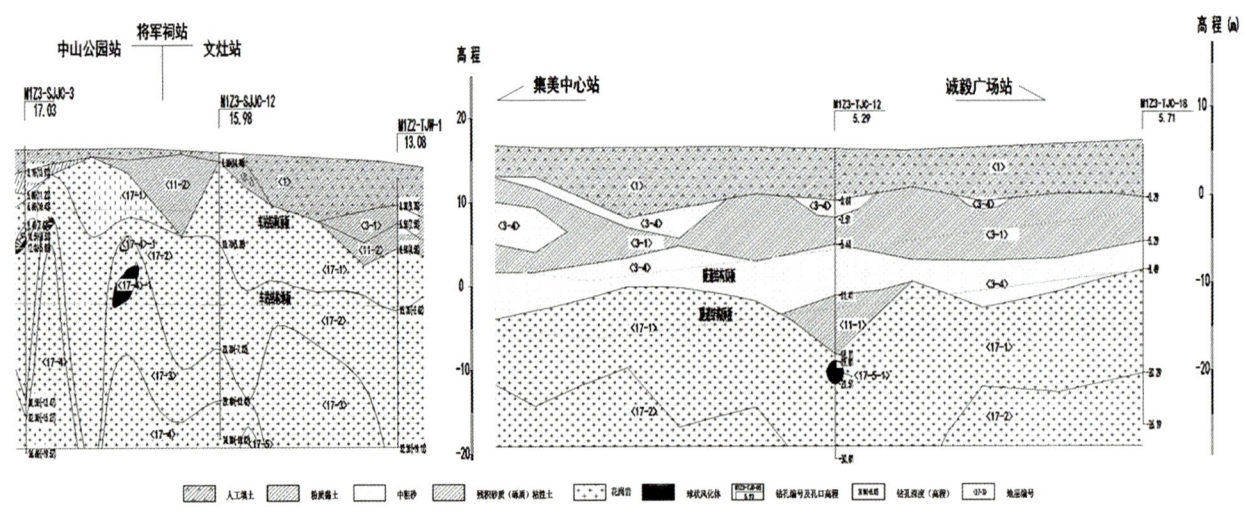

图12.3.1-1 代表性车站、区间工程地质纵剖面

12.3.2 沿线水文地质条件

（1）地表水

厦门市轨道交通1号线本岛段沿线无常年性河流水系分布，局部冲沟地带分布有季节性短小溪流，水量一般较小，并受地形、汇水面积及季节控制，地表水体排泄经人工渠道或沟谷汇流入海。

高崎、集杏海堤跨海段水域面积较广。其中高崎海域及集杏海堤外侧海域属港湾型强潮海区，潮汐性质属正规半日潮型。历年平均高潮位7.56 m（理论低潮面，位于黄零下3.02 m，下同），最低潮位-0.28 m，平均高潮位5.46 m，平均低潮位1.47 m，平均潮差3.99 m。

表 12.3.1-1 主要岩土层物理力学性质指标

地层代号	岩土名称	土的状态	时代与成因	密度 天然 ρ g/cm³	比重 G_s	天然含水量 w %	孔隙比 e	抗剪强度（直接剪切） 凝聚力 C kPa	抗剪强度（直接剪切） 内摩擦角 Φ °	综合内摩擦角 Φ °	压缩系数 $a_{0.1\sim0.2}$ MPa⁻¹	压缩模量 $E_{S0.1\sim0.2}$ MPa	岩石饱和单轴极限抗压强度 f_r MPa	承载力特征值 f_{ak} kPa
⟨1⟩	黏土质素填土	可塑～硬塑	Qs	1.83	2.73	26.69	0.92	/	/	/	/	/	/	120
⟨3-1⟩	粉质黏土	可塑～硬塑	Q_4^{al-pl}	1.71～1.91	2.69～2.72	23.50～25.25	0.74～0.76	22～27	12～14	/	0.338～0.425	5.6～6	/	150～180
⟨3-4⟩	中粗砂	中密	Q_4^{al-pl}	1.90～2.05	2.68	/	/	/	/	26～30	/	/	/	160～180
⟨4-4⟩	中粗砂	中密	Q_4^m	1.86～1.96	2.69	/	/	/	/	27～31	/	/	/	160～180
⟨5-1⟩	粉质黏土	可塑～硬塑	Q_4^{mc}	1.81～1.91	2.70～2.72	25.80～26.27	/	25～26	12～14	/	0.379～0.466	3.4～4.5	/	150～180
⟨11-1⟩	残积砂质黏性土	可塑～硬塑	Q^{el}	1.80～1.84	2.70～2.72	26.41～29.44	0.83～0.84	28～31	15～18	/	0.445～0.524	6～9	/	160～220
⟨17-1⟩	全风化花岗岩	土柱状	$\gamma_5^{2(3)c}$、$\eta\gamma_5^{3(1)b}$	1.83～1.85	2.72～2.74	22.84～23.93	0.81	30～32	22～25	/	0.596	/	/	220～230
⟨17-2⟩	散体状强风化花岗岩	坚硬土状	$\gamma_5^{2(3)c}$、$\eta\gamma_5^{3(1)b}$	1.85～1.87	2.73～2.76	20.94～22.50	0.80	30～35	26～30	/	0.258～0.423	/	/	230～260
⟨17-3⟩	碎裂状强风化花岗岩	碎块状	$\gamma_5^{2(3)c}$、$\eta\gamma_5^{3(1)b}$	2.10	/	/	/	/	/	/	/	/	/	300～350
⟨17-4⟩	中等风化花岗岩	块状	$\gamma_5^{2(3)c}$、$\eta\gamma_5^{3(1)b}$	2.60	/	/	/	270	32	/	/	/	58.5	1500
⟨17-5⟩	微风化花岗岩	块状	$\gamma_5^{2(3)c}$、$\eta\gamma_5^{3(1)b}$	2.73	/	/	/	380	43	/	/	/	85	2500

集杏海堤内侧为杏林湾水库，库区位于厦门市集美和杏林的交界处，发源于集美西北部的老寮仓，其上游有萱溪和许溪汇合注水。杏林湾水库属亚热带海洋性季风气候，年平均水温20.56 ℃，每年2月至6月为雨季，平均降水量1288 mm。水库1979年建成，集雨面达142 km2，总库容1660万立方米。库区50年一遇设计最高洪水位为黄高3.90 m。

集美区段主要河流水系为碧溪，属常年性溪流，流域区为孙坂水库至杏林湾水库，流量主要受孙坂水库调节，也是孙坂水库主要泄洪通道。碧溪两侧岸线均建有较完整护岸，轨道交通1号线穿越段溪流河床宽度约75 m，勘察期间水面宽度约50 m，水深0.5～1.0 m。因该段溪流临近杏林湾水库库区，建议设计最高洪水位亦按黄高3.90 m考虑。

其他地表水体集中区为碧溪以南地段成片池塘水体，长约550 m。各池塘面积不一，其间塘堤纵横交错，池塘水深一般为1～2 m。池塘补给主要为抽取地下水，其次为地表水引入和大气降水，排泄途径为碧溪或杏林湾水库区。

(2) 地下水

地下水主要有第四系孔隙潜水、基岩裂隙水。

第四系孔隙潜水主要赋存于冲洪积、海积及残积层中。以孔隙潜水为主，人工填土层中局部存在上层滞水，地下水位埋深一般范围0～6 m，局部地段可达10 m以上。

基岩裂隙水主要赋存于基岩强、中等风化带中。基岩的含水性、透水性受岩体的结构、构造、裂隙发育程度等的控制，由于岩体的各向异性，加之局部岩体破碎、节理裂隙发育，导致岩体富水程度与渗透性也不尽相同。岩体的节理、裂隙发育地带，地下水相对富集，透水性也相对较好，反之不然。总体上，基岩裂隙水发育具非均一性。

地下水主要受大气降水补给，其次受地表水补给，径流途径较好，局部较差。地下水的渗流方向由相对较高水头处向相对较低水头处渗流，流速低，流量小。从地下水位反映的形态看，地势高则地下水水位高，反之则地下水位低。

场地范围内地下水动态变化：海湾附近受海水影响，变化幅度小；岩内维修基地附近，远离海水区域，受大气降水影响大，年变化幅度稍大。年变幅一般2～4 m。

根据国家标准《岩土工程勘察规范》（GB 50021—2001，2009年版）判定地下水对混凝土结构具微至弱腐蚀，发育海积地层段落局部具有中等至强腐蚀性。地下水对混凝土结构中的钢筋长期浸水环境下具微腐蚀性，干湿交替环境下具微至弱腐蚀性，局部地段具有中等腐蚀性。

12.3.3 场地和地基地震效应

根据《厦门轨道交通1号线工程线路工程地震安全性评价报告》（厦门地震勘测研究中心，2011年10月），拟建场地抗震设防烈度7度，设计基本地震加速度为0.15 g，所属设计地震分组为第二组。地基土以中软、中硬土为主，部分为软质岩石、岩石。局部发育软弱土，多分布于地下车站底板之上，区间隧道洞顶之上。建筑场地类别多为Ⅱ～Ⅲ类，岛内局部基岩凸起地段为Ⅰ类场地。分工点划分为建筑抗震一般至不利地段。

场地地震效应为砂土液化及软土震陷。根据国家标准《建筑抗震设计规范》(GB 50011—2010)进行液化判别，海积层<3-3>粉细砂层、<3-4>中粗砂层为液化土层，液化等级轻微至中等，冲洪积层<4-3>、<4-4>为液化土层，液化等级轻微至中等。

场地内软土（淤泥<4-1>、<4-2>）厚度总体较小，多呈透镜体展布，且分布于区间隧道洞顶之上或地下车站结构底板之上，根据福建省工程建设地方标准《岩土工程勘察规范》(DB J13-84—2006，J10857—2006)表8.4.2规定，软土（淤泥<4-1>、<4-2>）地基的等效剪切波速大于90 m/s，故在抗震设防烈度为7度时可不考虑场地地震软土震陷的影响。

12.3.4 不良地质、特殊岩土及地下障碍物

拟建场地内地形总体平缓，起伏较小，不良地质主要为砂土液化，特殊岩土为人工填土、软土及残积土和风化岩。主要地下障碍物有岛内高架桥等桩基础，沿线需拆除建构筑物的浅基础、桩基础和地下设施，各交叉路口可能存在埋藏较深的非开挖管线及道路两侧各种地下管线等。

12.3.5 岩土工程分析评价

（1）区间隧道

区间隧道底板埋深8～32 m，顶板埋深2～26 m，根据地质条件建议分为明挖、盖挖及暗挖段落。

1）明挖、盖挖段落：洞顶板以上覆土厚度小于6 m，且土层多为松散碎石素填土，软塑状淤泥、淤泥质土，稍密砂土等，其力学性质差，自稳性差，不利于隧道施工，故建议明挖；地表建筑及道路影响较大地段，建议盖挖。

2）暗挖段落：洞顶板以上覆土厚度大于6 m，隧道洞身主要穿过硬塑状冲洪积黏性土、硬塑残积砂质黏性土、全风化花岗岩，局部穿过可塑残积砂质黏性土及冲洪积砂土；隧道底板穿越主要岩层为全风化花岗岩；隧道顶板穿越主要岩层为硬塑残积砂质黏性土、全风化花岗岩，局部为可塑残积砂质黏性土及冲洪积砂土。另外，花岗岩普遍存在差异风化，局部风化差异较大，形成风化孤石。风化孤石及差异风化对盾构隧道区间施工影响较大。花岗岩残积土、全及强风化岩在具临空面的情况下，具有遇水软化、崩解、强度低，自稳性差，开挖易塌方的特点，因此对于矿山法施工隧道应加强支护措施。

在残积土及全、强风化岩中施工开挖易发生地面沉降现象，施工中应有效地控制地面沉降，对附近的建筑物进行有效的保护。

（2）地下车站

地下车站底板埋深15～27 m，车站主体结构多位于硬塑残积砂质黏性土、全风化花岗岩中，底板结构多位于全风化花岗岩中，局部为冲洪积黏性土及砂土。残积土以硬塑为主，局部为可塑；全风化岩呈坚硬土或中密砂土状；强风化岩呈密实砂土夹少量碎石状或角砾土状，软硬不均。

残积土层及全、强风化岩层在具临空面的情况下，具有在动水作用下易软化、崩解，强度急剧降低，自稳性差的特点。地下车站主体结构范围内地层具有上下、左右软硬不均的特点。

基坑壁的软黏性土土质软弱，砂土含水量较丰富，自稳能力差，坑壁稳定性极差，基坑边坡极易发生坍塌、失稳并引起附近地面沉降问题。地面大流量车流形成的振动效应或者附近场地抽取大量地下水

扰动地层时，可能造成水泥路面沉降和路面悬空现象发生。同时，抽排水时因水头压力较大，砂土层常产生管涌，造成地基不均匀沉陷。残积土及全强风化岩在遇水浸泡、扰动后极易软化，其强度会有较大的降低。

当车站主体结构自重、围护结构自重加上覆土自重不能满足抗浮安全要求时，可结合中柱下布桩解决抗浮问题。

（3）高架车站及区间

地上车站仅集美学村站为地上二层高架侧式车站，两侧为高架区间。场地地形平缓，覆土为素填土、可塑至硬塑状残积砂质黏性土，下伏基岩为花岗岩，花岗岩地层风化差异现象较为显著，软硬不均较为普遍。

软硬互层与风化差异地基易产生沉降不均，尤其是风化球的存在，使得土石分布不均匀，因此风化球的判别无论对于勘察还是施工验桩、验槽都极为重要。

（4）路基

路基段主要为高集、集杏海堤段，沿鹰厦铁路路基通过。地层岩性主要为抛填石，厚度5～20 m，淤泥及淤泥质土，厚度2～8 m，常与海浪、暗流和潮汐的水动力作用形成较粗的颗粒相掺杂，使其不均匀和极疏松，增强了淤泥的透水性能，易于压缩固结。

据工程需要，轨道交通1号线或将拓宽原有鹰厦铁路路基，水底淤泥及淤泥质土对工程的影响较大。路基拓宽堆载时，淤泥及淤泥质土地基受到振动荷载后，易产生侧向滑动、沉降或基础下土体挤出等现象；软土在长期荷载作用下，除产生排水固结引起的变形外，还会发生缓慢而长期的剪切变形，这对建筑物地基沉降有较大影响，对斜坡、堤岸稳定性不利。桩板结构路基段施工期间注意验桩、验槽工作。

（5）高崎停车场、控制中心及厦门北车辆段

对于发育液化土层的场地，其受到振动时趋于紧密的作用将导致孔隙潜水压力骤然上升，使原来由砂粒通过其接触点所传递的压力减小，甚至消失，导致砂土原有的抗剪强度和承载能力丧失，引起建筑物地基失稳。未经处理的饱和砂土层不能作为天然地基持力层。建筑物采用桩基或深基础时，其桩尖或基础底面应结合计算进入液化土层以下稳定土层中一定深度，采用加密法加固应处理至液化深度下界，亦可用非液化土层置换液化土层。选择合适的基础埋置深度，减少基础偏心，加强基础的整体性和刚度，减轻构筑物荷载，管道穿过建筑处应预留足够尺寸或采用柔性接头等都有利于减轻液化影响。

人工填土分布于地表，其多具不均匀性、湿陷性、自重压密性及低强度、高压缩性，不宜作为天然地基持力层。残积土与风化岩于维修基地范围内普遍存在。花岗岩类多沿节理风化，风化厚度大，且以球状风化为主。构筑物采用桩基时，桩尖应伸入风化球之下完整岩层。

12.4　主要工程测量成果

12.4.1　采用的坐标系统

1）平面坐标系提供2000国家大地坐标系和与厦门市城市坐标系统一致的92厦门坐标系两套成果。

2）高程采用与厦门市城市高程系统一致的1985国家高程基准。

12.4.2 平面控制测量方案

收集和分析平面控制既有资料，在城市一、二等控制网的基础上布设全球定位系统（global positioning system，GPS）首级控制网，主要工作内容包括GPS点布设、选点埋石、GPS观测、GPS后处理等。

12.4.3 高程控制测量方案

收集和分析高程控制既有资料，岛内、外水准点通过高集及杏集海堤统一组成附合线路或结点网联测，二等水准点间距平均800 m，车站、竖井及车辆段附近水准点布设数量不应小于2个。

12.4.4 地形测量

因厦门岛内近年来已基本覆盖1∶1000地籍精度数字化地形图，数学精度可满足本项目要求，测量工作主要为对1∶1000地形图修补测。考虑到与厦门全市已有数字化地形图的一致性，本次带状地形图测绘采用厦门UDSMS6.0成图软件成图。技术依据如下：

1)《城市轨道交通工程测量规范》（GB 50308—2008）。

2)《测绘成果质量检查与验收》（GB/T 24356—2009）。

3)《国家基本比例尺地图图式第1部分1∶500 1∶1000 1∶2000地形图图式》（GB/T 20257.1—2007）。

13 车站工程

13.1 车站建筑设计

13.1.1 全线车站特征

厦门市轨道交通1号线工程线路长度为30.23 km，本岛15.0 km，岛外15.23 km，其中地下线25.09 km，地面线2.34 km，高架线2.80 km；共设置车站24座，其中地下站23座，高架站1座；最大站间距3.84 km，最小站间距0.62 km，平均站间距1.3 km，其中岛内平均站间距1.2 km，岛外平均站间距1.5 km。车站特征详见表13.1.1-1。

表 13.1.1-1　车站特征一览

序号	站　名	车站性质	车站型式	车站尺寸【长（m）×宽（m）】	站台宽度/m
1	镇海路站	起点站，设站前交叉渡线、折返线、停车线	地下两层（局部三层）侧式车站	411.0×22.0	2.55+2.55
2	中山公园站	设单渡线	地下三层岛式车站（地下两层为设备管理用房）	158.0×21.9	13
3	将军祠站		标准地下两层岛式车站	193.8×20.9	12
4	文灶站		地下两层（局部三层）岛式车站	211.8×20.7	12
5	湖滨东路站	设停车线	地下两层岛式车站，与3号线通道换乘	474.0×20.7	12
6	莲坂站		标准地下两层岛式车站	207.0×20.7	12
7	莲花路口站		标准地下两层岛式车站	182.0×20.7	12
8	吕厝站	设单渡线	地下两层岛式车站，与2号线岛岛L形换乘	389.5×22.7	14
9	乌石浦站		标准地下两层岛式车站	198.6×21.7	13
10	塘边站		地下两层（局部三层）岛式车站	159.8×20.9	12
11	火炬园站	设1、3号线的联络线，设单渡线	地下三层岛式车站，与2号线岛岛T形换乘	273.6×23.9	15
12	殿前站	与高崎停车场的接轨线	地下三层岛式车站（地下一层为物业层）	193.4×20.9	12
13	高崎站	设单渡线	地下两层岛式车站，带单渡线	276.4×20.7	12

续表

序号	站名	车站性质	车站型式	车站尺寸 【长（m）×宽（m）】	站台宽度/m
14	集美学村站		高架岛式车站，地上一层为站厅，地上两层为站台	147.5×21.0	12
15	园博苑站		标准地下两层岛式车站	262.4×20.7	12
16	杏林村站	设单渡线	地下两层岛式车站，带单渡线	294.2×20.9	12
17	杏锦路站		标准地下两层岛式车站	230.3×20.7	12
18	官任站	设1、6号线的联络线，设单渡线、停车线	地下两层（局部三层）岛式车站，带停车线	272.5×20.7	12
19	诚毅广场站		标准地下两层岛式车站	196.8×20.7	12
20	集美软件园站		标准地下两层岛式车站	181.6×21.0	12
21	集美大道站	设单渡线	标准地下两层岛式车站	272.4×20.7	12
22	天水路站		标准地下两层岛式车站	201.9×20.7	12
23	厦门北站		地下一层侧式车站，与4号线通道换乘	332.2×71.8	4.9+4.9
24	岩内站	终点站，与厦门北车辆段的接轨线	地下两层岛式车站，带停车线及单渡线	495.3×20.7	12

13.1.2 车站消防设计

1）厦门市轨道交通1号线工程的地下工程及出入口、风亭的耐火等级为一级，其他地面工程及高架车站的耐火等级不低于二级。

2）车站内各层公共区和设备、管理用房区，均划分为独立的防火分区，每个防火分区之间采用耐火极限3h的防火墙分隔。除公共区外，每个防火分区最大允许使用面积不得大于1500 m²，消防泵房、污水泵房、蓄水池、厕所和盥洗室的面积可不记入防火分区面积内。防火墙上的门应为甲级防火门，门的开启方向朝向疏散方向（即安全区）。在防火墙设有观察窗时，采用A类甲级防火玻璃。

当多线换乘车站共用一个站厅公共区，其建筑面积超过单线标准车站站厅公共区面积2.5倍，应通过消防性能化设计分析，并采取必要的消防措施。

3）建筑高度小于等于24 m的地上车站设备管理区，每个防火分区的建筑面积不应大于2500 m²；建筑高度大于24 m的地上车站，每个防火分区的建筑面积不应大于1500 m²。

4）车站公共区内，每个防烟分区建筑面积不大于2000 m²（不得跨越防火分区），设备区每个防烟分区建筑面积不大于750 m²。每个防烟分区之间和楼扶梯口的上方采用挡烟垂壁，挡烟垂壁净高度不应小于500 mm，挡烟垂壁下缘至楼梯踏面垂距不应小于2.3 m。通道口可采用结构梁（净高不小于500 mm）和顶部采用空透式吊顶来实现挡烟的功能。所有装修材料均为不燃材料。

5）车站站台和站厅防火分区安全出口的数量不应少于两个，并应直通车站外部空间；其他各部防火分区安全出口的数量也不应少于两个，并应有一个安全出口直通外部空间。相邻防火分区间连通的防火门可作为第二个安全出口，竖井爬梯出口和垂直电梯不得作为安全出口。

6）车站主要设备与管理用房区内，单面布置房间的通道（宽度）净宽不小于1.5 m，双面布置房间的通道（宽度）净宽不小于1.8 m，设备、管理用房区安全出口及楼梯宽度为1.2 m，设备及管理用房的门距最近的安全出口不得超过35 m，位于尽端封闭的通道两侧或尽端的房间，其最大距离不得超过上述距离的1/2。地下出入口通道长度不宜超过100 m，如超过，应采取措施满足消防要求。

7）工作人员使用的楼梯间应设置甲级防火门，其他墙体上的门也根据设备的重要性或具体情况分别采用甲级或乙级防火门，门均向疏散方向开启。一般车站工作人员楼梯间应设置为封闭楼梯间。地下三层及三层以上车站工作人员楼梯间应设置为防烟楼梯间，并设防烟前室。

8）站台公共区的任一点，距离疏散楼梯口或通道口不得大于50 m，在站台每端均应设置到达区间的楼梯。

9）有物业开发区的车站，物业开发区为独立的防火分区，并应满足相应防火规范的要求，同时应按有关规范采取有效的防火措施。与车站连通的其他建筑物，应独立自成防火体系，与车站之间采用防火卷帘门进行防火分隔，并不考虑通过车站（包括本站通道及出入口）进行火灾下的人员疏散路径，使这些区域在发生火灾时不影响车站客流疏散和车站安全，以确保车站的安全。

10）轨道交通车站所选用的装修材料必须是不燃材料，凡是裸露的风、水、电管线，在满足使用功能的前提下，可进行适当的装饰，并视具体要求分别采用防火材料或涂料进行处理。管道穿防火墙、楼板及防火分隔物时，应采用有效的防火材料将墙与管道之间的空隙紧实封堵，并在防火墙两侧的管道上采取防火措施。

11）电缆井、管道井应在每层楼板处采用不低于楼板耐火极限的不燃烧体或防火封堵材料封堵。

13.1.3 车站防洪排涝设计

厦门为岛湾型城市，全年雨量充沛，雨季周期长，受台风影响严重，而城市轨道交通是一个综合性的系统，被淹后各种系统遭到破坏，难以立即恢复。因此，厦门市轨道交通1号线在设计之初就认识到洪水、内涝对厦门地铁安全的影响是仅次于反恐、消防的第三大隐患，高度重视，形成了一套较为完整的防洪排涝保障体系，如图13.1.3-1所示。

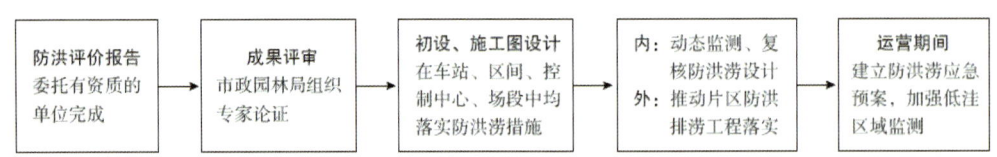

图13.1.3-1　厦门地铁防洪排涝保障体系

（1）防洪评价报告

1）防洪论证报告的内容除了满足相关规范、规定要求，应特别注意包含以下内容：

①梳理并列出全线易涝点，并适当提高设防标准。

②各站点周边排水方向示意图，分析易形成局部洼地区域。

2）海岸有无防浪堤对临近海岸车站的防洪要求不同，应分别计算设防高程。

3）防洪论证应结合全线网综合考虑片区行洪通道、防洪能力，对未建成区应考虑片区防洪，并保证原行洪通道畅通。

4）防洪论证报告应委托有资质的单位进行编制，并经主管部门组织专家进行评审。

5）各设计单位应提供技术要求及相关技术资料，并注意及时反馈更新线站位；建设单位协助提供相关地形图、规划资料等。

6）结合"莫兰蒂"台风等超大降雨及时修正核查防洪论证报告的准确性。

（2）防洪排涝设计原则

1）出入口室内地坪标高按不低于"现状地面＋内涝水深"设计，并设550 mm高（局部1 m高）防淹闸槽满足0.5 m安全超高要求。

2）双控要求。依据防洪涝报告，按照双控因素影响选取最不利的数据值进行设防。

需按双控因素的地方：镇海路、集美学村、园博苑站及控制中心与集美学村站—园博苑站区间U形槽。

3）对地形进行复测以调整原设计图：对于周边地形起伏大的车站，不可仅局限于车站出入口口部标高的复测，应同时关注周边防涝环境，有可能存在周边地势高导致出入口范围地块处于低洼地，雨水倒灌进出入口。

（3）建成区地块内的车站分析

对于车站位于周边市政配套、物业均形成完善的地块（主要在岛内）内，存在易涝点的主要原因如下：

1）车站处于局部低洼地，应充分分析积水深度，对局部洼地出入口平台进行抬高，如图13.1.3-2所示。

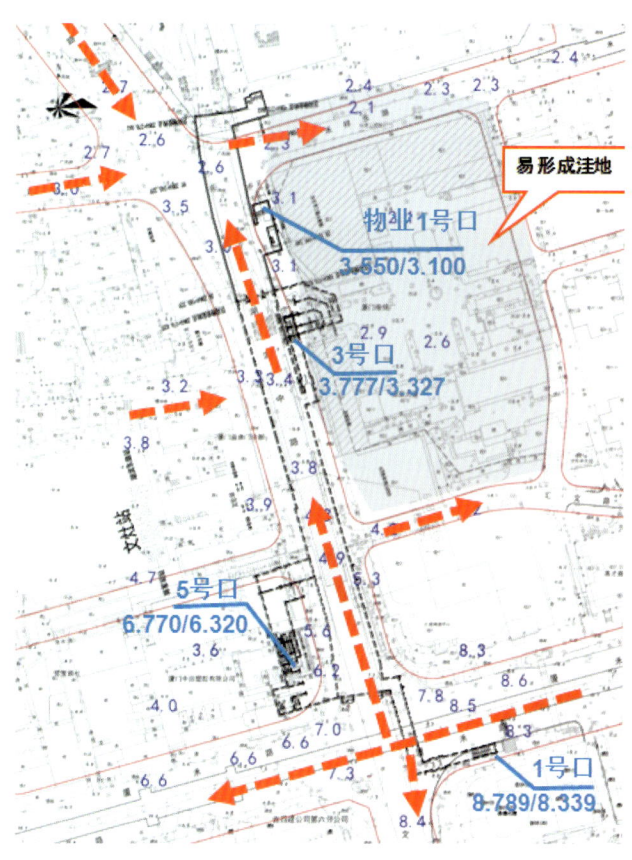

图13.1.3-2　站点排水分析

2）出入口邻近旧社区，原设计取用的现状标高偏低，应对现状标高进行复测核实，如图13.1.3-3所示。

3）原市政排水系统标准较低，设置不合理，且老化、堵塞严重，应适当抬高地铁出入口平台标高，并提请市政单位整改。

（4）未建成区地块内的车站分析

对于车站位于周边路网、物业均未形成的地块（主要在岛外）内，存在易涝点的主要原因如下：

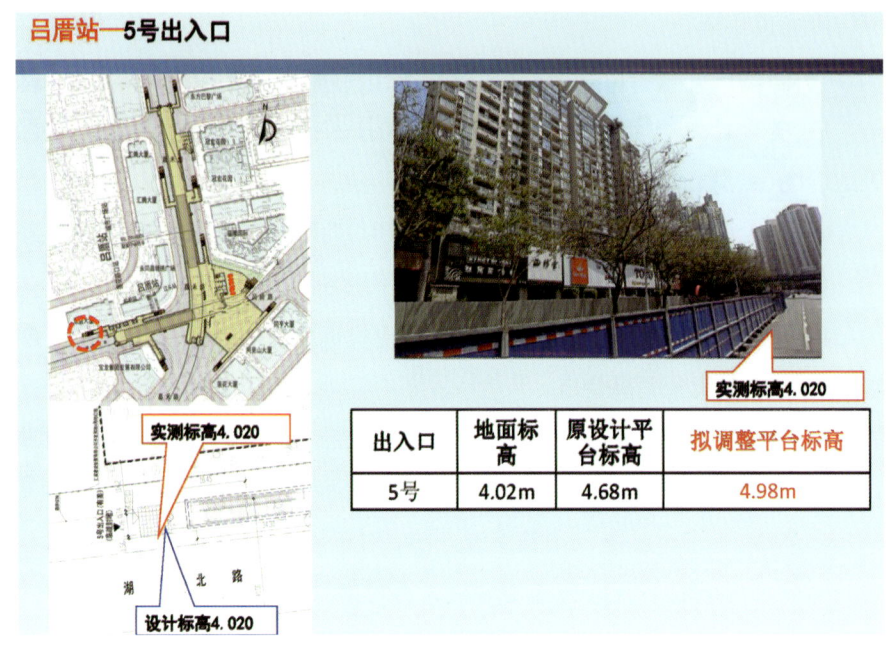

图13.1.3-3　站点现场复测梳理

1）未建成区地块实际标高与规划标高不一致，应充分分析规划标高的合理性与现状标高进行核对，可适当加高出入口平台标高。

典型车站如岩内站，站址范围内场地标高为23～24 m，规划标高为22.6～22.9 m，因此出入口及风亭取用的规划标高相对场地低1.30～0.55 m。为保证出入口风亭安全性，出入口平台高于现状地面标高0.45 m，风亭高于现状地面标高1 m，如图13.1.3-4和图13.1.3-5所示。

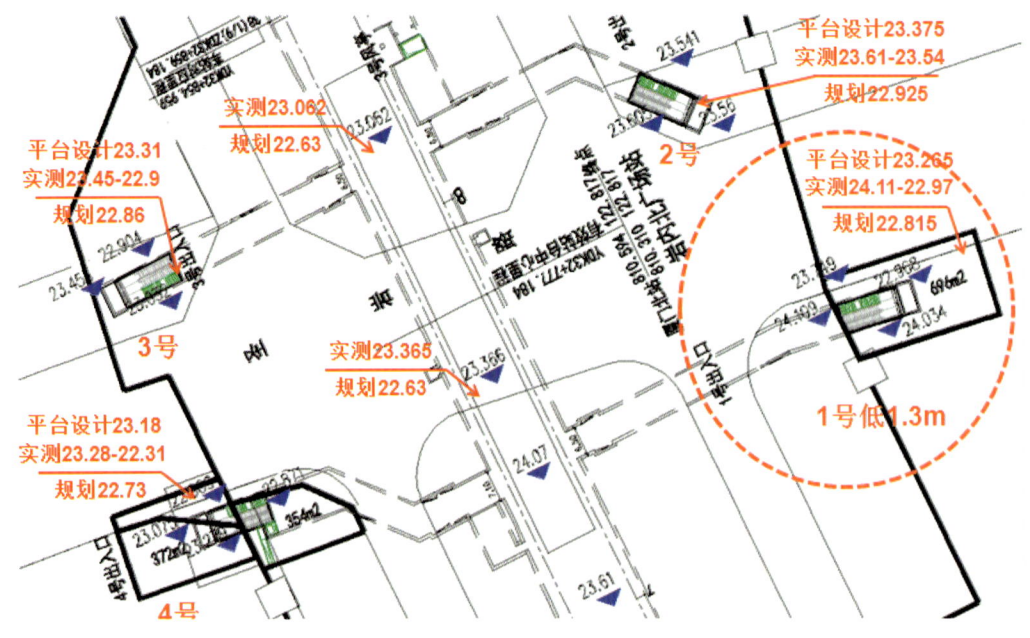

图13.1.3-4　岩内站规划标高与实测标高核对

图13.1.3-5　岩内站出入口与规划标高衔接现场照片

2）市政排水系统配套不完善，应适当修建临时排水设施。

（5）处于沿海地带的车站分析

对于位于潮水影响范围内的车站，应在满足内涝情况下进行双控分析，就高设计。

典型车站如园博苑站，车站百年一遇内涝水深0.14 m，安全超高0.5 m；百年一遇高潮位4.73 m，设计时应按百年一遇高潮位进行设防，见表13.1.3-1。

表13.1.3-1　园博苑站防洪排涝做法

0.14 m 内涝水深 +0.5 m 安全超高			
百年一遇高潮位 4.73 m			
1号出入口	2号出入口	3、4号口	1、2号低风亭
3.27 m	2.68 m	3.69～3.88 m	3.09～3.61 m
1号口在场地地坪3.27 m上设3级踏步0.45 m+0.25 m缓坡，并加设800 mm高防淹闸槽	2号口在场地地坪2.68 m上设5级踏步0.75 m+0.3 m缓坡，并加设1000 mm高防淹闸槽	公交车场设计标高3.75 m，候车平台设计标高同出入口一致为3.9 m，与园博苑4号路（标高2.8 m）高差满足内涝水深加安全超高要求。两处出入口设850 mm防淹闸槽	1号风亭结合控制中心场地平整设计地面标高约为3.5 m，2号风亭场地标高结合综合开发室外地面设计标高为3.6 m，风亭口部距离地面分别不小于1.3 m和1.2 m

（6）有高边坡情况的车站分析

1号线部分车站出入口风亭紧邻高边坡，除设置边坡防护外，还应设置排水沟，如镇海路站、将军祠站、塘边站等，如图13.1.3-6所示。

图13.1.3-6 镇海路站高边坡排水沟示意

（7）物业开发工程接口防洪防涝设计

1）接入项目通过地下接口与地铁车站形成连通的整个建筑物，通道必须按照地铁工程百年一遇的防洪排涝标准进行设防，并在设计、建设及管理中采用切实有效的防涝措施及防涝预案。

2）地铁工程与近期物业开发工程施工阶段接口防涝措施：

①地铁工程施工时需要单独设置挡墙。

②地铁工程主体完成后，由物业开发工程考虑施工期间防洪排涝措施，要求积水不得进入地铁车站，其设防标准与车站相同。

③地铁工程与物业开发工程在设计对接阶段应把防洪防涝作为重点问题进行关注。

3）地铁工程与远期预留物业接口处理措施：

①地铁预留物业接口，鉴于实施时间存在不确定性，在地铁施工时均采用混凝土墙进行浇筑封堵。

②洞口处侧墙按永久墙配筋，并预埋框架接口。

4）紧邻地铁的配套项目工程，其基坑须按照地铁工程防涝设防标准设置挡水墙。

5）当与车站连通的综合开发物业不在低洼地且满足百年一遇防洪标准时，为进一步保证地铁安全，防止综合开发物业地下室雨水灌入地铁车站，物业与车站分界处的通道口位置应设置防淹挡板。

6）当综合开发物业处于低洼地，虽满足百年一遇防洪标准，但出现涝水可能性大，为保证地铁安全，防止综合开发物业地下室雨水灌入地铁车站，应考虑物业与车站分界处的通道口位置设置人防门兼防淹门。

7）与车站连通的地下通道防淹闸槽设置要求：

①防淹闸槽设置位置应方便运营人员管理、快速启用，预留足够的操作空间。

②防淹闸槽的位置应按"就高不就低"原则设置。

③防淹闸槽设置后要能与周围墙体形成连续封闭体。

④车站与物业的通道接口防淹闸槽高度不应小于1.5 m。

⑤在地铁工程范围内设置防淹闸槽（防淹门），由地铁实施；在综合开发物业范围内的防淹闸槽（防淹门），由地铁方提出要求，通道方实施。

（8）施工期防洪排涝设计

1）施工期防洪标准：

施工期防洪排涝按20年一遇设置，并采用百年一遇校核的标准采取防洪防涝措施（挡水墙出地面高度按20年一遇考虑0.3 m 安全超高，按百年一遇校核，不小于0.5 m安全超高；对于低洼区域的工点，挡水墙宜适当加高）。

2）施工期防洪排涝具体措施：

①施工期水系的迁改

a.施工期地表水系（河流、水渠、排洪沟等）的改迁应保证过流能力，确保施工前改迁到位并保持畅通。

b.设计单位应对水系改迁方案进行论证，并得到主管部门许可。

②车站（明挖区间）主体基坑防涝措施：

a.冠梁上应设置混凝土挡墙。

b.挡墙外设置截水沟，截面面积不小于300 mm × 300 mm，并接入可靠的外部排水系统。

③主体完成后顶板临时孔防涝措施：

a.主体结构在车站顶板的临时洞口主要有盾构吊装孔、出土孔、轨排井等，上述洞口四周应设置挡墙。

b.挡墙应形成闭合结构，防止内涝、洪水等进入车站主体。

④附属工程基坑施工防涝措施：

a.附属结构冠梁上应设置混凝土挡墙，出入口口部无围护结构处设置240 mm 砖墙并抹面。

b.车站主体挡墙、附属工程挡墙及砖墙形成封闭结构，挡墙外侧设置截水沟。

⑤附属结构洞口临时堵排措施：

主体结构完成后进入装修及设备安装，若附属结构在3个月内实施时，接口处可预留洞口，利用围护结构的止水措施挡水；若附属结构实施时间大于3个月时，可在该接口处采用下述方案，确保施工期间的渗水漏泥不进入站厅层，如图13.1.3-7所示。

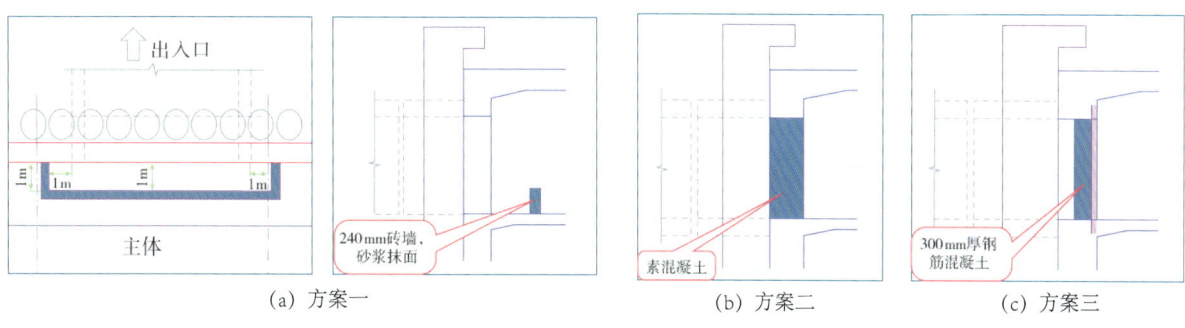

图13.1.3-7　附属结构洞口临时堵排措施

方案一：距离洞口1m采用240mm砖墙砂浆抹面，墙高1m，一旦有积水，采用水泵抽水。

方案二：素混凝土填筑，厚度与主体结构侧墙一致。

方案三：300mm厚钢筋混凝土填筑，配筋Φ14mm@150mm×150mm。

13.1.4 车站与物业开发结合设计

（1）车站与物业开发结合设计的类型

1）站内物业开发，主要为车站内公共区设置小商铺，或利用车站和区间的富余空间进行物业开发。

2）对与车站相邻的市政道路下方地下空间进行物业开发。

3）车站与周边地块内物业采用通道连接，各自相互独立。

4）车站附属与周边地块内物业合建，并充分考虑两者的建设时序，保证地铁的开通时间节点要求。

5）车站主体位于地块内，车站与物业同步设计，并充分考虑两者的建设时序，保证地铁的开通时间节点要求。

（2）车站与物业开发结合设计的特点

1）在轨道交通工程初步设计阶段，即在规划层面，对沿线综合开发进行策划。

2）在对轨道交通工程用地进行控制的同时，对周边综合开发用地进行控制。

3）周边地块物业开发设计过程中与地铁设计充分对接，并形成正式对接文本。

（3）车站与物业开发对接技术标准及要求

1）界面划分：运营管理界面一般以地铁功能与物业功能进行划分，地铁部分由轨道公司管理并监控，物业部分由物业管理单位管理并监控。

2）物业与地铁工程相关的部分，其设计应满足地铁行业相关规范的要求。

3）建筑设计标准及要求：

①确定设计界面。

②确定分界点的坐标及标高。

③防火设计：地铁与物业连接处的防火设计参考《地铁设计防火标准》，物业部分的防火设计执行《建筑设计防火规范》。

④安全设计：在运营管理界面设置防盗卷帘。

⑤防洪排涝设计：防止物业地下室被淹后积水倒灌入车站。

a.当物业不在低洼地且满足百年一遇防洪标准时，为进一步保证地铁安全，防止综合开发物业地下室雨水灌入，侵入地铁车站，建议物业与车站分界处的通道口位置设置防淹闸槽。

b.当物业处于低洼地时，出现涝水可能性大，为保证地铁安全，防止综合开发物业地下室雨水灌入，侵入地铁车站，建议物业与车站分界处的通道口位置设置防淹门。

c.当物业地下室车库入口的标高不满足百年一遇防洪标准时，应要求物业开发变更设计，若不具备变更条件，应在物业与车站的通道接口处设置防淹门。

4）结构设计标准及要求：

①确定设计界面。

②当车站附属与物业合建时，若车站建设与物业实施不能同步，为确保地铁开通的时间节点，应将物业合建与非合建部分结构进行切分分期实施，并预留好结构连接条件。若建设时序相差较大，则应考虑近期单独设置，并预留好远期连接的条件。

③当车站主体位于物业地块内，与物业合建时，应根据施工顺序处理好车站基坑、结构与物业地下室基坑、结构之间的关系，确定双方结构设计方案。

④做好接口处的细部处理（如变形缝、预留接口处的防水设计等）。

5）机电设计标准及要求：

①确定设计界面同运营管理界面。

②地铁车站与物业部分的火灾信号实现共享。

③通风空调：

a. 当物业冷负荷与车站冷负荷的百分比小于30%时，物业空调采用风冷热泵机组或多联机系统等方式，车站设计预留设备安装土建条件。若无土建安装条件，物业制冷由车站冷水机组供冷，车站冷水机组设计预留物业所需冷量。

b. 当物业冷负荷与车站冷负荷的百分比大于30%时，物业开发通风空调系统单独设计，不与车站合用。若车站与物业开发合用冷水机组或合用冷水机房，则存在以下缺点：当物业开发与地铁工程实施阶段不同时，物业后续开发对车站空调系统设计、安装及运营会造成较大的影响；当物业开发与车站合用冷水机组时，增大车站冷水机组容量，因物业开发空调与车站设备管理用房空调系统运行时间不同，造成车站空调系统夜间能耗较高，并影响冷水机组寿命；当物业开发冷负荷较大，与车站空调系统合用冷水机房时，将增加车站空调冷水机房面积、土建规模及投资。

④供配电：

a. 当地铁物业面积很大，商业用电容量较大（1000 kVA以上）时，对此优先考虑采用市政单独供电，吕厝站、乌石浦站、殿前站采用此方案。

优点：独立性强，对地铁没有影响，供电局单独建设，单独计费。

缺点：需要单独引电源，增加外部电源引入的难度和接口。

b. 当地铁物业面积较小，商业用电容量较小（一般小于500 kVA）时，对地铁供电影响较小，优先考虑采用地铁供电。

⑤给排水：车站与物业给水、排水均单独考虑，但预留土建条件。

（4）车站内的物业开发

1）站内小商铺：

在站厅内的非付费区，常划分出局部的空间设置书报亭、商铺等小型商业空间。

轨道交通1号线在不增加车站规模且满足地铁规范及消防部门要求的情况下，每座地铁车站站厅层均设置有不少于60 m^{2}的站内小商铺，如图13.1.4-1所示。

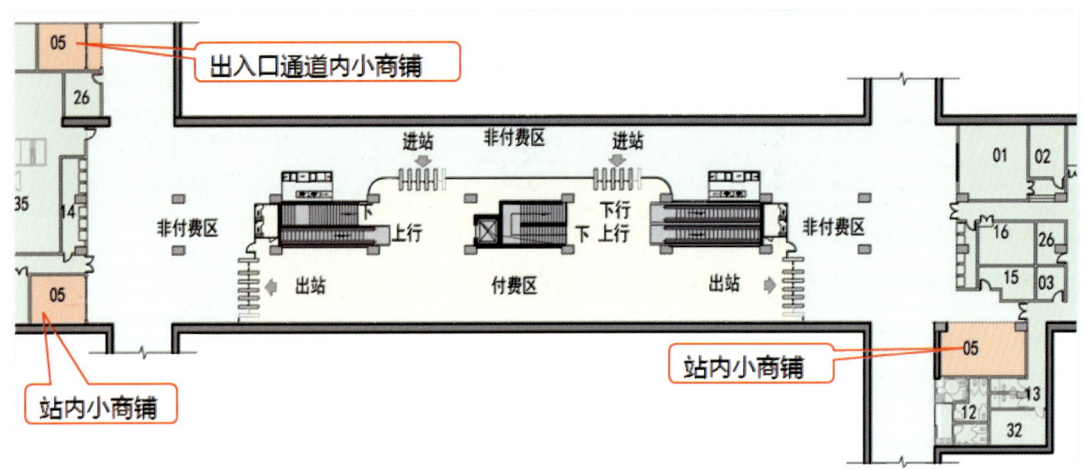

图13.1.4-1　厦门地铁1号线站内小商铺布置

消防部门具体要求如下：

①地铁疏散出入口不允许设置商业用途自助设备用房。

②每间商铺面积不得大于30 m²，位于通道内需内退1.4 m（排队等待空间），并设置防火卷帘，如图13.1.4-2所示。

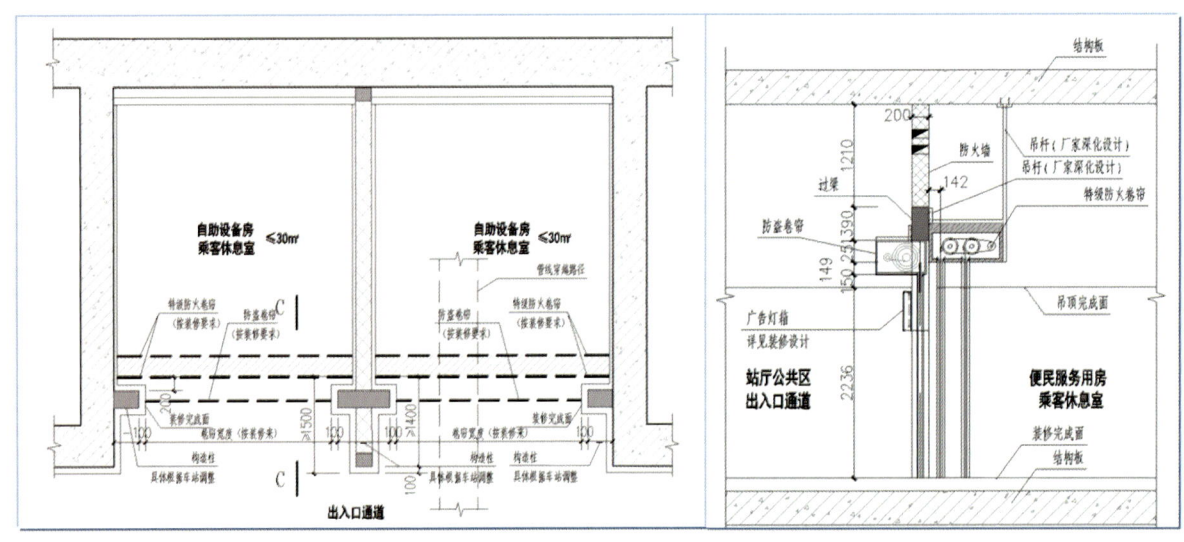

图13.1.4-2　通道内小商铺布置

2）车站主体或区间上方富余空间的物业开发：

①湖滨东路站停车线上方物业开发：

湖滨东路站前设置有停车折返线，配线上方空间为剩余空间。车站周边为厦门岛内较为繁华区域，居住人群较多，且周边商业氛围较好，利用剩余空间设置物业开发空间，如图13.1.4-3和图13.1.4-4所示。

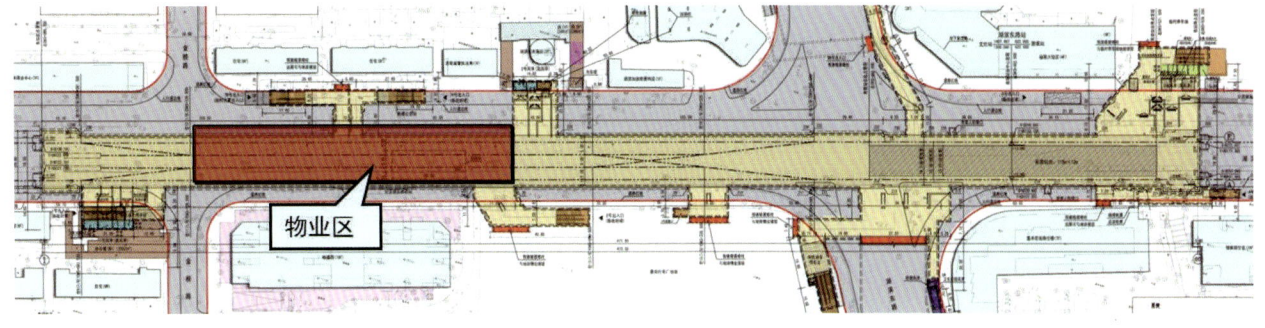

图13.1.4-3 湖滨东路站停车线上方物业开发总平面

图13.1.4-4 湖滨东路站停车线上方物业开发平面

② 殿前站地下一层物业开发：

由于区间设置条件的限制，殿前站轨面埋深较深，因此设计为地下三层车站。另外，本站为与高崎停车场的接轨线，车站长度无法缩短。除安排地铁车站功能空间外，其余富余空间较大，故本站地下一层设置为商业（图13.1.4-5和图13.1.4-6），地下二层设置为站厅层，地下三层设置为站台层（图13.1.4-7）。

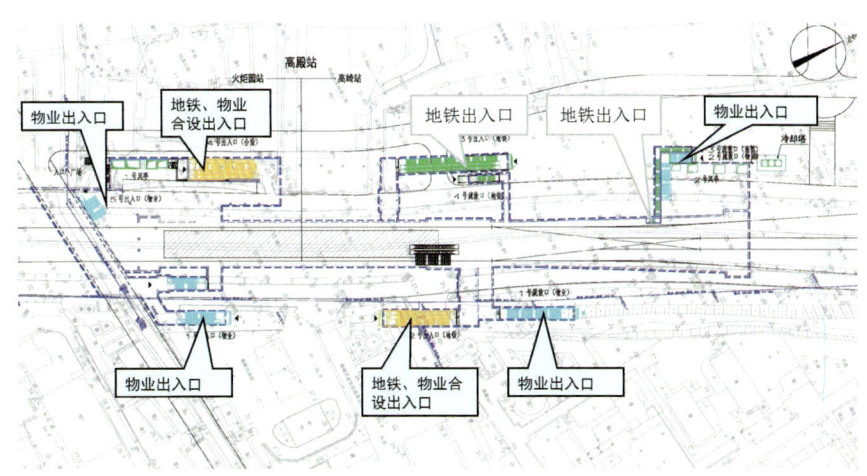

图13.1.4-5 殿前站地下一层物业开发总平面

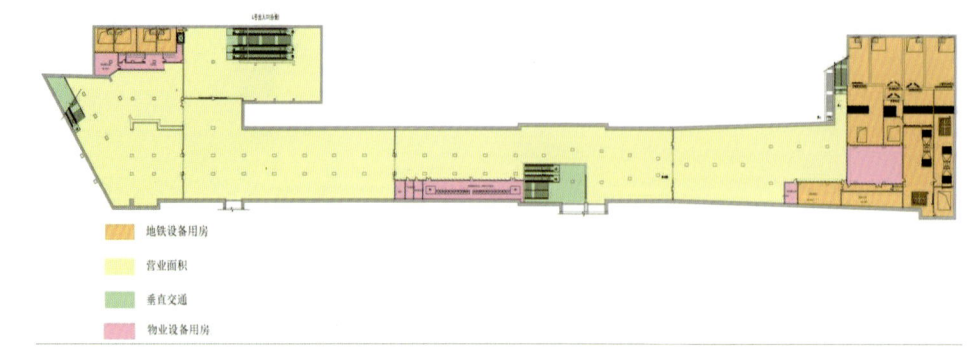

图13.1.4-6 殿前站地下一层物业开发平面

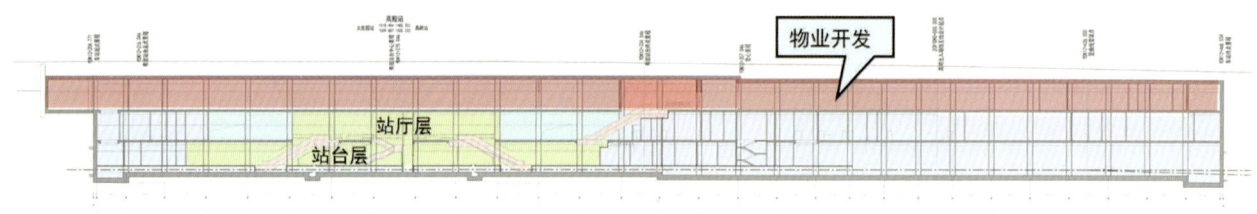

图13.1.4-7 殿前站纵剖面

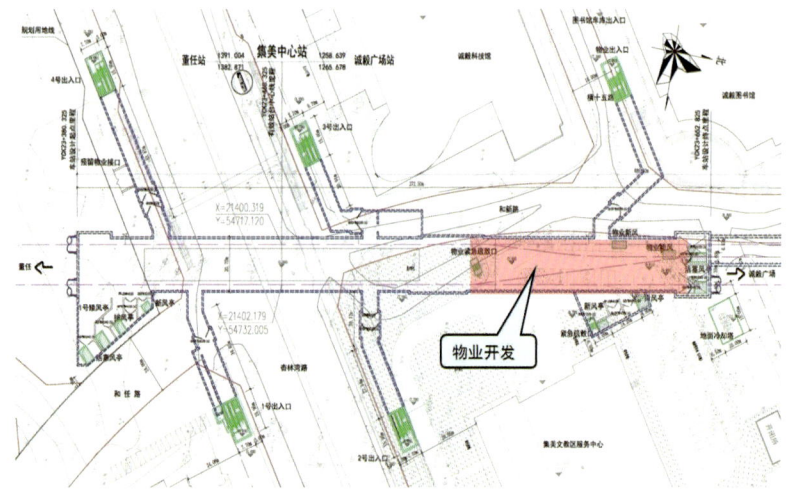

图13.1.4-8 官任站地下一层物业开发总平面

③官任站地下夹层物业开发：

本站沿车站纵向地面标高相差较大，为减少顶板覆土，在站厅层之上局部设置夹层。另由于本站设置停车线，车站长度无法缩短，故利用夹层富余空间设置物业开发空间，如图13.1.4-8～图13.1.4-10所示。

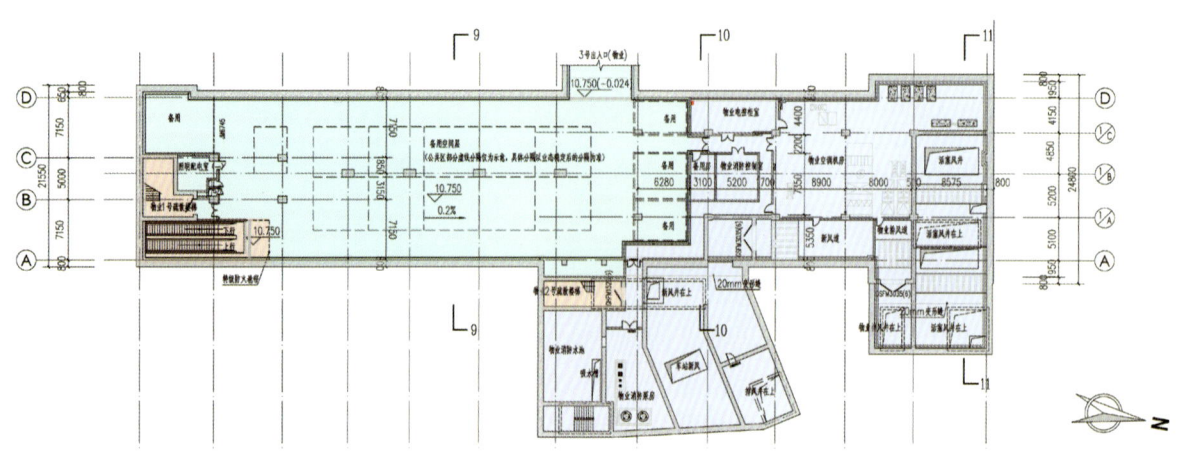

图13.1.4-9 官任站地下一层（物业层）平面

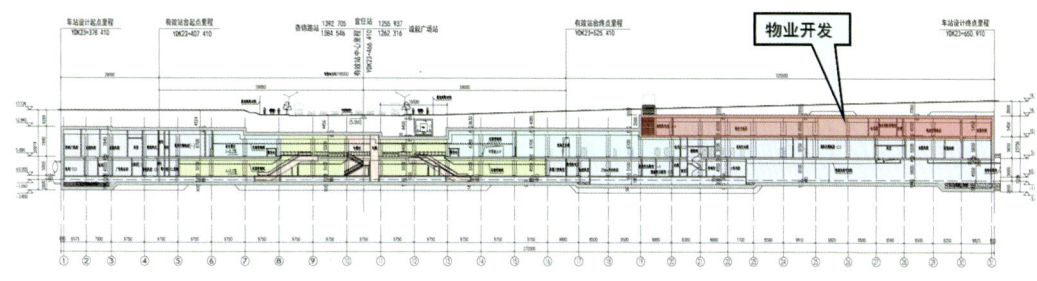

图13.1.4-10 官任站纵剖面

④ 文灶站—湖滨东路站区间物业开发：

文灶站—湖滨东路站区间上方物业开发位于湖滨中路和禾祥东路交叉口下方。为了提升公交公司安置房地块的开发价值，文灶站—湖滨东路站区间下穿该地块采用明挖法施工，故文灶站至安置房地块之间的这一小段区间也采用明挖法施工，利用区间上方的富余空间进行物业开发，如图13.1.4-11～图13.1.4-13所示。

本物业空间南端紧邻文灶站，与文灶站站厅层南端公共区相连，北端与公交地块安置房项目地下一层相接。

本物业空间共设置2个直通室外的疏散出入口，其中1号出入口位于湖滨中路与禾祥东路交口处，近福建中烟工业公司地块，考虑到远期与中烟地块地下室对接的可能性，在1号出入口处预留暗梁、暗柱等对接条件，区间物业新、排风井出地面部分与物业1号出入口合建。2号出入口位于公交地块安置房项目内。

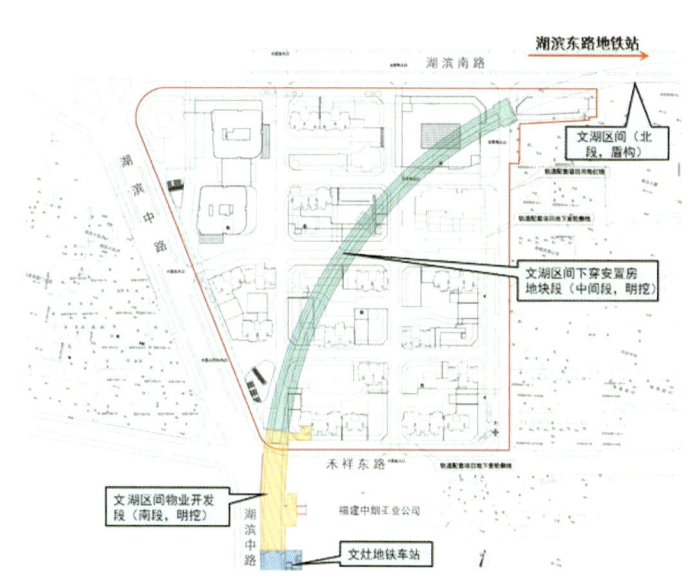

图13.1.4-11 文灶站—湖滨东路站区间物业开发

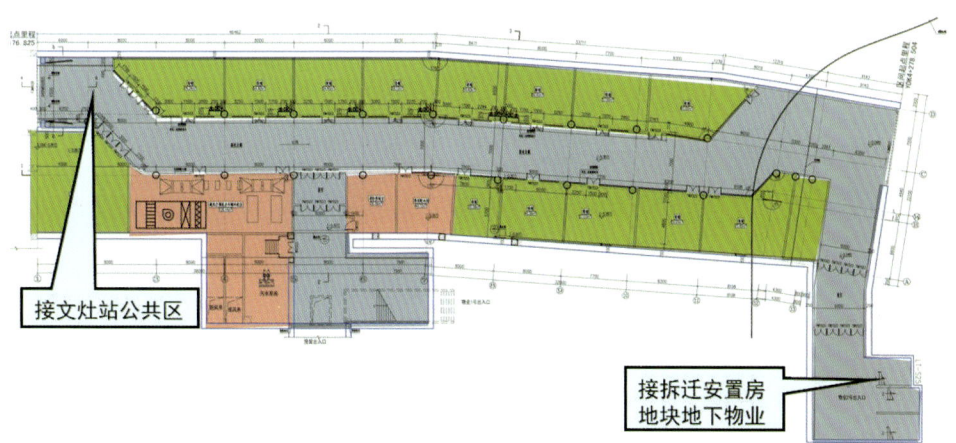

图13.1.4-12 文灶站—湖滨东路站区间物业开发地下一层平面

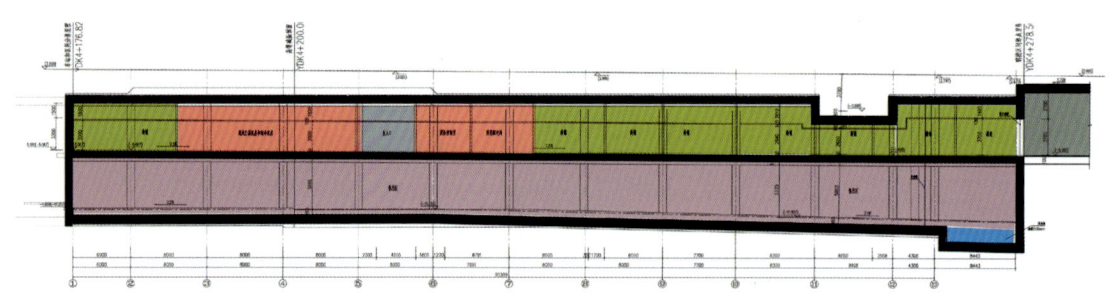

图13.1.4-13　文灶站—湖滨东路站区间物业开发纵剖面

(5)车站相邻市政道路地下空间开发

当车站周边商业氛围浓厚时,利用与车站相邻市政道路地下空间进行物业开发,借助地铁客流可以极大地提升物业开发价值。

1)吕厝站相邻市政道路地下空间开发:

吕厝站为1、2号线的换乘站,站位周边分布有锦绣广场、东方巴黎广场、宝龙中心等商业建筑,且居住人口密集,物业开发价值大。利用与车站相邻的西南侧吕岭路及宝龙中心南侧三角空地的地下空间进行物业开发,并与车站公共区紧密联系,如图13.1.4-14和图13.1.4-15所示。

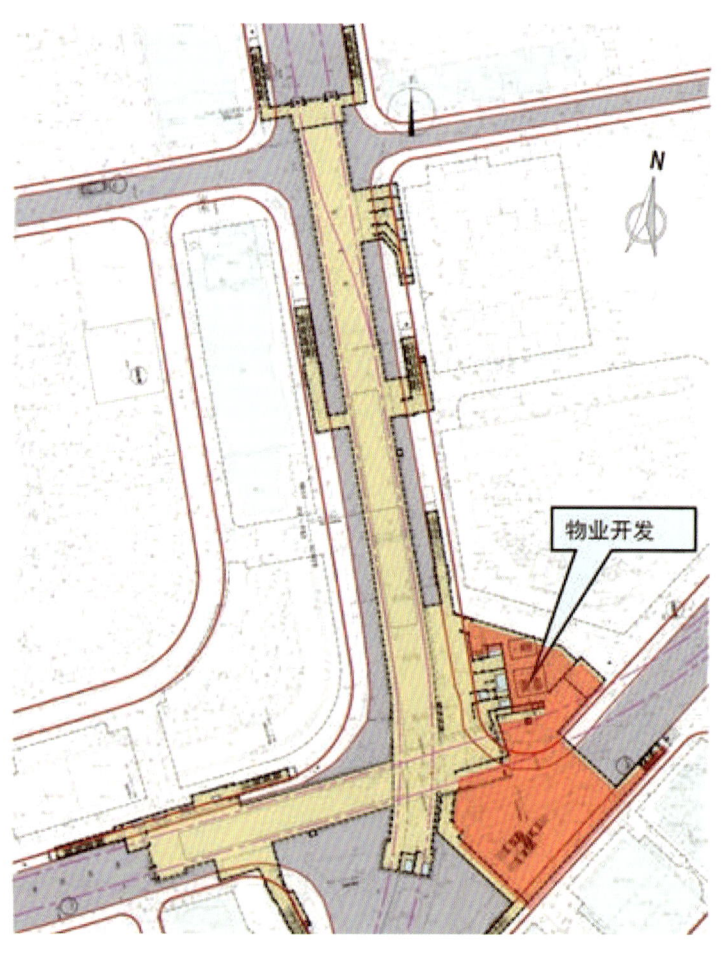

图13.1.4-14　吕厝站相邻市政道路地下空间物业开发总平面

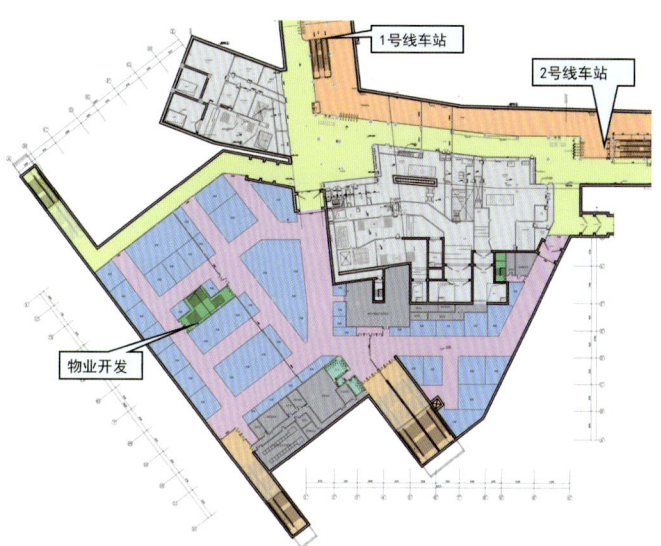

图13.1.4-15 吕厝站相邻市政道路地下空间物业开发平面

2）乌石浦站相邻市政道路地下空间开发：

乌石浦站周边为厦门岛内最为繁华的商圈之一，SM城市广场商业氛围较好，利用车站东西两侧市政道路地下空间进行物业开发，并分别与SM一、二期地下商业空间联系，如图13.1.4-16和图13.1.4-17所示。

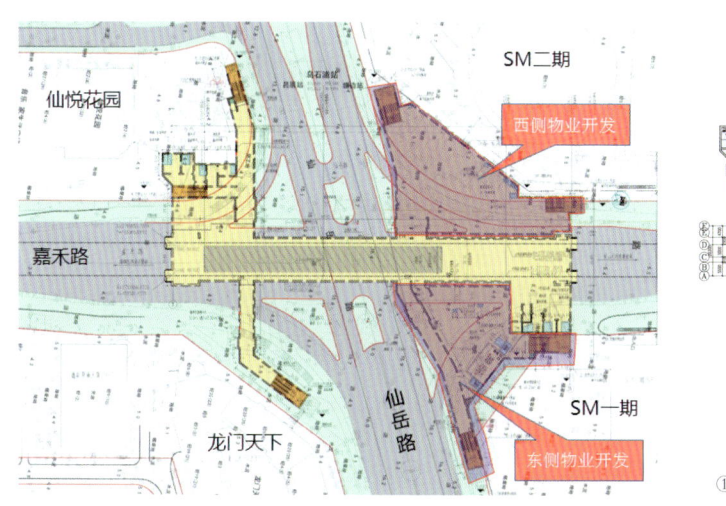

图13.1.4-16 乌石浦站围合区域物业开发总平面

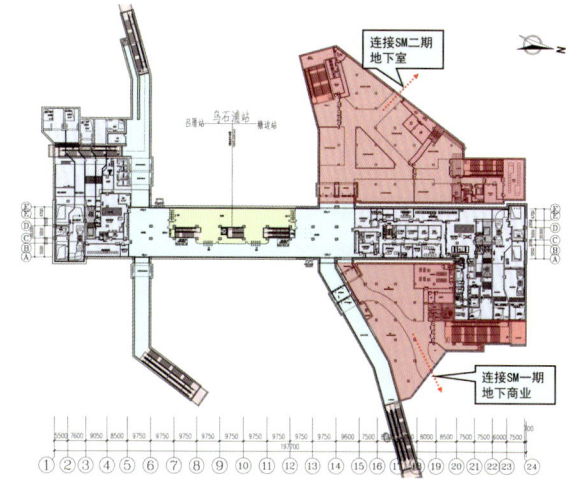

图13.1.4-17 乌石浦站围合区域物业开发平面

（6）利用通道连接车站与周边物业

利用通道连接车站与周边物业，两者互相独立，无论是投资、施工工期，还是使用管理都可以不受另一方影响。一般车站本身具有3～4个出入口，由通道和楼、扶梯连接地面与站厅。通道可以直接接到车站主体范围以外的物业地下室内，也可以在通道中开口，设置另一通道连接物业地下室。利用通道连接车站与周边物业，一般可分为以下3种类型：

类型一：周边已建成物业，有与地铁衔接条件，如镇海路站与中华城地下商业采用通道连接。

类型二：周边为已建成片区，且无接入条件。考虑到地铁设计年限为100年，而周边地块建筑设计年限一般为50年，后期周边建筑存在新建或改建可能性。为预留灵活的接入条件，地铁1号线原则上每座出入口均预留接口（预留暗梁、暗柱），以便后期接入的灵活性，如中山公园站。

类型三：周边物业与地铁基本同步建设，或者晚于地铁建设。一般情况下，在设计过程中会充分考虑商业与地铁的衔接通道，如集美学村站、集美大道站。

1）镇海路站：

镇海路站与中华城商业开发连接通道如图13.1.4-18所示。

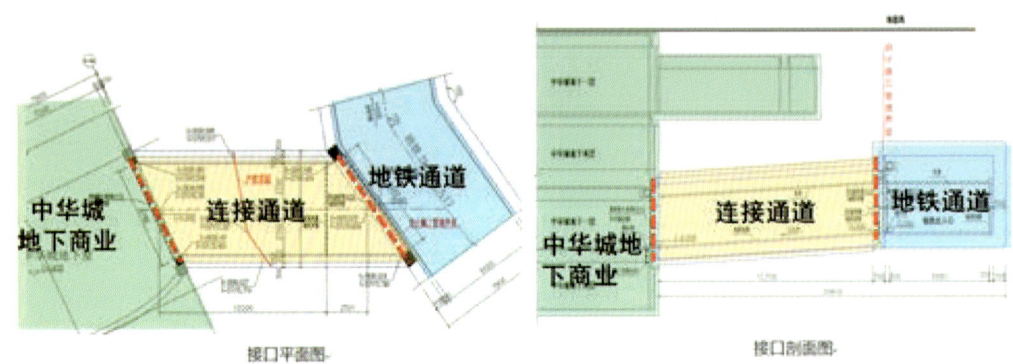

图13.1.4-18　镇海路站与中华城商业开发连接通道

2）中山公园站：

中山公园站预留物业接口总平面如图13.1.4-19所示。

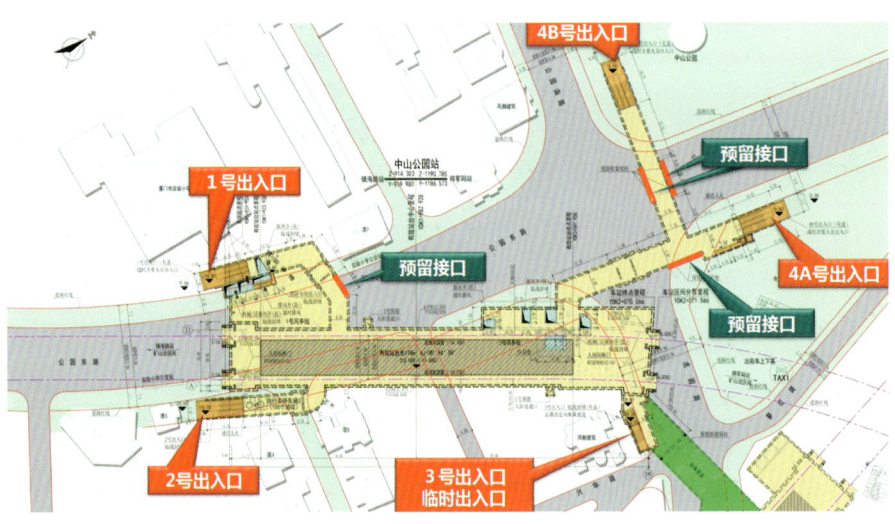

图13.1.4-19　中山公园站预留物业接口总平面

3）集美学村站

车站于地上二层预留接口对接远期商业开发，乘客出闸机后即能通过室内连廊通往集美客厅商业空间，既保证车站与商业间紧密衔接，又为商业空间提供源源不断的客流，如图13.1.4-20～图13.1.4-23所示。

图13.1.4-20 集美学村站及周边综合开发效果

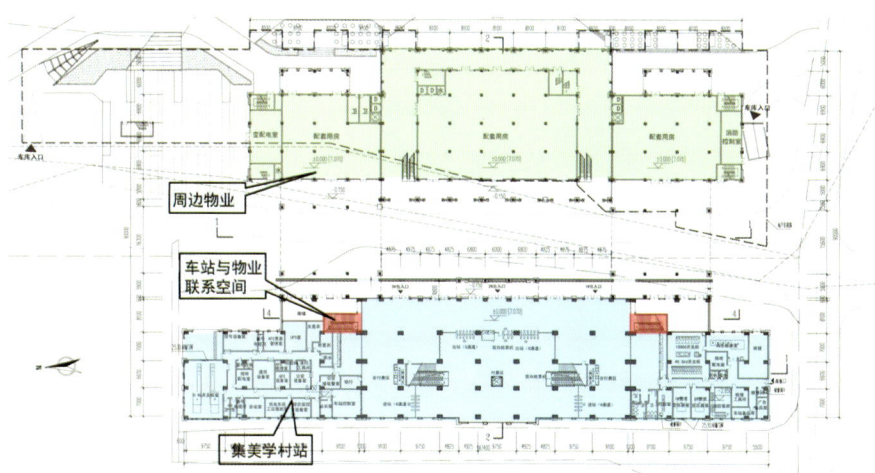

图13.1.4-21 集美学村站及周边综合开发地上一层平面

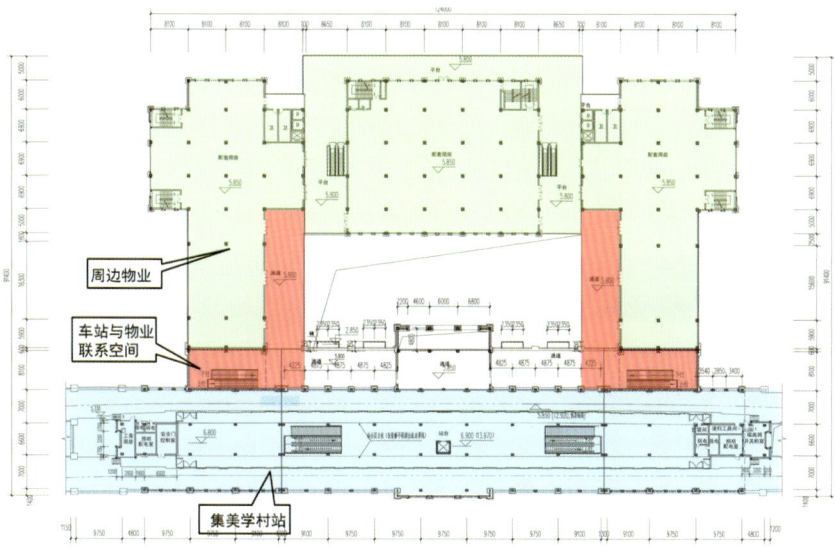

图13.1.4-22 集美学村站及周边综合开发地上二层平面

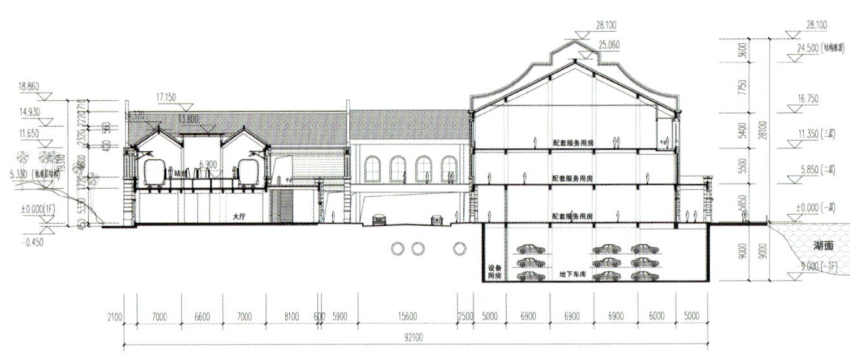

图13.1.4-23 集美学村站及周边综合开发剖面

4）集美大道站：

本站设置单渡线，车站主体空间本就有一定的富余。在车站大里程端端部空出一部分空间，此空间预留与周边地块的衔接通道，同时也与车站公共区相连通。通过上述连接空间的设计，车站两侧地块物业之间、物业与车站之间都能联系方便，地铁客流与商业客流互相带动，同时也兼顾了过街功能，如图13.1.4-24和图13.1.4-25所示。

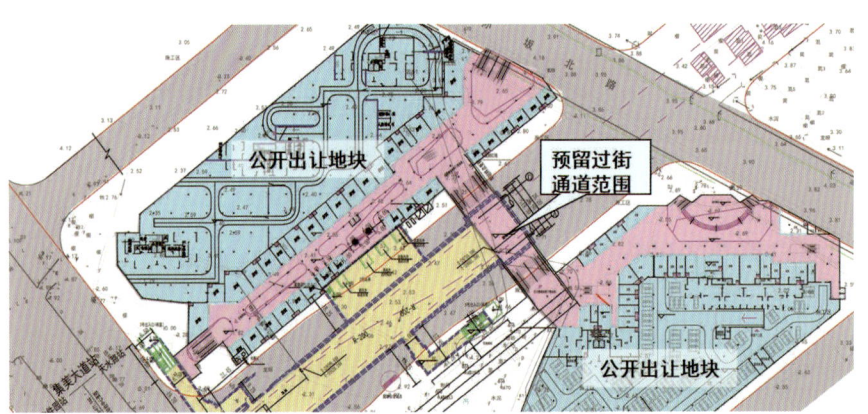

图13.1.4-24 集美大道站与周边综合开发总平面

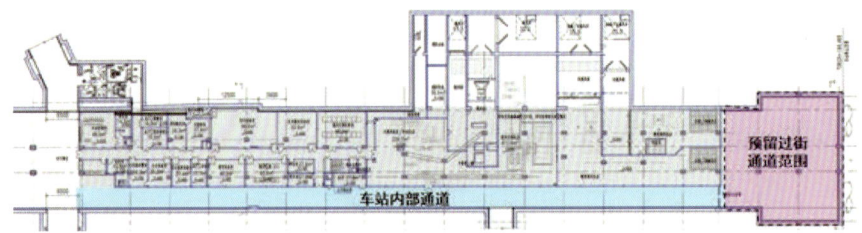

图13.1.4-25 集美大道站与周边综合开发平面

（7）车站附属与周边地块物业合建

当地铁车站的实施引起周边地块的拆迁，或车站周边地块为三旧改造用地、城中村或未建空地时，采用的策略是以地铁的建设带动周边地块的改造、开发，实现地铁的客流增长和商业的价值最大化双赢的目的。地铁车站的附属与周边物业建筑结合建设，一方面促使商业客流与地铁客流联系更紧密、更便捷，另一方面将原本体量零星分散的附属整合设置于物业建筑之内，对城市景观和物业周边的广场景观有较大提升。

1）车站出入口通道与周边地块物业合建：

车站的出入口通道接入周边物业地下室或者下沉广场，车站设计时应保证其他出入口通道的设置能满足安全疏散的要求，此出入口通道不作为车站的安全出口考虑，其口部及物业的实施时间不构成地铁开通时间节点的制约因素，如图13.1.4-26 ～ 图13.1.4-28所示。

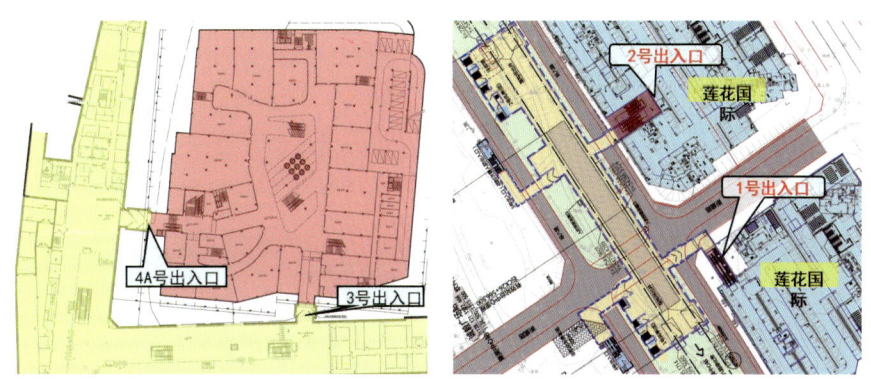

图13.1.4-26　火炬园站、诚毅广场站出入口与物业合建平面

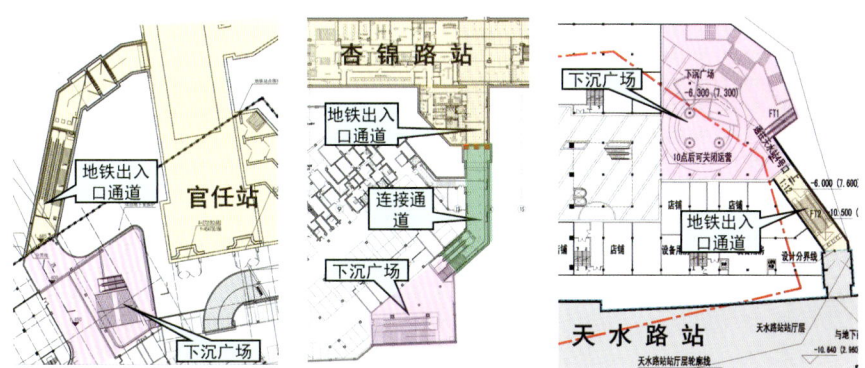

图13.1.4-27　官任站、杏锦路站、天水路站通道接入物业下沉广场平面

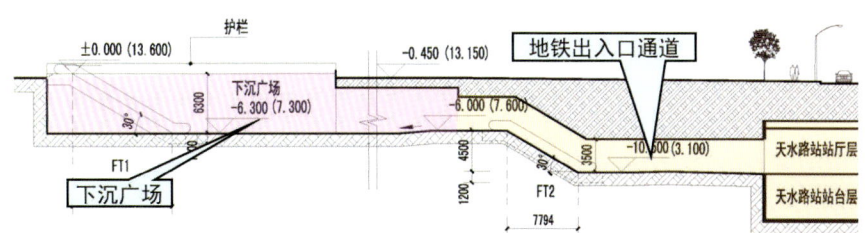

图13.1.4-28　天水路站通道接入物业下沉广场剖面

2）车站风亭与周边地块物业合建：

风亭与物业合建，其风口一般采取侧出的形式。由于车站运营时，地铁风亭必须投入使用，因此最理想的方案是风亭与物业同步设计、同步实施。若不能同步实施，则至少合建部分必须与车站同步建设，预

留与非合建部分的连接条件。若物业近期不实施，则应考虑风亭近期独立设置，远期结合物业设置，并应预留好远期转换条件。

①将军祠站。本站站位所处道路狭窄，交通繁忙，周边建筑密集，附属设置困难，故考虑拆除文园路以北地块内老旧建筑，作为施工场地、交通疏解用地和设置车站附属建筑，同时结合地铁建设对该地块进行综合开发。车站附属与物业基本同步设计、同步实施，出入口、风亭与物业合建，冷却塔设于物业的屋顶，如图13.1.4-29～图13.1.4-32所示。

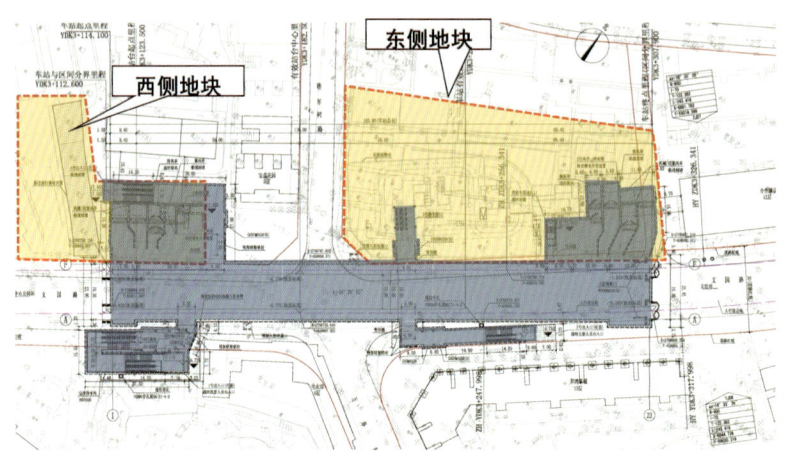

图13.1.4-29　将军祠站与物业结合总平面

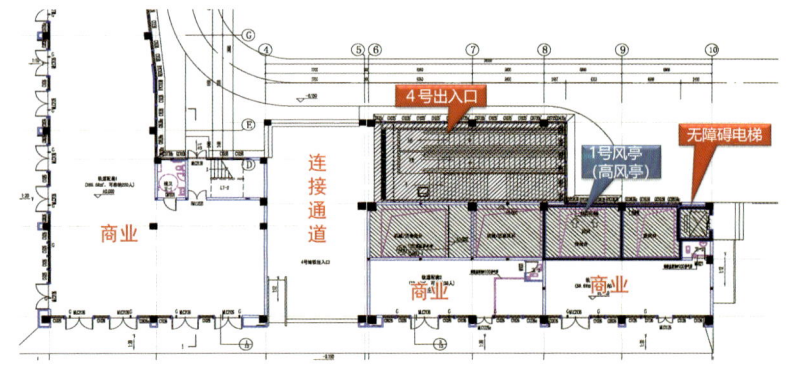

图13.1.4-30　4号出入口、1号风亭及无障碍电梯与西侧物业关系地面层平面

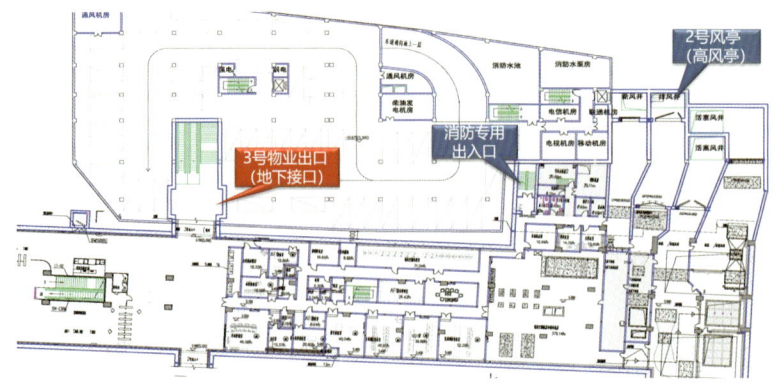

图13.1.4-31　3号物业出口、2号风亭及消防专用出入口与东侧物业关系地下层平面

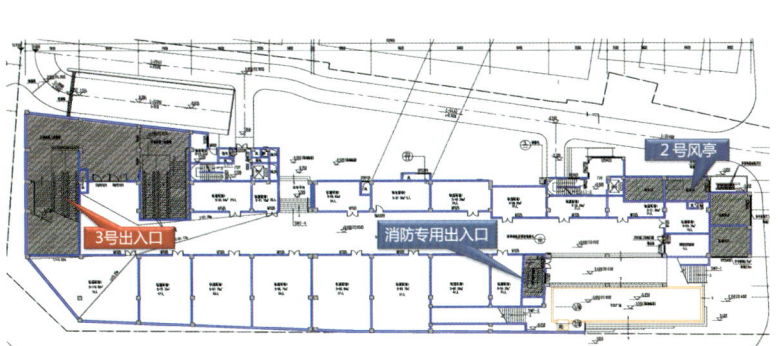

图13.1.4-32　3号出入口、2号风亭及消防专用出入口与东侧物业关系半地下层平面

② 文灶站。文灶站位于嘉禾路与湖滨中路交口，与将军祠站类似，本站交通疏解困难，施工场地紧张，附属设置空间受限。考虑将车站5号出入口与1号风亭附属外挂部分设置于湖滨中路东侧、厦禾路北侧的二轻地块内，需对该地块内老旧建筑予以拆除，如图13.1.4-33和图13.1.4-34所示。二轻地块原本已列入政府"三旧改造"计划之中，借助地铁1号线建设的契机，对该地块进行综合开发，同时车站出入口、风亭、冷却塔与二轻地块建筑结合设置，如图13.1.4-35和图13.1.4-36所示。

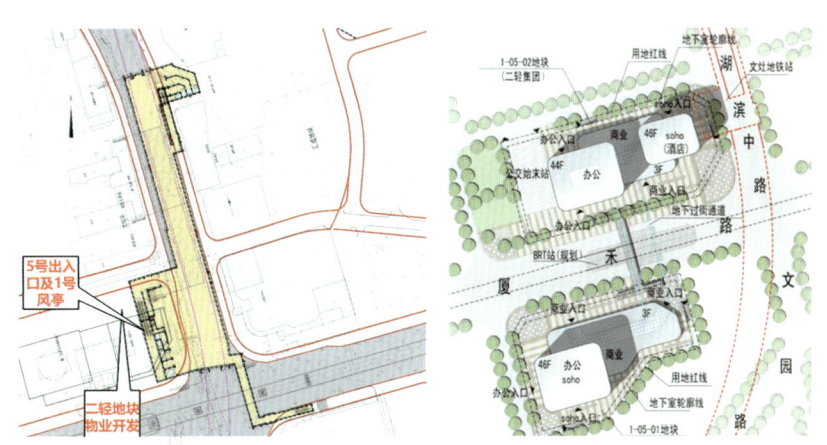

图13.1.4-33　文灶站总平面　　图13.1.4-34　二轻地块与文灶站位置关系

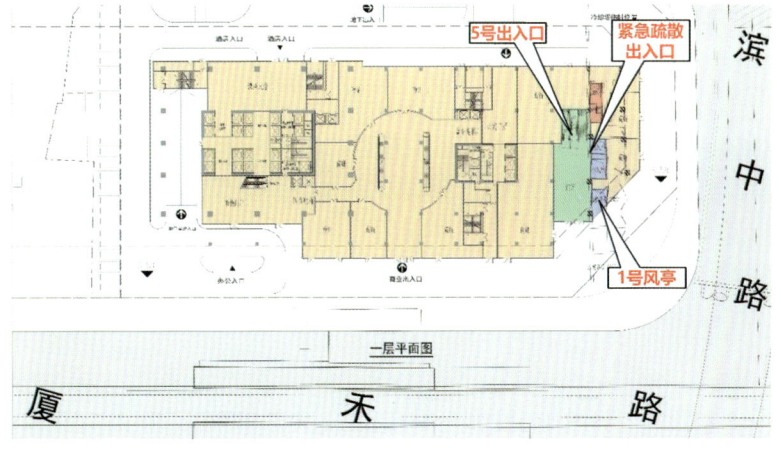

图13.1.4-35　文灶站附属与二轻物业结合平面

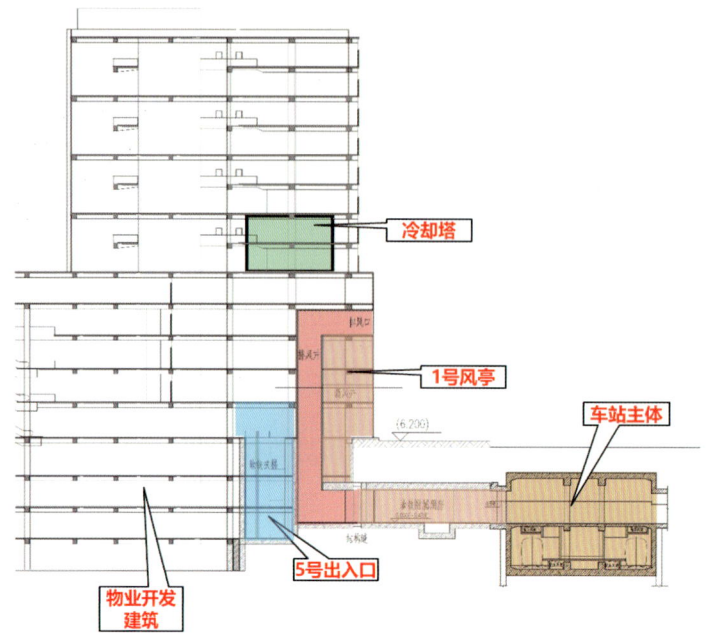

图13.1.4-36　文灶站附属与二轻物业结合剖面

车站5号出入口从地下通往二轻开发项目建筑裙房地面一层东南侧，出入口出地面与二轻开发项目建筑结合设单独门厅，并设置防火门开向厦禾路，与二轻开发项目内部空间分割，以满足地铁出入口的防火需求。

车站1号风亭位于二轻开发地块内，其中新风亭、排风亭与一个活塞风亭设置在二轻地块建筑内，并分别于二轻开发项目建筑裙房的二层、四层、三层设置风口，避免对行人的影响，同时满足风亭隐蔽设置的要求。

车站冷却塔设置于二轻地块开发项目楼顶。

③塘边站。车站东北侧为省安装公司地块，北端风亭设置需拆除该地块内局部房屋，如图13.1.4-37所示。省安装公司地块内建筑老旧，政府计划拆除，并进行综合开发。综合开发建筑设计已有初步方案，但迟迟未提上日程。为保证地铁开通的时间节点，考虑车站北端风亭近期独立设置，为两组每组各两个高风亭；远期结合物业设置，为4个敞口低风亭，并应预留好远期转换条件，如图13.1.4-38所示。

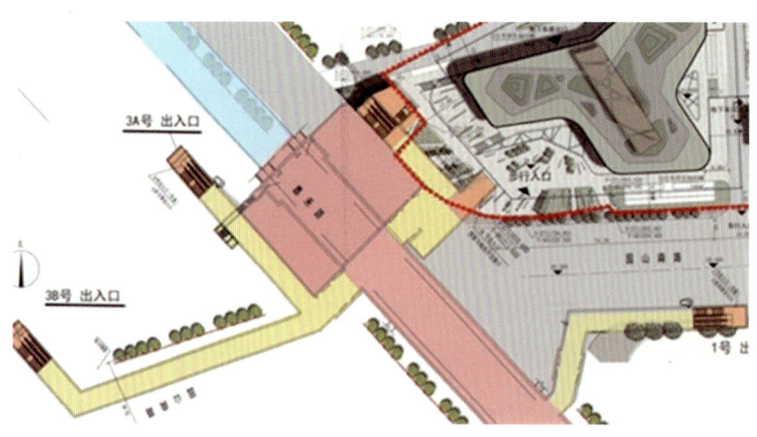

图13.1.4-37　塘边站与物业结合总平面

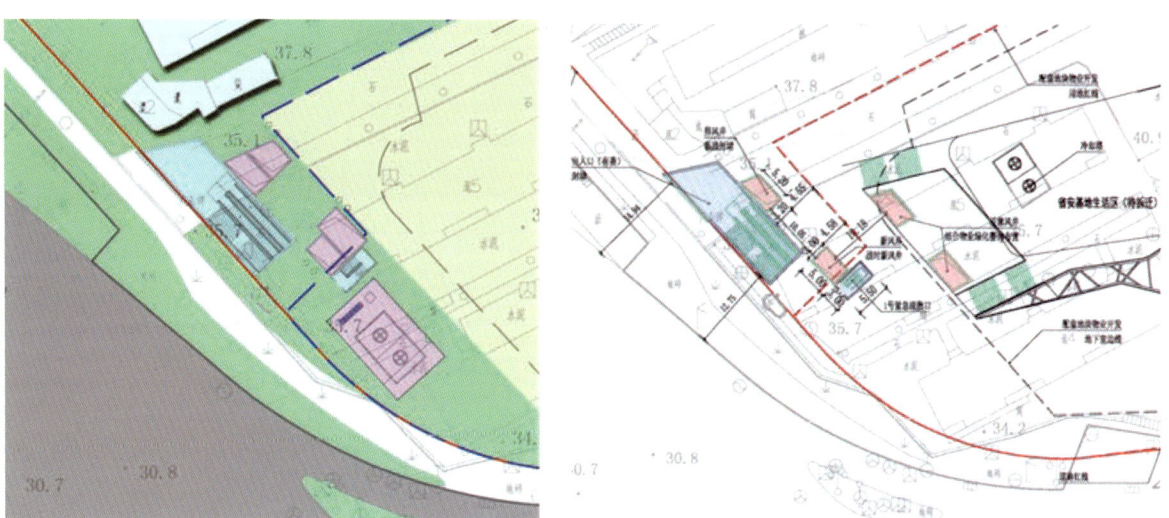

图13.1.4-38　塘边站北端风亭及冷却塔近、远期总平面

（8）车站主体位于地块内，物业结合车站同步设计

此类项目地下物业空间是大规模的，轨道交通站只是其中的一部分。它们之间的结合在平面上表现为中间式与边缘式，在垂直空间上，由于轨道的存在以及地下空间随深度增加而造价更大的特点，应避免与站台层同标高的空间。轨道交通在中间式中的影响最大，站台同标高的物业空间被分为两个互不连通的部分，对物业客流吸引不利，从而降低此处的经营效果。中间式需将站厅的围蔽付费区和开放非付费区有机结合，车站管理设备用房相应集中于一角，以尽量空出中心的黄金地带，发挥最大的经济效益。边缘式的车站运营对物业空间影响很小，甚至可看作加宽的通道连接模式，但相当部分轨道交通乘客会直接从车站最近的出入口进出站，不会光顾距离车站较远的物业空间。无论采取何种模式，轨道交通的功能——"安全、快捷、舒适"是最重要的前提。车站对物业开发只能起促进作用，提供给乘客一个消费的选择，而选择权还在于乘客自身。

厦门轨道交通1号线在设计过程中，针对地铁车站主体位于地块内的地铁与物业结合开发的形式，采用车站空间与物业空间相对独立的设计思路，主要考虑到以下原因：车站与物业各自的运营界面更加明确；更容易满足现行防火设计规范的要求；保证地铁的开通时间要求。

1）边缘式：

车站主体位于地块的边缘地带，避开地块内的综合开发建筑，车站与物业的结合设计思路类似于附属合建的形式，两者的空间通过通道连接。

园博苑站位于园博苑四号路南侧地块（即集杏北地块）内，与园博苑四号路平行设置。车站所处地块内规划建设地铁OCC及公交餐饮综合楼，车站北侧为温泉南地块，规划为居住及商业建筑，如图13.1.4-39所示。

OCC、公交餐饮综合楼与车站同步建设，车站2号风亭与OCC建筑合建，车站3、4号出入口通道与公交餐饮综合楼合建，如图13.1.4-40所示。

因温泉南地块开发实施时序较晚，故车站与之采用通道预留接口衔接的方式。

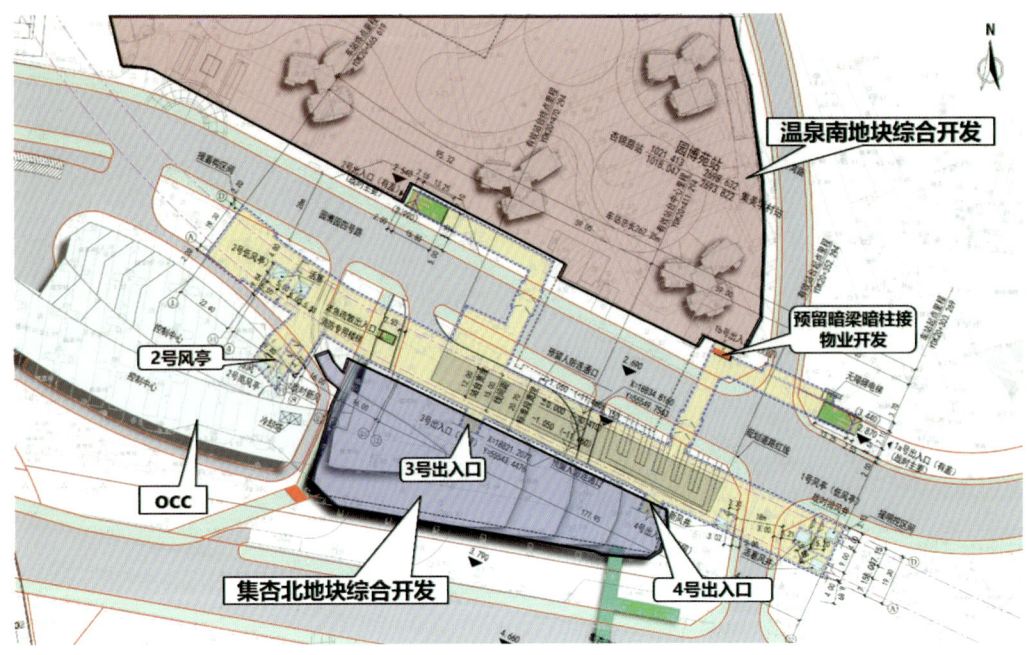

图13.1.4-39　园博苑站与物业开发衔接总平面图

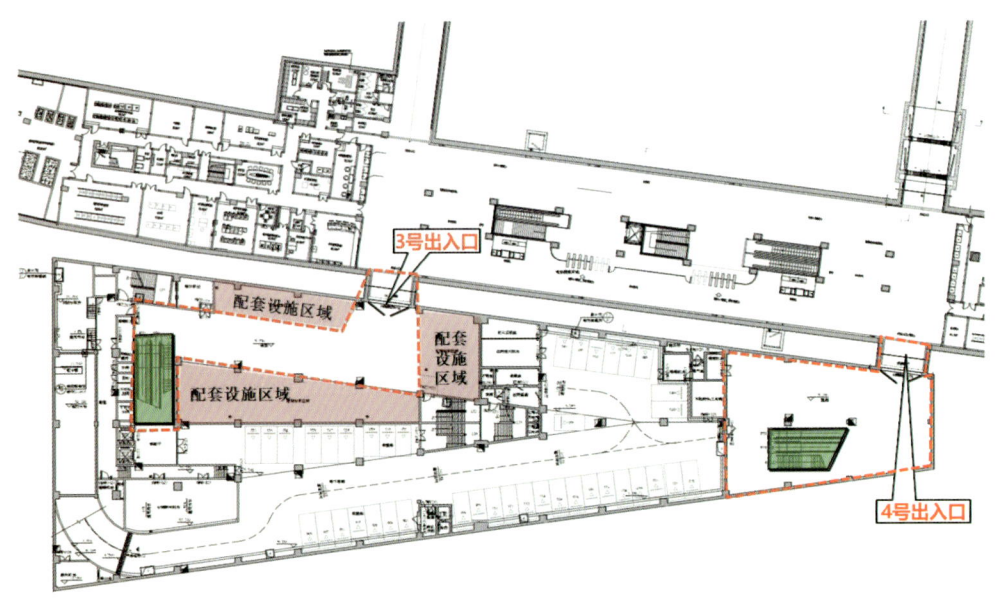

图13.1.4-40　园博苑站出入口与物业开发合建平面

2）中间式：

车站主体位于综合开发地块的中部。物业裙房的地下室位于车站上方，物业的高层部分完全避开车站。这种结合形式应充分考虑地铁和物业各自的建设时序，最佳方案是物业与车站同步设计、同步实施。

①杏林村站。车站与地块综合开发紧密结合，集约土地，综合开发高层建筑结构完全避开车站主体，车站上方仅设置裙楼，利用多层商业与地铁进行衔接，如图13.1.4-41和图13.1.4-42所示。车站与物业地下室相对独立，附属与物业合建，如图13.1.4-43和图13.1.4-44所示。

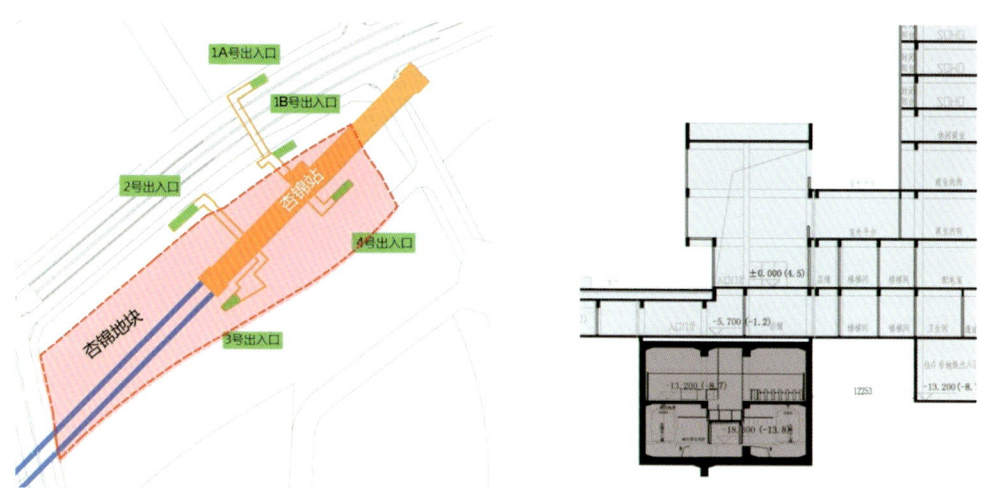

图13.1.4-41　杏林村站与开发地块关系总平面　　图13.1.4-42　杏林村站与物业建筑关系剖面

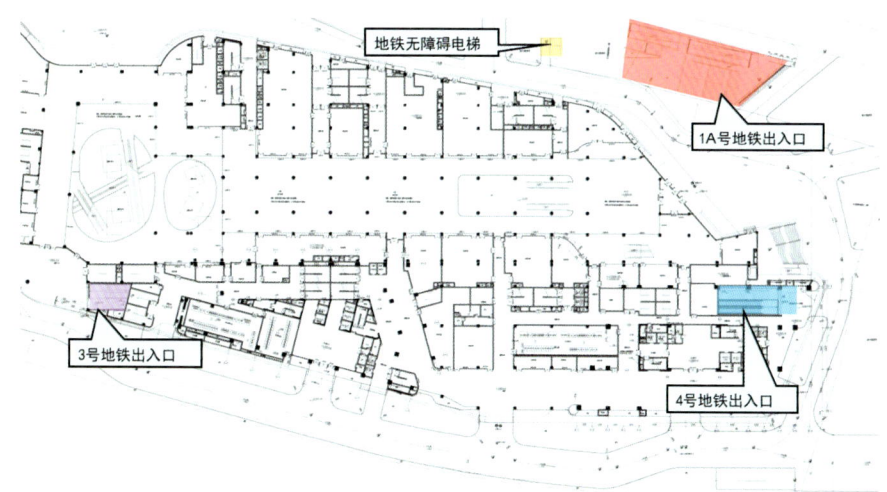

图13.1.4-43　杏林村站与物业合建地面层平面

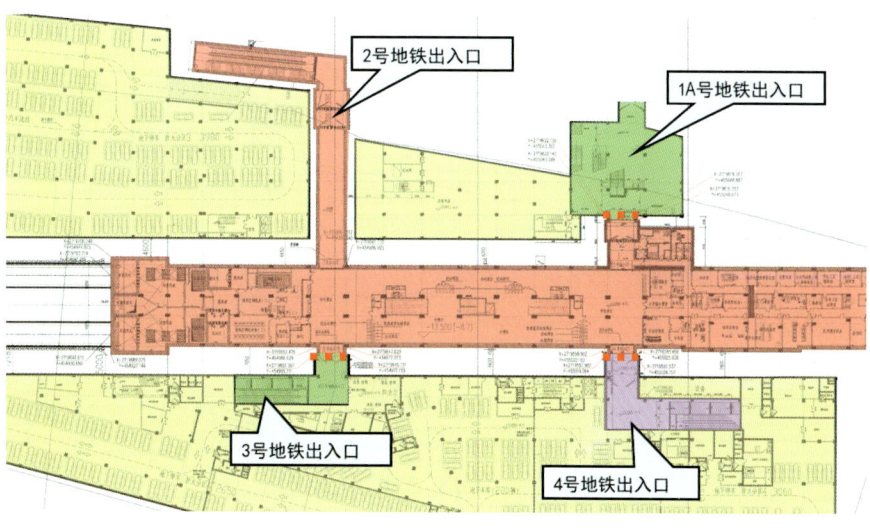

图13.1.4-44　杏林村站与物业合建地下二层平面

②集美软件园站。车站与综合物业开发合建于同一基坑内，车站1、3、4号出入口分别与综合开发车库及商业接驳，提供给乘客一个交通及消费的选择；车站穿过地块中部，将物业地下室分为两部分，物业仅在半地下层连通，物业建筑半地下层局部横跨于车站主体上方；物业地下一层设计为车库及轨道交通配套用房，并与车站1、3、4号出入口相连接；物业地下二层设计为车库，车站5号出入口通道与物业地下二层相连接，如图13.1.4-45和图13.1.4-46所示。

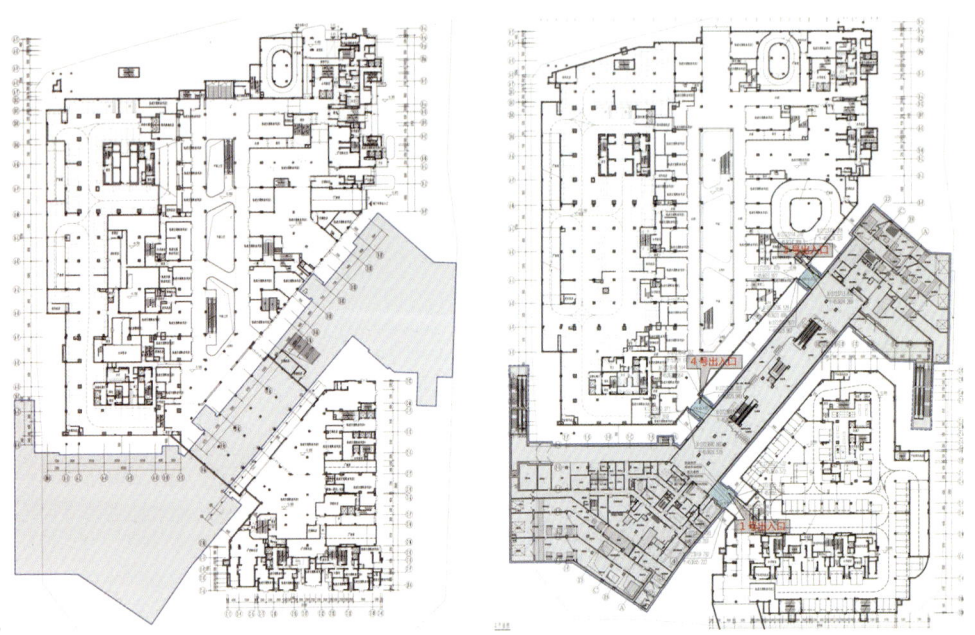

图13.1.4-45　集美软件园站与物业合建平面

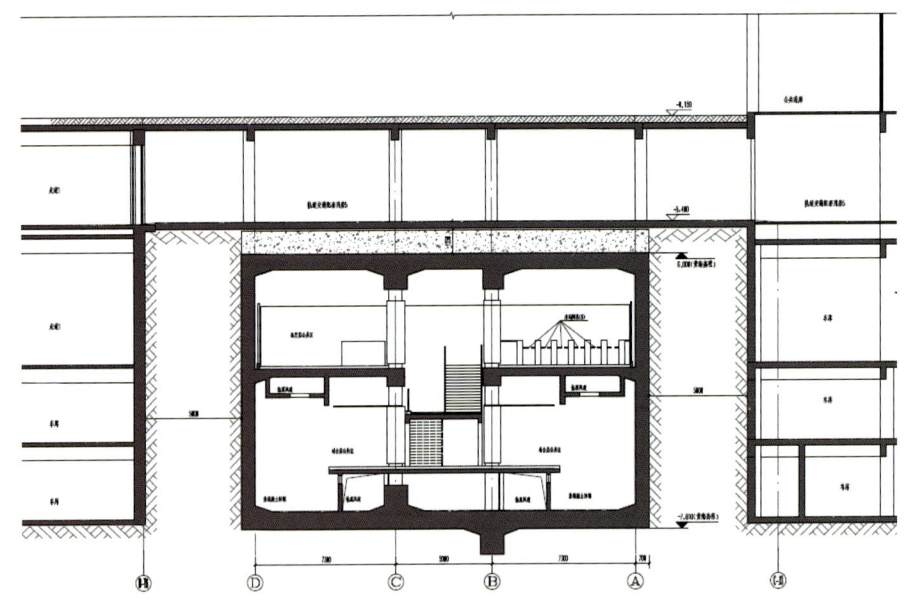

图13.1.4-46　集美软件园站与物业合建剖面

13.2 车站装修与导向设计

13.2.1 车站公共区装修

(1) 设计理念、设计原则及设计思路

1）全线车站装修设计以"厝"为主题,通过现代装修材料及工艺,演绎"闽南筑厝、大厝迎宾"的装修概念主题。天花采用金属材质的白色人字梁结构,结合灯具的巧妙设计,充分提升空间,减少地下车站的压抑感;墙面采用轻盈通透的玻璃材质,颜色呼应主题色彩;地面采用稳定耐磨的芝麻白花岗岩石材。整个车站的空间设计通过现代的设计语言和材料来传达传统的文化符号和气质,打造简洁高效、舒适美观的现代车站环境。此设计为闽南地区的当地建筑文化特色表达手法,体现了厦门当地的建筑设计风格,如图13.2.1-1所示。

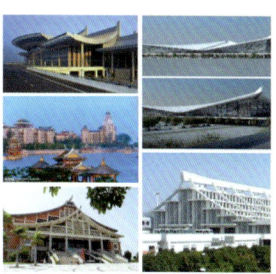
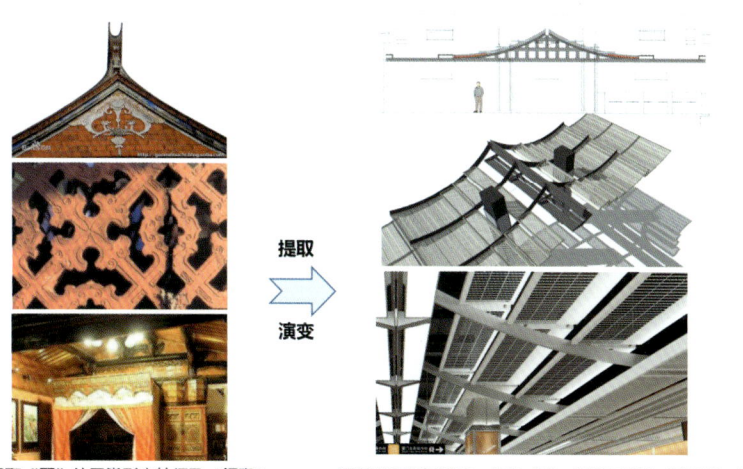

图13.2.1-1　1号线装修主题示意

2）满足功能上以满足使用、维护的基本功能为目的，对全线各站主要材料的种类、规格、施工做法进行合理的标准化、模块化设计；在全线各站装修与其他专业、系统的接口关系中，对同类别的接口采用系统化、标准化、模数化、工业化设计。

3）装修设计材料的使用：顶面采用穿孔铝板天花吊挂系统；墙面为半钢化彩釉夹胶玻璃立板，150mm高的中国黑花岗岩踢脚线，全热镀锌龙骨系统干挂，龙骨基层全部使用栓接连接；地面为花岗岩石材地面，每个出入口进站同时设置了盲道砖系统、墙地面疏散系统、导向标示系统等；所有设置均符合国家规范要求及地铁设计规范要求，同时兼顾人性化设计。

4）重点站设计思路：1号线按照其途经的古城区、经济特区以及集美区三大片区进行站点划分与界定，在此基础上将镇海路、中山公园、吕厝、集美学村、厦门北站作为重点站，即在标准站设计风格的基础上增加了个性化设计思路，主要运用天、地、墙的局部点缀等结合周边建筑及人文表现，如图13.2.1-2～图13.2.1-5所示。

图13.2.1-2 站厅实景一（标准站）

图13.2.1-3 站厅实景二（侧式站）

图13.2.1-4 站厅实景三（双柱圆柱）

图13.2.1-5 高架站站台实景

5）设计亮点：

①地下车站：车站中部采用弧形"人字梁"铝型材结合冲孔铝板形成传达闽南古厝文化和气质，体现建筑文化特色，提升车站空间视觉。

②高架车站：车站中部采用与建筑天窗结合手法，使得空间简洁明朗，提升车站空间。建筑外观采用闽南乡土特色的建筑外观。

（2）装修设计经验总结

1）装修设计管理：

厦门轨道交通1号线装修设计由一家概念设计单位和3家装修工点设计单位组成。概念设计单位负责完成方案及通用图设计，工点设计单位在概念方案及通用图的基础上进行方案设计、施工图设计和配合施工工作。由于涉及的单位较多，车站定位也不同，因此对装修设计单位间的组织管理也有一定的要求。根据1号线情况，总结如下：

①通过对全线车站的空间及构造的仔细研究，认真总结其他城市出现的验收及使用问题，系统、详细地进行通用做法和技术的设计控制。

②根据现场情况，在现场实际测量后，由施工单位深化设计天花、墙面及地面的排版、大样等图纸。

③坚持样板图纸、样板技术资料的传达与控制，一个站或一个点出现的问题迅速以联系单形式传达给其他各站。由于负责概念设计的车站进度相对较快，通过先行的专业和施工配合，及时地把共性的问题和解决措施以样板图、样板标准等形式提供给工点设计单位，因此避免了类似问题的反复出现。

④概念设计通过制定详细的通用图和技术标准、交底等，对各装修工点设计进行统一化和标准化。

2）教训及改进建议：

①重点站与标准站装修风格统一，差异性小，墙柱玻璃色彩表现不强烈，墙面模数偏大。建议后续线路拉开标准站与重点站的差距，重点站一站一景，从材料入手，增加材料选型选用，调整材料模数，便于施工。

②墙、柱面部分存在问题：玻璃墙板模数太大，不利于检修与维护。建议后续线路墙面材料以搪瓷

钢板为主，色彩表现丰富，优化模数，便于施工和维护。

③运营公司作为车站的主要使用者，在设计过程中提出了不少建设性的意见。随着后续线路建设的陆续开展，运营公司的参与也越来越多，通过1号线建设的实践经验，建议运营公司合资开公司组建由固定人员组成的设计审核小组，在设计阶段全面细致地将意见以书面形式正式传达至公司设计部，再由设计部整合、筛选、统一后单向传递至设计方，以保证各方意见的全面和一致性，提升设计效率和效果及运营维护。

④必须选择专业水平较高、人员配备充足的装修施工单位，以保证最终的效果实现。同时，应严格按设计要求施工。施工单位应充分考虑材料加工周期，提前放线复尺，避免产生费料、错活、管线冲突等问题。

13.2.2 车站导向

（1）车站导向设置原则

1）标识系统的基本元素是标识本体设计的基本构成单位，选择时应当考虑到规范性和统一性、识别性、视觉环境及企业的视觉识别（visual identity，VI）系统，充分体现厦门地铁"以人文本"的服务理念、适应"地铁+物业"的发展模式及地铁线网快速拓展的需求。

2）采用了系统化、现代化的导向设计思路，从每个出入口的站外500 m处开始考虑导向系统设置，引导乘客乘坐地铁。出入口部设置有立柱标识牌、吊挂指示牌，配合站厅站台的吊挂导向系统，形成了完整的乘车、进出站等各个功能性导向设计系统。在满足功能要求的前提下，充分考虑人性化、合理化、美观等方面的设计。

3）中英文对照采用国家标准+外侨办翻译的原则。

4）定位标识的设置原则：安装具体位置应与车站装修协调，根据装修图纸与现场实际情况做局部调整，做到标识在各个方向不相互影响遮挡。

5）公共区导向类标识牌的设置原则：

除遵循以上设置外，还应遵循视距、视野的原则，按照人机工程学原理进行相关的分析设置。为避免其方向与实际场景的方向相矛盾，使用标识镜像来解决这个问题，导向标识中的图形标志如有方向性，则其方向与箭头所指方向相一致；如不一致，应改变图形标志的方向。

①便于视读，标识的偏移距离尽可能小，对位于最大观察距离的观察者，偏移角度不应大于15°，如受条件限制，无法满足该要求，则应加大标识的尺寸。应尽可能使标识的观察角度接近90°，但不应小于75°。

②适量设置：尽量用适量的标识将必要的信息传达出来，避免滥设漏设。

③设置的地点：导向标识应设在便于人们选择目标方向的地点，并按通向目标的最佳路线布置，如目标较远，可以适当间隔重复设置，在分岔口处都应重复设置导向标识。提示标识应设置在紧靠所要说明的设施、单位的上方或侧面，或足以引起公众注意的与该设施、单位临近的部位。定位标识应设在入口处或该位置的点上。局部信息标识应设在所要说明（禁止、警告、指令）的设备处或场所附近醒目位置。

④吊挂牌常规长度分为4种尺寸，1.0 m、1.2 m、1.6 m、2.4 m。1.0 m的只用于单向信息的引导及站内设施功能定位信息标识，1.6 m的用于单双向信息及2个同向信息的导向（有箭头），2.4 m的用于双向信息、多个同向信息的导向及需要有预留单向信息的牌面（有箭头）。

⑤入口门匾灯箱宽度尺寸依据现场入口的具体实际测量尺寸为准，当入口宽度大于4 m（含4 m）时，入口门匾灯箱高度为570 mm；当入口宽度小于4 m时，入口门匾灯箱高度为400 mm。

⑥吊挂牌吊挂位置离墙面超出600 mm的，必须制作双面信息。未贴近门头墙顶安装或背面突出空白面的"出口定位、门头标识"也需制作双面信息。

⑦吊挂式导向牌配电类型及原则：吊挂式导向牌的配电类型按牌的不同类型和功能分为两类：

a.第一类配电：进站指引类、入口门匾类、服务类、定位类的导向牌，正常运营状态发光，紧急状态熄灭，由导向标识系统一般照明回路供电。

b.第二类配电：出站指引类、出口门头类，正常运营状态及紧急状态均发光，不转换导向指示内容，由导向标识系统应急照明电源装置供电。

⑧母婴室标识：根据《厦门市卫生计生委等二十一个部门关于印发厦门市加快推送母婴室设施建议的实施办法的通知》，母婴室标识选择三角梅外形，作为统一使用标识。

⑨PIS电子资讯屏设置情况：该资讯屏是通过由控制中心PCC系统统一管理、车站AB屏控制器控制播放、前端LCD屏完成内容显示。

AB屏由A屏、B屏（65寸LCD显示器）组成。AB屏均设在站厅靠近各个出入口通道位置，A屏一般由动态地图、运营线路图、车站结构图等区域信息组成；B屏一般由出口信息、周边环境信息、地面相关道路以及公交信息等组成。

6）导向与PIS屏的关系（图13.2.2-1）：

①导向在站台中轴线居中设置，侧向满足站台门开启角度。

②PIS屏靠站台柱子侧设置，与两侧导向保持3 m间距以上或前后导向牌中部。

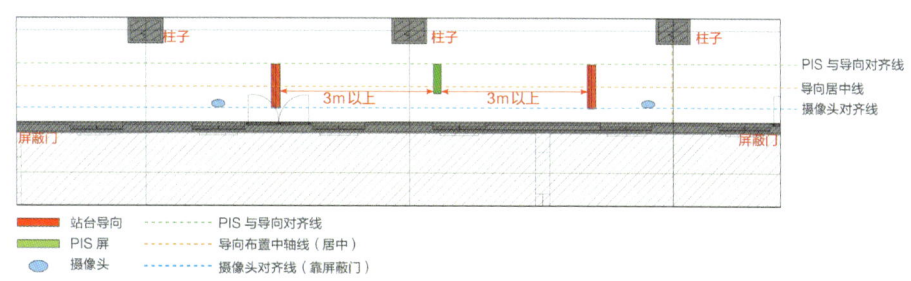

图13.2.2-1　PIS屏布置示意

（2）枢纽站、层高较高的特色站导向布置形式

枢纽站接驳，可根据（高铁、火车站、机场等）牌体大小、图标样式及灯箱距地高度进行调整；层高较高的特色站，可相应增加牌体和牌体高度，如图13.2.2-2所示。

图13.2.2-2　层高较高特色站牌体布置示意

(3) 出入口编号设置原则（图 13.2.2-3）

1）设置导向出入口预留编号时，土建标有预留出入口编号或注明有预留出入口的须预留导向编号，预留暗柱等不预留导向编号。

2）地铁与城市其他物业合建的出入口命名原则，应根据合建物业口的功能属性确定。站外标识：在合建物业出入口处，如果将地铁信息纳入合建物业标识范围，设置的出入口门匾应严格遵守地铁使用原则，使用地铁标识。站内标识：为了便于车站的统一管理和标识引导功能需求，需对合建物业出入口统一编号命名，并需在合建通道口与地铁交汇处，增加合建物业和地铁的引导标识，并设置相应的出入口的运营时间、出入口资讯等标识。

3）地铁出入口以阿拉伯数字命名，数字"0"不作出入口命名。

4）标准站出入口编号采用单双号编号原则，从小里程至大里程方向，上行侧出入口为偶数编号，下行侧出入口为奇数编号，出入口遇分支路口采用1A、1B的编号原则。

5）换乘站出入口编号采用先建线路先编号原则，后建线路按从小里程至大里程方向，延续先建线路的编号，上行侧出口为偶数编号，下行侧出口为奇数编号。

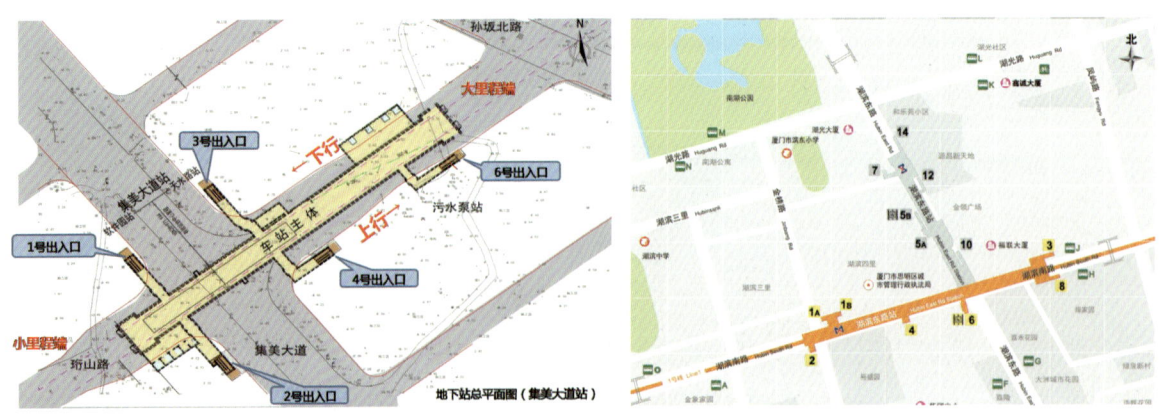

图13.2.2-3　出入口编号设置原则

车站导向信息实景如图13.2.2-4～图13.2.2-7所示。

图13.2.2-4　站厅至站台无障碍电梯导向指示实景

图13.2.2-5　站厅乘客导向指示实景

图13.2.2-6　站台乘客导向指示实景

图13.2.2-7　地面乘客导向指示实景

13.2.3 车站地面附属

（1）出入口设计

通过社会化的方案征集活动，集思广益收集作品，最终通过专家组评选出最佳出入口方案，选择极具厦门特色的出入口设计方案。出入口屋面采用橙红色的屋顶，俗称"闽南红"，也是厦门传统建筑最有代表性的颜色，屋面的曲线呼应闽南大厝特有的屋脊线，灯具的交错布置抽象地体现了闽南古厝砖石墙"出砖入石"的肌理，结合轻钢玻璃的围护结构，整个出入口非常简洁、现代、轻巧、精致；材料使用方面选择橙色的铝板顶盖，墙面为钢化夹胶玻璃，设计风格带有闽南特色，如图13.2.3-1所示。

图13.2.3-1　出入口设计理念

厦门地铁出入口结合厦门的传统与现代建筑印象，"闽南建筑，古厝新韵"提取厝的屋檐形态作为设计元素，造型上保留了闽南建筑的风格，又展现了现代化厦门的城市风貌，呈现了厦门地域建筑文化的缩影，如图13.2.3-2和图13.2.3-3所示。

图13.2.3-2　车站出入口实景一

图13.2.3-3 车站出入口实景二

(2) 无障碍垂直电梯

无障碍垂直电梯外墙采用干挂灰色石材，局部结合拉丝不锈钢，整体的灰色系及简洁造型易与周边环境保持协调，如图13.2.3-4所示。

图13.2.3-4 车站无障碍垂直电梯实景

(3) 消防疏散口

消防疏散口采用玻璃幕墙，通透、简洁、体量小，如图13.2.3-5所示。

图13.2.3-5 车站消防疏散口实景

（4）高、低风亭

低风亭周边在不满足规范要求的3 m防护绿篱时，增设80 cm玻璃围栏，按规范确保出风口高于2 m，如图13.2.3-6所示；高风亭外墙采用干挂深浅不同的灰色石材，用建筑的手法表达，整体的灰色系及简洁造型易与周边环境保持协调，如图13.2.3-7所示。

图13.2.3-6　车站低风亭实景

图13.2.3-7　车站高风亭实景

（5）冷却塔

冷却塔采用铝合金百叶与方钢，选用厦门当地最具代表性的建筑"组砌"艺术形式进行构思，结合铝合金材质，整体的灰色系及简洁造型易与周边环境相融合，造型简约大方，如图13.2.3-8所示。

图13.2.3-8　车站冷却塔实景

（6）经验总结

1）出入口罩棚体量感偏大，挡雨效果不理想。建议后续线路调整出入口罩棚曲率，降低出入口开口部分高度，部分出入口罩棚翘顶改平顶，如图13.2.3-9所示。

图13.2.3-9　出入口优化示意

2）消防疏散口玻璃外墙安全性较弱，玻璃门易变形、门禁系统不易安装。建议后续线路由玻璃外墙改为实体外墙，设置不锈钢门及门禁系统。

3）出入口、低风亭等附属建筑的体量感偏大，建议出入口、低风亭、冷却塔外立面石材干挂优化为挂贴。

13.3　车站结构与防水设计

13.3.1　车站结构设计概述

1号线工程共计24座车站，除集美学村站为高架站外，其余23座站均为地下站。镇海路站、文灶站、湖滨东路站、莲坂站、吕厝站和殿前站6座车站为半铺盖施工车站，将军祠站、乌石浦站、塘边站和火炬园站4座车站为明挖（局部铺盖）施工车站，集美大道站和天水路站2座车站为明挖（局部逆做）施工车站，其余地下车站均为明挖施工车站。本线换乘站包含中山公园站、湖滨东路站、吕厝站、火炬园站、官任站及厦门北站。

对于用明挖法、盖挖法施工的车站，一般采用整体式钢筋混凝土框架结构型式，车站结构按站台宽度的不同，一般采用两跨或三跨矩形框架结构。根据建筑需要，车站结构分为一层、两层、三层结构，其中镇海路站为局部一层站，中山公园站、火炬园站、殿前站为地下三层站，其余均为地下两层站。车站立柱大部分设计成方形，个别为圆形或多边形。底、中、顶板采用梁板体系结构。

1号线工程车站结构特征综合见表13.3.1-1。

表 13.3.1　1号线工程车站结构特征综合

序号	车站名称	主体结构型式	主体施工方法	车站主体长度/m	车站主体宽度/m	车站主体有效中心覆土/m	车站主体深度/m	主体工程		
								土石方开挖量/m³	混凝土用量/m³	钢筋用量/t
1	镇海路站	地下两层侧式框架结构局部一、三层	半铺盖	410.17	22.2	5.6	14.2~23.2	128376	24901	4648
2	中山公园站	地下三层岛式框架结构	明挖	158.5	21.9	3.2	23.1~28.2	123970	20082	3923
3	将军祠站	地下两层岛式框架结构	明挖（局部铺盖）	199.8	20.9	4	16.1~20.0	79500	14740	2942
4	文灶站	地下两层岛式框架结构	半铺盖	224.4	20.3	3.5	16.93	83384	37049	6498
5	湖滨东路站	地下两层岛式框架结构	半铺盖	473.55	20.7	3.3	17.1	166456	66542	12027
6	莲坂站	地下两层岛式框架结构	半铺盖	207.4	20.7	3.1	16.5	75311	34706	6568
7	莲花路口站	地下两层岛式框架结构	明挖	182.7	21.65	3.1	16.5	66119	23067	4201
8	吕厝站	1号线地下三层框架结构	明挖	392.1	22.7	3.5	16.9	145411	53676	13147
		2号线地下两层岛式框架结构	半铺盖	188.0	22.9	3.2	24	113310	43127	9778
9	乌石浦站	地下两层岛式框架结构	明挖（局部铺盖）	198.6	21.7	3	16.3~17.7	75475	15070	3300
10	塘边站	地下两层（局部三层）岛式框架结构	明挖（局部铺盖）	154.6	20.9	5	18.4~23.6	72545	13186	2900
11	火炬园站	1号线地下三层岛式框架结构	明挖（局部铺盖）	276.6	23.9	4.4	25.3	194259	41064	7029
		2号线地下两层岛式框架结构	明挖	259.4	22.7	3	18	168289	40506	7047
12	殿前站	地下三层岛式框架结构	半铺盖	265.7	22.9	3	27	186015	50371	9529
13	高崎站	地下两层岛式框架结构	明挖	278.8	20.7	3.3	16.5	95874	28177	5887
14	集美学村站	高架站（局部设地下室）	明挖	147.5	29.5	\	\	\	\	\
15	园博苑站	地下两层岛式框架结构	明挖	262.6	20.7	3	16.3	91971	31891	5387

续 表

序号	车站名称	主体结构型式	主体施工方法	车站主体长度/m	车站主体宽度/m	车站主体有效中心覆土/m	车站主体深度/m	主体工程		
								土石方开挖量/m³	混凝土用量/m³	钢筋用量/t
16	杏林村站	地下两层岛式框架结构	明挖	294.2	20.7	3	15.2	93138	27179	4136
17	杏锦路站	地下两层岛式框架结构	明挖	230.5	20.7	2.3	16.9	80397	21116	3608
18	官任站	地下两层岛式框架结构	明挖	272.5	20.7	4.5	16.9	95329	17661	3154
19	诚毅广场站	地下两层岛式框架结构	明挖	196.9	20.7	3.2	15.6	56192	14206	2700
20	集美软件园站	地下两层岛式框架结构	明挖	180.0	20.7	3	16.81	63342	21477	3636
21	集美大道站	地下两层岛式框架结构	明挖（局部逆做）	272.4	20.7	3.7	17.7～19.0	17042	39521	6725
22	天水路站	地下两层岛式框架结构	明挖（局部逆做）	202.7	20.7	3.6	17.5～18.7	87705	33030	6012
23	厦门北站	地下一层侧式框架结构	明挖	332.2	21.1/71.8/26.0	3	12.0	154596	29195	6423
24	岩内站	地下两层岛式框架结构	明挖	291.5	18.2～24.3	2.7	16.5～17.1	101706	40367	6907

13.3.2 主要设计标准

1）主体构件及内部构件的设计使用年限为100年。

2）车站主要受力构件采用一级防火标准。

3）结构的抗震设防烈度为7度，按乙类建筑设防要求，抗震等级为三级，按8度采取抗震构造措施。根据工程实际情况选择合适的分析方法，并采取必要的结构措施，提高结构和接头处的整体抗震能力。

4）结构人防抗核武器爆炸冲击波按6级设计，防常规武器抗力级别6级，防化等级按丁级，并严格按《轨道交通工程人民防空设计规范》（RFJ 02—2009）的规定进行设计。

5）结构设计按最不利情况进行抗浮验算。在不考虑侧壁摩阻力时，其抗浮安全系数不得小于1.05；当计侧壁摩阻力时，其抗浮安全系数不得小于1.15。

6）地下车站、出入口及机电设备集中区段的防水等级为一级。

7）地下结构净空尺寸预留的富余量，一般情况下明挖结构为50 mm，矿山法结构为100 mm。

8）最大计算裂缝宽度允许值按荷载效应标准组合并考虑长期作用影响，允许值如下：水中环境、土中缺氧环境、洞内干燥或潮湿环境0.3 mm，迎土（水）面、地表附近干湿交替环境0.2 mm。对处于侵蚀环境的不利条件下的结构，其最大计算裂缝宽度允许值应根据具体情况从严控制。当设计采用的最大裂缝宽度的保护层实际厚度超过30 mm时，可将保护层厚度的计算值取为30 mm。

9）混凝土的原材料和配比、最低强度等级、最大水胶比和单方混凝土的水泥用量等应符合耐久性要求，满足抗裂、抗渗、抗冻和抗侵蚀的需要。对于一般环境条件（指现行国家标准《混凝土结构耐久性设计规范》环境类别中的Ⅰ-A、Ⅰ-B、Ⅰ-C）下采用明挖法施工的整体式钢筋混凝土结构，混凝土设计强度等级不得小于C35，抗渗等级不得小于P8；对于作为永久结构的灌注桩或地下连续墙的混凝土设计强度等级不得小于C35。

10）根据工程特点、工程地质与水文地质条件、环境保护要求确定基坑保护等级，其基坑变形控制满足表13.3.2-1的要求。

表13.3.2-1 基坑保护等级和变形控制标准

保护等级	地面最大沉降量及围护结构水平位移控制要求	周边环境保护要求
特级	1. 地面最大沉降量≤0.1%H； 2. 围护结构最大水平位移≤0.1%H，或≤30 mm，两者取最小值	1. 离基坑0.75H周围有地铁、煤气管、大型压力总水管等重要建筑市政设施必须确保安全； 2. 开挖深度≥18 m，且在1.5H范围内有重要建筑、重要管线等市政设施或在0.75H范围内有非嵌岩桩基础埋深≤H的建筑物
一级	1. 地面最大沉降量≤0.15%H； 2. 围护结构最大水平位移≤0.15%H，且≤30 mm	1. 离基坑周围H范围内设有重要干线，在使用的大型构筑物、建筑物或市政设施； 2. 开挖深度≥14 m且在3H范围内有重要建筑、管线等市政设施或在1.2H范围内有非嵌岩桩基础埋深≤H的建筑物
二级	1. 地面最大沉降量≤0.3%H； 2. 围护结构最大水平位移≤0.4%H，且≤50 mm	仅基坑附近H范围外有必须保护的重要工程设施

续 表

保护等级	地面最大沉降量及围护结构水平位移控制要求	周边环境保护要求
三级	1. 地面最大沉降量≤0.6%H； 2. 围护结构最大水平位移≤0.8%H，且≤100 mm	环境安全无特殊要求

注：①表中H为基坑开挖深度。
　　②遇基坑周围有特殊保护要求的建筑物，或地质条件较复杂情况，此表给出的沉降及基坑变形量不能满足要求时，应根据实际情况进行调整或提高一级。

13.3.3 车站防水设计

（1）防水标准

1）地下车站、通道及机电设备集中区段的防水等级应为一级，不允许渗水，结构表面无湿渍。

2）风道、风井、区间隧道防水等级为二级，顶部不允许滴漏，其他位置不允许漏水，结构表面可有少量湿渍，总湿渍面积不应大于总防水面积的2/1000；任意100 m²防水面积上的湿渍不超过3处，单个湿渍的最大面积不大于0.2 m²。隧道工程中漏水的平均渗漏量不大于0.05 L/(m²·d)，任意100 m²防水面积渗漏量不大于0.15 L/(m²·d)。

（2）车站防水主要技术措施

1）车站和出入口通道、风道、风井的迎水面混凝土结构应采用自防水混凝土，防水混凝土抗渗等级不得小于P8；防水混凝土的环境温度不得高于80℃。

2）底板防水混凝土结构的混凝土垫层，其强度等级不得小于C20，厚度不应小于100 mm；当底板位于软弱地层时，混凝土垫层的厚度不应小于150 mm。

3）防水混凝土结构的厚度不得小于250 mm；迎水面裂缝宽度不得大于0.2 mm，背水面裂缝宽度不得大于0.3 mm，且不得出现贯通裂缝。

4）结构自防水混凝土在设计和施工过程中，采取切实有效的防裂、抗裂措施，并保证混凝土良好的密实性、整体性，减少结构裂缝的产生，提高结构自防水能力。

5）除结构自防水外，在车站的顶板、侧墙和底板的迎水面增设一道柔性防水层。

6）选用的柔性防水材料应具有一定的抗微生物和耐腐蚀性能，避免采用施工性差、防水质量受施工操作影响较大的材料。同时应考虑各种材料在不同的施工条件、天气条件和周围环境下的可施工性。

7）对结构的施工缝和变形缝（伸缩缝）等特殊部位进行特殊处理，做到多道设防，防止这些部位出现渗漏水。

8）迎水面主体结构应采用现浇防水混凝土。当工程埋置深度＜20 m时，防水混凝土的设计抗渗等级为P8；当工程埋置深度≥20 m并且＜30 m时，防水混凝土的设计抗渗等级为P10。一次浇注的混凝土有两种设计抗渗等级的，按较高的抗渗等级要求执行。

9）混凝土采用"双掺技术"，加入适量的优质粉煤灰及粒化高炉矿微粉、高效减水剂，具体掺量应根据混凝土的施工环境条件特点、拌和物性能、力学性能等要求，进行试验确定。

10）防水混凝土的水、砂、石应符合《地下工程防水技术规范》第4.1.10条、第4.1.11条的相关规定。

11）混凝土的坍落度宜控制在120～160mm，入模温度不宜超过30℃，同时以温差控制，混凝土的表面温度与大气温度的差值不得大于20℃。混凝土的表面温度与中心温度的差值不得大于25℃。混凝土降温速率应低于3℃/d，养护时间不少于14天。

12）车站顶板迎水面设置2.5mm厚单组分非焦油聚氨酯涂料。基层处理完毕并经过验收合格后，先在阴、阳角和施工缝等特殊部位涂刷防水涂膜加强层，加强层厚1mm。加强层涂刷完毕后，立即粘贴16～20目的耐碱玻纤网格布胎体增强层，严禁加强层表干后再粘贴增强层材料。聚氨酯涂膜防水层施工完毕并经过验收合格后，应及时施做防水层的保护层，平面保护层采用7cm厚的C20细石混凝土，在浇筑细石混凝土前，需在防水层上覆盖一层200g/m²的无纺布隔离层。立面防水层采用厚度不小于10mm的聚乙烯泡沫塑料进行保护（发泡倍率为25～30倍）。如顶部有种植要求，则应用抗刺穿层代替无纺布隔离层。

13）底板和侧墙迎水面设置预铺防水卷材。预铺防水卷材可采用4mm厚自黏聚合物改性沥青防水卷材（聚酯胎），或1.5mm厚高密度聚乙烯（HDPE）高分子自黏防水卷材。底板卷材上设置50mm厚C20细石混凝土保护层。在施工缝、变形缝等位置应增设500mm宽的预铺防水卷材加强层。

14）垂直施工缝浇注混凝土前，应将其表面清理干净，再涂刷混凝土界面处理剂、水泥基渗透结晶型防水涂料（1.5kg/m²）等材料，并应及时浇筑混凝土；水平施工缝浇注混凝土前，应将其表面浮浆和杂物清除，然后铺设净浆或涂刷混凝土界面处理剂、水泥基渗透结晶型防水涂料（1.5kg/m²）等材料，再铺设30～50mm厚的1∶1水泥砂浆，并应及时浇注混凝土；施工缝中部设置4mm厚、400mm宽中埋式镀锌钢板止水带和一道可全断面注浆的注浆管，并在施工缝的外侧加设防水加强层。

15）当采用喷涂速凝橡胶沥青防水涂料时，其主要部位防水方案：

①明挖车站、附属和明挖区间顶板、底板、侧墙均采用喷涂速凝橡胶沥青防水涂料。

②顶板喷涂速凝橡胶沥青防水涂料（一级≥2.0mm，二级≥1.5mm）。顶板上若有种植要求，则应要求种植方在植物根系影响范围（现状及规划的绿化带外3m范围内）增加设置耐根系穿刺保护层1.5mm厚P类聚乙烯（PVC）板，其上采用70mm厚C20细石混凝土保护。

③底板喷涂速凝橡胶沥青防水涂料（一级≥2.0mm，二级≥1.5mm）设置于混凝土垫层上方，采用50mm细石混凝土保护层。

④侧墙：当围护形式为围护桩或喷射混凝土表面时，一级防水采用0.5HDPE+1.5mm厚喷涂速凝橡胶沥青防水涂料，二级防水采用0.5HDPE+1.2mm（矿山法隧道为1.4mm）厚喷涂速凝橡胶沥青防水涂料；当围护形式为连续墙和分离式结构时，一级防水采用2.0mm厚喷涂速凝橡胶沥青防水涂料，二级防水采用1.5mm厚喷涂速凝橡胶沥青防水涂料。

⑤当明挖法结构为分离式时，结构侧墙喷涂速凝橡胶沥青防水涂料采用120mm砖墙保护，边砌筑边回填土。当周边开发要求土方不具备及时回填时或需二次开挖的，可采用土工布临时保护，后期具备回填要求时再进行砖墙永久保护。

⑥对于复合式结构或矿山法隧道，防水材料铺设或喷涂于围护桩（或喷射混凝土）上；对于分离式结构，防水材料铺设或喷涂于主体结构上。

16）变形缝处除了辅助外防水层，另设置3道各自成环的止水措施：变形缝中部设置中埋式钢边橡胶止水带，形成一道封闭的防水线；变形缝处顶板外侧加设一道聚硫脂密封胶，分离式围护结构的侧墙外侧加设一道聚硫脂密封胶，重合式围护结构的侧墙加设一道外贴式止水带，底板下侧加设一道外贴式止水带；变形缝处顶板及侧墙内侧设置不锈钢接水槽，将少量渗水有组织地引入车站排水沟并排入车站废水泵房，底板内侧嵌填聚硫密封胶。

17）集水井内壁应涂刷聚合物水泥砂浆，厚度≥10 mm。

18）桩头应涂刷水泥基渗透结晶防水材料，用量≥1.5 kg/m²。

19）对结构裂缝渗水应灌注亲水环氧浆液进行补强、止渗处理，聚氨酯浆液仅用于非结构裂缝堵漏处理。封缝堵漏时应采用硫铝酸盐微膨胀快硬水泥作为封缝材料或抹面。

20）防水混凝土结构内部设置的各种钢筋和绑架铁丝，不得触及模板。固定模板时，尽量避免使用对穿螺栓，必须采用对穿螺栓穿过混凝土结构时，螺栓或套管应加焊金属止水环，且焊缝必须满焊；或在螺栓套管上兜绕裹紧遇水膨胀橡胶止水条或遇水膨胀橡胶泥子止水条一圈，并且螺栓应加堵头。

13.3.4 混凝土结构耐久性设计

1）2013年3月22日，厦门轨道集团邀请来自青岛、广州、深圳、郑州、厦门等地的专家组成专家组，在厦门组织召开了《厦门轨道交通1号线一期工程混凝土结构耐久性设计方案报告（以下简称《耐久性设计》）专家咨询会。专家组建议，厦门轨道交通1号线一期工程混凝土结构的耐久性设计遵照《混凝土结构设计规范》（GB 50010—2010）、《混凝土结构耐久性设计规范》（GB/T 50476—2008）基本原则，并参照《铁路混凝土结构耐久性设计规范》CTB 10005—2010）和深圳地铁11号线及厦门本地相关市政工程实例，对厦门轨道交通1号线工程耐久性设计进行如下补充：

①一般环境作用下，高架线路和敞开式地下结构的水位变动区构件和直接频繁受雨淋的构件水平表面，环境作用等级为Ⅰ-C，其他地下结构一般环境作用等级为Ⅰ-B，混凝土强度等级建议采用C35。

②环境作用等级为Ⅲ-C、Ⅲ-D、Ⅲ-E、Ⅴ-C、Ⅴ-D、Ⅴ-E的混凝土结构，混凝土强度等级建议采用C40。

③对于具有强腐蚀性环境或保护层厚度偏薄的混凝土结构，应考虑附加防腐措施。

④混凝土不得采用碱活性骨料，骨料的碱-硅酸反应砂浆棒膨胀率或碱-碳酸盐反应岩石柱膨胀率小于0.10%。

⑤钢筋混凝土的氯离子含量不超过0.06%。

⑥在混凝土配制时，宜优先考虑聚羧酸系减水剂。

⑦混凝土的抗裂性应通过对比试验确定。

⑧建议针对厦门地区复杂的工程地质与水文地质环境条件及本地原材料供应情况，开展轨道交通工程混凝土结构耐久性专题研究，重点是大掺量矿物掺和料混凝土质量控制、施工期的控裂措施、耐久性辅助措施、耐久性实时监控和检测系统等。

2）2013年4月11日，厦门轨道集团就轨道交通1号线一期工程耐久性设计方案召开了集团技术委员会，与会人员听取了设计总体中铁二院《厦门市轨道交通1号线一期工程耐久性设计方案》专题研究成果以及落实《耐久性设计专家咨询会专家组意见》的情况汇报，并对设计总体制定的混凝土耐久性技术标准进行了充分交流和讨论，原则同意设计总体制定的混凝土耐久性设计技术标准，结合现场的具体情况以及实施的可行性、可控性，重点强调以下几点：

①针对本工程的围护结构、抗拔桩、立柱桩混凝土强度等级建议不应高于C35。

②矿山法隧道混凝土强度等级不应高于C40。

③对一般环境作用下，环境作用等级为Ⅰ-C和Ⅰ-B，混凝土强度等级建议采用C35。

④环境作用等级为Ⅲ-D、Ⅲ-E、Ⅴ-D和Ⅴ-E，专家咨询意见建议混凝土强度等级统一采用C40，并增加其他适当措施。鉴于目前情况，建议混凝土强度等级适当提高到C45。

⑤在混凝土配制时，宜优先考虑聚羧酸系减水剂。会议要求设计总体和设计监理单位，根据专家咨询意见，结合现场情况以及本次会议精神，完善全线混凝土结构耐久性技术标准，以指导施工图设计和混凝土试配工作。

3）最终，根据厦门市轨道交通1号线一期工程混凝土结构耐久性设计专家咨询会专家组意见、关于厦门轨道交通1号线耐久性设计技术标准的纪要，对地下结构耐久性设计要求进行补充如下：

①一般原则：

地下结构的工程材料应根据结构类型、受力条件、使用要求、所处环境等选用，并考虑可靠性、耐久性和经济性。主要受力结构应采用钢筋混凝土材料，必要时也可采用其他金属材料结构或组合结构。

混凝土的原材料和配比、最低强度等级、最大水胶比和单位体积混凝土的胶凝材料最小水泥用量等应符合耐久性要求，满足抗裂、抗渗、抗冻和抗侵蚀的需要。

地铁主体结构和使用期间不可更换的结构构件的设计使用年限为100年，应按此要求根据构件所需的维修程度、所处的使用环境及其侵蚀作用类别等条件进行耐久性设计。一般应包括以下内容：

a.结构的设计使用年限、环境类别及其作用等级。

b.混凝土材料设计，包括混凝土原材料和配比、混凝土的强度等级、水胶比、水泥用量，以及混凝土抗渗性、抗冻性、抗裂性等具体参数指标。

c.与结构耐久性有关的结构构造措施（如保护层厚度）与裂缝控制要求。

d.与耐久性有关的施工要求，特别是混凝土养护和保护层厚度的质量控制与保证措施。

e.结构使用阶段的定期维护与检测要求。

f.对于严酷或极端严酷环境侵蚀作用下的结构或结构部位，尚需采用特殊的防腐蚀措施，如在混凝土组成中加入阻锈剂、防腐剂、水溶性聚合树脂，在混凝土构件表面涂敷或覆盖保护材料，选用环氧涂膜钢筋，必要时采用阴极保护和牺牲阳极等措施。混凝土的特殊防腐措施尤其是防腐新材料和新工艺的采用应通过专门的论证确定。

②盾构法施工的隧道，当隧道处于侵蚀性介质的地层时，应采用耐侵蚀混凝土或在衬砌结构外包面涂刷耐侵蚀的防水涂层。

混凝土预制管片：为了管片工厂化预制的统一性，混凝土最低强度等级为C50，最大水胶比为0.36，胶凝材料用量[360,480]，迎土（水）面主筋混凝土保护层最小厚度为50mm，Ⅴ-C环境中混凝土不采取附加防腐蚀措施，Ⅲ-C、Ⅲ-D、Ⅲ-E环境中混凝土可采用掺入阻锈剂或涂刷防腐涂层等附加防腐措施，具体措施由现场根据混凝土试配情况确定。

③其余地下结构工程，一般环境作用下，高架线路和敞开式地下结构的水位变动区构件和直接频繁受雨淋的构件水平表面，环境作用等级为Ⅰ-C，其他地下结构一般环境作用等级为Ⅰ-B，混凝土强度等级采用C35。

环境作用等级为Ⅲ-D、Ⅲ-E、Ⅴ-D和Ⅴ-E，混凝土强度等级采用C45，并采取附加防腐措施，添加阻锈剂；对于E类环境作用等级结构，可附加涂刷环氧涂层。

有两种及以上化学腐蚀且等级相同的，混凝土强度等级统一采用C45，见表13.3.4-1。

表13.3.4-1 混凝土结构耐久性设计标准

环境类型	环境等级	混凝土强度等级、水胶比、胶凝材料用量及迎水面钢筋保护层最小厚度
一般环境	Ⅰ-B、Ⅰ-C	C35，最大水胶比0.45，胶凝材料用量[320，450]，保护层为50mm
海洋氯化物环境	Ⅲ-C	C40，最大水胶比0.4，胶凝材料用量[340，450]，保护层为50mm
	Ⅲ-D	C45，最大水胶比0.4，胶凝材料用量[340，450]，保护层为60mm，添加钢筋阻锈剂
	Ⅲ-E	C45，最大水胶比0.36，胶凝材料用量[360，480]，保护层为60mm，添加钢筋阻锈剂及涂刷环氧涂层
化学腐蚀环境	Ⅴ-C	C40，最大水胶比0.4，胶凝材料用量[340，450]，保护层为50mm，添加钢筋阻锈剂
	Ⅴ-D	C45，最大水胶比0.36，胶凝材料用量[360，480]，保护层为50mm，添加钢筋阻锈剂
	Ⅴ-E	C45，最大水胶比0.36，胶凝材料用量[380，500]，保护层为50mm；添加钢筋阻锈剂及涂刷环氧涂层

备注：①本工程地下结构的围护结构、抗拔桩、立柱桩混凝土强度等级一般不高于C35。
②矿山法隧道混凝土强度等级一般不高于C40。

④对于具有强腐蚀性环境或保护层厚度偏薄的混凝土结构应考虑附加防腐措施。

⑤耐久性检测指标要求

a.混凝土不得采用碱活性骨料，骨料的碱-硅酸反应砂浆棒膨胀率或碱-碳酸盐反应岩石柱膨胀率小于0.10%。

b.钢筋混凝土的氯离子含量不超过0.06%。

c.混凝土碱含量不得大于$3\,kg/m^3$。

d.混凝土的三氧化硫的含量不应超过胶凝材料总量的4%。

e.水泥熟料中C3A含量不得大于8%。

f.在混凝土配制时，宜优先考虑聚羧酸系减水剂，外加剂的含气量不应大于3%。

g.钢筋混凝土结构中最大氯离子含量占胶凝材料的比重应≤0.06%。

h.电通量：C30～C45小于1200，C50小于1000。

i.防水混凝土的环境温度不得高于80℃；当结构处于侵蚀性地层中时，防水混凝土的56d氯离子扩散系数不宜大于$4\times10^{-12}\,m^2/s$，装配式钢筋混凝土结构的56d氯离子扩散系数不宜大于$3\times10^{-12}\,m^2/s$。

j.盾构法施工的隧道，衬砌管片应采用防水混凝土制作，其抗渗等级不得小于P10，56d氯离子扩散系数不宜大于$3 \times 10^{-12} m^2/s$。当隧道处于侵蚀性介质的地层时，应采用耐侵蚀混凝土或在衬砌结构外表面涂刷耐侵蚀的防水涂层。

13.4 典型站及换乘站设计

13.4.1 镇海路站

（1）车站建筑设计

1）总平面布置：

镇海路站为厦门轨道交通1号线起点站，位于思明南路和鹭江道之间的镇海路道路下方，为地下二层，局部一层和三层侧式站台车站，站后设置折返线。地下一层为站厅，站厅北端设备区设置设备夹层，地下二层为站台层。站位东侧为鸿山小区，南侧为青少年宫和军事管理区，西侧为海景千禧酒店、妇幼医院和厦门市第一广场，北侧为中华城。

车站总长410.17 m，宽20.4 m，车站总建筑面积17000 m^2，共设置3个出入口（包含4个地面出入口），3组风亭。镇海路站总平面布置如图13.4.1-1所示。

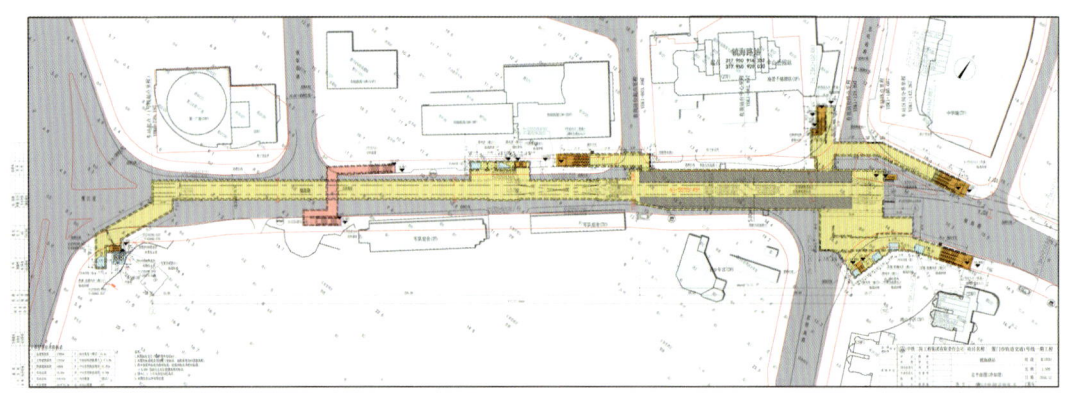

图13.4.1-1 镇海路站总平面布置

2）设计优化：

①车站附属优化：本站周边建（构）筑物较多，且道路较窄、附属布置条件差，实施方案主要优化了风亭布置。

a.1号风亭因地形图与实际有偏差，导致原方案风亭侵入20 m左右的高坡，后调整位置避开高坡。

b.2号风亭原方案大面积外挂，因风亭处于妇幼医院门口，且地质岩层较多，施工工期长，噪音影响大，后结合主体方案调整减小附属面积950 m^2左右，大大缩短了工期及对周边环境的影响。

c.因3号风亭处覆土较深，原方案已将部分区域增加一层设置，但空间使用仍有浪费，后结合主体方案调整，充分利用覆土深度，最大限度设置夹层，即增加了车站空间，也有利于结构受力。

镇海路站优化前后方案总平面如图13.4.1-2和图13.4.1-3所示。

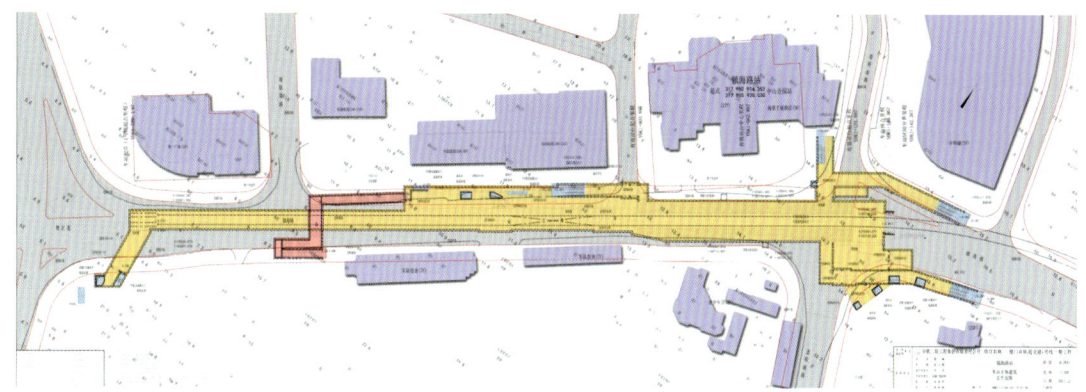

图13.4.1-2 镇海路站原方案总平面

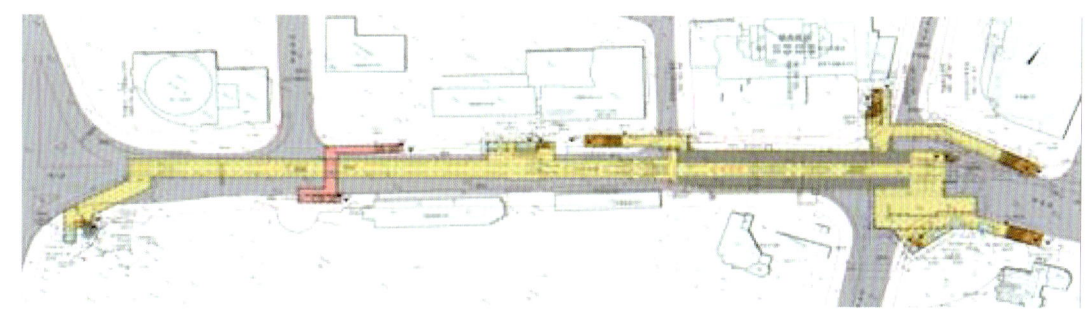

图13.4.1-3 镇海路站实施方案总平面

② 车站主体优化：

本站为侧式站台，配线集中布置，且配线上方不设置设备用房，大大缩小了车站规模。基于镇海路北高南低的特点，车站呈梯状设置，北端轨面深，局部三层，南端轨面浅，局部一层，从而使车站各个部位的覆土深度相差不大，结构受力更加合理。

a. 由于北端局部三层，原方案把车站主要设备管理用房放在南端，需要外挂大面积附属，且北端夹层利用率低，实施方案把车站的主要设备管理用房放于北端，减小南端2号风亭处附属面积，利用北端主体及附属的覆土深度，最大限度将夹层面积做大，基本做到空间无浪费。

b. 原方案主体设置三柱四跨，有利于结构受力，但考虑到车站公共区柱多遮挡严重，将公共区结构优化为单柱双跨，保证结构受力满足条件的同时又使车站公共区更加通透，视觉效果好。

镇海路站优化前后站厅层、站台层平面如图13.4.1-4～图13.4.1-7所示。

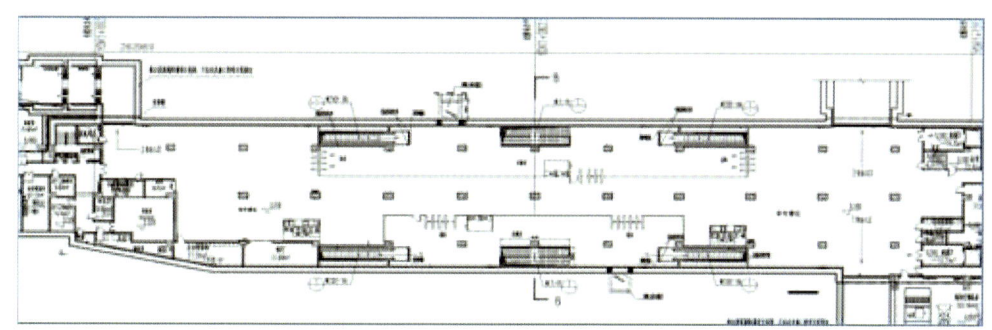

图13.4.1-4 镇海路站原方案站厅层平面

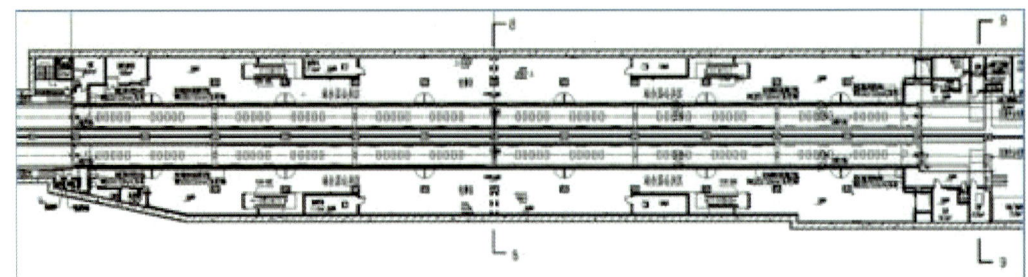

图13.4.1-5 镇海路站原方案站台层平面

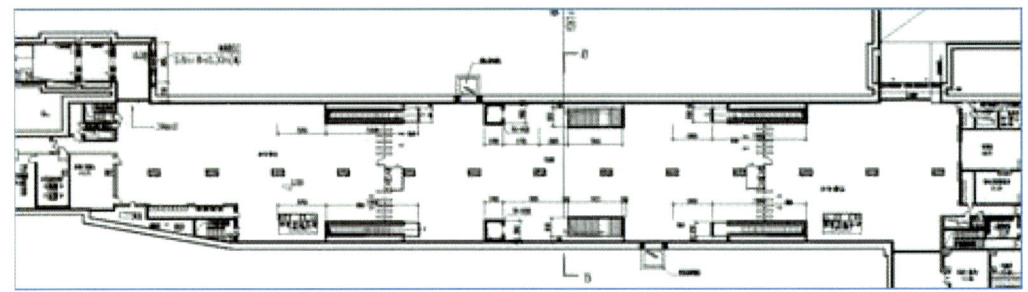

图13.4.1-6 镇海路站实施方案站厅层平面

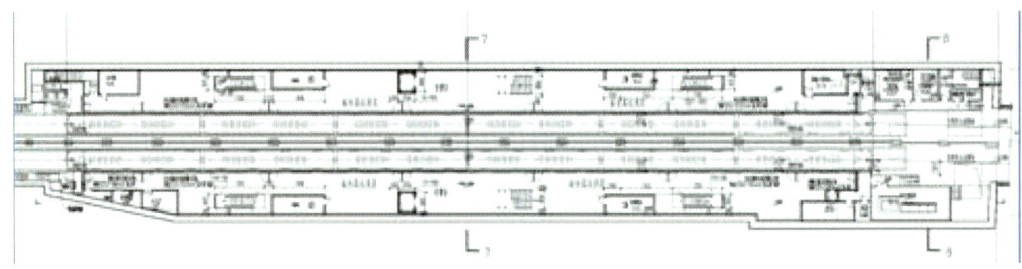

图13.4.1-7 镇海路站实施方案站台层平面

3）经验总结：

①本站延续了原方案的侧站台形式以满足车站上方道路较窄的环境条件。

②本站车站较长，站位处地势坡度较大，原方案已按覆土分段设置不同层数及层高，实施方案在原方案基础上更加充分利用覆土空间进行主体及附属方案设计。

③在充分利用夹层后调整内部布置，尽量减少附属外挂面积。

（2）车站结构设计

1）工程概况：

镇海路站位于思明区镇海路上，交通流量较大，为满足交通需求，本站采取半铺盖法施工，共分7期进行交通导改。车站两端地势高差较大，东西两端相差9.1 m，受地势高差影响，本站采用地下两层（局部地下一层、地下三层）车站结构。车站基坑采用钻（冲）孔灌注桩+内支撑+锁脚锚索支护体系。

镇海路站位于厦门市老城区，周边环境及地质条件复杂，分布的建构筑物主要有厦门市第一广场大楼（桩基础）、厦门市妇幼保健医院（桩基础）、千禧海景大酒店（有地下室、桩基础）、2栋海军宿舍大楼（砼7、浅基础）、海军医院（浅基础）、厦门市思明区少年宫（浅基础）等。

车站施工范围及周边地下管网繁杂，镇海路现状道路宽约22 m，路中有一控制性DN1800排水管，管底距地面3～5 m。

2）工程地质与水文地质条件：

拟建车站顶板覆土2.5～6.5 m，地质条件复杂多变，左右线地质差异较大是本站地质特点，左右线地质纵断面如图13.4.1-8和图13.4.1-9所示。

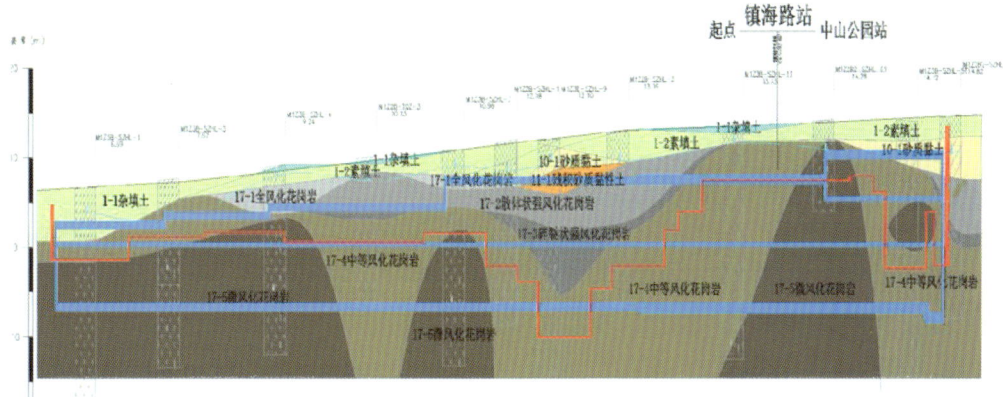

图13.4.1-8　镇海路站左线地质纵断面

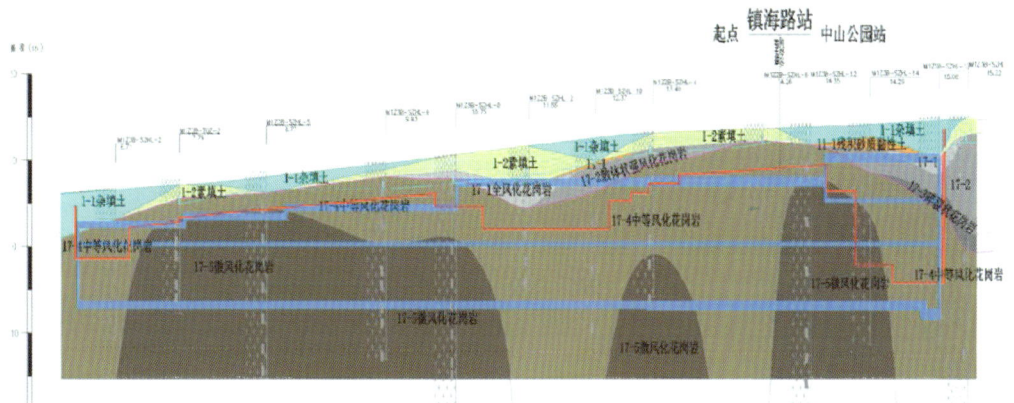

图13.4.1-9　镇海路站右线地质纵断面

3）主体围护结构设计：

车站标准段围护结构采用Φ1000 mm@1200钻（冲）孔灌注桩+Φ800 mm@1200 mm旋喷桩止水帷幕，由于地质变化较为复杂，竖向设置1～4道内支撑+锁脚锚索，第一道为钢筋混凝土支撑，其余支撑为Φ609 mm×16 mm的钢管支撑，锚索采用1860级Φs/15.2钢绞线，孔径150 mm，如图13.4.1-10所示。

钻孔桩的入土深度综合考虑基坑抗滑移、抗倾覆及整体稳定等要求。若岩土分界面高于车站底板，钻孔桩嵌入中风化花岗岩2.5 m，微风化花岗岩1.5 m即可；若岩土分界面低于车站底板，则钻孔桩进入车站底板下强风化花岗岩6 m，中风化花岗岩2.5 m，微风化花岗岩1.5 m。

4）工程技术特点及难点解决：

①复杂交通、管线下围护结构结合综合管廊的设计创新。

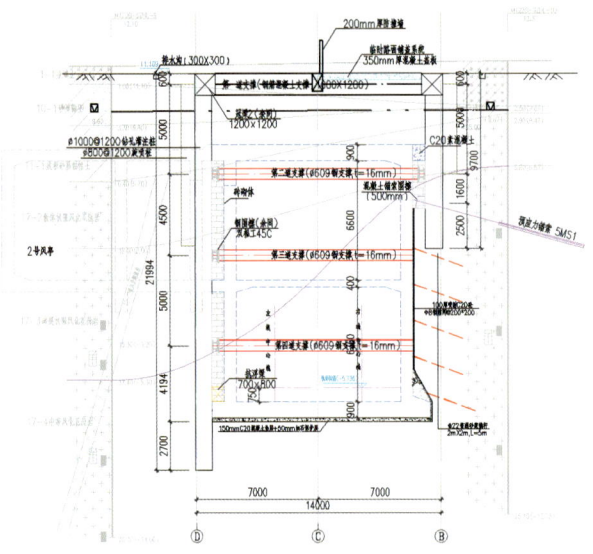

图13.4.1-10 镇海路站配线段围护结构断面

镇海路交通流量较大，管线众多，在满足现有道路通行、管线搬迁、建筑物保护等要求下，如何进行车站围护结构施工是本站难点之一。为了解决镇海路站道路红线窄、交通流量大的问题，设计采取了半铺盖法施工，在极其困难的条件下为镇海路提供了两个车道，并借助周边的微循环系统，将原有双向车道改为单向车道，保证了镇海路交通的顺畅，如图13.4.1-11所示；受到车站基坑及高边坡的影响，留给管线迁改的位置仅剩余3m左右，为了解决镇海路上排水、污水、给水、燃气、通信、电力等众多的管线（其中有一内径1.8m的排水箱涵）问题，设计结合了车站的围护结构，将一侧半铺盖系统下的承台作为永久迁改的排水箱涵，并在承台中做一结构空腔，同时也解决剩余管线迁改路径，将管线迁改与基坑围护结合成一体，减少施工步序，缩短了施工工期，为镇海路站土建工程如期完工打下坚实基础，如图13.4.1-12所示。

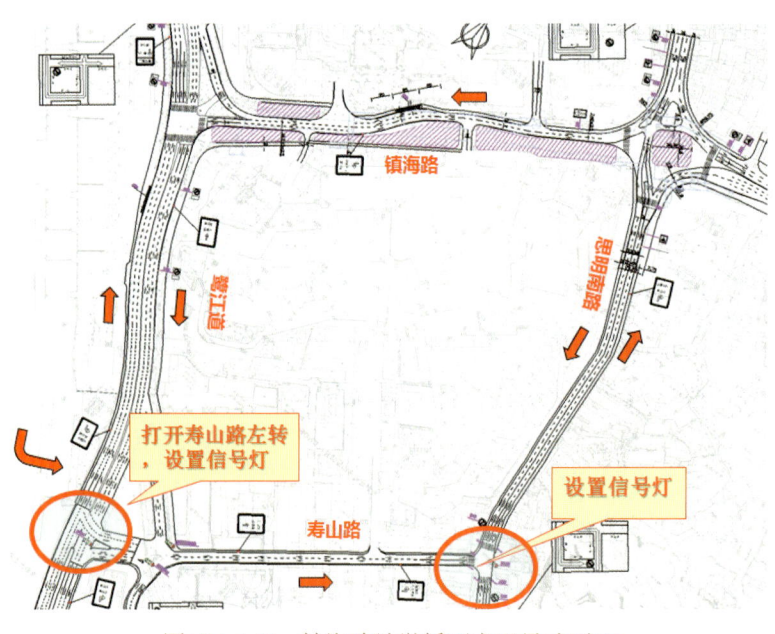

图13.4.1-11 镇海路站微循环交通导改平面

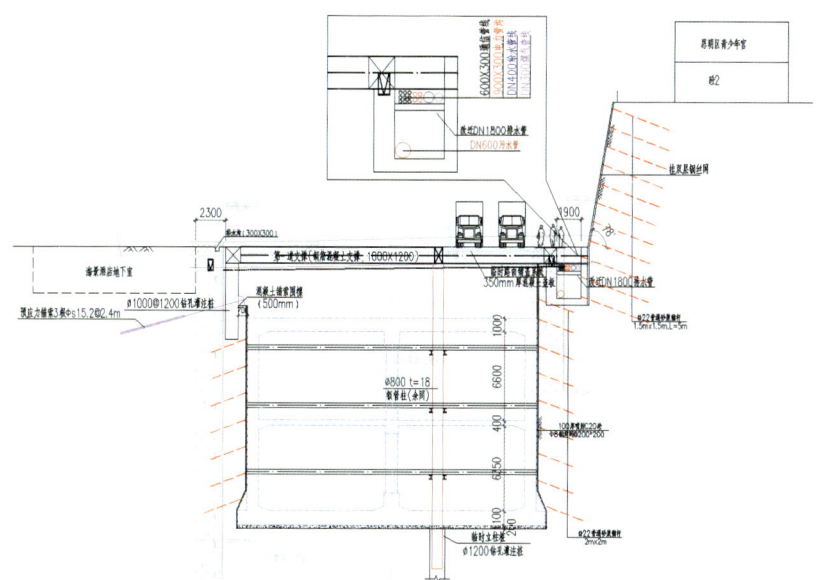

图13.4.1-12　镇海路站围护结构结合管线迁改施工断面

② 繁华闹市区地铁车站石质基坑开挖减震孔的运用。

镇海路站周边环境复杂，同时本站基岩面较高，车站右线局部地面2 m以下即是基岩，这些因素给本就局限的施工场地又带来了种种复杂施工问题。桩基施工3个月左右即对周边居民生活、医院患者治疗产生干扰，相关投诉严重地影响了工程进度。为确保工程能在尽可能减小对周边环境影响的条件下顺利进行，参建单位调查走访了国内类似工程的成功案例，提出了设置减震孔减少基岩爆破振动波对周边建筑物及管线影响的设计方案，如图13.4.1-13所示。

为确保设计方案的合理性，参建单位对设置减震孔降低振动对周边影响的方案进行了现场试验（图13.4.1-14）。通过对爆破振动速度的试验数据分析，当设置一排减震孔时，减震率在8.78%～30.08%，其平均值为19.92%；两排减震孔的减震率为16.71%～51.97%，平均减震率为38.28%；而三排减震孔的减震效果最好，减震率可以达到41.32%～69.23%，平均减震率为56.83%，即三排减震孔可以减震一半以上。

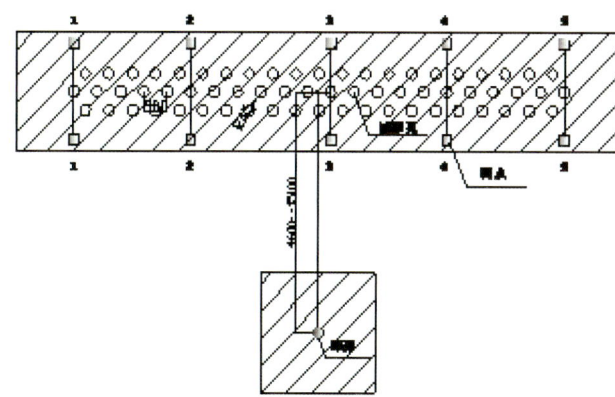

图13.4.1-13　爆破减震试验布置

图13.4.1-14　减震孔试验现场照片

最后，以类似工程的相关经验为指导、现场试验数据为依据，设计方提出了针对镇海路站爆破施工的减震方案（图13.4.1-15和图13.4.1-16）。设置减震孔后，在增大了整个车站爆破施工作业面的同时又减少了爆破施工产生的振动波，最终镇海路站土建工程如期完工并得到周边居民的好评。

通过此次对镇海路站的土建设计进行设计经验总结，对与本站类似的位于老城区、交通流量大、管线众多、周边环境复杂且敏感、需要大面积爆破开挖的车站设计施工积累了经验。

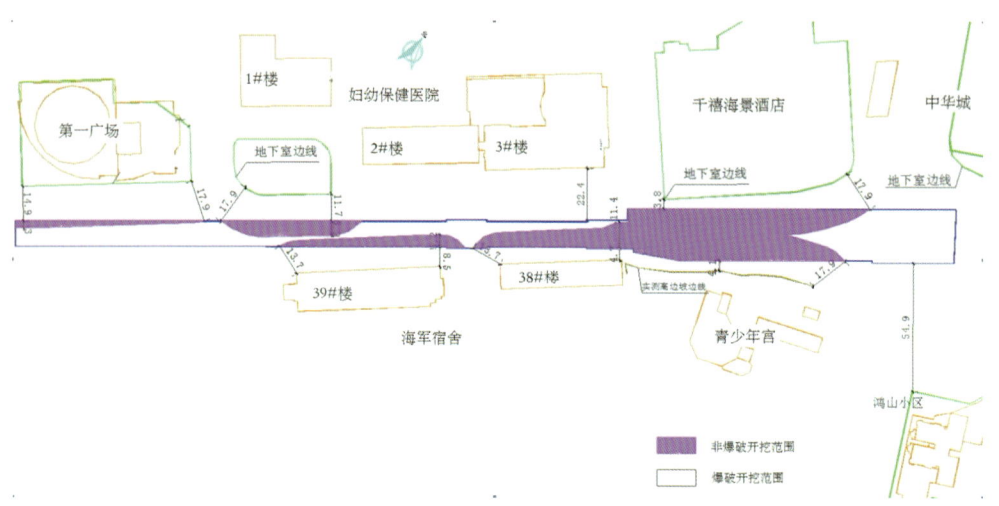

图13.4.1-15　不设置减震孔基坑非爆开挖与爆破开挖范围

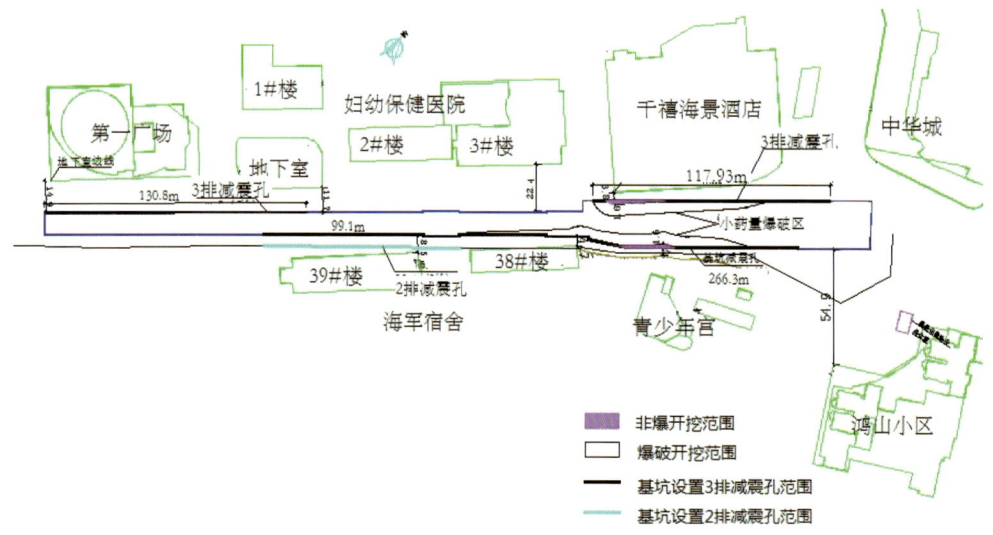

图13.4.1-16　设置减震孔后基坑非爆与爆破开挖范围

13.4.2　中山公园站

（1）车站建筑设计

1）总平面布置：

中山公园站位于公园东路与虎园路的十字路口南侧地块内，为地下三层13 m岛式车站，与5号线中山公园站采用通道换乘，站位周边主要有中山公园、公园南侧的多层风貌建筑及交叉路口东侧的多层住宅，站位周边现状以绿化、商业、教育及居住用地为主。车站总建筑面积为16554 m^2，共设置5个出入口，1个紧急疏散出入口、2组风亭及1组冷却塔。

中山公园站总平面布置如图13.4.2-1所示。

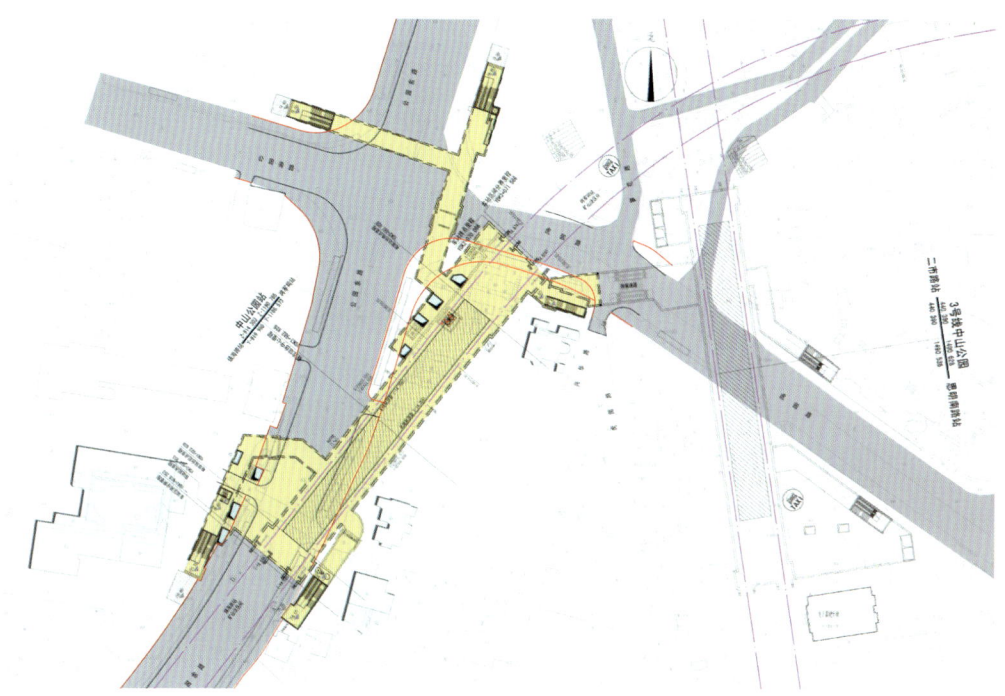

图13.4.2-1　中山公园站总平面

2）本站设计重难点：

①设计重难点：

a.换乘方式的研究确定。

一是结合周边环境及前后区间等条件合理确定两线车站的站位。

二是结合周边环境及前后区间条件合理确定1、5号线的上下关系。

b.结合车站站位及客流吸引等因素，布置出入口风亭，减少拆迁面积。

②解决措施：

a.换乘方式的研究确定。

由于线网调整，1号线线位由中山路调整到镇海路，镇海路站—中山公园站区间占用原5号线走行通道。5号线线位采用虎园路通道往厦门大学方向敷设，故1、5号线中山公园站采用两站分离，换乘采用通道换乘方式。

由于1号线受南侧德盛大厦（26层）及9层建筑等控制，站位无法往南延伸，线路受制于文园桥、图强路多层建筑、厦门宾馆等，有效站台无法北移（图13.4.2-2）。跨路口方案吸引客流较好，但交通疏解和管线改迁实施难度较大，且不利于路口北侧市政绿地商业开发。

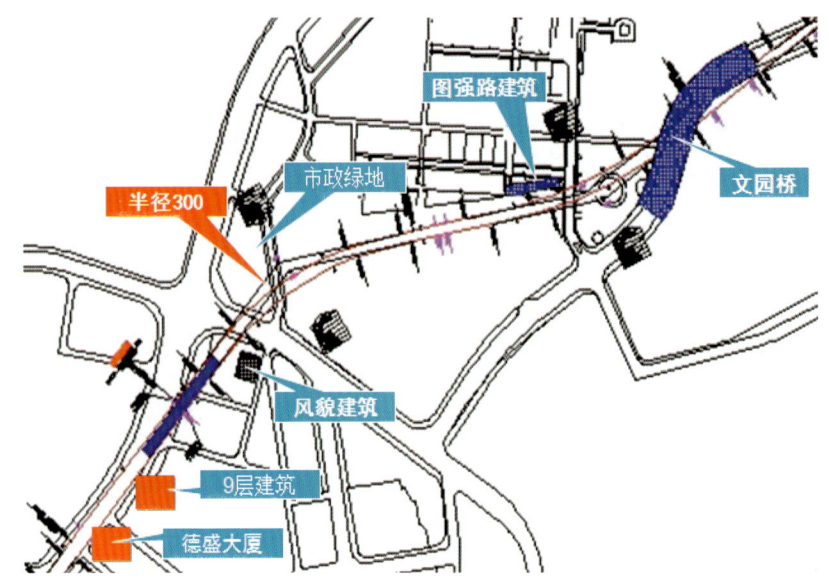

图13.4.2-2　1号线控制建构筑物

1号线站位后区间下穿地块，线路范围内建构筑物较多，如厦门宾馆、风貌保护建筑及多层住宅等，若1号线在上，中山公园站—将军祠站区间埋深较浅，对区间上方建筑物影响较大，线路穿越重要建筑物代价过大。5号线走行于道路下方，受制约因素小，实施条件较好。

1号线车站站位处地面标高较5号线站位处地面标高低4.6m，若1号线在上，在满足区间穿越的条件下，5号线车站需设置为地下四层站，如图13.4.2-3所示。

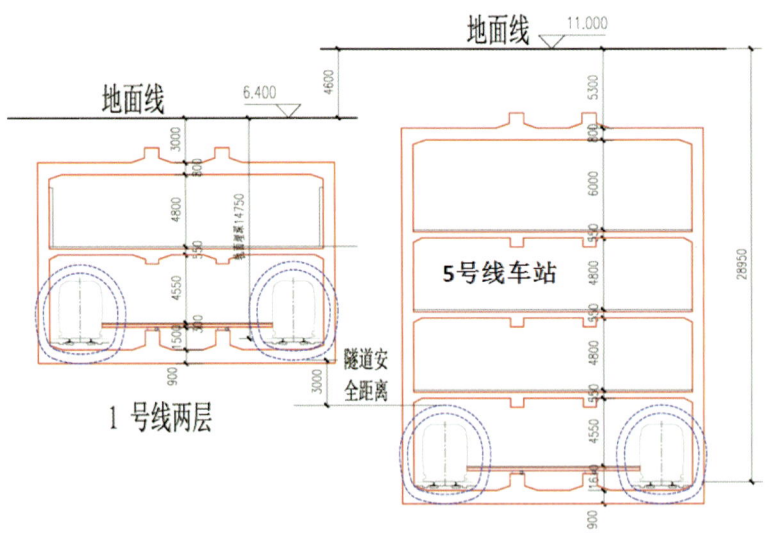

图13.4.2-3　1号线在上关系

b. 车站所在地块范围较为紧张，出入口、风亭沿周边规划路网设置，风亭设置为双层风道，尽量避免造成较大范围的拆迁。

3）设计亮点：

①1号线车站站位处地面标高较预留线站位处地面标高低约4.6m，若1号线在上，在满足区间穿越的条件下预留线车站需设置为地下四层站，结合地形高差变化将本站设置为地下三层，有效地减少预留线车站埋深是本站的设计亮点之一。

②将公共区楼扶梯顺向布置，提升换乘的便利性是本站设计亮点之一。

中山公园站站厅层客流组织如图13.4.2-4所示。

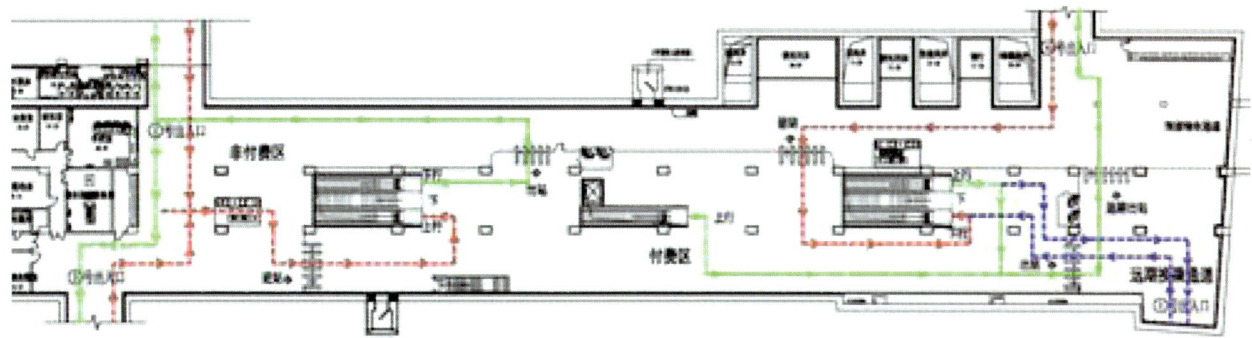

图13.4.2-4 中山公园站站厅层客流组织

4）经验总结：

与5号线换乘为本站设计最重要的控制因素，因考虑到与5号线换乘，车站设置为地下三层，公共区布置偏向车站大里程端，3号出入口设置为临时出入口且仅设置楼梯。

（2）车站结构设计

1）工程概况：

中山公园站位于同安路与虎园路三角地块，为地下三层岛式车站，属于换乘站，与预留线由通道进行换乘。车站总长158.5m，采用明挖顺作法施工，车站两端均为矿山法区间。车站两端分别跨公园东路和虎园路，车流量较大；车站范围附近有中山公园、实验小学、厦门宾馆、风貌建筑等建构筑物。现状道路范围及周边地下管网繁杂，几乎包含全部的市政管网类型，其管径及埋深不一。

2）工程地质与水文地质条件：

拟建车站顶板覆土3.0～5.5m，地质条件复杂多变，左右线地质差异较大是本站地质特点，左右线地质纵断面如图13.4.2-5和图13.4.2-6所示。

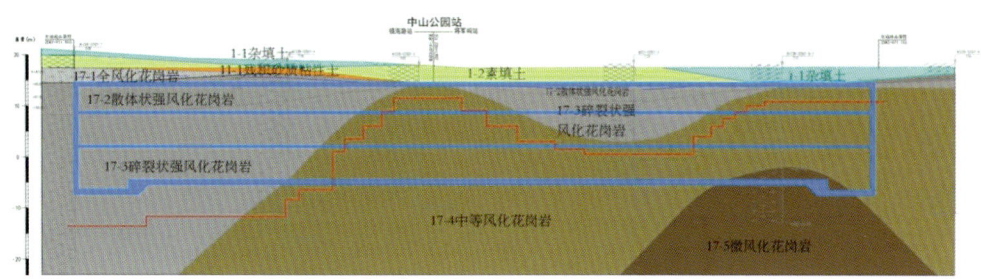

图13.4.2-5 中山公园站左线地质纵断面

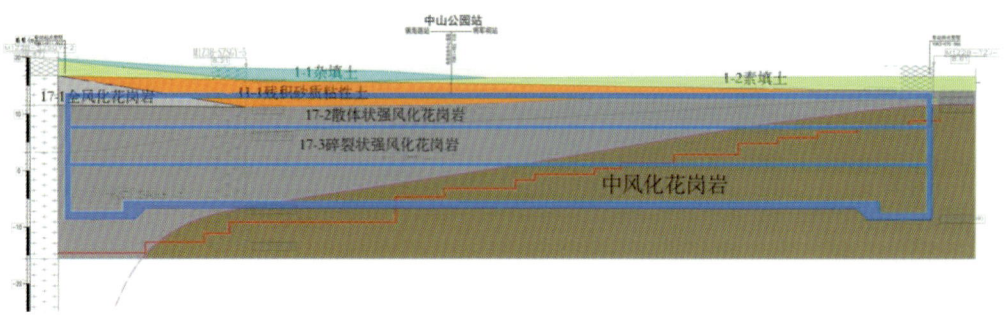

图13.4.2-6　中山公园站右线地质纵断面

3）主体围护结构设计：

车站围护结构采用Φ1200 mm@1350 mm及Φ1000 mm @1200 mm钻孔灌注桩，沿基坑竖向设置1～4道内支撑+锁脚锚索，第一、三道为钢筋混凝土支撑，第二、四、五道支撑标准段为钢支撑，锁脚锚索采用1860级Φs/15.2钢绞线，孔径150 mm，如图13.4.2-7所示。

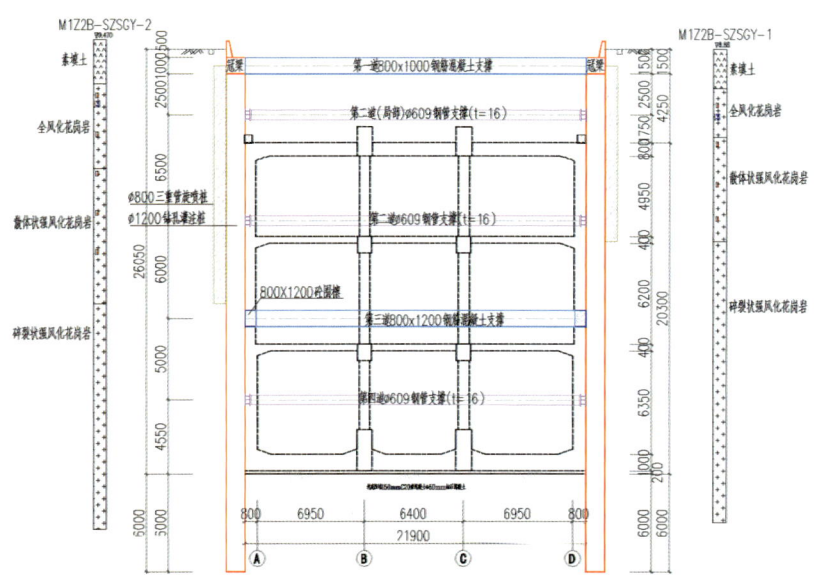

图13.4.2-7　中山公园站标准段围护结构断面

4）工程技术特点及难点解决：

在中山公园站的设计、施工过程中遇到了一些难题，通过多方协调，积极创新，经济、安全、圆满地解决了问题。

①受车站拆迁及区间工筹影响，158.5 m基坑进行一分为三的设计优化，如图13.4.2-8所示。

为保证镇海路站—中山公园站区间的节点工期，原设计在区间中部设有一竖井，竖井距离周边民房仅3～5 m，开工不久后受到强烈扰民投诉，被迫取消，导致镇海路站—中山公园站区间无开挖工作面。在此情况下，中山公园站小里程端头井需提前完成，以保证区间进洞施工的条件，但中山公园站受瓷器艺术中心房屋拆迁的影响，基坑又无法提前封闭。经多方协商，在中山公园站小里程端头新增一排基桩及相应旋喷桩作为封堵墙，提前封闭小里程端基坑（1号基坑），为区间开挖提供工作面，保证了节点工期。同时，中山公园站—将军祠站区间下穿大量老市区房屋，原工筹由中间竖井向两车站端头开挖，受复杂地质及环境的影响，施工进展十分缓慢。为保证土建洞通的时间节点要求，经设计方研究，在中山公园站大里程端提前再封闭一基坑（2号基坑），为中山公园站—将军祠站区间的开挖增加一工作面，保证了区间的洞通工期。

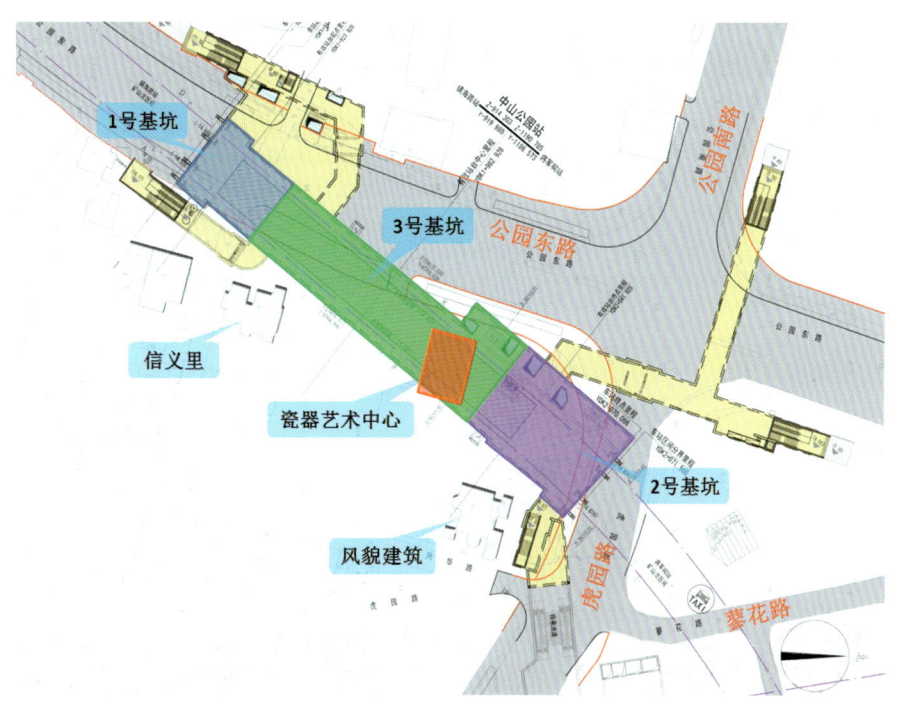

图13.4.2-8　中山公园站基坑一分为三示意

②受拆迁影响，将倒挂井壁法运用于明挖车站基坑中。

中山公园站车站主体基坑临近的信义里16号楼围墙原设计纳入拆迁范围，因现场协调困难，围墙无法拆除，在基坑开挖时需对围墙进行保护。经多方协商，受围墙影响的两根桩基不施工，围墙两侧钻孔桩改为钢管桩，在基坑开挖过程中采用倒挂井壁的方法保证基坑及围墙的安全。具体保护措施如图13.4.2-9和图13.4.2-10所示。

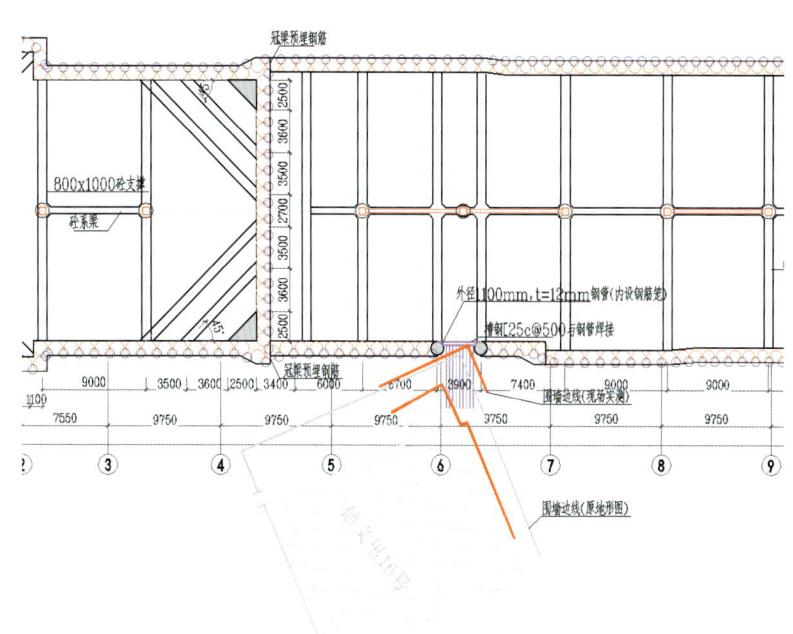

图13.4.2-9　中山公园站信义里房屋围墙保护平面

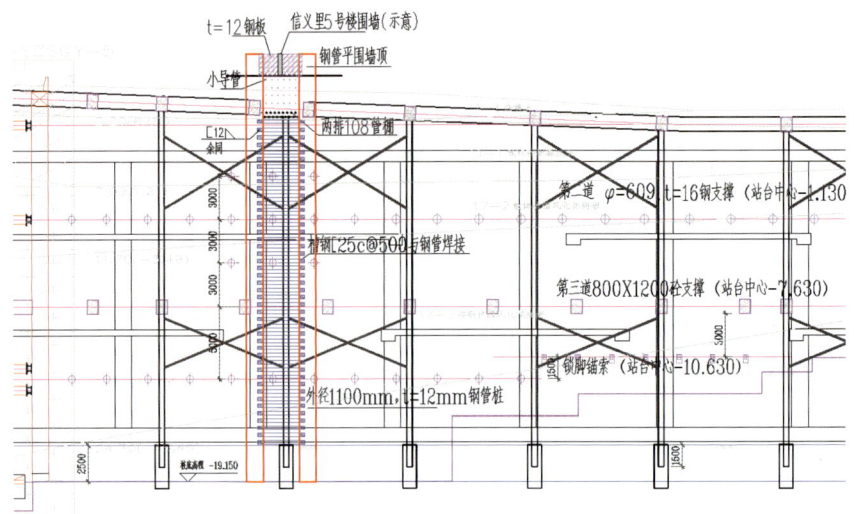

图13.4.2-10　中山公园站信义里房屋围墙保护剖面

13.4.3　文灶站

（1）车站建筑设计

1）总平面布置：

文灶站为1号线中间站，车站位于厦禾路与湖滨中路交口北侧，沿湖滨中路南北向设置。车站为地下二层（局部夹层）双柱岛式站台车站，车站长度为221.48 m，站台宽度为12 m，车站标准段宽度为20.7 m。车站周边建筑分布密集，主要有交通银行大厦、益康门诊部、汇成商业中心、碧宫酒店、中烟工业公司及沿街商铺等，建筑均靠近道路。厦禾路路中为BRT，路口预留了车站站点。

文灶站车站中心里程处轨面埋深15.72 m，主体建筑面积为10118 m²，附属建筑面积为7536 m²，总建筑面积为17654 m²。车站共设置5个出入口（其中两个预留），1个紧急疏散出入口、2组4个风亭及1组冷却塔。文灶站总平面布置如图13.4.3-1所示。

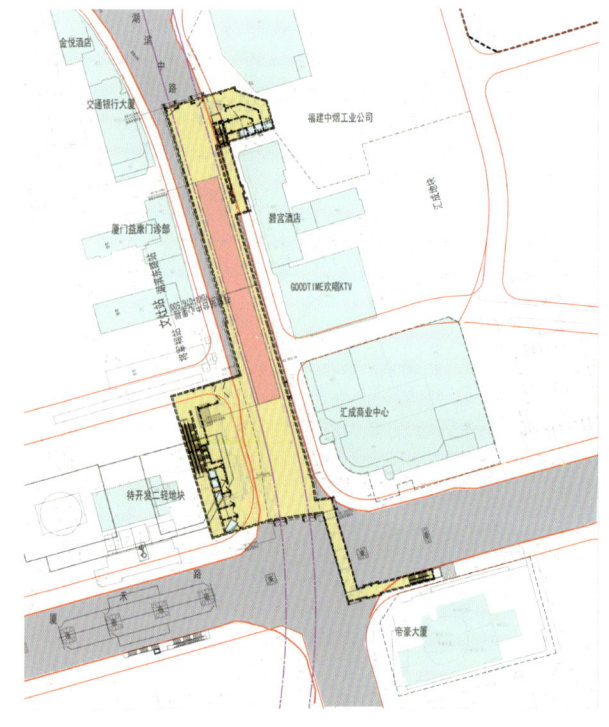

图13.4.3-1　文灶站总平面

2）本站设计重难点：

①设计重难点：

a.车站所处的湖滨中路与厦禾路均为城市主干道，交通繁忙，地下管线较多，其中一个雨水箱涵（4.2 m×2.2 m）为控制性管线，埋深4.64～2.66 m，需处理好施工期间产生的管线迁改、交通疏解等问题。

b.车站西南角地块为二轻地块，现状为住宅、商铺及厂房，未实施拆迁。根据规划要求，该地块拟实施综合一体化开发，地块内拟建公交车站、办公、SOHO等交通和商业性质的建筑，需处理好地铁车站与综合开发结合的型式。

②重、难点解决措施：

a.车站尽量靠湖滨中路东侧设置，1号风道上顶板预留管线凹槽，为管线在西侧留出通过路径。

b.现阶段地块物业开发方案未定，车站预留换乘通道远期结合地块开发一体化设计，可实现换乘厅付费区内换乘。1号风亭、5号出入口根据规划要求及实施条件结合地块开发统一设置。

3）设计亮点：

本站设计亮点为物业结合过渡方案，其效果如图13.4.3-2所示。

文灶站5号出入口地下部分按照合建方案进行建设，满足2017年年底通车要求，但由于二轻地块仍处于待开发状态，为满足地铁运营的要求，需要在地上部分建设临时出入口顶盖，同时预留远期与二轻地块建筑接驳条件。结合远期地块方案，过渡方案在与远期地块的衔接处预留钢筋接驳器（图13.4.3-3），并与二轻地块设计方进行进一步对接。

图13.4.3-2　过渡方案效果

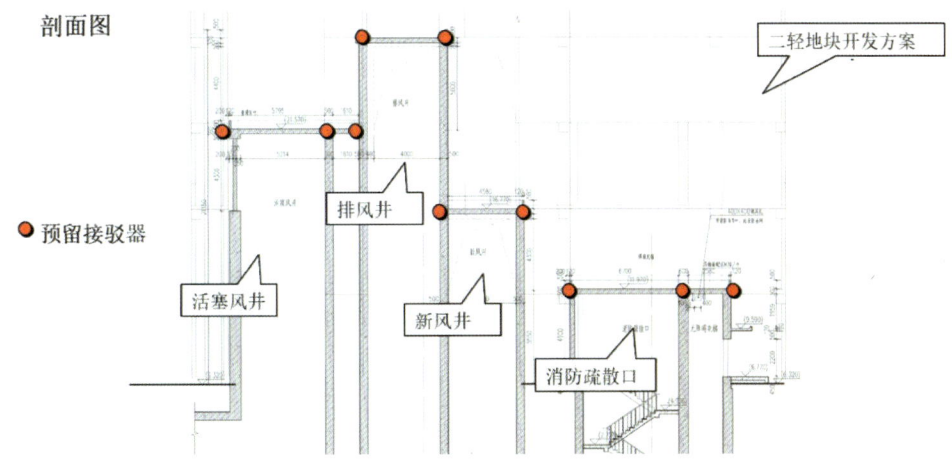

图13.4.3-3　钢筋接驳器设置

（2）车站结构设计

1）工程概况：

文灶站位于湖滨中路、厦禾路路口，沿湖滨中路方向布置。周边大部分为商住和居住用地，主要有交通银行大厦、益康门诊部、汇成商业中心、碧宫酒店、中烟工业公司及沿街商铺等，建筑均靠近道路。车站总长221.48 m，基坑标准宽度为20.7 m，车站中心里程覆土厚度3.8 m，底板埋深17.21 m。车站小里程有中等风化花岗岩隆起，采用钻孔灌注桩+桩间大功率搅拌桩围护结构，在搅拌桩不能进入的中风化花岗岩和微风化花岗岩段采用深层注浆；大里程部分围护采用800 mm厚地下连续墙。

2）工程地质与水文地质条件：

场区砂土层结构松散，无自稳能力，施工工程分级为Ⅰ级；人工填土、淤泥质土、黏土及粉质黏土土体稳定性较差，岩土施工工程分级为Ⅱ级，如图13.4.3-4所示。本基坑开挖涉及的地下水除海积砂层富水性较好外，其他地层富水性均较差，基坑降水宜采取坑内管井预降水方式。

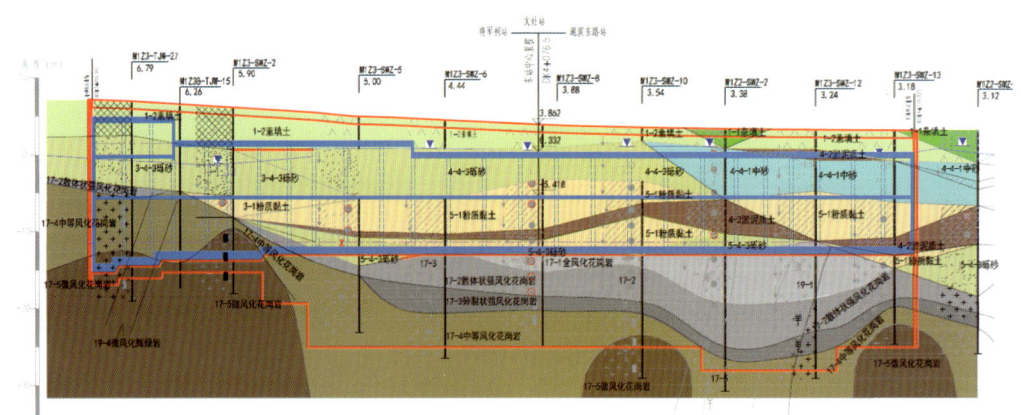

图13.4.3-4　地质纵断面

3）主体围护结构设计：

本站主体标准段小里程为地下三层，大里程为地下两层，开挖深度16.34～22.38 m，宽20.40～24.75 m；小里程盾构端头井主体结构为地下三层，开挖深度22.38～22.58 m，宽27.75 m；大里程盾构端头井主体为地下两层，开挖深度16.34～17.73 m，宽26.60 m。

① 钻孔灌注桩嵌固深度：车站小里程段车站主体围护结构采用Φ1000 mm@1200 mm钻孔灌注桩，根据计算，桩长为26.87～31.50 m，桩底位于中风化及微风化岩层中，围护结构嵌固深度4.0～4.3 m，嵌入比为0.15。钻孔灌注桩嵌入中风化花岗岩深度不大于2.5 m，嵌入微风化花岗岩深度不大于1.5 m。

② 连续墙嵌固深度：车站大里程段车站主体围护结构采用800 mm厚连续墙，根据计算，连续墙深24.7～29.7 m，围护结构嵌固深度12.00～15.00 m，嵌固比约为0.50。

4）工程技术特点及难点解决

① 车站小里程段基岩突起。

车站小里程范围内上覆地层主要为第四系覆盖层素填土（1-2）、砂粒（3-4-3），下伏基岩为燕山晚期侵入花岗岩。根据风化程度，从上向下基岩为散体状强风化花岗岩、中风化花岗岩、微风化花岗岩，基岩岩面起伏较大，中风化岩面位于地下10.75 m，基底位于微风化花岗岩中，且主体位置入岩达9.75 m（中风化岩7.75 m，微风化岩2 m）。综合考虑地质情况及施工工筹计划，将小里程围护结构调整为吊脚桩+3道混凝土内支撑及1道钢支撑。同时为保证围护结构刚度，需在吊脚桩内插4根DN80、Q335钢管，每根钢管内插4根C28钢筋。施工前对中风化地层进行深孔注浆，控制基岩裂隙水量，如图13.4.3-5所示。

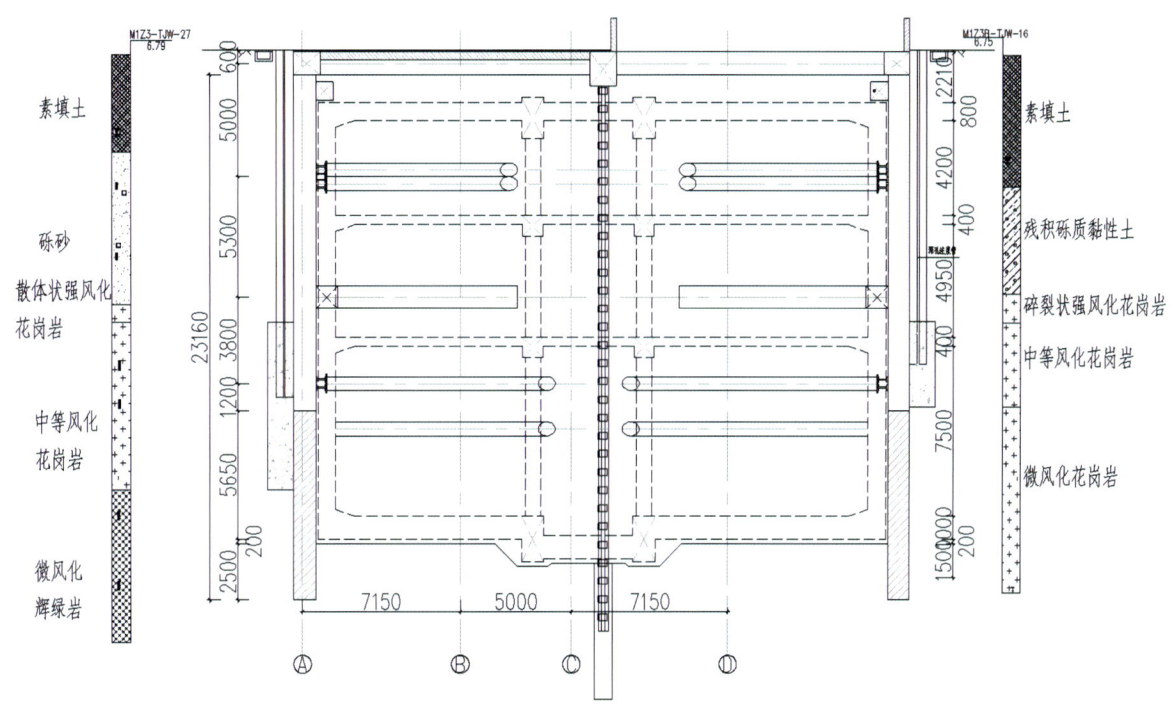

图13.4.3-5　小里程端头井围护结构剖面

通过对小里程端基岩凸起的设计优化，可得出如下结论：

a.在上软下硬二元介质地层深基坑支护工程中，"吊脚桩"复合支护型式是可行的，能够提高工作效率，降低工程造价。

b.下部岩层节理裂隙发育、较为破碎时，采用微型钢管桩支护，对于保护吊脚桩岩肩作用良好。

②车站范围内存在厚度为3.50～8.75 m厚的砂层，地下连续墙成槽困难。

车站区域所处地层分为素填土、砾砂、粉质黏土、淤泥质土、全风化花岗岩、散体状强风化花岗岩、中风化花岗岩，其中全车站范围内存在较大的砂层，墙趾位于碎裂状及中风化岩层，随地质起伏，每幅地下连续墙深度不一。

车站地质条件差，成槽作业质量不稳定。由于施工穿过的砾砂、素填土、淤泥质土等土层具有地质松散、孔隙率大等特点，加上区域地下水水位较高的水文环境条件，另地下连续墙成槽作业时间过长，容易发生区域浅层塌方风险。又由于地下连续墙作业所穿越的地层大多为砾砂层及淤泥层，此类地层自身的沉淀速率较快，相应就对工程清孔效率与刷壁水平提出了更高的要求和挑战。同时在砂层中做混凝土浇筑作业也容易产生夹砂现象，特别是接缝位置的夹砂问题极易引发渗漏风险。

根据工程现场勘测与调查数据分析，地铁地下连续墙施工经过的粉砂层与砂质粉黏土层多处于密实饱和状态，砂层厚度普遍在3.50～8.75 m以上。较为密实与深厚的砂层给地下连续墙穿越施工与成槽作业带来了较大的阻碍，液压抓斗等器械在此砂层中的施工进展缓慢，严重影响了整个地铁车站地下连续墙的建设进度与效率。

针对成槽困难的问题，施工过程提出了相关的控制要求：

a.成槽作业过程应合理规范，严格控制地下连续墙垂直度。

b.在相应槽段位置合理设置降水井，在成槽期间进行降水疏干，能有效防止槽壁坍塌。

c.泥浆制备的技术应用水平直接影响到整个车站工程的施工效率和安全，因此需强化对泥浆质量的管控力度，过程严格按照质量控制标准执行。

③车站临近交通银行大厦。

交通银行大厦为地下2层、地上24层的高层建筑，桩基础桩径1 m，桩长22 m，桩端位于中等风化花岗岩中，距离车站主体围护结构12 m。车站基坑深16.9 m，围护结构为800 mm厚地下连续墙、3+1道内支撑，施工期间对交通银行大厦加强监测。交通银行大厦现场如图13.4.3-6所示，其剖面位置关系如图13.4.3-7所示。

图13.4.3-6　交通银行大厦现场

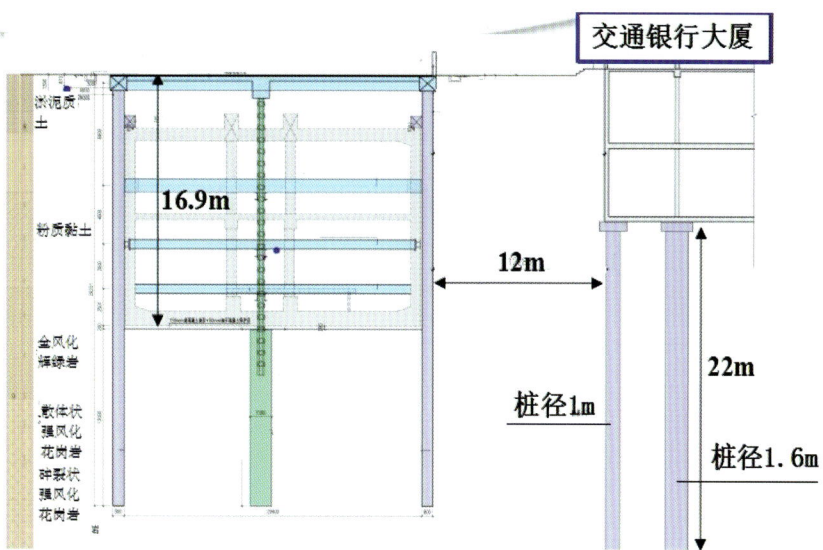

图13.4.3-7　交通银行大厦剖面位置关系

采取的应对措施主要有：

a.加强基坑围护及支撑体系刚度，基坑采用4道支撑，其中第一道为砼支撑，第二道为双拼钢支撑。

b.加强基坑围护结构、支撑及桩基的水平位移和沉降监测。

④ 车站主体基坑临近4.2 m×2.2 m雨水箱涵。

雨水箱涵埋深4.1 m，现浇钢筋混凝土结构；与车站围护结构的距离为3.55 m，车站基坑深16 m，围护结构为直径1 m钻孔桩、3+1道内支撑，在雨水箱涵与主体基坑之间设置隔离桩，桩长12 m；施工期间对雨水箱涵加强监测。

车站主体与雨水箱涵关系如图13.4.3-8所示。

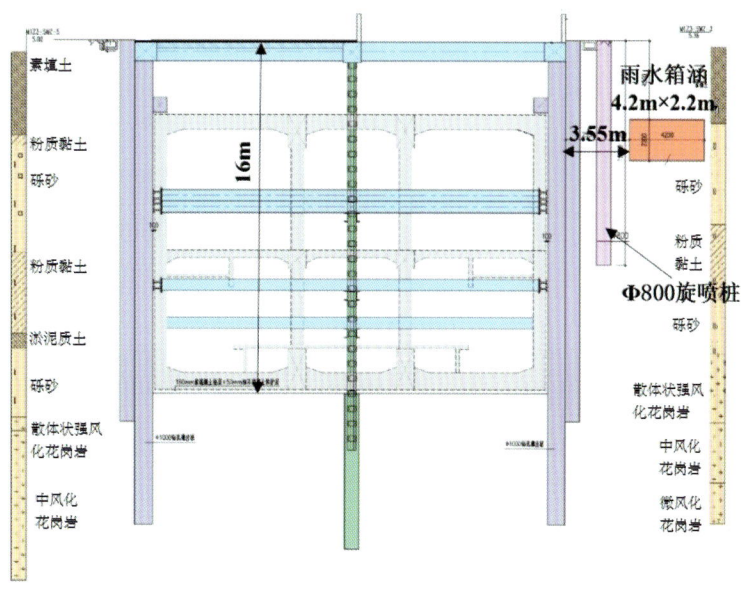

图13.4.3-8　车站主体与雨水箱涵关系

13.4.4 吕厝站

(1) 车站建筑设计

1) 总平面布置：

车站位于嘉禾路与湖滨北路交叉口北侧，沿嘉禾路呈南北向布置，为地下二层岛式站台车站，站后设单渡线，与2号线形成L形换乘。站位周边主要有锦绣广场、东方巴黎广场、宝龙中心等商业及居住建筑，站位周边现状以商业及居住用地为主。车站总建筑面积为18085 m^2，共设置9个出入口（其中两个市政出入口）、3个紧急疏散出入口、4组共14个风亭、2组冷却塔，如图13.4.4-1所示。

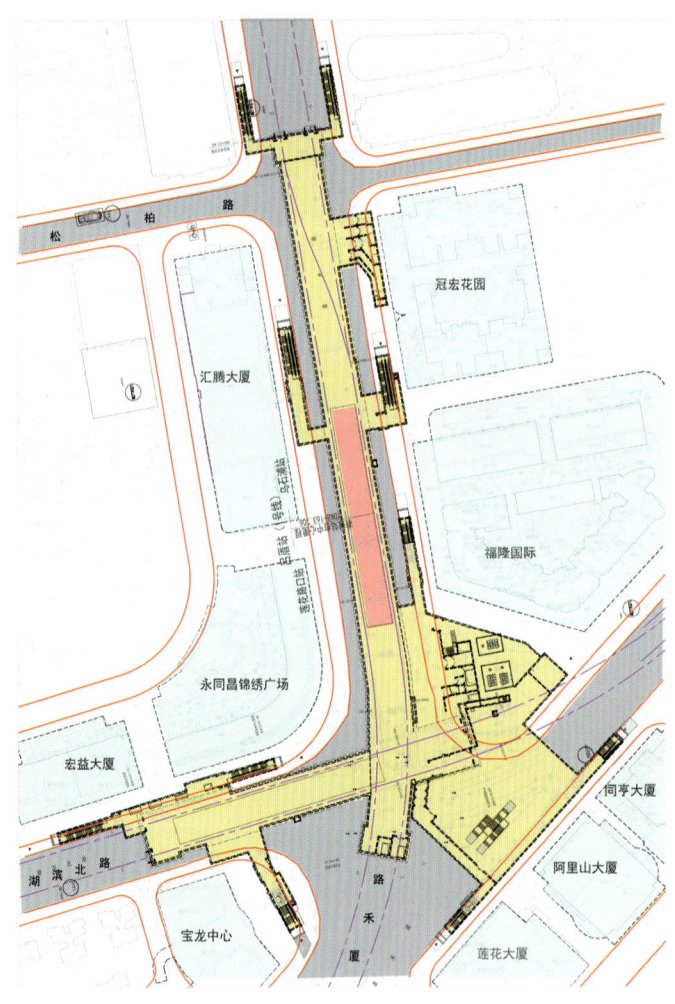

图13.4.4-1 吕厝站总平面

2) 本站设计重难点：

① 设计重难点：

a. 嘉禾路路中有一条双向4车道高架桥，车站及区间受到既有跨线桥的控制。

b. 嘉禾路与湖滨北路、吕岭路为斜交路口，1、2号线线路线形在路口受限，难以形成节点换乘。本站是1号线客流量及换乘量最大的一座车站,应在可实施的前提下选择最合理的车站站型及换乘方式。

c.车站所处的嘉禾路与湖滨北路均为城市主干道,交通繁忙,地下管线较多,需处理好施工期间产生的管线迁改、交通疏解等问题。

②重难点解决措施:

a.由于高架桥对车站及区间影响巨大,风险较高,推荐拆桥还建方案,车站设计与桥梁还建设计统一考虑,柱网结合桥梁需求设置。

b.线路线形在路口受限,综合比选后,推荐采用脱离式L形换乘。

c.通过分期施工、多次迁改解决路口交通及管线问题。

3)设计亮点:

①采用拆桥还建方案。

车站位于嘉禾路与湖滨北路交叉口,该位置原路中为18m宽双向4车道高架桥,如图13.4.4-2所示。

图13.4.4-2　吕厝站上方双向4车道高架桥

本站方案初期针对是否拆除跨线桥开展多轮专题研究,分别对"拆桥还建"方案、"下穿地道"方案、"分离岛"方案进行比选。

a."拆桥还建"方案:

拆除路口高架桥,待车站实施完成后还建,将高架天桥与车站合建,在1号线车站顶板上方设置桥梁承台。该方案1号线车站设置为地下二层岛式车站,2号线设置为地下三层岛式车站,两站采用L形节点换乘,换乘能力强,附属设置条件好,车站服务水平高,如图13.4.4-3所示。

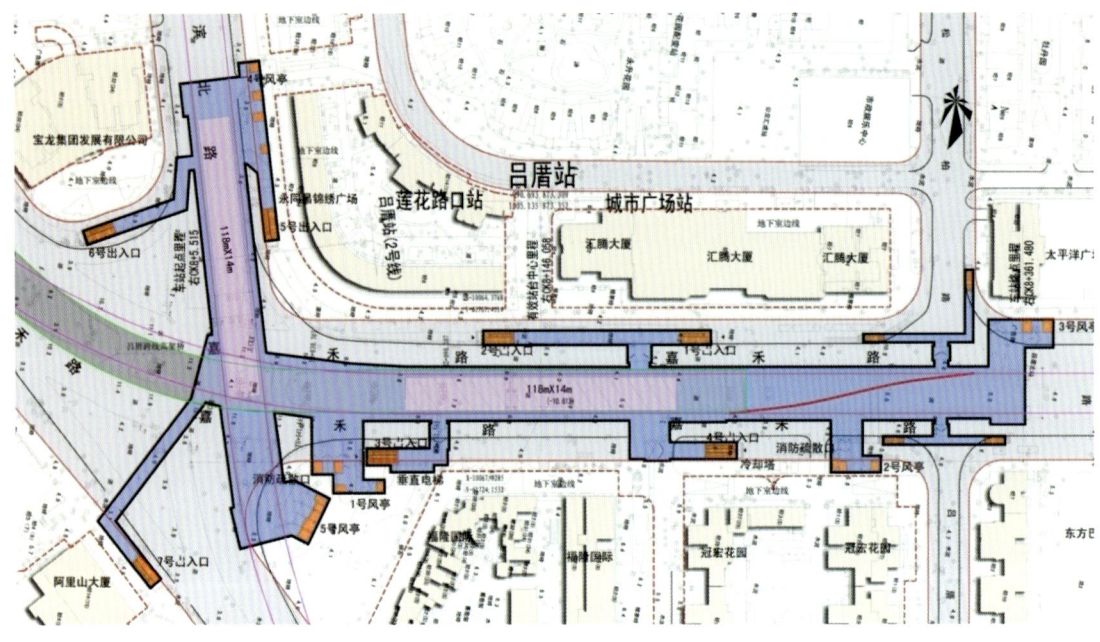

图13.4.4-3 拆桥还建方案总平面

b."下穿地道"方案：

拆除路口高架桥，在1号线车站上方设置公路下穿隧道。该方案1号线车站设置为地下三层岛式车站，2号线设置为地下二层岛式车站，两站采用换乘通道换乘，换乘能力较差，车站埋深大，附属设置条件较差，车站服务水平较低，如图13.4.4-4和图13.4.4-5所示。

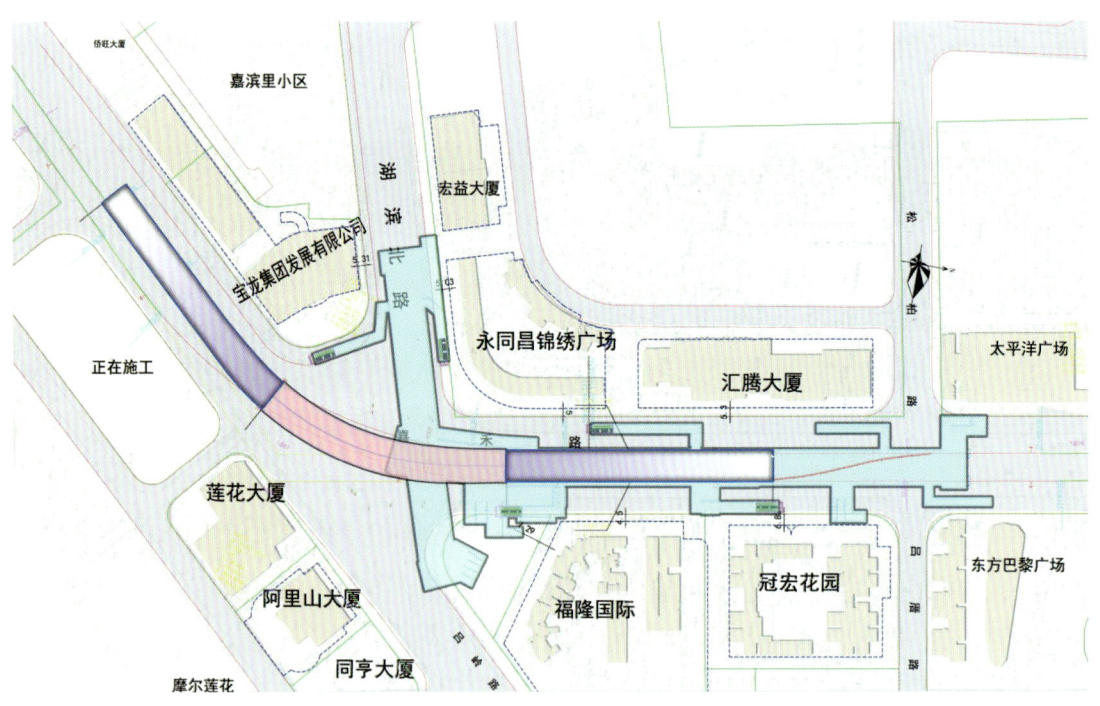

图13.4.4-4 下穿地道方案总平面

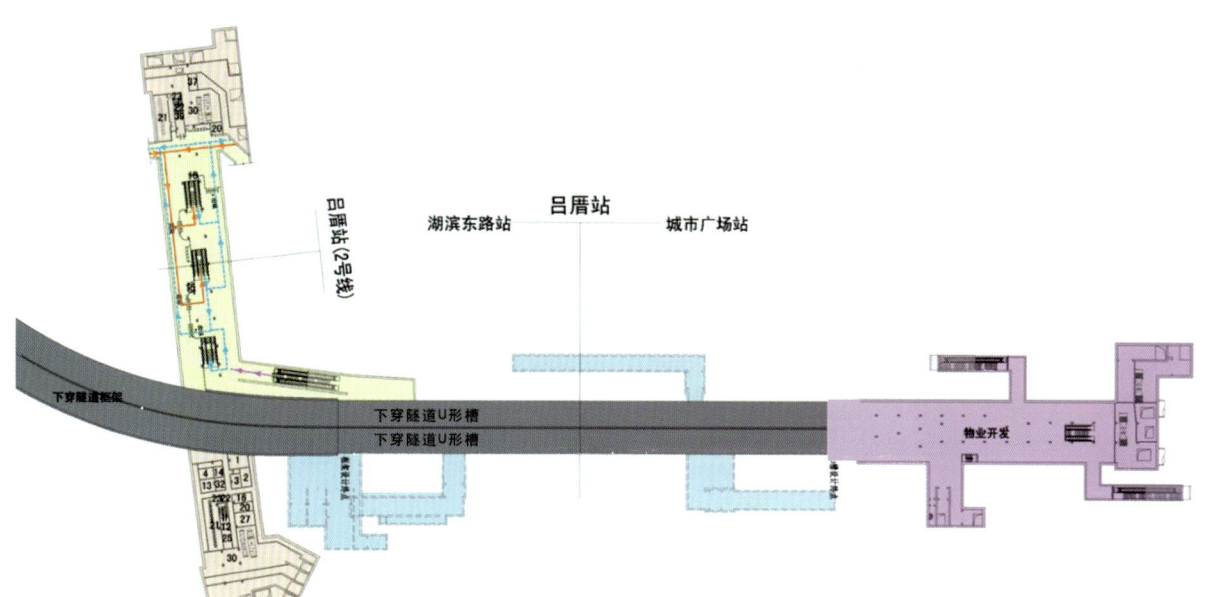

图13.4.4-5　下穿地道方案站厅

c."分离岛"方案：

不拆除高架桥，将1号线车站设置为地下二层分离岛式车站，2号线车站设置为地下三层岛式车站，两站通过换乘通道换乘。该方案换乘能力较差，1号线公共区服务水平低，附属设置条件较差，车站服务水平低，如图13.4.4-6和图13.4.4-7所示。

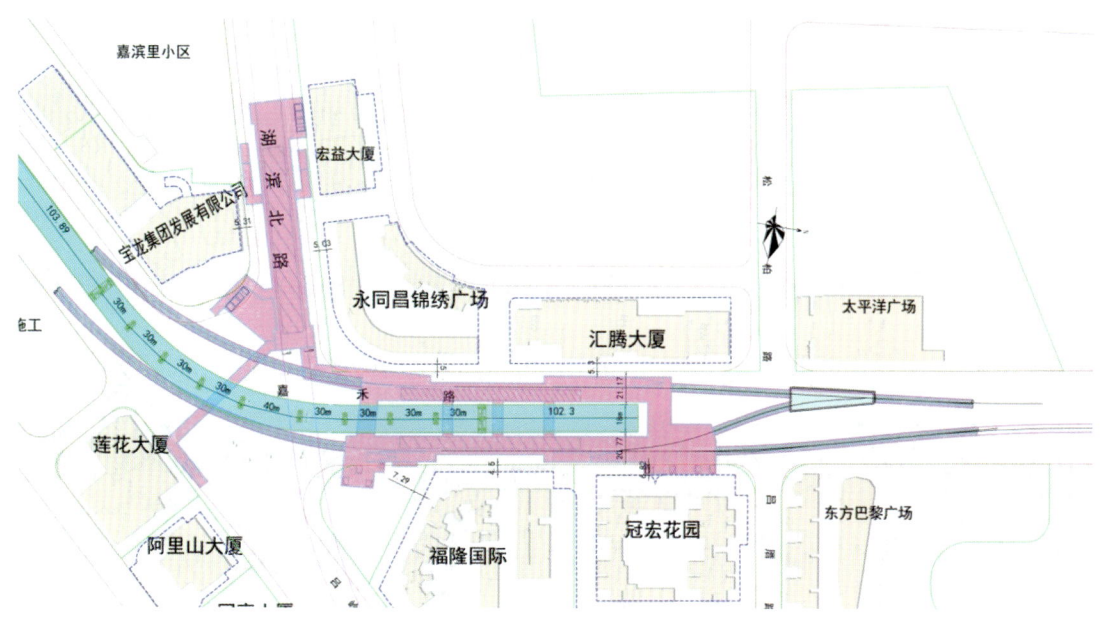

图13.4.4-6　分离岛方案总平面

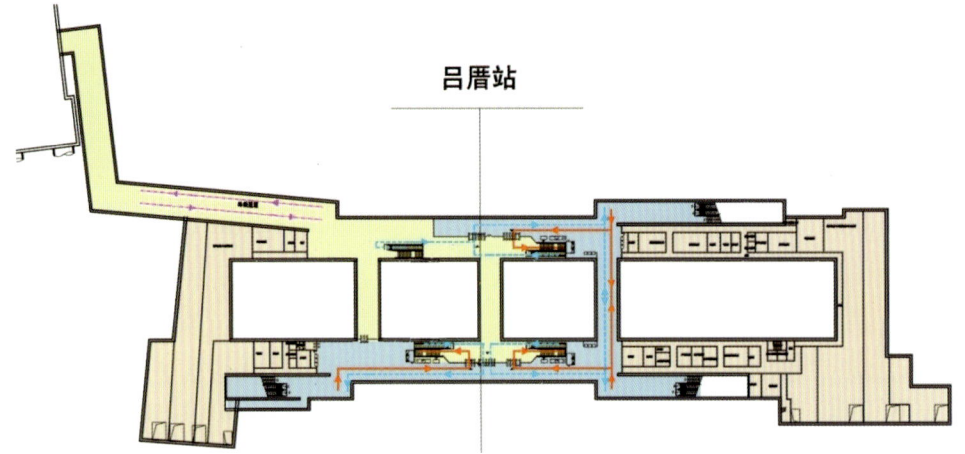

图13.4.4-7 分离岛方案平面

d. 方案比选：

吕厝站前期方案比选见表13.4.4-1。

13.4.4-1 吕厝站前期方案比选表

比较项目	方案一	方案二	方案三
结构形式	地下二层岛式	地下二层岛式位于下穿隧道下方	地下二层分离岛
车站规模	总建筑面积约37560 m²	总建筑面积约35200 m²	总建筑面积约33150 m²
对高架桥的影响	需拆除高架桥，桥还建结合车站设计	需要拆除全部高架桥，拆桥后，设置下穿通道	不需要拆除高架桥，主体施工时高架桥可以通过，需对桥桩进行保护
换乘功能	岛岛L形换乘，换乘距离较短。1号线站台通过换乘楼梯到达2号线站台，2号线换乘1号线需上至站厅层，再下至1号线站台	岛岛L形换乘。2号线站台通过换乘楼梯到达1号线站台，1号线换乘2号线需上至站厅层，通过换乘通道再上至2号线站厅，然后下至2号线站台	分离岛与岛式通道换乘，1号线东侧站台乘客换乘2号线距离较长
换乘距离	1号线换乘2号线90 m，2号线换乘1号线155 m	2号线换乘1号线90 m，1号线换乘2号线170 m	2号线站台到1号线西站台换乘距离为205 m，2号线站台到1号线东站台换乘距离为248 m
基本优点	全拆桥后交通疏解及管线改迁难度低，附属设置情况较好，换乘能力较好，站后可设单渡线，并利用渡线上方物业开发	站后可设单渡线，并利用渡线上方物业开发，可有效缓解嘉禾路交通压力	不拆高架桥，对交通影响小
主要缺点	高架桥还建难度较高，2号线换乘1号线需通过通道换乘	车站需结合隧道设置，1号线换乘2号线需通过通道楼扶梯换乘，出入口提升高度高	通道换乘距离较远，1号线东侧站台乘客换乘2号线不方便

最终选取"拆桥还建"方案，该方案实现吕厝站"岛岛L形"换乘，换乘距离短，换乘能力高，乘客换乘便捷。

② 多层次立体换乘。

吕厝站为厦门轨道交通1号线、2号线换乘站，本站采用L形换乘。结合车站公共区布置客流流线，通过多轮研究与设计，在站厅层、站台层形成多层次立体换乘，实现换乘的便捷、通畅。

a. 车站公共区布局：

1号线站厅层付费区内及非付费区均与2号线连通，付费区内1号线设3组楼扶梯共6扶3楼及1部无障碍电梯连通站台层，2号线设3组共5扶3楼及1部垂梯连通站台层，公共区两侧为设备管理区，如图13.4.4-8所示。

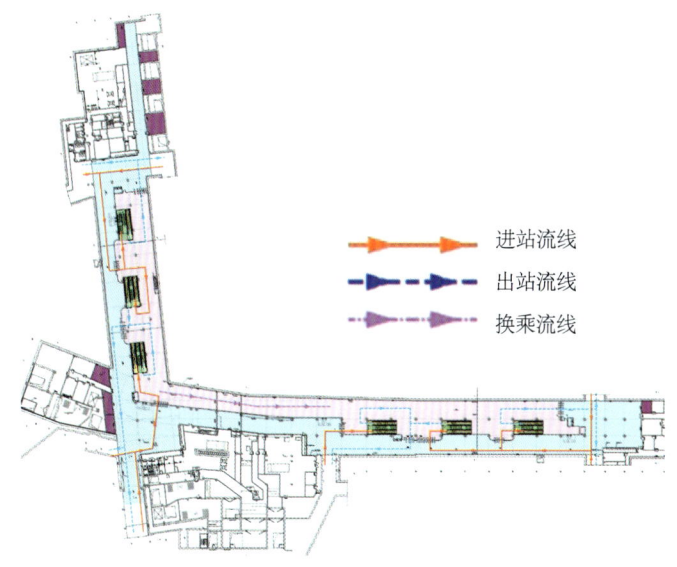

图13.4.4-8　地下一层（站厅层）客流流线

1号线站台层付费区共设3组楼扶梯共6扶3楼及1部无障碍电梯连通站厅层，站台南端设置换乘楼梯通向2号线站台层，如图13.4.4-9所示。

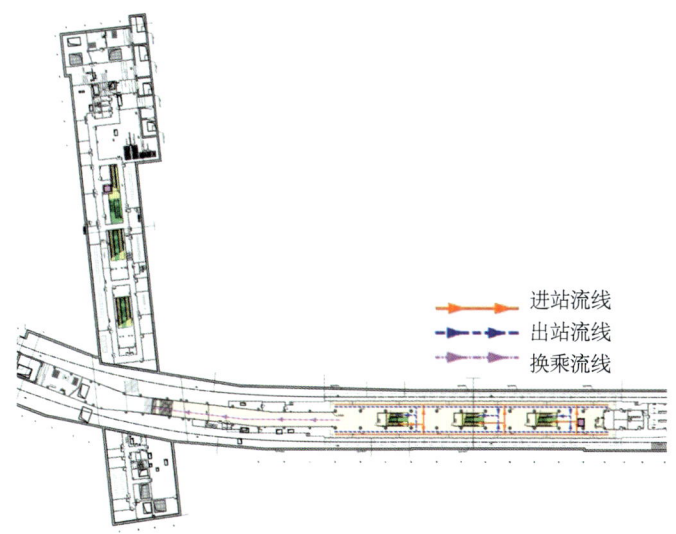

图13.4.4-9　地下二层（1号线站台层、2号线设备层）客流流线

2号线站台层付费区共设3组楼扶梯共5扶3楼及1部无障碍电梯连通站厅层，站台东端设置换乘楼梯通向1号线站台层，如图13.4.4-10所示。

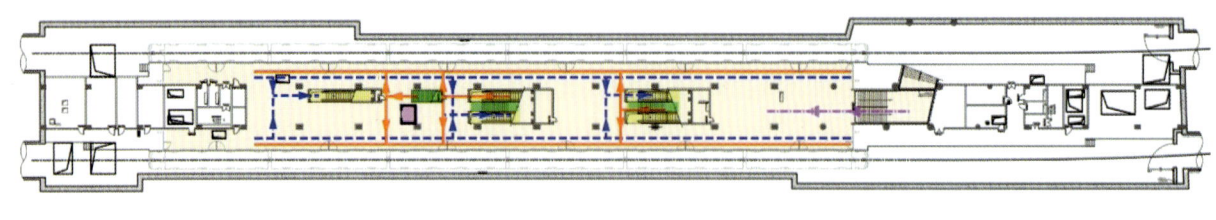

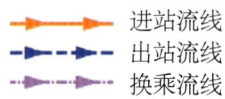

图13.4.4-10　地下三层（2号线站台层）客流流线

b.换乘客流流线组织（图13.4.4-11）：

1号线换乘2号线：通过1号线地下二层站台层的L形换乘楼梯向下→2号线地下三层站台层。

2号线换乘1号线：通过2号线地下三层站台层→垂直交通设施→2号线地下一层站厅层→1号线地下一层站厅层→垂直交通设施→1号线地下二层站台层。

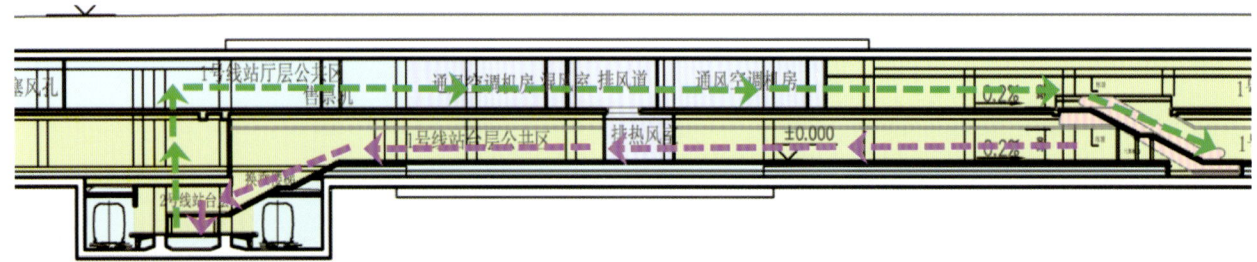

图13.4.4-11　换乘客流流线剖面

（2）车站结构设计

1）工程概况：

吕厝站为厦门轨道交通1号线与2号线换乘车站。1号线车站沿嘉禾路南北向布置，为地下二层岛式站台车站，采用双柱三跨钢筋砼框架结构，为全包防水形式。车站两端区间均采用盾构法施工，车站小里程端为盾构调头井，大里程端为盾构接收井。车站采用明挖法，分6期施工。车站基坑围护型式采用地下连续墙+内支撑的围护体系。

2）工程地质与水文地质条件：

车站底板主要位于残积砂质黏性土层（11-1），坑底以下围护桩主要位于全风化花岗岩（17-1）及散体状全风化花岗岩（17-2）中，如图13.4.4-12所示。

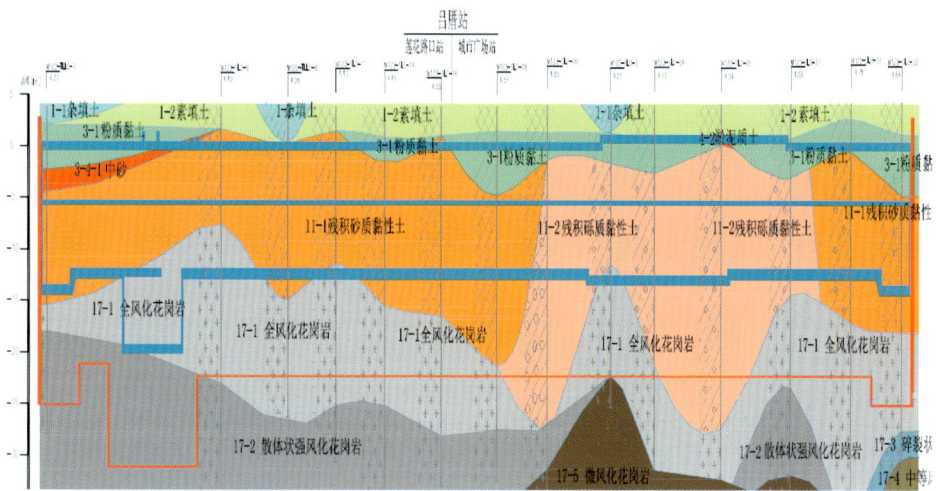

图13.4.4-12 地质纵断面

3)主体围护结构设计:

车站围护结构采用800 mm地下连续墙,标准段地下连续墙插入深度为9.37 m;沿基坑竖向设置4道支撑,第一道为钢筋混凝土支撑,其余支撑为Φ609 mm×16 mm的钢管支撑。

标准段围护结构横剖面如图13.4.4-13所示。

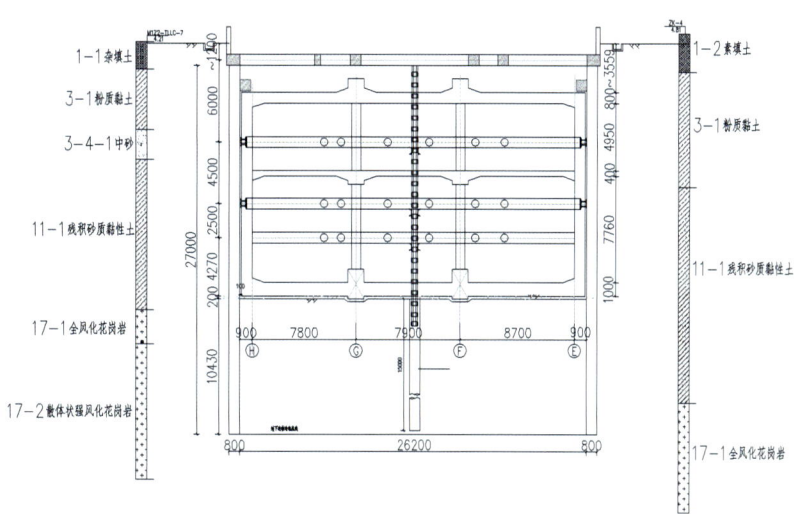

图13.4.4-13 标准段围护结构横剖面

4)主体内部结构设计(换乘段):

为了不影响主体结构施工,1号线吕厝站车站主体结构正上方既有立交桥拆除还建。

还建立交桥与1号线主体结构同时施工,考虑桥梁墩台与主体结构共同受力、共同变形的特点,为了使所建的三维模型能够真实地反映换乘节点的受力情况,选择变形缝处为建模的边界,建立三维数值模型。计算区域如图13.4.4-14所示。

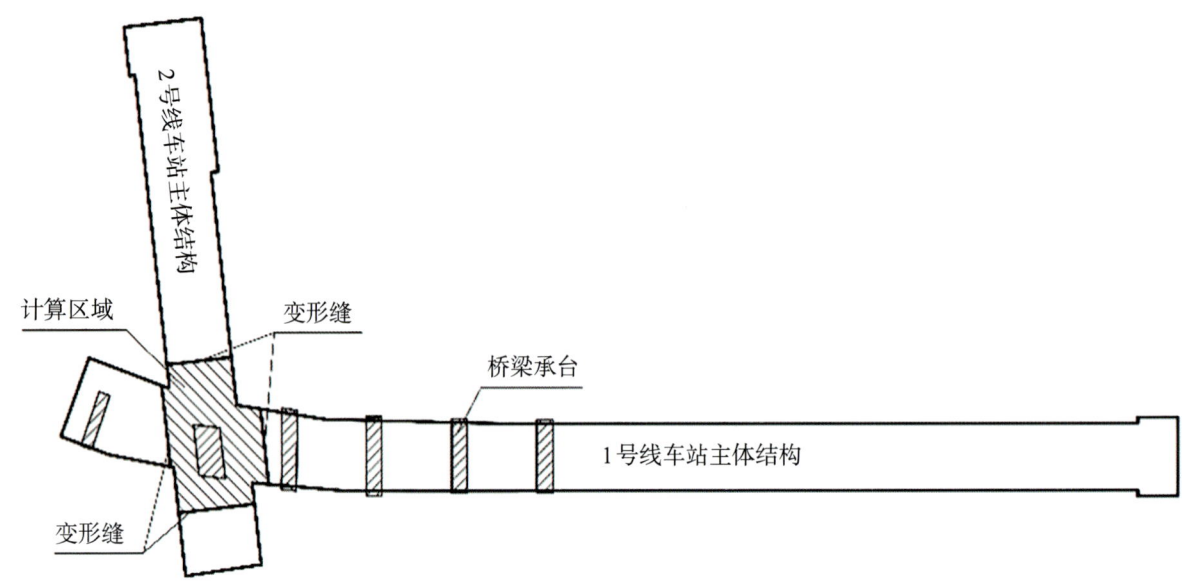

图13.4.4-14 数值计算区域选择（图中仅示出主体结构）

还建桥梁与1号线车站主体结构横剖面示意如图13.4.4-15所示。桥梁承台与结构顶板作为一个整体同时浇注，车站框架柱与桥梁桩基"合建"。

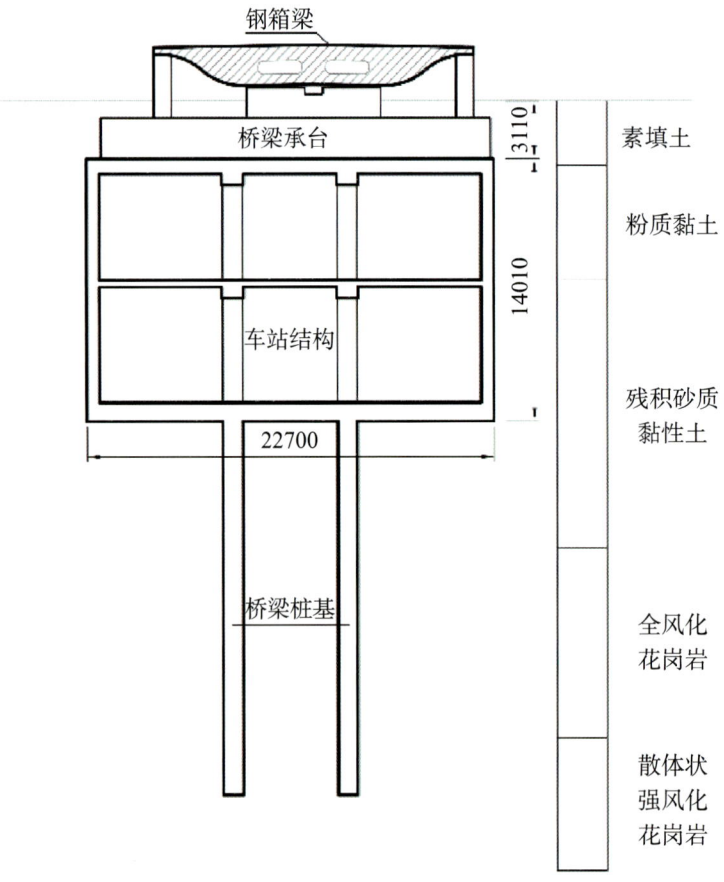

图13.4.4-15 车站结构与桥梁横断面关系

为了进一步了解该站换乘节点部分结构的受力情况，便于确定合理的结构设计参数，进行了有限元数值模拟。计算模型的网格划分如图13.4.4-16所示。

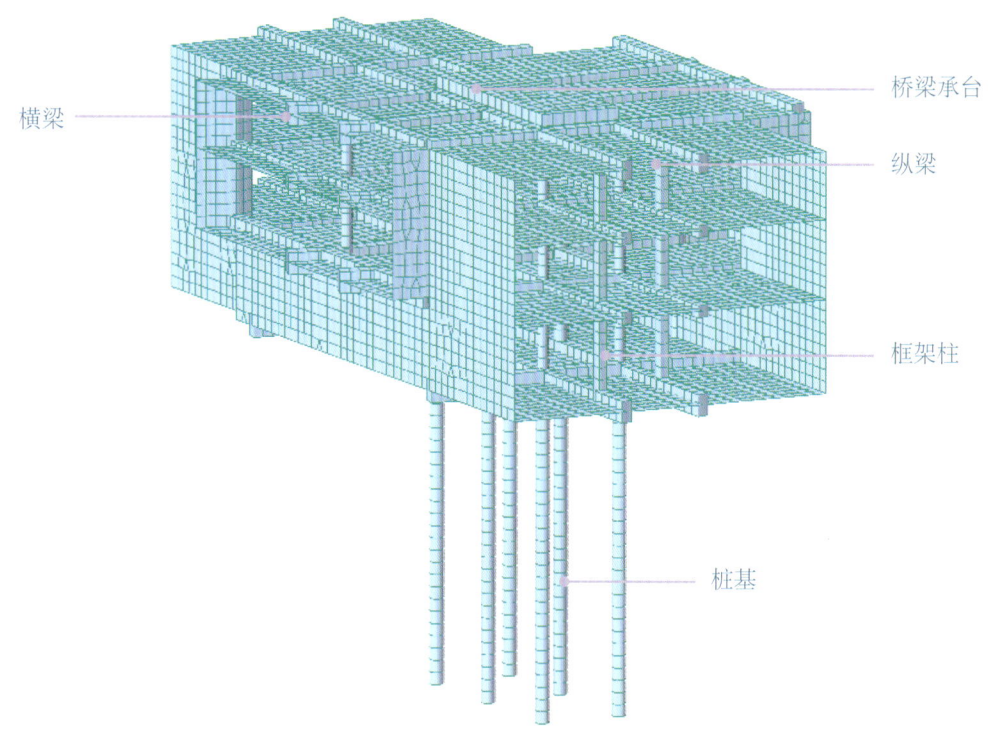

图13.4.4-16　换乘节点处各层板纵、横梁布置

对模型中的侧墙添加水平弹簧，底板添加竖向弹簧，变形缝处施加滑动约束，桥梁桩基底端施加固端约束。

建模使用的材料除框架柱及桥梁桩基为C45外，其余梁、板、墙等材料均为C35。

数值模拟计算的是换乘节点使用阶段的静力工况。侧墙所受压力为水土分算压力，水位面依据地质勘查报告取在地面。1号线地下二层板在换乘节点处施加列车动荷载。除此之外，在桥梁承台处还需施加上部桥墩传来的集中力及弯矩。

梁在换乘节点处所受弯矩比标准段大，在基本组合工况下，顶梁在跨中所受弯矩约为5200 kN·m，地下1层梁所受弯矩约为1300 kN·m，地下二层梁所受弯矩约为11000 kN·m，底梁所受弯矩约为14000 kN·m。换乘节点在地下二层处由于需要承受列车动荷载，梁所承受的弯矩较大；顶梁及地下一层梁跨中所受弯矩约为标准段跨中弯矩的2倍，设计中需重点注意。

1号线板与2号线板在相交处弯矩较大：顶板处弯矩约为1500 kN·m/m，地下一层板处约为300 kN·m/m，地下二层板处约为600 kN·m/m，底板处约为1700 kN·m/m。可见，此种节点处受力较大，设计中需加强配筋。同时，各层板拉、压应力均符合设计要求。

换乘节点处框架柱轴力整体偏大：地下一层处柱轴力约为4000 kN，地下二层处约为7000 kN，地下三层处约为11000 kN。为了满足规范中规定的轴压比限值，设计中采用圆形截面型钢混凝土柱，截面直径为

1.1 m，型钢采用Q235四肢角钢，混凝土标号为C45，经验算，满足规范要求。

5）工程技术特点及难点解决：

①地铁车站与市政跨线桥合建。

吕厝站站位受线路限制，车站设置于市政桥梁下方，经综合比选及专家论证，采用桥梁承台直接坐落于车站结构顶板上，与顶板整体浇筑的站-桥合建体系。为保证合建结构体系在强度、变形、抗震、防水等方面均能满足使用要求，确保结构变形协调，受力合理，设计过程中重点采取了以下措施：

a.车站结构对桥梁墩台竖向集中荷载的处理。

上部桥墩集中力达9000 kN，如果将该集中荷载直接作用于地铁车站结构顶板上，地铁结构厚度需要过度加大，既不经济也不合理。为控制上部桥梁局部集中力对地铁结构的不利影响，地铁车站结构设计中采取如下针对措施：车站采用双柱设计，中立柱纵向柱跨与上部桥梁跨度相匹配；桥梁承台横向加长、断面加大，并与地铁结构顶板固接；在地铁结构中立柱下设置桩基础，承受上部桥梁荷载，采用端承摩擦桩，控制不均匀沉降。

b.车站结构对桥梁墩台水平（横向、纵向）力的处理。

由于上部桥墩产生的水平力会引起承台转动，造成地铁结构顶板内力超限，故设计中将承台进行加固处理，延长承台长度，把承台与两侧地下连续墙固接，桥梁产生的水平力由地铁结构及地下连续墙构成整体基础承担。

c.地铁车站防水处理。

由于桥梁承台与地铁结构顶板及地下连续墙固接，桩基础与结构底板固接，造成地铁结构外包防水无法闭合，故对固接节点处进行特殊防水处理：桥梁承台纳入地铁结构外防水保护范围，外防水层在桥墩地面处，承台与地下连续墙固接节点处做收口处理；桩基础与底板固接按照桩头防水处理。

②地质复杂，孤石数量多，地下连续墙成槽困难。

吕厝站地质情况复杂，围护结构（地下连续墙、格构柱）在实际施工过程中遇到不同程度的孤石，且深浅不一，甚至出现"葫芦串"现象，单个孤石最大厚度可达5 m。同时也不同程度存在基岩界面较设计提高、碎裂状强风化岩难以成槽等现象。孤石及入岩处理难度大、成本高，严重影响地下连续墙、格构柱施工进度和质量。

针对孤石处理，制订专项处理方案，选用"成槽机+冲击钻+深孔爆破"施工方案，加快围护结构工程施工。地质钻机超前钻孔，探明孤石位置，对小孤石由成槽机直接抓取。地质钻孔过程中的较大较厚的孤石，采用地质钻机加密布置炮孔，利用深孔爆破技术对孤石进行破碎、分割、解体，再次辅助冲击钻冲击处理。由于孤石处理时间长，爆破时和冲击钻连续施工对地层扰动较大，极易出现塌孔现象，影响施工质量和作业安全，因此孤石爆破施工完成后采用三重管高压旋喷桩进行槽壁加固。泥浆主要是在地下连续墙成槽过程中起护壁作用，其质量好坏直接影响到地下连续墙的质量与安全。施工过程针对不同器械（成槽机、冲击钻）、不同地质情况合理配置不同泥浆配合比施工。

13.4.5 火炬园站

(1) 车站建筑设计

1) 总平面布置：

火炬园站为厦门轨道交通1、3号线的换乘站，同期设计，同步实施。车站位于嘉禾路与湖里大道交叉口，沿嘉禾路呈南北向设置。1号线车站为地下三层岛式站台，站后设单渡线，车站总建筑面积为21626 m^2。3号线车站为地下二层岛式站台，车站总建筑面积为13931 m^2。车站共设置6个出入口、4个紧急疏散出入口、4组风亭及2组冷却塔。火炬园站总平面布置如图13.4.5-1所示。

图13.4.5-1　火炬园站总平面

2) 设计亮点：

首先，本站为1、3号线T形节点换乘，提升换乘的便利性；其次，联络线下穿火炬大厦原址，地块内结合火炬大厦重建综合开发整体设计，最大限度地将地铁附属设施与综合体建筑在空间上进行有机整合，大大提高了地下空间的利用率。

(2) 车站结构设计

1) 工程概况：

火炬园站为厦门轨道交通1号线与3号线的换乘站（带联络线），位于嘉禾路、湖里大道的交叉路口，交通极为繁忙。现状站点周边以居住、工业用地为主，分布有部分行政办公、公共服务设施用地。居住用地主要集中于站点西北侧，现状多为2～5层的民宅。1号线车站西南侧和3号线车站东南侧现状为山体，另有两根110kV高压线,一根沿着嘉禾路布设,上跨3号线车站,高压塔距离车站基坑边约7.25m,高压线弦高约7m,施工期间不改迁;另一根沿着湖里大道布设,横跨路口后转向火炬路,施工前改迁。

1号线部分沿嘉禾路呈南北向设置,为15m宽站台地下三层站。1号线火炬园站主体结构基坑深约25m,宽度约26m。3号线部分沿火炬路呈东西向设置,为14m宽站台地下二层站。3号线火炬园站基坑深约20m,宽度约24m。本站基坑开挖采用明挖顺作法施工,交叉路口局部采用盖挖顺作法施工。围护结构型式主要采用排桩(以吊脚桩为主)、内支撑、锁脚锚索结合岩石锚杆,止水帷幕采用桩间高压旋喷桩+深孔注浆止水,盖挖体系采用贝雷梁和现浇混凝土路面板体系。车站两端区间均采用矿山法施工。

2)工程地质与水文地质条件:

火炬园站顶板覆土2.9～3.9m,底板主要位于微风化花岗岩(17-5),局部位于碎裂状强花岗岩(17-3);场区不良地质现象不发育,特殊性岩土主要为人工填土、残积土及风化岩,如图13.4.5-2～图13.4.5-3所示。

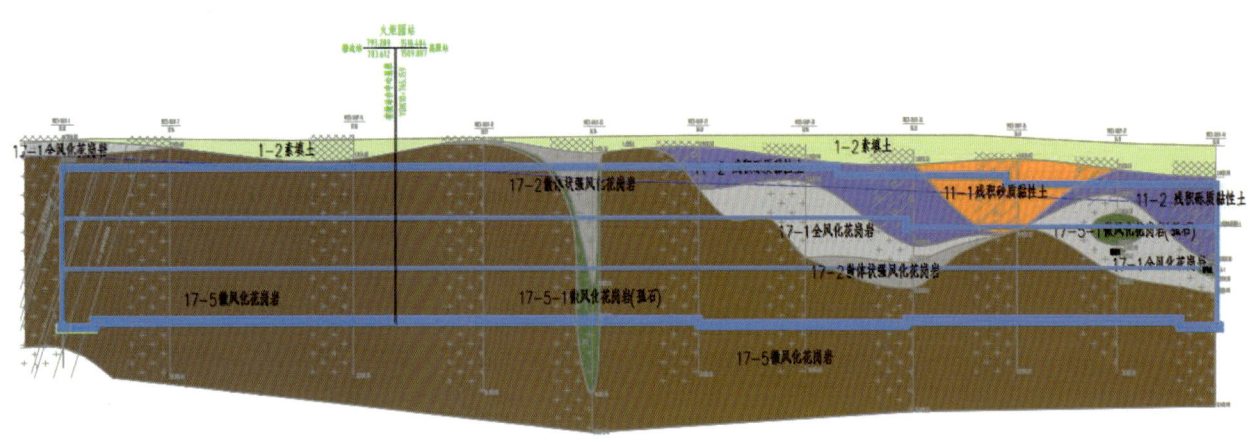

图13.4.5-2　火炬园站(1号线部分)左线地质纵断面

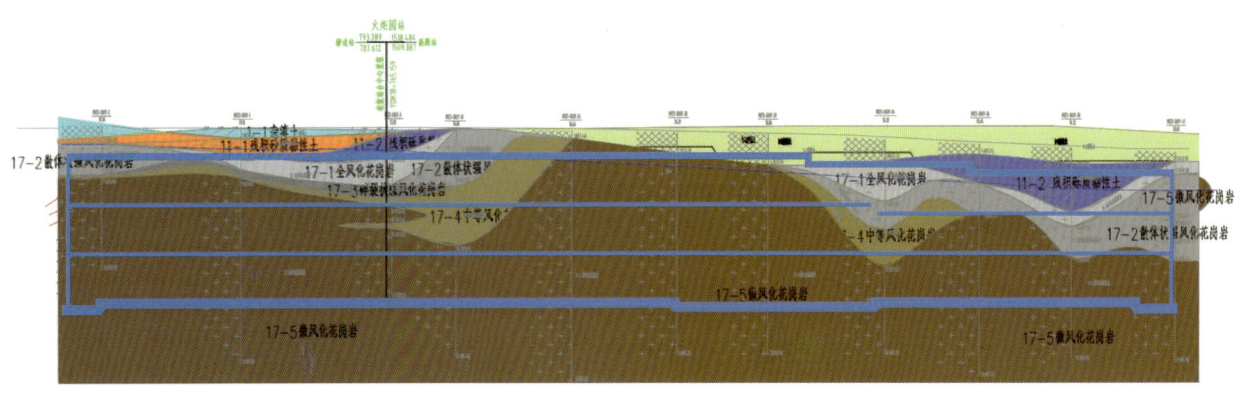

图13.4.5-3　火炬园站(1号线部分)右线地质纵断面

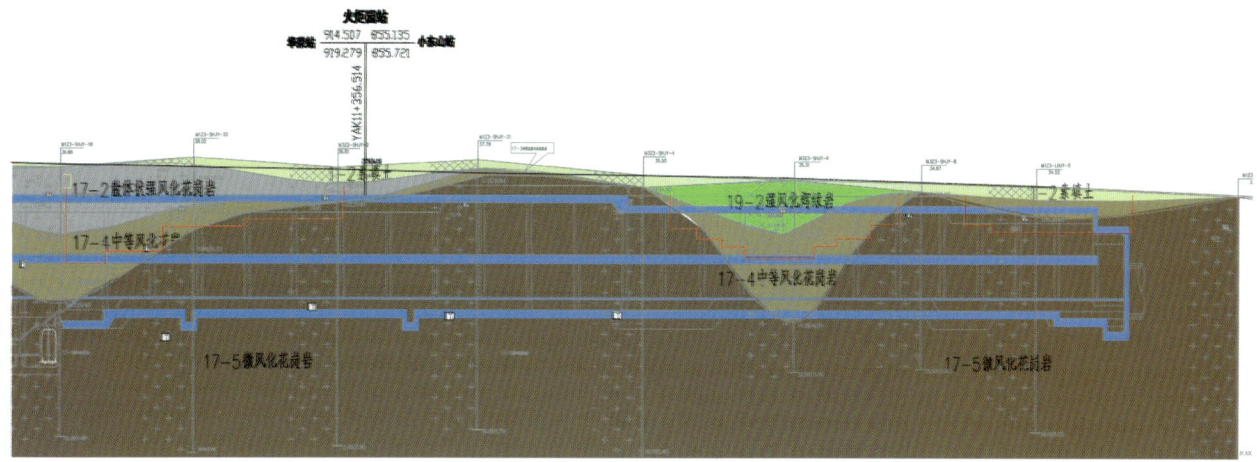

图13.4.5-4 火炬园站（3号线部分）左线地质纵断面

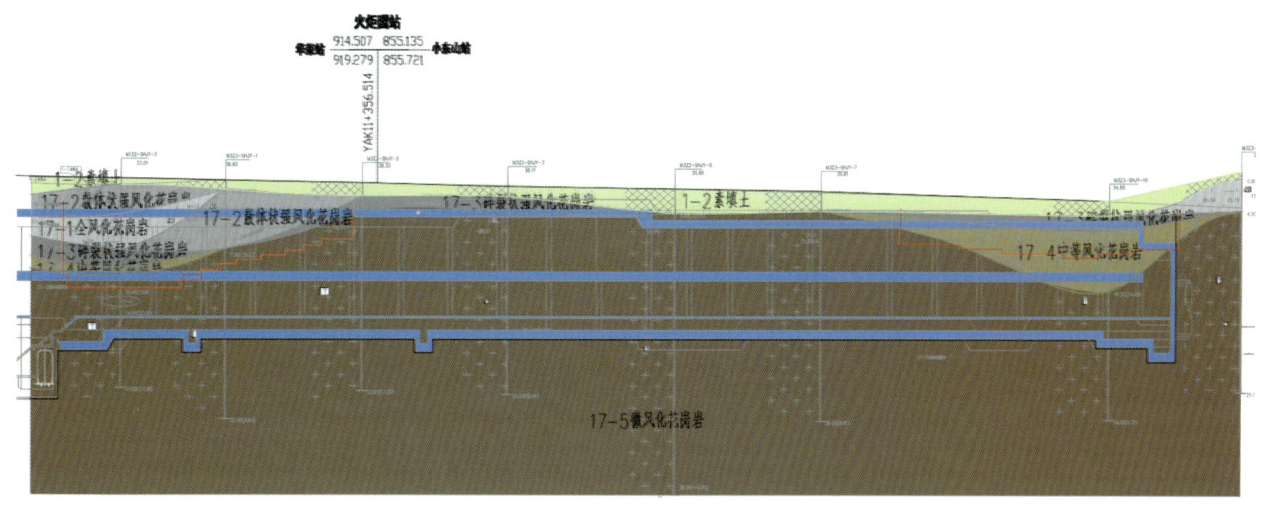

图13.4.5-5 火炬园站（3号线部分）右线地质纵断面

3）主体围护结构设计：

本站为换乘站，基坑开挖深度为15.5～26.9 m，埋深较深。根据本工程的环境条件、工程及水文地质条件，基坑开挖范围绝大部分为残积砂质黏性土及风化岩层。钻孔灌注桩成桩质量可以保证，配合旋喷止水后防水效果好。且与地下连续墙相比，工程造价较低。经综合比较，本工程主体部分围护结构推荐采用Φ1000 mm@1200 mm钻孔灌注桩（吊脚桩）加锚索背拉结构。灌注桩插入微风化花岗岩1.5 m，桩底至坑底采取岩石锚杆支护。

结合本车站的周边环境和地质情况，1号线主体部分基坑第一道支撑采用钢筋混凝土支撑，水平间距9 m布置，第二、三道支撑使用Φ609 mm钢管支撑，水平间距3 m布置，锁脚锚索布置在桩端，水平间距2.4 m，如图13.4.5-6所示。3号线微风化岩面较低处支撑布置情况同 1号线，岩面较高处布置一道钢筋混凝土支撑，水平间距9 m，如图13.4.5-7所示。

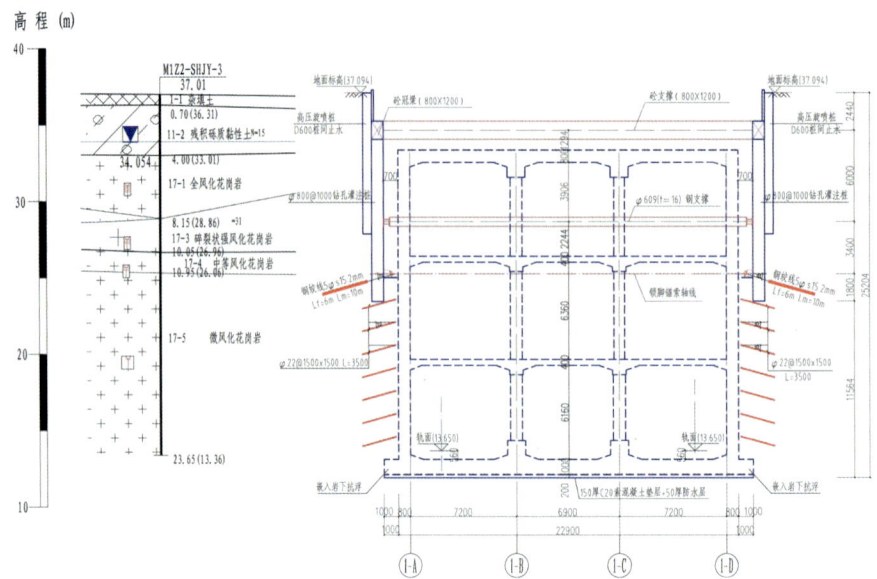

图13.4.5-6 火炬园站（1号线部分）标准段围护结构横断面

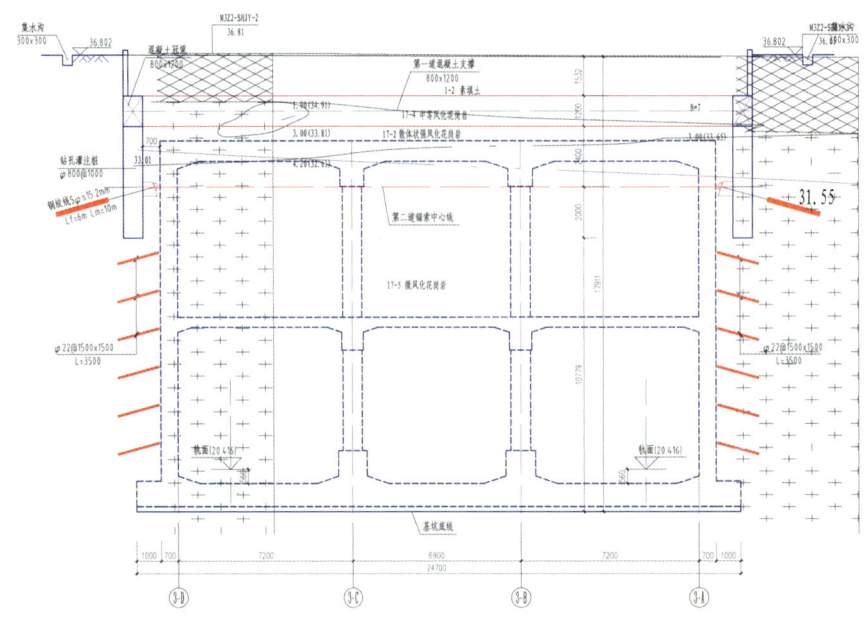

图13.4.5-7 火炬园站（3号线部分）标准段围护结构横断面

4）工程技术特点及难点解决：

火炬园站基坑主要为岩石基坑，基坑深度范围内主要为中微风化花岗岩，该岩石强度大，且岩面线变化较大，施工难度大，如图13.4.5-8所示。火炬园站1号线部分为地下三层站，基坑深度达到25 m，根据详勘报告，本站的抗浮水位在地下0.5 m，这对车站的抗浮提出巨大的考验。

本站采用抗浮脚趾的措施进行抗浮处理，在车站底板范围内做出一个牛腿嵌入周边的岩石内，从而使整个车站与周边的岩体合为一体。但在施工过程中发现，牛腿嵌入处的岩体会因为爆破施工导致碎裂，最终无法起到嵌固作用，导致抗浮措施失效。又考虑到现场基坑内岩石爆破时，基坑侧壁凹凸不平，当侧墙与基坑侧壁之间浇筑混凝土时，浇筑的混凝土可以和岩石视为一个整体，且接触面上的抗剪能力足够大，满足抗浮要求。

图13.4.5-8　火炬园站（1号线部分）基坑现场照片

13.4.6　集美学村站

（1）车站建筑设计

1）总平面布置：

集美学村站是厦门市轨道交通1号线工程唯一的高架站，位于高集海堤与集杏海堤交汇的集美片区南端，车站位于老鹰厦集美火车站东南方向、军事禁区东侧、杏前路南侧地块内，为地上二层12m岛式车站。

站点周边现状以文化娱乐、教育科研用地为主。现状有老鹰厦集美火车站、集美水产局、集美交通运输公司、集美线路工区、集美航海学院水上运动中心等；教育科研用地位于车站北侧，主要是集美大学、华侨大学华文学院、集美中学等，教育科研用地与车站所在的小岛之间有一宽度约62m的排洪渠左右分割，通过银江路桥梁连接。

车站总高12.52m，车站中心里程处轨面高程12.92m，主体建筑面积为7420 m²，总建筑面积为7420 m²。

车站的6个出入口和两个消防疏散口都直通地面；出入口都位于车站正面，直对高集海堤均匀地分布在车站非付费区一侧。预留车站对接综合开发方案，设两条跨路通廊连接，在通廊连接车站端设一扶一楼以对接客流。集美学村站总平面布置如图13.4.6-1所示。

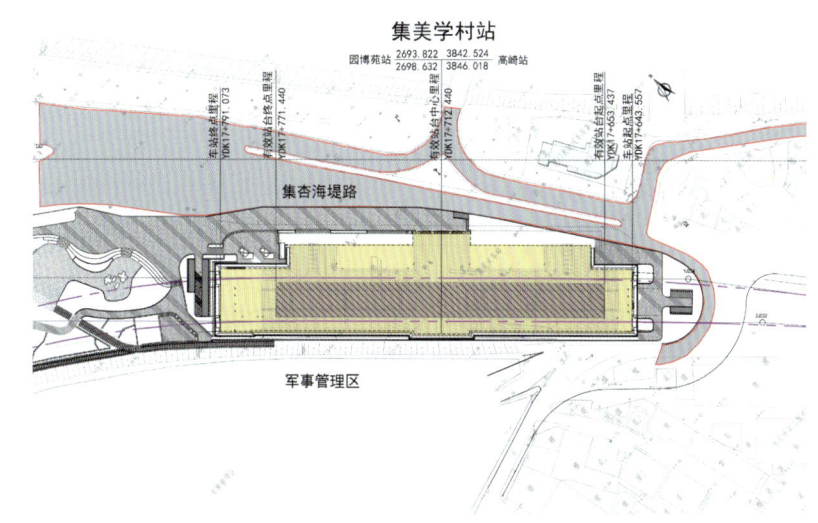

图13.4.6-1　集美学村站总平面

2）车站预留对接商业开发：

集美学村站商业开发设计构建于城市规划结构基础上，对交通系统、开放空间系统进行整合提升，进一步加强与集美学村片区的交通联系和空间互动，充分利用水岸空间进行综合开发规划。

着重人行系统的打造，将海滨、水道以及龙舟池通过人行木栈道、滨海散步道进行连接，在区域内形成有机的人行景观系统。

同时，海滨部分延续了集美学村片区的城市肌理，强调纵向的空间肌理，从而创造了丰富的面海空间，增加面海商业面积，提升海滨整体的商业价值，将商业空间定位为集美客厅，如图13.4.6-2所示。

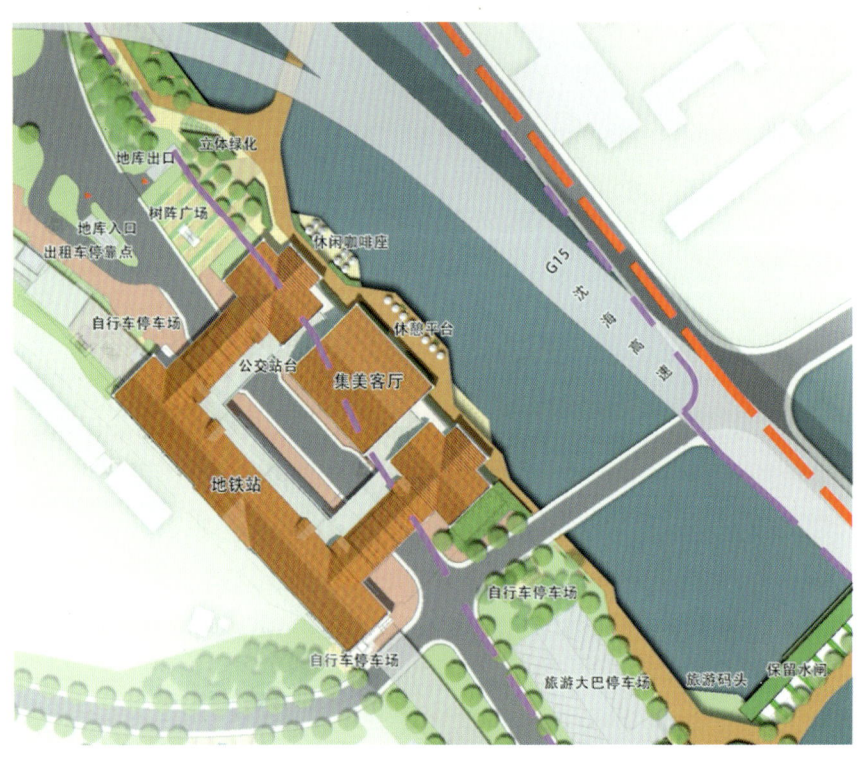

图13.4.6-2　集美学村站商业开发与车站关系总平面

车站于地上二层轨行区侧预留接口对接远期商业开发，乘客出闸机后即能通过室内连廊通往集美客厅商业空间，既保证车站与商业间紧密衔接，又为商业空间提供源源不断的客流。乘客与商业空间流线关系如图13.4.6-3所示。

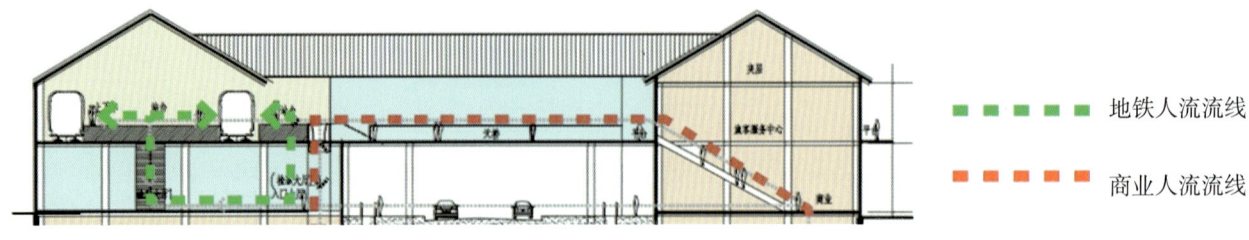

图13.4.6-3　集美学村站商业开发与车站关系剖面

3）立面布置：

建筑地上二层，整体立面造型以地域嘉庚建筑为原型。车站坡屋顶结合轨道接触网限高，中部断开，辅以钢构架平玻璃顶，形成穿插交错的轴线对称式屋顶形态。屋身立面以柱式为主题，多层次的立柱排列增添了建筑立面韵律。

建筑色彩上以红褐色为主，辅以白色的石材和钢构件，契合地域建筑环境；建筑材质上以钢构件支撑玻璃形成建筑屋顶；立面上在钢筋混凝土外面进行大理石贴面和干挂石材，营造出嘉庚建筑中的石材和红砖的形式；在开窗玻璃外辅以铁艺构件，增加建筑细部；建筑细部中，出入口处以骑楼形态，形成灰空间，引导人流；屋面上钢材形成屋脊起翘，站台上以钢构件斜撑呼应斗拱形式，配以柱式上的肋脚收分，增强建筑美感，如图13.4.6-4所示。

图13.4.6-4　集美学村站正立面

4）设计亮点：

集美学村站为厦门轨道交通1号线唯一的高架站。

①在地理位置上，车站西南面环海，滨海景观资源优势突出，同时又是进出岛的主要通道，成为展示城市形象的重要节点。

②在站址环境上，车站周边有始建于五代的龙王庙和渔村石屋，展现了浓郁的地方特色，北侧的集美学村和龙舟池也是集美最具特色的风貌建筑群。

③在建筑风格上，项目周边为集美学村，保留了一大批具有历史风貌的嘉庚风格建筑。因此，方案中力求保持与嘉庚建筑风格统一和谐，采用红色屋顶及具有西式古典建筑风格的山墙，多用线脚与柱式，多用浅色干挂石材的外立面等，保持文脉延续统一。

④在车站站内布置上，把车站设备用房尽量布置于站厅层，在站台层两端布置少量设备房，最大限度保证站台层的通透性。站厅层公共区居中两端均匀布置设备房以适应车站外立面的对称性。

（2）车站结构设计

1）工程概况：

集美学村站为地上二层车站，局部地下一层，位于高集海堤与集杏海堤交汇的集美片区南端，集美火车站东南方向、军事禁区东侧、杏前路南侧地块内。周边交通情况：现状杏前路路基宽约35m，南侧为已废弃的铁路路基，外侧设防浪墙。杏前路为连接杏林和集美的交通要道，车流量较大。

2）工程地质与水文地质条件：

本站范围内上覆地层主要为第四系全新统人工填土层（Q^s）黏土质素填土、砂质素填土、抛石，第四系残积（Q^{el}）残积砂质黏性土，下伏基岩燕山晚期第二次侵入（$\eta\gamma5^{3(1)b}$）花岗岩和（γ^δ）辉绿岩。

3）结构设计方案：

高架车站结构选型一般有3种方案，分别是桥建分离、桥建部分合一和桥建合一。结合建筑、线路及周边地理环境，本工程主体结构方案采用桥建合一混凝土框架结构，屋面采用钢结构。车辆荷载直接作用于车站框架梁板上，结构整体性好，抗震性能优异，建筑效果良好。但结构计算复杂，车站结构需计算列车移动荷载，且承轨层及其支撑竖向构件需满足桥梁设计规范的相关要求。

主体结构为地上二层高架岛式车站，采用钢筋混凝土纯框架结构的桥建合一的结构型式，纵向主要柱距9.75 m和4.8 m，横向柱距7.0 m和6.6 m。车站地面一层为站厅层，地上二层为站台层。

根据国内其他城市地铁工程高架车站的设计施工经验，考虑到沉降要求较高，本工程采用Φ800 mm钻孔灌注桩作为基础，桩端以中等风化花岗岩<17-4>作为持力层。桩底进入持力层的深度不应小于0.5 m，桩顶标高-2.900 m的预估最小桩长为15～32 m不等，单桩竖向承载力特征值3400 kN。桩采用双控，以进入持力层深度为主，以控制桩长为辅。中风化岩面较陡处以最低点为桩端进入岩面点，进入岩层不得小于0.5 m。

集美学村站计算模型如图13.4.6-5所示。

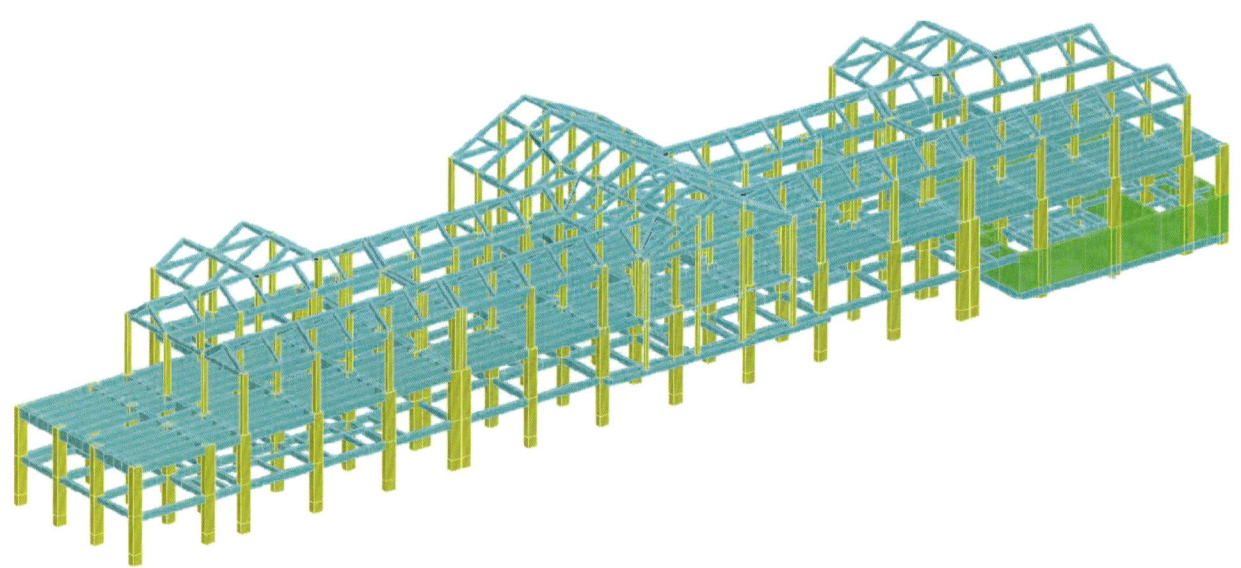

图13.4.6-5　集美学村站计算模型

4）工程技术特点及难点解决：

高架车站按照设计使用年限100年设计；按照《DBJ-T13-141—2011 福建省建筑结构风压规程》第4.0.2条，厦门的100年重现期的风压为0.95 kPa。经过计算，车站Y方向最大层间位移角及Y方向最大位移与平均层间位移的比值均满足要求，说明车站形状、刚度、质量分布是合理、科学的。

2016年9月15日3点05分"莫兰蒂"在翔安登陆，风速48 m/s，4点瞬时风速达到54.9 m/s，风力创下了厦门市有气象记录以来的新高。集美学村站在本次台风中几乎完好无损，也很好证明了车站设计的合理性。

13.4.7 官任站

(1) 车站建筑设计

1) 总平面布置：

官任站为厦门轨道交通1、6号线的换乘站（1号线公共区内预留接口与6号线车站进行换乘）。1号线官任站位于厦门市集美新城中心区，杏林湾路与和新路交叉口，跨杏林湾路布置，呈南北走向，为地下二层12 m岛式站台车站（车站北端局部三层）。6号线官任站，位于杏林湾路与和新路交叉口东侧的杏林湾路路中布置，为地下三层14 m岛式站台车站。1、6号线官任站两站通过通道进行换乘。车站总建筑面积为22508 m^2。

站位周边主要有集美文教区服务中心、诚毅科技馆、诚毅图书馆、诚毅书城等公共建筑，以及规划的居住建筑，另有商业、行政办公、公共服务设施等规划用地。站位周边现状以商业、行政办公、公共服务设施及居住用地为主。官任站总平面布置如图13.4.7-1所示，纵剖面如图13.4.7-2所示。

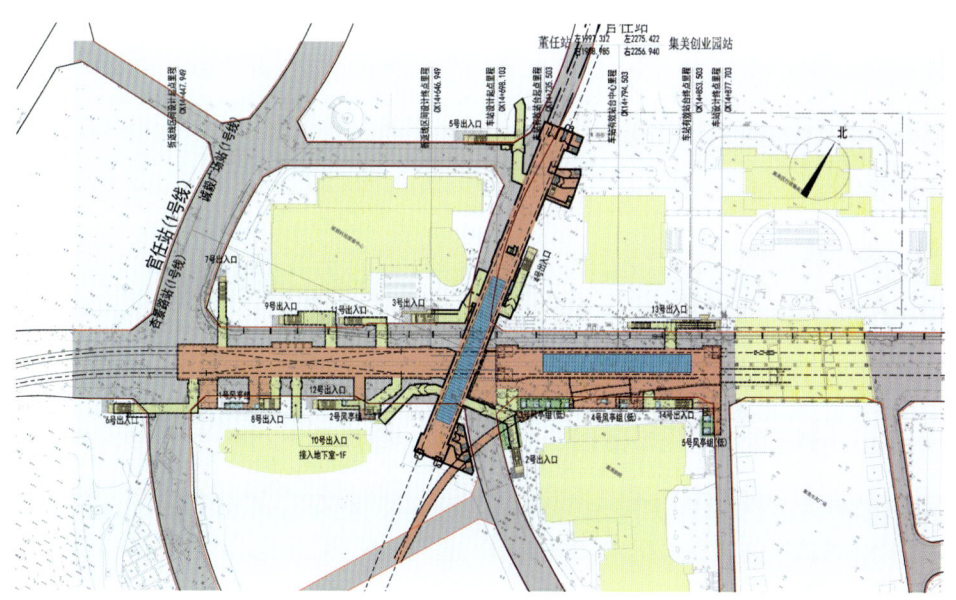

图13.4.7-1 官任站总平面

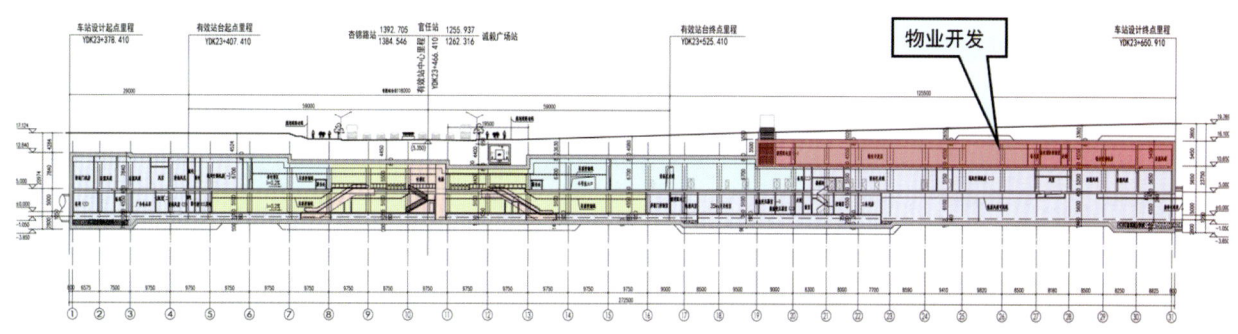

图13.4.7-2 官任站纵剖面

2）设计亮点：

1号线官任站站位处地势南低北高，车站横跨杏林湾路布置，结合地形高差将本站北端设为局部负一层物业开发。有效利用空间资源，是本站的设计亮点之一。

（2）车站结构设计

1）工程概况：

官任站采用地下二层双柱三跨钢筋混凝土框架结构（局部三层）。站后设停车线，停车线与左线正线线间距为4.6 m，采用单洞双线大断面矿山法施工。车站总长度为272.5 m，标准段宽度为20.7 m，有效站台中心里程处顶板覆土为4.45 m，有效站台中心里程处轨面埋深16.9 m。站后停车线大断面矿山法隧道总长度为332 m。车站小里程端区间均为盾构法施工，车站大里程端右线接盾构法区间，左线接矿山法。车站小里程端设2个盾构吊出井，大里程端右线设1个盾构吊出井。

2）工程地质与水文地质条件：

本站范围内地形起伏相对较大，以坡残积台地为主，车站所在位置为在建的和新路及中央公园小山包，和新路尚未通车，现状作为周边公共建筑的施工便道使用。本工点范围内上覆地层主要为第四系全新统人工填土层（Q^s）黏土质素填土，第四系残积（Q^{el}）残积砂质黏性土，下伏基岩燕山晚期第二次侵入（$\eta\gamma 53^{(1)b}$）花岗岩，局部为侵入辉绿岩（γ^δ），如图13.4.7-3所示。

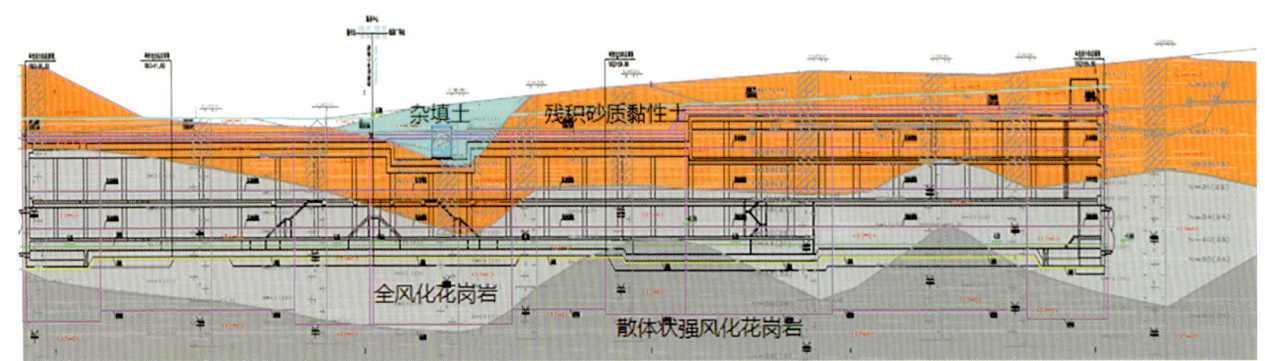

图13.4.7-3　地质纵剖面

3）主体围护结构设计：

官任站采用明挖顺筑法施工，车站主体基坑平面长度为272.5 m，标准段宽度为20.7 m，盾构扩大段为24.8 m，基坑深度约18.56～23.68 m。采用Φ1000 mm@1200 mm钻孔灌注桩，设3道内支撑，桩间采用挂钢筋网喷射混凝土挡土。第一道支撑为钢筋混凝土支撑，水平间距约9 m；第二、三道支撑为Φ609 mm×16 mm钢支撑，水平间距约3 m；局部三层第四道支撑为Φ609 mm×16 mm钢支撑，水平间距约3 m；腰梁采用2工45C组合钢围檩，斜撑采用钢筋混凝土支撑；角部板撑厚300 mm。

标准段围护结构横剖面如图13.4.7-4所示。

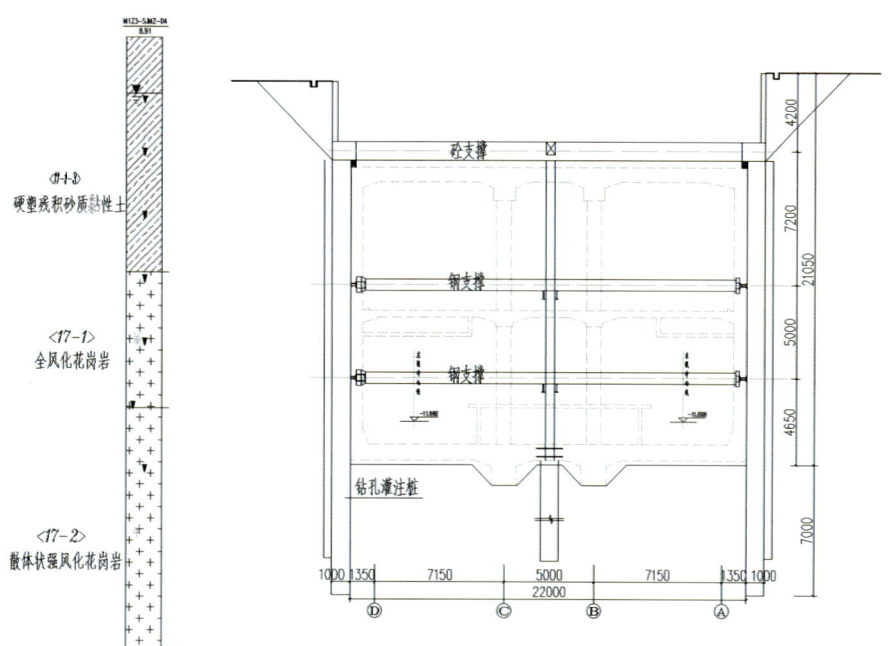

图13.4.7-4 标准段围护结构横剖面

4）工程技术特点及难点解决：

车站范围内地形起伏较大，为地下二层12 m岛式站台车站（车站北端局部三层），采用双柱三跨钢筋混凝土框架结构，站后设停车线，停车线与左线正线线间距为4.6 m，采用双线单洞大断面矿山法施工。

①站后停车线与右线正线盾构隧道净距较小。

站后设停车线，和正线左线一起采用单洞双线大断面矿山法施工，总长度为332 m，与右线最小净距3.85 m，如图13.4.7-5所示。

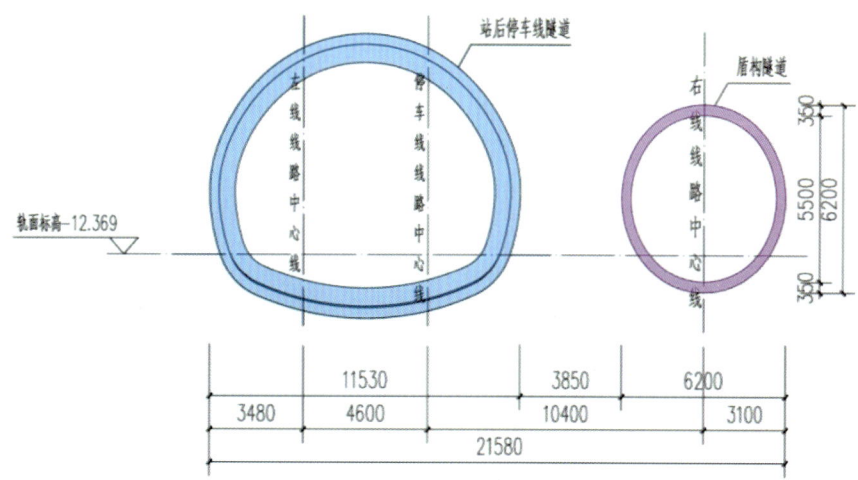

图13.4.7-5 站后停车线与右线盾构隧道断面关系

根据工筹，右线盾构隧道先施工，然后施工停车线隧道。由于停车线隧道施工会对右线盾构隧道带来较大的风险，为减小站后停车线施工时对盾构隧道造成的影响，对矿山法隧道采取以下措施：

　　a.超前支护：采用大管棚和超前小导管周壁预注浆。

　　b.钢筋格栅拱：每榀格栅拱纵向间距0.5 m。

　　c.锁脚锚管。

　　d.钢筋网：全断面设双层钢筋网。

　　e.喷射混凝土：C25早强混凝土，厚350 mm，需分层喷射。

　　f.二衬：600 mm。

原设计停车线隧道采用交叉中隔壁法（CRD法）6步开挖施工，后现场施工单位通过对试验段的施工，并结合井点降水，在监测数据无异常的情况下，为方便施工变更为中隔壁法（CD法）施工。工程实施前，对站后停车线隧道与右线盾构隧道相互影响进行研究分析。

根据三维数值模拟计算结果，对比变形控制标准（图13.4.7-6～图13.4.7-12），可以得到以下结论：采取加固措施后，隧道开挖影响范围内的盾构隧道管片最大竖向位移-7.37 mm，控制值为10 mm，最大水平向位移1.79 mm，控制值为10 mm，均满足控制要求。

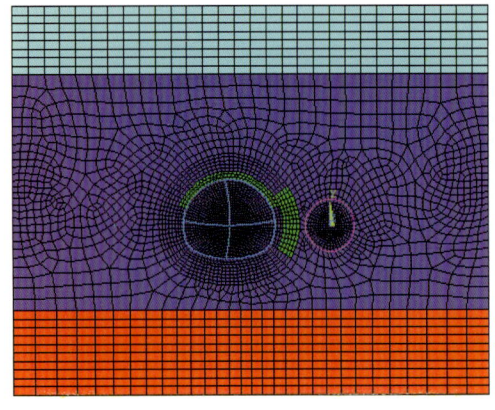

图13.4.7-6　三维模型网格划分

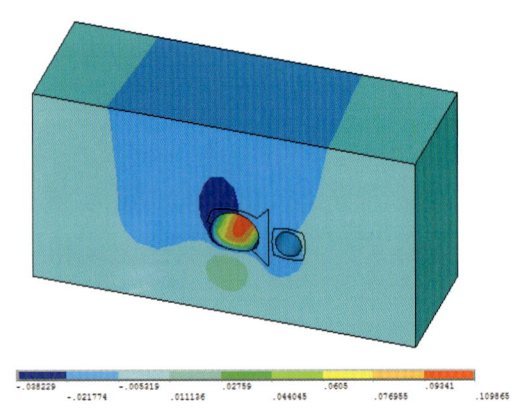

图13.4.7-7　整体竖向位移云图

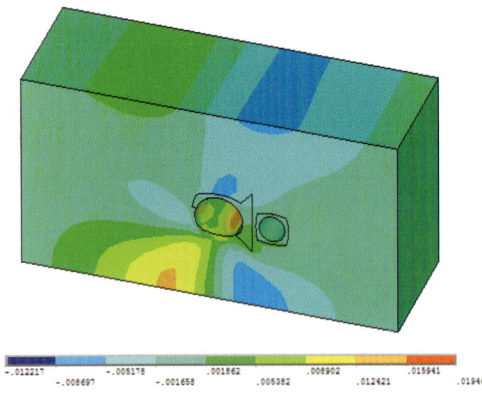

图13.4.7-8　整体水平位移云图

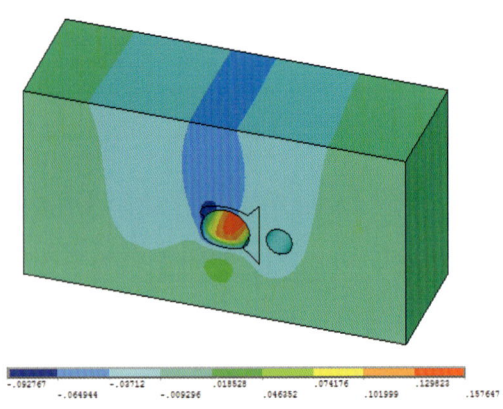

图13.4.7-9　管片竖向位移云图

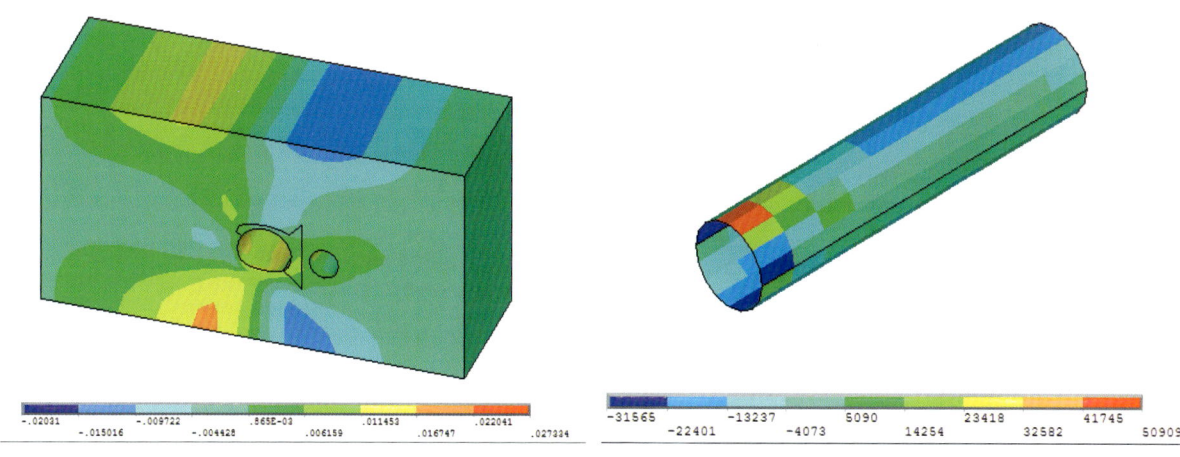

图13.4.7-10 管片水平位移云图　　图13.4.7-11 管片弯矩云图

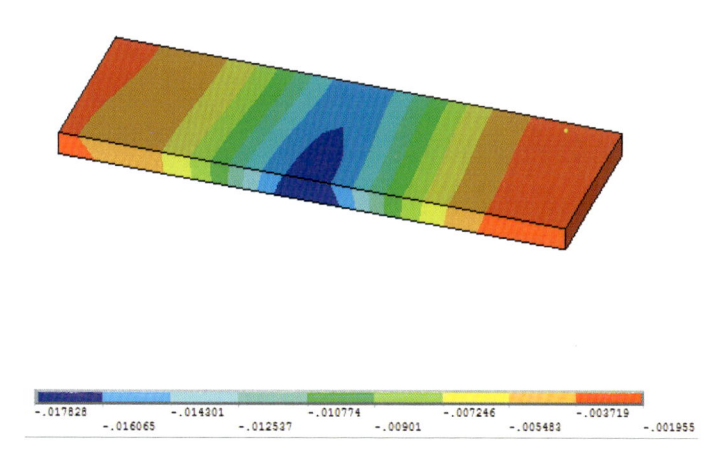

图13.4.7-12 管片弯矩云图

② 与区间隧道工程接口处理。

车站南端为盾构区间，端头预留盾构孔，预埋盾构孔边钢筋。车站北端右线为盾构区间，端头预留盾构孔，预埋盾构孔边钢筋；左线为矿山法隧道，端头预留矿山法隧道二衬纵向钢筋接驳器。

5）典型环境工程控制与保护：

① 车站基坑周边建筑物的控制与保护。

官任站周边地形起伏比较大，北侧为中央公园山包；西侧为诚毅科技馆、诚毅图书馆，诚毅科技馆为地下一层、地上四层框架结构，基础为Φ500 mm预应力管桩基础，诚毅图书馆为地下二层、地上六层框架结构，基础为Φ500 mm预应力管桩基础；东侧为集美文教区服务中心，集美文教区服务中心为地下一层、地上五层框架结构，基础为Φ500 mm预应力管桩基础，如图13.4.7-13所示。

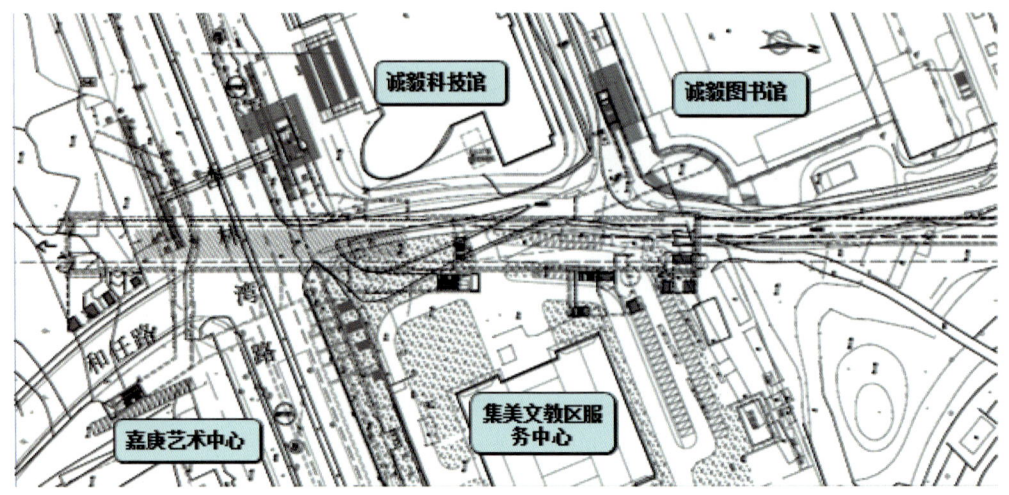

图13.4.7-13　车站与建筑物平面关系

为控制车站基坑对周边影响，对车站基坑及基坑与周边建筑物采取一定措施进行控制：

a. 车站主体围护结构采用Φ1000 mm@1200 mm围护桩，采用一道砼支撑及两道钢支撑，钢支撑施加预加轴力以控制土体变形。

b. 加强对工程风险相关建构筑物的监控量测，做到信息化施工。

c. 对距离基坑（主体基坑及附属基坑）较近的建筑物基底采用预埋袖阀管、注浆地层的措施进行加固，围护结构与建筑物距离小于5 m时，在围护桩外打设一排三轴搅拌桩进行加固。

② 停车线暗挖隧道下穿村庙。

新建村庙为一层砖混结构，位于站后停车线隧道正上方，距离拱顶21.26 m，拱顶以上为黏土、残积可塑状砂质黏性土和残积硬塑状砂质黏性土。停车线隧道与新建村庙关系如图13.4.7-14和图13.4.7-15所示。

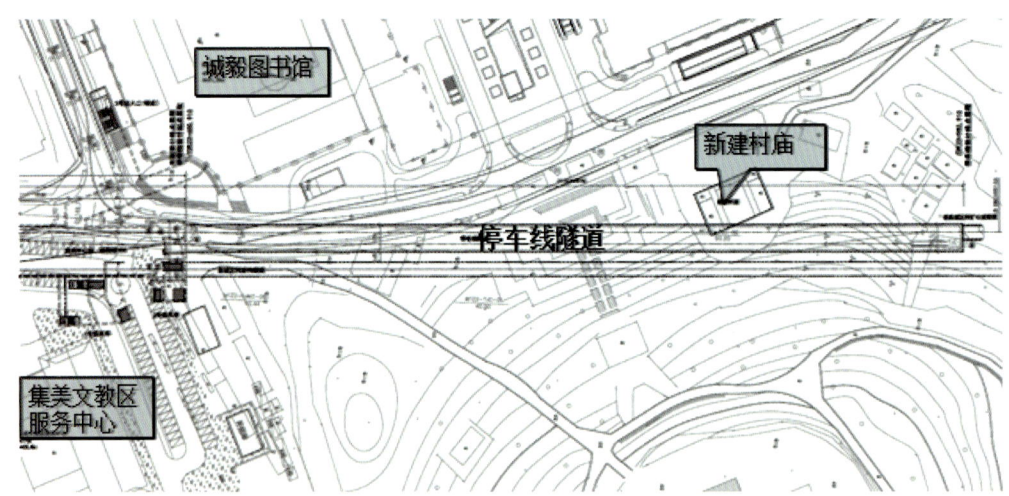

图13.4.7-14　停车线隧道与村庙平面关系

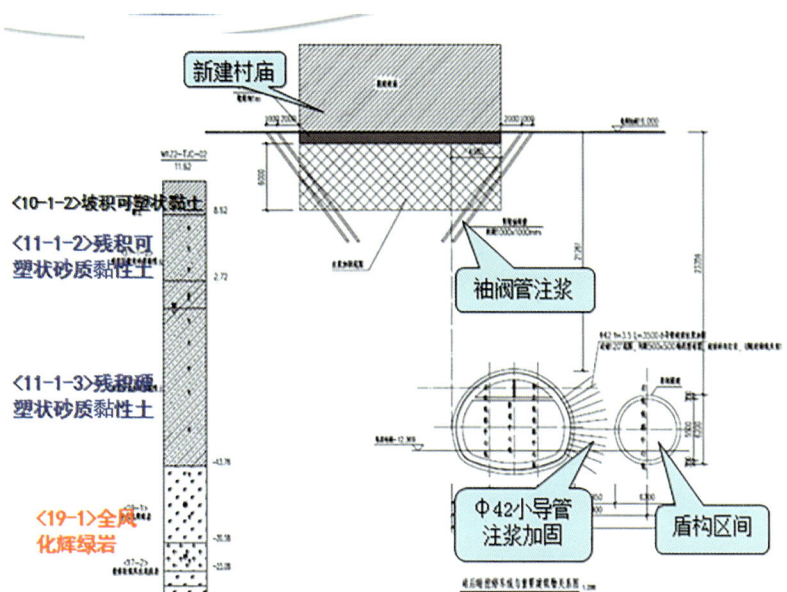

图13.4.7-15 停车线隧道与村庙竖向关系

为保护村庙，在暗挖隧道上方预埋袖阀管，施工期间对其加强监测，根据监测情况对隧道上方土体进行注浆加固。注浆加固方法：向基础下方斜向打设袖阀管，使隧道与基础之间的黏土层充分固结，提高承载力。

盾构隧道在矿山法隧道完成之后施工，为保护已完成的隧道，在靠近盾构隧道侧拱腰采用Φ42mm小导管进行注浆加固。

13.4.8 厦门北站

（1）车站建筑设计

1）总平面布置：

厦门北站是厦门市轨道交通1号线工程与国铁衔接的车站，同时也是1、4号线的换乘站。1号线厦门北站位于国铁厦门北站南北广场联络通道下方，南北向布置，车站为地下一层5m侧式车站，采用地下一层三柱四跨钢筋混凝土框架结构。1、4号线的厦门北站通过通道进行换乘。

站位周边主要有厦门北站、岩内村、时代广场、后溪长途汽车站等，站位周边规划以商业、铁路、广场、绿化、公共交通用地为主，在既有动车站房北侧规划增设7台15线高铁站房。

车站中心里程处轨面埋深10.3 m，主体建筑面积为20029 m^2，附属建筑面积为1969 m^2，总建筑面积为21998 m^2。

1号线部分车站共设置6个出入口、8个消防疏散口、5组风亭及1组冷却塔。厦门北站总平面布置如图13.4.8-1所示。

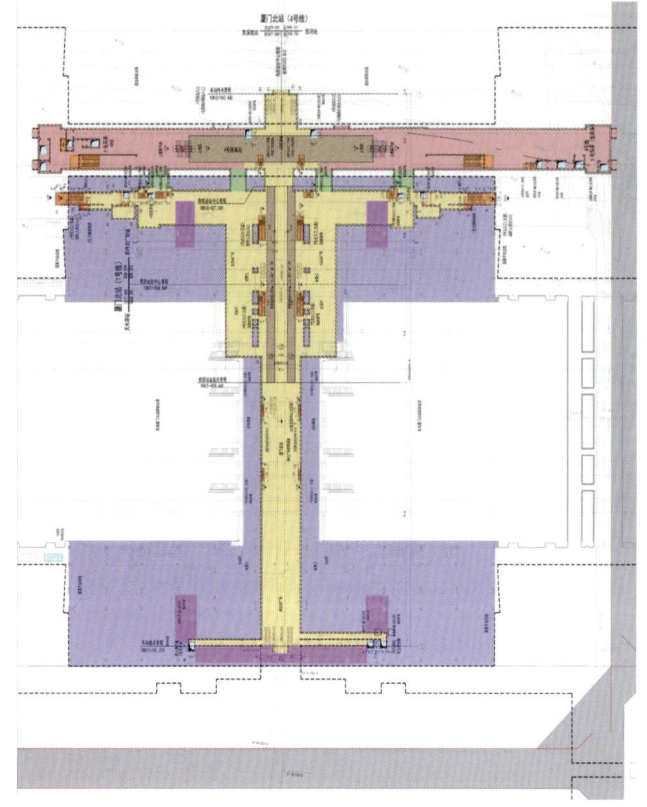

图13.4.8-1　厦门北站总平面

2）方案改造情况：

①土建预留情况。

1号线厦门北站位于国铁厦门北站南北广场联络通道下方，车站土建部分于国铁站房实施期间同步实施，如图13.4.8-2所示。

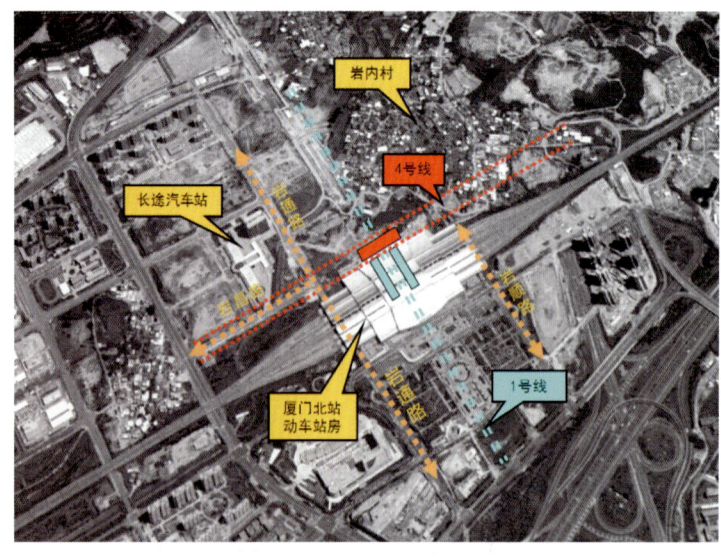

图13.4.8-2　厦门北站位置示意

原预留方案1、4号线为岛侧T形换乘车站，其中1号线车站为地下一层5m侧式车站，有效站台长118m，车站总长度为332.2m；4号线车站设置为地下二层12m岛式车站，有效站台长80m，车站总长度为176.70m。预留1号线地下一层南侧主体土建已实施，国铁通道内出入口及南侧落客平台下方风亭已实施完成，北侧主体未实施；预留4号线主体土建部分已实施，附属未实施，如图13.4.8-3所示。

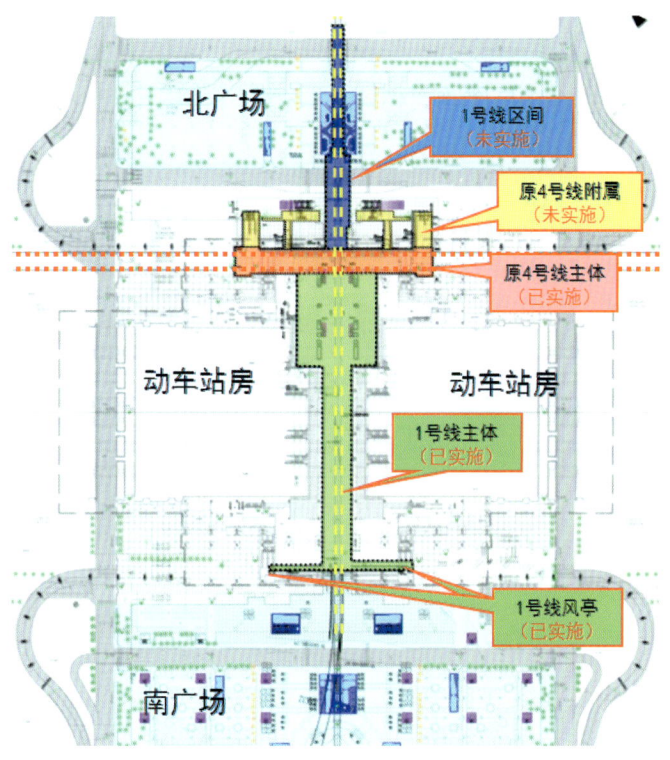

图13.4.8-3　厦门北站原方案总平面

② 规划情况。

根据高铁厦门北站线站位最新方案，高铁厦门北站站房设于既有动车站房北侧，轨道采用路基形式，站台标高平动车站台。将厦门北站设计成一个集福厦铁路、厦深铁路、龙厦铁路、向莆铁路以及城市快速公交系统（BRT）、轨道交通（1、4号线换乘站）、公交始末站、出租车、旅游大巴和社会车辆等多种交通方式于一体，以"零换乘"的理念设计建设的大型综合客运交通枢纽，如图13.4.8-4所示

③ 地铁厦门北站改造方案（图13.4.8-5）。

a. 将原4号线站位北移出落客平台，利用两个国铁站房间集散广场的地下空间设置，避开已建落客

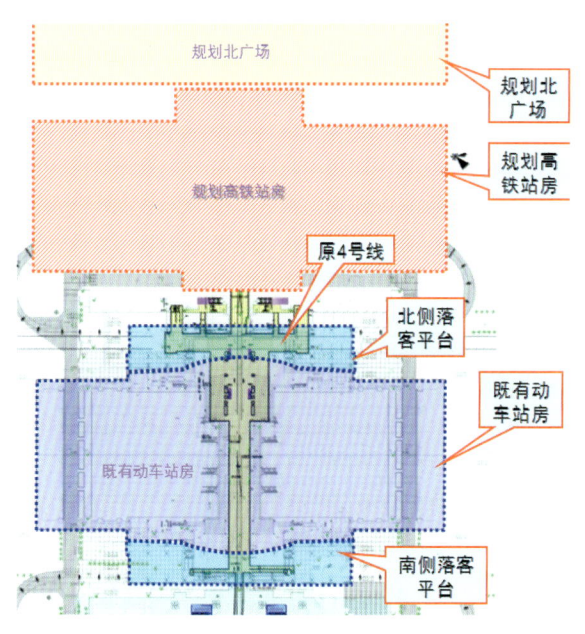

图13.4.8-4　厦门北站新规划

平台，车站实施条件更好，风险更小。

b. 按照6B编组16m宽站台设计，车站功能改善。

c. 利用原4号线站厅作为1、4号线扩大换乘空间，符合枢纽站功能需要。

d. 利用原4号线站台及部分站厅作为1号线设备管理用房，使得1、4号线用房分开，有利于1号线先行通车运营。

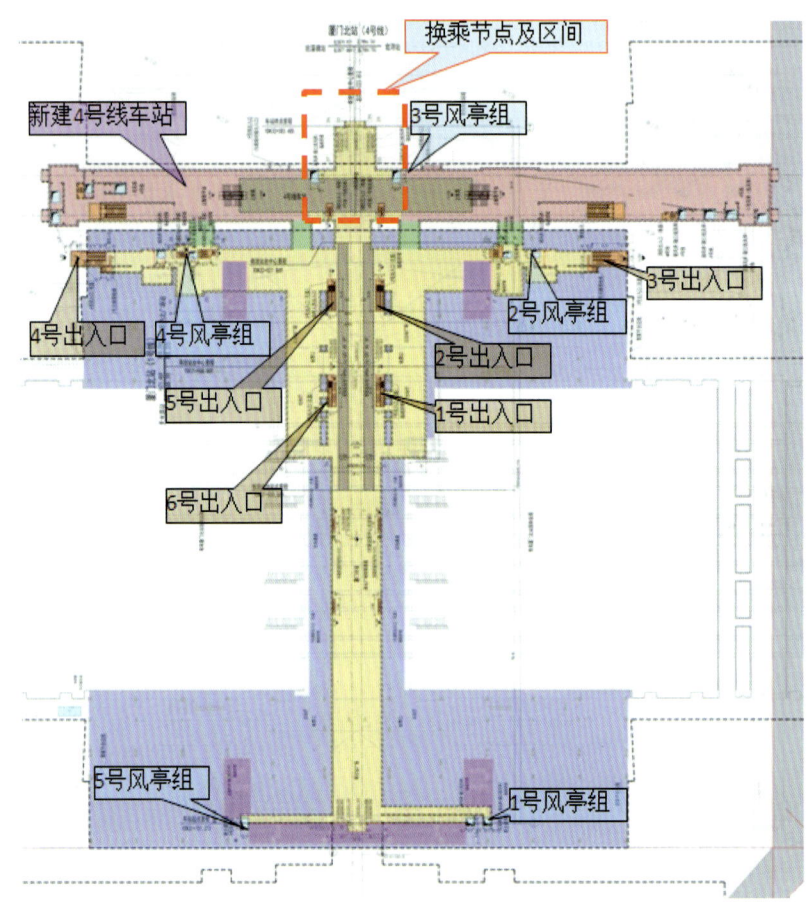

图13.4.8-5　改造方案总平面

3）客流组织方案：

客流组织的原则是进站、出站客流尽量便捷、快速，避免交叉干扰；乘客流线与站内工作人员流线分开；乘客购票、问讯及使用公共设施时不妨碍他人通行。

对于本站而言，组织地铁与地铁、地铁与新建高铁、既有国铁以及城市快速公交系统（BRT）、公交、出租车、旅游大巴、社会车辆等多种交通的换乘是本工程设计的重难点。

地铁换乘国铁的客流可通过出地面的4个出入口出地面再通过楼扶梯上至集散平台进国铁候车层，也可通过出国铁出站通道的6个出入口先上国铁出站通道层再至地面，然后通过楼扶梯上至集散平台进国铁候车层，如图13.4.8-6所示。

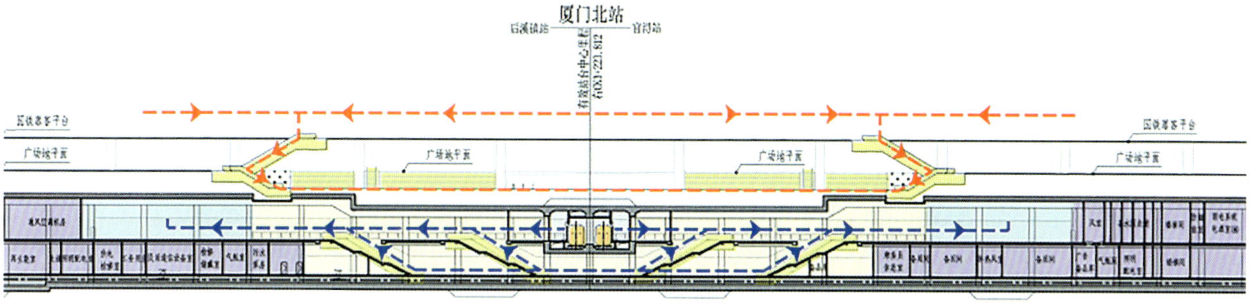

图13.4.8-6 地铁换乘国铁流线示意

乘客通过直通地面的出入口进入车站地下一层站厅层非付费区，非付费区内设置自动售票机及票务处，乘客通过自动售票机或票务处购票，通过进站闸机进入站厅付费区。在付费区内通过楼扶梯下至站台乘车；反之，出站乘客通过楼扶梯从站台上至站厅付费区，经出站闸机验票进入站厅非付费区，通过车站出入口通道离站，如图13.4.8-7所示。地铁1、4号线可通过站厅层非付费区或者付费区实现同层换乘。

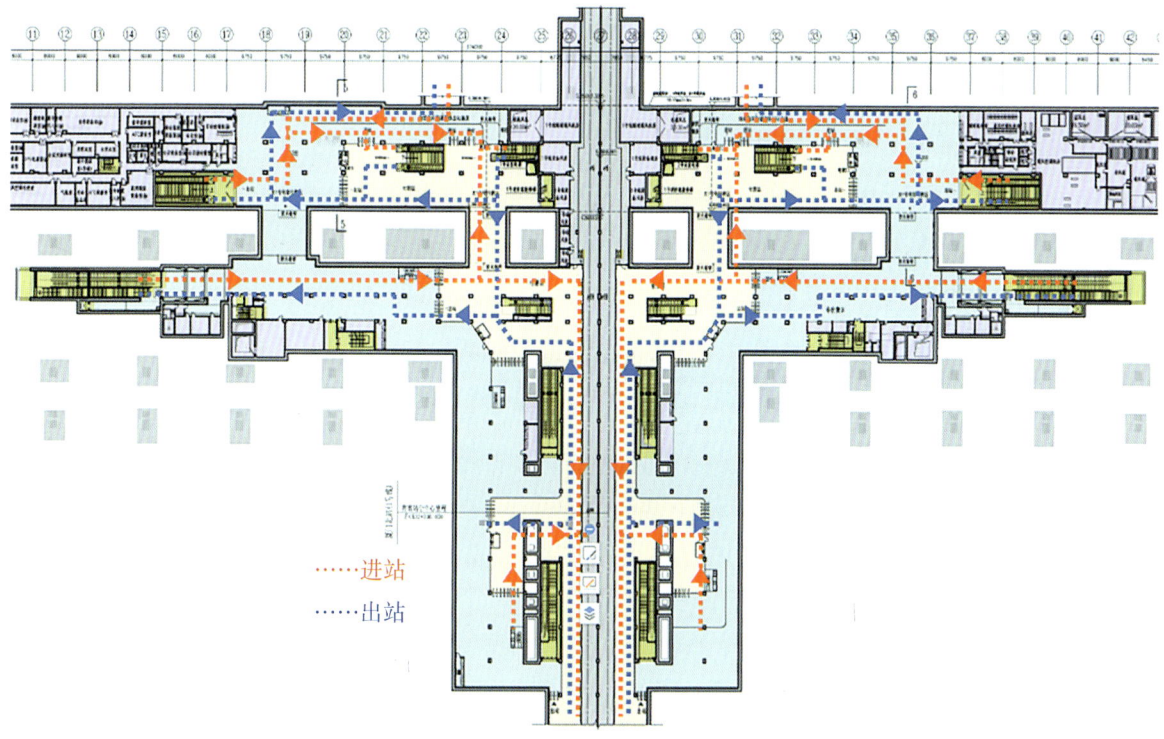

图13.4.8-7 地铁1、4号线进出站及换乘流线示意

4）体会与建议：

① 原设计方案1号线出入口均同时考虑进、出站，出现多处人流交叉现象，流线干扰严重，如图13.4.8-8所示。

优化方案通过对扶梯的运行方向进行固定来控制人流进出，如图13.4.8-9所示。

② 交通枢纽需设置开放性的预留条件，以便应对规划等问题的调整。

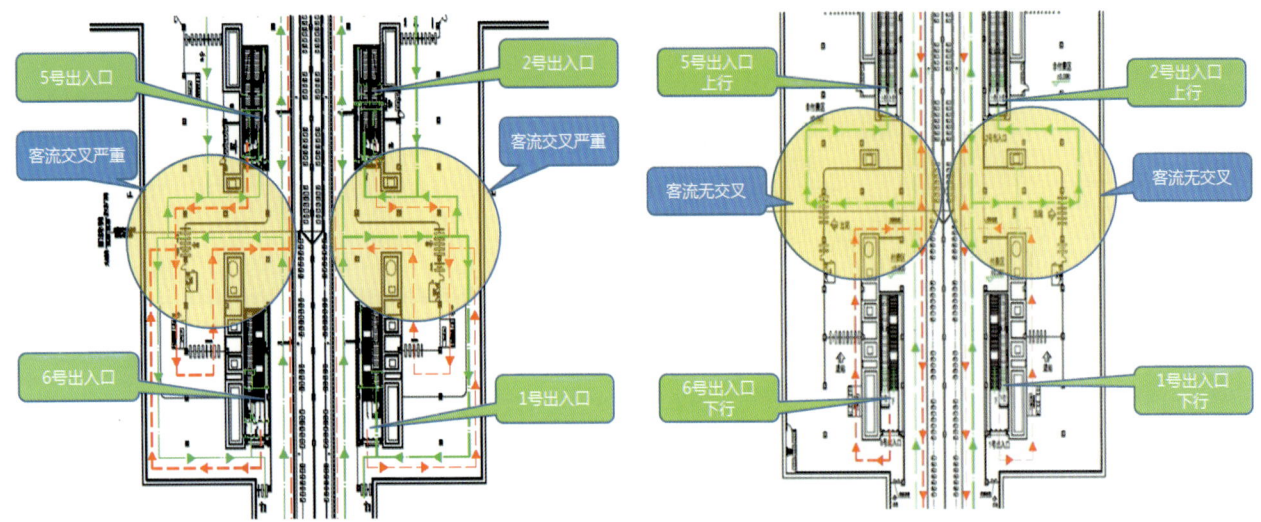

图13.4.8-8 优化前1号线流线　　　　图13.4.8-9 优化后1号线流线

13.5 设计体会与建议

13.5.1 车站建筑

（1）车站坡度的设置

地下车站坡度应尽量平缓，以防止车辆溜动，但又要考虑隧道的最小排水坡度问题，故规范规定宜将车站站台计算长度范围内线路设在2‰的坡道上，在困难条件下设在不大于3‰的坡道上。

目前国内较普遍的做法是将车站顶、中、底板的结构顺线路找坡，如北京、上海、广州、深圳、南京、杭州、长沙等大部分线路；而国内重庆、苏州及香港地铁一般都是按照平坡设计的。

车站设置坡度有利于排水，但对站厅（台）地面墙面铺装、站台门和自动扶梯安装、与物业开发（地下空间）的衔接带来诸多困难。

1）站台门。由于2‰的斜坡使站台门难以做成矩形，而形成棱形或者使站台门框与门框做锯齿状排列以消除坡度引起的高差，因此2‰的斜坡给站台门的生产和安装带来不便，如图13.5.1-1所示。

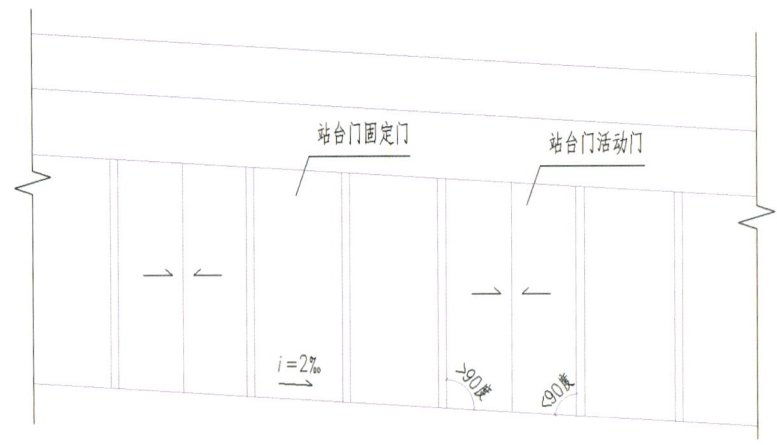

图 13.5.1-1　站台门安装示意

2）自动扶梯。车站站厅、站台两层板为2‰的斜坡，使不同方向的扶梯安装出现±50 mm误差，不得不将扶梯踏板做成斜板，因此给运营增加了不安全因素。

3）站厅（台）地面墙面铺装。地面和墙面装修的基本工具铅垂和水平尺已用了几千年，但当采用2‰坡度时，该工具无法有效的应用给装修收边造成了很大的困难。若墙面垂直于地面坡度进行安装，墙面上的设备箱门及防火门也都随墙面垂直于地面坡度进行安装，这样安装的效果好，但对门的使用有一定的影响。而墙面采用垂直（铅垂）安装，墙面上的设备箱门及防火门也垂直安装，这样处理对门的使用没有影响，但处理墙面板间产生高差。

4）与物业开发（地下空间）的衔接。建筑各层板及地下停车场都是平坡，如果与周边物业连接口长度为100 m，则将出现20 cm台阶。无论是上盖物业还是平接物业，其斜板都将给设计、施工、运营管理带来非常大的困难。

鉴于车站内采取结构找坡形式设置坡度给设计及施工等方面带来诸多麻烦，参照香港地铁、苏州地铁等城市的做法，建议今后的车站可设置为平坡（尤其与物业结合的车站一定要设置平坡）。至于车站排水沟找坡问题，可采取建筑找坡的形式实现。

（2）风亭的设置

1）"三风井"与"四风井"的探讨。

风亭一般的设置要求：在满足通风空调系统提出的土建和工艺技术要求的前提下，应充分考虑对城市景观的负面影响，控制风亭的体量，造型和色彩应与所处环境相协调。风亭应布置在外界开阔、空气流通的地方，不影响交通，不对附近居民造成直接污染，通风口不正对临近建筑物的门窗等。

风亭的布置还应符合城市规划要求，并与城市环境相协调，妥善处理与城市交通、地面建筑、地下管线、地下构筑物之间的关系，尽量减少房屋拆迁、管线迁移和施工时对地面建筑物、地面交通及市民的影响。鉴于风亭布置的苛刻要求，在车站设置上对这部分内容设计师通常给予了很大的关注。

地铁车站总体设计中，通常先按标准站设置，即通风空调机房、风道、风亭分设在车站两端，地面上的风亭一般为每端4个，即2个活塞风亭、1个排风亭、1个送风亭，此即"双活塞风井"模式（四风井）。但当地面条件极端困难，即周边建筑密度大、高层建筑多、用地紧张的情况下，且经通风空调专业对隧道通风进行模拟计算和分析后认为合理时，可考虑设置单活塞风井（三风井）。

2）应尽量采用低风井。

在车站总图设计中，总体布局与周边环境的协调是关键。风井作为地铁车站出地面重要的构筑物与周边环境的协调是地铁设计的一大重点。

低风井是指围护挡墙高度在1.0～1.2 m高度的敞口风井，包括活塞风井、新风井、排风井，为满足排烟及通风间距要求通常在地面分散布置。高风亭是指风口底部距离地面不小于2 m的风井，通常采用组合布置，为满足排烟及通风间距要求，风口通常在方向及高度上采用错开布置，总高度往往高于10 m。因为高风井体量巨大影响城市景观，且后期改造难度大，因此厦门地铁1号线在设计之初就考虑尽量设置低风井来减少风井对城市景观的影响，力求做到对周边建筑风貌环境的影响最小。建议后续线路尽可能采用低风井。

（3）地铁车站应预留灵活的接入条件

地铁设计年限为100年，而周边地块建筑设计年限一般为50年，后期周边建筑存在新建或改建可能，同时周边地块的用地性质及客流均存在变化的可能。为预留灵活的接入条件，地铁1号线原则上每座出入口均预留接口（预留暗梁、暗柱），以便后期物业灵活接入或新增出入口，如图13.5.1-2所示。建议后续线路参考尽可能多地预留灵活的接入条件。

图13.5.1-2　站点预留接口总平面

（4）尽可能采用上下行扶梯

1号线设置24座车站，其中地下站有23座。地铁车站出入口到地面提升高度一般在9 m左右，而规范规定提升高度超过10 m才需强制设置上下行扶梯。通常为节省投资，地铁出入口在提升高度不超过10 m的情况下设置一部上行扶梯和一部下行楼梯，以减少出入口宽度及扶梯的数量。但中国正逐步步入老年化社会，为提高服务质量，体现人文关怀，1号线在设计之初就尽可能地在出入口设置上下行扶梯。站厅至站台公共区，标准站在设置楼扶梯时采用了一组上下行扶梯，对于三层站设置了两组上下行扶梯。车站出入口、站厅至站台采用双向扶梯是高于规范要求的。建议后续线路参考。

（5）孔洞及预埋件

地下车站涉及专业众多，包括通风空调、给排水、气体灭火、动力照明、通信、信号、综合监控等专业。然而在现场施工过程中，孔洞和预埋件由于涉及的专业多、数量多，经常会发生遗漏，为避免此类问题的发生，在此提出以下几点建议：

1）基于建筑专业设计要求出图时间短、任务重，可适当放宽建筑专业的出图时间要求，用于完善施工图纸。

2）一般情况下，车站机电专业施工图的出图时间晚于建筑专业的车站孔洞及预埋件施工图的出图时间，出图的时间差导致的车站孔洞及预埋件经常变更，变更与施工的对接不完整与不及时，容易导致现场孔洞及预埋件的施工发生遗漏。在设计方面，可通过尽量缩短土建施工图到机电施工图的出图时间差，专业间配合紧密，增加机电提资的准确性。

3）增强施工单位与设计单位之间的互动，在现场施工孔洞前由土建施工单位整理孔洞及预埋件核对表，并要求设计单位各专业进行签字确认。

4）施工单位通常只看结构图施工，容易造成孔洞遗漏。各专业除了需要对建筑专业孔洞及预埋件施工图进行会签，还需加强各专业对结构图纸的会签确认。施工单位在进行孔洞及预埋件的施工时还应结合建筑图纸，核对无误后方可施工。

（6）BIM设计应用

1）在设计中的应用。

厦门地铁引入BIM技术，在工程设计过程中利用BIM技术开展设计方案优化、中板预留孔洞检查、地铁地面附属与景观协调检查、碰撞消除等应用，对于厦门地铁车站的设计方案合理性、房间布局易用性、中板预留孔洞准确性、周边景观协调性、机电管线可操作性均有了很大的提升。

①设计方案优化：

通过BIM技术的三维可视化检查，结合设备房间的使用需求，针对设计方案存在的问题，制定优化策略。例如，车站站长室、站务室面积虽满足用户需求，但是存在开间狭窄、门开启方向动线较差的问题，在不影响周边设备使用需求的情况下，可以通过调整隔墙、设置门垛、优化通道尺寸；AFC设备室设备经BIM模型布置后发现实际面积利用率偏低，通过调小AFC设备室面积为其他有人房间增加使用面积；通过三维漫游优化出入口无障碍电梯通道过长、隔墙不美观等问题，提升乘客满意度。

②中板预留孔洞准确性：

利用BIM模型可视化及冲突检查功能对机电管线与中板预留孔洞匹配性进行检查，提前查出了中板预留孔洞与废水管、气灭管、消防管、风管的冲突300余处，在减少现场后开凿或返工等问题的同时节省资金约150余万元。

③景观协调性检查：

城市轨道交通工程作为市政项目的一部分，与市政道路、绿化、周边建筑等具有密切联系，通过BIM模型进行三维模拟，在1号线设计过程中先后优化解决了湖滨东路站出入口与华润万象城商场入口的相对位置关系，在节省成本、提升市民便利性、不影响万象城商业效益等方面产生了良好效益。同时莲坂站、乌石浦站地面附属的高低风亭方案及出入口位置的优化，改善了市政环境的协调性，降低了附属对周边建筑的遮挡。

④碰撞消除：

基于BIM技术的设计模式在协同设计方面的优势，完成土建及机电系统各专业模型整合后进行管线优化排布及碰撞消除，重点核查公共区设备区交界处、公共区与出入口衔接处、设备区走廊等管线密集部位的碰撞消除、检修空间梳理问题，在提升设计交底质量的同时，累计发现碰撞问题11000余处，这些问题如留到施工阶段解决，将产生大量的返工，既延误工期又增加变更费用。设计阶段提前优化后，在减少调整工作量的同时累计节省费用约3850万元。

2）BIM设计展望。

BIM技术在一号线设计阶段的应用研究，为厦门地铁乃至全国轨道交通行业采用"业主主导+专业BIM咨询+参建单位实施"模式的项目在技术、管理方面进行了价值的探索，并产生了较高的价值，体现了较好的性价比。1号线BIM技术应用研究为厦门地铁后续线路的BIM应用创建了BIM族库、各类模板文件、各种技术标准，总结了管理经验，同时也为运营阶段数字化运营奠定了数据基础，但是也有一些不足需要我们在后续线路中探索和完善，比如：

① 正向设计研究：

要重点研究BIM正向设计，只有彻底摆脱二维至三维的翻模，才能真正发挥BIM价值，提升设计及管理人员对BIM的积极性。

② 设计流程优化：

现有的设计流程很大一部分深化工作放在施工阶段，如综合支吊架深化、机房深化等，这些施工阶段的设计深化对于前期BIM优化的成果尤其是机电管线的优化有颠覆性的调整。只有通过管理流程的优化，把问题解决在设计阶段才能发挥BIM在设计阶段的最大价值。

③ 施工应用落地探索：

优秀的设计成果在施工阶段无法落地的话，前期所有努力都化为乌有，因此探索施工落地BIM应用，确保施工阶段充分利用BIM设计成果，通过管理方法、作业流程、监督制度等方面的改进，有效解决BIM施工落地问题，是工程建设阶段BIM应用的重中之重。

④ 模型精细度提升：

要通过BIM技术准确发现设计问题，对于模型的精细度就有了较高的要求。1号线考虑了设计BIM应用的可行性，在模型精细度方面有了一定的让步，后续线路要结合1号线BIM应用研究的经验对模型精细度不足的专业或部位进行提升从而达到充分发现并解决问题的目的。

⑤ 设计方案优化：

1号线对于设计方案的优化都是局部的探索，如一个车站或某一区域的检查试验。通过1号线的经验积累，建议在后续线路逐步形成通用性常见问题的全线核查梳理目录，确保BIM技术辅助设计方案优化的功能逐步推广，如房间面积优化、结构布置优化、净高检查、孔洞梳理等。

（7）离壁沟防排水

1）设计方案的选定。

离壁沟渗水是各地地铁车站的通病，设计人员往往认为是施工的问题，但方便施工是好设计的重要要求。1号线在选取离壁沟做法时就进行了深入的研究。

离壁沟是由挡水坎、排水沟、地漏、离壁墙等组成的。离壁沟的做法通常有两种，在排水能力相同的情况下，做法一：挡水坎高于装修完成面，减少排水沟宽度（图13.5.1-3）。做法二：挡水坎低于装修完成面，增加排水沟宽度（图13.5.1-4）。

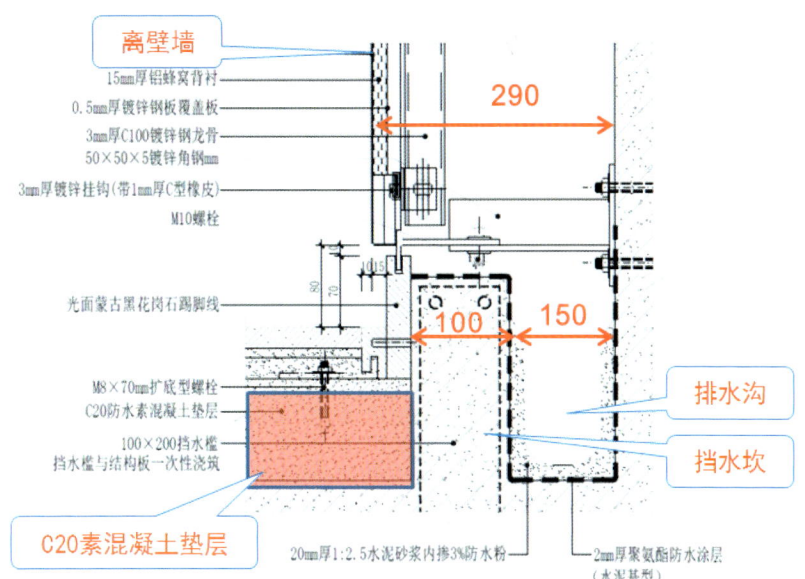

图13.5.1-3 挡水坎高于装修完成面大样

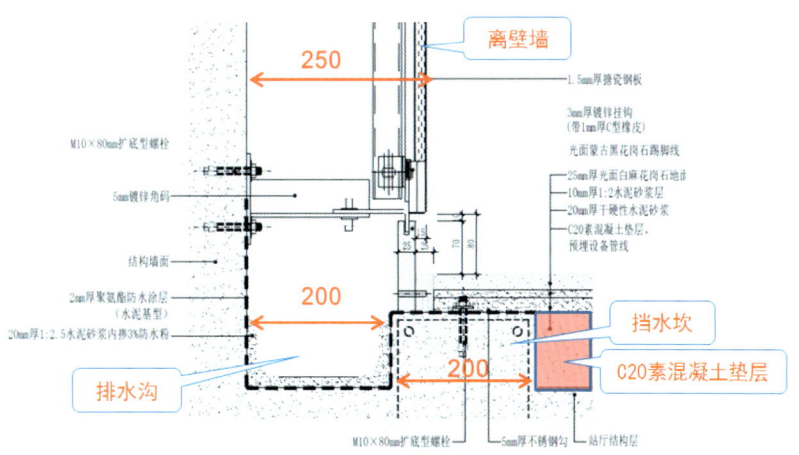

图13.5.1-4 挡水坎低于装修完成面大样

因施工精度等，在离壁墙安装时现场放样需调平墙面，若采用做法一挡水坎高于装修完成面，将造成需局部凿除挡水坎侵占排水沟宽度以保证可用建筑面积最大化，这样会造成排水沟宽度过窄影响防水砂浆找坡，影响离壁沟的排水顺畅。同时凿除的挡水坎后期施工又是一处漏水隐患。而做法二挡水坎低于装修完成面就不存在这种问题。

车站离壁沟中设置地漏，地漏主要除排结构侧墙渗漏水外还需兼顾清洗及消防用水，故在设置地漏处挡水坎需设置于离壁墙外侧且低于装修完成面，详见图13.5.1-5。若采用做法一，地漏处排水将再形成一道薄弱处。经综合考虑，1号线采用了做法二，挡水坎低于装修完成面，增加排水沟宽度作为最终实施方案。

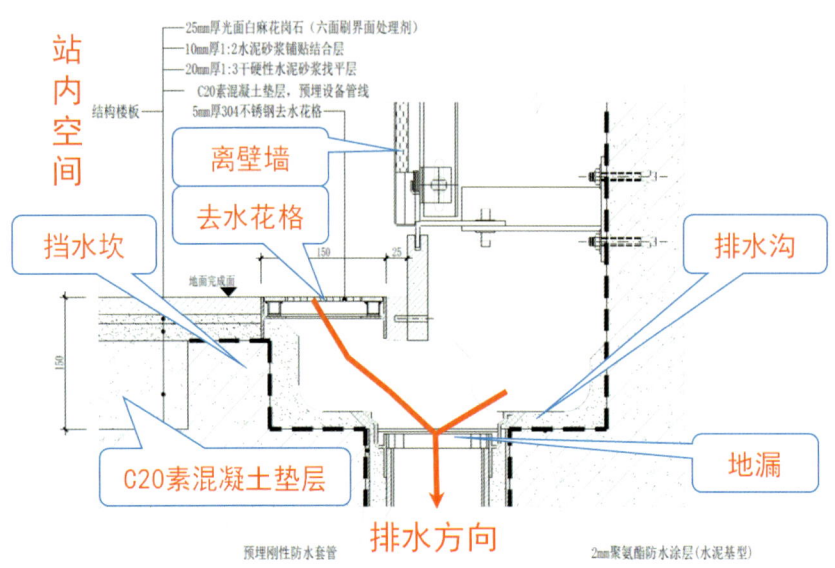

图13.5.1-5　去水花格大样

2）方案优化：

①优化排水沟防水做法，沟内涂刷水泥基，喷涂速凝橡胶沥青，施作沟内防水砂浆。

②加密地漏设置，将原间隔38 m调整为间隔19 m。

③进行专项交底。

3）施工注意事项：

①挡水坎必须与结构中板同步实施。

②须分段进行，根据地漏设置位置合理调整排水沟坡度，避免局部低洼；每天施工完，清理打扫现场，防止污染车站地砖和墙面，避免地漏排水管堵塞。

③地面装修时必须按要求实施C20素混凝土垫层，不得采用干拌砂浆代替垫层。

④装修及土建施工单位不得随意凿除已实施的离壁沟。

13.5.2　车站结构

(1) 简化地质原因引起围护桩桩长变更程序

厦门地区地质条件复杂，基岩起伏不定，地层分布多变。详勘报告采用的地质钻孔间距通常约为20 m，能够总体揭示场地地层分布情况，但是钻孔之间地质常出现突变情况，难以通过详勘完全预测。

车站围护结构依据详勘报告进行设计，围护结构嵌入基坑坑底深度常规按照以下原则确定：残积砂质黏性土7 m，全强风化花岗岩嵌固6 m，中风化花岗岩嵌固2.5 m，微风化花岗岩嵌固1.5 m。按照1号线流程，当现场施工单位在施工围护桩时，一旦地质情况与详勘不符，施工单位需要通知勘察单位确认，并向业主汇报，同时由勘察单位向设计单位提资，设计单位根据地质情况变化对围护桩桩长进行变更。

地质条件复杂多变导致施工过程中需要进行多次围护桩桩长变更流程，程序复杂烦琐，增加工程参建各方工作量，不利于工程进展。以1号线中山公园站为例，根据现场实际基岩面情况在围护结构变更中调整，对162根围护桩长度进行调整，其中加长围护桩72根，平均加长长度为2.2 m，减短90根，平均减短长度为4.8 m。总体而言，减短的围护桩长度略大于加长围护桩长度，然而调整的围护桩工程量仅占围护桩工程总量的5%。基于厦门地区地质特性和现场施工情况，建议后续线路在施工招标中对详勘钻孔进行适当加密，对围护结构采用合价包干形式，施工阶段切实做好信息化设计和施工工作，减少费用变更，简化设计技术变更手续，可大大提高工作效率。

（2）地下连续墙与围护桩的选择

1）围护结构体系选择原则：

围护结构的选型应充分考虑周边环境情况，当周边环境复杂、对变形控制要求比较高时，可选用地下连续墙，墙厚可适当加厚。在围护结构为地下连续墙的情况下，当基坑规则且对撑布置时，尽量采用取消钢围檩的设计方案；采用无钢围檩的支撑体系时，可在连续墙钢筋笼中预埋钢板。

①地下连续墙：若基坑范围内砂层、淤泥层等较厚（一般情况下大于5 m）时，采用地下连续墙支护；当砂层、淤泥层厚度大于5 m时，地下连续墙两侧可采用直径0.55 m搅拌桩防坍塌，厚度小于5 m时，采用调整泥浆比重进行控制，防坍塌。

②钻孔桩：若土层均为不透水层，或砂层、淤泥层等较薄（一般情况下小于5 m）时，采用钻孔桩+桩间旋喷支护。

2）围护结构尺寸：

围护结构的尺寸应充分考虑周边环境情况，一般情况下，围护结构尺寸可选择如下：

①围护桩：单层Φ800 mm@1000 m，二层Φ1000 m@1200 mm，三层Φ1200 m@1400 m。

②连续墙：单层厚度600 mm，二层厚度800 mm，三层厚度1000 mm。

③吊脚桩：外放宽度不小于800 mm。

3）旋喷桩止水原则：

①若基坑范围为填土、砂层、淤泥层等软弱土层、强透水层，桩间采用旋喷桩止水，进入弱透水层1 m。

②黏性土、全风化等弱透水层原则上不设旋喷桩。

③周边环境复杂时，旋喷桩止水应进入不透水层或者进入基底以下一定深度。

④为防止水土流失，基坑每开挖2 m内应及时进行桩间挂网抹平。

⑤碎裂状强风化可采用注浆止水。

4）嵌固深度原则：

①围护结构嵌固深度应满足坑底抗隆起稳定性要求：一级大于1.8，二级大于1.6。

②当坑底为软土时，嵌固深度应符合以最下一层支点为轴心的圆弧滑动稳定性要求：一级大于2.2，二级大于1.9。

③基坑内侧土压力标准值应不超过围护桩嵌固段上的被动土压力标准值。

④锚拉式、悬臂式支挡结构应满足整体滑动稳定性要求：一级大于1.35，二级大于1.3。

⑤悬臂式、单层锚杆和单层支挡结构应满足嵌固稳定性要求：一级大于1.25，二级大于1.2。

⑥针对厦门地区土层特点，在标准二层站和3道支撑情况下，各土层中嵌固深度可以残积砂质黏性土嵌固7m、全强风化花岗岩嵌固6m、中风化花岗岩嵌固2.5m、微风化花岗岩嵌固1.5m作为参考依据，并需根据相应站点具体情况进行核算。

（3）地下连续墙在厦门复合式地层中使用

基坑围护结构选型应以基坑的地质条件、周边环境及基坑深度为判断依据。地下连续墙由于整体刚度大，止水效果好，成为围护结构的重要比选类型之一。针对厦门地区典型复合式地层情况，若基坑范围内土层以砂层、淤泥、卵石等为主，推荐采用地下连续墙作为围护结构；若周边环境复杂、对地面沉降等控制要求较高，建议采用地下连续墙；地下三层及更深的车站，建议采用地下连续墙。

若围护结构选用地下连续墙，成槽范围内遇到如下地层时需重点斟酌、比选：

1）碎裂状强风化花岗岩。施工现场普遍反映碎裂状强风化花岗岩强度高、成槽困难，但是地勘报告所提供的强度指标、物理参数等均与土体类似，如何在勘察报告参数与施工现场参数中取得合理的平衡点，需设计重点考虑。

2）中、微风化花岗岩。此类岩体属于完整、坚硬的岩石，为满足嵌固要求，地下连续墙需嵌入岩体2.5m以上，必须采取深孔爆破的处理方式，另需对工期、爆破对周边环境的影响等因素进行综合评估。

（4）繁华闹市区地铁车站石质基坑开挖减震孔的运用

1号线岛内车站受到复杂周边环境的影响，再加上厦门岛内基岩面较高，很多车站局部地面2m以下即是基岩，给本就局限的施工场地又带来了种种复杂施工问题。为确保工程能在尽可能减小对周边环境影响的条件下顺利进行，参建单位调查走访了国内类似工程的成功案例，提出了设置减震孔以减少基岩爆破振动波对周边建筑物及管线影响的设计方案。

通过对爆破振动速度的试验数据分析，当设置一排减震孔时，减震率在8.78%～30.08%，其平均值为19.92%；两排减震孔的减震率为16.71%～51.97%，平均减震率为38.28%；而三排减震孔的减震效果最好，减震率可以达到41.32%～69.23%，平均减震率为56.83%，即三排减震孔可以减震一半以上。

设计方应提出针对车站爆破施工的减震方案。设置减震孔后，在增大了整个车站爆破施工作业面的同时，又减小了爆破施工产生的振动波，能为车站土建工程施工顺利完工打下坚实的基础。

（5）结构防水

地下工程重大难点之一，就是应对"地下水"，包括车站、区间施工过程中的降排水以及运营过程中的防排水。渗漏点堵水往往是轨道交通结构工程运营之前的最主要工作之一。针对结构防水的设计、施工，建议如下：

1）合理安排施工工期，重视结构自防水。严格控制混凝土配合比，加强混凝土浇筑之后的养护。对运营影响最大的是顶板防水，尤其注意对顶板浇筑质量的控制。

2）加强施工过程中对防水材料保护措施管理。施工缝、变形缝为结构防水设计重点，施工中在前段结构施工完成后，往往忽视对预留防水材料的保护，导致接缝处防水材料破损，给后期渗漏水留下隐患。

3）谨慎选用不同类型防水材料。车站与区间主体结构附加防水层通常有防水卷材、喷涂材料等多种类型防水材料，每种材料各有特点，应根据防水部位、施工情况、经济性等多方面进行综合考虑，谨慎选择。底板及围护紧贴主体结构的侧墙由于敷设条件较好，建议采用防水卷材；结构面变化较多、卷材施工困难的位置，则建议采用喷涂防水材料。

4）研究采用预埋槽道等措施，避免二次破坏区间结构。区间管线敷设需要在区间结构上设置支架，不可避免会破坏区间结构，给渗漏水埋下隐患。建议开展盾构管片预埋槽道适应性研究工作，保证盾构隧道区间结构耐久性，以减少渗漏水。

5）深入研究堵漏措施，合理选用堵漏材料。对于不同位置渗漏漏点，针对性地制定堵漏措施。推荐选用具有长期效果的堵漏材料，避免运营后漏点重复性渗漏的现象。

6）针对采用传统防水工艺（含型号EVA、HDPE等高分子自黏胶膜防水卷材）的防水接缝，可考虑增加一道喷涂速凝橡胶沥青防水涂料层，一级防水厚度2 mm，二级防水厚度1.5 mm，宽度为600 mm。其卷材防水接缝设置详见防水卷材接缝加强做法示意图（图13.5.2-1）。

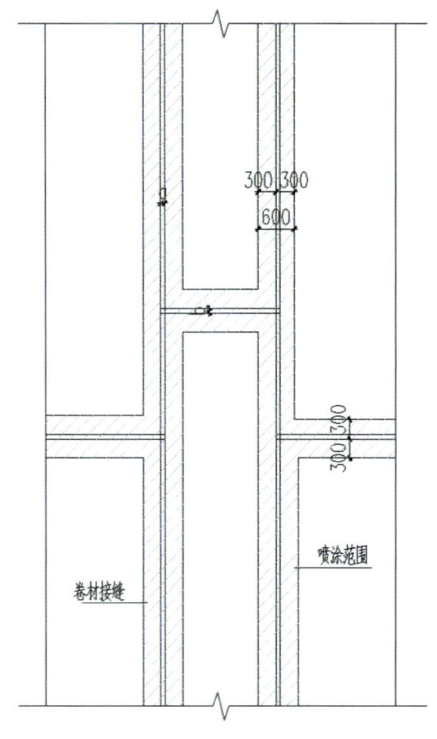

图13.5.2-1　防水卷材接缝加强做法示意图

7）厚度大于800 mm的明挖车站的底板（含底梁）、暗挖车站的底梁和顶梁，厚度大于500 mm（含500 mm）的车站、区间（含折返线）的侧墙和顶板（或拱部衬砌）应按大体积混凝土有关规定采取设计和施工措施。必要时，可考虑在混凝土核心区设置冷却管，以降低水化热，冷却管采用内径30 mm、壁厚1 mm的铁皮管并埋设测温点。冷却管布置示意图如图13.5.2-2所示。

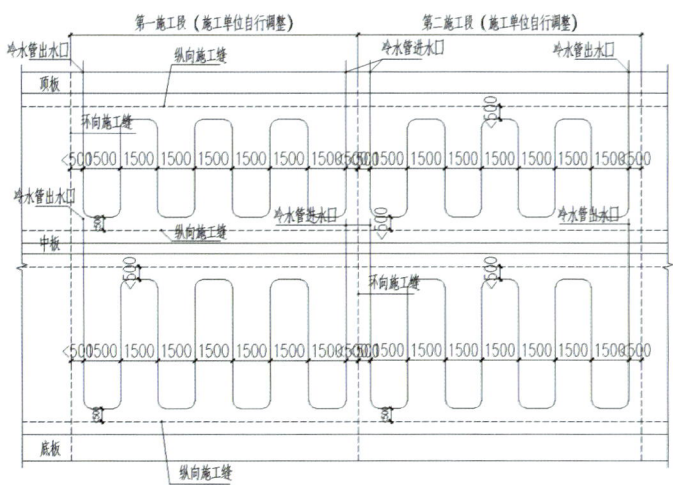

图13.5.2-2　冷却管布置示意

14 区间工程

14.1 概况

14.1.1 工程概述

厦门轨道交通1号线工程共计24个区间,区间长度25000.032双线米,其中明挖2715.378双线米,占10.86%;盾构11227.6双线米,占44.91%;矿山法6886.693双线米,占27.55%;高架2618.879双线米,占10.48%;路基1551.482双线米,占6.2%。区间结构及施工工法见表14.1.1-1。

表 14.1.1-1　区间结构及施工方法汇总

序 号	区间段落	区间长度/m	施工方法	备 注
1	镇海站—中山公园站	791.500	矿山法	单洞单线马蹄形隧道
2	中山公园站—将军祠站	1029.727	矿山法	单洞单线马蹄形隧道
3	将军祠站—文灶站	537.388	盾构法	单洞单线隧道
		148.320	矿山法	单洞单线圆形隧道
4	文灶站—湖滨东路站	888.875	盾构法	单洞单线圆形隧道
5	湖滨东路站—莲坂站	457.450	盾构法	单洞单线圆形隧道
6	莲坂站—莲花路口站	846.149	盾构法	单洞单线圆形隧道
7	莲花路口站—吕厝站	745.272	盾构法+矿山法	单洞单线隧道
8	吕厝站—乌石浦站	593.843	盾构法	单洞单线圆形隧道
9	乌石浦站—塘边站	745.398	矿山法	单洞单线马蹄形隧道
10	塘边站—火炬园站	617.153	矿山法	单洞单线马蹄形隧道
11	火炬园站—殿前站	1244.460	矿山法	单洞单线马蹄形隧道
12	殿前站—高崎站	1236.148	矿山法	单洞单线马蹄形隧道
	殿前站出入场线	294.640	矿山法	单洞双线马蹄形隧道
13	高崎站—集美学村站	561.556	盾构法	单洞单线圆形隧道
		401.444	明挖法	工作井+矩形隧道+U形槽
		417.482	路基	桩基板梁(现浇混凝土板)
		2198.026	高架	现浇预应力箱形梁

续表

序号	区间段落	区间长度/m	施工方法	备注
14	集美学村站—园博苑站	420.853	高架	现浇预应力箱形梁
		224.000	路基	桩基板梁（现浇混凝土板）
		910.000	路基	桩基板梁（现浇混凝土板）
		664.449	明挖法	矩形隧道+U形槽
15	园博苑站—杏林村站	664.283	盾构法	单洞单线圆形隧道
16	杏林村站—杏锦路站	413.386	盾构法	单洞单线圆形隧道
17	杏锦路站—官任站	1208.794	盾构法	单洞单线圆形隧道
18	官任站—诚毅广场站	1003.751	盾构法	单洞单线圆形隧道
19	诚毅广场站—集美软件园站	858.306	盾构法	单洞单线圆形隧道
		228.987	矿山法	单洞单线马蹄形隧道
20	集美软件园站—集美大道站	944.045	盾构法	单洞单线圆形隧道
21	集美大道站—天水路站	993.307	盾构法	单洞单线圆形隧道
22	天水路站—厦门北站	1072.259	盾构法	单洞单线圆形隧道
		17.247	明挖法	明挖盾构工作井
23	厦门北站—岩内站	455.790	明挖法	单洞双线矩形隧道
24	岩内站—终点（含车辆段）	177.574	明挖法	单洞双线矩形隧道
		862.151	矿山法	单洞单线马蹄形隧道
		322.000	明挖法	单洞双线矩形隧道

14.1.2 沿线地质概况

根据工程地质勘察报告，沿线地层主要为人工填土层（Q^{ml}）、第四系冲洪积层（Q_3^{al-pl}）、第四系坡积层（Q^{dl}）、第四系残积层（Q^{el}）及燕山晚期中粗粒花岗岩（$r_5^{2(3)}$）。隧道下伏地层主要为凝灰熔岩及花岗岩：中风化凝灰熔岩，RQD=20～65，岩石饱和抗压强度范围31.6～34.1 MPa；微风化凝灰熔岩，RQD=45～80，岩石饱和抗压强度54.0～123.3 MPa；中风化花岗岩：RQD=20～85，岩石饱和抗压强度38.5 MPa；微风化花岗岩，RQD=65～95，岩石饱和抗压强度56.1～118.4 MPa。花岗岩残积土及全强风化层有遇水易软化、崩解的特性。

14.2 盾构法区间

14.2.1 概况

1号线工程采用盾构法施工的区间主要位于湖滨南路、厦禾路（将军祠站—乌石浦站，计6个区间）、高集区间及岛外集美区段（园博苑站—厦门北站，计8个区间），区间隧道主要穿越残积砂质黏性土、全强风化花岗岩地层，局部区域有孤石揭露。

14.2.2 区间工程技术特点及重难点

（1）杏锦路站—官任站区间下穿杏林湾

1）工程概况：

杏锦路站—官任站区间起于杏锦路站，出杏锦路站向北行，经过杏林湾二号路，下穿杏林湾、官任村后到达官任站，区间沿线主要为空地、杏林湾、村民房。区间采用盾构+明挖+矿山法施工，下穿杏林湾部分为盾构段，如图14.2.2-1所示。

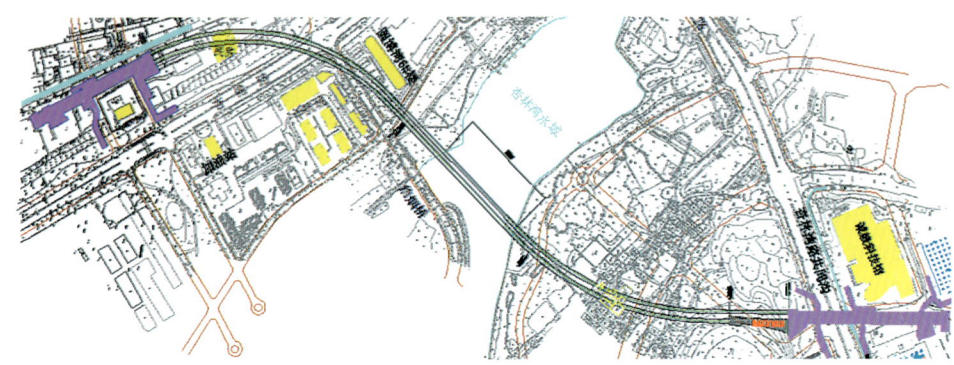

图14.2.2-1 杏锦路站—官任站区间总平面

2）工程地质与水文地质条件：

杏锦路站—官任站区间左右线下穿杏林湾水库，杏林湾水库所处里程范围为ZDK22+743～ZDK22+908，隧道顶距水库底为10.68～12.28 m。

杏林湾水库所处地质状况由上至下依次为：<4-1>淤泥、<4-6>淤泥质砂、<11-1-2>残积砂质黏性土、<17-4-1>中等风化岩球状风化体、<17-3>碎裂状强风化花岗岩、<17-1>全风化花岗岩、<17-2>散体状强风化花岗岩和<17-4>中等风化花岗岩，如图14.2.2-2所示。

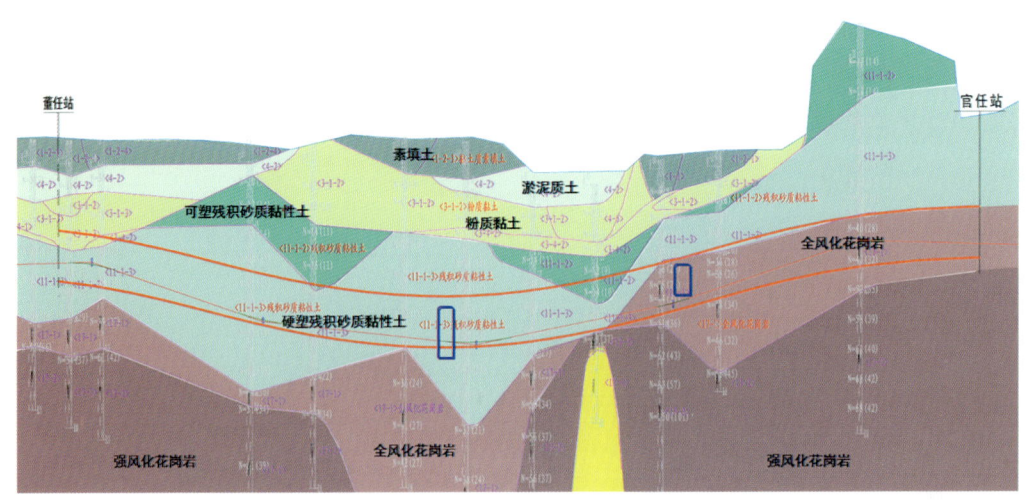

图14.2.2-2 杏锦路站—官任站区间纵断面

3）解决方案：

施工单位于补勘阶段在水库中央沿线路走向发现多处孤石，为提供孤石爆破施工平台，同时降低盾构穿越水域的风险，本工程沿区间走向设置了围堰，对孤石进行地面爆破处理。

原杏林湾水库底部7.23 m范围为淤泥、淤泥质砂，水位高度为1.2～2.1 m，对隧道顶部范围的水域用砂袋围堰及黏土回填，回填高度为2.78 m，砂袋围堰坡度为1:1，顶部宽度为3.14 m（1 m位于隧道外侧，2.14 m位于隧道内侧），如图14.2.2-3和14.2.2-4所示。

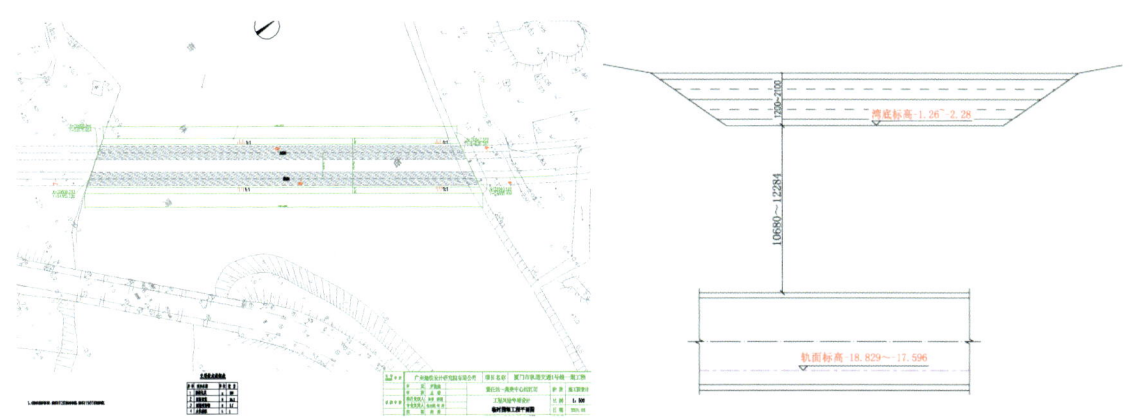

图14.2.2-3　杏锦路站—官任站区间过杏林湾围堰设计图

图14.2.2-4　杏锦路站—官任站区间过杏林湾围堰现场照片

（2）集美软件园站—集美大道站区间

1）工程概况：

集美软件园站—集美大道站区间位于岛外段集美区，周边以商业、居住用地为主，现状地块大多未开发或正在开发中。本段区间下穿集美区主要河流水系碧溪，穿越处河床段宽度约60 m，水深0.5～1.0 m。线路两侧目前多为鱼塘、农田、低矮农民房等，如图14.2.2-5所示。

线路纵断面大体呈"V"字坡，出软件园站后向东北采用36.977 m长2‰、364 m长26‰下坡至最低点，再以517 m长7.94‰、26.069 m长2‰上坡至集美大道站。区间设1处联络通道及泵站，隧道顶埋深约4.4～12.0 m。

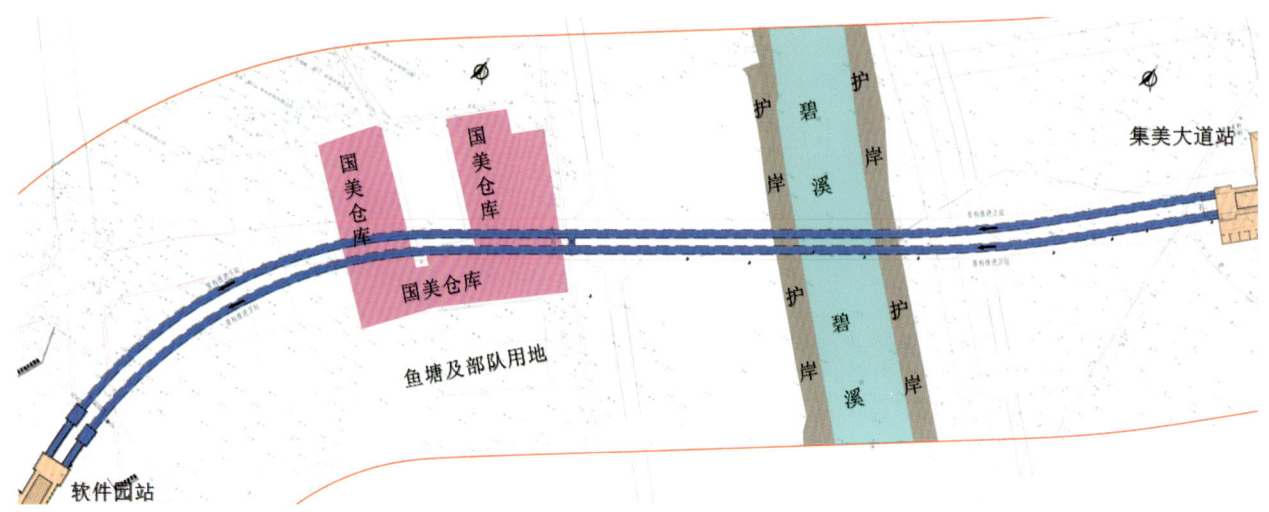

图14.2.2-5　集美软件园站—集美大道站区间平面示意

2）工程地质与水文地质条件：

区间隧道穿越的主要土层为〈3-1-2〉可塑状粉质黏土、〈3-4-2〉粗砂、〈4-2〉淤泥质土、〈4-4-2〉粗砂、〈4-4-3〉砾砂、〈11-1-2〉可塑状砂质黏性土、〈11-1-3〉硬塑状砂质黏性土和〈17-1〉全风化花岗岩，基底部分处在硬塑状砂质黏性土、全风化花岗岩层，如图14.2.2-6所示。

本段区间范围内地表水发育，主要河流水系为碧溪，属常年性溪流，碧溪以南地段成片池塘水体，面积不一，塘堤纵横交错。地下水主要有第四系孔隙水、基岩裂隙水。第四系孔隙水以孔隙潜水为主，基岩裂隙水发育具非均一性。工点范围内地下水局部具有微承压性。

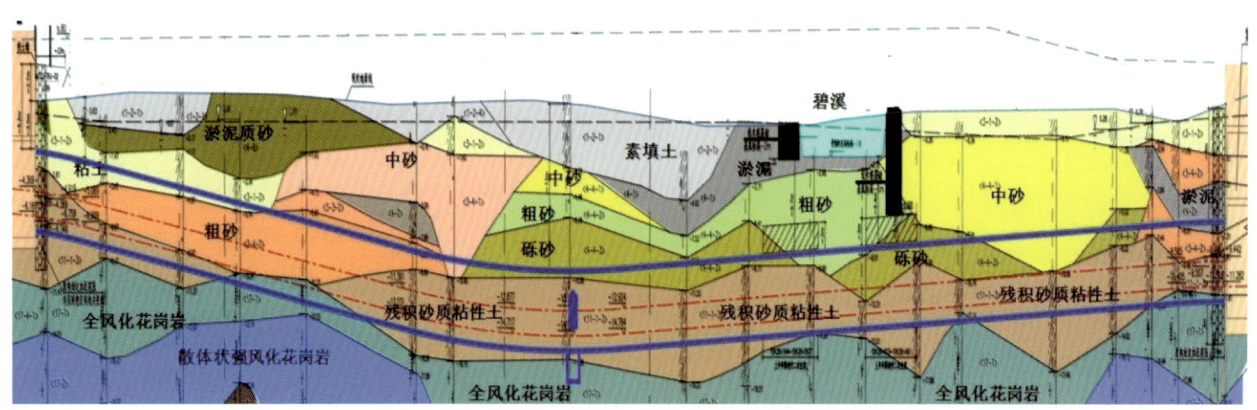

图14.2.2-6　集美软件园站—集美大道站区间工程地质纵断面

3）解决方案：

区间总体地势相差不多，本段区间范围内地表水发育，区间穿越碧溪，属常年性溪流，并长距离穿越粗砂层，穿越地层含水量大。

①区间小里程端穿越土层孤石较为发育。

在集美软件园站开挖期间，发现该片区存在大量孤石，根据施工单位对线路推进区域内的加密勘探报告，判定集美软件园站端部孤石较为发育。受制于地块分割和现状地貌的条件，决定该段区域采用局部明挖法+静态爆破法。明挖段与盾构区间段衔接处，设置盾构工作井用于盾构接收。其余区域根据加密补勘，从地表加密探孔安装药包进行地表静态爆破，将巨石化为小石块后，盾构机进行掘进。

②区间下穿碧溪、碧溪护岸和碧溪大桥桩基础。

区间隧道下穿碧溪，最小竖向净距约6.4 m，该处隧道穿越地层主要为<11-1-3>砂质黏性土、<17-1>全风化花岗岩。碧溪西侧护岸为松木桩基础，基底标高−2 m，隧道下穿时最小竖向净距约6.7 m；碧溪东侧护岸为松木桩基础，基底标高−6 m，隧道下穿时最小竖向净距约2.1 m。区间下穿碧溪大桥桩基础，与桩基之间最小净距为1.85 m。采取的主要工程措施如下：盾构穿越碧溪时，应勤加监测，根据监测结果进一步制订推进方案；穿越碧溪护岸时，须及时、适量打开管片内预留注浆孔，对隧道周围土体（上半环隧道以外2 m范围）行二次注浆改良；碧溪大桥桩基及承台等下部结构在盾构穿越前施工完毕，并预留盾构穿越条件，盾构穿越正上方不得有重型机具设备和进行箱梁的架设工作等。

③区间联络通道及泵房采用冰冻法加固。

区间隧道右线长944.046 m，左线长956.958 m，线路纵断面大体呈"V"字坡，在线路最低点（YDK28+400.200、ZDK28+415.208）处设置1座联络通道及泵站，线间距12.0 m，通道上方为村间小路及空地，通道处右线隧道中心标高−13.081 m，左线隧道中心标高−13.126 m，通道顶至现状地面覆土约12.46 m，联络通道及泵站所处土层为<11-1-3>硬塑状砂质黏性土、<17-1>全风化花岗岩。联络通道位置水力较为丰富且联通，又考虑到区间地面旋喷加固需协调部队及砂场用地，拆迁量大，拆迁时间长，无法满足工期，且冰冻法加固止水效果更好，故确定该处联络通道采用洞内冰冻法加固、矿山法开挖构筑的方式。

（3）集美大道站—天水路站区间

1）工程概况：

集美大道站—天水路站区间位于岛外段集美区，周边以商业、居住用地为主，现状地块大多未开发或正在开发中。本段区间线路基本沿规划珩山路下方走行，但现状地面上方仍有大片崎沟村民房，建筑物密集，均为条石基础（埋深1～2 m）的1～3层砖混民房，且设有砖砌自挖水井，深度6～12 m。

区间线路大体呈单向坡，出集美大道站后向东北采用61.531 m长2‰、590 m长5‰、308 m长15.51‰上坡，26.996 m长2‰下坡至天水路站。本区间设1处联络通道，隧道顶埋深8.4～18.8 m，如图14.2.2-7所示。

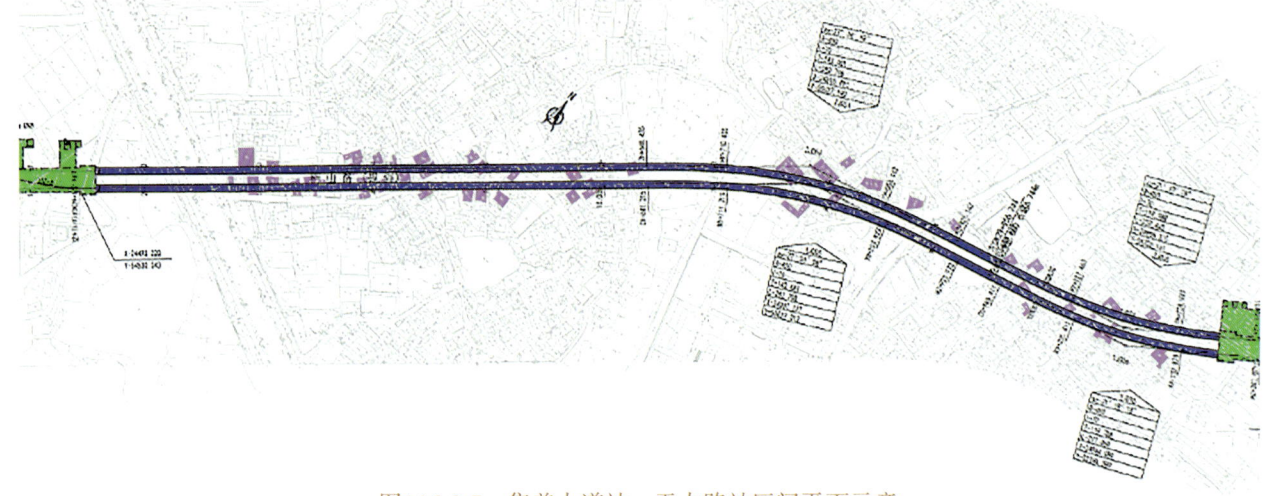

图14.2.2-7　集美大道站—天水路站区间平面示意

2）工程地质与水文地质条件：

区间隧道穿越的主要土层为<8-1-3>粉质黏土、<11-1-2>可塑状砂质黏性土、<11-1-3>硬塑状砂质黏性土、<17-1>全风化花岗岩、<17-2>散体状强风化花岗岩、<19-1>全风化辉绿岩和<19-2>强风化辉绿岩，基底部分处在硬塑状砂质黏性土、全风化花岗岩、散体状强风化花岗岩、全风化辉绿岩和强风化辉绿岩层，如图14.2.2-8所示。

工点范围内地表水不发育。地下水主要有第四系孔隙水、基岩裂隙水。第四系孔隙水以孔隙潜水为主，基岩裂隙水发育具非均一性。工点范围内地下水局部具有微承压性。

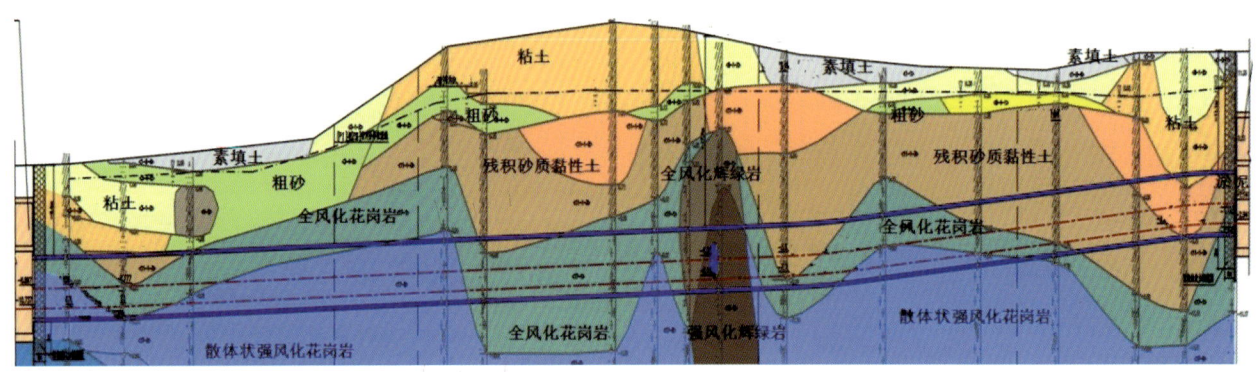

图14.2.2-8　集美大道站—天水路站区间地质纵断面

3）解决方案：

盾构区间施工前详细调查穿越范围建构筑物基础准确资料，对房屋质量进行检测鉴定，提出房屋允许沉降量和倾斜量。对于基础条件较差、房屋结构不稳定、现状条件不理想的危旧建筑，需在区间隧道施工前对其基础进行注浆预加固或对房屋采取预支护措施。对于区间范围内自挖水井，需在盾构施工前予以填埋，回填材料要求具有良好的均匀性、低渗透性和水密性，并保证回填后不形成透水道。盾构区间推进前，对影响显著范围内人员需撤离。施工期间加强对相关房屋监测。

（4）天水路站—厦门北站区间

1）工程概况：

天水路站—厦门北站区间位于岛外段集美区，周边以商业、居住用地为主，现状地块部分已开发，部分正在开发中。本段区间线路基本沿现状珩田路下方走行，过圣果路后下穿万科两处地块及珩山路至盾构工作井，并接至厦门北站南广场明挖区间，如图14.2.2-9所示。

区间线路大体呈"V"字坡，出天水路后向东北采用28.497 m长2‰、250 m长20‰、305 m长8.81‰下坡至最低点，再以368.5 m长20‰、120.262 m长8.4‰上坡至盾构工作井。本区间设1处联络通道及泵站。隧道顶埋深10.0～22.6 m。

图14.2.2-9　天水路站—厦门北站区间平面示意

2）工程地质与水文地质条件：

区间隧道穿越的主要土层为<11-1-3>硬塑状砂质黏性土、<17-1>全风化花岗岩和<17-2>散体状强风化花岗岩，基底部分处在硬塑状砂质黏性土、全风化花岗岩和散体状强风化花岗岩层，如图14.2.2-10所示。

工点范围内地表水不发育。地下水主要有第四系孔隙水、基岩裂隙水。第四系孔隙水以孔隙潜水为主，基岩裂隙水发育具非均一性。工点范围内地下水局部具有微承压性。

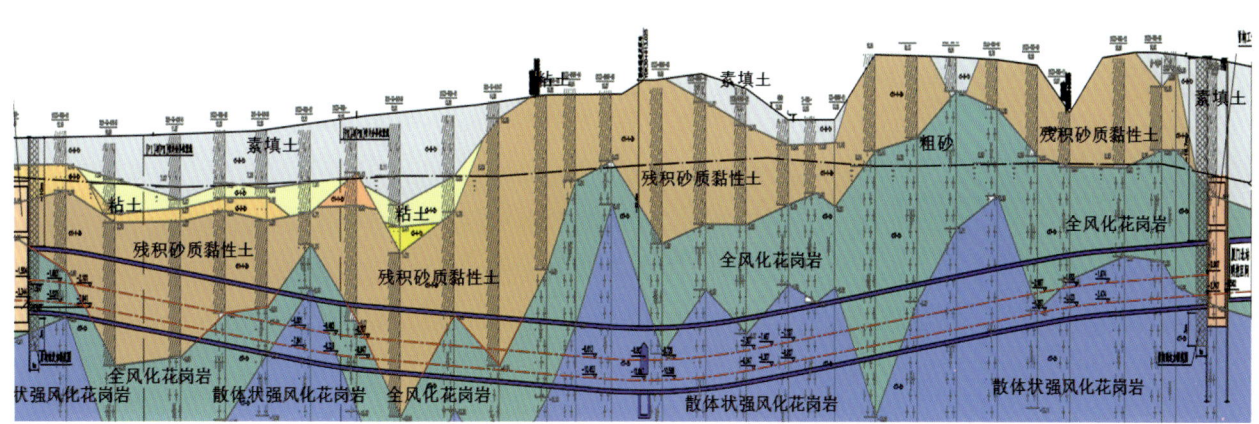

图14.2.2-10　天水路站—厦门北站区间地质纵断面

3）解决方案：

①区间需设置盾构工作井进行接收作业并与厦门北站预留区间相接。

本区间于厦门北站南侧设置盾构工作井，盾构工作井为内部结构平面外包尺寸约16.3 m×25.3 m、高15.15 m的二层三跨箱形框架结构，顶板覆土厚9.15 m，基坑开挖深度约24.0 m，工作井所处地层为<1-2-1>黏土质素填土、<17-1>全风化花岗岩和<17-2>散体状强风化花岗岩。本工作井为天水路站—厦门北站区间盾构工作井，盾构机出天水路站后推进至本工作井内接收。工作井YDK31+447里程端外侧需与已建明挖区间结构相接，工作井围护钻孔桩与明挖区间结构最小净距仅0.4 m。盾构工作井与已建明挖区间之间采用旋喷桩止水加固，加固范围为4 m，采用矿山法连接两侧结构。该部分暗挖段利用Φ108 mm×6@400 mm管棚超前支护，然后采用上下台阶法依次破除围护桩和开挖该部分土体并施作初期支护，最后依次浇筑垫层、底板、侧墙、中板，要求：

a. 施工钻孔桩时需严格控制成桩精度避免损伤既有明挖区间结构。

b. 加强明挖区间周围地层加固、旋喷止水精心施工，确保质量。

c. 加强明挖区间水平位移及收敛值的监测。

②区间下穿万科地块。

本区间下穿万科广场置业有限公司01、02地块项目，区间盾构机于2016年5—6月下穿该地块。在盾构机穿越前，要求万科广场置业有限公司物业开发建筑物先行施工，且预留盾构机通过条件。同时，在区间正上方设置门式保护罩结构，门式保护罩结构与盾构隧道结构外边线净距大于3 m。盾构区间隧道上方覆土大于1倍洞径。门式保护罩结构基础结构采用嵌岩桩，桩底进入中风化花岗岩层至少0.5 m。

14.3 矿山法区间

14.3.1 中山公园站—将军祠站区间

1）工程概况

中山公园站—将军祠站区间线路出中山公园站以后，左、右线均以300 m半径向东偏转，之后以400 m半径向东北方向偏转，进入将军祠站。区间左线长度为1025.151 m，右线长度为1022.027 m。区间采用矿山法施工，采用单洞单线五心圆马蹄形断面，净空尺寸为5.20 m×5.43 m。

区间出中山公园站后，穿越较多建构筑物，主要有下穿图强路两侧房屋（隧道顶距房屋群基础最小距离约12.2 m）、下穿厦门宾馆（隧道顶距8#地下室底板约13.9 m）、侧穿文园桥桩基（隧道结构外轮廓距桥桩边缘最小距离约1.15 m）、侧穿文园桥侧混7房屋（隧道结构外轮廓距房屋基础最小距离约4.6 m）、侧穿文园路综合楼（隧道结构外轮廓距综合楼基础最小距离约5.15 m）、近距离侧穿白鹤岩大厦（隧道顶距大厦基础底部约12.98 m）、侧穿水务宿舍（隧道结构外轮廓距房屋基础最小距离约3.7 m）、下穿排洪渠（隧道顶距排洪渠结构底部约5.86 m）、下穿文园路过街通道（隧道顶距过街通道结构底部约7.86 m），如图14.3.1-1所示。

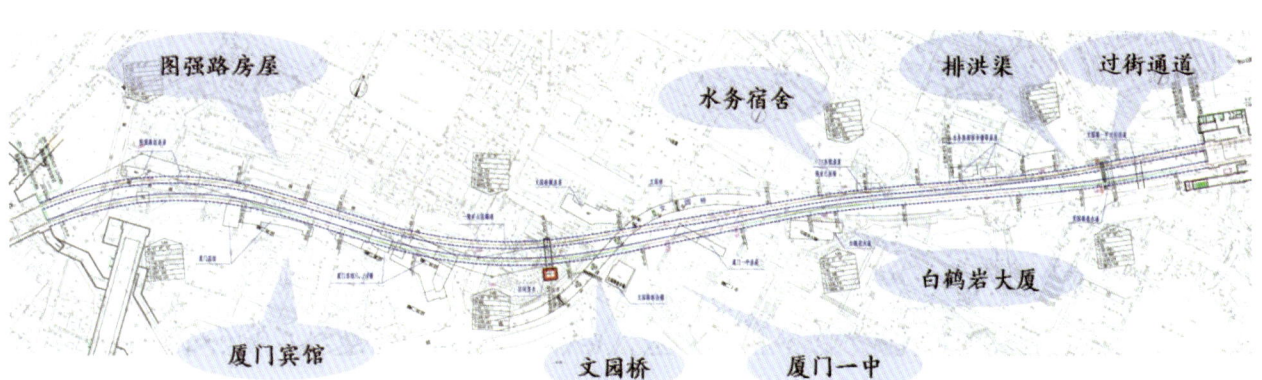

图14.3.1-1　中山公园站—将军祠站区间平面示意

(2) 工程地质条件

区间范围内地层主要有<1-1>杂填土、<1-2>素填土、<3-4>粗砂、<4-4-3>砾砂、<5-1>粉质黏土、<10-1>砂质黏土、<11-1>残积砂质黏性土、<11-2>残积砾质黏性土、<17-1>全风化花岗岩、<17-2>散体状强风化花岗岩、<17-3>碎裂状强风化花岗岩、<17-4>中等风化花岗岩和<17-5>微风化花岗岩。隧道洞身主要位于微风化花岗岩、中风化花岗岩及强风化花岗岩中，如图14.3.1-2所示。

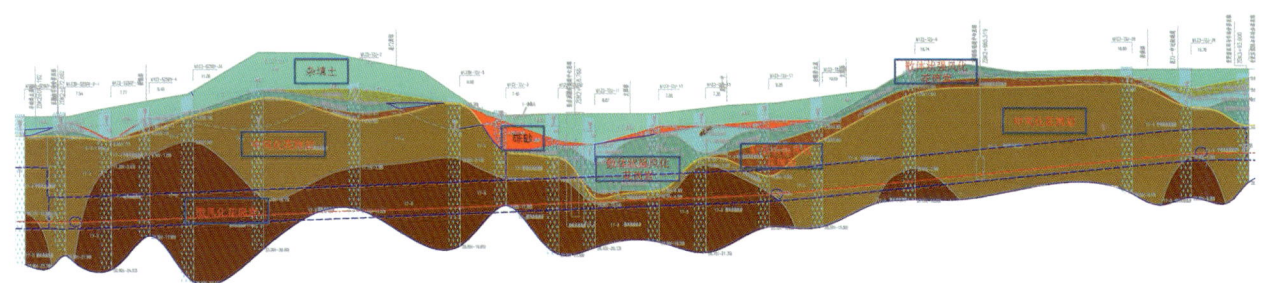

图14.3.1-2　中山公园站—将军祠站区间地质纵断面

(3) 工程技术特点及难点解决

1) 区间侧穿文园桥。

旧文园桥位于文园路与深田路交叉道口。该桥结构为连续单箱梁S形变坡桥，建成于1991年4月。桥面宽8m，桥下净空最大4.5m。主桥上部结构为C40单箱式双悬臂连续箱梁，普通钢筋混凝土结构，悬挑长2.5m；下部结构采用浅基础和钻孔灌注桩基础两种形式，桥墩基础都以中等风化花岗岩为持力层。桥墩均为独立柱形墩，墩顶均设置砼矩形上盖梁。2012年1月，厦门市市政工程管理处委托厦门市工程检测中心对该桥进行了检测，发现上部各跨主梁均出现不同程度的开裂现象，应进行中修或大修。

受周边建筑物等环境因素的影响，区间隧道与桩基的净距很小，其中4#桥墩桩基与隧道的净距只有0.27m，且桩底位于隧道底部以上2.5m。

经轨道公司、设计单位和厦门市相关部门进行多次专题汇报、讨论，认为工程的主要风险集中在4#桥墩的桩基，在考虑了工程风险和市区交通需求两方面的因素后，形成统一的改造意见：一是拆除既有混凝土梁，更换成钢箱梁；二是拆除既有4#桥墩，废弃旧桩基，墩位往5#墩方向平移2m，新桥墩更换成单桩单柱形式，其余墩台及基础保留利用。改造后，桥桩与隧道的净距变为1.26m，桩基深入隧道底下3.6m以上。该改造工程于2013年8月完成。

文园桥改造以后，4#桥桩桩底标高-15.40m，深入微风化花岗岩，与隧道净距1.26m；3#桥桩标高-21.59m，与左、右线隧道净距分别为1.15m、2.25m；相交里程范围为ZDK2+550～ZDK2+650，如图14.3.1-3和图14.3.1-4所示。

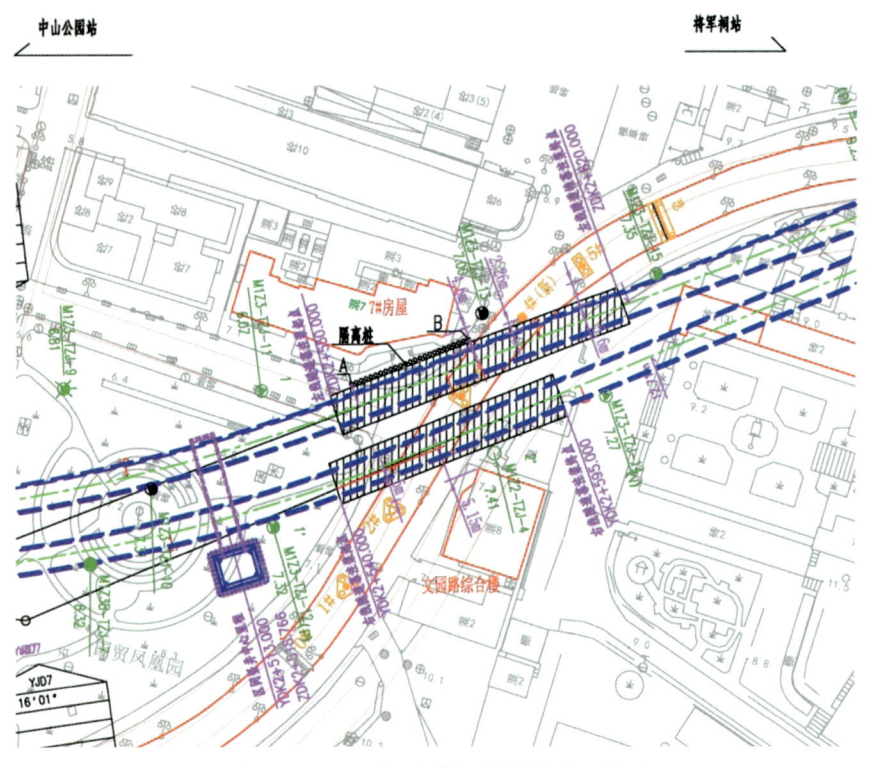

图14.3.1-3　区间隧道与文园桥平面关系

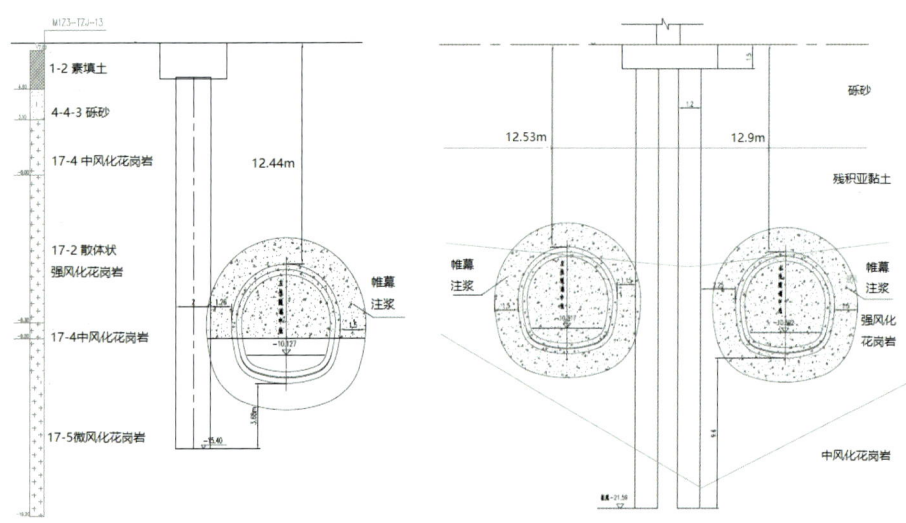

图14.3.1-4　区间隧道与文园桥竖向关系

本工程采取的应对措施主要有：

①对隧道除微风化花岗岩以外的所有地层进行帷幕注浆，不论超前地质钻孔是否探明富水。布置注浆孔时应避开4#桥桩，离桥桩距离≥0.5 m。若开挖过程中，还有渗漏水，则采用岩石裂隙注浆堵漏。

②为了不破坏隔离桩和文园桥的桥桩，部分里程段不设系统锚杆。

③控制爆破，爆破药量应按照建筑物允许安全质点速度不大于2.0 cm/s来控制。隧道施工时不得破坏桥桩结构，如爆破水平达不到保护桥桩的要求，应在部分区段禁止爆破，采用机械挖掘和人工挖掘。

④隧道施工控制循环进尺，根据具体情况确定进尺长度。早封闭，早支护，强支护，早做二衬，加强衬砌背后注浆，减少地层沉降。

⑤加强对桥梁、房屋的沉降和变形监测，根据监测结果调整施工方法和施工措施。

2）区间近距离穿越排洪涵及过街通道。

区间与排洪涵的相交里程为YDK3+009.8，排洪涵为矩形涵洞，断面尺寸为4 m×1.5 m；隧道下穿排洪涵，与排洪涵正交，底板上部标高9.85 m，顶部覆土5.15 m；区间与厦门一中过街通道的相交里程为YDK3+035，过街通道为矩形断面，断面尺寸为5.5 m×3.67 m；隧道下穿过街通道，与过街通道正交，通道底部标高12.03 m，顶部覆土1.08 m，如图14.3.1-5所示。

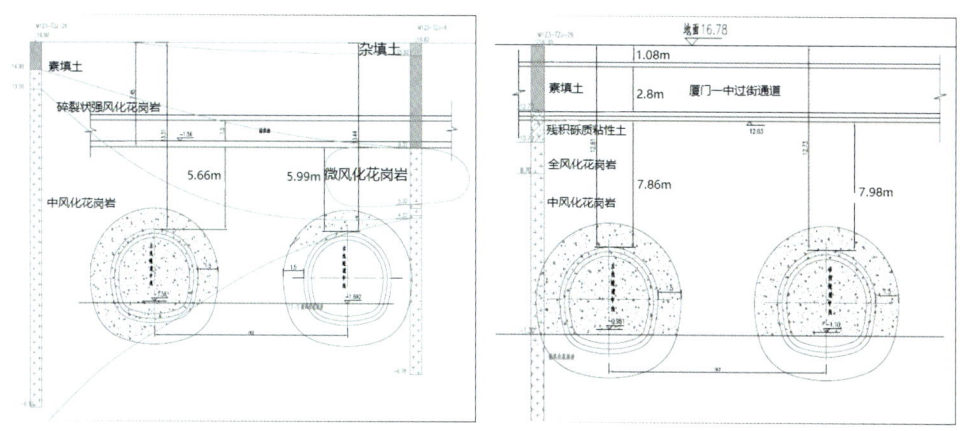

图14.3.1-5　区间隧道与排洪涵、过街通道竖向关系

本工程采取的应对措施主要有：

①排洪涵为矩形涵洞，断面尺寸为4 m×1.5 m。排洪涵由于年代已久，施工前应检查其是否有断裂和漏水，如有应提前进行堵漏处理。

②为了保护排洪涵和过街通道，防止因开挖导致地下水流失、沉降和开裂，对隧道除微风化花岗岩外的所有地层进行帷幕注浆，不论超前地质钻孔是否探明富水。

③隧道施工控制循环进尺，根据具体情况确定进尺长度。

④隧道开挖应早支护，早封闭，提前施工二衬，加强衬砌背后注浆，减少地层沉降。

⑤软岩地段禁止爆破，硬岩地段控制爆破，爆破药量应按照建筑物允许安全质点速度不大于2 cm/s来控制。

⑥加强对涵洞与通道的沉降和变形监测，根据监测结果进行基底注浆保护。

3）区间下穿及侧穿建构筑物。

区间下穿厦门宾馆6#楼及8#楼。厦门宾馆6#楼为两层至五层建筑，基础深入强风化花岗岩层，隧道顶距离基础底约14.59 m；厦门宾馆8#楼裙房有两层地下室，基础为地梁基础，地下室底板顶标高7.41 m，隧道顶至地下室底约13.9 m。区间隧道与两栋房屋相交里程在YDK2+323～YDK2+430之间，如图14.3.1-6所示。

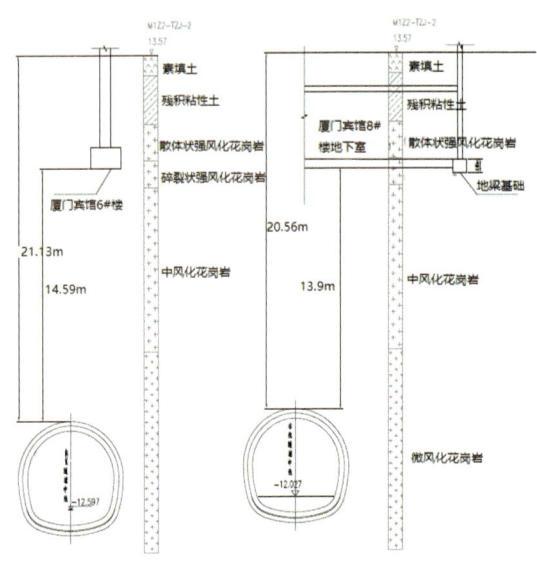

图14.3.1-6　区间隧道与建筑物竖向关系

本工程采取的应对措施主要有：

①隧道开挖应早支护，早封闭，提前施工二衬，减少地层沉降。

②控制爆破，爆破药量应按照建筑物允许安全质点速度不大于2 cm/s来控制。

③由于隧道上方有12～13 m厚的微、中风化岩层，故不对房屋做预加固；但需加强对房屋的沉降和变形监测，根据监测结果进行基础底注浆，以保护房屋不被破坏。

14.3.2　乌石浦站—塘边站区间

（1）工程概况

乌石浦站—塘边站区间线路出乌石浦站后，左、右线均以450 m半径向西北方向偏转，进入塘边站。区间左线长度为734.690 m，右线长度为744.1 m。区间采用矿山法施工，采用单洞单线五心圆马蹄形断面，净空尺寸为5.20 m×5.43 m。

区间线路沿厦门市主干道嘉禾路地下敷设，交通繁忙，地下管线密集，两侧建筑物主要有砼16忆鹭大厦（隧道结构外轮廓距大厦约28 m）、砼5武警警备纠察队和一些砖混结构，并下穿嘉禾路城市广场地下通道（隧道顶距通道约2.3 m）。沿线重要管线有DN1200 mm给水管道，混凝土承插接头管，埋深0.85 m左右，距左线隧道5～8 m；DN500 mm燃气管道，钢管，埋深1.2 m左右，距左线隧道5～8 m；DN600 mm给水管道，铸铁管，埋深1.25 m左右，距右线隧道8～12 m，均平行隧道敷设，如图14.3.2-1所示。

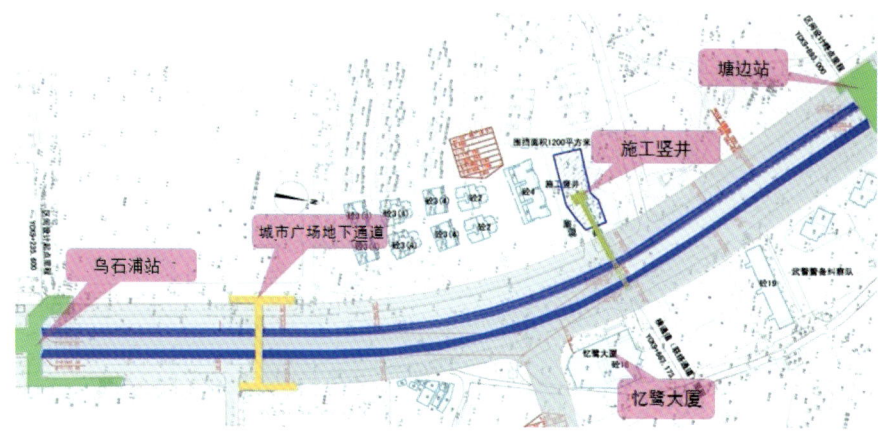

图14.3.2-1　乌石浦站—塘边站间平面示意

（2）工程地质条件

区间沿线为城市主干道，现状地面标高5.8～26.7 m，地形呈一般倾斜；从区间起点起近300 m区域地貌单元为山前坡洪积堆积区，余下至区间终点区域地貌单元为剥蚀残丘。区间范围内地层主要有〈1-1〉路面结构土、〈1-3〉素填土、〈1-4〉填石、〈2-1〉淤泥、〈3-4〉中砂、〈8-1〉粉质黏土、〈8-4〉中砂、〈11-1〉残积砂质黏性土、〈11-3〉凝灰熔岩残积黏性土、〈12-1〉全风化凝灰熔岩、〈12-2〉散体状强风化凝灰熔岩、〈12-4〉中风化凝灰熔岩和〈12-5〉微风化凝灰熔岩，如图14.3.2-2所示。

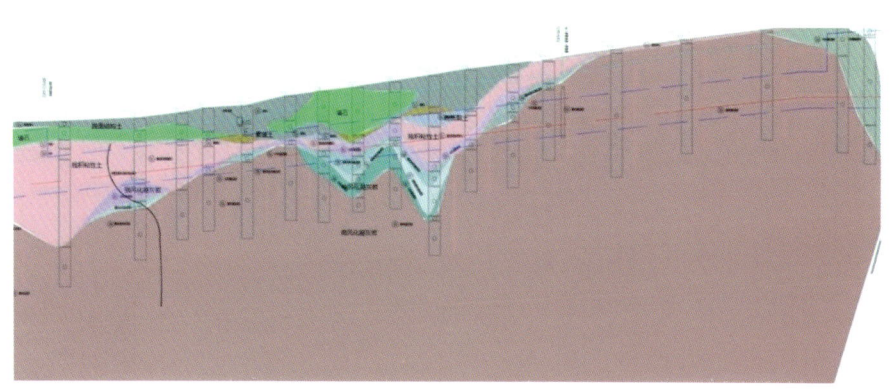

图14.3.2-2　乌石浦站—塘边站区间地质纵断面

区间出乌石浦站洞身周围为〈11-3〉凝灰熔岩残积黏性土，进塘边站洞身周围为〈12-5〉微风化凝灰熔岩。隧道上覆填石及淤泥，其中填石〈1-4〉主要由块石回填而成，间隙冲填少量黏性土等，块径5～10 cm，最大可达50 cm。

（3）工程技术特点及难点解决

区间地势高差大，地势纵坡达30‰，隧道浅覆土在城市主干道下穿行，并长距离穿越填石层，且存在上软下硬地层。

1）区间浅覆土穿越填石层。

根据地质勘察报告，左线填石区长度约390 m，右线填石区长度约320 m，填石厚度2.9～8.7 m不等，如图14.3.2-3所示。填石区主要由块石与原有滩涂流塑状淤泥抛填而成，地处富水区，填料粒径不一，总体呈松散状，且属浅埋暗挖隧道的地下障碍物之一，工程性能不良。隧道开挖易造成隧道涌水，并引起地面沉降较大，可能发生塌方等事故。

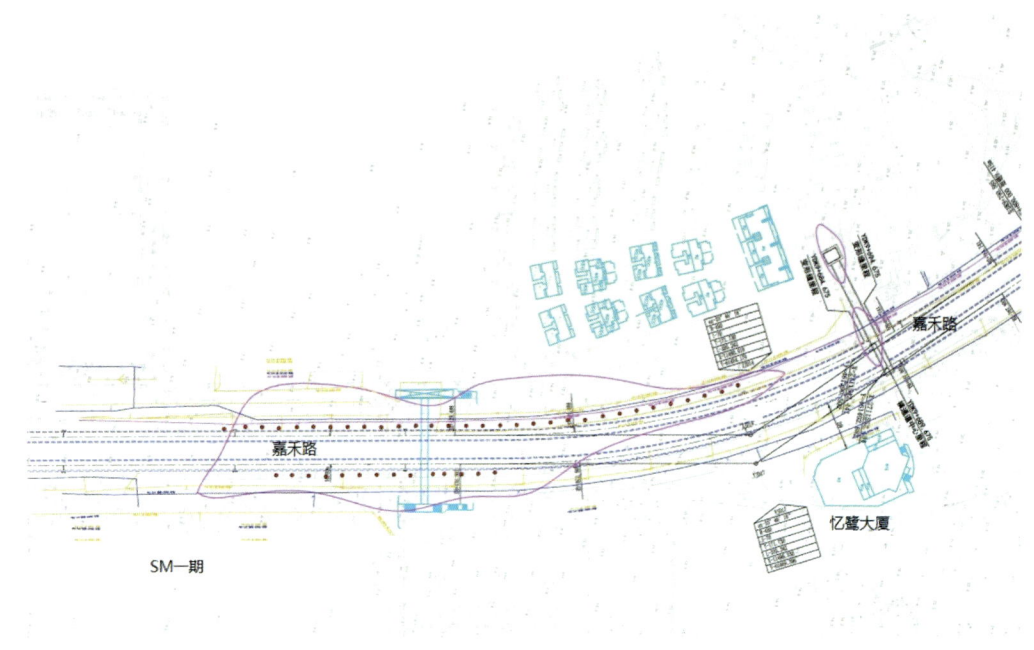

图14.3.2-3 填石分布范围

本工程采取的应对措施主要有：

① 超前地质预报。施工过程中必须严格在掌子面打设超前探水孔，以真实掌握掌子面前方地下水情况。

② 双排超前小导管拱顶150°支护。

③ 洞内上半断面预注浆加固。

④ 地面设置降水井，作为应急措施使用。根据监测结果，实时进行地面降水。

⑤ 区间隧道二衬结构未封闭时，对二衬前后15 m、隧道结构外缘各3 m道路范围进行交通限行。

处理填石区域的主要施工步骤如下：首先进行洞内预注浆加固，而后根据监测结果进行地面降水，最后进行超前支护和二衬的施作，按照注浆、降水、超前支护、开挖的循环顺序进行施工。填石区域支护断面如图14.3.2-4所示。

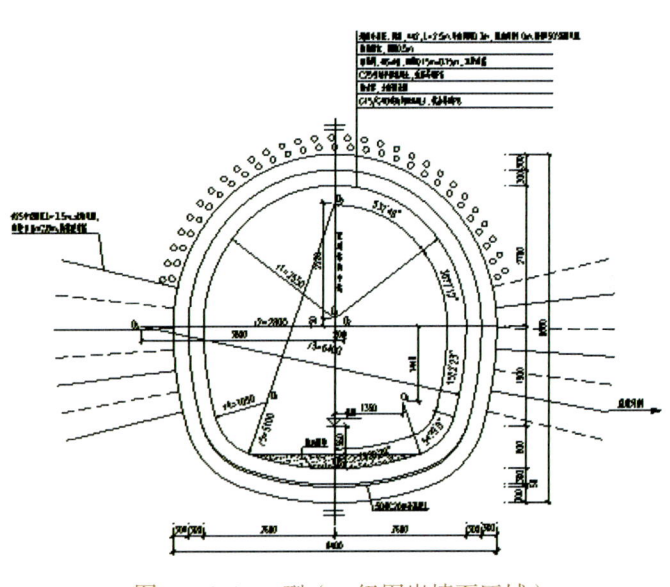

图14.3.2-4 D型（Ⅵ级围岩填石区域）

2）区间近距离穿越地下通道。

城市广场地下地道中心里程右YSK9+410.949，2004年建成，尺寸4.4 m×3.5 m，隧道下穿通道，与通道成正交关系，底板底标高3.822～4.715 m，横穿嘉禾路，与区间线路垂直相交，区间隧道拱顶覆土2.3 m。环境设施分类为邻近重要设施，相邻位置关系为接近。通道变形控制指标：允许最大沉降值30 mm。地下通道与区间关系如图14.3.2-5所示。

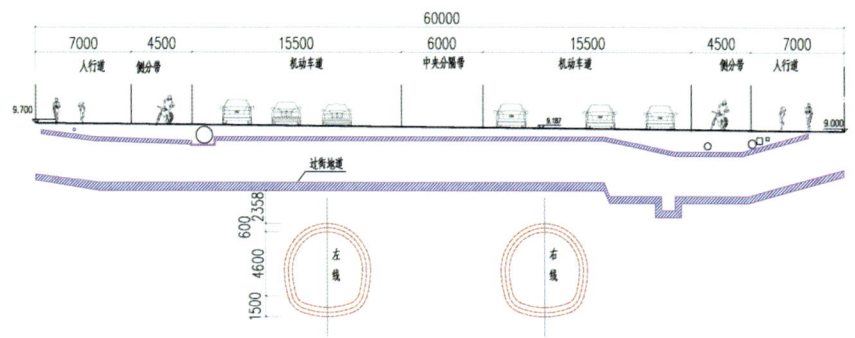

图14.3.2-5　城市广场地下通道与区间隧道的关系

为了减小区间隧道施工对城市广场地下通道的影响，工程采取以下措施：

① 超前小导管拱顶150°注浆加固。

② 采用直径89 mm管棚超前支护。

③ 控制循环进尺，循环进尺不宜超过1.0 m。

④ 施工期间，区间隧道二衬结构未封闭时对地下通道进行交通禁行，地下通道下沉较大时在通道内向下进行跟踪注浆。

下穿城市广场地下通道的主要施工步骤如下：隧道穿通道之前按照E型断面支护参数进行管棚和超前导管支护，采用预留核心土的台阶法进行施工，如图14.3.2-6所示。

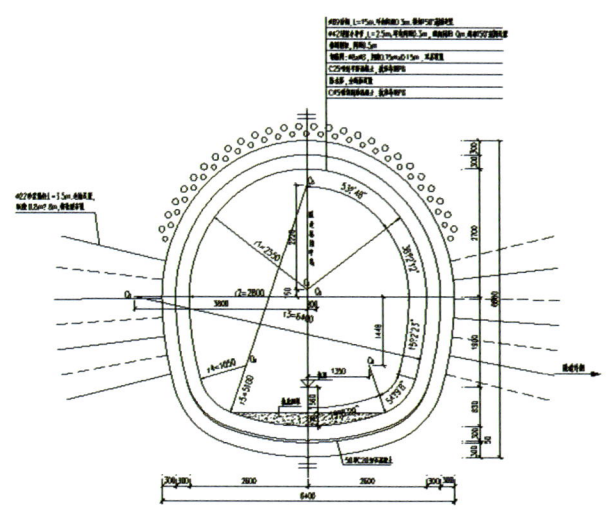

图14.3.2-6　E型（Ⅵ级围岩下穿城市广场通道）

(4) 附属工程设计

为满足区间隧道施工需要,在区间中部设置1座施工竖井及1座施工斜井,竖井位置结合线路条件、建筑红线、施工场地条件及地下管线情况设于嘉禾路西侧公园绿地内,斜井位于城市广场一期以北地块内,竖井的断面净空6m×8m,采用喷射砼+格栅钢架支护,并设砂浆锚杆;斜井为22.6m矩形顶管+3.4m暗挖接口段+42.6m U形槽结构。施工竖井及施工斜井现场如图14.3.2-7所示。

图14.3.2-7 施工竖井与施工斜井施工现场

14.3.3 殿前站—高崎站区间隧道下穿成功大道隧道

殿前站—高崎站区间线路左、右线间距13.3～40.2m,右线总长1236.145m,左线总长1216.018m。本区间隧道采用矿山法施工,单洞单线马蹄形断面,内净空尺寸5.2m×5.6m(净跨×净空)。

成功大道隧道采用框架结构,结构左线路面标高-2.163～-1.509m,位于区间隧顶上方4.0～4.6m处,下穿长度63m;结构右线路面标高0.275～0.834m,位于区间隧顶上方5.2～6.0m处,下穿长度67m;环境设施分类为邻近重要设施,相邻位置关系为非常接近,风险等级为Ⅱ级。

对于侵入地铁隧道范围内的成功大道隧道围护桩,考虑其为临时结构,在地铁施工时洞内破除通过,如图14.3.3-1和图14.3.3-2所示。

针对以上风险,施工中主要采取以下应对措施:

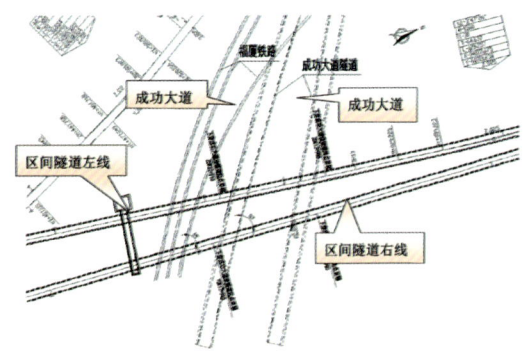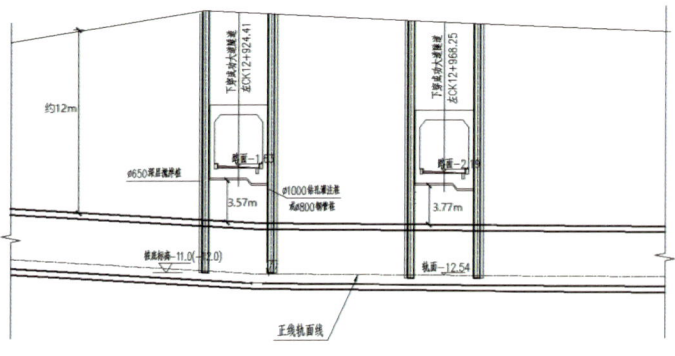

图14.3.3-1 区间隧道与成功大道平面相对关系　　图14.3.3-2 区间隧道与成功大道隧道竖向相对关系

1）采取超前周边注浆加固围岩，改善岩土物理性质，发挥和强化围岩的自稳定能力，以减小区间隧道施工对成功大道隧道的影响。

2）采用加密超前长管棚+超前小导管等辅助施工措施，支承临空的岩体，从而维持开挖面的围岩稳定，控制洞顶沉降，尽量减少对围岩的扰动。

3）施工前需要做10 m左右的试验段，根据监控量测反馈信息，调整和优化下穿铁路设计参数，确保工程安全。

4）采用环形导坑留核心土的开挖方式，上台阶设置临时仰拱，控制洞周收敛。若基础地基承载力不足，则还需进行基底注浆加固处理。

5）边开挖边支护，控制循环进尺，施工过程中必须对隧道进行监控量测，实时信息反馈，修正支护参数，确保施工过程中隧道的安全。

6）隧道初期支护背后及时注浆，尽快封闭成环，形成闭合结构，提高抗力能力，逆止围岩变形，控制地面沉降。

7）施工开挖尽量采用人工开挖或机械开挖；当必须采用爆破时，需采用控制爆破技术，以减少对围岩的扰动，充分发挥围岩的自稳能力。

8）根据监控量测结果，尽快施作二次衬砌。

经以上措施，并精心施工，矿山法隧道施工顺利，安全穿越成功大道隧道，大道通车正常。

14.3.4 殿前站—高崎站区间隧道下穿鹰厦铁路

殿前站—高崎站区间矿山法隧道下穿鹰厦铁路，区间隧道平面整体呈西南至东北走向与铁路相交，交角约58°，既有线铁路共3股道（2股鹰厦铁路，1股粮专线）。既有线下穿段为国家Ⅰ级双线电气化干线，本段运行速度110 km/h，路基为宽枕碎石道床，如图14.3.4-1所示。

由于本区间隧道多次穿越球状风化囊和微风化凸起，因此区间隧道采用矿山法施工。鹰厦铁路轨面到区间隧道结构顶的净距约为13 m，如图14.3.4-2所示。

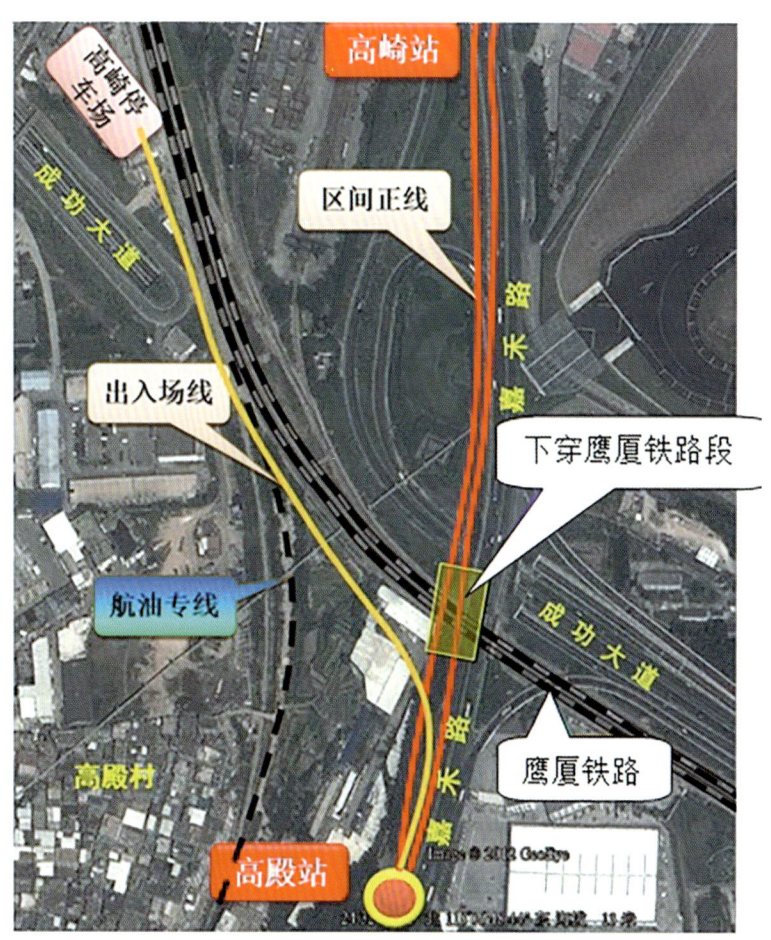

图14.3.4-1 1号线下穿鹰厦铁路关系

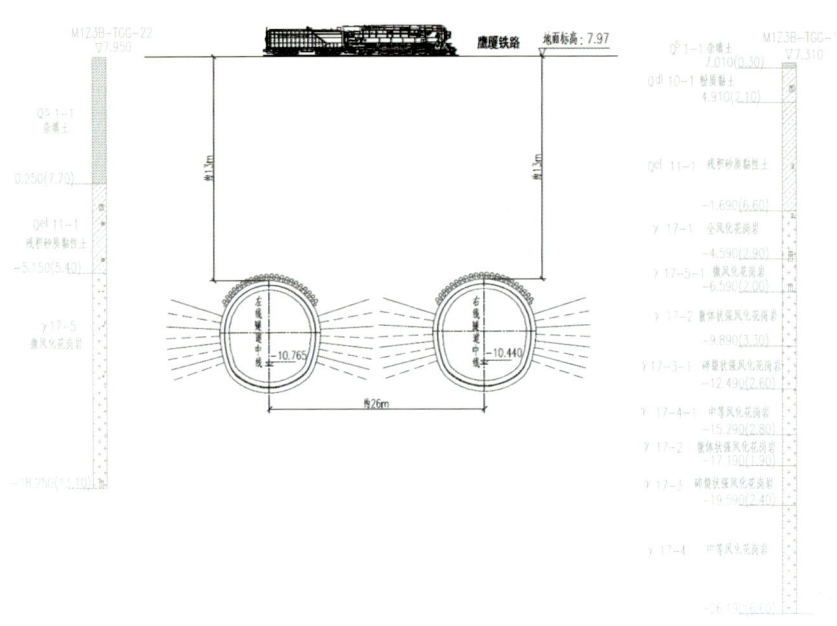

图14.3.4-2 殿前站—高崎站区间与鹰厦铁路相互关系剖面

殿前站—高崎站区间隧道下穿鹰厦铁路施工风险较大，为此在设计中主要采取了以下措施：

1）洞外措施：

①对铁路进行加固，采用D24型钢便梁架空加固线路，便梁下部设置Φ1500 mm人工挖孔桩。

②结合国内轨道交通区间隧道下穿国铁的成功经验，在区间施工期间，需对列车进行限速，限速45 km/h减速缓慢行驶。

③线路加固前，先对场地范围内杂填土地层进行袖阀管注浆加固，严格控制场区地面的沉降，为施工提供条件。

④对铁路布设严密的监控网，加强其监控量测，严格监视各项控制指标的变化，用监测数据指导设计、施工。

2）洞内措施：

①采用超前短管棚+超前小导管等辅助施工措施，支承临空的岩体，从而维持开挖面的围岩稳定，控制洞顶沉降，尽量减少对围岩的扰动。

②施工前需要做10 m左右的试验段，根据监控量测反馈信息，调整和优化下穿铁路设计参数，确保工程安全。

③采用环形导坑留核心土的开挖方式，上台阶设置临时仰拱，控制洞周收敛。若地基承载力不足，则还需进行基底注浆加固处理。

④边开挖边支护，控制循环进尺，施工过程中必须对隧道进行监控量测，实时信息反馈，修正支护参数，确保施工过程中隧道的安全。

⑤隧道初期支护背后及时注浆，尽快封闭成环，形成闭合结构，提高抗力能力，逆止围岩变形，控制地面沉降。

⑥施工开挖尽量采用人工开挖或机械开挖；当必须采用爆破时，需采用控制爆破技术，以减少对围岩的扰动，充分发挥围岩的自稳能力。

⑦根据监控量测结果，尽快施作二次衬砌。

殿前站—高崎站区间隧道下穿鹰厦铁路正线段于2015年1月顺利通过，施工过程中未出现任何重大事故，达到了既保证铁路正常通车，又满足下穿隧道安全施工的目的，取得了很好的效果。

14.3.5 集美学村站—园博苑站区间隧道下穿原水管及北溪引水干渠

（1）工程概况

集美学村站—园博苑站区间沿海堤路南侧（原鹰厦线）走行，至园博苑，向西北侧转弯，以14.7°交角下穿集杏海堤路（集灌路）、直径2 m的原水管（影响范围长度约40 m）、北溪引水干渠后至园博苑站，如图14.3.5-1所示。

区间隧道范围上覆第四系全新统人工抛石、海积淤泥、海陆交互沉积软、可塑黏土，可塑、硬塑残积砂质黏性土，下伏基岩为花岗岩。人工填土厚度较大，均匀性差，自稳性差；淤泥、软塑黏土力学性质差，含水量大，压缩性高，不能直接作为持力层，易引起构筑物沉降过大；黏土均匀性较好，该层厚度较大，位于基底，分布连续性较好，自稳性差，在人为动力作用下土体强度极易降低，易发生触变；残积土及全、强风化层花岗岩及辉绿岩的均匀性、自稳性一般，但其在人工扰动时易软化及崩解，在动水头作用下，容易产生管涌、流土等渗透变形现象，故综合比选，除下穿直径2 m的原水管段采用暗挖法施工，其余采用明挖法施工。

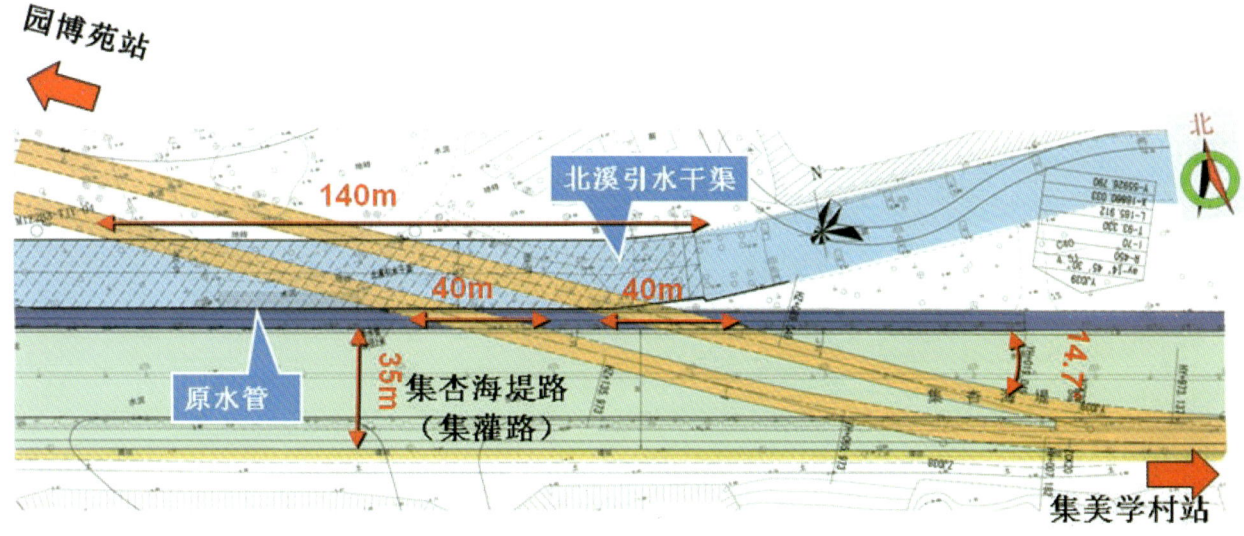

图14.3.5-1　区间隧道与原水管及北溪引水干渠平面关系

（2）区间隧道与原水管及北溪引水干渠的相对位置关系

1）原水管：位于海堤路北侧，与海堤路平行布设，直径2 m，灰口铸铁管，埋深约4.0 m，采用外砌箱涵形式，如图14.3.5-2所示。区间顶距离原水管底部2.1～3.5 m。

图14.3.5-3　原水管现状横剖面

2）北溪引水干渠：现状宽约20 m，河堤深约5.0 m（-1.0 m），上部采用预应力盖板，下部采用钢筋混凝土壁式桥台，如图14.3.5-3所示。桥台基础：公路侧采用高压旋喷桩，公园侧采用水泥土搅拌桩。区间距离干渠底净距1.5～3.0 m。

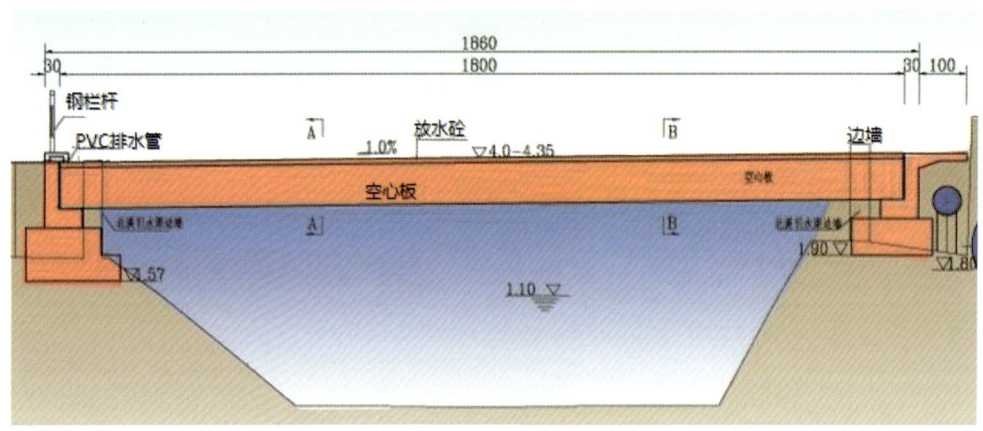

图14.3.5-3　北溪引水干渠现状横剖面

(3) 采用的主要工程措施

1）北溪引水干渠迁改方案。

根据前阶段与原水管和北溪引水干渠的管理单位厦门水务集团原水公司沟通，管理单位认为北溪引水干渠可以采用导流等方案。同时，北溪引水干渠与原水管的迁改或保护不能同时进行。

在区间影响范围干渠两侧截流，采用导流方案解决供水。截流基坑围护结构采用拉森Ⅳ型钢板桩，设1道钢支撑（Φ609 mm，t=16），基坑底放置3根Φ2 m的圆水管作为导流介质（后续水务部门设计调整了方案），流量保证设计流量6 m³/s。待施工完毕后恢复北溪引水干渠正常使用。因北溪引水干渠为重力流（无扬程），所以导流方案相对较易。

2）区间下穿原水管设计方案。

①区间下穿原水管采用暗挖法施工，对原水管影响范围长度约72 m。

②采用超前管棚+小导管等辅助施工措施，支承临空的岩体，从而维持开挖面的围岩稳定，控制洞顶沉降，尽量减少对围岩的扰动。

③采用环形导坑留核心土的开挖方式，上台阶设置临时仰拱，控制洞周收敛。若基础地基承载力不足，则还需进行基底注浆加固处理。

④边开挖边支护，控制循环进尺，施工过程中必须对隧道进行监控量测，实时信息反馈，修正支护参数，确保施工过程中隧道的安全。

⑤隧道初期支护背后及时注浆，尽快封闭成环，形成闭合结构，提高抗力能力，逆止围岩变形，控制地面沉降。

⑥施工开挖尽量采用人工开挖或机械开挖；当必须采用爆破时，需采用控制爆破技术，以减少对围岩的扰动，充分发挥围岩的自稳能力。

⑦根据监控量测结果，尽快施作二次衬砌。

暗挖段区间隧道与原水管平面位置关系如图14.3.5-4所示。

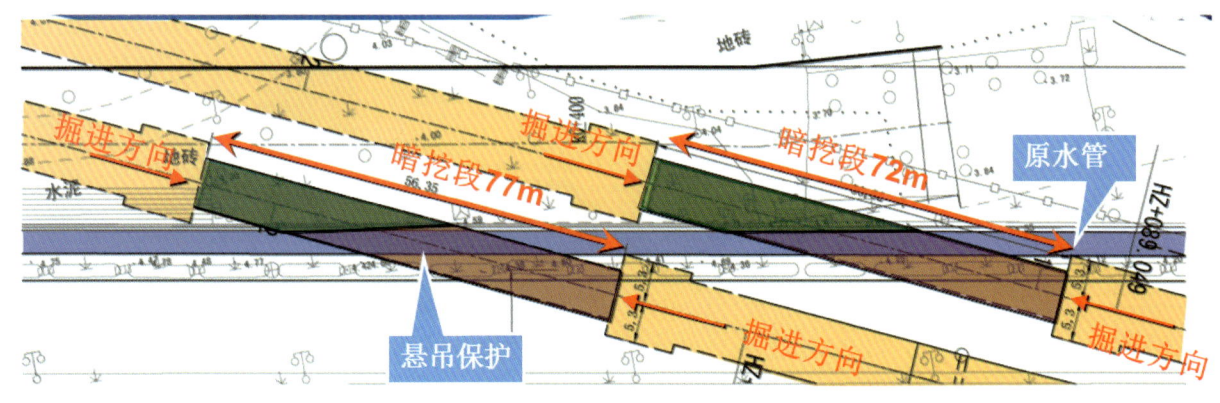

图14.3.5-4　暗挖段区间隧道与原水管平面位置关系

3）施工期间应急预案。

项目监测按"分区、分级、分阶段"的原则建立监控量测控制标准，按"黄色、橙色、红色"三级预警进行反馈和控制，建立监控量测数据预警、报警、消警机制。

施工方应编制详细的应急预案和应急处理措施，对现场发生不同的风险状态提出有针对性的措施。

现场预备充足的工程抢险物资及抢险设备：方木、工字钢、千斤顶、水泥、水玻璃等，注浆及拌浆设备、起重及吊装设备，撤退及照明、通信等设备。

针对轨道交通建设施工突发事故的特点，以及对事故进行应急处置的需求，优化事故现有应急指挥系统和组织网络，建立统一、规范、有序、高效的应急响应机制。

（4）结论与建议

通过采用有针对性的工程措施，集美学村站—园博苑站区间顺利下穿原水管及北溪引水干渠段，可供类似工程借鉴。

14.3.6 诚毅广场站—集美软件园站区间下穿沈海高速

（1）工程概况

诚毅广场站—集美软件园站区间线路起于诚毅广场站，后线路以1500 m半径向北偏西偏转，至海翔大道、沈海高速、集美北大道规划维一路后，线路又以反方向曲线向北偏东偏转，曲线半径350 m，后至规划软件园地块，进入集美软件园站，区间左、右线间距12～15 m，总长1085.293 m（右线）/1092.501 m（左线，长链8.968 m），区间范围内现状地面标高3～14 m，区间线路以28‰的坡度下行至诚毅大桥前，后转而上行以27.996‰（右线）/27.760‰（左线）的坡度进入集美软件园站，轨面标高18.883～-5.538 m，区间隧道最大埋深约26 m，最小埋深约4 m，如图14.3.6-1所示。

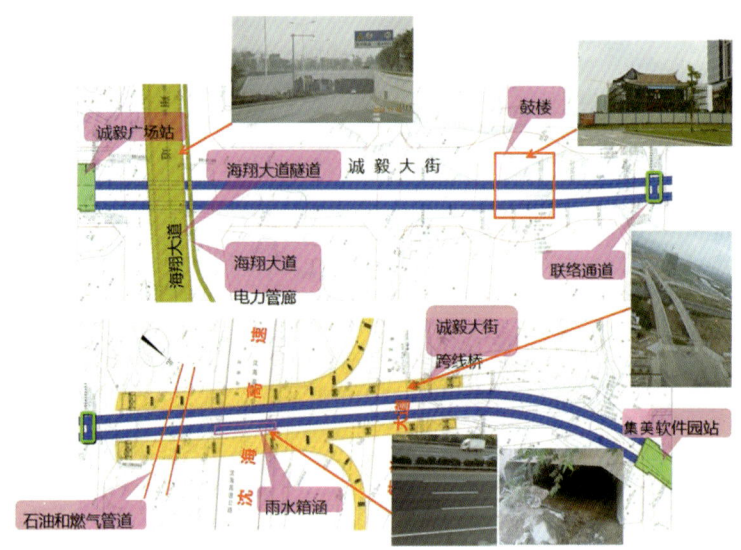

图14.3.6-1　诚毅广场站—集美软件园站区间总平面

（2）工程地质条件

诚毅广场站—集美软件园站区间沿线覆盖层主要为第四系全新统人工填土、全新统冲洪积性黏土及砂层、全新坡积黏土和残积砂质黏土，下伏基岩为燕山晚期第二次倾入花岗岩、辉绿岩，如图14.3.6-2所示。

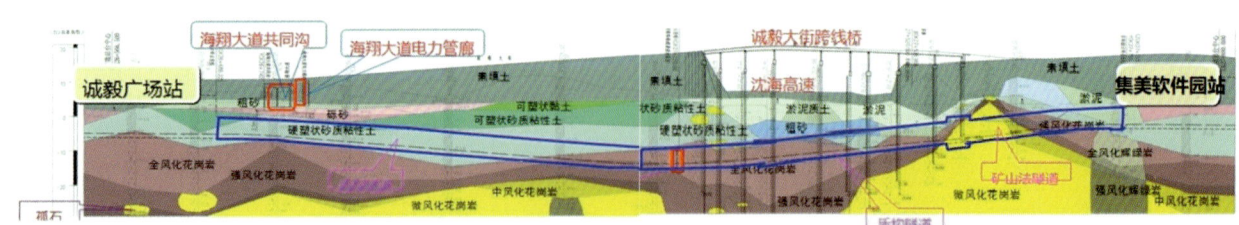

图14.3.6-2　诚毅广场站—集美软件园站区间地质纵断面

（3）设计概况

初步设计及招标设计阶段，区间隧道主要穿越的地层为<3-4-1>中砂、<3-4-2>粗砂、<4-2>全新统海积淤泥质土、<11-1-3>残积硬塑状砂质黏性土、<17-1>全风化花岗岩、<17-2>散体状强风化花岗岩，左、右线各发现2处孤石位于盾构洞身范围，地质和场地条件均适合采用盾构法，但在沈海高速位置由于场地限制没有地质钻孔。

施工图阶段补勘，在沈海高速实施16个地质钻孔，左、右线各8个，共有9个钻孔发现孤石，且都在盾构隧道洞身范围，另外发现两段中风化基岩突起。经过专家论证，区间工法调整为全矿山法。

沈海高速段，隧道拱顶埋深20 m，距离高速路基下箱涵净距12.43 m，如图14.3.6-3所示。隧道拱顶有4～6 m厚砂层，洞内设计采用全断面WSS注浆+大管棚超前支护：

1）管棚设置管棚室，管棚采用Φ108 mm，壁厚10 mm，长度90 m，环向间距30 cm，拱部150°范围内设置，管棚分次打设，一次打设33 m。

2）WSS分段注浆通过：WSS注浆采用深孔注浆，一次注浆长度12 m，开挖9 m，留3 m作为止浆墙。

区间隧道下穿沈海高速，洞外采用地面周边降水+交通布控+监测：

1）地面降水：沿沈海高速两侧布置两排降水井，共计60眼，孔径600 mm，深度35～54 m，并辅以真空降水。

2）为确保在施工过程中路面行车安全，将沈海高速进行交通布控，布控分4期进行。

3）在地表设置监测点，根据监测数据随时进行施工调整。

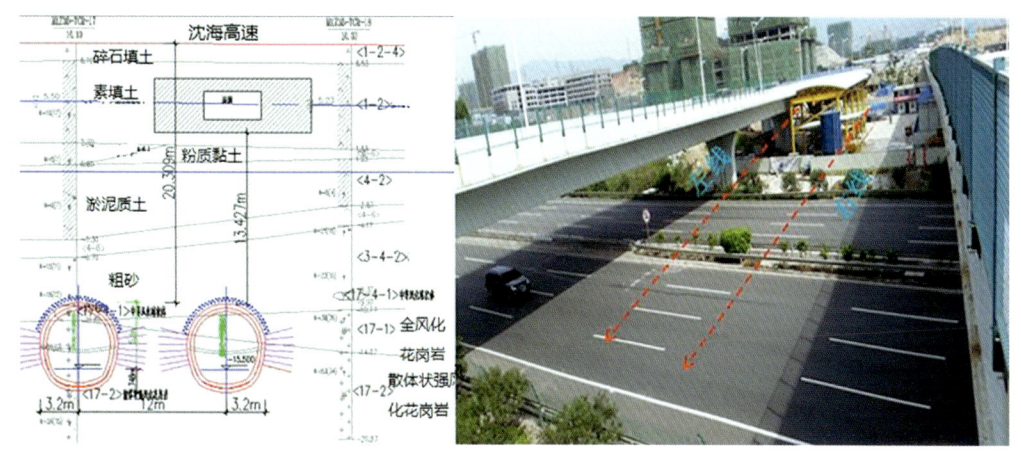

图14.3.6-3　诚毅广场站—集美软件园站区间与沈海高速竖向与平面关系

（4）施工概况

1）路面裂缝。

区间左线进入高速路约10 m，右线刚到达高速路路肩，高速路路面出现不规则裂缝，共计6条，最长13 m，最短0.9 m；最宽2 cm，最窄5 mm。

经分析，裂缝开展原因主要是洞内注浆和洞外降水综合因素造成的。降水引起地面沉降，洞内注浆引起地面隆起，路面局部开裂，部分路段下沉或隆起。

高速公路管理部门担心路基滑移，要求对潜在路基滑移段加固处理并对路面进行修复，处理措施如下：

①路面垂直注浆：沿隧道左、右线净间距（18.5 m）宽度各扩宽5 m，平行线路方向10.5 m；孔位梅花

形布置，间距1.5 m，深度为9 m；采用WSS后退式深孔注浆，浆液为水泥浆。

②坡脚反压：对路基边坡进行回填素土进行反压，反压长度同注浆加固长度，高度与现有涵洞平齐，宽度至2#竖井场地（约13 m）。

③面层处理：待注浆加固完成后对原有路面进行破除，按原有路面进行恢复处理。

2）路面塌陷。

2016年9月17日20时10分，右线YDK27+355处洞内突发涌水涌砂，高速路面出现直径约3 m、深度约2.5 m的塌陷，并造成3辆货运车辆出现不同程度的损坏。

①原因分析：

a. 9月11日，初支上导贯通，下导剩8 m左右未贯通；初支未封闭成环。

b. 2016年9月15日凌晨3时05分，中华人民共和国成立以来强度最大的14号台风"莫兰蒂"正面袭击厦门，带来了大量的降雨。同时，17日17时20分至18时20分台风"加勒卡"也带来了大量的降雨。两次降雨叠加造成地下水位迅速上升，隧道围岩土层处于饱和状态，自重加大，塌陷风险加大。

c. 高速公路路基下为古河道，隧道纵向处在古河道正下方，两边地势较高，路基侧面浆砌片石河床底部间残存大量的雨水，致使隧洞上方土体含水量加大。

d. 台风造成供电中断，洞内无法及时复工，降水井无法工作，该段一直处于高水位。

e. 隧道上方是箱涵，原路基加固不够密实。

f. 贯通面位于沈海高速下方。

②应急处理：

险情发生后，应急预案立即启动，现场人员及时通知产权单位泉厦高速公路公司，并向轨道公司、监理单位做了汇报。同时，施工人员第一时间赶赴现场，采取应急措施，及时控制险情，并配合现场交警，防止险情进一步扩大。具体措施如下：

a. 立即在现场设置警示标识，防止二次事故的发生。

b. 在路面塌陷处填入混凝土（最终方量约为100 m³）。

c. 洞内涌水涌砂部位采用方木、木板进行堵塞，并喷射混凝土进行封闭。截至20日凌晨6时，险情得到控制（洞内涌砂方量约为150 m³）。

③后续处理：

抢险结束后，参建各方、产权单位快速制订加固方案，对此处高速路基及隧洞掌子面进行进一步加固。

a. 对路面塌陷部位进行混凝土回填，回填采用C30混凝土，回填高度与高速路原路面平齐，回填时采用振捣棒振捣密实，确保塌陷部位混凝土充填密实。

b. 混凝土回填后，用地质雷达对道路路面下的地层状况进行扫描，范围以塌陷区为中心，沿高速公路向两侧各延伸30 m。扫描结果显示地层无孔洞，对存在欠密实段落进行注浆加固。

c. 雷达扫描发现涵洞下方存在大面积欠密实段（较严重），故在涵洞两侧布孔进行充填注浆。浆液：水泥水玻璃双液浆。注浆方式：填充式注浆。孔深：单孔深6.5～7.0 m（涵洞底位于高速路面下4.5 m）。注浆压力：控制在0.5～0.8 MPa。

d. 高速路面塌坑向泉州方向存在欠密实段落（可能是土质疏松），根据扫描结果对欠密实区域进行挤密注浆。浆液：水泥水玻璃双液浆。注浆方式：后退式压浆。孔深：单孔最深7m。注浆压力：控制在1.5 MPa。深层部位：采用洞内向路面WSS深孔注浆处理。

e. 待填充注浆及塌陷区混凝土强度满足条件后对高速路面层进行整体修复，其恢复标准按照高速公路相关验收标准执行。

路面及洞内加固于9月24日施工完毕，根据监测结果，沉降变化值为±1mm，收敛变化值为1cm，在可控范围内。经地质雷达扫描，结果显示土体无不密实。9月26日对高速路面进行修复施工，9月27日恢复交通；9月25日洞内进行下台阶封闭施工，于9月27日完全闭合。

14.4 跨海区间

14.4.1 工程概况

本线跨海区间包括高崎站—集美学村站区间、集美学村站—园博苑站区间，两区间均包含路基、桥梁和隧道工程。

14.4.2 跨海区间方案比选

厦门轨道交通1号线工程北向出岛，连接本岛与杏林组团、集美新城、厦门北站，跨海通道的选择需综合考虑功能、线形、纵断、地质、安全性、天气等因素。考虑台风等恶劣天气下，轨道交通作为交通备用系统，线网规划阶段推荐线路为沿海堤的海底隧道。

可研阶段了解到海堤开口桥工程已预留轨道交通走廊的实施条件，为充分利用海堤预留空间，结合周边海景环境、地形、地貌及地质特点，同时根据气象统计资料，台风每年3～4次，影响有限且可预测，居民可计划出行，提出采用地面线方案。本方案不仅可节省工程投资，缩短工期，降低施工风险，更可贵的是，将海景融入地铁线路，可提高乘客的乘车体验，同时也有别于汽车等因驾驶安全，不能尽情欣赏周边美景的缺点，使地铁跨岛旅行不再是枯燥的隧道之旅，而成为欣赏海景的移动风景平台，未来必将成为厦门旅游的新名片。当然，方案比选阶段，为应对地面线路在台风等恶劣天气下无法实现轨道交通作为交通备用系统的功能缺失，同精度研究了地下跨海的"南薰楼"方案，综合比选后最终推荐采用地面线方案，见表14.4.2-1和图14.4.2-1。

表 14.4.2-1　跨海通道段方案比较

	沿海堤方案	"南薰楼"方案
线路走向	高集海堤—地块—集杏海堤	跨海隧道—鳌园路—龙舟池—地块—跨海隧道
线路长度	8180 m	8850 m
车站数量	3座	4座
线路线形	顺直	稍有曲折
拆迁量	较小	稍大
客流吸引	稍差	较好

续表

	沿海堤方案	"南薰楼"方案
用地协调	难度较小	难度较大
施工难度	一般	较困难
应对恶劣天气	较弱；台风每年3～4次，影响有限	较强
综合造价匡算	13.2亿元	46.8亿元
运营成本	低	高

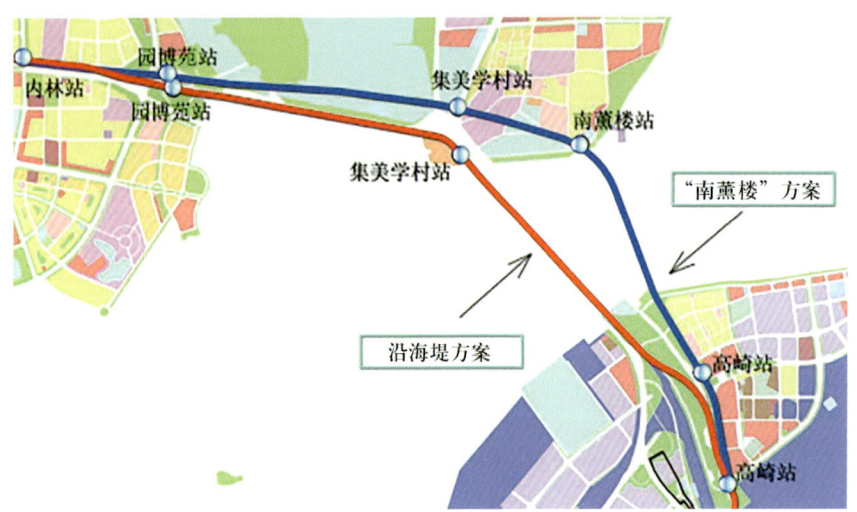

图14.4.2-1　跨海区间方案比选示意

14.4.3　高崎站—集美学村站区间桥梁工程

（1）工程概况

1）既有建构筑物：

拟建桥位位于既有高集海堤上，西侧约100 m建有杏林大桥，东侧约200 m建有厦门大桥。

高集海堤上，轨道交通工程与海堤改造工程（市政道路工程）并行。中国城市规划设计研究院（以下简称"中规院"）于2012年7月完成施工图，交付现场据图施工。截至2013年7月18日，高集海堤上，轨道交通桥梁侧，施工单位根据中规院施工图纸，已施工55根钻孔桩，其中Φ1.8 m钻孔桩16根，Φ1.5 m钻孔桩39根。

2）通航要求：

根据《通航海轮桥梁通航标准》（JTJ 311—97），并经通航论证单位研究分析及专家组审查，确定100吨级杂货船为通航代表船型。主通航孔采用单孔双向通航型式，通航净高为7.5 m，主通航孔桥墩间距120 m，通航净空宽度为88 m。

（2）工程技术特点及难点解决

1）鉴于现场部分桩基础已完成施工，为避免废弃工程，在保证结构安全的前提下，本次设计尽量利用原设计成果,计算上部结构支反力作为基础设计的依据,原则上不调整临时工程和施工方案。

2)桥址所在位置为高集海堤,海堤全长2.2 km,全部采用抛石填海,并用花岗石砌成。为了减少海堤对厦门生态环境的影响,需拆除海堤。结合海堤改造工程,轨道交通1号线跨海段桥梁采用公轨合建的方案:轨道交通桥梁和市政道路桥梁的主梁与桥墩分幅设计,两座桥梁共用承台和桩基础。公轨合建方案高效利用了过海通道的稀缺资源,节约了建设用地。

3)结合桥址所在的环境,因地制宜进行设计,采用多种结构方案和施工方案。跨海段通航孔采用(70+120+70)m连续梁,施工方法为挂篮悬臂浇筑法;跨海段非通航孔采用3×50 m或4×50 m连续梁,施工方法为移动模架法;陆地段采用30 m左右跨度的简支梁,施工方法为支架现浇法。

4)针对《铁路桥涵设计基本规范》(TB 10002.1—2005)中未明确波浪力计算方法的情况,跨海大桥在设计过程中,结合海洋环境开展波浪力荷载的取值和组合分析。

(3)**典型环境工程控制保护**

1)应采取有效措施减少桥梁桩基础施工时泥浆对环境的污染。

2)施工过程中,海域中开挖、钻孔弃碴不得直接排放至海域中。

3)厦门海堤改造工程的目的是将厦门建设成为海湾型生态城市,恢复占全球90%的厦门文昌渔场,还白海豚、文昌鱼、白鹭等珍稀物种更好的生存环境。跨海段桥梁采用悬臂浇筑法和移动模架法施工,避免了支架法施工对海洋环境的污染和破坏。跨海段非通航孔采用3×50 m或4×50 m连续梁,减少了水中设置桥墩的数量,最大限度地减少了对海洋环境的破坏,保护了宝贵的海洋资源。同时,50 m的标准跨径增加了跨海段桥梁的通透性,与宽阔的海面交相辉映,提升了桥梁的景观效果。

14.4.4 高崎站—集美学村站区间明挖法隧道工程

(1)**工程概况**

1)线路方案及周边环境:

本明挖区段位于福厦高铁东侧,临近铁路北站货场;明挖区间场地范围分布有高崎人行天桥、3座5层砼结构房屋、1座3层砖混结构及部分棚户;区间东侧为佳贝美集团、货运枢纽中心、开成莲花餐饮有限公司、伊莱光电子制造有限公司、高崎小学等,周边地下管线密集。

2)区间结构及基坑概况:

本明挖段右线长91.624 m、左线长90.92 m,基坑深度11.325～8.779 m,基坑宽度为13.392～22.518 m。根据基坑深度、工程地质与水文地质情况、周围环境等因素,围护结构采用钻孔灌注桩+内支撑(锚)+高压旋喷桩桩间止水的型式,主体结构采用明挖暗埋结构+明挖敞开段(U形槽)结构。

(2)**典型环境工程控制保护**

1)施工弃土临时堆砌坡脚宜设支挡物,并尽快运到指定排放场,避免乱取乱弃,破坏自然环境;运输弃土车辆不宜装得过满,且应加盖篷布;进出场车辆必须把车轮冲洗干净,并不得超载。

2)隧道施工时,应严格按照国家和地方有关环保及卫生方面的规定,禁止废碴、废气、废水等随意排放。对处于中风化岩层中的隧道应微震爆破开挖,控制爆破震动及其噪声,施工噪声应满足《建筑施工场界环境噪声排放标准》(GB 12523—2011)的要求,并通过合理的施工组织安排,尽量避开居民休息时间进行强噪声操作。

3）施工期间，施工中产生的废水需沉淀后才能排至市政雨、污水管道。

4）选用施工注浆浆液必须对地下水无污染。

14.4.5 路基工程

（1）工程概况

区间路基包含高崎站—园博苑站内除高架桥、已建箱涵以外的地面线部分，按速度目标值80 km/h设计，路基总长度为1.638 km，类型为深厚层人工填土及软土路基。

（2）路基地基处理

1）YCK15+064.15～YCK15+477.15段路基：

本段路基位于厦门本岛高崎海域边缘，属海岛和填海地貌，地面高程4～12 m。场地表层为黏质素填土、碎石素填土等，局部为抛填片石，厚2.0～7.5 m，其下为厚2～3 m的松散砂层及软塑黏土；下部为硬塑黏土，厚0～9 m，下伏基岩为全风化至微风化花岗岩。为控制路基工后沉降，减小路基填土及轨道、列车荷载对相邻福厦铁路路基的影响，采用非埋式桩板结构路基形式，地基采用钻孔桩加固。

2）YCK18+215.6～YCK18+427.2和YCK18+757.4～YCK19+770.4段路基：

本段路基位于集杏海堤，属填海地貌，地面（海堤面）高程4.0～7.5 m。该段海堤填石及填砂厚度12～20 m，其下有淤泥层分布，最大厚度约8.8 m；下部为海积相软塑、可塑黏土及残积土黏性土和花岗岩风化层。路基采用非埋式桩板结构形式，地基采用钻孔桩进行加固，满足路基稳定及工后沉降控制要求。改建的防浪墙采用C50钢筋混凝土与承载板合建，做成L形，满足防浪要求，左侧接触网立柱设于防浪墙顶，以节省断面空间。

（3）工程技术特点及难点解决

YCK15+064.15～YCK15+477.15段路基左侧为福厦铁路路堤，填高2～6 m，轨道交通路基坡脚侵入福厦铁路路堤坡脚，右侧坡脚侵占市政道路海堤路，断面空间狭小。为减小轨道交通荷载路基施工及工后沉降，减小路基填土及轨道、列车荷载对福厦铁路路基的影响，减小路基施工对既有线运营的干扰，采用非埋式桩板结构路基。为评估施工和运营对福厦铁路影响，布置沉降观测网和观测装置，进行精密观测和铺轨前评估。监测资料及铁路工务部门的反馈情况表明，路基设计方案合理，轨道交通施工对福厦铁路影响很小。

14.4.6 与国铁福厦铁路并行方案实施

厦门轨道交通1号线在以高架桥形式跨越既有高集海堤之前，与既有国铁福厦铁路杏林大桥引桥段靠近并行设置，相互带来安全影响。既有福厦铁路为新建的国家I级双线电气化干线铁路，设计速度为250 km/h，轨道类型为有砟轨道，采用27.5 kV交流牵引供电系统、CTCS-2列车自动运行自动控制系统和GSm-R无线通信系统，动车组类型为CRH2A、CRH2E，是我国沿海铁路通道的重要组成部分之一。并行段地铁1号线，线路为有砟轨道，采用直流供电1500 V弓网受电方式，并采用连续式列车自动运行控制（CBTC）系统和TETRA数字集群通信系统。并行段长度723 m，1号线敷设方式由地下逐步过渡到高架，涵盖U形槽、路基、桥梁3种结构形式，地铁与国铁线间距最近9.3m，其中地铁路基托梁与国铁路肩最近仅为2.58m，如图14.4.6-1所示。两工程相互影响，对地铁实施提出了极高要求。通过调研及借鉴国内外类似工程经验，进行结构、牵引供电系统、通信信号系统、工程施工、运营和维修养护安全影响分析，经专家评估后确认方案可行，并最终得以顺利完成。本工程的实施对提高铁路通道资源利用、研究不同制式铁路、地铁相互影响具有重要的参考和借鉴作用。

图14.4.6-1　1号线与国铁福厦铁路并行段示意

14.5　出入段、场线设计

14.5.1　出入段线

（1）工程概况

岩内站—洞口区间位于岛外段岩内北—厦门北综合基地区域，周边以工业研发、商业、居住用地、教育科研及市政用地为主，现状地块大多未开发或正在开发中。区间线路出岩内站后线路以直线前行，在车辆基地前，线路以247m半径由北折向东南并下穿厦安高速公路站北互通连接线，最终接入厦门北综合基地。区间总长度为1394.725m，包括一段矿山法隧道和两段明挖隧道。

矿山法隧道为单洞双线马蹄形地下区间隧道，由出入线两段明挖段对向掘进方式进行施工，矿山法隧道长853.818m，于里程YCR2DK0+200.000～YCR2DK0+720.000下穿厦安高速FN匝道、碎石堆场和沥青拌和场，碎石堆放高度为5.5～7.5m，如图14.5.1-1所示。

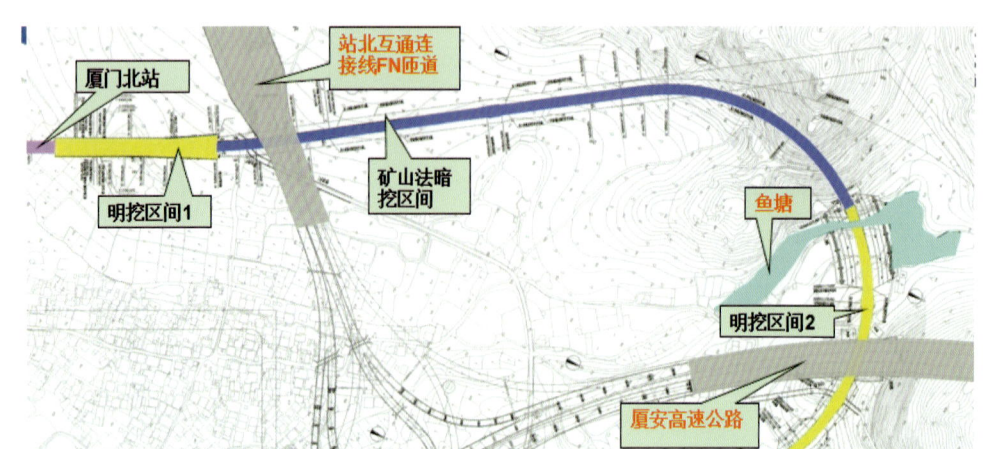

图14.5.1-1 出入段线与厦安高速平面关系

明挖区间段一总长约200.9 m，区间主体结构宽21.9～32.2 m，顶板覆土6.04～14.77 m，现状地面标高为21.7～30.6 m，后期规划道路地面标高为23.0～24.6 m。区间基坑深度为16.26～26.14 m。区间主体结构采用明挖顺作法施工，围护结构采用"围护桩+内支撑""围护桩+锚索"形式，35～56轴为地下一层箱形结构，56～60轴为地下二层箱形结构。

明挖区间段二总长约340.0 m，经过水塘处和接近洞口处采用放坡开挖，其余段采用围护结构内支撑形式。

(2) 工程地质条件

本段线路范围内上覆地层主要为第四系全新统人工填土（Q^s）黏土质素填土、碎石素填土，全新统冲洪积（Q_4^{al+pl}）黏土、细砂、中砂、粗砂、碎石，第四系坡积（Q^{el}）黏土，第四系残积（Q^{dl}）残积黏性土、残积砂质黏性土，下伏基岩为侏罗系上统南园组（J_3n）凝灰熔岩，燕山早期第三次侵入花岗岩（$\gamma_5^{2(3)c}$），辉绿岩（γ^δ），如图14.5.1-2所示。

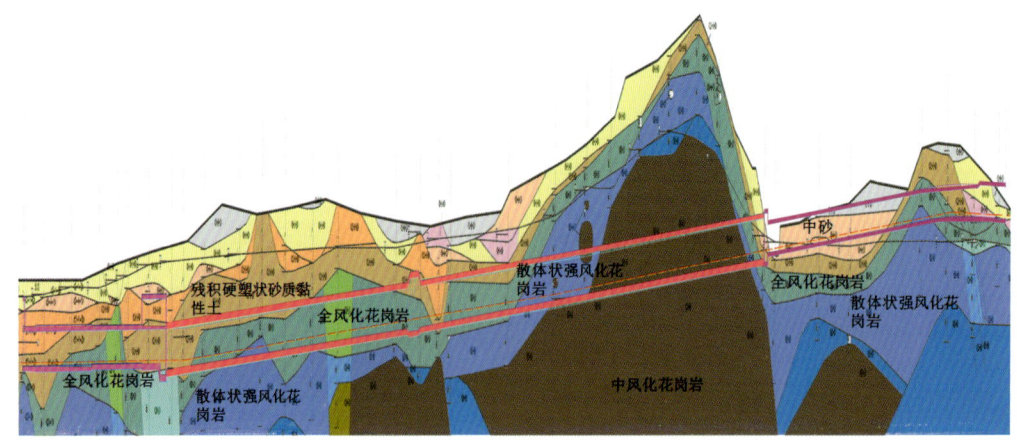

图14.5.1-2 出入段线地质纵断面

（3）矿山法隧道工程技术特点及难点解决

1）暗挖隧道下穿站北互通连接线FN匝道。

在暗挖隧道下穿FN匝道至沥青拌和站范围内，由于暗挖隧道地下水位高，且穿越土层或上覆土层不良地质（如残积硬塑状砂质黏性土、强风化岩等），遇水软化严重，强度降低，自稳性变差，存在安全隐患。暗挖用单洞双线马蹄形隧道下穿高速，覆土深度较厚，为17.0～20.8 m，穿越地层为残积硬塑状砂质黏性土及全风化花岗岩。采取的主要措施为：

①施工前对下穿段地质、水文及道路基础与周边管线情况进行详细调查，以确认地质条件、基础形式等。

②穿越过程中，隧道开挖控制开挖步距为0.5 m，初支及时封闭，控制掌子面暴露时间，喷射混凝土紧随开挖掌子面施做。

③隧道采用CRD法开挖增加临时仰拱。

④加强路面及路基底部沉降监测，并及时反馈监测结果，根据监测结果调整加固措施。采用全断面注浆方式进行开挖面预加固。

⑤各工作面应保持合理间距：各相邻掌子面应相距8 m以内，以保证导坑开挖稳定，各导坑上下台阶应相距3～5 m。

⑥对于过高速段岩层较差的地层，避免采用爆破方式进行开挖；当围岩结构为上断面松软、下断面坚硬时，上断面采用人工开挖，开挖出上台阶临空面，下断面采用松动爆破开挖；如地层岩性较强，为避免爆破对地面的影响，应采用减震、光面爆破。爆破作业遵循浅孔密布的原则：少装药，短进尺，多循环，分台阶开挖。

暗挖隧道与FN匝道平面、竖向关系如图14.5.1-3所示。

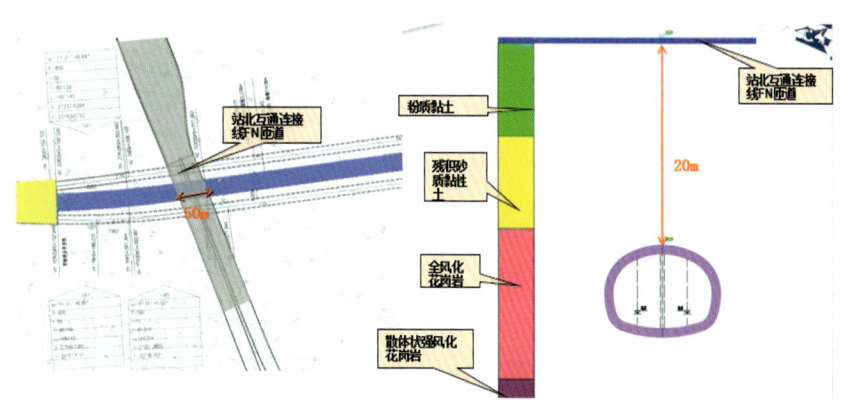

图14.5.1-3　暗挖隧道与FN匝道平面、竖向关系

2）暗挖隧道下穿采石场、搅拌站。

单洞双线马蹄形隧道结构顶板到地面的最小距离为11.1 m。由于隧道埋深较浅，地层条件差，地面存在的建筑较多，对隧道扰动大。采取的措施如下：

①施工前需对地面情况勘察清楚，向设计单位提供详尽资料。

② 施工严格遵循"小分部、短台阶、短循环、快封闭、勤测量、强支护"的原则，开挖后及时支护，及时封闭成环。

③ 穿越过程中，隧道开挖控制开挖步距为0.5 m，初支及时封闭，控制掌子面暴露时间。

④ 格栅钢架间距调整为0.5 m，隧道采用CRD法开挖增加临时仰拱。

⑤ 加强地面及地面构筑物沉降监测，并及时反馈监测结果，根据监测结果调整加固措施。

⑥ 采用全断面注浆方式进行开挖面预加固，各工作面应保持合理间距：各相邻掌子面应相距8 m以内，以保证导坑开挖稳定，各导坑上下台阶应相距3～5 m。

（4）明挖法隧道工程技术特点及难点解决

明挖段二经过鱼塘及厦安高速公路，过鱼塘区域采用围堰+放坡形式进行施工，长约100 m，分两期导流施工过水塘结构。过厦安高速公路区域采用围护桩+内支撑形式，为保证交通通行需对基坑分两期进行施工导改。明挖隧道与厦安高速平面、竖向关系如图14.5.1-4所示。

区间隧道于右线里程YCR2CK1+176.000～YCR2CK1+233.000过厦安高速，长度约57m。厦安高速地面标高为39.85 m，隧道为双跨明挖箱形结构，顶板到地面最小距离约为0.7 m。施工前，需对厦安高速进行交通导改。过厦安高速区域基坑采用分期开挖方式进行施工，一期施工范围为YCR2DK1+176～YCR2DK1+191和YCR2DK1+216～YCR2DK1+233，二期基坑开挖范围为YCR2DK1+191～YCR2DK1+216，如图14.5.1-5所示。为减少对导改临时道路的影响，二期基坑围护采用人工挖孔桩。区间隧道结构顶板上方浇筑700 mm

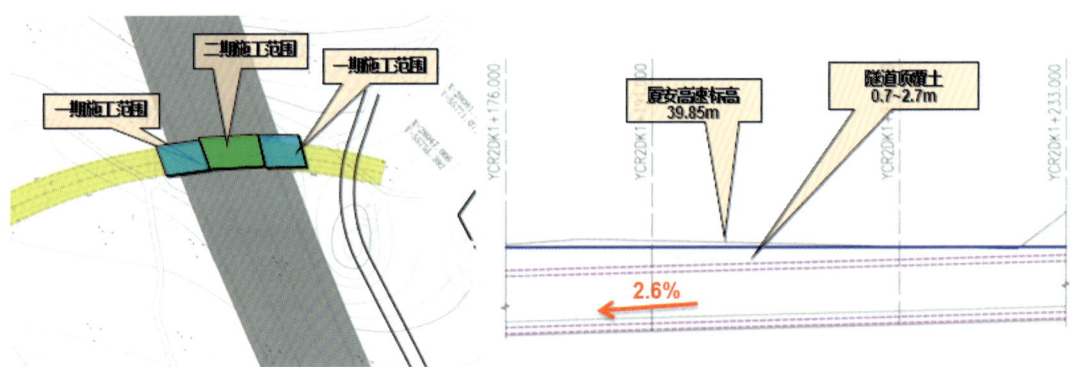

图14.5.1-4 明挖隧道与厦安高速平面、竖向关系

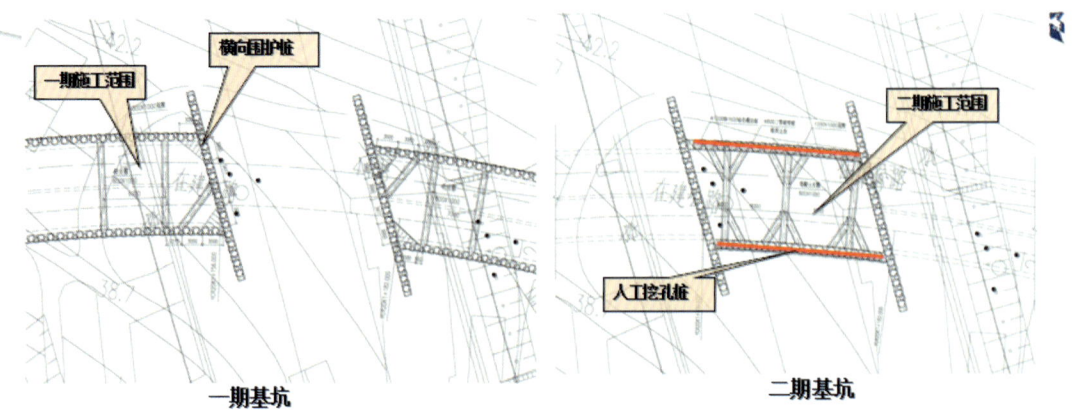

图14.5.1-5 明挖隧道厦安高速出基坑开挖示意

厚的隔离板，隔离板两侧和冠梁通过钢筋相连接。在高速和区间隧道交界处两侧，采用400 mm厚长10 m的钢筋混凝土搭板形式进行过渡连接，搭板和基坑两侧冠梁通过钢筋连接在一起。一期和二期基坑交界处围护桩外延8 m，以减少一、二期基坑开挖对周边道路的影响。

14.5.2 出入场线区间（殿前站—洞口）

（1）工程概况

本段线路出殿前站后，呈南北走向，沿嘉禾路前行，最后接入停车场，如图14.5.2-1所示。本段线路周边地形较为平坦，嘉禾路交通繁忙，地下管线密集，道路环境复杂程度属中等。

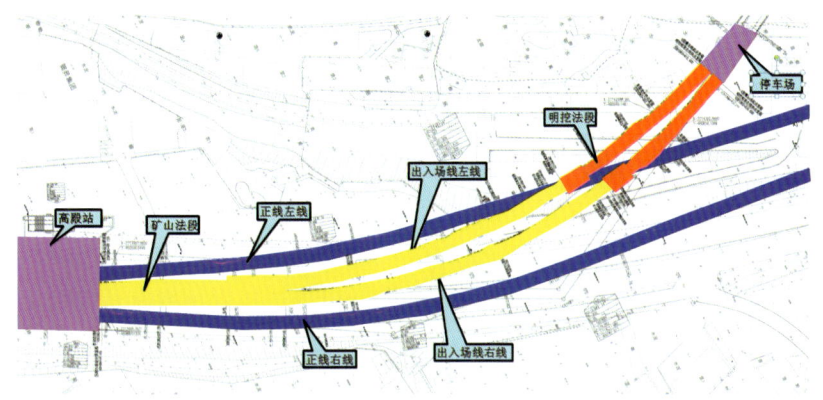

图14.5.2-1　出入场线区间（殿前站—洞口）总平面

区间隧道采用矿山法、明挖法施工，截面类型为单洞单线、单洞双线马蹄形断面，单洞单线矩形断面，分别设置2处射流风机，1处人防门，左线总长312.875 m，其中明挖段长62 m，矿山法段长250.875 m；右线总长320.875 m，其中明挖段长44 m，矿山法段长276.875 m。

（2）工程地质条件

场地范围内覆盖层主要为第四系人工填土层、第四系淤泥质土、第四系粉质黏土、中砂、残积砂质黏性土层；下伏基岩主要为燕山晚期侵入岩至中粗粒花岗岩，其中不均匀穿插辉绿岩脉，受区域地质构造和风化作用，岩石风化不均匀，中等至微风化基岩面起伏较大，如图14.5.2-2所示。

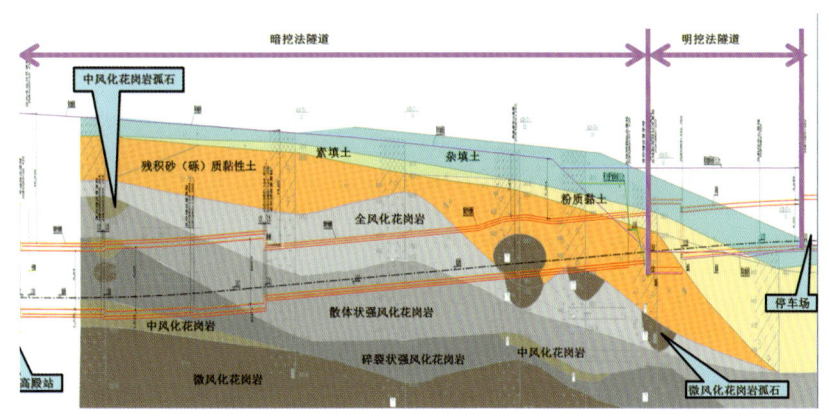

图14.5.2-2　出入场线地质纵断面

（3）矿山法隧道

本段区间重难点为单洞双线暗挖大断面与殿前站—高崎站区间正线近距离并行施工。

出入场线与正线近距离并行段范围内，水平最小净距为1.0m，隧道埋深约为16.0m，地层从上到下依次为杂填土、残积砂质黏性土、全风化花岗岩、散体状强风化花岗岩、碎裂状强风化花岗岩及中等风化花岗岩，局部有中等风化花岗岩或微风化花岗岩孤石，隧道穿越地层主要为散体状强风化花岗岩及碎裂状强风化花岗岩。由于暗挖隧道地下水位高，且穿越土层或上覆土层不良地质（如残积砂质黏性土、强风化岩等）遇水软化严重，强度降低，自稳性变差，存在安全隐患。采取的主要措施如下：

1）施工前对地质、水文及周边管线情况进行详细调查，以确认地质条件、管线资料是否与图纸一致等。

2）隧道开挖控制开挖步距为0.5m，初支及时封闭，控制掌子面暴露时间。喷射混凝土紧随开挖掌子面施做。隧道采用CRD法开挖增加临时仰拱。

3）加强对已施工正线隧道监测，并及时反馈监测结果，根据监测结果调整加固措施。

4）采用全断面注浆方式进行开挖面预加固。采用从已施工正线隧道对中夹土层进行注浆加固及对拉锚杆加固。

5）各工作面应保持合理间距：各相邻掌子面应相距8m以内，以保证导坑开挖稳定，各导坑上下台阶应相距3～5m。

6）对于岩层较差的地层，避免采用爆破方式进行开挖；当围岩结构为上断面松软、下断面坚硬时，上断面采用人工开挖，开挖出上台阶临空面，下断面采用松动爆破开挖；如地层岩性较强，为避免爆破对已施工正线隧道的影响，应采用减震、光面爆破。爆破作业遵循浅孔密布的原则：少装药，短进尺，多循环，分台阶开挖。

出入场线隧道与正线隧道中夹岩层加固措施如图14.5.2-3所示。

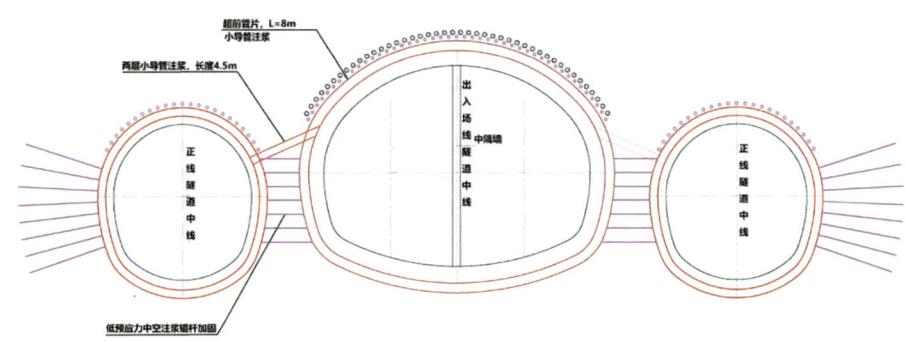

图14.5.2-3　出入场线隧道与正线隧道中夹岩层加固

（4）明挖法隧道

1）围护设计：

YCR1DK0+346～+374（ZCR1DK0+320～ZCR1DK0+365）区段基坑北侧采用放坡开挖至基坑底部，南侧采用放坡开挖+Ⅵ型拉森钢板桩。

YCR1DK0+374～+390（ZCR1DK0+365～ZCR1DK0+382）区段基坑坑底基本位于既有地面线以上，坑底采用C20素砼回填，其余部分采用回填土分层、对称回填至规划地面标高。

2）工程技术特点及难点解决：

明挖段基坑紧邻嘉禾路挡墙施工，基坑边距离既有挡墙最小水平净距为3.5 m，挡墙采用浆砌片石砌筑。地层从上往下依次为杂填土、粉质黏土、残积砾质黏性土，基坑深9.2 m，采用放坡开挖+Ⅵ型拉森钢板桩施工。

采取的主要措施如下：

① 根据地质钻孔资料，坑底主要位于残积砂质黏性土，施工期间针对该地层采取井点降水，井点间距不大于15 m。

② 施工降水中应加强对地下管线与地面建筑的监测，并在重要的地下管线及周边地面建筑与基坑间设置跟踪注浆管或回灌井，根据监控量测数据，采取保护措施。

③ 围护桩后地面超载≤20 kPa（1倍基坑范围内）。

④ 基坑开挖前应对紧邻地铁站基坑周边建筑物的地下不良地质情况（含不利滑动面）进行探测。

出入场线明挖隧道围护结构设计如图14.5.2-4所示。

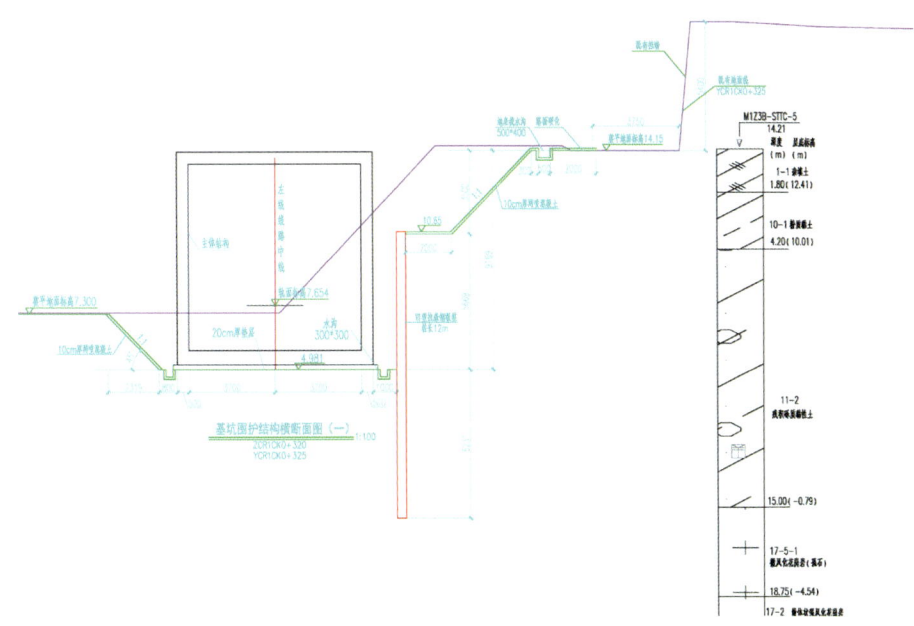

图14.5.2-4　出入场线明挖隧道围护结构设计

14.6　区间附属工程（联络通道、泵房）设计

14.6.1　盾构隧道洞门设计

盾构隧道洞门衬砌为内径5500 mm、外径6750 mm的钢筋混凝土圈，其混凝土强度等级为C45，抗渗

等级为P10。

洞门衬砌长度取值依据：洞门衬砌长度应位于400～800 mm之间，在区间内以泵房里程作为控制点进行盾构衬砌环排版，并根据理论排版对泵房里程进行微调，以确定合理洞门长度。

为保证圆隧道结构与车站结构的可靠连接，需在洞门处预埋连接钢环，并在洞门混凝土管片环面预埋钢板，以便后浇环形井圈，使整个结构形成整体。为防止盾构出洞洞门打开时水土流失，还在洞门预埋环形钢板，盾构出洞前通过预埋钢板上预留的螺栓孔安装铰链板、帘布橡胶板等出洞防水装置。

14.6.2 车站端头加固设计

为了保证盾构始发、到达的安全，需要对车站端头进行加固处理。端头加固的方法根据围岩条件、地下水情况、盾构的形式、埋深、作业环境等条件决定，通常有渗透注浆、劈裂注浆、高压喷射注浆、搅拌桩、冻结等方法。

盾构区间盾构始发或到达端头所处地层一般为粉质黏土（残积土）、全风化花岗岩，设计采用直径800 mm三重管旋喷桩，桩间咬合200 mm，进行端头加固，并在加固范围周边增设降水井，管井直径300 mm，间距6 m。

地层加固范围平面为左、右超出隧道边线3 m，到达端头沿隧道方向10 m，始发端头沿隧道方向9 m，竖向为下方超出隧道拱底3 m，上方超出隧道拱顶3 m。

经加固后的土体应有很好的匀质性，其无侧限抗压强度不小于0.8 MPa，渗透系数小于10^{-6} cm/s，并在盾构始发和到达时，确保盾构进出洞施工安全。

14.6.3 联络通道设计

根据地铁区间隧道防灾要求，在两条平行隧道间需设置联络通道，联络通道间距不得大于600 m，以便在发生事故时乘客能够安全疏散，满足地铁运行阶段防灾要求；根据线路纵断面设计及区间隧道防排水的要求，在区间最低点处设置废水泵站。联络通道与排水泵房宜结合一并设置。

（1）结构设计

联络通道净空根据人员疏散及检修条件，设计为2.75 m×2.90 m（宽×高）的圆拱直墙型断面。联络通道采用复合式衬砌结构，具体参数如下：

1）初期支护：超前小导管+格栅钢架+钢筋网+C25喷射混凝土（300 mm厚，钢架间距0.5 m）。

2）二次衬砌：C45模筑防水混凝土（400 mm厚），抗渗等级为P10。

（2）施工方法

联络通道均采用矿山法施工。

（3）联络通道加固措施

根据工程地质条件及水文地质条件，并结合地面场地条件，考虑对环境的影响、安全性、工期、造价等因素，联络通道一般采用地表高压旋喷桩进行土体加固，加固范围为拱顶板以上3 m，底板以下3 m，并在加固范围周边增设降水井，管井直径300 mm，间距6 m。其中集美软件园站—集美大道站联络通道位于某敏感用地范围内，且局部存在砂层，地层采用冻结法加固方案。

（4）联络通道施工步骤

1）通道施工时，应在衬砌环不开口部位均匀设置不少于7个支撑点，予以均匀支撑（支撑能力不小于每点500 kN）。要求支撑点避开管片环、纵缝及手孔位置，以控制隧道变形。

2）施工通道初期支护层由钢拱架、钢筋网、喷射砼等组成。

3）在初期支护层保护下，现浇通道钢筋砼结构（包括防水层）。

4）待通道钢筋砼结构达到设计强度后，拆除隧道内临时支撑点，再次拧紧衬砌环内所有连接螺栓。

5）安装防火门。

14.7 防水设计

14.7.1 盾构法隧道防水

（1）结构自防水

1）管片采用C50高强度混凝土制成的高精度管片，抗渗等级采用P10。氯离子扩散系数不宜大于3×10^{-12} m²/s。管片外涂高渗透改性环氧防水涂料。

2）钢筋混凝土管片外侧钢筋净保护层厚度不小于35 mm，内侧钢筋净保护层厚度不小于25 mm。

3）按有关规定严格控制混凝土中Cl^-的含量，最大Cl^-含量≤0.06%。每立方米混凝土中各类材料的总碱含量（Na_2O当量）不得大于3.0 kg。

4）选用低水化热水泥，水胶比不得大于0.36。

（2）接缝防水

1）接缝防水采用在密封垫沟槽内设置密封垫，通过被压缩挤密实现防水。

2）管片上密封垫沟槽的设置原则：管片应至少设置一道密封垫沟槽，接缝密封垫宜选择具有良好弹性或遇水膨胀性、耐久性、耐水性的橡胶类材料，其外形应与沟槽相匹配；管片接缝密封垫应能被完全压入密封垫沟槽内，密封垫沟槽的截面积应为密封垫截面积的1.0～1.5倍。

3）弹性密封垫的材料选择首先应能满足防水要求的各项技术指标。从结构和防水材料的耐久性和耐腐蚀性角度出发，推荐选用三元乙丙橡胶弹性密封垫。

4）管片密封垫应满足在设计水压和接缝最大张开值下不渗漏的要求。

5）弹性密封垫的构造形成经试验确定，要求在接缝张量6 mm、错位12 mm时能抵抗埋深水头的3倍水压。

6）手孔采用遇水膨胀橡胶圈止水，上半环手孔不封堵，外露螺栓采用喷锌处理，下半环手孔采用EVA微膨胀水泥砂浆封孔。

7）吊装孔（注浆孔）采用遇水膨胀橡胶圈止水，并用螺旋塞子封孔。

8）嵌缝采用聚氨酯密封胶进行封堵，封堵范围拱底90°。

（3）壁后注浆及注浆孔处理

1）管片壁后注浆采用同步注浆技术及时充填管片与围岩之间的空隙，以达到防水及控制地层沉降的效果。

2）浆液类型、配比应根据现场试验确定。

3）注浆终孔应结合注浆量、注浆压力综合而定。一般注浆量为理论计算体积的1.5～2.0倍，注浆压力一般为0.2～0.4 MPa，并不宜超过0.40 MPa。

4）根据管片裂缝、接缝渗漏水的情况，还应利用管片吊装孔（注浆孔）强化二次注浆。

（4）隧道接口防水

1）在盾构隧道与车站接口处模筑后浇洞口环梁，并在后浇环梁与管片、与各结构内衬之间预埋一道注浆管，收口环突出墙端5～10 cm，并设置引水槽引水，管片与现浇洞口处应设置不锈钢接口槽，接口外侧围岩应做注浆处理。

2）各结构自身的防水材料在接口处应进行自收口处理。

3）接口处相邻的20环管片应加大同步注浆压力，并应进行二次注浆。

（5）盾构出洞防水处理

为防止泥沙及水的涌入，需设置帘布橡胶圈。帘布橡胶由模具分块压制然后连成一整环。

14.7.2 矿山法隧道防水

（1）混凝土结构自防水

1）防水混凝土应通过调整配合比，或掺加外加剂、掺合料等措施配制而成。

2）防水混凝土的施工配合比应通过试验确定，试配混凝土的抗渗等级应比设计要求提高一级（0.2 MPa）。

3）防水混凝土在满足抗渗等级要求的同时，还应满足抗裂、抗冻、抗侵蚀性等耐久性要求。

4）防水混凝土的环境温度，不得高于80℃；处于侵蚀性介质中的防水混凝土的耐侵蚀要求应根据介质的性质按有关标准执行。

5）防水混凝土结构底板的混凝土垫层强度等级不宜小于C20，软弱土层中厚度不应小于150 mm，岩层中不应小于100 mm。

6）防水混凝土结构，应符合下列规定：

①结构厚度不应小于250 mm。

②最大裂缝宽度应满足结构最大计算裂缝宽度允许值。

③钢筋保护层厚度应根据结构的耐久性和工程环境选用，并符合结构设计要求。

（2）特殊部位防水

1）施工缝：

①分段浇筑的混凝土施工缝分为纵向水平施工缝和环向垂直施工缝两种。

②墙体水平施工缝不应留在剪力最大处或底板与侧墙的交接处，应留在高出底板表面不小于300 mm的墙体上。拱（板）墙结合的水平施工缝，宜留在拱（板）墙接缝线以下150～300 mm处。

③水平施工缝浇筑混凝土前，应将其表面浮浆和杂物清除，涂刷1.5 kg/m^{2}水泥基渗透结晶型防水涂料，再铺30～50 mm厚的1:1水泥砂浆，并及时浇筑混凝土。

④垂直施工缝浇筑混凝土前，应将其表面凿毛并清理干净，涂刷混凝土界面处理剂或1.5 kg/m^{2}水泥基

渗透结晶型防水涂料，并及时浇筑混凝土。

⑤施工缝中部设置一道镀锌钢板止水带，并预埋一道可重复注浆管。对于盖挖的剁肩施工缝及临时预留孔洞的施工缝，在内衬墙中部设置两道遇水膨胀止水条，并预埋一道可重复注浆管。

⑥止水条采用制品型遇水膨胀橡胶止水条，宽度为30 mm，厚度为20 mm，体积膨胀率≥400%，具有遇水膨胀性能。

⑦施工缝外侧加设一道防水涂料加强层，两侧超出接缝的宽度不应小于300 mm。

⑧垂直施工缝应避开地下水和裂隙水较多的地段，并宜与变形缝相结合。

2）变形缝：

①变形缝两侧结构厚度不同时，在变形缝两侧50 cm范围内的现浇混凝土结构应做等厚、等强处理，并增设防水加强带。

②变形缝采用钢边橡胶止水带。

③变形缝外侧加设一道防水涂料加强层，两侧超出接缝的宽度不应小于500 mm，侧墙外侧加设一道外贴式止水带，底板下侧加设一道外贴式止水带。

④变形缝顶板及侧墙（边墙）内侧设置不锈钢接水槽，将少量渗水有组织地引入废水泵房，底板内侧嵌填聚硫密封胶。

⑤区间与车站接口、竖井与区间接口、隧道断面变化等接头处，其辅助防水层应各自进行收口处理，并用与两侧相应的辅助材料连接过渡。

14.7.3　明挖法隧道防水

（1）混凝土结构自防水

1）防水混凝土应通过调整配合比，或掺加外加剂、掺合料等措施配制而成。

2）防水混凝土的施工配合比应通过试验确定，试配混凝土的抗渗等级应比设计要求提高一级（0.2 MPa）。

3）防水混凝土在满足抗渗等级要求的同时，还应满足抗裂、抗冻、抗侵蚀性等耐久性要求。

4）防水混凝土的环境温度，不得高于80℃；处于侵蚀性介质中的防水混凝土的耐侵蚀要求应根据介质的性质按有关标准执行。

5）防水混凝土结构底板的混凝土垫层强度等级不应小于C20，厚度不应小于150 mm。

6）防水混凝土结构，应符合下列规定：

①结构厚度不应小于250 mm。

②最大裂缝宽度应满足结构最大计算裂缝宽度允许值。

③钢筋保护层厚度应根据结构的耐久性和工程环境选用，并符合结构设计要求。

（2）特殊部位防水

1）施工缝：

①分段浇筑的混凝土施工缝分为纵向水平施工缝和环向垂直施工缝两种。环向施工缝宜布置在1/4～1/3跨范围，间距不宜超过两跨纵向柱距。

② 墙体水平施工缝不应留在剪力最大处或底板与侧墙的交接处，应留在高出底板表面不小于300 mm的墙体上。拱（板）墙结合的水平施工缝，宜留在拱（板）墙接缝线以下150～300 mm处。墙体有预留孔洞时，施工缝距孔洞边缘不应小于300 mm。

③ 水平施工缝浇筑混凝土前，应将其表面浮浆和杂物清除，涂刷1.5 kg/m^{2}水泥基渗透结晶型防水涂料，再铺30～50 mm厚的1:1水泥砂浆，并及时浇筑混凝土。

④ 垂直施工缝浇筑混凝土前，应将其表面凿毛并清理干净，涂刷混凝土界面处理剂或1.5 kg/m^{2}水泥基渗透结晶型防水涂料，并及时浇筑混凝土。

⑤ 施工缝中部设置一道镀锌钢板止水带，并预埋一道可重复注浆管。对于盖挖的刹肩施工缝及临时预留孔洞的施工缝，在内衬墙中部设置两道遇水膨胀止水条，并预埋一道可重复注浆管。

⑥ 止水条均采用制品型遇水膨胀橡胶止水条，宽度为30 mm，厚度为20 mm，体积膨胀率≥400%，具有遇水膨胀性能。

⑦ 垂直施工缝应避开地下水和裂隙水较多的地段，并宜与变形缝相结合。

2）变形缝：

① 变形缝仅设置在明挖区间与车站接口部位。

② 变形缝两侧结构厚度不同时，在变形缝两侧50 cm范围内的现浇混凝土结构应做等厚、等强处理，并增设防水加强带。

③ 变形缝采用钢边橡胶止水带。

④ 顶板外侧加设一道防水涂料加强层，侧墙外侧加设一道外贴式止水带，底板下侧加设一道外贴式止水带。

⑤ 变形缝顶板及侧墙（边墙）内侧设置1.2 mm厚不锈钢接水槽，将少量渗水有组织地引入废水泵房，各构件内侧均嵌填聚硫密封胶。

⑥ 区间与车站接口等接头处，其辅助防水层应各自进行收口处理，并用与两侧相应的辅助材料连接过渡。

3）防水节点及辅助排水措施：

① 穿墙管：穿墙管可根据变形量大小，采用固定式防水法和套管式防水法，套管（或主管）均应设置止水环。

② 辅助排水措施：变形缝内侧接水系统要有组织地与车站排水系统连通并排水通畅。基坑内降排水系统应在施工过程中运转正常，以保证底板施工时地下水位降至垫层500 mm以下。

14.8　风险工程控制

14.8.1　区间隧道下穿成功大道及鹰厦铁路

（1）风险工程概要

殿前站—高崎站区间隧道平面整体呈西南至东北走向与铁路相交，交角约58°，铁路共有3股道（2股为福厦铁路，1股为高崎火车站集装箱货场联络线），福厦铁路为2010年通车运行新建高速铁路，属国家Ⅰ级双线电气化铁路干线，设计速度为250 km/h，本段运行速度约110 km/h，地铁隧道穿越段为宽枕碎石道床路基；区间隧道与成功大道隧道交角约60°，相交段成功大道为双向四车道分离式框架隧道，如图14.8.1-1所示。

图14.8.1-1　福厦铁路与成功大道隧道实景

为了尽量降低隧道施工对铁路、成功大道的影响，区间隧道从殿前站出发先采用右线-28.60‰（左线-28‰）纵坡下坡，再以-4‰左、右纵坡继续下坡，下穿福厦铁路、成功大道隧道后采用右线28.57‰（左线28‰）纵坡接入高崎站。区间隧道结构顶到福厦铁路的净距12 m左右，与成功大道隧道结构底板的最小距离约2.6 m。区间隧道穿越的地层为残积砂质黏性土，全风化、强风化和微风化花岗岩。

根据风险工程等级划分，本工程为Ⅰ级环境风险工程，采取处理措施后，对应《城市轨道交通地下工程建设风险管理规范》为Ⅲ级。

（2）风险工程保护措施

为保证隧道施工期间福厦铁路和成功大道隧道的安全，采取如下施工保护措施。

1）下穿福厦铁路段之洞外工程措施：

①对铁路进行加固：铁路线路采用钢便梁连续架空线路，连续梁中心与隧道轴心中心重合；在架空支点范围内全部安装钢枕，并采用高强螺栓与钢梁连接为一体；纵梁跨中架空支点采用钢筋混凝土纵梁，纵梁两端支点采用人工挖孔桩基，如图14.8.1-2所示。

图14.8.1-2　铁路线加固现场施工

②为防止轨道出现较大下沉，应采取必需的预案：在轨道两侧间距2 m向轨道下方斜向打设注浆管，注浆管距区间隧道顶3 m左右。在隧道施工期间，如出现较大的轨道沉降或地表沉降，则向轨道下方压注水泥浆，对土层进行补偿注浆。

③对铁路布设严密的监控网，加强其监控量测，严格监视各项控制指标的变化，用监测数据指导设计、施工。

④结合国内轨道交通区间隧道下穿国铁的成功经验，在区间施工期间，必要时需对列车进行限速，限速（20～45 km/h）减速缓慢行驶。

2）下穿福厦铁路段之洞内工程措施：

①采取超前周边注浆加固围岩，改善岩土物理性质，发挥和强化围岩的自稳定能力，以减小区间隧道施工对铁路的影响。

②采用超前管棚+超前小导管等辅助施工措施，支承临空的岩体，从而维持开挖面的围岩稳定，控制洞顶沉降，尽量减少对围岩的扰动。

③施工前需要做10 m左右的试验段，根据监控量测反馈信息，调整和优化下穿铁路设计参数，确保工程安全。

④采用环形导坑留核心土的开挖方式，上台阶设置临时仰拱，控制洞周收敛。若基础地基承载力不足，则还需进行基底注浆加固处理。

⑤边开挖、边支护，控制循环进尺，施工过程中必须对隧道进行监控量测，实时信息反馈，修正支护参数，确保施工过程中隧道的安全。

⑥隧道初期支护背后及时注浆，尽快封闭成环，形成闭合结构，提高抗力能力，逆止围岩变形，控制地面沉降。

3）下穿成功大道隧道段之工程措施：

①采取超前周边注浆加固围岩，改善岩土物理性质，发挥和强化围岩的自稳定能力，以减小区间隧道施工对成功大道隧道的影响。

②采用加密超前管棚+超前小导管等辅助施工措施，支承临空的岩体，从而维持开挖面的围岩稳定，控制洞顶沉降，尽量减少对围岩的扰动。

③施工前需要做10 m左右的试验段，根据监控量测反馈信息，调整和优化下穿铁路设计参数，确保工程安全。

④采用环形导坑留核心土的开挖方式，上台阶设置临时仰拱，控制洞周收敛。若基础地基承载力不足，则还需进行基底注浆加固处理。

⑤边开挖、边支护，控制循环进尺，施工过程中必须对隧道进行监控量测，实时信息反馈，修正支护参数，确保施工过程中隧道的安全。

⑥隧道初期支护背后及时注浆，尽快封闭成环，形成闭合结构，提高抗力能力，逆止围岩变形，控制地面沉降。

⑦施工开挖尽量采用人工开挖或机械开挖；当必须采用爆破时，需采用控制爆破技术，以减少对围

岩的扰动，充分发挥围岩的自稳能力。

⑧根据监控量测结果，尽快施作二次衬砌。

14.8.2　高崎站出入口下穿DN2000 mm原水管

（1）风险工程概要

高崎站位于高崎火车站以东，沿嘉禾路南北敷设。现状嘉禾路的道路红线宽度为60 m，车站上面道路南北高差约1.5 m。现状车站范围内存在一座过街地道、埔仔公交车站、高崎长途汽车站和高崎火车站，站位车流量较大，现场较为拥堵。

高崎站西侧，与车站平行布置两根给水管，分别是DN2000 mm的原水管和DN1000 mm的给水管，其中DN2000 mm原水管为钢管，管顶覆土约2 m，该管是厦门岛内的主原水管，无法迁改；DN1000 mm给水管为铸铁管，管顶覆土约1.5 m。高崎站3、4号出入口均下穿这两根管线，其中3号出入口与DN2000 mm原水管的净距约为1 m，4号出入口与DN2000 mm原水管的净距为1.2 m，如图14.8.2-1和图14.8.2-2所示。

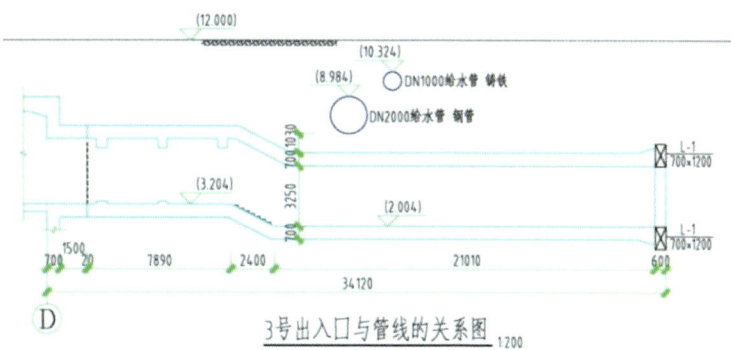

图14.8.2-1　3号出入口与管线的关系

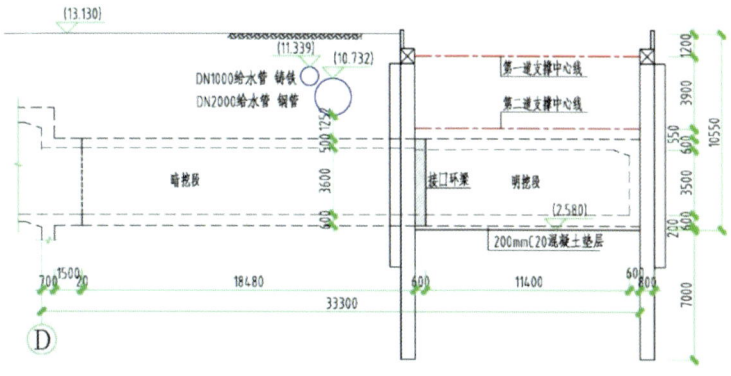

图14.8.2-2　4号出入口与管线的关系

出入口范围从上到下的地层依次为<1-1>杂填土、<1-2>素填土、<11-2>残积砂质黏性土。

根据风险工程等级划分，本工程为Ⅰ级环境风险工程；采取处理措施后，对应《城市轨道交通地下工程建设风险管理规范》为Ⅲ级。

（2）风险工程保护措施

1）采取超前周边注浆加固围岩，改善岩土物理性质，发挥和强化围岩的自稳定能力，以减小暗挖施工对管线的影响。

2）采用超前长管棚+超前小导管等辅助施工措施，支承临空的岩体，从而维持开挖面的围岩稳定，控制洞顶沉降，尽量减少对围岩的扰动。

3）对3号出入口采用洞柱法施工，将大断面分割成小断面施工，从而降低施工风险，减小拱顶沉降。

4）采用环形导坑留核心土的开挖方式，控制洞周收敛。

5）边开挖、边支护，控制循环进尺，施工过程中必须对通道进行监控量测，实时信息反馈，修正支护参数，确保施工过程中通道的安全。

6）通道初期支护背后及时注浆，尽快封闭成环，形成闭合结构，提高抗力能力，逆止围岩变形，控制地面沉降。

7）施工开挖尽量采用人工开挖或机械开挖；当必须采用爆破时，需采用控制爆破技术，以减少对围岩的扰动，充分发挥围岩的自稳能力。

8）根据监控量测结果，尽快施作二次衬砌。

14.8.3　区间下穿DN2000 mm原水管及北溪引水干渠

（1）风险工程概要

集美学村站—园博苑站区间沿海堤路南侧（原鹰厦线）走行至园博苑，向西北侧转弯，以14.7°交角下穿集杏海堤路（集灌路）、Φ2 m的原水管（影响范围长度40 m）、北溪引水干渠后至园博苑站，如图14.8.3-1所示。

1）原水管：位于海堤路北侧，与海堤路平行布设，直径2 m，灰口铸铁管，埋深约4.0 m，采用外砌箱涵形式。区间顶距离原水管底部2.1～3.5 m。

2）北溪引水干渠：现状宽约20 m，河堤深约5.0 m（-1.0 m），上部采用预应力盖板，下部采用钢筋混

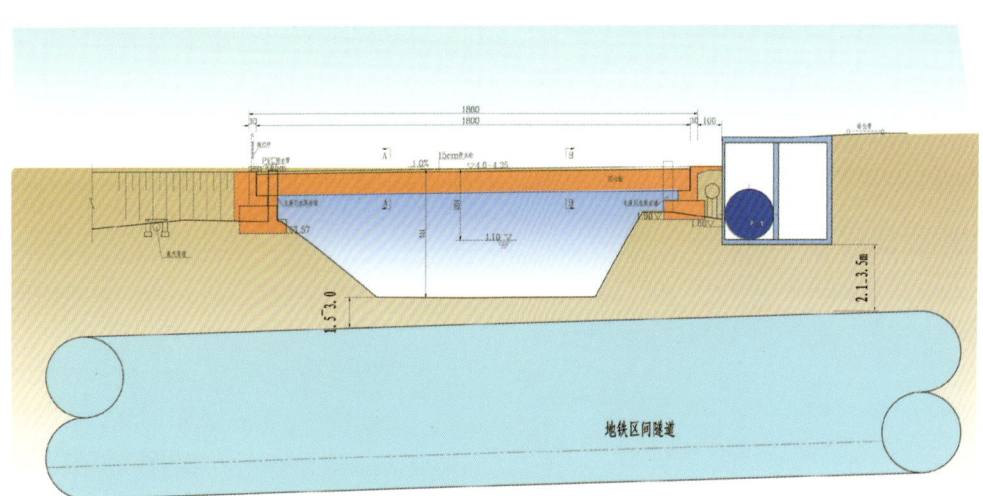

图14.8.3-1　区间与DN2000 mm原水管及北溪引水干渠竖向关系

凝土壁式桥台。桥台基础：公路侧采用高压旋喷桩，公园侧采用水泥土搅拌桩。区间距离干渠底净距约1.5～3.0 m。

区间穿越段地层：上部为黏土质素填土、砂质残积黏性土，部分区段上部为人工抛石，下部位于全强风化地层。

根据环境条件，区间下穿原水管采用矿山法方案，区间下穿北溪引水干渠采用明挖法方案。

区间下穿原水管为Ⅰ级环境风险工程；采取处理措施后，对应《城市轨道交通地下工程建设风险管理规范》为Ⅲ级。

（2）风险工程保护措施

根据该段区间水文地质特点，结合环境条件（交角14.7°），区间下穿原水管采用暗挖法方案，影响范围长度约56 m；北溪引水干渠施工期间采取导流措施。

暗挖的保护措施：

1）采用地面注浆加固。

2）超前管棚。

3）全断面帷幕注浆等辅助施工措施。

4）地面采取悬吊保护措施。

采取措施后，施工期间保证了原水管的正常使用。

14.8.4　区间隧道下穿厦安高速公路站北互通连接线FN匝道

（1）风险工程概要

暗挖区间单洞单线马蹄形隧道在YCR2CK0+180～YCR2CK0+225段下穿现状厦安高速公路站北互通连接线FN匝道，区间和匝道以74°角斜交，大致呈东南至西北走向，区间左侧100 m左右为FN匝道收费站，右侧420 m处为厦安高速立交桥，如图14.8.4-1所示。FN匝道处整体地形较为平缓，两侧建筑物低

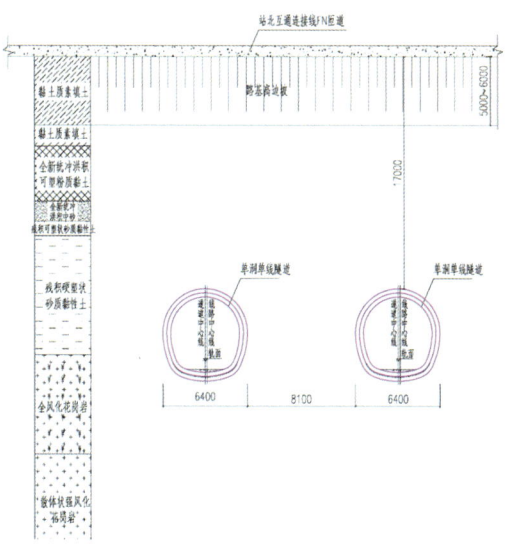

图14.8.4-1　区间隧道与厦安高速关系

矮，距离较近处主要为一座沥青拌和站。匝道通过区域为双向四车道，双线行驶，行车速度设计时速为40～50 km/h。匝道两侧为5～6 m高路基边坡。暗挖隧道拱顶埋深共约17 m。下穿处地层复杂，地层性质较差，自上至下主要为〈1-2-1〉黏土质素填土、〈3-1-2〉全新统冲洪积可塑粉质黏土、〈3-4-1〉全新统冲洪积中砂、〈11-1-3〉残积硬塑状砂质黏性土、〈20-1〉全风化花岗岩、〈20-2〉散体状强风化花岗岩。区间内地表水不发育。地下水主要有第四系孔隙水、基岩裂隙水。第四系孔隙潜水赋存于人工填土、冲洪积砂层及残积土、全风化岩层中。以孔隙潜水为主，地下水位埋深约为8 m。

根据风险工程等级划分，本工程为Ⅰ级环境风险工程；采取处理措施后，对应《城市轨道交通地下工程建设风险管理规范》为Ⅲ级。

（2）风险工程保护措施

1）施工前应对下穿段地质、水文、道路基础及周边管线情况进行详细调查，以确认地质条件、基础形式等。

2）穿越过程中，隧道开挖控制开挖步距，缩小为0.5 m，初支及时封闭，控制掌子面暴露时间。

3）隧道采用台阶法开挖增加临时仰拱。

4）加强对初支背后进行充填注浆，控制地层变形。

5）加强路面及路基底部沉降监测，并及时反馈监测结果，根据监测结果调整加固措施。

6）当开挖过程中遇到涌水地层时，需采用全断面注浆方式进行开挖面预加固。

7）对于过高速段岩层较差的地层，避免采用爆破方式进行开挖；当围岩结构为上断面松软、下断面坚硬时，上断面采用人工开挖，开挖出上台阶临空面，下断面采用松动爆破开挖；如地层岩性较强，为避免爆破对地面的影响，应采用减震、光面爆破。爆破作业遵循浅孔密布的原则：少装药，短进尺，多循环，分台阶开挖。

14.9 设计体会与建议

14.9.1 暗挖区间降水措施

结合降水措施在矿山法隧道中的实际应用，对厦门轨道交通1号线矿山隧道降水工作进行总结，以期为后续矿山法隧道设计施工提供借鉴。

（1）地表沉降规律分析

对1号线乌石浦站—塘边站暗挖区间典型地表沉降监测数据进行分析。

在隧道施工前，提前进行周边降水工作，自降水施工前至隧道通过后，地表沉降的整个过程可分为5个阶段（图14.9.1-1）。

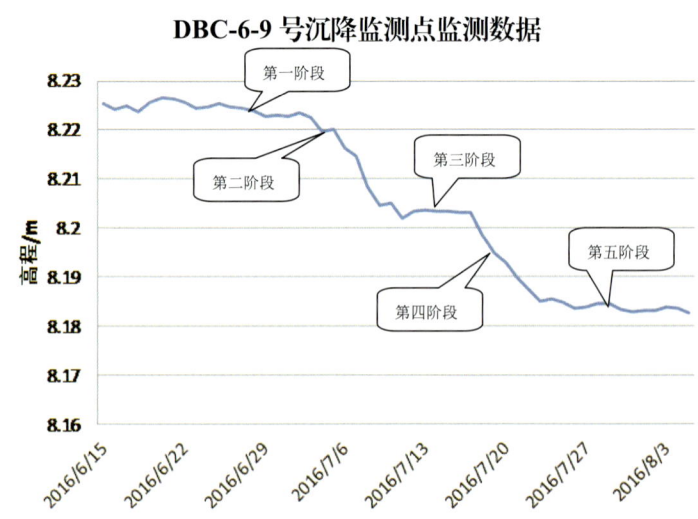

图14.9.1-1　乌石浦站—塘边站暗挖区间典型地表沉降监测数据

第一阶段：降水施工前，地表隆沉缓慢变化。

第二阶段：区间开始降水，随着降水的不断进行，地表沉降逐渐增大。

第三阶段：地下水位已稳定，在矿山法隧道施工前，地表沉降变化减缓。

第四阶段：矿山法隧道开始施工，地表沉降逐渐加大。

第五阶段：矿山法隧道开挖完成，二衬及时施作，地表沉降逐渐减缓，地表沉降值趋于稳定。

（2）降水施工对地表沉降的影响程度

根据地表沉降监测数据，从地表降水至隧道穿越整个过程中，地表总沉降数值为42.3 mm，其中降水引起的地表沉降为22.3 mm，隧道开挖引起的地表沉降为20.0 mm，降水引起的地表沉降占整个地表沉降数值的52.72%。

（3）考虑降水措施的数值计算分析

采用midas GTS NX软件，考虑隧道开挖前采取降水措施进行分析，计算结果如下（图14.9.1-2和图14.9.1-3）：

根据数值计算结果，降水施工产生的地表沉降为14.0 mm，隧道施工完成后产生的地表总沉降为27.9 mm，降水引起的地表沉降占最终地表沉降数值的50.18%。

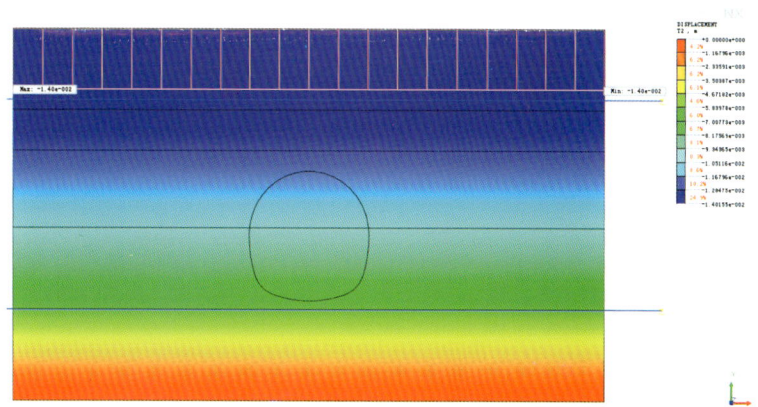

图14.9-2　降水后的地层沉降

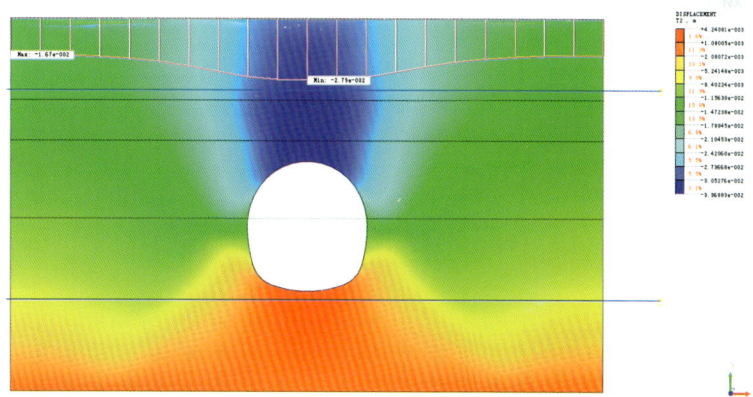

图14.9-3　隧道施工完成后的地层沉降

（4）结　论

通过对1号线乌石浦站—塘边站暗挖区间典型地表沉降实际监测数据进行分析，结合数值计算，可知降水施工对地表沉降影响较大。在矿山法施工的暗挖区间隧道采取降水措施，能够提高施工安全系数，改善施工作业环境，降水引起的地层沉降总体可控。然而，当隧道周边存在对地表沉降敏感的建构筑物时，需谨慎采取地表降水措施。

14.9.2　区间施工工法选择

厦门地处中国大陆东南沿海，地貌类型丰富，地质条件复杂。厦门1号线沿线地貌有滨海平原区、冲洪积阶地区、残积台地区、圆缓低丘等地貌单元。地质条件主要为花岗岩地层，然而地层结构复杂，岩土层种类较多，岩土层的埋深、厚度及性能变化较大，典型地层包含<2-1>层淤泥、<3-1>层粉质黏土、<4-1>层淤泥质土、<4-4>砾砂、<8-1>层粉质黏土、<11-1>残积砂质黏性土、<17-1>全风化花岗岩、<17-2>散体状强风化花岗岩、<17-3>碎裂状强风化花岗岩、<17-4>中风化花岗岩等。中风化花岗岩岩石饱和抗压强度接近40MPa，微风化花岗岩岩石饱和抗压强度甚至接近100MPa。复杂的地质条件决定了区间工法选择的复杂性。根据轨道交通1号线的工程时间，总结区间施工工法选择，相关建议如下：

1）区间工法选择必须以工程地质及水文条件为基础，区间主体及拱顶以中微风化基岩为主的区间采用矿山法施工，区间主体范围以泥质地层或全、强风化地层为主的区间采用盾构法施工。

2）同一区间不同区段兼有不同性质地层，可考虑矿山法+盾构法组合工法，两种工法采用竖井衔接，或盾构在矿山法区间空推技术。

3）区间主体范围以泥质地层或全、强风化地层为主，然而存在较多"孤石"情况下，从控制工程风险角度出发，优先建议采用盾构法施工，对"孤石"进行提前地面爆破处理。

15 轨道工程

15.1 设计参数

1）钢轨：

正线、配线及试车线采用60 kg/m钢轨，材质为U75V普通钢轨，道岔采用相同材质的钢轨件。除试车线外，车辆段及停车场内其他车场线均采用50 kg/m钢轨。60 kg/m钢轨与50 kg/m钢轨之间采用60-50 kg异型钢轨进行过渡连接。

采用标准轨距1435 mm，半径小于200 m的曲线地段应进行轨距加宽，

轨距加宽值在缓和曲线范围内递减；无缓和曲线或其长度不足时，应在直线段递减，递减率不宜大于2‰。

2）轨底坡：

正线及配线轨底坡均为1/40。道岔区和两道岔间不足50 m地段不设轨底坡，在道岔两端两根岔枕铁垫板下设置轨底顺坡垫板进行过渡。

3）曲线超高：

正线曲线最大超高值为120 mm，允许欠超高值为61 mm，困难条件下不应大于75 mm，过超高不大于50 mm。车站站台有效长度范围内曲线超高不应大于15 mm。出入线曲线按行车速度计算超高，其余配线曲线不设置超高，但为避免反超高，岔后附带曲线施工时可设5 mm超高。

超高设置方式：除YJD34～YJD41，ZJD31～ZJD38，高崎停车场出入场线YJD2、ZJD2按全超高（曲线超高采用外轨抬高全部超高值）设置外，其余均按半超高（内外轨绕轨顶连线中点旋转，使内轨降低、外轨抬高形成超高值）设置。超高顺坡度不宜大于2‰，困难地段不应大于2.5‰。曲线超高值应在缓和曲线内递减，无缓和曲线或其长度不足时，应在直线段递减。

另外，因部分缓和曲线进站引起轨道超高设置困难，根据《曲线进站导致超高设置困难问题讨论会》会议纪要（编号：穗铁院（厦门）咨I会〔2014〕01），YJD1、YJD4、YJD9、YJD18、YJD24、YJD39、YJD45、YJD48、YJD52、ZJD1、ZJD3、ZJD8、ZJD13、ZJD16、ZJD20、ZJD36、ZJD42、ZJD49共计18条曲线采用非常规的超高顺坡方式（即超高设计顺坡应确保有效站台端部曲线超高不超过15 mm，超高顺坡的起终点可不与缓和曲线起终点形成严格固定的对应关系，如缓和曲线长度不足，顺坡可适当延伸至圆曲线上，但不宜过长）。

4）轨枕铺设数量：

正线及出入线地段轨枕铺设数量为1680根（对）/千米，除出入线外的其余配线轨枕铺设数量为1600根（对）/千米。若遇结构沉降缝、各种预埋管线、排水横沟等情况时，轨枕铺设间距可在500～650 mm间进行适当调整。

15.2 先建段特殊设计

厦门北站南广场下区间工程结合国铁厦门北站的建设，先期为轨道交通预留。根据原线网规划，厦门市轨道交通供电系统拟采用接触轨形式，该段区间2008年建设时，区间断面结构按接触轨车型定制。根据已建成区段的施工图资料，轨面上方限界空间按接触轨所需高度进行预留，为4200 mm，预留轨道结构高度为640 mm，设计区间净高为4840 mm。1号线最终确定采用直流1500 V刚性架空接触网供电。该方案轨面上方所需净空高度为4500 mm，轨道结构按最小厚度560 mm计，隧道净空需5060 mm，较原方案高约220 mm。先建段预留结构净高不足。

为应对厦门北站南广场隧道净空高度不足的情况，同时对轨道及接触网采取特殊设计。对于轨道来说，拟采用薄型短轨枕或无枕方案，以降低轨道结构高度。

1）轨道结构高度为340～380 mm，采用无枕式整体道床，道床仅能布置单层钢筋网，上股钢轨下方采用双层钢筋，扣件尼龙套管处增设螺旋筋，并在结构底板对应扣件螺栓套管的位置上进行钻孔。

2）轨道结构高度为380～420 mm，采用无枕式整体道床，道床采用双层配筋，扣件尼龙套管处增设螺旋筋。

3）轨道结构高度大于420 mm且小于560 mm，采用有枕式整体道床，轨枕采用薄型短轨枕。

同时，为了尽可能给轨道结构提供空间，铺轨前凿除既有底板结构保护层，并通过植筋使底板结构与轨道结构连接为整体。

先建段道床加固如图15.2-1所示。

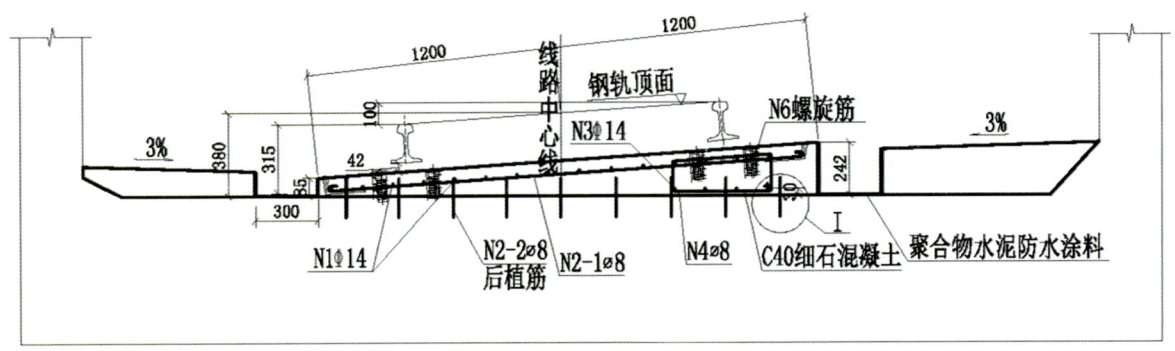

图15.2-1　先建段道床加固

15.3 主要技术特点及创新

1）本工程是厦门市轨道交通线网中的第一条线路，需考虑全线网技术标准的兼容性。从国内多个城市的建设经验来看，一个城市的第一条城市轨道交通线路往往成为后续建设的各条轨道交通线路的建设标准，因此设计重点之一是确定本线成熟、先进、安全、可靠的轨道设计技术标准，不仅可满足本线的需要，而且可兼容线网中其他规划线路。

2）线路贯穿整个厦门市区，沿线有多处敏感点，减振要求高，减振设计是重点。依据环评报告、规范要求及对沿线的实际踏勘，根据实际情况细化减振等级的划分标准，综合考虑目前国内减振轨道的最新技术及其安装、维修和更换的施工工艺手段，确定合适的分级减振轨道结构型式以减少运营对沿线振动敏感点的影响，确保振动、噪声敏感点达到环评的要求。

3）轨道施工中采用CPⅢ控制网提高施工精度，提高轨道的平顺性，降低轮轨动力作用和轨道养护维修量，提高车辆舒适性。

15.4 设计体会与建议

1）轨道结构高度：

矩形隧道钢弹簧浮置板道床轨道结构高度为750mm，由于小半径曲线地段存在较大超高值，导致钢弹簧浮置板内侧基底处混凝土非常薄，钢套筒位置需进行特殊处理。建议后续线路中，矩形隧道钢弹簧浮置板道床在小半径曲线地段加大轨道结构高度。

另外，在暗挖地段结构底部回填混凝土过程中，由于标高控制不严，导致很多地段回填过高，引起轨道结构高度不足，需要进行凿除，工作量较大。建议后续线路在暗挖地段结构底部由轨道专业进行回填混凝土。

2）车站废水泵房处汇水坑：

1号线施工过程中发现多处车站废水泵房汇水坑的预埋排水管被堵的情况。由于排水管埋在土建回填层中，清理工作非常困难，引起排水不畅。建议后续线路中取消预埋排水管，改为采用明沟方式。

3）人防门接口：

施工过程中发现人防门排水洞闸板与道床水沟不衔接、防淹门预留承轨槽尺寸不够等问题。由于人防门门槛下部为混凝土基础，整改过程非常麻烦。建议后续线路中逐个车站就人防门接口进行对接，包括减振地段、排水沟尺寸和位置等。人防门门槛施工前，再与轨道专业就排水沟设置位置、门槛宽度、轨顶标高进行确认。

16 供电系统

16.1 系统方案

16.1.1 全线变电所分布

1号线工程采用110 kV/35 kV两级集中供电方式，在火炬园站、董任附近新建2座主变电所向本线供电。牵引供电系统采用直流1500 V架空接触网供电制式，共设置牵引变电所14座，其中正线牵引变电所12座，分别位于镇海路站、将军祠站、湖滨东路站、吕厝站、火炬园站、高崎站、集美学村站、园博苑站、官任站、集美软件园站、天水路站、岩内站；在高崎停车场和厦门北车辆段各新建1座牵引变电所。牵引变电所最大间距为3.843 km，最小间距为2.170 km，平均间距为2.712 km。

16.1.2 中压环网系统

中压供电网络共分6个供电分区，供电分区划分如下：

第一供电分区：镇海路、中山公园、将军祠、文灶、湖滨东路。
第二供电分区：莲坂、莲花路口、吕厝、乌石浦、塘边。
第三供电分区：火炬园、殿前、高崎停车场、高崎。
第四供电分区：集美学村、控制中心、园博苑、杏林村。
第五供电分区：杏锦路、官任、诚毅广场、集美软件园。
第六供电分区：集美大道、天水路、厦门北、岩内、厦门北车辆段。

16.1.3 直流牵引供电系统

直流牵引供电系统主要由牵引变电所中的整流机组、直流正负极开关设备、馈线电缆、接触网、钢轨、回流线、均流电缆、钢轨电位限制装置等组成。每座牵引变电所设两套整流机组（整流变压器—整流器单元），整流变压器一次侧并接于同一段35 kV母线，直流1500 V侧采用单母线，两台整流机组并列运行并组成等效24脉波方式，通过接触网向车辆供电，再经钢轨、回流电缆至牵引变电所负极柜。为保证旅客和工作人员的人身安全，每座车站、车场设钢轨电位限制装置。

16.1.4 动力照明供电系统

为向全线各车站、区间及场段等动力照明负荷提供可靠、优质的电源，在每个车站设一座35 kV/0.4 kV降压变电所。对于规模较大的车站、场段，根据其具体负荷分布情况增设跟随式降压变电所。

16.1.5 供电电源

1号线工程设两座110kV主变电所,火炬园主变电所位于嘉禾路与湖里大道西南侧,董任主变电所位于杏林北二路与董任路交叉口东南侧,均为全户内式主变电所。火炬园主变电所的两路进线电源分别来自安兜220kV变及松柏220kV变;董任主变电所的两路进线电源一回来自锦园220kV变,另一回T接于李林—锦园线路。

火炬园主变电所内设两台110kV/35kV主变压器,110kV侧采用线路变压器组接线方式,35kV侧采用两级母线,均为单母线分段接线方式,两级母线均设母联断路器,正常运行时母联断路器打开。35kV侧通过接地变压器中性点经小电阻接地,接地变压器热稳定电流为1000A、10s。

董任主变电所由110kV/35kV两级电压组成,110kV侧接线是内桥接线方式,两台油浸式有载调压变压器,电压等级为110kV/35kV,容量为50mVA;35kV侧采用一级母线,为单母线分段接线方式,设母联断路器,母联设有自动投切功能。

16.2 主要技术特点及创新

16.2.1 车场接触网悬挂

车场采用简单链形悬挂,有效改善接触网动态弹性,提高悬挂系统的稳定性,增加架空接触网的抗风性能且便于设备安装及正常运营。

16.2.2 接触网防风

高架桥上带地线弯头的支柱通过零部件改进,取消球头挂环,将架空地线固定,避免架空地线因大风而晃动。

16.2.3 刚性悬挂弹性支持装置

为改善弓网授流质量,在非减振道床区段采用刚性悬挂弹性绝缘组件。从工作原理上,充分利用其结构部件的高弹性变形特性减小原有悬挂系统的刚度值,从而避免了受电弓可能对刚性接触网的冲击,使得刚性悬挂授流更趋平稳,达到改善弓网的动态受流性能及减少接触网异常电气磨损的目的,如图16.2.3-1所示。

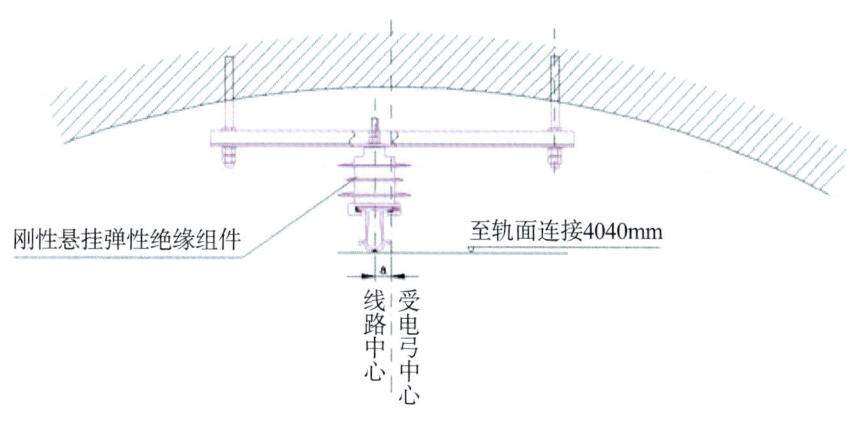

图16.2.3-1 刚性悬挂弹性支持装置安装示意

16.3 安装、调试过程中发现的主要问题及对策

16.3.1 地下区间环网电缆过联络通道

地下区间的环网电缆敷设在疏散平台下方,在区间联络通道处,疏散平台板降低,如图16.3.1-1所示。此处环网电缆采用线槽敷设,线槽安装在道床上,线槽上以钢板覆盖。这种方式,便于电缆敷设,也较美观。

图16.3.1-1 环网电缆与疏散平台接口

16.3.2 电缆敷设路径

下料口处的车站中板封闭较晚,供电电缆在此处敷设时需考虑这种情况,电缆敷设路径应避开下料口,如图16.3.2-1所示。

图16.3.2-1 电缆敷设避开施工下料口

16.4 运行过程中的主要问题及处理

16.4.1 变电所百叶窗

车辆段及停车场的混合变电所，房间门采用百叶窗，百叶窗应采取防雨措施，避免雨水进入变电所房间内部，如图16.4.1-1所示。

图16.4.1-1　地面变电所百叶窗

16.4.2 电缆在轨道侧站台板下敷设

车站轨道侧站台板下侧墙开有排热风孔，电缆在此处敷设需考虑避开排热风孔，如图16.4.2-1所示。

图16.4.2-1　轨底风道电缆敷设要求

16.4.3 车站轨顶结构风道的接触网安装

接触网安装工程中发现，车站轨顶结构风道的底板厚度未达到设计要求的200 mm，局部最薄处只有110 mm。接触网安装用的锚栓会直接打穿风管，采取的措施为M16后扩底锚栓改为M16化学锚栓，并采用浅埋方案，埋深96 mm，外露100 mm。

16.5 设计体会与建议

16.5.1 均、回流电缆与钢轨的连接

均、回流电缆与钢轨的连接主要有放热焊接与螺栓连接两种方案，放热焊接方式的特点是连接牢靠，但是其存在施工工艺复杂，对钢轨材质具有一定要求的缺点。栓接方式虽然可以克服放热焊接施工工艺方面的不足，但是从长期运行来看，其松动以及腐蚀影响无可避免，由此会造成连接头处接触电阻增大，进而造成一系列的安全隐患。1号线选择放热焊接方式，以满足系统长期运行的要求。针对放热焊接的施工难度及避免损坏钢轨的问题，1号线采取了以下措施：

1）选择高品质的进口放热焊接材料，以有效控制放热焊接温度。

2）焊接作业前对钢轨焊接部位进行探伤检测，排除钢轨自身的材质缺陷。

3）焊接作业人员经过培训合格后才能上岗，严格执行焊接操作规范。

4）焊接时对钢轨的加温预热必须满足焊接工艺参数要求，放热反应结束后，对焊接位置的钢轨进行缓冷加热处理。

5）焊接完成后，对钢轨进行保温处理。

16.5.2 车场线接触网悬挂方案

架空接触网在车场可采用全补偿简单链形悬挂及补偿弹性简单悬挂两种方式。链形悬挂具备以下优点：

1）链形悬挂由于接触线是悬挂到承力索上的，因而基本上消除了悬挂点处的硬点，使接触悬挂的弹性在整个跨距内都比较均匀。

2）链形悬挂相对简单悬挂改善了接触网弹性，通过结构高度的增加改善接触网的动态特性，接触压力的波动相对较小。

3）对于带张力补偿装置的链形悬挂，导线的张力增量与导线机械安全和弓网受流质量密切相关，必须加以严格控制。这是因为，张力差一方面会增大导线和零部件的机械应力，对导线和零部件的机械安全构成威胁，另一方面会对接触悬挂的波动速度和弹性产生不利影响，有损弓网受流质量。这方面链形悬挂相对简单悬挂受电弓受流质量更好。

4）若没有承力索，线岔及分段的调整较困难。线岔的调平与抬高，链形悬挂可以轻易地用吊弦来调整。

1号线车场接触悬挂采用链形悬挂方案，改善了接触网动态弹性；与简单悬挂相比，增加了架空接触网的抗风性能，便于设备安装及正常运营。

16.5.3 接触网过防淹门

刚性悬挂接触网通过防淹门的技术方案主要有3种。

（1）可拆卸式一体化汇流排

该方案通过在防淹门处设置2～3m长的独立汇流排，和正常锚段的汇流排一并架设，通过外中间接头线夹进行连接，接触线可在该处设置断口或不设置断口。当防淹门需要定期维护或战时封堵时，拆除外中间接头线夹，取下独立汇流排后进行上下插板安装。该方案安装简洁，和正线锚段一并架设，除外中间接头线夹之外不增加任何工程费用，汇流排拆卸和恢复方便、迅速。

（2）设置独立汇流排锚段

该方案设一段长度约为15m的独立汇流排，分别与区间和车站内的汇流排锚段通过锚段关节实现电气连接。方案的优点是汇流排锚段单独设立，结构简单，当防淹门需要关闭时，拆除该独立汇流排锚段及电连接等设施即可。

（3）可断开式接头装置

可断开式接头装置的水平滑动式汇流排接头及垂直旋转式汇流排接头的静接头分别与需断开的汇流排两端采用导电固定连接，连接段的两端分别插入两个可动式汇流排接头的水平移动接头和垂直旋转接头之间，整个接触网系统就构成可断开系统。当需要使可断开式接头装置的连接段跌落时，通过设置在可水平移动式汇流排接头上的电驱动或机械连动装置使水平移动接头沿左、右滑道供电臂向静接头移动，直至连接段与水平移动接头脱开，并在另一端可垂直旋转式汇流排接头的旋转接头的控制下，最终竖立到接触网的一端，实现刚性接触网系统断开。

采用可断开式接头装置，避免了人工现场拆除及恢复的情况。该接头装置实现了真正意义上接触网系统的断开，在防淹门关闭时对接触网系统不造成破坏，同时在防淹门复位后架设恢复接触网系统所需的时间短，也为平时检验防淹门的开关提供了便利条件。1号线采用了可断开式接头装置的方案。

16.5.4　变电所装修地面

目前变电所地面由于土建施工工艺问题造成地面的起灰严重，对设备的运行使用造成严重影响。后期采用纳米漆涂料才解决此问题，但由于纳米漆要粉刷8次，每次时间约10/h，严重影响变电所施工，导致工期延期。建议后续线路能提前考虑起灰、工序等问题。

16.5.5　杂散电流测防端子加里程标

1号线杂散电流测防端子采用埋入式端子，原杂散电流测防端子一般采用直接预埋扁钢，导致现场端子预留高低不一、电缆连接时施工不符合标准、不能完全可靠连接、接触面较小等问题，因此优化为埋入式端子。由于是埋入式工艺，导致现场端子难以找到，因此建议后续线路在每处端子增加里程标等标注。

16.5.6　车辆段运用库末端接触网预埋

车辆段运用库的接触网需在库末端下锚，下锚采用在结构立柱预埋螺栓方案。预埋螺栓由土建施工，由于下锚结构柱比较细，而且土建施工不够精细，导致预埋螺栓之间的间距、螺栓距离立柱边的距离、螺栓与立柱面的垂直度都超过了误差要求，特别是有的预埋螺栓侧面的混凝土被破坏；这就使得预埋螺栓无法满足接触网下锚安装的要求。施工中将接触网下锚安装方案调整为抱箍方案，才解决了此问题。建议土建严格管控，精细预埋，以保证接触网下锚安装。

17 信号系统

17.1 系统功能及构成

1）联锁子系统设备功能：

联锁设备是实现道岔、信号机、轨道区段间的正确联锁关系及进路控制的安全设备，必须符合故障-安全原则，并具有自检和自诊断能力。

2）ATP子系统：

ATP子系统是保证列车运行安全、提高运输效率的重要设备，由车载设备和地面设备组成。该系统必须符合故障-安全的原则，并具有自诊断能力

3）ATO子系统：

ATO子系统是自动控制列车运行的设备。在ATP的保护下，根据ATS的指令实现列车的自动驾驶，能够自动完成对列车的启动、牵引、巡航、惰行和制动的控制，确保达到列车运行的设计间隔及旅行速度。

4）ATS子系统：

ATS子系统在ATP、ATO子系统的支持下完成控制中心行车计划的编制、管理，实现对全线列车运行的自动监控和列车运行的自动调整。

17.2 主要技术特点及创新

1）1号线信号系统采用基于通信的移动闭塞列车控制系统（CBTC），具备完整的列车自动运行（ATO）、列车自动防护功能（ATP）、列车自动监控（ATS）功能，可实现列车在点式列车防护（iATP）系统及计算机联锁系统模式下降级运行。信号系统的构成和功能指标，及与其他专业接口方案可满足厦门轨道交通运营需求。

2）针对本工程跨海线路采用高架方式，采用车地通信方式是基于802.11无线局域网协议的WLAN技术。

3）基于点式应答器的ATP系统在城市轨道交通中多以移动闭塞的降级模式或者初期运营方式存在，CBTC连续式通信ATP系统故障后，系统采用由联锁、计轴、应答器及车载点式ATP设备等构成的点式ATP系统进行降级运行。

4）由于车辆段/停车场内为非载客运营线路，因此在车辆段/停车场内仅考虑联锁功能，单独设置联锁设备，独立控制车辆段/停车场内的列车出入段（场）的列车作业和段（场）内的调车作业，监测设备的运行工况。车辆段/停车场采用的国产计算机联锁设备，满足铁道部颁布的《计算机联锁技术条件》《继电式电气集中联锁技术条件》的要求，具有较高的可靠性，并满足与出入段（场）联络线、试车线以及ATS的接口要求。车辆段/停车场内采用计轴器作为轨道占用/空闲检测设备。

17.3　安装、调试过程中出现的问题及处理

1）转辙机坑的积水问题较为普遍，主要集中在正线部分，严重时可能对转辙机带来损坏并影响使用。后续项目土建专业和给排水专业沟通，尽量避免和减小积水问题，也可考虑在转辙机坑设置排水泵等相关方案。

2）轨旁安装的个别信号机，其显示距离不能满足设计要求。部分信号机因站台门遮挡造成，还有一些是现场条件受限导致的。发现相关问题应及时进行梳理并组织现场定测和形成相关的会议纪要，对不满足显示要求的信号机重新安装。对于正线部分容易被站台门遮挡的信号机，在现场施工初期尽量跟相关专业协调并及时督导安装，保证尽早了解现场情况，发现和避免相关问题。

3）人防门与转辙机协调问题：火炬园站人防门开、关时，影响信号转辙机维修作业。具体表现为，当人防门打开时，门体位于转辙机上方，导致转辙机箱盒无法打开，无法进行维修作业，如图17.3-1所示。

图17.3-1　人防门与转辙机位置冲突

后续设计过中，应重点关注人防门开闭范围之内与转辙机之间的相对位置关系。线路专业在布置道岔时，应保证转辙机不在人防门开闭范围之内，避免人防门的开、关对转辙机维修作业造成影响。

17.4 设计体会与建议

1）后续线路轨旁通信考虑采用LTE系统方案。

随着现代移动通信技术的飞速发展，基于高速移动的无线通信技术不断成熟。长期演进（long term evolution，LTE）是由第三代合作伙伴计划（The 3rd Generation Partnership Project，3GPP）组织制定的通用移动通信系统（universal mobile telecommunications system，UMTS）技术标准的长期演进，其目标是提供更高的数据速率、更稳定传输质量的无线通信网络。LTE并非人们认为的第四代移动通信技术，而是第三代移动通信与第四代移动通信技术之间的一个过渡，它改进并增强了第三代移动通信的接入技术，采用了两项新技术正交频分复用（orthogonal frequency division multiplexing，OFDM）和多输入多输出（multiple-input multiple-output，MIMO）作为演进的标准，因此可以被认为是"准4G"技术。LTE的优势主要有：

① 具有较高的频谱利用率。

② 完善的多业务优先级调度机制。

③ 支持高速移动性。

④ 能实现单系统对多业务的综合承载。

城市轨道交通作为城市公共交通系统的一个重要组成部分，正在步入快速发展阶段。2015年4月28日，城市轨道交通协会技术装备专业委员会牵头在北京召开了LTE地铁项目的规范编制启动会。未来随着相关技术标准的规范化，系统方案成熟稳定后，可以根据该技术方案的发展情况选择将LTE技术应用于厦门地铁后续线路的信号系统CBTC方案中。

2）土建进度的原因导致信号工程进度滞后，信号系统中用于ATP、联锁等软件编制的线路、轨道参数只是临时而非稳定版本，可能对信号应用软件的编制以及在厂内FIVP综合测试平台的调试工作带来困难。在今后的项目中，信号专业应当在工程设计的关键节点及时督促线路专业和轨道专业尽快稳定线路与轨道设计参数。同时将最新版的线路资料和轨道资料以正式工联单和刻盘电子文件的形式提交信号系统供应商，保证工程进度。

18 通信系统

18.1 系统功能及构成

18.1.1 专用通信系统

（1）专用传输系统

本工程专用传输系统选用华为增强型MSTP设备（Optix OSN7500II、OSN580），在控制中心、车辆段、停车场及24座车站分别设置传输节点设备。控制中心和停车场设置Optix OSN7500II，车辆段和车站设置OSN580，组成2个10Gb/s的二纤双向保护环，相交环交点为控制中心和停车场。控制中心配置传输系统的网络管理设备，实现对本系统的集中管理，如图18.1.1-1所示。

（2）专用无线系统

专用无线系统采用海能达ACCESSNET-T IP 800 M Tetra数字集群调度系统，由中心交换控制设备、调度服务器、调度台、维护终端、基站（双载频）、车站固定台、车载台、手持台、录音设备、光纤直放站、漏泄同轴电缆、天馈系统等组成，如图18.1.1-2所示。

图18.1.1-1 传输系统机柜

图18.1.1-2 专用无线系统机柜

专用无线通信系统交换控制中心设备容量按3条轨道交通线共用进行配置。交换控制中心设备最大可支持540基站，540个载波。调度服务器最大可支持128个调度台。

专用无线系统设置无线降级备用调度系统，设置在停车场。降级备份无线调度系统作为控制中心调度系统的备份，该系统在中心交换设备故障情况下，利用Tetra基站的单站集群模式完成对列车的调度工作，提供全线一路调度通信，保证地铁安全运营。

专用无线系统在车辆段、停车场设置400 MHz平面调车灯显系统，满足车辆段、停车场的调车需求。

（3）公务电话系统

公务电话系统采用软交换设备组网，按两级结构进行组网，采用中心交换节点+接入节点方案。在控制中心和高崎停车场设置主备软交换中心设备（SS），作为厦门轨道交通线网公务电话系统交换中心，在控制中心和停车场设置中继网关（TG）接入市内公用电话网，在控制中心、本线车辆段/停车场和各车站设置接入网关（AG）。

公务电话系统采用上海贝尔OmniPCX Enterprise软交换系统，中心容量最大支持10万用户，支持统一通信、呼叫中心等应用。

车控室专用电话、公务电话分机、无线手台布置如图18.1.1-3所示。

图18.1.1-3　车控室专用电话、公务电话分机、无线手台布置

（4）专用电话系统

专用电话系统选用数字程控交换技术（主分系统），采用昆明塔迪兰的Coral IPx3000数字程控综合业务交换系统。控制中心单设专用电话交换机，在各车站/车辆段/停车场设置专用电话交换机，车站/车辆段/停车场专用电话交换机通过传输系统接入控制中心专用电话交换机。

各车站、车辆段/停车场分系统与控制中心主系统/停车场后备主系统分别采用2 M数字中继星形连接。同时，相邻车站、车辆段/停车场交换机之间通过站间20P电缆采用模拟中继方式相连，进行站间电话的模拟用户线备用。

控制中心专用电话调度台、广播操作台、无线手台布置如图18.1.1-4所示。

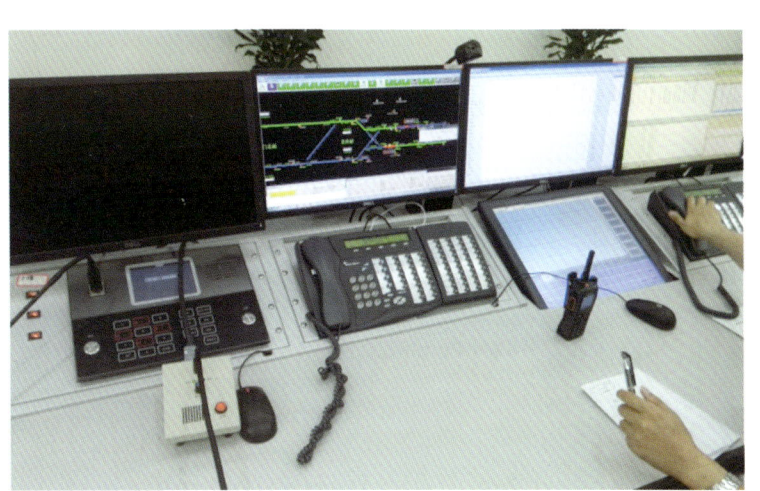

图18.1.1-4 控制中心专用电话调度台、广播操作台、无线手台布置

（5）闭路电视监视系统

本工程"公安视频监控系统"与"闭路电视监视系统"合设，共享前端摄像机和车站后端设备（包括以太网交换机、各类子系统、网络存储设备等）。闭路电视监视系统为与公安视频监控系统统一平台，都采用HONEYWELL HUS平台，可无缝兼容，实现共用前端和存储，并针对上层公安平台——厦门市110指挥中心监视平台提供GB28181视频接口服务器及相应软件接口。

（6）广播系统

广播系统采用模拟扬声器+数字功放相结合技术，选用天津北海提供的广播设备，如图18.1.1-5所示。

（7）时钟系统

时钟系统选用烟台持久钟表集团提供的时钟系统全部设备，如图18.1.1-6所示。

图18.1.1-5 广播系统机柜

图18.1.1-6 数字子钟、平板扬声器和导向结合的实景

（8）乘客信息系统

厦门轨道交通乘客信息系统线网编播中心，预留后续各线路乘客信息系统接入条件。线网编播中心和本线（分线）编播中心系统同步建设，1号线乘客信息分线中心功能纳入线网编播中心系统同步完成。

（9）计算机网络系统

计算机网络系统选用华为提供的网络和服务器设备。

（10）专用电源系统

本工程在车站和控制中心采用其他专业提供的综合UPS，在信息中心、编播中心、车辆段和停车场单设专用电源系统设备。专用电源系统选用科华提供的电源设备。

（11）视频会议系统

视频会议系统主要用于厦门轨道公司内部召开视频会议，选用中兴提供的视频会议设备。

（12）集中告警系统

集中告警系统选用常熟高专提供的集中告警设备。

18.1.2　公安通信系统

公安通信系统由公安传输、公安（消防）无线、公安计算机网络、有线电话、视频会议和公安电源系统组成。

18.1.3　民用通信系统

（1）民用无线引入系统

民用无线引入系统将地面移动通信信号（2G、3G、4G）引入本工程的地下空间，用于满足移动运营商公共无线信号在地铁内的延伸和覆盖，为乘客、工作人员提供高质量的公用移动通信服务。

民用无线轨旁RRU安装如图18.1.3-1所示。

图18.1.3-1　民用无线轨旁RRU安装

（2）民用电源系统

民用电源系统为控制中心和各车站的民用通信设备提供高质量、高可靠的电源供应，保证在主电源故障（中断或发生超限波动）的情况下，民用通信设备在规定的时间内仍能正常工作，等待主电源恢复正常，后备时间为1 h。

（3）民用集中监测告警系统

民用集中监测告警系统用于收集并汇总民用无线引入系统、民用电源系统的故障告警信息，采集现场环境信息，及时向维护管理人员发出告警，以便维护管理人员快速、准确地排除民用通信系统的各种故障，同时为其他业务提供以太网通道。

18.2　机场段电磁兼容

厦门高崎国际机场位于1号线高崎站附近，距离1号线地面段最近距离约1.3 km，轨道交通设计须考虑轨道交通相关无线通信系统与航空无线电子设备的电磁兼容。

为减小可能的干扰，采取以下措施：在专用无线通信系统的基站射频信号输入端加高精度的滤波装置，以达到最大限度减少干扰信号的目的；严格控制高崎停车场室外天线的覆盖范围，调整基站发射功率，使其覆盖范围限定在停车场范围内，避免因覆盖范围过大、信号发射功率过强导致的相互干扰；在频率配置时，合理配置频点间隔，避免互调信号落入对方频段内形成干扰。

18.3　主要技术特点及创新

1）专用传输系统采用增强型MSTP设备，实现轨道交通专用通信、信号、AFC等系统信息传输的多网合一。传输设备可直接提供10 Gb/s、20 Gb/s、40 Gb/s的线路带宽，并可平滑升级到40 Gb/s。同时，具备向承载纯分组业务平滑升级演进的能力。

2）专用无线通信系统配置后备无线调度通信系统，在TETRA数字集群发生故障后，能提供必要的后备无线调度指挥手段，加强应对突发事件、重大故障下的无线通信能力。

3）公务电话系统采用技术领先的软交换技术，相比传统的程控交换技术，在提供常规语音通信服务的同时，能向用户提供更多的电话新业务。

4）闭路电视监视系统采用数字高清技术，与公安视频监控系统共享前端摄像机、编解码、存储及以太网交换机设备，将专用闭路电视监视系统图像输出至公安视频监控系统，实现资源共享，减少重复投资，简化管理流程，提高管理效率。

5）乘客信息系统采用TD-LTE技术组建车地无线传输网，具备高传输带宽、低延迟、广域覆盖能力，在20 MHz频谱带宽能够提供下行35 Mb/s、上行20 Mb/s的峰值速率。

18.4　安装、调试过程中出现的问题及处理

1）区间350 MHz公安无线漏缆建议与800 MHz专用无线漏缆合设。1号线在隧道单侧设置了5根漏缆，其中位于最下方的是350 MHz公安无线漏缆，安装在距轨旁1.8 m处。在施工配合过程中发现此漏缆在岛式车站站台门有效区域易与广告灯箱安装位置冲突，在区间风机安装区段易被多根风机线缆遮挡，从降低工程投资、减少协调量方面考虑，建议合设漏缆。

2）地下岛式车站的广告灯箱，建议其背板材料选用非金属材质，确保民用无线漏缆可在广告灯箱与隧道壁之间的缝隙中穿过并辐射信号，无须断开。因1号线广告灯箱背板采用金属材质，导致增设上万米射频电缆、近千副定向天线和射频器件，增加了后期维护工作量。

3）LTE时间同步方案建议采用IEEE 1588V2协议为主用时钟源，GPS为备用时钟源。1号线LTE时钟同步采用GPS为单一时钟源，在安装调试过程中，受出入口建设进度影响，多次调整GPS天线安装位置，并重新敷设线缆，影响调试进度。

4）从缩短建设工期、降低协调难度考虑，连通车站外的通信井（运营商、公安局及其他单位用）建议设置在车站风亭处，避免设置在出入口梯眉附近。原计划设置在出入口梯眉附近的通信井，需要土建施工单位依照附属建筑施工图在出入口侧墙贯穿预埋6根DN50 mm镀锌钢管，施工配合中发现钢管预留位置、根数大多与施工图不一致，且大部分未做良好的防水封堵。因此，经相关会议讨论通过，1号线车站民用通信光缆交接箱设置位置均调整至车站两端的风亭内，钢管沿风井壁引上后引接至地面通信井。全过程仅需在装修外挂石材上开孔，减少了协调工作量，并规避了出入口建设进度不一致的影响。

18.5　设计体会与建议

1）为保障车站内整体安装效果，车站内摄像机建议选用整体尺寸较小的枪式摄像机，技术条件成熟时，可适量选用鱼眼全景摄像机。在样板站的试装过程中发现，现有枪式摄像机的防护罩较大，在摄像机密集区域（如进站闸机处设置的人脸识别功能摄像机）的整体观感较差。选用尺寸较小的枪式摄像机可提升观感，选用鱼眼全景摄像机则可彻底解决监控范围与装修效果不协调的问题。

2）车站内建议增加电子导引牌的设置数量。1号线各车站付费区内对称设置2台电子导引牌，用于发布车站周边的电子地图信息。由于电子导引牌采用单屏设置方案，单屏方案与双屏方案相比，在显示相同信息量时所需的时间更长，在客流高峰期会延长乘客的停留观看时间，不利于客流组织，故建议采用双屏方案。

19 综合监控及综合安防系统

19.1 综合监控系统

19.1.1 系统构成及功能

厦门市轨道交通1号线24座车站（23座地下车站和1座高架车站）、1座停车场、1座车辆段、1座控制中心内设置综合监控系统（integrated supervision control system，ISCS）。

ISCS由中央级ISCS、车站级（包括车辆段及停车场）ISCS、网络管理系统、维护管理系统、培训管理系统、电能管理系统、软件测试平台、后备控制中心等组成，如图19.1.1-1所示。

1号线ISCS集成商为南京国电南瑞，软件平台采用南京国电南瑞公司独立自主平台RT21，前端处理器FEP采用南瑞C306L通信控制器，车站配置冗余的实时服务器，型号为Oracle Sun SPARC T5-2，中央配置冗余的实时服务器和历史服务器型号为Oracle Sun SPARC T5-4，并配置Oracle Sun FS1-2磁盘阵列；ISCS全线独立组成骨干传输网，网络交换设备中央配置Hirschmann mAC4002-L3P，车站及场段配置Hirschmann mS4128-L3P；中央大屏幕显示系统采用比利时巴可3行×10列70寸LED光源DLP背投显示单元OL-721；车站及OCC，ISCS利用动照专业提供的整合UPS电源，在场段，ISCS独立采购UPS，型号为厦门科华FR-UK3320。

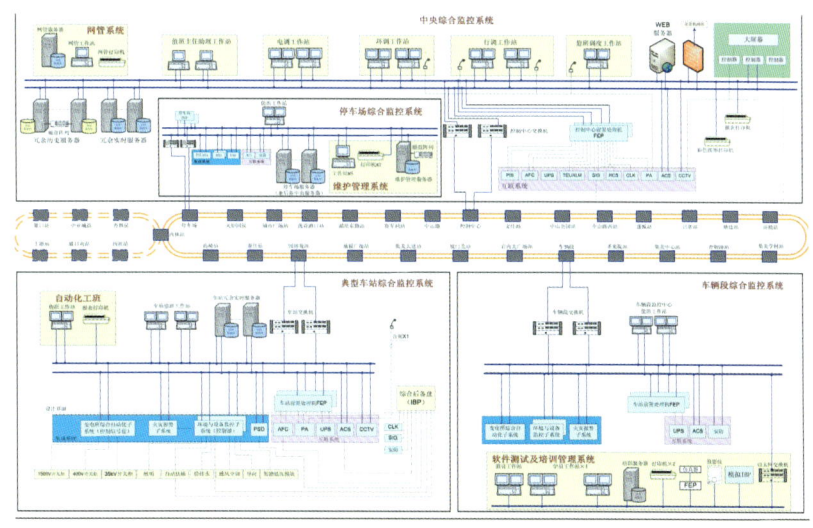

图19.1.1-1　ISCS示意

19.1.2 主要技术特点及创新

（1）预留与更上一级管理平台TCC的接口

1号线ISCS，在设计阶段，即预留与更上一级管理平台TCC的接口，为厦门市将来的网络化运营及线网资源共享打下良好的基础。根据线网指挥中心TCC的规划现状，TCC可作为可靠数据源，将统一采集的线路生产系统提供给地铁公司各信息化系统。因此，线路ISCS无须与地铁资产管理（EAM）、办公自动化（OA）系统等信息化系统互联互通。在1号线ISCS方案中，预留ISCS与TCC的数据接口，不与上层信息管理系统（如OA）做接口。

（2）ISCS在换乘车站顶层互联互通

1号线与换乘线路的ISCS车站级独立设置，通过联络会阶段的深度讨论和明确，1号线ISCS与其他线路综合监控换乘站的接口采用方案：通过各自SISCS的FEP提供的以太网接口实现信息交换和共享，此方案能够最全面地获取对方线路的集成互联子系统的信息，且通过车站FEP的隔离，安全可靠性高。

（3）ISCS集成能源管理系统

1号线集成能源管理系统（integrated energy management system，IEMS），采用分布式网络结构，由控制中心、主干通信传输网、车站级系统、现场级设备组成。IEMS在综合监控中作为一个应用专业存在，如同PSCADA（电力）、BAS（环控），向OCC及车站操作员以WEB形式提供HMI监视电表用能数据。

HMI上监控的能源管理对象包括安装在各车站400 V开关柜和通风空调柜的电表。预留牵引供电能源管理接入接口。

IEMS具有模型建立、实时监控、能耗计量、能耗统计、能耗报表、能耗平衡、能源报警、能源评价指标、用能诊断分析、节能措施评估等功能。

（4）ISCS实现与车载系统的接口

1号线车辆专业设置了车载在线监测系统，在设计联络接口谈判期间，确定由车辆专业在车辆段DCC设置一台地面服务器，用于接收车辆上通过LTE无线上传的车载信息，进行筛选后，通过以太网接口，上传至ISCS统一显示和管理。

ISCS通过此接口，可获取的车载信息包括车辆的关键故障，车辆的火灾自动报警信息，以及车辆的运行状态信息，如列车速度、列车载重率等。因此，ISCS可以利用车辆故障和灾害信息触发相应的联动功能，也可以利用车辆的运行状态信息展示目前的线路路况信息，两者为中央调度人员提供了日常和灾害两种工况下的自动化应用。此功能的实现在全国同行业来说处于领先水平。

（5）后备控制中心

厦门市轨道交通线网建设为多线集中式控制中心，各线系统中心设备集中设置，实现多线列车集中运营指挥，一旦出现突发事件，如恐怖袭击、自然灾害、重大事故等，导致控制中心不能使用时，后备控制中心应启动相应应急预案，实现灾备情况下的运营指挥，保证对旅客的基本运营服务。因此，考虑到厦门市的特殊地理位置，1号线在停车场运用库设置ISCS后备控制中心，各弱电系统（ISCS、信号系统、通信系统）合用。

ISCS在后备控制中心内设置后备中央级系统，设置专用的后备控制中心服务器、交换机、工作站。

ISCS在停车场运用库后备控制中心大厅设置4台工作站终端,供相关调度人员使用。为应对集中式控制中心出现突发事件,ISCS在停车场应能提供后备控制中心的功能。

后备控制中心在各子系统接口状态正常时,应具有除OPS大屏幕显示功能之外的所有的系统通用功能及中央级ISCS功能。控制中心的中央级实时服务器均离线时,后备控制中心工作站界面能提示操作员是否将中央级控制权转移至本地,在得到人工确认后,后备中心的ISCS将获取中央级权限。

后备控制中心ISCS与控制中心中央级ISCS互为热备。对于ISCS系统,中央与后备系统的切换时间应<2 s。

(6)车控室一体化设计

目前,各地城市地铁的车控室内存在布局不一、空间利用率不高等工艺设计和布局方面的问题。为打造美观、时尚、人机和谐的车控室,提高车控室空间利用率,促使功能全面化,1号线采用车控室一体化设计方案,对设置在车控室内的各系统设备及工作、生活设施进行整合布置。

1)车控室一体化设计的目的:

①车控室整洁实用的布置能够为值班人员提供舒适的办公环境,利于值班员工的职业健康。

②车控室的整体规划有利于综合维修空间设置,便于设备维护。

③车控室作为车站指挥调度和管理中心,设备规范统一,便于值班人员标准化操作,并利于运营单位标准化职工培训及仿真操作,能够缩短值班员操作应急时间,降低误操作概率。

2)车控室一体化设计思路:

①以运营便捷、高效为主导思想,集行车、消防、办公、照明、低压、通风等专业设备于一体,打造美观、时尚、人机和谐的车控室,更为有效地提高车控室空间利用率,促使功能全面化。

②结合国内外地铁车控室的先进做法,在满足车控室功能要求的基础上,对设置在车控室内的各系统设备及工作、生活设施进行整合布置(图19.1.2-1),集中设置检修通道及操作台面,有利于综合维修空间设置和设备维护。

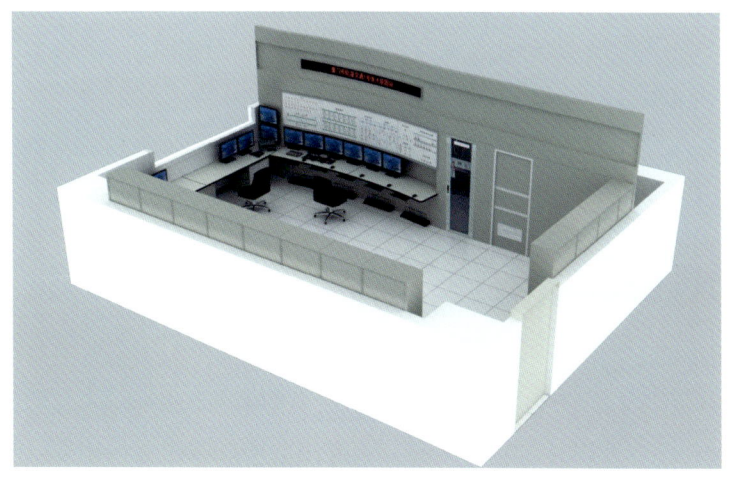

图19.1.2-1 车控室一体化布置示意

3）车控室内设备优化整合设计：

①1号线ISCS在车控室，集成了AFC、ACS、PIS、PA系统的车站级工作站的上位机功能，上述子系统在车控室无须单独设置工作站，完全由ISCS集成，大大减少了车控室内的工作站（显示器）的数量。

②1号线ISCS在车控室不再单独设置打印机，车控室设置一台网络打印机，所有专业共享。

（7）信息网络安全

1号线按信息网络安全Ⅱ级考虑，ISCS系统具有严格的网络安全机制，防止网络风暴、病毒危害、黑客侵入等现象的发生，具有入侵检测、安全审计、漏洞扫描、工作站安全、配置基线核查等网络安全监测功能，以保证ISCS网络安全。

19.2 环境与设备监控系统

19.2.1 系统构成及功能

1号线工程环境与设备监控系统（BAS）在中央级能对各个车站、车辆段、停车场及地下区间隧道通风空调设备、给排水设备、照明设备、自动电/扶梯等机电设备进行监视或控制，并具有全部的显示、控制、参数设置和调节等系统功能。BAS中央级集成在ISCS，设备由ISCS负责配置，功能由ISCS负责实现。

BAS在车站、地下区间隧道、车辆段、停车场等设置站级系统，站级系统BAS网络采用分层分布式结构，由PLC控制设备、各类输入输出模块、现场变送器（包括各类温湿度、流量等检测装置）、不间断电源（UPS）等设备组成。

全线6座物业开发区域设置独立的BAS系统，由PLC控制设备、各类输入输出模块、现场变送器组成，物业BAS不参与消防，PLC非冗余。

1号线BAS供货商为南京国电南瑞，地下车站PLC控制器双端冗余，采用西门子S7-400，车站网络采用以太环网的方案。BAS在远离车控室一端的环控电控室内独立采购UPS，型号为厦门科华FR-UK1110-J。

19.2.2 主要技术特点及创新

（1）BAS车站网络采用全以太网方案

以太网相比传统总线方案，有以下几个优势：

1）传统双现场总线方案中，车站两端冗余PLC各自负责一端的BAS系统设备，对于车站内需要联动运行的部分设备，如正常模式下分布在车站不同端的风机、风阀联动，火灾模式下的两端空调系统联动等均需要两端的冗余PLC之间首先相互联动和确认设备状态到位后才能执行下一步动作。在常规地铁设计中，车站两端的冗余PLC虽然采用了热备方式，配置了两块背板、两块CPU、两块电源等，但所有的模块均放置在同一房间甚至同一面控制柜内，当房间内发生火灾或电源故障时，容易引起冗余PLC整体故障。而一端的冗余PLC一旦退出服务，则另一端的冗余PLC则可能因为联锁动作失败而导致系统整体瘫痪。若采用光纤环网方式连接两端冗余PLC，若一端冗余PLC发生整体性故障退出服务，系统可以立即切换到另一端的一套冗余PLC上继续工作，保证系统在极端恶劣的情况下能正常运行，中央和车站下达的指令能迅速传达到现场设备。

2）传统双现场总线方案中，双总线均采用平行布线方式，两条总线紧靠着分布到就地控制箱，发生火灾或其他特殊情况时，极易引起两条总线同时中断，从而造成系统与RIO之间失去联系。而光纤环网采用分布式布线方式，一条光纤在车站内分布成环状，一旦发生火灾或其他特殊情况，总线将立即切换传输路径，不会造成PLC与RIO之间的通信中断。

3）传统双现场总线方案中，主要传输介质是通信电缆。在复杂环境下，通信电缆容易受到地铁内各种电磁干扰源的干扰。而采用光纤介质则可从根源上避免电磁干扰对系统的影响。

4）传统双现场总线方案中，各厂家的控制器均采用专用的协议进行通信，现场调试或诊断时需要专用工具或特殊软件才可进行。而光纤环网采用标准开放的Modbus TCP/IP协议，通过手提电脑上的RJ45接口即可进行调试和诊断，现场调试和维护十分便利。

相对现场总线而言，现场级装置采用工业以太网也存在一些不足，现场级装置若采用工业以太网组网将增加前期投资费用。由于地铁车站内通信距离较长，故采用工业以太网需增加环网光纤设备及光纤熔接费用，且大量采用光纤熔接会造成施工控制难度加大。

综上所述，采用以太环网的BAS系统方案具有系统可靠性高，抗干扰能力强以及调试、维护方便等特点，虽也存在一些不足，但整体对比传统现场总线方案具有更大的实用优势。

（2）通风空调系统不采用群控系统，由BAS进行全局控制

1号线全线通风空调系统不单独设置群控系统，由BAS进行全局控制，包括对通风空调系统的调节控制和节能控制。

BAS调节功能主要指通过对通风空调系统相关设备的控制，对车站各通风空调被控区域的环境进行迅速、有效的调节，达到运营对温湿度、二氧化碳浓度的环境要求。车站BAS能根据所检测到的车站环境参数自动判断车站所处空调季工况，采用科学的算法和实用的控制策略对空调冷水系统的冷水机组投入台数、二通调节阀开度、公共区空调机组风机转速等参数进行调节，达到运营对环境的需要。

BAS能综合利用ISCS互联的其他子系统，如自动售检票系统的客流信息、站台门系统的开关门等信息，对车站热负荷变化进行预判；能利用前馈控制策略，迅速调节环境温度。

在通风空调系统设备正常，且车站负荷未超出通风空调系统设计能力范围的情况下，BAS采用的控制策略必须能够满足运营舒适度的要求，即车站公共区环境温度变化不能超过工艺设定值的±1℃。

BAS的节能功能指BAS采用控制策略对车站各机电系统进行有效的节能控制。节能控制必须在满足运营基本要求的前提下进行，如对通风空调系统的节能控制策略必须保证运营环境的舒适度。

19.3　火灾自动报警系统

19.3.1　系统构成及功能

为了尽早发现火灾、实行消防救灾，1号线工程全线设置火灾自动报警系统（FAS）。全线FAS采用控制中心和车站二级管理，控制中心、车站、就地级三级监控方式进行设置，对地铁全线及各建筑进行火灾探测、报警和控制，如图19.3.1-1所示。FAS负责实现火灾探测，向控制室及OCC发出火灾警报，报告

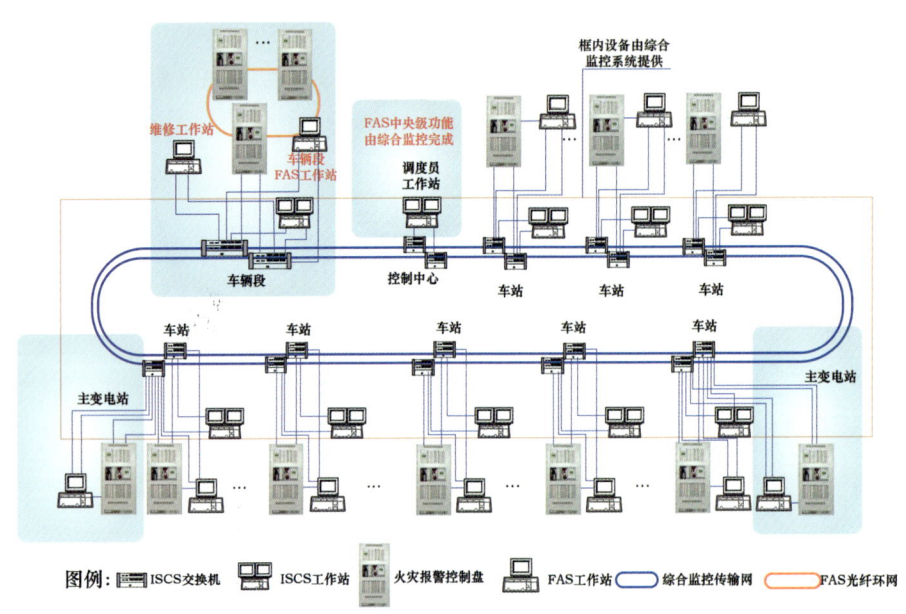

图19.3.1-1 全线FAS构成

火灾区域，与BAS、ISCS配合或独立实现消防设备的联动控制。

19.3.2 主要技术特点及创新

（1）运用库、检修库等高大空间采用空气采样早期烟雾探测系统

对于运用库、检修库等高大空间，传统采用的是红外对射感烟探测器进行火灾探测。因为运用库、检修库等高大空间的建筑形式是四周较通透，或者是四周无墙，各库房与外界直接接触，存在烟、雾及灰尘的干扰，而红外对射感烟探测器的报警阈值又是固定的，因此非常容易产生误报警。红外对射感烟探测器需要大量可见烟的遮挡才能报警，它的灵敏度比点式感烟探测器还要低。对于停车库等高大空间，由于存在热障现象且受建筑物结构变形等影响，对射式探测器的探测效果会大打折扣。

在高大空间以及存在不稳定气流的场所，由于探测距离、热障效应及其他环境因素的影响，火灾信号很难及时快速到达探测器，因此将导致传统火灾探测器无法正常有效工作。对于运用库、检修库等高大空间，设置传统探测器不便于维护。

空气采样早期烟雾探测系统是一种基于激光散射探测原理和微处理器控制技术的烟雾检测设备，具有许多其他烟雾探测系统所不具备的特性。这些特性弥补了传统烟雾探测设备的不足，简化了操作，并增加了系统的可靠性。与传统的火灾报警系统相比，空气采样早期烟雾探测系统可以在火灾发生的最初期探测到火灾隐患，从而做到防患于未燃，不仅大大降低了火灾的危险，系统本身的维护费用也非常低廉，而且能够有效地防止误报警的发生，从而适用于地铁的火灾早期预警探测。

（2）FAS与气灭控制系统采用通信接口

FAS与气灭系统合并招标，采用同品牌设备。FAS与气灭系统之间采用通信接口交换信息节约了用于接口的模块、模块箱、监控线、防护钢管等硬件设备投资。此外，气灭系统的详细信息可上传到控制中心及车辆段维修中心，这将大大增强气灭系统的可用性，同时会给设备维修、维护带来很大的方便。

19.4 门禁系统

19.4.1 系统构成及功能

1号线工程门禁系统（ACS）在全线24座车站、2座主变电站、车辆段、停车场等处设置站级ACS，并通过冗余通信接口与站级ISCS连接，将信息集中上传至ISCS，实现ACS在ISCS中的监控信息集成。在控制中心设置ACS的中央级，利用ISCS的骨干网将站级ACS设备信息上传至中央，并接受中央级的授权管理。同时在控制中心设置线网门禁授权系统，线路门禁中央级利用光纤接至线网门禁授权系统，接受线网门禁系统的授权管理。

19.4.2 主要技术特点及创新

（1）线网门禁授权系统与线路同期建设

考虑到各厂家对门禁授权系统协议开放程度的不同，降低今后接入线网门禁授权系统的难度，在1号线线路门禁建设的同时建设线网门禁授权系统。线网门禁授权系统不仅兼顾了1号线线路ACS的接口协议，同时规定了后续线路接入线网的标准接口和标准协议，及必须完成的相应工作，为后续线路接入线网中央奠定了良好的基础。

（2）火灾情况下车站ACS采用分区释放的方案

为了兼顾消防和安防的双重需求，在火灾时，既要保证火灾区域的消防疏散及灭火的需要，又要保证非火灾区域的安防需要，因此确定火灾情况下车站ACS采用分区释放的方案。首先建立FAS与ACS的硬线接口，其接口数量与分区数量相对应。标准车站分为3个区域，即左端设备区、公共区及右端设备区。ACS接收到其中任一个FAS的火灾输出指令时，将控制相应区域的门禁点释放。以上做法在满足规范的同时，更满足了运营的实际需求。

（3）边门、票亭设置门禁点

为了满足运营的需求，严格管理边门和票亭的进出，在员工通道的边门、票亭设置了门禁点。另外，我们调研了其他城市的轨道交通的类似做法后发现，由于边门和票亭的材质、结构较为特殊，设置门禁有一定的困难，因此在大多数城市都回避了这个问题，没有设置门禁。在1号线，门禁专业与装修专业进行了反复沟通后，经过多次修改，确定了门禁设备的安装方案，并落实到了装修的安装大样图上，在实现门禁功能的同时，也保证了整体的装修效果。

19.5 安防系统

安防系统（AF）采用多种方式构成多方位、立体化的综合防范体系，以保证设备安全和工作环境的可靠。系统能够在第一时间内做出相应判断和动作，并以视觉、听觉或其他感受方式通知管理与保安人员，告知事故现场所发生的各种情况，使之做出有效的快速反应，并将所发生事件的全过程以视频记录方式进行记录，为处理事故提供现场确实可靠的依据。AF分为安检系统、车辆段/停车场安防系统和车站安防系统，其中车辆段/停车场安防系统由周界报警系统、视频监视系统和车场管理系统组成；车站安防系统由车站告警系统组成。

19.6　设计体会与建议

1）车控室一体化厂家实施时与各专业、部门的配合问题。

1号线车控室内采用了一体化设计方案，并由厂家包安装。车控室一体化设计前期阶段，需要向建筑设计提出车控室的面积、布局要求，防止出现异形房间，且为保证信号、综合监控等系统的人机界面及IBP盘上列车上下行位置显示与实际情况保持感官上的一致，全线车控室应统一布置在设备区中间走廊的上方，困难情况下，也应保证房间内的IBP盘能朝上布置在房间上方（建筑平面图小里程在左，大里程在右的前提下）。在施工图设计阶段，需与运营、各相关系统落实车控室内的所有设备设施的类型、数量、尺寸、布设要求等，须与装修单位协调通风、动照、建筑等专业的设施是否满足车控室一体化要求。1号线在与装修配合时出现协调方面的问题，因此建议后续线路可以考虑将车控室地板、天花的装修一同纳入车控室一体化实施单位统一完成。

2）车控室内终端设备优化整合。

随着轨道交通的发展，越来越多设备将行车调度及生产管理的功能提供给运营人员，给运营人员带来方便的同时，也会造成设备过多、摆放空间有限、运营需要面对不同终端等问题。为了解决这一问题，本工程在设计时，根据不同专业的接口需求，对车控室内终端设备优化整合。1号线ISCS在车控室，集成了AFC、ACS、PIS、PA系统的车站级工作站的上位机功能，上述子系统在车控室无须单独设置工作站，完全由ISCS集成，大大减少了车控室内工作站（显示器）的数量。

3）BAS对通风空调的调节及节能控制策略问题。

1号线的通风空调系统（包括风系统、水系统）均由BAS全局控制，BAS负责通风空调系统的调解及节能控制策略。但目前1号线通风空调水系统方案采用定水量系统，定水量系统在节能方面的确有明显缺点，如冷水机组总容量及水泵总流量必须按照各末端冷量的最大值之和来计算而不能按各末端逐时冷量之和的最大值来确定，否则会因水流量不够而造成部分末端冷量不足（能耗大）。因此，建议后续线路可采用一次泵变频的变水量系统，同时BAS实现一次泵变频的控制策略。

20 通风空调系统

20.1 系统组成和主要功能

20.1.1 地下车站

（1）隧道通风系统

隧道通风系统包括区间隧道的活塞通风、机械通风（兼防排烟）与辅助设备及站内隧道排风（兼排烟）等。

（2）车站公共区通风空调系统（大系统）

地铁车站出入口通道、站厅和站台公共区的通风空调以及防排烟。

（3）车站设备管理用房通风空调系统（小系统）

车站范围内，除隧道通风系统和大系统服务范围以外的所有环境皆为车站的设备管理用房区域。小系统应满足该区域环境内不同房间的通风空调要求，并同时兼有排烟功能。

（4）空调冷冻水系统和冷却水系统（含备用变频多联空调系统）（水系统）

该系统为地铁环境空调提供冷源，其供冷对象为车站大系统和小系统。

（5）防排烟系统

地铁环境的消防排烟在设计中可不设置独立的系统，其功能包含在其他系统中（小系统另有特别要求除外）。

20.1.2 高架车站

车站开敞公共区原则上采用自然通风、自然排烟。

设备管理用房区域小系统应满足该区域环境内不同房间的通风空调要求，并同时兼有排烟功能。

20.2 节能措施

通风空调系统按公共区、区间隧道、设备管理用房等各功能区不同的室内环境要求，按照不同的设计标准进行系统和运行模式设计，在通风空调制式选用、系统设计、设备选型、运行模式等方面实现多方位、多环节的节能。

20.2.1 空调通风制式

地下车站采用站台设置全封闭站台门的空调通风制式，将车站空间与地下区间隧道物理隔离，将地铁系统的主要发热源——列车产热置于车站空调区域外。区间采用机械通风与活塞通风方式，使区间隧道通风及车站通风空调系统能耗大为降低。

20.2.2 系统节能设计

1）区间隧道通风系统：充分利用列车在隧道内运行产生的活塞通风能力，降低区间机械通风容量，从而降低地铁区间隧道的通风能耗。夏季区间温度控制充分考虑土壤的吸热降温作用，大幅降低区间通风量。

2）车站轨行区排热系统：在设计时根据列车车载冷凝器和下部车载设备的发热源位置，布置排热风口。

3）车站公共区和设备管理用房通风空调系统：车站公共区空调系统的空调机组和回排风机变频控制，在运营初期及过渡季节等车站冷负荷较低时，低频运行，大幅降低风机运行能耗。车站设备管理用房通风空调系统重点在于合理设置通风空调系统，优化管路走向，合理控制风管风速，尽量减少管路上阀门等局部阻力设备。

4）空调冷源：车站采用分站供冷方式，冷源尽量靠近负荷中心，减少管道输送损耗。同时，根据车站大、小系统负荷大小，合理确定冷水机组的配置数量和容量，可最大限度地实现空调冷却的制冷量与需冷量的匹配，并使制冷设备在任何运行时段始终处于高效区运行。

20.2.3 设备选型

通风空调设备选型时，要求选用风机、水泵运行效率高，风机特性曲线平缓的设备。对于冷水机组，需根据冷水机组的容量合理确定冷水机组形式。根据地铁空调负荷容量及特性，采用的水冷螺杆式冷水机组具有COP值高、综合部分负荷性能系数（IPLV）高的特点。

20.2.4 系统运行模式

1）空调系统：采用全空气空调系统的公共区和设备管理用房，全年按室外气温的高低分为小新风空调、全新风空调和通风工况，充分利用自然冷源，减少空调系统能耗。公共区空调系统在通风季节还可采用机械送风、自然排风或机械排风、自然送风模式，进一步降低风机输送能耗。

2）设备管理用房通风系统：设备管理用房的通风系统根据室内外状况可采用连续通风或间歇通风。对采用机械通风、无人值守的区域，采用间歇通风方式，既满足环境需求，又可大量节约能耗。

20.2.5 变频技术应用

根据系统能耗特点并结合实际运行情况，车站轨行区排热系统和车站公共区空调系统采用变频技术，以达到节能的目的。排热系统可根据列车运行对数及区间温度，对排热风机进行变频变风量控制；车站公共区空调系统则主要根据室内外温度，采用闭环控制和算法，对空调机组和回排风机实现变频调速控制。

20.3　安装、调试和运营过程中出现的问题及处理

20.3.1　车站卫生间通风效果不理想

在运营过程中发现，部分车站卫生间内气味较大。

1）卫生间的环境密闭、湿度大、空间小、细菌病毒大量滋生且感染概率高、化学物质过多等为致病细菌、霉菌、螨虫等有害生物创造了良好的滋生条件，导致大量室内致病源和过敏源的产生。公共场所卫生间的空气污染状况更为严重。另外，异味过大也是卫生间一个难以解决的问题。卫生间的异味中含有较高浓度的氨气、硫化氢、甲烷、二氧化碳和各种化学品中散发出来的混合有害气体。

2）本线设计时调研其他城市线路运营情况后，卫生间通风工况下房间的小时换气次数按不小于20次设计，大大高于规范不宜小于10次的标准。经过现场实测，排风量基本满足要求，但需加强保洁力度。后续线路卫生间建议考虑取消门，通过改变房间格局的方式加强空气流通。

3）考虑增加卫生间除臭装置（图20.3.1-1），通过动态杀菌、除臭，中和化学气体，分解甲醛，抑制病菌飘散。

图20.3.1-1　卫生间除臭装置示意

20.3.2　部分车站空调水系统调试问题

（1）问题描述

调试时发现冷却水系统管路内空气较多，但冷却塔水盘未发生溢水、抽空现象。开启1台冷水机组及水泵时，水泵及管道振动严重；开启2台冷水机组及水泵时，水泵进口端软接出现被吸扁的现象，汽蚀现象明显。

（2）问题分析

1）冷却塔水盘底部与冷却水泵吸入口高差较小。

2）冷却水管路阻力大，管路存在多处拐弯，且管道内部沉积大量焊渣等杂物，导致水泵吸入段管道阻力极大。

3）冷却水管内吸入树叶并堵塞过滤网。根据现场查看情况，落叶主要通过冷却塔出风筒进入集水盘，树叶泡水软化后通过集水盘进入管道。

镇海路站空调冷却水系统原理如图20.3.2-1所示。

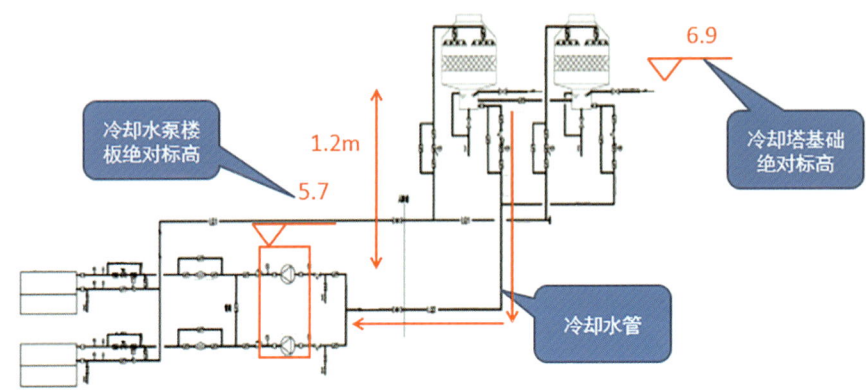

图20.3.2-1　镇海路站空调冷却水系统原理

（3）解决措施

1）在冷却塔出风筒处增设不锈钢防护网，防护网形式与车站风管接排风道处防护网相同，防护网目数不大于10 mm×10 mm。

2）排除水泵底阀没有打开或已淤塞的情况。

3）增加自动排气阀数量，必要时可抬高冷却塔或调整水泵位置，使冷却塔集水盘与水泵吸入口的高差形成的静水压头大于水泵吸入段管道阻力，满足水泵自灌式吸水及其允许吸上真空高度的要求。

20.4　设计体会与建议

1）出入场线、出入段线等非载客地下区间应根据地下区间长度、坡度、施工工法等因素合理确定设计标准、通风排烟模式和通风排烟方案。

①出入段线通风排烟设计。

厦门北车辆段出入段线地下区间长约1.4 km，采用矿山法和明挖法施工，矿山段长约300 m。出入段线地下区间线路间均设置中隔墙，为单洞单线隧道，地下区间洞口附近设置2组射流风机。

当出段线或入段线地下区间隧道火灾时，相邻车站（岩内站）大里程端2台隧道风机并联运行，向事故区间隧道送风，2组射流风机运行辅助排风，事故区间隧道排烟风速大于2 m/s。

②出入场线通风排烟设计及排烟模式优化。

殿前站站后接高崎停车场，出入场线地下区间长约450 m，采用矿山法和明挖法施工。施工图设计中，出入场线地下区间为单洞单线隧道，地下区间洞口附近设置2组射流风机。当出场线或入场线地下区间隧道火灾时，殿前站大里程端2台隧道风机及射流风机联合运行对事故隧道通风排烟，事故区间隧道排烟风速大于2 m/s。

因出入场线矿山段中隔墙施工难度较大，且影响工期进度，故施工配合阶段考虑取消矿山段中隔墙，取消后该段单洞双线区间长约100 m，最大区间断面处面积约65 m^2。

经研究及SES模拟计算，取消矿山段中隔墙后，优化出入场线通风排烟模式，当出入场线地下区间火灾时，排烟风速大于2 m/s。经过优化后的通风排烟模式为：当出入场线地下区间火灾时，开启殿前站小里程端2台隧道风机、高崎站小里程端2台隧道风机向左、右线正线区间送风，同时开启殿前站大里程端2台隧道风机向出入场线区间送风，开启出入场线区间2组射流风机辅助排风。优化后出入场线火灾时共开启6台隧道风机和8台射流风机。

③非载客地下区间隧道通风排烟设计标准及方案探讨。

《地铁设计规范》GB 50157—2013第28.4.12条规定："区间隧道火灾的排烟量，应按单洞区间隧道断面的排烟流速不小于2 m/s且高于计算的临界风速计算，但排烟流速不得大于11 m/s。"根据28.4.12条的条文解释，单洞区间隧道断面的排烟流速大于2 m/s的规定来源于同时满足两项要求：一是"送排风的速度必须大于0.8 m/s，才能使烟气流按规定的方向流动"；二是"使乘客疏散时能感受到新鲜空气流动（大于2 m/s），指示其撤离的方向"。

出入场线、出入段线等为非载客运营的地下区间隧道，无乘客疏散的情况，经与规范管理组咨询沟通，《地铁设计规范》管理组复函明确："《地铁设计规范》GB 50157—2013第28.4.12条规定主要针对的是载客区间隧道""而出入场线、出入段线等非载客区间隧道列车上仅有司机，有条件采取其他保护措施进行快速疏散，因此设计标准可以有所降低。鉴于规范中没有给出具体的针对性标准，请设计单位自行根据工程情况灵活掌握"，如图20.4-1所示。

根据《地铁设计规范》管理组复函，出入场线、出入段线等为非载客运营地下区间隧道的排烟风速标准可以有所降低。因此，出入场线、出入段线地下区间隧道可以考虑取消设置中隔墙，以减少土建工程投资，加快工程进度。同时在出入场线、出入段线地下区间较短，并且地下区间线路向洞口方向均为上坡时，建议根据实际情况减少隧道内的射流风机数量或取消洞口处射流风机，保证出入场线、出入段线区间隧道通风系统设计的经济合理，减少机电工程初期投资以及后期运营维护工作量。当出入场线、出入段线地下区间火灾时，区间相邻车站端的2台隧道风机并联运行向出入场线、出入段线地下区间送风，保证事故区

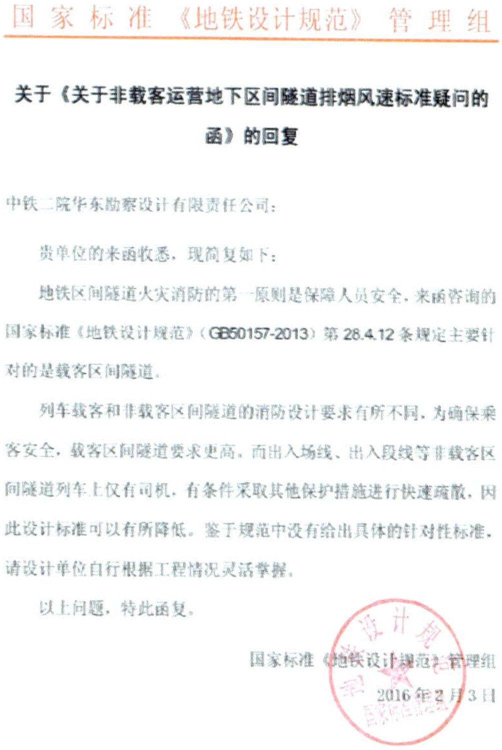
国家标准《地铁设计规范》管理组

关于《关于非载客运营地下区间隧道排烟风速标准疑问的函》的回复

中铁二院华东勘察设计有限责任公司：

贵单位的来函收悉，现简复如下：

地铁区间隧道火灾消防的第一原则是保障人员安全，来函咨询的国家标准《地铁设计规范》（GB50157-2013）第28.4.12条规定主要针对的是载客区间隧道。

列车载客和非载客区间隧道的消防设计要求有所不同，为确保乘客安全，载客区间隧道要求更高。而出入场线、出入段线等非载客区间隧道列车上仅有司机，有条件采取其他保护措施进行快速疏散，因此设计标准可以有所降低。鉴于规范中没有给出具体的针对性标准，请设计单位自行根据工程情况灵活掌握。

以上问题，特此函复。

国家标准《地铁设计规范》管理组

2016年2月3日

图20.4-1 《地铁设计规范》管理组复函

间烟气不会蔓延至车站，烟气沿着隧道坡度，在热烟的烟囱效应作用下向洞口外排放。

2）优化车站轨行区排热系统设计，提高排热效率。建议取消轨底排热风道，优化轨顶排热风口布置，优化排热风机运行控制策略。

设置全封闭站台门的地铁车站排热系统主要由排热风机、风道、风亭、消声器、风口、风阀等构成。其主要功能是排除列车制动后带入车站隧道的发热量、列车停站时车厢顶部空调冷凝器和底部制动电阻的散热量，并与隧道通风系统共同保证隧道换气量和温度达到设计标准。

列车运行产热量分为列车启动和制动过程、列车平稳运行过程、列车空调设备和辅助设备、第三轨能量损失等。由列车冷凝器为主的辅机散热量及列车制动时的发热量构成了区间隧道得热的主要部分，其中列车冷凝器散热量约占总产热量的57%，制动过程列车发热量占总发热量的38%，且大部分是电阻制动过程中的第三轨发热。

① 取消轨底排热风道可行性分析。

我国地铁列车大都采用接触网直流供电，列车推荐采用再生制动装置，随着列车制动再生效率的提高，一般其效率可达60%以上，即列车制动发热量仅为列车制动时产生能量的40%，列车制动产热已经不是形成地铁热负荷的主要来源，其对地铁站台公共区及区间隧道热环境的影响较小。因此，建议取消车站轨底排热风道，可节省站台层排热风室用房建筑面积，有效节省站台板下建筑空间，便于后期站台板下管道、电缆的检修维护。

② 优化轨顶排热风口布置，提高轨顶排热效率。

目前国内多数地铁车站轨顶排热风口设计为正对列车空调冷凝器，且施工完成后基本未进行风量平衡调节，轨顶排热效率较低。

列车空调冷凝器一般为顶部进风、侧面出风，因此当轨顶排热风口正对冷凝器进风口时，其排风温度并不等于冷凝器出风温度。同时，由于隧道内的空气在被轨顶排热风口抽吸时，隧道内还存在较大的纵向环状气流，被列车发热源加热的空气的风向会发生偏离，活塞风越大，流入下游区段隧道的概率也越大。

由于隧道内活塞风的影响，列车停站时，车站隧道内空气平均温度沿列车运行方向升高，列车头部段温度高于尾部段，并在车头位置达到最高。因此，轨顶排热风口不应直接正对列车发热源，而应布置在停站列车发热源的下游侧，否则排热风口将不能有效发挥其排热作用。同时，排热风口不应设计为均匀排风，而是应尽量减小列车尾部段、加大头部段排热风量，让排热风口的排风量由列车尾部至头部逐渐增大，这样可有效提高排热系统效率。

③ 优化排热风机运行控制策略，提高排热系统效率。

车站排热系统一般在车站两端各设置一台排热风机，分别负担半个车站范围内的列车停站散热，每台排热风机功率为37～55 kW，排热风机根据行车对数或者车站轨行区温度变频运行。排热风机运行能耗较大，在实际运营中，深圳、西安、重庆、成都等城市的地铁运营部门鉴于排热系统的能耗问题，将排热系统长期停止运行。

根据2007年7月份深圳地铁1号线车站排热系统的测试显示，测试之初排风机出口温度相对较低

（31.6～31.9℃），此值接近隧道平均温度，运行1h后风机出口温度已升至34.0℃，温升约3.4℃。其结果说明，夏季由于室外环境温度较高，运行该系统并不利于轨行区排热，反而对区间隧道起到了"加热"作用。

综上可知，目前设计的排热风机运行控制策略并不合理，建议夏季以隧道与外界温度关系为出发点，确认车站轨行区排风有利和排风不利的情况，优化排热风机运行控制策略，提高排热系统效率，即在外界环境温度＜轨行区温度时，轨行区排风理论有利，排热风机根据轨行区温度或行车对数变频运行；夏季在轨行区温度＜外界环境温度时，排风不利，建议关闭车站排热风机。

3）带配线车站及长大区间隧道通风系统方案应结合车站布置及周边建设条件进行方案比选。

车站配线区域排烟可采用设置轨顶风道的半横向排烟方案，也可采用设置射流风机的纵向排烟方案，两种方案均可满足配线区排烟要求，但各有优缺点。设置轨顶排烟风道的方案后期运营维护成本低，但土建工程投资有所增加，且需增加土建工程工期；设置射流风机的纵向排烟方案，对土建工程影响较小，土建条件需满足射流风机安装的限界要求，但后期运营维护成本较高。

建议带配线车站有条件的情况下，隧道通风机房设置在靠近站台（有效站台）的端部，将配线区域视为区间隧道。由于配线区域的断面积比区间隧道大，且该区域中含有上行线和下行线连接部分，因此需在配线区域设置射流风机。该设计方案设备安装程序简单，能够减少区间通风排烟控制模式，有利于防排烟系统的运行。射流风机的设置应根据区间隧道配线形式及长度确定，保障设备的引流作用，并建议射流风机优先考虑侧式安装条件，保证列车行车安全，便于射流风机维护、检修，如图20.4-2所示。

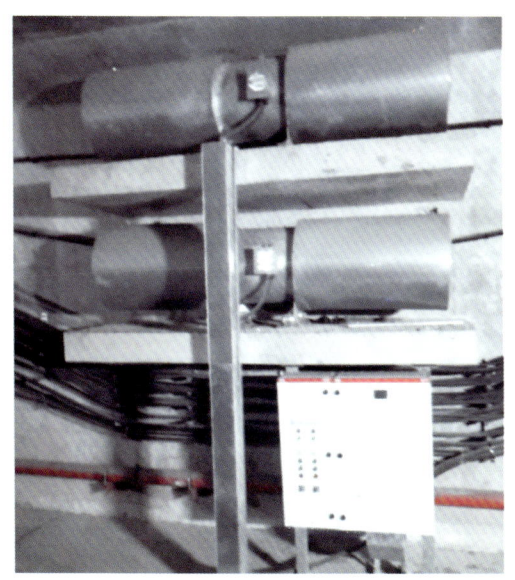 

图20.4-2　射流风机土建平台侧式安装

4）通风空调系统设置及划分应简洁，系统运行模式应简单可靠。尽量减少电动阀门等设备控制点，降低阀门等设备发生故障的可能性，特别应确保火灾工况下设备控制及运行模式的可靠性，减少运营人员判断分析时间以及误操作的可能性。

5）及时协调并确定冷却塔、多联机室外机的位置及用地。地面景观要求较高时，冷却塔可采用下沉式或半下沉式布置（图20.4-3），采用下沉式布置方案时，塔体侧面与边墙需保证较大距离，否则极易造成进风与出风短路，散热效果不佳；冷却塔设置困难的车站可考虑采用蒸发冷凝式冷水机组（图20.4-4）。车站采用蒸发冷凝式冷水机组时，应充分考虑冷水机房的通风条件及冷水机组的检修维护空间。

图20.4-3　乌石浦站冷却塔半下沉式安装

图20.4-4　莲花路口站蒸发冷凝式冷水机组

6）设计中应重视机电设备系统对土建专业的要求及提资，重视通风空调专业与其他专业之间的设计界面划分、设计接口及设备接口设计。在施工图设计阶段，车站土建附属发生变更时，本专业图纸也应及时变更；在本专业内容发生设计变更时，应及时变更相关的设备基础、预留孔洞、工艺图等相关图纸，并应向相关专业提资进行相应变更。

应用BIM模型核查土建预留孔洞如图20.4-5所示。

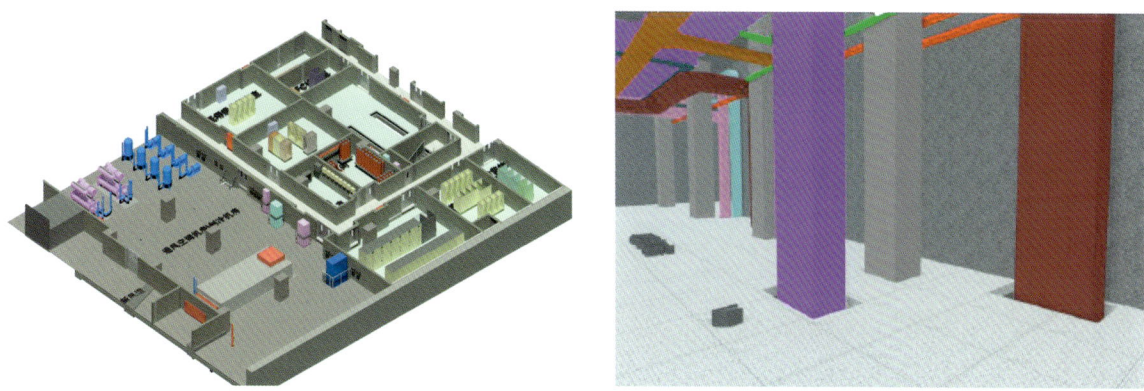

图20.4-5　应用BIM模型核查土建预留孔洞

21 给排水与消防系统

21.1 系统构成及配置

1）给排水及消防系统主要由给水系统、排水系统和消防系统组成。

2）给水系统由生产、生活给水系统，排水系统由污水、废水和雨水系统组成，消防系统由水消防系统、气体灭火系统和手提灭火器配置系统组成。

3）给水系统应满足车站、区间隧道及沿线附属建筑的生产、生活和消防设施的水量、水压和水质的要求。

4）排水系统应能及时排除地铁运营过程中产生的各种污、废水和雨水等，各类污、废水的排放应符合当地和国家现行排水标准的规定。

5）消防给水系统、自动灭火系统和灭火器具能迅速有效地扑灭各类火灾，以确保地铁的正常运营。

21.2 系统主要技术特点及创新

21.2.1 给水系统

1）给水水源采用城市自来水。在初步设计阶段，总体组牵头各工点调查沿线车站及场段周边的市政管网情况，并取得相关的市政批文。在施工图设计阶段，各工点详细调查车站周边的既有管线和规划管线资料，根据各站点城市自来水管网分布及水压情况，结合自来水公司批文，选取合适的给水接驳方案。对于规划的城市管网及水厂，跟踪落实其实施时间，当其晚于本工程的开通时间时，采取相应的过渡处理措施。

2）1号线工程初步设计过程中，经厦门轨道集团、总体院的多次努力，厦门市市政园林局和厦门水务集团最终同意车站消防水系统直接从市政管网抽水的方案，减少了消防水池的设置，为运行维护带来了极大的便利。

3）根据厦门水务集团批文及管线分布情况，全线能提供2路引水车站17座，这17座车站分别是镇海路站、中山公园站、将军祠站、文灶站、湖滨东路站、莲坂站、莲花路口站、吕厝站、乌石浦站、塘边站、火炬园站、殿前站、高崎站、园博苑站、杏林村站、杏锦路站和官任站。

4）全线只能提供一路引水车站有3座，分别是集美学村站、诚毅广场站和集美软件园站。

5）初步设计阶段时只有规划管网车站有4座，分别是集美大道站、天水路站、厦门北站和岩内站，这4座车站按提供一路供水考虑。

6）在后期的施工图阶段，殿前站因靠近自来水厂，除一路支管可供接驳外，其余大口径主管不能接驳，因此最终只接入了一路引入管，在车站的物业区增设了消防水池。

21.2.2 排水系统

根据厦门市市政园林局批文，全线室外雨、污分流站点20座车站，分别是镇海路站、中山公园站、文灶站、湖滨东路站、莲坂站、莲花路口站、吕厝站、乌石浦站、塘边站、火炬园站、园博苑站、杏林村站、杏锦路站、官任站、诚毅广场站、集美软件园站、集美大道站、天水路站、厦门北站和岩内站。这些车站采用雨、污分流的排水体制，雨水和废水直接排入室外雨水管网，污水直接排入室外污水管网。

全线室外雨、污合流站点3座，分别为将军祠站、殿前站和高崎站，雨水和废水直接排入室外合流管网，污水经室外化粪池处理后排入室外合流管网。

无市政管网1座，为集美学村站。根据批文，集美学村站附近无污水管网，雨水和废水可就近排入海域；但根据管线调查单位资料，集美学村站附近有一条DN400 mm的排水管，将污水经化粪池处理后排入。

其中，只有规划排水管网的站点3座，分别为集美软件园站、厦门北站和岩内站，待其管网施工完毕后，车站雨水和废水直接排入排水管网，污水排入污水管网。

（1）车站污水排水系统

车站卫生间污水和各类用房的盥洗间、污水池、洗脸盆的污水，必须通过管道排入污水泵房内的密闭污水提升装置，提升后排至室外。

负担公厕排水的污水泵房内一体化污水提升装置采用双罐双泵配置，不负担公厕的污水泵房内污水泵房内一体化污水提升装置采用单罐双泵配置，如图21.2.2-1所示。污水泵房内设集水坑，并配便携式潜污泵，用于排除检修、清洗时的污水。

图21.2-1 一体化污水提升装置

污水系统设计重点主要在于密闭污水提升装置的选择、通气管的配置。密闭污水提升装置中污水泵的安装方式、叶轮的型式、启泵次数、液位计的类型和数量、罐的容积和个数、控制柜的IP等级和控制要求等，都提出明确的规定。通气管的材质采用涂塑钢管，直接排到排风井口部。

鉴于国内地铁中出现过污水泵房被淹的险情，经调查了解，被淹污水泵房内的检修集水坑采用了临时泵方案，人工巡查到有水时才提泵去抽，存在延时性。因此，在本线设计中，检修集水坑内安装了固定泵并设置了监控水位，污水泵房内的水患得到了预防及处理。但对于检修坑内的小泵是直接排至室外还是排至污水罐，国内2种做法均存在。从设计原理上来说，此泵的流量一般选5 m³/h的小泵，排至室外的话，扬程一般在15 m以上，当污水泵房设在站台层时，扬程一般在25 m以上，而直接排至密闭污水提升装置的罐体时，可以选用5 m扬程的小泵。本线所定的原则是泵房内检修集水坑的小泵直接将水排入密闭污水提升装置的罐内。

（2）车站废水排水系统

地下车站排水系统的设计主要包含排水地漏的设计和排水泵站的设计。

排水地漏的设计关系到和车站建筑装修专业的配合。目前主要存在的问题是公共区部分地漏立管与广告灯箱的冲突问题，主要在于给排水专业提地漏预留孔洞时，轨行区广告灯箱的位置未定，只能按照规范要求，每隔30 m左右设一个预留孔。因此，建议在后续的线路中，在主体建筑施工图设计阶段，建筑装修专业可以参考既有线路中轨行区广告灯箱的安装形式，明确轨行区广告灯箱的定位，并与给排水专业配合确定地漏的位置。

区间废水泵房的设计特点在于区间泵房里程的可变化性。本线地铁车站给排水的设计范围为车站加上相邻某个区间的给排水和消防，但施工标段的划分为车站加上相邻的半个区间。线路坡度的变化导致区间废水泵房的里程可能会在区间中点左右变化，废水泵房的设计范围、扬水管的走向也发生变化，同时也会影响BAS的提资范围、车站孔洞的预留，最终还会对机电施工标招标范围的划分造成影响。建议后续工程施工标段的划分根据泵房的位置来进行合理分配，保证泵房、扬水管及控制属于一个施工标段，便于安装、调试及验收。

为监测本线每个区间废水泵房的实际排水量，区间站废水泵房的扬水管安装了流量计，记录并上传废水泵房的排水量。

21.2.3 水消防系统

（1）地下车站和地下区间消防

地下区间水消防系统不单独设置消防泵房。全线能提供2路引水的任一地下区间（从镇海路站到官任站，不含高架站集美学村站前后的2段高架和地面区间）均有一端或两端的车站供水压力满足沿供水方向最不利消火栓压力需求，符合常高压供水条件。因此，区间火灾时直接采用市政管网供水，不设消防水泵房。全线只能提供1路供水的车站，从诚毅广场站到岩内站，每站均设置了消防泵房（图21.2.3-1）和消防水池，采取由位置较高的车站负担相邻区间的供水，火灾时通过消火栓旁的启泵按钮启动位置较高车站的消防水泵。官任站—诚毅广场站区间，由官任站负担，火灾时不需要启动诚毅广场站消防泵；诚毅广场站—集美软件园站区间，由位置较高的诚毅广场站负担；集美软件园站—集美大道站，由位置较高的集美大道站负担；集美大道站—天水路站区间，由位置较高的集美大道站负担；天水路站—厦门北站区间，由位置较高的天水路站负担；厦门北站—岩内站，由位置较高的岩内站负担。

全线的地下车站附属物业共有6处，其中湖滨东路站物业设在配线区上方，殿前站、官任站设在站厅层上方，文湖区间物业设在文灶站—湖滨东路站区间上方，乌石浦站、吕厝站物业设在车站人防单元之外。物业设置了消火栓系统和自动喷水灭火系统。

对于站内设置的零星商铺，根据《厦门轨道交通1号线一期工程装修消防设计研讨会会议纪要》要求，在车站便民服务用房内增设自动喷水灭火局部应用系统。

（2）高架站和高架、地面区间消防

集美学村站前后的高架及地面区间不设水消防，其消防用水尽量由沿线道路市政消火栓供给。

图21.2.3-1　消防泵房

21.2.4　灭火器的配置

为应付突发情况，根据《关于加强厦门地铁消防安全相关措施的函》（厦公消函〔2016〕11号文）的要求，本线在地下车站车控室及站台层楼扶梯三角房内增设水基型灭火器，如图21.2.4-1所示。

图21.2.4-1　水基型灭火器

21.3 安装、调试和运营过程中出现的问题及处理

1）区间部分低洼点积水处理：

官任站1、6号联络线在1号线建设阶段完成了土建施工，但轨道只铺了50 m，剩下的未铺轨地带因地势较低，积水无法通过道床排水沟排除，最大积水深度约300 mm；岩内站终点预留了延伸条件，但距离车站终点有117 m轨道未铺设，剩下的未铺轨地带因地势较低，积水无法通过道床排水沟排除，最大积水深度约400 mm，如图21.3-1所示。

图21.3-1　未铺轨低洼点积水情况

积水面积较大，导致夏天容易滋生蚊蝇，对环境卫生影响较差。现场土建已施工完毕，不可能再增设集水坑。传统的潜污泵（图21.3-2），停泵水位较高，一般都在150 mm以上，无法解决积水问题。

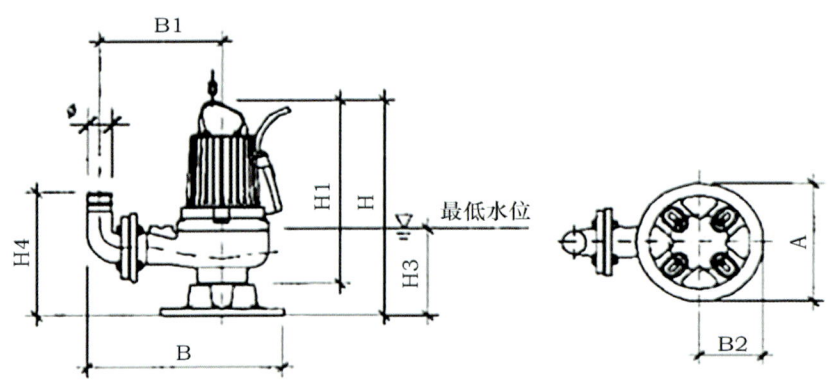

图21.3-2　传统潜污泵安装外形

1号线潜污泵的供货商赛莱默提供了一种新型的潜污泵（图21.3-3），此水泵的停泵液位只有20 mm，而结构底板混凝土的保护层厚度为50 mm，潜污泵安装处以泵为中心将底板500 mm×500 mm范围混凝土凿除20 mm形成吸水浅坑，潜污泵自带浮子开关，不需配置控制柜，停泵水位$h+0.02$ m，启泵水位$h+0.1$ m，h为吸水浅坑坑底标高。此方案在没有设置集水坑的情况下解决了低洼点积水问题。

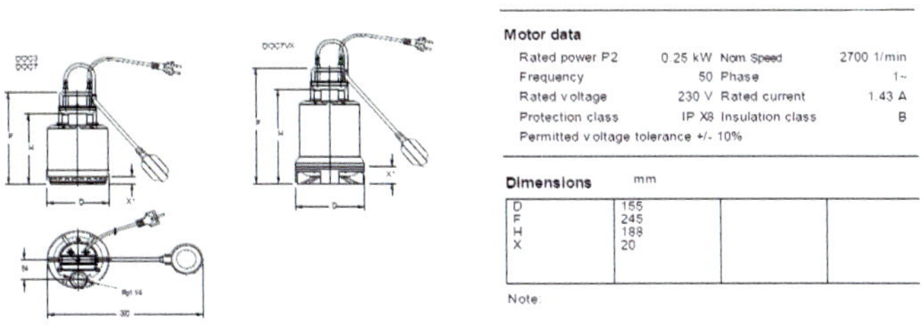

图21.3-3　新型低停泵液位潜污泵

2）车站废水泵房过轨排水方式探讨：

车站在站台层最低点设废水泵房，其位置一般位于盾构工作井，底板顶面距离轨面1890 mm，远大于轨道专业要求的铺轨高度。为保证道床的完整性，从道床下面的回填层埋设一根DN200 mm的球磨铸铁管，把左、右道床排水沟的水汇集后引至废水泵房，如图21.3-4所示。

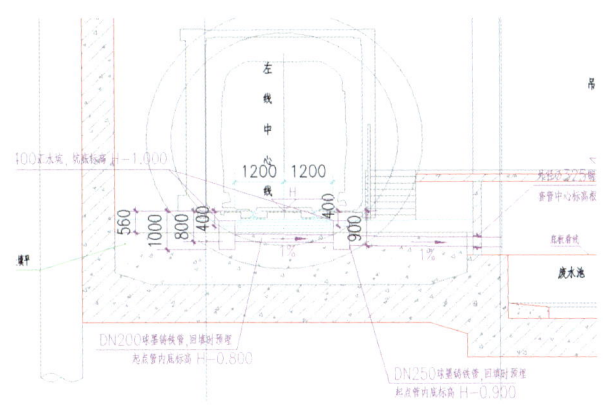

图21.3-4　车站废水泵房排水剖面（埋管）

但在施工过程中，全线出现了多起埋管遗漏、埋管被堵、埋管标高不对的情况，后与轨道专业协调，采用在道床上开槽的方式将另一侧排水沟的水汇集，如图21.3-5所示。

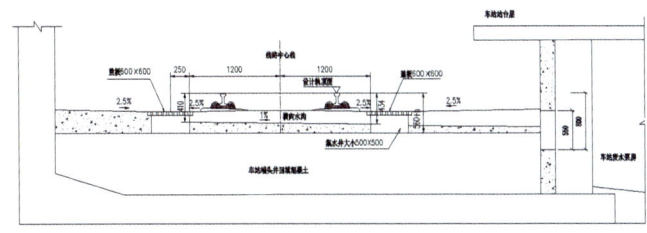

图21.3-5　车站废水泵房排水剖面（开槽）

21.4　设计体会与建议

1）室外化粪池和消防水池设置：

地下车站一般设在城市繁华地带，车站主体在城市道路地下，覆土深度不小于3 m。紧靠城市道路红线设出入口，路边设风井（一般需要拆迁，难度较大）。化粪池一般选4#化粪池，尺寸4800mm×2100mm×2800mm（长、宽、深）。将军祠站、殿前站化粪池位置几经波折，不是覆土深度不满足要求就是和其他市政管线冲突，调整了多次才勉强找到一个位置，而且为减小开挖面积，将钢筋混凝土化粪池改为成品玻璃钢化粪池才最终实施完成。根据厦门市市政园林局（专题）会议纪要〔2012〕82号文，室外雨污合流时必须设置化粪池，各车站在化粪池定位上应与室外管综、室外周边建筑的分布情况、埋深要求综合考虑，建筑专业申报永久用地红线时一定要把化粪池包含进去。化粪池在选型时，可以考虑采用成品化粪池，以减小施工工期，降低施工难度。

根据《消防给水及消火栓系统技术规范》（GB 50974—2014）要求，地铁地下车站容积大于50000 m^3，室外消防用水量为30 L/s。如果室外满足两路供水条件时，可直接利用市政管网满足室外消防用水量；当室外为枝状管网时，按照规范要求，需要设室外消防水池储存室外消防用水量。

鉴于地铁的特殊性，在本规范执行后，中国城市轨道交通协会向规范组去函，期望能取消室外消防水池，规范组答复"地铁工程室外消火栓设计流量应按照《水消规》第3.3.2条执行，当市政水源为单水源，且设置室外消防水池确有困难时，室外消火栓设计流量可适当减少，但不得小于《水消规》第3.5.6条室内消火栓设计流量"。

《水消规》第3.5.6条："地铁地下车站室内消火栓设计流量不应小于20 L/s，区间隧道不应小于10 L/s。"

根据此答复，当市政为单水源且地铁室外设置室外消防水池有困难时，地铁室外消防用水量可以减少到20 L/s。再结合《水消规》6.1.3的规定，"建筑物室外宜采用低压消防给水系统，当采用市政给水管网供水时，应符合下列规定：应采用两路消防供水，除建筑高度超过54 m的住宅外，室外消火栓设计流量小于等于20 L/s时可采用一路消防供水"。

根据以上规定，当室外为单水源且设置室外消防水池有困难时，室外消防用水量可以减少到20 L/s，再依据《水消规》6.1.3条，市政单水源已满足室外消防用水量，可不再设置室外消防水池。

2）设置车站和区间集中排水泵站：

目前地铁采用设置主泵房和局部泵房的方式进行排水。车站一般设置一个车站废水泵房，一个区间废水泵房，每个出入口设一个出入口局部排水泵房。两组风亭中的每个风井设一个局部排水泵房，站台板下变电所局部下沉区域设一个局部排水泵房，一般要设10～15个泵房，泵房数量众多，土建实施难度大，后续运营管理困难。

之所以设置多个分散式的泵房，主要原因在于众多的局部集水点，传统的排水方式只能在集水点设排水泵站加压排水。真空排水方式可以将车站多个分散的集水点的集水集中收集到一处，再排到室外，车站和区间只需要设一处排水点即可。

真空排水技术在国铁和地铁中已经得到大量的应用，它突破了传统的水向低处流的概念，水可以向高处流，实现同层排水甚至上层排水。普通的真空排水，其最大真空度理论上为10 m水柱，真空排水主管爬坡累积高度不宜大于5 m；但通过一定的处理措施实现排水管内为气液两相流时，其密度远远小于仅为液相流，累计爬坡高度可以突破10 m，并且可实现远距离输水，将区间道床最低点的积水抽取到车站集中泵站。

因此采用集中排水泵站，只需保留车站废水泵房，各出入口、风井、局部集水点、转辙机坑处只需要设500 mm×500 mm×500 mm的小型集水坑即可，远小于现有的2000 mm×1500 mm×1500 mm的集水坑；区间泵房可以取消，直接利用道床深度，设置小型集水坑即可。

此外，为响应节能节水的要求，可以将集中泵站收集的废水进行处理后用作车站卫生间冲洗厕所。

3）给排水市政接驳：

给排水接驳管线的预留，在管线迁改的合同范围中没有明确属于管线迁改需要预留的范畴，因此管线迁改设计单位认为不属于他们的设计范围，导致1号线接驳预留困难重重。建议车站室外给排水接驳直接纳入管线迁改专业的设计范畴，其设计范围由接驳点至压力排水井或水表井，之后由车站给排水专业实施，管线迁改图纸必须由总体组给排水专业会签及审查后才能出图。

4）室内外给排水专业分工：

部分设计院屋面排水由建筑专业实施，桥梁排水由桥梁专业实施，室内给排水由暖通专业设计，室外给排水由市政给排水专业设计，人为增加了给排水专业内部的接口。桥梁排水与市政接口易出现遗漏，室外给排水管网过于复杂，增加了布线和施工难度。建议在招标文件中明确此给排水专业内容必须由车站给排水专业统一实施，由给排水专业总体审查。

5）气体灭火系统：

气体灭火系统的保护范围，地铁设计规范中有明确的规定，但关于AFC设备室和照明配电室是否设气灭，不同城市有不同的做法。

车站AFC设备室会将车站的AFC数据及时上传到总机，即使车站级的AFC设备损坏，也不会造成太大的影响，顶多是最后一次交易数据无法上传，更不会对行车安全造成影响。因此，不建议AFC设备室设气体灭火。

另一个争议为照明配电室。规范明确规定需要设置气体灭火的为蓄电池室，即集中放置了EPS的房间，没有要求照明配电室设置气灭。国内有部分城市的做法是将EPS分散放置在照明配电室内，有些设了气灭，有些没设气灭。将EPS分散放置的方式已经降低了风险，如果再设置气体灭火系统，则一个站需要增加4个保护区，对于设了牵引所的设备区大端，保护区的数量甚至超过16个，要设3套系统，大大增加了系统造价。因此，照明配电室不建议设置气体灭火系统。

当地下区间设有跟随所等独立设置的小房间时，建议设置柜式七氟丙烷的方式，可以不设气瓶间，简化系统配置。

6）孔洞预留：

1号线在实施过程中多次出现孔洞遗漏，主要原因有设计遗漏、土建预埋错漏、土建施工完之后新增管线等。由于机电安装单位合同中不包含开孔项目，开孔后无法收费，因此不愿开孔。建议将开孔作为清单中的一项合价包干，设计遗漏、后期新增的孔洞均由机电安装单位开孔，板上和墙上DN300 mm及以下的可以直接开孔，在梁上或DN300 mm以上的开孔应由结构设计确认可行后再开孔。

22 动力照明系统（含UPS电源整合）

22.1 车站动力照明系统构成及配置

1）按负荷分级的原则，采用放射式和树干式相结合，以放射式为主的配电方式。消防配电回路的配电电缆截面放大1～2级，配电开关过载保护只动作于信号。

2）地铁车站照明分为正常照明（包括公共场所的正常照明、设备管理用房照明等）、应急照明（包括备用照明和疏散照明）、广告照明等。疏散照明由出口标志灯、指向标志灯、疏散照明灯等组成。按导向系统设计分类，导向系统分为一般导向和应急导向。广告照明由广告灯箱组成。

22.2 主要技术特点及创新

地铁动力照明与配电系统设计日益完善，结合目前地铁动力照明与配电系统现状，厦门轨道交通1号线工程设计新技术的应用主要有以下几个方面。

22.2.1 LED照明在地铁中的应用

照明系统的节能措施除了合理选择控制方式及设计参数，科学选用电光源也是照明节能的重要途径。近年来随着科技的进步，以LED照明光源为代表的一些高效的、节能环保的光源产品已经开始应用，我国也出台了一系列的LED照明应用促进措施。LED作为新型光源，具有寿命长、效率高、功耗低、启动时间短、显色指数高、结构牢固、方向性好、无紫外线辐射、无毒等众多优点。

1号线工程率先在国内轨道交通工程车站内大面积采用新一代绿色光源LED照明。LED灯突破了传统的荧光灯只能条形布置的呆板装饰风格，配合智能控制系统进行调光控制把照明控制提升到专业化水平，易于与车站装修结合，可凸显个性化特点。

1号线工程车站设备区、公共区、区间的正常照明灯及应急照明灯等均为LED光源，灯具类型包括车站设备区及公共区的LED平板灯、出入口一体化面板灯、一体化单管线性灯、LED筒灯、LED壁灯、密闭LED顶灯、造型异形灯、LED射灯、LED异形灯、自带蓄电池LED灯、地下区间LED三防灯（防水、防尘、防震，IP65）等。所有照明器具均为成套产品，灯具均为节能高效型，防潮湿、耐腐蚀，适合地铁环境下长期稳定工作。

各类场所的照度参照《建筑照明设计标准》（GB 50034—2013）、《城市轨道交通照明》（GB/T 16275—2008）的要求，设计标准值参考表22.2.1-1。

表 22.2.1-1 车站各类场所照度标准值

场　所	平均照度 / lx	参考平面	显色指数	UGR	照度均匀度
公共区照度标准值					
站厅公共区	初始值 266 维持值 200	地面	≥ 80	≤ 22	≥ 0.7
站台公共区	初始值 200 维持值 150	地面	≥ 80	≤ 22	≥ 0.7
站厅售票处	初始值 400 维持值 300	台面	≥ 80	≤ 19	≥ 0.7
楼梯、扶梯	初始值 200 维持值 150	地面	≥ 80	≤ 22	≥ 0.7
出入口通道	初始值 200 维持值 150	地面	≥ 80	≤ 22	≥ 0.7
设备区照度标准值					
办公室、会议室	初始值 350 维持值 300	台面	≥ 80	≤ 19	
卫生间	维持值 100	地面	≥ 80		
控制室或综控室	初始值 350 维持值 300	台面	≥ 80	≤ 19	
变电 \ 机电 \ 通号等设备用房	初始值 200 维持值 150	1.5 m 垂直面	≥ 80	≤ 22	
泵房、风机房	维持值 100	地面	≥ 80	≤ 22	
冷冻站	维持值 150	地面	≥ 80	≤ 22	
风道	维持值 10	地面	≥ 80		
区间隧道					
区间隧道 / 道岔区	初始值 10/25 维持值 5/20	轨面	≥ 80		

车站设备区、公共区一般照明场所灯具外壳防护等级应不低于IP41，潮湿场所（泵房、冷水机房、区间道岔区）灯具外壳防护等级应不低于IP54，室内筒灯、出入口一体化面板灯、一体化单管线性灯的防护等级不应低于IP41，出入口壁灯、地下区间灯具外壳防护等级应不低于IP65，用于地下隧道区间的灯具还应具备防水、防尘和防震"三防"功能，并应提供相关测试报告，应急照明灯具还须提供消防产品认证文件。

乌石浦站站台公共区照明如图22.2.1-1所示。

图22.2.1-1　乌石浦站站台公共区照明

22.2.2　智能照明控制系统在地铁中的应用

（1）设计范围

1号线工程将公共区照明、出入口照明、设备及管理用房照明纳入智能照明控制系统监控的范围，应急照明暂不纳入智能照明控制系统监控的范围。

（2）系统构成

智能照明控制系统按网络的拓扑结构，采用总线式结构，它具有灵活性较强、易于扩展等特点。

智能照明系统与BAS专业接口示意图如图22.2.2-1所示。

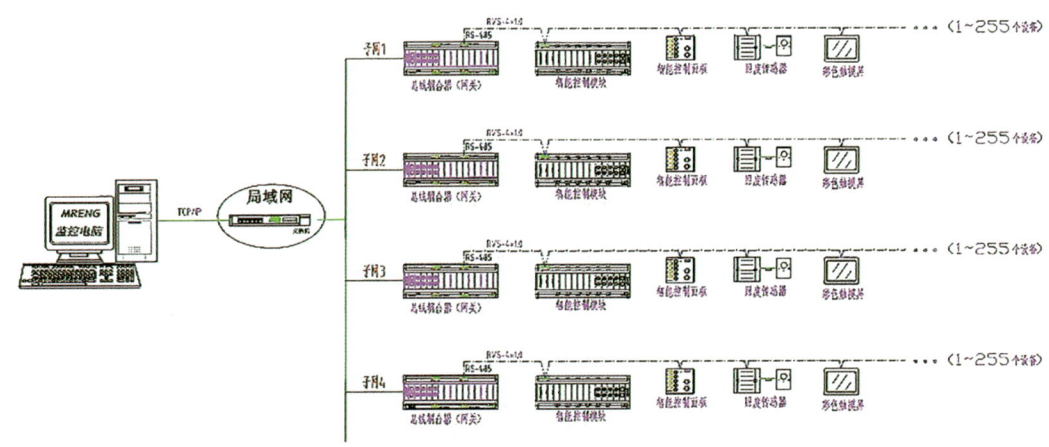

图22.2.2-1　智能照明系统与BAS专业接口示意

控制系统为数字式照明管理系统，它由网络设备、输入设备和输出设备3部分组成。各部分简述如下：

1）网络设备：用于提供工作电源、源系统时钟及与车站ISCS的接口，包括系统电源、网关、总线线缆、各种接口模块、网桥等，如图22.2.2-2所示。

2）输入设备：用于将外部控制信号变换成网络上传输的信号，如可编程的多功能（开/关、调光等）

输入开关、红外线接收开关和红外线遥控器（实现灯光调光或开/关功能）、各种型式和多功能的控制板（如可编程控制面板、液晶触摸屏）、各种功能传感器（如红外线传感器，照度感应器：通过对周围环境的亮度的检测，调整光源的亮度，使周围环境保持适宜的照度，以达到有效利用自然光，节约电能，如图22.2.2-3所示）。

图22.2.2-2 智能照明系统网关设备

图22.2.2-3 照度感应器

3）输出设备：智能控制系统的输出单元是用于接受来自网络传输的信号，控制相应回路的输出以实现实时控制。输出单元有各种型号的继电器（图22.2.2-4）、调光模块（以负载电流为调节对象，除调光功能外，还可用作灯具的软启动、软关闭等）。

系统采用集中控制和管理、分散执行的方式，亦即配置中央监控中心和智能控制照明柜，前者有控制计算机，用于对整个系统进行控制和管理工作，通过网络将控制命令与各智能控制柜的可编程控制器进行通信联络，同时接收来自智能控制柜内可编程控制器的有关自动及手动工作状态、灯具开/关状态等，并在异常情况下采取处理措施。

智能照明控制模块安装如图22.2.2-5所示。

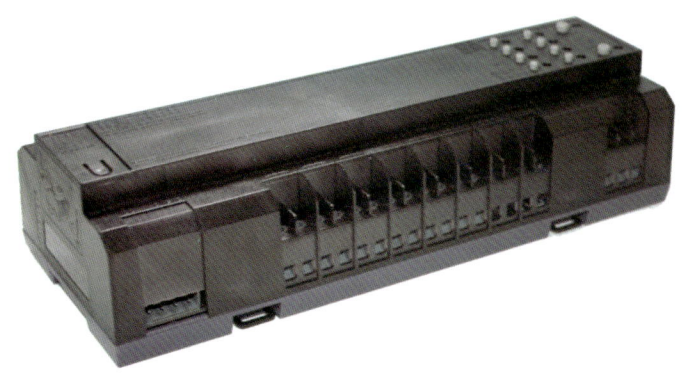

图22.2.2-4 自锁负载型反馈型继电器

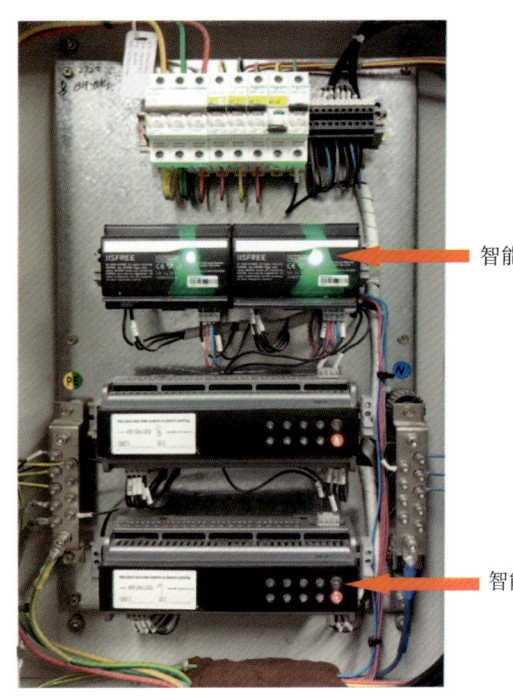

图22.2.2-5 智能照明控制模块安装

（3）系统控制功能

针对地铁照明特点，智能照明控制系统主要具有以下控制功能：

1）时钟控制：通过时钟管理器等电气元件，实现对各区域内用于正常工作状态的照明灯具时间上的不同控制。根据实际景观需要定时开关一组、多组或区域的照明灯具，可使灯具在设定的时间内以设定的间隔逐次点亮和关闭，并可设置循环。

2）照度控制：通过每个调光模块和照度动态检测器等电气元件，实现在正常状态下对各区域内用于正常工作状态的照明灯具的自动调光控制，使该区域内照度不会随日照等外界因素的变化而变化，始终维持在照度预设值左右。调光模块种类多，有LED灯等，且调光功率有多种选择。

3）场景控制：通过每个调光模块和控制面板等电气元件，实现在正常状态下对各区域内用于正常工作状态的照明灯具的场景切换控制，分区控制，不同区域不同场景。

根据地铁运营需要可将所控区域的灯光或其他电器设备等预先设定为各种场景：正常模式、节能模式、火灾模式和停运模式。

①正常模式：用于正常运营时的客流高峰期和节假日。客流高峰期间一般指每天7—9点、17—19点时间段，客流高峰时间段数及时间范围可调。

②节能模式：用于正常运营时的非客流高峰期。

③火灾模式：当火灾发生时，由车站控制室确认后，强制切断有关非消防电源，接通报警装置以及火灾应急照明灯和疏散指示灯，转入火灾模式。火灾模式下，智能照明控制系统只监视不控制（只显示系统的工作状态）。火灾发生区域分为车站和隧道区间，车站又分为公共区（含车站站台轨道区）和设备区。火灾模式下，广告照明全部切断，车站工作照明（公共区工作照明、公共区节电照明、设备区照明）

延时切除，延时时间可调。

④停运模式：用于停止运营时间段。停运模式随地铁运营公司实际运营时间表确定，时间可调。

智能照明系统主机场景控制界面如图22.2.2-6所示。

图22.2.2-6　智能照明系统主机场景控制界面

4）可视化集中控制：在车站照明监控中心（即车控室），安装有彩色可视化触摸屏、屏幕尺寸、触摸方式，通过友好界面将所有控制对象显示于屏幕，各照明回路及灯具均按实际位置图形显示于各区域平面上。各照明灯具及回路的实时运行状态显示于图形上，方便观察，通过点击各回路图形开关或场景开关即可开启或关闭各区域的照明，且其状态也在屏上清楚显示。同时可对每回路进行实时状态检测，当某一回路灯具有异常或临近使用寿命时，软件功能上即可显示，方便运营维护人员能够及时找出异常灯具进行维护。

智能照明控制系统集中控制软件界面如图22.2.2-7所示。

图22.2.2-7　智能照明控制系统集中控制软件界面

（4）采用智能照明控制系统后的优点

1）提高运营管理水平：将传统的开关控制照明灯具的通断转变成智能化的管理，使高素质的管理意识用于系统，确保照明质量。

2）节约能源：对于地铁车站的出入口照明利用智能传感器感应室外亮度来自动调节灯光，以保证室内恒定照度，既能使室内有最佳的照明环境，又能达到节能效果。根据各区域的工作运行情况进行照度设定，并按时进行自动开、关照明，使系统能最大限度地节约能源，经测算能够节能20%左右。

3）延长灯具使用寿命：众所周知，照明灯具的使用寿命取决于电网电压，电网过电压越高，灯具寿命将会成倍地降低；反之，则灯具寿命将延长。因此，防止过电压并适当降低工作电压是延长灯具寿命的有效途径。

系统设置了抑制电网冲击电压和浪涌电压装置，人为地限制电压以提高灯具寿命，并且采用软启动和软关断技术，避免灯具灯丝的热冲击，以进一步使灯具寿命延长。

4）减少了配电箱数量，简化布线；简化了与BAS系统的接口，方便施工和运营维护。

22.2.3 环控智能低压配电系统在地铁中的应用

在以往的轨道交通工程中，通风空调设备大多采用继电器或马保控制方式，由于其接口形式多样、控制要求复杂，给施工调试和运营维护都带来不便。随着现代工业技术的发展，对低压配电系统运行的可靠性及其智能化管理提出了更高的要求。人们把现代化计算机技术和通信技术运用到低压配电系统监测和控制中，形成了智能低压配电系统，具有遥测、遥控、遥信、遥调等功能，实现了低压开关设备运行管理的自动化、智能化。

环控智能配电系统通过采用多功能仪表、智能断路器、PLC多功能编程控制器、通信管理器、智能I/O、总线等元器件把本站的各用电单元组成网络，通过BAS上传至综合监控，实现远程控制、参数设置、能耗监测、故障诊断、运行状态显示、打印报表等功能。环控智能控制方案在车站两端通风空调电控室均设置一套智能控制系统，两套系统相互独立，分别接入BAS系统。系统方案如图22.2.3-1所示。

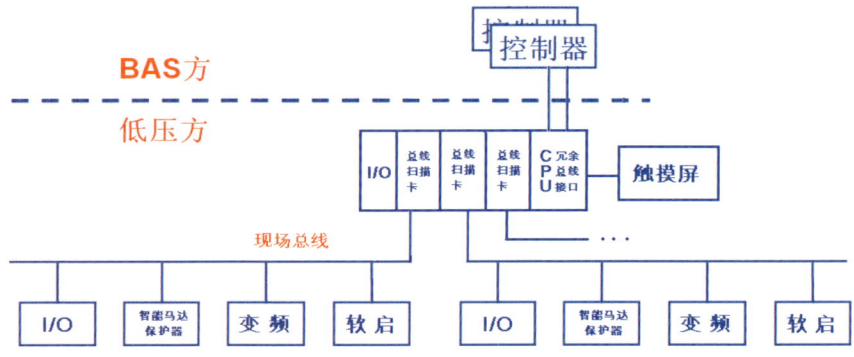

图22.2.3-1 通风空调智能控制方案示意

22.2.4 电气火灾监控系统在地铁中的应用

(1) 电气火灾监控系统

根据国内外轨道交通工程范围内的火灾发生状况，电气火灾占了80%以上，主要原因为施工工艺在处理线缆接头时导致局部电阻增大，通电后电阻发热引起绝缘层收缩，导线裸露后引起短路造成火灾。设置电气火灾监控系统后，根据监控系统测试的各供电回路的电阻变化，并设置相应的警示报警，可有效减少电气火灾的发生概率。

电气火灾报警系统采取剩余电流和温度监测动作于报警方式，实现对电气火灾监控的功能，如图22.2.4-1所示。

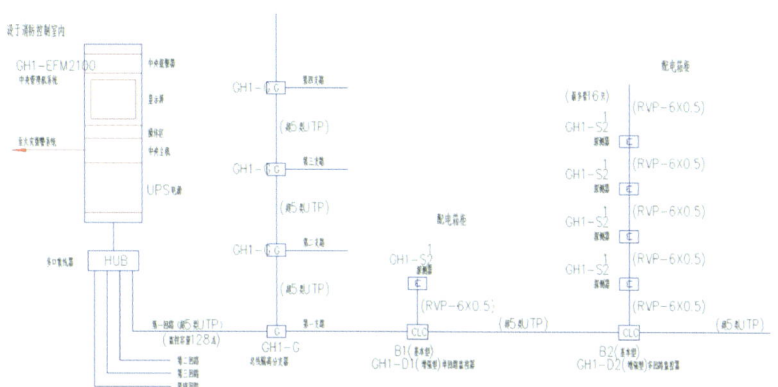

图22.4-1 电气火灾监控系统构成

(2) 电气火灾监控系统功能要求

电气火灾监控主机应具有直接连接剩余电流探测器、测温式电气火灾探测器、线性感温光纤探测器的功能，应具备能同时处理上述探测器探测信号的能力。电气火灾监控主机通过超五类UTP现场总线，与测温式电气火灾探测器数据采集、总线式剩余电流探测器相连，获取探测器的实时信号；现场总线采用环网结构，总线在任何一处发生短路、断路时，均能正常工作，并具有故障点、故障类型自动诊断功能；通过光纤接口与线形感温光纤探测器直接连接，得到电缆的温度实时信号，如图22.2.4-1所示。

电气火灾监控主机应对所辖范围内的各类探测器的报警信号进行声、光报警，并显示报警位置、探测器实测值，且不同类型探测器故障信息应有明显区别，如图22.2.4-2所示。监控主机能够按用户级和管理级权限灵活设置，用户级权限具有灵活分配模块操作权限功能。

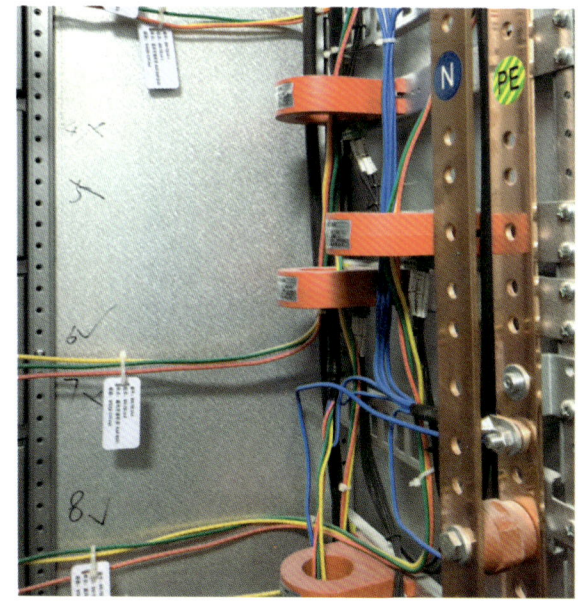

图22.2.4-1 电气火灾监控系统探头在MCC柜内安装

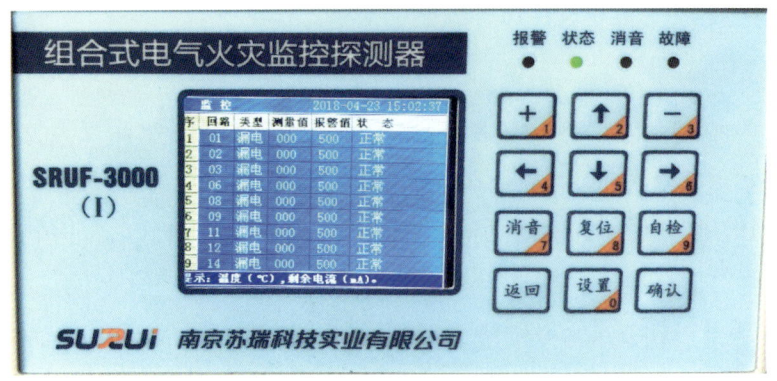

图22.2.4-2　电气火灾监控系统探测器

电气火灾监控主机应具有以太网接口（RJ45），通过该接口可直接与ISCS联网。ISCS通过RJ45接口（TCP/IP协议）在访问和获取电气火灾监控主机信息时，电气火灾监控主机能够提供以自定义的报警分区为单位的即时光纤温度信息，包括最大温度、平均温度、最小温度、预报警信息、报警信息等，能够提供测温式电气火灾探测器、剩余电流式电气火灾探测器的即时信息；能够接收来自ISCS的时钟同步信号，并校正自身时钟信号。

对于报警信号，电气火灾监控主机应具有继电器端子报警输出功能。主机上带有的继电器端子不少于16个，主机具有继电器端子扩展功能。

电气火灾监控系统能够以双屏方式显示电气火灾探测器的监视情况，上屏显示感温光纤和点式温度探测器的实测温度信息，以监视重要电缆、母线本身及接头、大电流台式电器设备接头的温度变化情况；下屏显示剩余电流电气火灾探测器的探测信息，如图22.2.4-3所示。

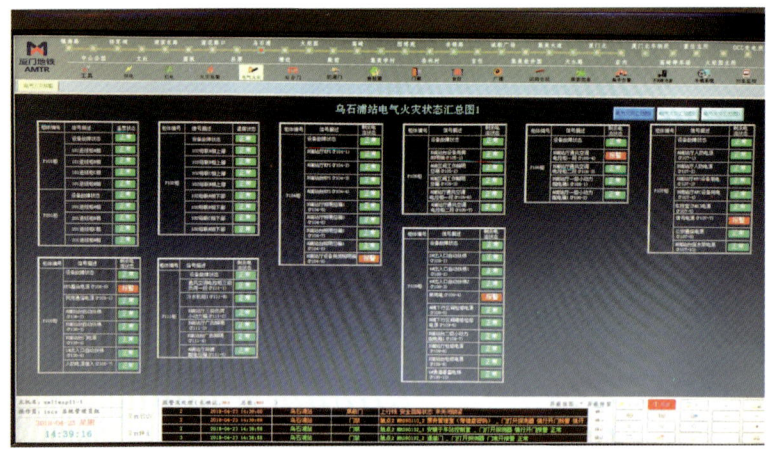

图22.2.4-3　电气火灾监控系统状态监控

电气火灾监控系统可按用户要求划分显示分区，各个控制分区可以设定不同的响应灵敏度和定温报警值。系统具有定温与温升速率报警功能。设备具备自检功能，能够对电气火灾监控主机故障、感温光纤断路故障进行报警，提供监测范围内的实时温度、在线温升变化等图文资料，提供完整的历史档案记录，可随时查询系统的工作状态。系统数据按以下优先级次序传输：火警数据（最高级）→预报警（故障）数据→正常数据。

(3) 本线设置方案

1) 变压器35 kV侧/400 V侧引流线A、B、C接头处的温度监测（共计6处）。

2) 进线低压开关柜、母联柜断路器两侧A、B、C接头处的温度监测（共计9处）。

3) 低压馈线回路的剩余电流监测（约108处）。

4) 设置在低压柜内，可采用1个剩余电流采集器带6个剩余电流互感器的方式。

5) 电缆井的线性温度监测（共计2处）。

6) MCC柜内主要风机回路剩余电流监测（共计10处）。

22.3　UPS整合电源系统

22.3.1　系统构成及配置

1号线工程UPS整合电源系统设备由厦门科华恒盛股份有限公司（简称厦门科华）制造，配以先进的IGBT功率器件、性能优越的SPWM逆变器、智能化多模式电池管理技术、丰富的电源管理软件等。

22.3.2　技术特点及创新

UPS整合电源系统采用1+1并机系统，典型地下车站UPS整合电源系统如图22.3.2-1所示。

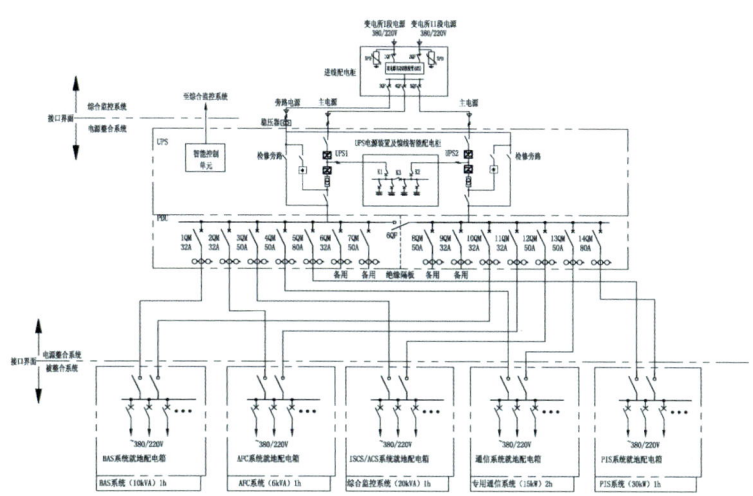

图22.3.2-1　典型地下车站UPS整合电源系统

本系统方案与其他城市地铁线路中常采用的单电源系统和双电源STS系统相比，既保证了不间断电源供电的可靠性，也简化了系统构架，降低了投资。

22.4　安装、调试和运营过程中出现的问题及处理

1) 部分风阀与风机联锁关系：

① 车站回排风系统风机一般与排风阀和小新风补风机的风阀都有逻辑开启关系，根据其他线路设计

经验，由于一台风机同时与两个风阀进行硬联锁，且在风机开启时，其中任何一个风阀都应具有关闭的能力。另在做联锁关系时，通风空调专业与动力照明专业存在理解意图上的差异，在实际设计过程中，往往把风阀和风机做成硬联锁互锁关系，这样无法达到通风空调设计意图。在1号线调试过程中，多次出现风机无法启动或风机启动时风阀无法关闭的情况。因此，设计总体经过对其他线路的设计经验总结，建议取消相关的两个风阀与风机联锁关系，改为BAS系统编程成逻辑动作关系。

② 三挡位风阀与风机联锁设计问题。在1号线调试过程中，发现风阀处于半开状态下，风机无法启动。经分析，在设计二次图时把风阀开作为联锁风机开启的必要条件，但风阀处于半开状态下，风机也应启动的逻辑关系未设计，因此全线三挡位风阀半开状态也应纳入风机联锁状态。

2）同段母线上两台隧道风机同时启动时，软起"低电压报警"信号处理：

岩内站B2端两台隧道风机同时软启动时，软启动器报故障，故障代码为"低电压报警"。经现场试验母线，两台隧道风机同时启动时，主母线电压变化情况如下：电机启动前，电网电压412 V；电机启动时，电网电压311 V。母线电压下降至约为额定电压的77%。

依据《通用用电设备配电设计规范》（GB 50055—2011）第2.2.2条的相关规定：电动机启动时，配电母线上的电压不宜低于额定电压的85%。因此，软启动器发出"低电压报警"信号属正常情况。

经现场实测，在两台TVF风机同时启动的工况下，未实现车站同一端两台隧道风机应"错时启动"的设计要求。根据《地铁设计规范》（GB 50157—2013）第28.4节的内容要求，在满足事故工况风机设备工况状态转换时间的前提下，明确车站同一端两台TVF风机错时启动的时间间隔为15 s，且由环控柜控制程序实现，并建议后续线路中此功能由BAS实现。

22.5　设计体会与建议

1）出入口顶棚灯具维修困难：

1号线在试运营过程中，乌石浦站出入口顶棚灯具有一套损坏，需更换灯具。但顶棚灯槽预留检修操作空间较小，且顶棚整体不可拆装，导致更换灯具异常困难。建议在后续线路中，出入口顶棚灯具安装槽应预留足够的检修空间或灯具四周设置局部可拆卸天花板的方式。

2）重要设备电源监控需求：

重要设备的电源在系统调试时或400 V变电所调试时，存在异常动作现象，如整合UPS电源、站台门电源等，由于以上系统掉电时会影响行车安全，对运营影响较大，建议在后续线路中增加BAS对双切装置的状态监控，以及增设消防电源监控系统，对进线、出线电压进行监控。当重要设备电源系统出现异常动作时，在车控室能及时发现并派人解决问题，避免出现影响行车安全的情况发生。

3）建议设置专用应急照明电源室：

1号线设计时，根据传统方案，在车站站厅、站台4个照明配电室分别设置4套应急电源装置，在一定程度上造成了设备的浪费和增加后期的维护管理成本。建议在后续线路中设置2套应急电源装置，方便监控和集中管理。

4）出入口壁龛孔洞底边距离地面过高：

1号线出入口壁龛孔洞底边距离装修完成面为1400mm，满足规范要求，但现场实际发现由于部分运营人员身高较低，可能对后期操作造成一定的影响。建议后续线路的壁龛孔洞底边降低为1200mm，方便人员操作。

5）车站选用矿物绝缘电缆：

2014版《建筑设计防火规范》中第10.1.10条规定："消防配电线路宜与其他配电线路敷设在不同的电缆井、沟内。确实有困难需敷设在同一电缆井、沟内，应分别布置在电缆井、沟的两侧，且消防配电线路应选用矿物绝缘类不燃性电缆。"依据该规范要求，且地铁内电缆敷设路径单一，不可能将消防配电与其他配电回路分开敷设。因此，与消防负荷有关的配电线路采用矿物绝缘电缆敷设。但矿物绝缘电缆的质量是普通电缆的2倍以上，且弯曲半径也大于普通电缆，在实际敷设时难度极大，给1号线机电施工造成不少困难。建议在以后线路中选用柔性矿物绝缘电缆，质量轻，同时和普通电缆一样施工敷设方便。

23 站台门系统

23.1 系统构成及配置

本系统主要由门体结构、门机系统、电源系统与控制系统4个部分组成。

站台门外观如图23.1-1所示。

图23.1-1　站台门外观

23.2 主要技术特点及创新

1）滑动门门槛新增LED警示灯带，警示灯带状态受相应的DCU控制，滑动门打开，LED灯亮；滑动门关闭，LED灯关闭，提醒乘客注意列车与站台门间隙，保证乘车安全性。门槛警示灯带布置如图23.2-1所示。

图23.2-1　门槛警示灯带布置

2）后封板按每个单元采取整块板设计，以提高安装效率，增强顶箱的美观性。

3）端头瞭望灯带采用硬质的LED灯带，避免软管灯带自动收缩变形，大大降低维护工作量。

4）PSL安装采用与端头门体相结合的安装方式，便于司机操作和瞭望，同时减少与其他相关专业的接口。

5）滑动门、应急门和端头活动门乘客进出的门槛防滑采取冲压工艺，极大地增强了防滑效果，同时使用寿命成倍延长，可以长期地保持防滑的效果，成本也降低了许多。

6）侧梁和站台板采用现场钻孔的安装方案缩短了工期，同时现场安装灵活。

23.3　安装、调试和运营过程中出现的问题及处理

1）站台换乘楼梯板标高过低影响站台门正常安装。

问题：在站台门系统安装过程中，发现火炬园站站台层9～10轴换乘楼梯区域标高过低，影响站台门正常打孔和安装，如图23.3-1所示。

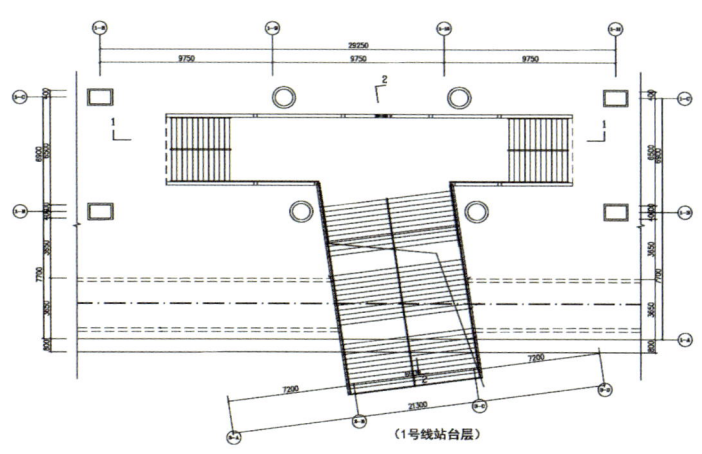

图23.3-1　火炬园站站台换乘楼梯平面

解决措施： 发现问题后，业主协调土建设计与施工单位、站台门设计与供货商到现场踏勘，经过实际尺寸测量，得到了换乘楼梯与轨顶风道侧壁交叉断面示意图作为参考，如图23.3-2所示。同时，为了尽量减少土建整改量，又能保证站台门安装的顺利及可靠，通过优化打孔位的布置，解决了以上问题。

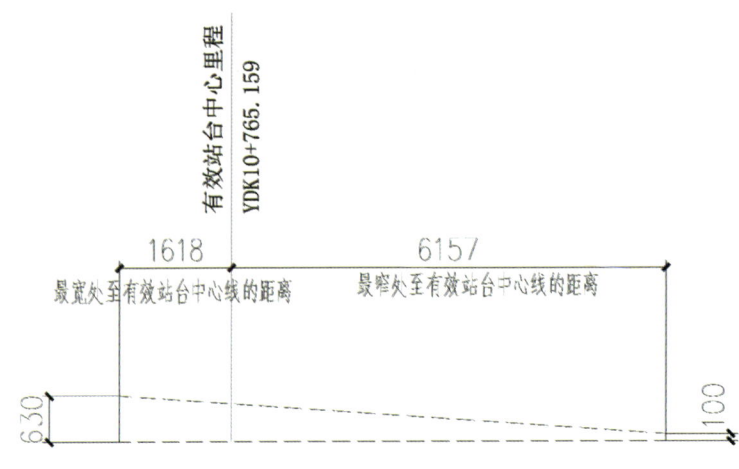

图23.3-2 火炬园站换乘楼梯与轨顶风道侧壁交叉示意

2）轨顶风道下挂梁长度过短影响站台门正常安装。

问题： 部分车站轨顶风道下挂梁长度过短，影响站台门首末滑动门和端门的安装，如图23.3-3所示。

解决措施： 通过与土建设计沟通，发现土建施工单位未按照施工图施工，导致下挂梁长度过短。土建施工单位按图补做后满足站台门安装要求。

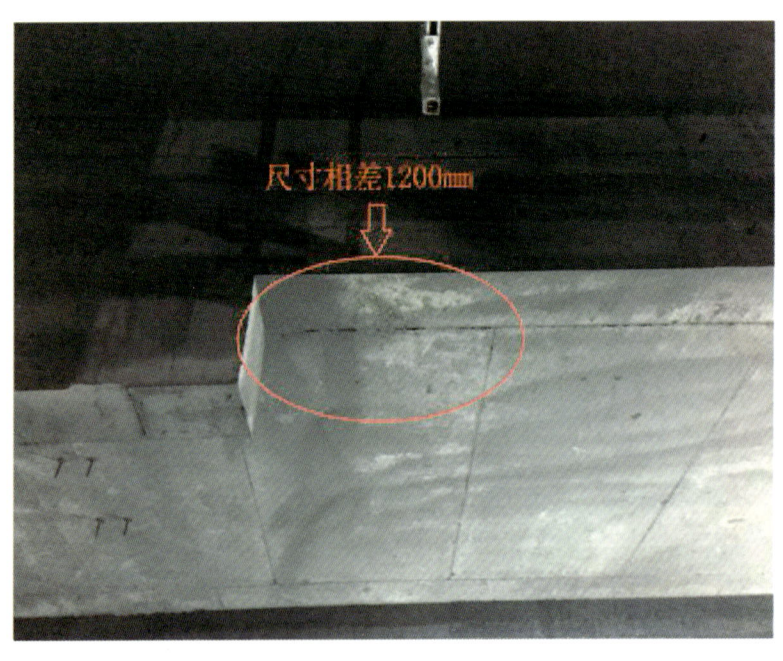

图23.3-3 轨顶风道下挂梁长度过短现场

23.4 设计体会与建议

23.4.1 设计各阶段总结

（1）初步设计阶段

初步设计阶段，站台门系统主要工作是向建筑、结构专业提供站台门相关要求，如平面布置、设备房间尺寸要求、荷载要求等；向动照、通风空调、给排水专业提供用电、温湿度要求等；完成自身专业的初步设计文件及概算工作，为下一步招标工作做准备。

初步设计阶段，站台门专业为了更好地配合建筑专业稳定建筑方案与房间布置，对站台门控制室采用了标准化配合方案，提供了控制室设备布置图，对房间长、宽做了最小要求，摒弃了以往配合过程中采用总面积控制的方法，加快了配合和会签工作，值得后续线路学习借鉴。

（2）设备招标阶段

设备招标阶段，站台门系统主要工作是根据国家规范、规定要求，结合厦门当地条件与要求，编制用户需求书，招标到性能卓越、质量可靠的产品。

此阶段值得注意的问题主要是设备招标与土建配合出图的矛盾。厦门1号线土建二次结构出图时，车辆、站台门设备并未招标。1号线是厦门轨道交通第一条线路，车辆参数未知，为了避免土建后期大规模整改，在配合过程中根据其他城市设计经验，采用了包容性设计，如轨顶风道适当做长等，待设备招标后，尽快与厂家落实安装工艺和土建情况，收到了良好的效果。

因此，建议后期线路建设过程中，待初步设计评审通过后，尽快着手开始车辆、站台门的设备招标工作，尽快明确土建设计要求，这样可以从源头上保证设计的合理性和连贯性，避免土建的变更和整改。

（3）施工图设计及配合阶段

施工图设计及配合阶段，站台门系统主要工作是根据前期设计联络最新要求，按照相关规范编制施工图指导施工，并解决施工过程中出现的问题。

此阶段应注意站台门与限界之间的配合工作。站台门专业承担了乘客上下车提供服务的重担，采取了一些防夹、防跌落措施，但与此同时，又带来了行车安全问题。例如，防踏空胶条长度问题，究竟设置多长，既能保证乘客不会卡在缝隙中，又能避免行车安全问题，值得思考。建议后续线路在设计阶段结合规范要求，及早商定相关要求，且站台门此类受限界影响的后期安装设备，结合现场实际测量限界尺寸生产安装，避免后期整改。

23.4.2 设计体会与建议

1）1号线工程作为厦门建设的第一条轨道交通线路，为保证站台门系统运行的安全性和稳定性，设计过程中，针对站台门系统安装方案、绝缘层敷设方案、门体材料选择等方面做了大量方案比选和技术交流会。

2）站台门系统在设备招标阶段，建议与业主深入沟通了解其招标需求，严格把控招标技术要求。同时应特别注意与其他专业的接口部分内容，与其他专业文件保持一致，避免后期专业之间扯皮。

3）站台门系统在土建施工图设计阶段，建议与中标厂家一起，针对站台门安装方案，给土建专业提供详细的预留预埋与设置条件,并做好图纸会签工作,避免站台门进场安装时土建不满足安装要求现象的出现。

4)站台门系统施工单位在进场后,应立即着手土建核查工作,对全线涉及站台门安装的土建部分,根据设计图纸核实预埋预留工作是否满足站台门设备的安装要求。1号线火炬园站为地下三层站,站台公共区设有换乘楼梯,站台门施工单位进场后发现换乘楼梯斜插轨顶风道侧梁,侵占了站台门设备的安装空间。在及时发现这个问题后,站台门和土建的设计与施工单位一起协商,通过站台门打孔方案的调整,既满足了安装要求,又避免了土建大规模的整改工作。

24 电扶梯系统

24.1 系统构成及配置

24.1.1 自动扶梯

自动扶梯主要由梯级和梯级辅轮、梯级链和梯级主轮、梯路导轨系统、驱动装置、张紧装置、扶手装置、金属结构、电气设备、安全装置等构成。

24.1.2 电 梯

电梯主要由曳引系统、导向系统、门系统、重量平衡系统、电力拖动系统、电气控制系统和安全保护系统构成。

24.2 设计体会与建议

1）前期土建设计阶段，针对自动扶梯与电梯的土建要求往往都采用包容性设计，如自动扶梯井道的宽度、电梯厅门大小的预留。包容性设计土建施工之后往往会引起后期的整改返工，建议自动扶梯与电梯系统设备招标时间尽量提前，一方面能够与业主深入沟通了解其招标需求，严格把控招标技术要求，另一方面能够及时根据设备厂家对土建的要求反馈到实际的施工当中，避免返工与整改，有利于设备安装一次性到位。

2）编制用户需求书时应特别注意与其他专业的接口部分内容，与其他专业文件保持一致，避免后期专业之间扯皮。设备招标之后，应及时召开各专业之间的接口讨论会，设备厂家应准确反馈设备的需求，如电梯视频监控、五方通话电缆的要求，自动扶梯跟BAS的接口关系等。

3）在土建施工图设计阶段，自动扶梯与电梯系统给土建专业提供详细的预留预埋与设置条件，并做好图纸会签工作，避免自动扶梯和电梯进场安装时土建不满足安装要求现象的出现。1号线主要的经验有：

①土建施工经常遗漏自动扶梯吊钩的预埋，应在配合施工阶段及时发现补救。

②因各个位置装修厚度不一致，要特别注意站台层及出入口口部位置自动扶梯支撑点预埋钢板的标高与土建结构的关系。

③注意出入口电梯厅门预留孔洞的大小和定位。

25 自动售检票系统

25.1 系统构成及功能

1号线工程24座车站（23座地下车站、1座高架车站）、1座停车场、1座车辆段、1座控制中心内自动售检票系统（含ACC）。

1号线工程线网清分中心系统集成商为上海华腾软件系统有限公司，清分结算管理系统采用上海华腾产品TOP FCS4.0，通信系统采用上海华腾产品Top Link通信中间件。清分中心系统包括一个核心业务系统和一个灾备系统以及模拟测试平台。其中，清分和数据系统服务器型号为IBM Power E850，并配置IBM V7000磁盘阵列；核心网络交换设备采用H3C/S7506E-S，通信网络交换机采用H3C/S7003；数据库采用DB2企业服务器版。在控制中心，清分系统独立采购UPS，型号为厦门科华FR-UK3380。在停车场，灾备系统独立采购UPS，型号为厦门科华FR-UK3315。

1号线工程自动售检票系统（AFC）集成商为上海普天邮通公司，系统软件平台采用上海普天邮通股份有限公司独立自主平台，线路中央计算机系统采用实时冗余的线路中央服务器，型号为IBM S822，并配置IBM V7000磁盘阵列；车站计算机系统采用型号为IBM X3650M5服务器；中央级网络交换配置mOXA ICS-G7848A交换机，车站及场段系统配置MOXA IKS-6828A交换机，车站终端设备配置MOXA EDS-522A交换机；自动售票机主控单元采用研华ITA-1710工控机，硬币处理及识别模块采用高见泽ESm-250RB（L），纸币处理及找零模块采用MEI BNR4-21S，单程票发售模块采用广电运通PT-THU-01C，触摸屏采用AUO YJ-G240T02；自动检票机主控单元采用研华ITA-1710工控机，单程票回收模块由普天自制，检票机机芯采用马格KPR-324C-A150-OE599（标准通道）和PR-434C-A250-OE601（宽通道）。

25.2 系统主要方案设计

建设满足厦门轨道交通线网快速发展的清分中心（ACC）系统，配备完整的软件系统，硬件满足4条线规模，适当超前规划设置ACC，采用分期投资、逐步升级的方式。ACC与1号线同期建设，1号线运营时ACC实现必要的基本功能，ACC全部功能与2号线同期开通运营。3号线及后续线路中央计算机系统直接接入ACC系统接受其统一管理。

25.3 主要技术特点及创新

25.3.1 预留与上一级管理平台 TCC 的接口

1号线AFC系统在设计阶段，即预留与更上一级管理平台TCC的接口，为厦门市将来的网络化运营及线网资源共享打下良好的基础，根据线网指挥中心TCC的规划现状，TCC可作为可靠数据源，将统一采集的线路生产系统提供给地铁公司各信息化系统。因此，线网清分中心系统无须与地铁资产管理系统EAM、办公自动化系统（OA）等信息化系统互联互通。在1号线自动售检票系统方案中，预留ACC与TCC的数据接口。

25.3.2 新增互联网票务业务

（1）互联网票务业务范围

1号线工程互联网票务业务范围包括：

1）现场购票，互联网电子支付业务。

2）手机APP购票，电子票直接过闸，电子票以动态二维码方式展现。

（2）互联网票务业务实施方案

1）增建厦门市轨道交通互联网电子票务平台。

新增互联网电子票务平台，用于厦门市轨道交通线网内互联网票务交易数据的整体处理与统计分析，并与ACC系统互联，共同处理电子票务和互联网支付交易数据。互联网电子票务平台包括平台数据中心和手机APP应用软件。

平台的数据中心主要负责完成与ACC的信息通信和数据交互，同时为APP客户端软件提供服务接口；手机APP则主要实现乘客的移动端操作功能，包括购票、支付、进出站等。

2）新增电子单程票的票种，对ACC系统进行调整。

在AFC系统中，新增电子单程票的票种，并定义电子单程票的票务规则，调整ACC系统软件及票务作业流程；ACC系统新增电子票票务处理软件，增加对电子票务的清分、票据分析等功能。

自动检票机、半自动检票机进行软、硬件调整，增加动态二维码扫描部件，能处理电子单程票相关业务，实现二维码直接过闸的功能。

调整后的AFC系统拓扑结构如图25.3.2-1所示。

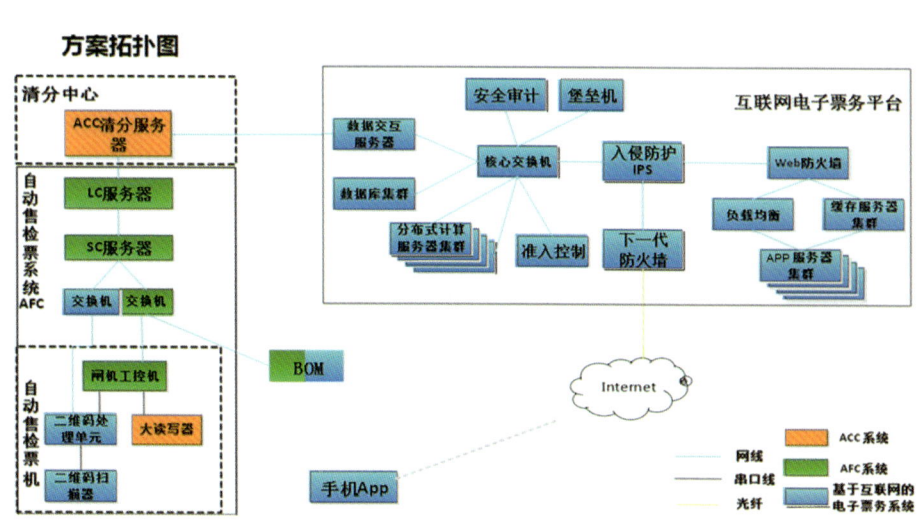

图25.3.2-1 AFC系统拓扑结构

25.4 安装、调试和运营过程中出现的问题及处理

公共区装修垫层厚度不足，AFC线槽安装困难。

按设计要求，车站站厅公共区中板上装修垫层厚度为150 mm。部分车站土建施工完成后中板偏高，为保证车站公共区净高不变，导致地面装修垫层厚度减少。当装修垫层厚度不足100 mm时，敷设AFC线槽需要在中板上开槽，严重影响了AFC系统施工进度。同时，开槽时未做地面找平，对线槽的防水性能存在影响。

后续线路中尽量减少地面线槽的数量，将部分线槽调整至天花内敷设。同时招标时尽量选择厚度较小的线槽。

25.5 设计体会与建议

1）AFC系统、闸机与公共区装修：

AFC终端设备安装时经常与公共区装修出现冲突，如售票机的安装位置与装修钢结构冲突，付费区与非付费区的分隔围栏侵占闸机安装空间等，如图25.5-1所示。经梳理图纸与现场核对，有两方面原因：

①图纸表达冲突。

②施工人员未按图施工。

针对第一种情况，应加强图纸会签，在会签时确认AFC终端设备安装位置在公共区装修图纸上准确表达。第二种情况应督促施工人员严格按图施工，同时建议施工前装修施工人员与AFC施工人员核对确认设备的安装位置，避免施工完成后返工。

图25.5-1　闸机

2）AFC专业管线与动照配电箱位置不符：

1号线部分车站的TVM室内的配电箱与AFC专业管线不符，经复查图纸，由于工点单位装修专业图纸与动照图纸不符，动照施工单位按动照图纸施工，造成配电箱位置与AFC专业不同。动照专业施工在前，AFC专业施工在后，由AFC专业根据现场实际情况调整管线，使之与动照配电箱匹配。针对类似情况，在互提资料阶段，除向装修专业提资以外，配电箱位置还需向低压专业提资，在会签低压专业图纸时，需仔细核对配电箱位置，尽量减少施工配合阶段的返工。施工时交代现场施工人员，在AFC系统需安装配电箱的位置先用粉笔画上配电箱具体位置，以减少施工误差。

3）AFC线槽积水问题：

1号线AFC线槽采用镀锌钢槽，防水等级要求为IPX7。分段线槽连接处采用返回连接器进行连接。AFC线槽安装在装修垫层内。由于施工进度，部分车站存在AFC线槽已经安装，但未完成垫层的浇筑，导致经常存在施工人员、机具、推车从AFC线槽上轧过，致使线槽连接处松动，影响防水效果，如图25.5-2所示。因此，应加强AFC线槽的成品保护，建议线槽敷设完成后在线槽上加盖硬质盖板供人员、机具通行。

图25.5-2　未完工的线槽

26 车辆段/停车场

26.1 功能定位

根据厦门市轨道交通线网建设规划,厦门市轨道交通1号线设置厦门北车辆基地和高崎停车场。

根据建设规划,1号线厦门北车辆基地为全线网第一个车辆综合基地,承担1、2、6号线配属车辆的大/架修、1号线配属车辆的定临修以及部分配属车辆的月检、列检、停放、运用、整备等工作。车辆基地内设置有综合维修工区,隶属于综合维修中心管理。车辆基地内设置有物资库,承担车辆检修所需备品备件及车辆基地所需工器具的存储、发放、管理工作。

因高崎停车场位于线路的中间位置,考虑检修设备和物资的运输方便,将综合维修中心和综合维修物资库设置于高崎停车场。高崎停车场由停车场、综合维修中心、综合维修物资库组成。

高崎停车场的功能定位:承担1号线部分配属车辆的月检、列检、停放、运用、整备等工作,在停车场范围内设置综合维修中心和综合维修物资库,承担本线工务、建筑、供电、机电、通信、信号、自动售检票、站台门、防灾报警、通风空调系统等的运用、维修和管理工作;全线物资材料(不包含车辆检修所需物资)储存、发放和管理工作;在高崎停车场内建设线网总库,初、近期承担1号线建设物资的存储、发放和管理工作,远期作为厦门轨道交通建设与运营的线网物资存储、周转、发放和管理工作。

26.2 设计规模

初、近、远期配属车辆见表26.2-1。段、场任务分配见表26.2-2。

表 26.2-1 配属车辆

设计年限 项 目	初期 (2019年)	近期 (2026年)	远期 (2041年)
运用车/(列/辆)	35/210	50/300	57/342
备用车/(列/辆)	4/24	4/24	5/30
检修车/(列/辆)	4/24	9/54	9/54
配属车/(列/辆)	43/258	63/378	71/426

表 26.2-2　段、场任务分配（列）

项　目		大/架修	定/临修	周月检	停车列检
厦门北车辆基地	初期	6	3	4	32
	近期	6	3	4	32
	远期	6	3	4	32
高崎停车场	初期	0	0	2	24
	近期	0	0	2	24
	远期	0	0	2	24

注：车辆基地含有2、6号线的大/架修股道，根据2、6号线线路长度，类比1号线大/架修规模，估算出2、6号线大/架修列位。

26.3　上盖物业开发

随着不断加快的城市化进程，城市交通的迅速发展以及城市人口规模的不断扩大，对城市空间的有效利用提出了更高的要求。车辆段和停车场往往占用城市空间较大，因此通过整合车辆段和停车场用地，并与周边城区发展相结合的一体化开发方式来进行功能、公共交通组织和配套设施完善，有利于土地的高效、集约化利用，也符合城市未来发展方向。

26.3.1　厦门北车辆基地

利用厦门北车辆基地运用库上盖进行保障房建设，住房开发总用地面积7.7万平方米，其中盖上用地面积7.1万平方米，盖下用地面积0.6万平方米。住房总建筑面积19.5万平方米，容积率2.47，住宅总户数2284户，停车位共771个。

运用库盖板上的首层为结构转换层，并作为停车库，停车库上设置保障性住房；咽喉区盖板上建设一栋9班幼儿园；盖板下落地区域设置保障房的地下消防水池与泵房，如图26.3.1-1所示。

轨道交通与民用住宅之间通过具备3h耐火极限的盖板进行分割，确保上下之间互不影响、互不干扰。上盖保障房通过3条交通匝道实现了与周边市政道路的连通，其中学院路一侧一条匝道，北侧与规划环山路设置两条匝道进行相连，兼顾交通与消防救助作用。

上盖范围共设置5排保障房，其中南侧4排建筑高度不超过50m，北侧靠近试车线一侧设置了剪力墙落地的高层建筑。但受结构体系和相关规范限制，上盖的建筑形式必须与下部同步设计，户型布局的灵活性受到限制。

图26.3.1-1　厦门北车辆基地停车库上盖效果

26.3.2 高崎停车场

为了缓解岛内公交停车位不足的局面，依据公共交通停车场总体规划，高崎停车场运用库上盖进行了公交停车场的建设。公交停车场可满足停车403辆的需求，同时具备临检、日检等功能。

建筑通过盖板实现上下分隔，设置采光通风竖井有效改善库内环境，设置4条匝道实现公交车辆的独立进出。其设计、施工均同步进行，有效节约资源和资金的投入，是国内首个轨道交通上盖开发公交停车场项目工程。

高崎停车场停车库上盖效果与实景如图26.3.2-1所示。

图26.3.2-1　高崎停车场停车库上盖效果与实景

26.3.3 上盖开发设计中应注意的问题

车辆基地进行上盖开发需要在规划设计中更多考虑车辆基地对周边环境的负面影响。车辆基地一般占地面积大，对周边的地块造成空间割裂，必须从交通组织、功能布局上做更多的妥善安排。车辆基地的功能决定了其对上盖及周边的项目开发带来污染、噪音、震动等环境问题，需要进行一定的空间隔离，并需采取措施降低环境的影响。因此，车辆基地及其上部物业开发是一个完整系统，应统一规划、统一设计、分步实施，且设计过程中应注意解决以下问题。

（1）消防问题

1）防火等级：上盖开发方案应按平台为一个安全的集散/疏散地来考虑，所以平台结构的防火等级要求非常严格，最少要达到现时国家的防火规范对民用建筑的一级防火要求，最终的防火标准和消防策略应得到当地消防局确定和认可。

2）防火分隔：因为车辆基地与商业和住宅是两个不同的防火区，所以车辆基地和邻近的商业或住宅应有防火墙将它们完全分隔，且防火墙应从地面一直伸到平台底部。

3）安全疏散：车辆基地内部设置完善的消防环形通道和地面出口，内部人员与消防人员都能够便捷地到达目的地。

（2）交通问题

车辆基地出入口与上盖平台的车行或步行出入口完全分开，互不干扰。上盖平台的车行通过斜坡道至上盖车库设备层，消防车能直达上盖平台。上盖住宅小区人行道路可通过盖上缓坡或台阶与周边小区、落地开发区、周边市政道路直接连接，为上盖小区的出入提供便利的条件。上盖居住小区的自行车可沿斜坡道到达停车库。

（3）节能环保问题

节能环保问题包括车辆基地的振动、噪声对开发空间的影响，上盖开发对轨道交通用房通风、采光的影响等物理环境方面，还有平台上绿化景观设计和平台对于城市景观的影响等软环境方面。

轨道交通工程的减振降噪，需多专业共同配合实现，如轨道减振措施、声屏障的应用、结构减振措施等。

26.4 设计体会与建议

车辆基地是保障城市轨道交通运营安全、高效的重要后勤基地，维护着全线乃至线网车辆、设备、工务、供电等系统的正常运转与维修保养。车辆基地的功能决定了其占地大、投资高、工期长的特点，因此从选址、规划、设计、施工等各个阶段都需要对方案仔细论证、反复推敲。

26.4.1 段场选址

车辆基地的选址应遵循以下几点：

1）车辆基地的选址用地与规划，应与城市总体规划协调一致。

2）车辆基地选址宜靠近正线和车站，并具备良好的接轨条件，出入线宜短捷顺直。

3）选址用地的形状和面积应该能够满足功能与站场总图布置的要求，并具备远期发展的用地条件。

4）应避开工程地质与水文地质不良地段，并具备良好的自然排水条件，满足防洪排涝要求。

5）应便于城市道路接驳，以及给排水、热力、燃气等市政管线的接入。

6）应结合城市特点与区域规划，在满足地铁功能的前提下，综合统筹考虑物业开发等土地综合利用措施。

26.4.2 功能与布局

车辆基地涵盖设置运用库、联合检修库、物资库、综合楼、内燃机车库、洗车库、易燃品库、污水处理站、牵引混合变电所、存轮棚和空压机站、门卫房、轮对受电弓监测站等单体，规模巨大。因此，如何优化站场布局，优化库房组成和布置，以减小占地规模，优化基地景观，使其安全、经济、高效地投入运营是设计研究的关键问题之一。

（1）纵列式布置方案

厦门北车辆基地用地位于岩内山区，而车辆基地作为线网大/架修基地，停车检修规模大，占地面积大，试车线长度要求满足高速试车要求。

车辆基地站场线路平面方案需要结合出入线接轨条件、停车运用与检修工艺流程需求、外部控制因素、自然地势条件等合理布置。经过多方案的比选研究，车辆基地采用运用库在前、检修库在后的纵列式布置方案，该方案充分利用地块长度方向的优势，运用库、检修库均临近试车线布置，减少占地宽度，有利于降低场内土方量和边坡挡墙高度，检修区域直接与试车线连接，检修工艺流程顺畅。

（2）试车线采用路基+隧道结合的方案

车辆基地北侧为山区，自然地势与场坪标高之间高差较大，为减少土方开发和边坡工程量，充分结合地形地势条件，试车线在北段山区设置一段230 m长的隧道，试车线长度达到1400 m，满足高速试车要求。

（3）洗车库采用贯通式布置

高崎停车场用地为水滴形不规则地块，用地北侧较为宽阔，向南逐步收窄。停车场站场线路平面方案充分利用地块形状和长度，出入线从南侧窄、长区域接入停车场、在北侧布置主要功能用房。洗车库曾布置于咽喉区东侧，由于用地形状与南侧用地宽度限制，贯通式洗车库布置受到一定的限制。本设计结合洗车作业流程与需求，将洗车线进库端与入场线一侧连接，满足洗车作业完成的列车可直接进入与入场线连接的库内线，实现贯通式洗车作业。

（4）综合维修中心和物资库设置

综合维修中心和物资库等设施在常规轨道交通工程中均与车辆段运用和检修设施组成综合维修基地，但考虑本工程高崎停车场位于线路的中间位置，为检修设备和物资的运输方便，将综合维修中心和综合维修物资库设置于高崎停车场。车辆段设置大/架修物资库，虽与传统布置和理念不同，但更适合和方便本工程实际工程作业。

（5）段内车辆调度

常规轨道交通车辆段或停车场内在咽喉区均设置有信号楼一座，用于段内信号、车辆调度与观察。本工程推荐将场段内信号调度、车辆维修调度、供电调度等作业集中设置在运用库辅跨内，成立DCC控制室，类似于线路控制中心。DCC是段场的心脏，在节约用地和投资的同时，为开展不同调度专业联合作业提供了便捷性，并提高了段场内部整体管理性。

（6）工程车辆选择

常规轨道交通段场工程车辆均配置内燃机车车辆，本工程结合场段物业开发情况，避免内燃机车废气的影响，推荐采用蓄电池调机车辆，在保证工程作业的情况下，不影响段场整体作业环境。

26.4.3 建筑与城市的融合

1号线为厦门首条轨道交通项目，结合厦门的当地特色与规划要求，其建筑总体布局、建筑单体、建筑色彩等均需符合厦门未来发展需要，且能体现轨道交通特色。同时场段均进行不同程度的上盖开发，上盖开发建筑与轨道交通建筑通过盖板进行界面分隔，盖下空间内的通风、采光、人员舒适度等问题均需重点进行考虑。

设计为了从总体布局到单体造型上都能与厦门轨道发展保持一致，将建筑单体进行充分的功能整合，建筑布局以顺应地块和轨道走向为布置原则进行总体规划布局，同时将周边环境作为建筑背景统一考虑，做到整体、和谐。

（1）创造厦门地铁风格

厦门是座美丽的海滨城市，为响应厦门市政府号召实现"美丽厦门"的要求，需要结合厦门地铁特点，将厦门地铁设计成为具有独特风格、符合厦门整体城市发展要求的城市地铁建筑；将轨道交通建筑的特点充分展现，设计具有代表性、识别性的轨道交通建筑；让轨道交通建筑在厦门城市中具有独树一帜、个性鲜明的特点，为厦门轨道交通树立良好的社会形象。

（2）强调用户功能体验

厦门车辆基地建筑是为运营服务的场所，为了更好地服务于运营，厦门车辆基地的设计将进一步研究提高用户体验的感受，为运营创造良好的使用环境，使员工在车辆基地中能够更加舒适。

（3）改变场段设计理念

车辆基地建筑在国内一直以来都以工业厂房类建筑自居，建筑风格与功能划分都难以突破局限。结合1号线场段设计经验，我们认为车辆基地建筑不应该仅仅作为工业建筑考虑，它是一座综合性的、服务性的大体量公共建筑群，其设计应融入人文、功能、绿色等现代建筑设计理念，让车辆基地建筑能够更好地为运营服务。

26.4.4 机电设备

（1）优化照明控制模式

在综合楼和大型库房内，设置智能照明控制模块，工作人员可在楼梯间、控制室等人员工作出入的主要场所利用控制面板、触摸屏控制照明电源，也可以按区域、时间要求自行设置运行模式。

（2）大型库房内推广使用LED灯具

随着技术的不断改进，LED灯具已经成为市场上的主流产品，几年前提及的缺陷已经逐步得到改善，成熟优质的LED灯具具有能耗低、寿命长的显著特点。在此前提下，考虑到厦门LED产业较为发达的现状，大型库房内率先推广使用LED灯具。

（3）司机公寓独立配电

为便于运用部门灵活管理各司机公寓房间的用电，本工程在每间司机公寓内设小型配电箱一面，专为本房间内的照明、插座、空调等设备配电。另外，当本房间设备发生故障时，可有效控制故障范围不扩大，充分体现出供电可靠、灵活的特点。

（4）合理选择热水系统的热源

厦门属于太阳能资源较丰富区域，根据我国太阳能资源分区，厦门属于Ⅱ区，比较适合太阳能综合利用。厦门属于夏热冬暖地区，比较适合采用空气源热泵热水供应系统。

本工程综合楼的司机公寓和联合检修库在采用太阳能作为主要热源的同时，考虑到冬季光强较弱以及阴雨天气的影响，特设置空气源热泵热水机组作为辅助热源；运用库由于上盖开发，不适合太阳能的利用，采用空气源热泵热水系统，充分利用了太阳能和空气热能，做到节能、高效和用水舒适。

容积式电热水器具有设置点灵活、供水可靠等优点，门卫、内燃机车库、物资库、综合楼公共卫生间具有用水量少、用水点分散等特点，采用容积式电热水器提供热水。

（5）水消防系统合用

由于只有一路水源，室内、外消火栓系统均采用临时高压系统；室内、外消防系统和喷淋系统共用消防泵房（设于综合楼地下室），方便管理；室内消火栓系统分为低区和高区两个系统，综合楼消火栓系统由高区提供，其余建筑由低区提供；室外和室内低区消火栓系统压力和路径相近，故设置为统一的加压系统，由低区消火栓水泵提供，高区消火栓系统设置单独的消防泵，这样在保证消防安全的同时，减少了室外消防管网的建设，节省投资与能耗。

（6）更严格的排放标准

依据环评报告书，本工程污水排放均执行《厦门市水污染物排放标准》（DB 35/322—2011）的三级标准。市政管网的不确定性和厦门对环境保护的重视程度较高，促使本工程污水出水水质执行相对较为严格的标准，处理后水质达到《城镇污水处理厂污染物排放标准》（GB/T 18918—2002）一级A标准。

车辆基地的生活污水和生产废水统一处理，采用MCOP多级接触氧化法，该方法具有处理时间短、体积小、净化效果好、出水水质好而稳定、污泥不需回流也不膨胀、耗电小等优点，适合车辆基地废水水量小、水质不稳定的特点。

（7）始终贯彻节水、节能措施

给水系统：整个车辆基地均采用节水洁具；根据不同单体、不同用户分设水表，准确计量；室外给水系统和室内低区给水系统均采用市政管网直供的系统，减少二次加压的水量，最大限度地节约能源消耗；合理利用太阳能、空气热能提供热水。排水系统：采取高水高排、低水低排的原则，充分利用地形标高，做到整个车辆基地完全重力流，最大限度地节约能源。设备选型：洗车废水循环使用，大大减少含油废水的排水量。

（8）优化不同功能区域空调系统设置

在运用库和综合楼等冷负荷集中的单体，根据规模、使用性质与管理要求，将较集中的设备用房，如信号设备室、通信电源室等与集中的人员办公房间划分在不同的空调系统内。设备房间与人员房间空调使用时间不同步，可分别运行控制。

(9) 优化司机公寓空调设置

通过细分司机公寓的空调系统，优化每套空调系统负担房间数量。司机公寓运营的时候可通过合理开启空调系统，尽量使空调系统在较高效率工况下运行。围护采用栏杆，利用自然通风、排烟的方式来解决大库的通风与排烟问题。

26.4.5 车辆基地 BIM 应用

(1) BIM软件的选择

车辆基地包含场地设计与单体建筑两大部分，其中场地占地面积大、地形复杂、流程烦琐、图元种类丰富。相比较Revit与Civil3D，在场地建设条件分析、场地总体布局、交通组织、竖向设计、管线综合、环境景观设计等方面，Civil3D的适用性更强。因此，站场专业采用Civil3D进行场地建模，建筑单体采用Revit进行建模，而两者的输出模型可以兼容。

(2) BIM设计流程

1) 场地建设条件分析。

2) 设计场地线路。

3) 场地竖向与土方工程量。

4) 场地道路与管线管廊。

5) 加载场地内建与构筑物。

6) 场地模型三维展示与核查。

7) 输出二维图纸。

(3) 建　议

1) 设计输入格式兼容：场地BIM实施平台为Civil3D，需要外部数据，如地形、地质、管线、建构筑物均落实在Civil3D中，因此需要测绘、勘察等各专业提供Civil3D信息兼容的资料数据。

2) 相关专业协同建模：车辆基地场地图元种类丰富，除场地模型外，还需要建筑单体、围墙大门、隧道桥梁、综合管网、触网灯杆等模型，因此需要相应专业采用与Civil3D兼容的软件进行同步建模。

3) 软件二次开发：Civil3D软件本身提供了场地建模的基础功能，但涉及地形、地质、水文地质、护坡挡墙、景观等方面，还需要尽快开展二次开发工作。

26.4.6　市政接驳与接口

(1) 给排水管线接驳

厦门北车辆基地无现状市政给水管网，由于拆迁等问题，规划学院路的规划市政给水管网一直未实施，给车辆基地的给水条件造成很大的困扰。目前，规划学院路已确定近期无法实施，只能就近再次寻找水源，现阶段已基本落实。

由于停车场、车辆基地往往地处郊区，市政给水条件不足，因此需要我们在工程初期就尽量推动市政给水条件的进展，满足在场段投入运营之前满足用水需求。

（2）低压配电与照明

电气火灾监控系统是近年来新兴起的消防辅助设备系统，它的作用在于实时监视电缆线路的泄漏电流，当漏电流大于整定值时，系统发出报警信息，提醒工作人员此处存在电气火灾的风险。电气火灾监控系统主机设于运用库、联合检修库的消防设备室，综合监控设备机房设于综合楼，其间的连接线缆采用屏蔽双绞线或者光缆。

场段电气火灾监控系统与综合监控系统的接口遵循正线车站的接口原则，位于综合监控系统机房配线架，因此低压配电专业需在室外、室内强电敷设路由中另行设计一套弱电线缆，此部分弱电电缆改由综合监控系统单位统一设计。

27 控制中心

27.1 选址与建筑

厦门市轨道交通运营控制中心位于厦门市集美区杏林大桥北侧，东临厦门园林博览苑。集美区，是福建省厦门市6个行政区之一，是进出厦门经济特区的重要门户，是著名的侨乡和风景旅游区，是厦门市的文教区，区内有杏林、集美两个国家级台商投资区，是福建省文化先进区、一级达标文明城区和厦门市精神文明建设先进区。

运营控制中心布置于用地中央，为主塔楼配裙房的建筑形式。由于主要交通路口位于用地北侧，东侧为海湾和旅游岛，故主楼布置于北侧，裙房置于南侧，建筑整体形成北高南低、面朝大海的建筑形式。

用地东侧为公交首末站，本项目与公交用房地上连为一体，整体呈现出轮船的造型，如图27.1-1和图27.1-2所示。

图27.1-1 控制中心实景一

图27.1-2 控制中心实景二

27.2 功能定位

厦门市轨道交通运营控制中心规划建设为集中式的控制中心,规模按6条轨道交通线路(1~6号线)的控制中心(OCC)和线网指挥协调中心(TCC)考虑。

运营控制中心建筑面积约39000 m^2,主要包括各线路控制中心(OCC)、线网指挥协调中心(TCC)、线网清分中心(ACC)、票务中心、PIS编播中心、线网信息中心等"六个中心"的设备与功能用房,辅助设备与管理用房,并同期建设1号线工程运营公司办公用房。

27.3 控制中心工艺设计

控制中心主楼11层,裙楼5层,1至5层主要为各条线路设备用房和调度大厅,6至11层为办公和培训用房。1至5层设置有各线路控制中心(OCC)、线网指挥协调中心(TCC)、线网清分中心(ACC)、票务中心、PIS编播中心、线网信息中心等"六个中心"的设备与功能用房。具体布置和分配如下:

1)考虑到车票在整个轨道交通行业的应用和工艺流程,涉及票卡的购置、个性化、初始化、存储、清洗及每天与线路兼票的流转、下发和收回等;将整个票务中心设置在地面一层,极大地方便了运输、存储、制卡等手续。

2)裙楼二层设置1号线、3号线和4号线3条线路的OCC用房,按照适当整合、信号独立原则布置。每条线设置综合线路设备室、电源室、电池室及网管室和信号系统设备室、电源室及网管室。在同一层的主楼,设置清分中心。

3)裙楼三层设置2号线、5号线和6号线3条线路的OCC用房,按照适当整合、信号独立原则布置。

每条线设置综合线路设备室、电源室、电池室及网管室和信号系统设备室、电源室及网管室。在同一层的主楼，设置PIS编播中心和信息中心。

4）裙楼四层为OCC调度大厅和TCC调度大厅，大厅内按照三线整合原则，设置两块区域的DLP大屏幕显示系统，TCC大屏幕为独立配置。主楼四层相应的设置有应急指挥中心和调度员配套用房。

5）主楼五层为线路OCC的办公管理用房、备品备件室和信号系统培训室。

整个工艺布置按照大整合、小集中的原则，分别将线路OCC设置在调度大厅正下方，满足和优化了整个工艺线路的走向和布局。同层的主楼内设置有线网级的TCC、DCC、PCC等，将线路和线网有机地组合起来，方便后续线网对线路的管理。

27.4 调度大厅设计

为满足调度大厅大空间、多条线路并列布置的需求，结合场地的特殊形状，最终确定调度大厅设置在裙楼4至5层，整个调度大厅呈长条弧形的建筑空间，确保美观、方便、实用的基本需求，如图27.4-1所示。

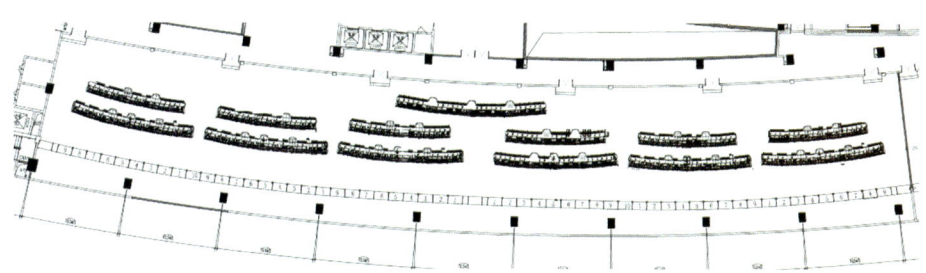

图27.4-1 控制中心调度大厅布置

1）调度大厅的规模：根据现阶段线网规划中线路的数量，结合线路开通时间和运营的实际需求，按照线路结合区域显示原则，OCC调度大厅大屏幕按照两块区域布置，即1、3、5号线3条线一块大屏幕区域，2、4、6号线3条线一块大屏幕区域，如图27.4-2所示。

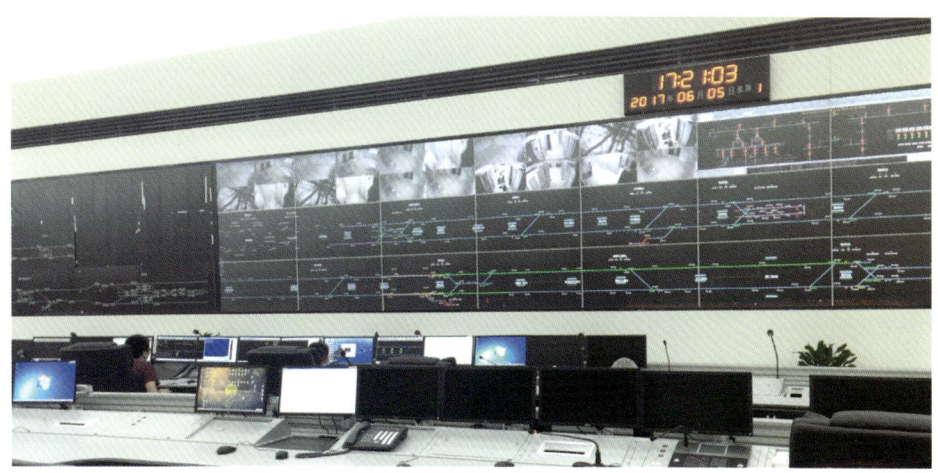

图27.4-2 控制中心大屏幕

2）按照厦门运营调度的需求，结合地铁设计规范对调度员的要求，在大厅内设置行车值班调度、电力调度值班员、防灾调度值班员、维修调度值班员、信息调度值班员等调度席位，并优化值班主体调度岗位，在整个大厅内设置统一的值班调度工作台，供整个大厅的多线路调度。

27.5 设计体会与建议

结合控制中心单体在施工配合阶段遇到的具体问题，对1号线控制中心设计进行总结，以期为后续同类型设计工作提供借鉴。

1）重视消防设计，尽量避免消防设计与装修、景观设计的冲突。

控制中心作为一类高层公建且作为地铁线路的"大脑"，其安全性与装修景观效果均非常重要。在实际装修设计中，往往无法避免与消防设计冲突，如消火栓和立管一般采用暗装，实际项目出现在设计转角与加压送风口的距离过近导致风口检修门无法完全开启，因此在消防设计过程中应统筹考虑设备、装修、景观专业，减少冲突，尽量避免出现相关问题。

2）应确保精密空调房间保温措施落实到位。

本项目重要设备机房均采用恒温空调系统，要求房间恒温，房间六面体均需采取保温隔热措施。施工单位在实施过程中施工不到位，导致保温构造无法完全闭合，现场出现顶棚渗水的情况。

3）重视屋面绿化休闲场所的营造。

控制中心场地一般都非常紧凑，其室外的休闲场地非常有限，而设计对于裙房的屋面按照设备机房屋面处理，未考虑合理利用。建议后续项目在设计较大范围屋面时，应结合厦门当地特色进行适当休闲绿化设计，以满足使用者的活动需求。

28 人　防

28.1　工程特点

厦门市轨道交通1号线工程人防工程为地下铁道兼顾人民防空需要、平战结合的综合利用工程。地下车站平时以交通运营为主，战时为人员转移和物资交通运输的安全通道，紧急时作为紧急人员掩蔽部所使用。其关键部位、重要设施，均按照人民防空工程要求的规定，搞好重点防护，在拟定的核武器、化学武器、常规武器袭击和袭击后的城市次生灾害威胁下，保障人员和设备的安全，以提高整座城市的防空抗毁综合防护能力。

28.2　设防范围

本工程除集美学村站为高架车站不设防外，整个地下段23座车站全线分段兼顾设防。

28.3　人防系统设计

本工程地下段设防范围均按人防甲类工程设计，抗核武器和常规武器冲击波的抗力等级均为6级，防化级别均为丁级。

28.4　设计体会与建议

1）对于部分车站出入口出现人防门下门槛高出建筑面层，影响人员通行的情况，建议后续线路中人防专业在土建施工前与土建施工单位和人防设备厂进行交底时，提醒施工单位在施工安装时，建筑施工图和结构施工图应结合对照，对有疑问的地方及时向设计提出进行解决。

2）在对区间防护段预留轨道排水沟进行复核时发现，部分站点和区段的排水沟未按照轨道专业的施工图预留为中心排水沟，区间防护段排水洞与道床水沟无法对接，整改过程比较麻烦，影响了施工进度。建议后续线路中人防专业和轨道专业及时进行沟通，在设计阶段关于轨道排水沟设置和下门槛宽度逐一确认，提前梳理。

3）区间人防门一般位于直线或缓曲上，但由于线路条件和防护单元一站一区间的划分原则，本工程中部分站点区间人防门位于小曲线上，存在较大的外轨超高，接触网汇流排不在人防门上方预留的汇流排孔洞内，偏向曲线外侧，人防门无法正常开合，整改增加了较大的工作量。建议后续线路在划分防护单元时，结合线路走向和车站直曲线进站形式。区间人防门尽量避免设在曲线上，如必须设在曲线上时，应与接触网专业进行对接，对人防门洞设置位置和预留汇流排位置进行确认。

4）区间人防门位于曲线上时，轨道会有一定的超高值，区间人防门在安装时根据轨道专业的超高资料以内轨为基准进行安装。由于土建施工单位与人防设备厂沟通不充分，部分车站在施工完成后测量发现区间人防门下门槛侵限界，区间人防门下门槛高于内轨面。建议后续线路土建施工单位和人防设备厂在安装人防门时，及时与人防专业和轨道专业确认下门槛安装位置和轨道高度。

29 防淹门

防淹门是过江（河）段隧道在战争或其他灾害损坏时防止灾害蔓延，保证人员和物资安全，提高城市防灾抗灾能力的重要措施。

《轨道交通工程人民防空设计规范》（RFJ 02—2009）中的第6.4.3条要求过江（河）段两端的防淹门宜与正线上的防护密闭隔断门合并设置，合并后的隔断门应进行人防荷载组合和水压力荷载作用两种工况的结构计算分析。

杏锦路站至官任站区间隧道下穿杏林湾水库，在车站近水库的一端设置电动防淹防护密闭隔断门，即杏锦路站大里程端2樘、官任站小里程端2樘，共2处4樘（套），均结合端头井设置。

防淹防护密闭门站厅层和站台层施工现场如图29-1和图29-2所示。

图29-1　防淹防护密闭门站厅层施工现场

图29-2　防淹防护密闭门站台层施工现场

防淹防护密闭隔断门系统应具有以下功能：

1）在意外事故发生导致穿越水域的隧道破裂、江河水大量涌入地铁线路时，防淹防护密闭隔断门应能够实现防止隧道内洪水侵入车站和相连地铁线路的功能，使事故控制在最小范围内，实现保护地铁车站、线路、车辆和乘客的目的。

2）防淹防护密闭隔断门战时应满足常6级核6级防护等级要求。

30 环境保护

30.1 环境影响分析

30.1.1 声环境影响分析

本工程运营期噪声污染源主要为高架区间列车运行噪声，其次为车站风亭的机械噪声，再次为车辆段内工业噪声。受轨道交通列车运行噪声的影响，环境噪声有不同程度的增加。车站风亭和冷却塔噪声与通风设备型号、功率、消声措施等因素有关。根据地铁设计规范要求，对车站风亭设置消声器，出口处声压级低于55 dB，冷却塔选用超低噪声设备。

车辆基地内主要的声源为车场出入线车辆运行噪声、车辆基地内维修车间噪声、镟轮库噪声、洗车棚噪声、污水处理站噪声、试车线试车噪声等。车辆综合基地、停车场围墙外1m（边界处）厂界外昼夜均可达标。

30.1.2 振动环境影响分析

运营期振动污染源主要为列车运行产生的振动，列车车轮与钢轨间产生撞击振动，经轨枕、道床传至隧道顶，再传递至地面，从而对周围环境产生振动干扰，对沿线居民住宅、学校等敏感建筑产生影响，并可能在沿线基础较差的建筑物内形成二次结构噪声影响。其影响程度与列车速度、轴重、轨道结构、埋深、建筑物结构等有关。一般来说，其影响范围为轨道两侧60 m以内，在运行速度为40～60 km/h时，隧道底部的Z振级为84～89 dB。

30.1.3 水环境影响分析

运营期污水主要为车站生活污水、车辆基地生活污水和生产废水。车辆基地生产废水主要为列车内部、外部和部件的清洁用水，本工程采用机械清洗方式，洗车系统自带废水回用装置。车辆基地和停车场生活污水主要来自综合楼职工食堂、办公区的生活排水、冲洗厕所废水等。生活污水经处理后排入城市污水管网，进入城市污水处理厂，不会对周围水环境产生影响。

30.1.4 地下水影响分析

1号线工程除跨海段外全线为地下线路，工程对地下水流场的影响主要在区间隧道，隧道走向若与地下水径流方向相交，将形成对地下水流动的阻碍，局部改变地下水径流条件，在一定程度上改变地下水与河水的补排关系。由于隧道本身为一直径6～8 m左右的管道状工程，本身规模有限，一般不会出现对地下水径流的阻断。但在多条线路交汇、换乘的线路区间，这种对地下水径流的阻碍作用有所增强。

线路中有一部分的走向与厦门市地下水径流方向垂直或大角度交汇。仅从隧道走向与地下水流向的关系而言，隧道的建设会对区域地下水径流产生一定的影响：呈正交合大角度相交时，阻水能力较强；呈中、小角度相交时，阻水能力较弱或不阻水。

本工程可能会导致线路沿线局部、小范围、低层次的地下水流场改变，流场受地铁影响的程度轻；而区域性、全局性的地下水流场总体上不会受到明显影响，区内地下水流场将基本维持不变。

30.1.5　空气环境、固体废物与电磁辐射影响分析

（1）空气环境影响分析

地铁营运后，可大大减少城市公交汽车，从而减少汽车尾气的排放，使城市空气环境得到改善。本工程的环境空气污染源主要为车辆基地职工食堂产生的油烟，其次是风亭排放带有异味的气体。食堂油烟经低噪声离心风机后排放，风亭异味对风道进行防臭、过滤处理后可得到控制。

（2）固体废物影响分析

运营期固体废物主要为沿线车站的生活垃圾和职工生活垃圾，由环卫部门统一收集处理。车辆基地内定期更换的蓄电池、废变压器油由厂家回收，污水处理厂污泥经属性鉴别后属于危险废物的和极少量的油棉纱等按危险废物管理有关规定妥善保管，及时交由有危废处理资质的单位处置。

（3）电磁辐射影响分析

工程电磁辐射影响主要为高架段电磁干扰，但通过对沿线调查，住户基本采用有线电视网络，不会形成电磁干扰影响。变电所建成投入运行后，其产生的工频电场、磁场均很低，符合《环境影响评价技术导则　城市轨道交通》（HJ 453—2008）中推荐的工频电场 4 kV/m，工频磁场 0.1 mT 的限值要求。

30.2　环境保护措施

30.2.1　高架线

1）高架段设置声屏障，与主体工程一并实施，声屏障高度根据所在线路两侧声环境功能区划和需要达到的降噪效果进行确定。

2）声屏障形式进行多方案的比选后确定，优先采用直立式声屏障，声屏障设计时考虑与周围景观的协调。

3）高架段下方进行绿化恢复，采用乔灌草相结合的形式进行绿化，营造新的城市景观。

30.2.2　进出车辆基地地面联络线路

1）进出车辆基地线路合理利用地形、地物等阻隔噪声传播，当敏感点处的边界噪声超过所在地区环境噪声标准时，考虑采取噪声控制措施。在用地范围内尽量布置绿化，或设隔声屏障等措施，地面线尽量利用空地布置绿化。

2）通过居住区或有特殊要求的区域时，采取有效措施，减轻列车在轨道上运行的噪声与振动对环境的影响，并满足有关标准的要求。

30.2.3 地下线路（含车站）

1）车站出入口、风亭、变电所、冷却塔等布设位置，尽量避开噪声与振动敏感区。风亭、冷却塔周边土地的规划与建筑物符合噪声防护距离的要求。

2）车站出入口、风亭、变电所、冷却塔等地面建筑，与地面景观相协调，并适当予以绿化和美化。

3）当地基软弱或沿线建筑有特殊要求时，对地下结构采取必要的措施，以满足《城市区域环境振动标准的》要求。

4）地下线路轨道采取有效的减振、降噪措施，以减轻列车在轨道上运行的噪声与振动对环境的影响。

5）通风井尽量利用其上风向输入外部空气，下风向排出内部的废气，并注意布置在外界环境污染不超标、开阔、空气流通的地方。

6）地下车站废、污水均经集水池收集后，由泵站分别送至市政废（污）水系统。污水在进入市政系统前经化粪池预处理。

7）通风机、冷水机组、水泵、冷却塔等设备，选择噪声小，运转平稳的产品，以减轻噪声污染。对产生严重噪声和振动的设备，采取消声、减振措施，风机前后设扩散筒、集流器和消声器。

8）通风空调机房内设置吸声材料，以降低噪声。风亭、冷却塔、通风道的噪声影响满足其所处功能区的标准要求，并注意相邻建筑的结构布局，减少噪声，特别是低频噪声对临近居民的影响。

9）针对风亭可能产生的异味对临近住宅房屋的影响，做好防护对策和优化其平面布置。

10）在交通繁忙路段，制定了较完善可行的交通疏导方案，避免因地铁施工引起的地面交通问题。

11）对占用公园、绿地的采取了恢复措施。

30.2.4 车辆段和综合基地

1）车辆段和综合基地、停车场位置的选择符合城市规划和路网的要求，并尽量减轻对周围环境的影响。

2）车辆段和综合基地、停车场的工艺设计积极采用无毒或低毒的原料和无污染或少污染的加工方法。锻压、动力、电镀、喷漆、蓄电池等对环境影响较严重的车间，考虑外协加工或集中设置，在工艺过程中把污染物（源）控制在最低限度。

3）工艺设计贯彻节约用水原则，采取重复利用、一水多用措施，减少废水排放量；生产废水、生活污水经处理达标后排入城市污水管网。同时对车辆段和综合基地及停车场的污水问题充分重视，各种污水、废水集中收集到污水站进行处理达标排入市政污水管道。

4）对工艺间产生的有毒、有害气体、粉尘等，设置了净化除尘系统。

5）对废渣（液）的处理，视具体情况，优先考虑回收和综合利用。工程排放固体废弃物前，根据厦门市城市建筑垃圾管理的有关规定和要求，向工程所在区城市建筑垃圾管理机构办理排放证，获得批准后按照要求进行处置。

6）车辆段和综合基地、停车场建成后，采取适当的噪声控制措施，如在厂界植树、修建围墙等。对于高噪声设备采取降噪减振措施，以满足相关标准要求。

7）车辆段和综合基地、停车场的设计与周边环境绿化相结合，段场内在道路两侧、房前屋后按厦门市绿化标准进行绿化。

31 总概算

31.1 编制原则

1）厦门市轨道交通1号线工程概算根据工程情况，按总概算、车站、区间、轨道、设备系统、车辆段、停车场、前期工程等分类编制，共有68本分册概算组成。

2）总体设计单位编制《厦门市轨道交通1号线一期工程初步设计概算编制办法》，下发各分项设计单位，使概算编制标准统一，有利于概算审查。

3）概算定额主要采用《城市轨道交通工程预算定额》，缺项部分采用其他部门或城市现行定额抽换补充。缺项部分主要采用类似定额进行抽换补充，也可采用其他部门现行定额进行抽换补充。

4）概算编制期为2013年10月。

5）本工程投资来源按照40%资本金、其余为国内银行贷款考虑，国内贷款年利率按6.55%计列。

31.2 总概算

1号线工程（含同期实施工程）概算批复总额为244.23亿元，技术经济指标8.06亿元/正线公里。较工可批复估算223.30亿元增加了20.93亿元，增加幅度为9.37%。

31.3 以设计阶段为重点的方案优化投资控制

初步设计概算是设计文件的重要组成部分，是由设计单位根据初步设计图纸、说明和造价管理部门颁发的概算定额、计价依据等资料，编制的建设项目从筹建到竣工交付使用所需全部费用的文件，设计概算应控制在已批准的建设项目可行性研究报告投资估算允许的幅度（不大于10%）范围内。经审核批准后的设计概算是基本建设项目投资最高限额，既是编制建设项目投资计划、确定和控制建设项目投资的依据，又是签订建设工程合同和控制预算的重要依据。

1）严格执行批复，组织限额设计。

投资额度与建设范围、建设标准、工程规模息息相关，也和工程筹划、建设时机正确选择有关，投资估算一经批复，即为投资控制的依据。

限额设计是投资控制的主要手段之一。限额设计是概算不超估算这一目标在投资控制方面的具体运用，在价值工程思路的指导下，围绕价值分析确定的限额投资目标，通过细化的多方案经济比选、设备选型分析等手段，确保设计过程投资控制在预定目标之内，其核心在于限额目标的合理确定、严格的过程控制，包括严格的设计变更管理。

①工作策划：

a.合理确定限额设计的总目标和各土建工点、机电系统限额分解指标。

b.明确限额设计中分项设计单位和总体单位各自的职责。

c.处理好限额设计与其他方面的关系，如边界条件变化的控制。

d.实施限额设计过程控制和超标的处理。

e.处理好设计费用与控制工程投资的关系。

②实施方法：

a.根据《工程可行性研究报告》的投资估算，制定投资分解目标和实施细则，报业主批准后下发执行，作为限额设计的设定目标值。在保证设计质量的前提下，组织和督促分项设计按投资限额进行设计，确保概算控制在投资估算额度内。

b.在方案比选的过程中，必须进行相应深度的技术经济比较，确保方案的可比性。

c.在进行经济分析中，应提出所采用经济分析的单项指标、综合指标及相应的依据、理由，对主要设备、材料的选用，应经过询价、分析，积累技术经济资料，推荐选用的设备、材料应注明规格、型号、技术指标等，确保概算的合理与稳定。

2）深入理解设计，主动配合设计。

初步设计概算的编制，需要概算编制人员依据设计图纸按照所计算的工程量，套用定额和取费。为使概算编制更真实地反映实际，接近实际，消除工程量的计算与套用定额之间存在的工程量与定额含义不吻合的情况，概算编制人员需要做到：

①以设计图纸为依据，进行工程量复核。

②与各专业设计人员充分沟通，理解各专业的设计意图。

3）统一概算编制办法，完善轨道交通项目的造价文件。

轨道交通项目是一个投资大、技术专业交叉面广、施工方法复杂的工程项目，一般由多家设计单位共同承担设计任务。为确保设计概算编制工作的统一性，使其更加切合实际，准确合理，总体院应做到"三统一"，即概算编制办法的统一、个别概算样本的统一、工程量计算规则的统一。

为了统一编制办法，统一工程量计算规则，总体院编写了初步设计概算编制办法，对采用的定额、工、料、机单价和设备概算价以及各类费率（直接费、间接费取费标准等）做了统一规定，经业主审批后强制执行。

①为向业主交付一套完善的造价文件，在概算编制中仅有概算编制办法是不够的。有着丰富轨道交通建设经验的总体院，除统一概算编制办法外，为了使概算的完整性、统一性真正落到实处，从施工组织设计、选取定额、补充定额、车站主材价格、主要设备价格等方面都加以统一。因此，个别概算样本和工程量计算规则的统一是至关重要的。个别概算样本的统一是概算真正意义上的"价"统一，而工程

量计算规则的统一是概算真正意义上的"量"统一，只有量、价得到统一，概算文件的完整性、统一性才能得以保证。

②编制办法统一下发后，从以下几方面对分项设计的概算编制工作予以指导和控制：

a. 概算编制是否采用概算样本。

b. 工程数量计算是否符合计量规则。

c. 对指标偏离的概算重点审查内容如下：概算采用的工程量与图纸的一致性；采用的补充定额；用于计算指标的数量。

d. 对计算指标应提供依据，对没有定额的指标，应针对本项工程的特点合理确定。

4）加强总体意识，培养高素质工程经济管理人员。

设计总体是轨道交通建设的重要部分，其总领协调作用是项目成败的关键因素之一。设计总体团队所具有的能力，是最具竞争力的，也是最重要的。概算编制过程中的总体管理能力也同样非常重要，既要统筹全线的概算编制，指导审查各分项院的设计概算，包括对概算中使用的工程数量、设备数量的审查和指标偏离的分析纠偏，发现概算编制中的问题，及时反馈沟通，同时还要负责协调与概算编制有关部门的关系。这就对总体的概算编制人员提出了高要求：

①具备清晰的设计总体思路和掌控能力。

②掌握厦门市现有的工程经济指标。

③了解行业信息，掌握国家、厦门市有关部门关于概算的现行文件。

④了解各专业、各系统之间设计界面的划分。

⑤熟悉现场情况，定额使用与实际情况相符合。

⑥针对特殊施工工法的重难点工程，编制专项方案，充分考虑施工措施和技术措施费用。

5）投资的整体性，多方控制投资。

科学合理地控制投资，并不仅仅是概算编制人员的工作，还需要加强许多部门的配合。

①建设方应建立估（概）算预审制度，及时消除概算中的可控偏差。概算编制人员应主动与建设方沟通，听取建设方对概算编制中的意见，同时建设方的决策也应当听取概算人员的建议，通过共同研究、互相沟通，才能保证概算的合理性。

②实施投资监理制度，达到多层次、全方位的控制投资。

31.4 以指标控制为要点的概算文件编制

31.4.1 土建专业

1）初步设计阶段，需制定全线概算编制办法，及时组织业主与工点单位召开编制办法宣贯会。经过各方讨论、修改及各方认可后，不轻易调整（主要涉及：概算软件的统一、定额套用规定、取费标准、概算分册划分、土石方运距、装修指标、钢支撑租赁时间、出入口/风亭地面建筑单价指标、盾构进出场指标、盾构管片和出渣数量计算标准、建筑面积计算规则及第二部分工程建设其他费的取费标准等）。

2）编制办法确定后，作为总体单位可根据编制办法采用统一的概算软件，编制标准车站和区间的概算软件文件模板与编制说明模板，并将模板下发至各工点单位，保持各工点院概算文件的装订格式、定额套用及换算等的一致性（主要涉及：材料单价、册概算中的层次划分、定额套用、防水材料涉及的定额套用及换算统一等问题），该工作也直接减少了总体单位概算文件的审查时间。

3）作为总体单位，工程经济专业应与结构专业充分配合，统一全线的标准，如围护桩钢筋含量、相关部位的混凝土强度等级及防水抗渗等级、预埋件数量、盾构管片的含钢量、联络通道钢管片数量及盾构基座质量等，避免由此导致的各车站和区间技术经济指标的差异性。

4）车站、区间施工引起的桥梁拆复建、建筑物加固等工程费用纳入相应的本体工程费中，而不纳入第二部分工程建设其他费中。

5）在初步设计概算阶段，与建设单位沟通全线标段划分情况，概算的层次划分尽可能满足招标投资分劈要求。例如，区间工程中，疏散平台为一个标段招标，因此建议疏散平台投资全线统一计列，不在各个区间工程中单独计列，便于后期招标的投资分劈。

6）严把质量关。各土建工点单位在概算编制的过程中，严禁工程量的随意放大，凑指标。车站或者区间概算文件完成后，必须进行指标分析，指标异常部位，查找问题，进行有针对性的分析和说明。

7）概算工程量一定要有与之对应的图纸、计算书相匹配，避免出现图纸与概算不一致的情况。在初步设计概算提交时，相关的图纸、工程量计算书等素材需准备齐全，并保证提交信息的真实可靠。由于设计方案的不断调整，在提交文件前一定要与相关专业（建筑、结构、风水电）等再次核实，避免图纸变化而投资未同步调整的问题。

8）在总投资控制中，土建部分尽可能考虑周全。厦门地区地层条件复杂，多存在上软下硬的特殊岩层，且区间多存在孤石，对盾构机掘进带来不利影响。对于地质条件较差的车站与区间工程，不可盲目地与类似车站指标进行类比。

9）初步设计评审后，组织工点单位将各自负责的概算章节根据专家意见修改的成果文件（word、excel、软件文件、pdf等）整理归纳后及时提交总体单位汇总。在收到工点单位的成果文件后，总体单位负责把关，核实是否执行专家评审意见，务必保持文件的完整性和闭合性，后期查阅相关资料时会带来极大的便利。

10）重视外业调查，合理确定基础资料。初步设计概算编制前，应进行沿线的外业调查，对影响概算编制的弃土、弃渣、管片运输距离等基础资料进行详细调查，并编制完善的外业调查报告。完成调查表是保证初步设计概算准确的重要工作。

概算编制时概算人员不可闭门造车，应重视弃土场、土方运距、管片生产基地等项目的外业调查，完成外业调查报告，并经过内部审查，作为土建概算中合理编制土方单价、管片单价的基础资料，如表管片运输道路调查表（表31.4.1-1）、土石方运输距离调查表（表31.4.1-2）等。

表 31.4.1-1　管片运输道路调查

调查项目	管片运输道路	
道路名称		
道路位置与线路的关系		
道路	起讫地点	
	长度	
道路参数	道路等级	
	路面情况	
	最小半径	
	最大坡度	
施工可用长度及整改意见	利用长度	
	通过情况	
	整改意见	

表 31.4.1-2　土石方运输距离调查

调查项目	土石方运输距离	
弃土场	位置	
	距离	
储存量条件	场地面积	
	堆放条件	
	交通条件	
可用性评价	可以	
	否	
拟修便道及运输方法	拟建长度	
	运输方法	
	运距	

11）造价反馈设计，主动控制投资，通过造价指标的高低也能间接地反映设计方案的合理性。一个项目的投资并不是概算人员独自可以编制完善的，需要与投资方、建设方、各专业设计人员等协同配合、互动沟通，全面了解项目情况，熟悉项目情况，掌握、认知本项目设计中的特殊性才能完成。来自各方

的诸多信息汇集到概算人员手上，合理地把这些信息数据转化成概算成果是概算人员的重要工作，积极主动的投资控制是其中的重要工作。

12）严格审查，避免概算编制的随意性。对于概算的编制、校对和审核需要严格执行程序，建立初步设计概算编制管理办法与严格的内部审批程序以确保概算完整性、准确性，保证概算文件的质量，为项目后期顺利实施奠定基础。杜绝现场人员一个人编制概算没有复核的情况。

31.4.2 系统专业

系统专业主要通过限额设计来进行投资控制。参考其他城市和本工程的实际情况，确定各个系统专业的概算限额，杜绝盲目地提高标准，避免不必要的投资浪费。

限额设计是设计阶段进行投资控制的重要手段，通过在设计过程中加强对项目（子项目）的设计管理，使设计结果的投资不超过在设计前给定的计划投资来确保项目总投资目标的实现。

（1）限额设计管理职责分工

限额设计管理职责分工见表31.4.2-1。

表 31.4.2-1　限额设计管理职责分工

参与方	职　责
业主	审批限额设计目标； 监控限额设计的管理过程； 对限额设计目标的调整和管理效果与奖罚做出最终决策
设计总体管理单位	组织制定限额设计管理规定 监督设计限额目标的执行情况 对限额设计目标的完成效果和奖罚向业主提出建议措施
限额设计管理工程师	具体负责制定限额设计管理规定； 分解落实限额设计目标； 分阶段检查设计限额目标的具体执行情况； 审核设计限额目标的调整要求； 其他设计限额管理事务性工作
分项设计单位负责人	在限额设计目标范围内开展设计工作； 在限额设计目标有可能需要调整时及时向设计管理提出调整理由和建议调整金额

（2）限额设计管理工作流程

限额设计管理不仅是设计单位的工作，还需要本工程各方的共同配合工作才能更好地达到限额设计管理以及投资控制的目的。本工程总体限额设计管理工作流程如图31.4.2-1所示。

31.4.3 工程建设其他费

征地拆迁存在的不确定性较大，应结合工程实际，实地考量，按照不同的分类汇总得到该部分投资。管线迁改费用和交通导改费用由于牵涉产权单位众多，投资比较难以控制，在数量尽可能准确掌握的前提下该部分投资予以适当放大，以免后期招标超概的被动局面。

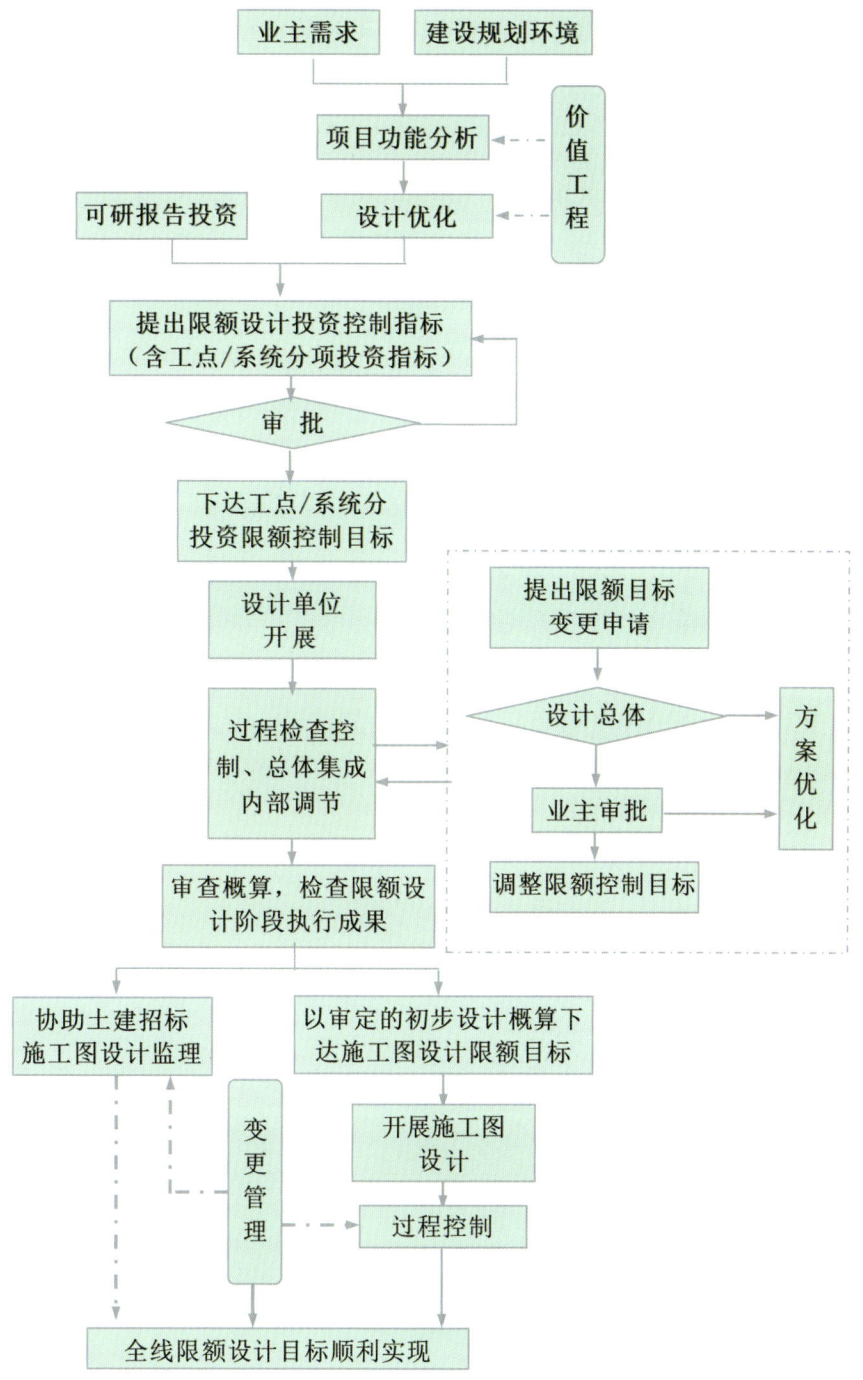

图31.4.2-1 总体限额设计管理工作流程

采用费率形式的第二部分工程费参照概算编制办法并参考类似线路标准计列，但要注意不能缺项、漏项。

31.4.4 预备费和专项费用

预备费按照统一标准计取，专项费用中的利息根据各年资金力量的投入比例编制自有资金、借款资金各年投入比例计算表。有条件的情况下，工程初期多使用自有资金来降低贷款利息。

31.5 投资控制情况

投资控制是项目设计与实施管理的重要目标，综合权衡项目建设投资、拆迁、运营成本与工期、运营、环境、施工难度等指标的影响，从项目建设运营全过程费用、项目运营保障能力和环境景观效果的最佳"性价比"视角着手进行方案优化和投资控制，充分挖掘项目成本潜力，才能实现项目的可控性与经济性。

合理控制工程造价就是在设计和建设中的各个阶段合理确定投资估算、初步设计概算、修正概算、工程预算、竣工决算的结算价。

1号线在设计和建设过程中，认真贯彻执行国家和地方政府的有关规定和各种批复文件，通过规范管理、技术创新、优化设计，使该工程的投资基本得到了有效控制。

32 工程设计管理

厦门市轨道交通1号线工程是一项投资规模大、专业性强、技术复杂、涉及面广的多学科综合性工程,特别是作为工程建设的龙头,设计工作由十几家分项设计单位分别承担各分项设计任务。为提高设计整体水平,中铁二院作为设计总体、设计管理单位,全面负责1号线工程设计各阶段的各项任务和各个环节的设计技术管理及相应的设计管理工作,领衔各分项设计单位按期保质地完成各项设计任务。

32.1 工程设计分工和设计总体管理的目标任务

32.1.1 工程设计分工

设计总体单位承担设计总体技术管理与相应的设计管理工作,各设计分项单位承担工点或系统设计分项工作及与相关专业接口设计,并配合项目设计管理工作。

本工程的勘察、设计工作主要有13家单位承担,分别为:

1)中铁二院工程集团有限责任公司(简称"中铁二院")。
2)中国铁路设计集团有限公司(简称"中国铁设")。
3)中铁第四勘察设计院集团有限公司(简称"铁四院")。
4)广州地铁设计研究院有限公司(简称"广州院")。
5)上海市隧道工程轨道交通设计研究院(简称"上海隧道院")。
6)中铁电气化勘察设计研究院有限公司(简称"电化院")。
7)北京城建设计发展集团股份有限公司(简称"北城院")。
8)厦门电力勘察设计院有限公司(简称"电力院")。
9)上海市地下空间设计研究总院有限公司(简称"上海地下院")。
10)深圳广田集团股份有限公司(简称"深圳广田")。
11)南京华夏天成建设有限公司(简称"华夏天成")。
12)中铁大桥勘测设计院有限公司(简称"大桥院")。
13)福建省地质测绘院(简称"福建测绘院")。

各分项设计单位及分工情况见表32.1.1-1。

表 32.1.1-1　1号线工程分项设计单位及分工

编　号	项目名称	1号线工程	
		分项名称	设计单位
1	车站	镇海路站	中铁二院
		中山公园站	
		将军祠站	
		文灶站	中国铁设
		湖滨东路站	
		莲坂站	
		莲花路口站	
		吕厝站	
		乌石浦站	中铁二院
		塘边站	
		火炬园站	铁四院
		殿前站	
		高崎站	
		集美学村站	
		园博苑站	
		杏林村站	广州院
		杏锦路站	
		官任站	
		诚毅广场站	
		集美软件园站	
		集美大道站	上海隧道院
		天水路站	
		厦门北站	上海隧道院、中铁二院
		岩内站	上海隧道院
2	区间隧道	镇海路站—将军祠站	中铁二院
		将军祠站—乌石浦站	中国铁设
		乌石浦站—塘边站	中铁二院
		塘边站—园博苑站	铁四院
		园博苑站—集美软件园站	广州院
		集美软件园站—岩内站	上海隧道院

续表

编 号	项目名称	1号线工程	
		分项名称	设计单位
3	轨道		北城院
4	高崎停车场		
5	厦门北车辆基地		
6	控制中心		
7	供电系统	主变电所	电力院
		牵引变电所	电化院
		降压变电所	
		接触网	
		电力监控系统	
		杂散电流腐蚀防护及接地系统	
		供电车间	
		区间动力照明	
8	通信系统		中铁二院
9	信号系统		
10	通风与空调系统		
11	给排水及消防系统		
12	动力照明系统		
13	门禁、安防及安检系统		广州院
14	综合监控系统		
15	自动售检票系统		
16	自动扶梯、电梯		中铁二院
17	站台门/安全门		
18	人防工程		上海地下院
19	BIM		
20	装修		广州院、深圳广田、华夏天成
21	工程测量		福建测绘院
22	地质钻探、物探		中铁二院、大桥院
23	线路、行车组织与运营、限界、总概算等专业分项设计工作由设计总体中铁二院承担		

32.1.2 设计总体管理的工作思路和任务

（1）设计总体管理工作思路

中铁二院根据1号线工程规模和特点，制定了设计总体管理的工作思路，即贯彻"以人为本、价值优先"的原则，通过设计总体管理工作，在确保1号线工程交通服务功能满足轨道交通规范要求的前提下，充分考虑1号线工程的特点，把1号线工程建设成为一条"安全便捷、功能完善、节能环保、经济合理、技术先进、运管高效、投资可控、景观协调、实施顺利、施工安全"的轨道交通系统。

通过设计服务工作，树立"经营、景观、创新"的理念。在设计与勘察管理的密切配合下，提供业主满意的设计文件、优质的设计服务，保障轨道交通工程建设的顺利进行，最终实现"规划满意、环保满意、甲方满意（包括乘客满意、运营满意、工程满意）"的目标。

（2）设计总体管理任务

设计总体管理任务贯穿本工程各设计阶段，包括总体设计阶段、初步设计阶段和施工图设计阶段（包含施工配合、竣工验收与试运营）。另外，还需要配合业主做好前期工作、施工、安装及设备的招标工作。主要工作任务如下：

1）根据时间节点，依据本项目的工可报告、总体设计、初步设计专家审查意见和批复意见，组织各分项设计单位开展设计工作并全面完成设计任务。

2）制定总体设计技术、设计管理文件，并组织各分项设计单位落实，实施指导、督促、检查与审查管理。

3）根据工程实施计划制订总体设计、初步设计、施工图设计进度计划并组织各分项单位实施。

4）制定本项目设计质量控制、进度控制、投资控制、合同管理、信息管理、设计协调程序和措施，并组织实施管理。

5）组织各分项设计单位配合业主参与规划、交警、管线等单位落实设计边界条件，配合业主实现设计方案落地和前期三证办理，并提供相关设计资料。

6）组织各分项设计单位配合施工、安装、调试、竣工验收与试运营，并进行检查、协调工作。

32.2 设计总体组织机构和工作流程

32.2.1 设计总体组织机构

建立与业主管理体系相适应的设计管理机构，使之成为业主管理机构的延伸和有益补充。设计总体单位特组建"中铁二院厦门轨道交通项目部"，作为对厦门轨道交通1号线工程设计总体、设计及勘察管理、单项设计及试验段工程工点设计的设计管理机构，其组织机构如图32.2.1-1所示。设计管理项目部实行项目经理负责制，项目经理拥有对本项目全部资源的处置权和调配权，对项目实施有效管理。中铁二院厦门轨道交通项目部下设设计总体组和设计及勘察管理组，由设计总体组的项目技术管理和设计及勘察管理组的项目组织管理两个方面共同对本工程设计及勘察工作进行管理，如图32.2.1-2所示。

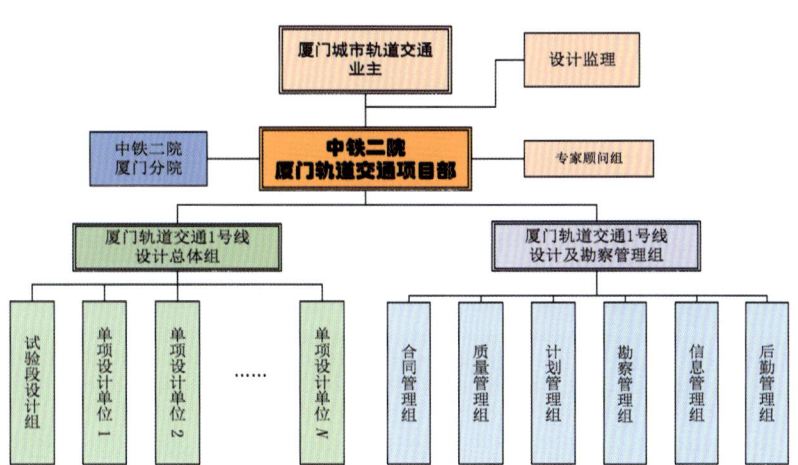

图32.2.1-1　1号线工程设计组织机构

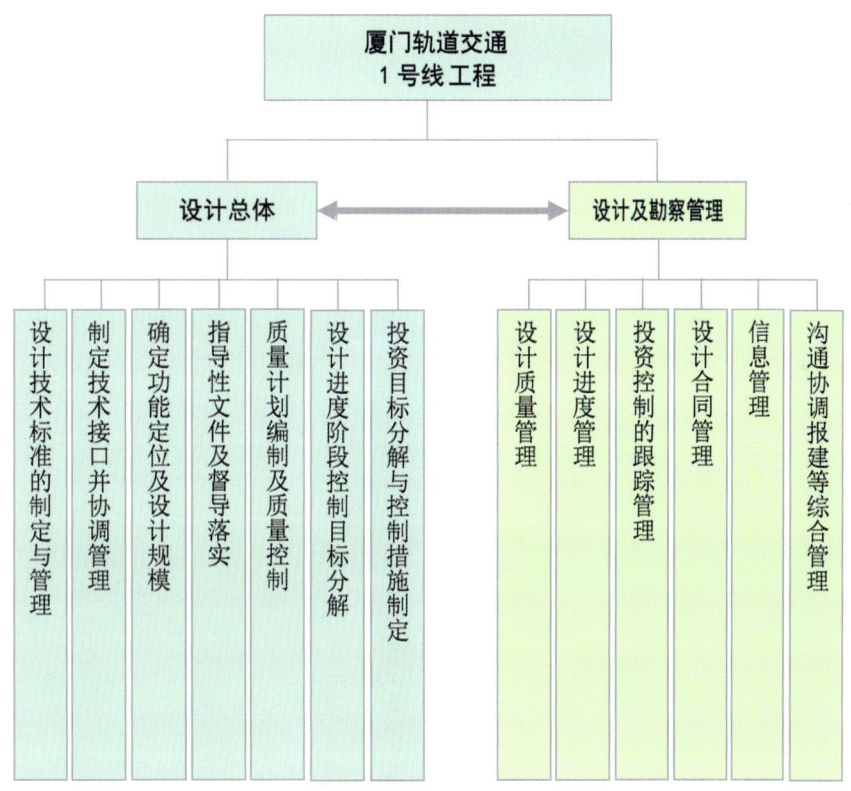

图32.2.1-2　设计总体、设计及勘察管理工作构成

32.2.2　设计总体工程流程

设计总体工作是围绕工程的设计质量、进度、投资三控制目标,负责解决工程全过程的设计技术问题。在开展设计前,制定各项设计原则、设计标准和统一的技术要求。在设计过程中,结合政府职能部门和业主的要求,以及各专业的技术接口和分工界面,进行技术协调,贯彻执行各项技术要求;审查设计方案和总体审查各专业的设计图纸;配合业主进行工程前期、施工、安装招标投标和统一设备选型工作,配合

施工现场解决和处理有关设计的重大问题。在设计实施过程中，领衔、指导、检查、督促各分项设计单位工作的开展，确保工程的系统性、统一性、完整性。

1号线工程设计总体工作流程如图32.2.2-1所示。

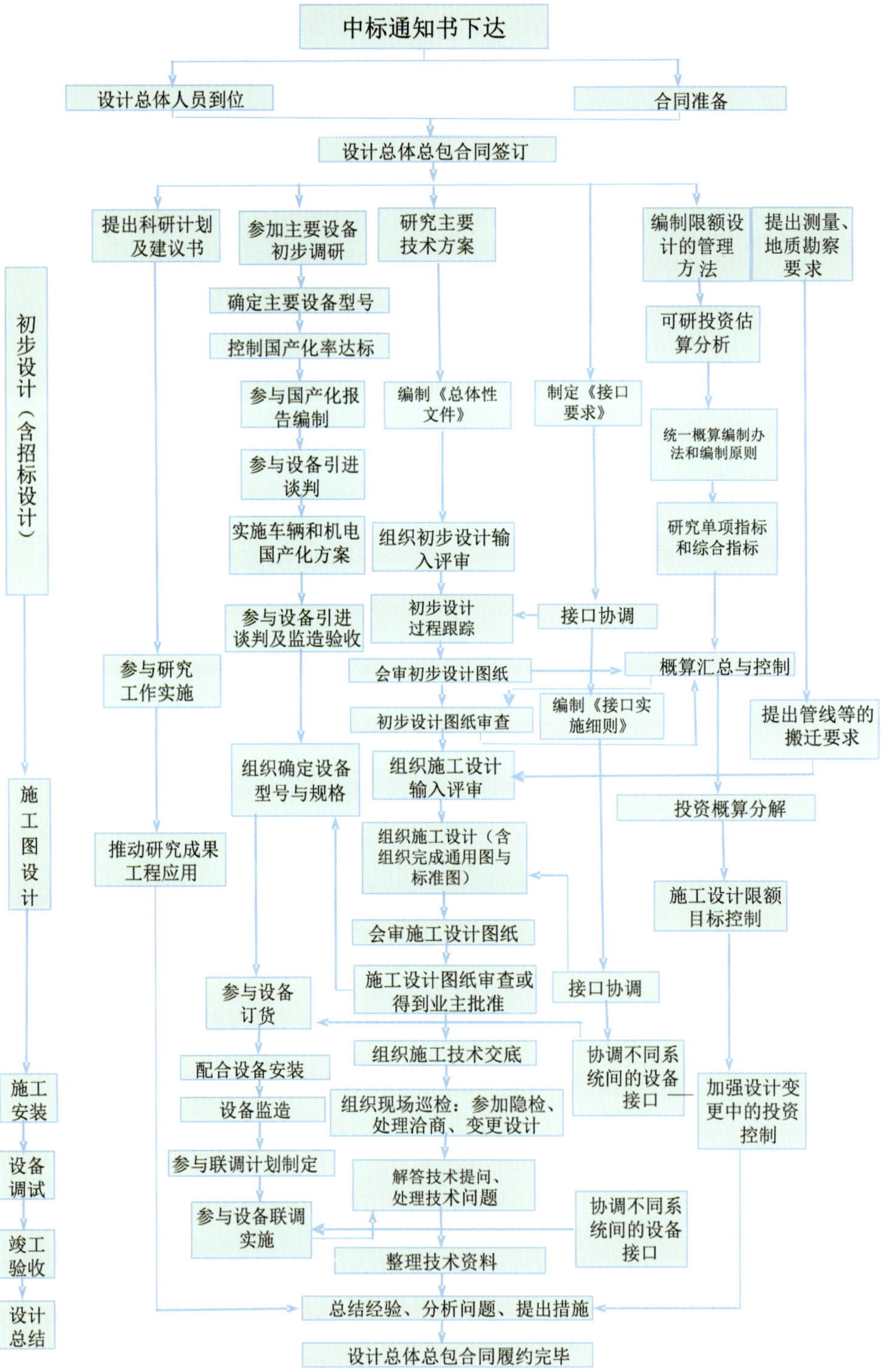

图32.2.2-1　设计总体工作流程

32.3 设计总体管理工作重点和工作内容

32.3.1 设计总体管理工作重点

1号线工程是投资规模大、专业多、技术性强、设计单位多,以及内、外接口多的复杂系统工程,其设计工作是确保工程多、快、好地建设的前提。因此,作为项目设计总体单位的管理重点是围绕合同管理、进度(计划)控制、质量控制、信息管理、投资控制等进行工作,并通过指导、检查、督促、协调、审查进行全过程管理。

(1) 合同管理组

1) 负责组织工程施工、设备采购与安装招标文件技术部分的编写工作。

2) 负责对本项目合同及设计行为的管理;按业主要求提出阶段性的设计工作量清单(包括变更设计),并按实际完成的设计工作量(包括变更设计)向业主提出支付相应设计费用的申请。

3) 协助业主制定《设计变更管理办法》并严格执行。

(2) 计划管理组

1) 负责制定计划管理办法并落实执行。

2) 负责编制、整合、汇总设计进度计划。

3) 负责设计进度计划(含综合设计进度,分段、分项及分系统设计进度计划)的制定,报经业主批准后作为目标计划予以执行。

4) 对批准的目标计划实施全程监控,确保按计划要求完成本工程的设计工作。

5) 对各分项设计单位资源配备情况和设计保障措施进行检查、管理。

6) 定期召开设计计划工作会,对照目标计划和控制性计划检查计划执行情况,对执行计划的偏差分析原因,提出纠偏措施并及时向业主及有关方面通报。根据实际情况或业主要求及时更新计划,并对计划进行授权范围内的修正,修正后的计划作为下一阶段控制性计划并通报业主及有关各方。对于授权范围外的计划调整,须报经业主批准后进行,调整后的计划作为新的目标计划予以执行。

7) 负责按计划保质、保量地向业主提交各阶段所有的设计与成果文件。

(3) 质量管理组

1) 负责制定设计总体及各工点、系统、外挂系统和工程设计的质量、投资控制及设计变更控制的管理措施、程序和细则,并按照制定的措施、程序和细则对设计质量、投资控制与设计变更进行管理。

2) 负责组织设计文件及方案优化设计的审查会议,并做好技术准备工作和起草会议纪要。

3) 定期召开设计质量工作会,及时向设计总体和业主通报各设计单位设计质量、投资控制的情况,对设计质量、投资控制情况进行阶段性评估,并向业主提出书面报告。

4) 制定设计服务水平评比办法,并在各设计阶段,负责组织设计、咨询对各专业开展评比工作。

(4) 信息管理组

1) 负责编制技术公文管理、文件发送管理、成果文件管理及资料管理的办法和细则,建立整套文件和资料的管理体系;督促所有分项设计单位严格按照制定的办法、细则对文件和资料进行统一的管理、归档,并协助业主进行文件和资料的归档与整理。

2)负责归口发送与本工程设计有关的所有文函,并进行归档处理。

3)制定设计文件图纸的统一标准和图纸编码系统。

4)配合业主完成施工图的报建工作。

5)建立资料和设计及勘察管理平台,为设计交流提供服务。

6)建立与业主对设计及勘察管理相适应的管理平台,为设计及勘察管理提供统一的手段。

(5)投资管理

在1号线工程基本功能满足必要功能的前提下,有效控制工程规模和标准,适当考虑辅助功能,有效抑制过剩、不足和不必要功能的出现。这就要求从设计源头抓起,在质量控制方面,坚持规模标准适度和功能匹配。

1)开展优化设计,控制工程规模和标准。

2)慎重确定设计技术标准。

设计技术要求是工程设计工作的基础,是设计规范结合工程实际运用的具体化,是优化设计的依据和控制点。

优化设计要把握"总体宏观研究、规模标准正确定位、统筹协调平衡、排出序列整体最优"的工作重点,突出抓好六大主要因素,即:

①本工程在轨道交通线网中的功能定位。

②本工程运营功能需求。

③全线工程地质、水文地质条件。

④线位和车站站位。

⑤设备系统功能配置。

⑥施工方法合理选择。

优化设计方案应围绕总体优化开展,避免次优化,必须确保整个系统技术协调一致。

优化方案必须具备工程可实施性。

3)组织限额设计:限额设计是控制投资的重要手段之一,投资额度与工程规模和标准息息相关,也与工程筹划、投资强度和时机正确选择有关。要正确合理确定限额设计的目标,夯实7项基础性工作,即:

①优化系统功能。

②改善投资成本。

③加强优化设计管理。

④优化设计的前提是为建设、运营管理创造条件。

⑤遵循功能适用、标准适度、经济合理的原则。

⑥编制概算指标,制定优化设计评价指标体系,进行标准化管理。

⑦做好标准化工作。

4)做好工程概算编制工作:设计总体单位根据业主的要求和本线的工程特点制定概算编制要求,该要求包括概算编制范围、编制依据、单元及章节的划分、所需采用的定额、工料机单价及设备价、取费标准及费用种类的划分、资金筹措方案等。

设计总体单位完成《工程概算编制要求》(以下简称《编制要求》)的编写后，经内部审查，报业主审批，经业主审批后，发至分项设计单位按统一《编制要求》执行。

5）设计变更管理：众所周知，轨道交通工程不仅仅涉及面广，专业技术接口复杂，而且又多为地下工程，工程实施的周边条件可变因素较多，故在施工过程中会有一定数量的"变更设计"，而这种"变更设计"将直接影响工程的投资规模和质量。基于这些因素，"变更设计"管理重点为：

①从严控制，制定强制性审批程序和规定审批权限。

②制定"变更设计"分类标准和审批程序，但手续又应"简便、快捷"，不要延误现场施工工期。

③合理界定变更设计范围，严格实施分类分层管理，控制设计质量，减少不必要的变更数量和规模。

④强化设计人员现场配合施工，发现图纸问题及时处理。

（6）后勤管理组

1）负责保证本工程设计正常推进的后勤服务工作，包括文件的文整、发送和到各部门接送资料等。

2）筹备与本工程设计有关的审查、评审会议，并负责会务工作。

3）负责办理业主组织的与本工程有关的调研相关事宜和手续。

32.3.2　设计总体管理工作内容

设计总体管理是对本工程的初步设计、施工图设计、施工配合总负责的单位，负责本项目的设计进度控制、设计质量控制、投资控制、合同管理、信息管理、技术指导、组织协调、技术总结和后评估工作，充分落实分项设计的初步设计、招标设计、施工图设计、配合施工阶段的变更设计及水文地质勘察管理，并将科技创新与建设节约型轨道交通工程作为设计管理的重点之一。

1）在本工程所涉及的所有分项设计范围内，对设计总体、分项设计单位在设计过程中的各个阶段[包括初步设计、招标设计（技术部分）、施工图设计、配合施工、变更设计、优化设计、系统联调、竣工验收，直至试运营结束]进行全过程项目管理、协调、服务，负责内部接口管理、外部接口协调，为业主提供全方位服务。

2）以公平、公正、公开的原则为业主提供最优质的设计管理服务；按照ISO 9000质量管理程序的要求，本着事前指导、过程控制和成果审查的管理程序开展设计管理工作；通过事前制订计划、设定目标等管理手段指导下一步的设计工作；通过对设计行为的有效控制确保设计工作有序、高效进行，为工程实施创造良好的条件。

3）组织各分项设计单位协助业主完成工程施工、设备采购与安装招标文件技术部分的编写工作；按业主及计划要求组织完成和提交本工程各设计阶段的所有设计成果文件（包括设备用户需求书、技术规格书和各项专题报告）和管理文件。

4）按照业主的里程碑要求，负责制订本工程总计划及各设计阶段的分项计划；指导和审核各分项设计单位的设计计划；对设计计划实施全程监控，确保按计划要求完成本工程的设计工作，并为业主及时提出切实有效的工程实施建议报告。

5）负责及时制定对设计、合同、计划、质量等有效的设计管理办法、细则及工作制度和程序，并报业主批准后负责贯彻和落实，以规范设计过程管理；负责处理和协调项目实施过程中与厦门市有关部门、业主、设计总体、分项设计单位、设计监理单位间的关系，并制定相应的管理办法；负责定期、不定期地召开设计工作会议，编制生产月报、周报及专报和情况通报。

6）在设计过程中严格贯彻执行各类设计管理办法。

7）负责制定设计例会制度，并组织召开设计例会，及时解决设计中出现的各种问题。

8）建立精简、高效、统一的图纸、文件、资料管理库和阅览室；为各参与设计工作的设计方提供良好的信息服务；服从业主对设计进度计划管理所采用的手段，并负责建立相适应的管理手段和平台。

9）负责各阶段审查会的会议组织、文件准备、分发等各项会务工作。

10）与业主共同组织设备调研和考察，并组织编写调研和考察计划、报告；配合业主进行工程施工、设备采购与安装的招标工作。

11）协助业主在设计全过程中对参与设计的各设计单位进行阶段性考核，并根据考核结果提出合同处理建议。

12）协助业主组织各类考核工作并制定各类奖惩办法，考核及奖惩包括但不限于以下内容：人力资源配置及到位情况、设计进度计划完成情况、投资控制情况、设计质量控制情况、施工现场配合情况等。

13）负责并组织对外协调工作，在整个设计过程中，对外的协调工作有：协助建设管理方与政府主管部门、规划、人防、消防、文物、园林、水利、河湖、海洋、市政、交管、桥梁、道路、铁路、供电、其他轨道交通线路等沿线各单位的协调工作。

14）配合业主完成施工图报建工作（如人防、消防、规划等）。

15）完成业主交付的其他设计管理任务。

16）服从业主管理，接受并配合设计监理的监理工作。

17）管理机构应下设合同管理、计划管理、质量管理、投资管理、信息管理、后勤管理和勘察管理组。

附　录

附录1　大事记

1. 2012年5月12日，国家发改委批复厦门市轨道交通第一轮近期建设规划（2012—2020）。
2. 2012年9月24—27日，厦门市轨道交通1号线一期工程初步设计预评审会。
3. 2013年7月25—26日，厦门市轨道交通1号线一期工程初步设计复核会。
4. 2013年8月23日，厦门市发改委批复1号线一期工程可行性研究。
5. 2013年9月6日，厦门市建设局批复1号线一期工程初步设计。
6. 2013年12月6—8日，厦门市轨道交通1号线一期工程初步设计调整预评审会。
7. 2014年4月12—13日，厦门市轨道交通1号线一期工程初步设计调整（预留同安延伸条件、控制中心）评审会。
8. 2014年6月8日，1号线第一台盾构机在诚毅广场站下井。
9. 2014年8月6日，厦门市建设局批复关于调整1号线一期工程初步设计。
10. 2015年4月10日，1号线第一个区间（集美中心—诚毅广场）贯通。
11. 2016年3月31日，1号线开始铺轨施工。
12. 2016年5月9日，1号线接触网"第一杆"成功安装。
13. 2016年6月30日，厦门地铁控制中心主体封顶。
14. 2016年10月31日，1号线首列地铁列车交付使用。
15. 2016年11月20日，1号线董任主变电所顺利供电并接管。
16. 2017年1月18日，地铁1号线火炬园主变电所顺利供电并接管。
17. 2017年2月5日，1号线综合联调项目开始启动。
18. 2017年3月12日，1号线全线洞通，车站主体工程全部完工。

19. 2017年4月30日，1号线"热滑"成功。
20. 2017年5月8日，1号线全线"轨通"。
21. 2017年6月30日，地铁1号线全线"电通"。
22. 2017年8月5日，地铁1号线全线跑图。
23. 2017年9月30日，地铁1号线在高崎站举行"三权移交"仪式。
24. 2017年10月6日，地铁1号线"体验式运行"开始。
25. 2017年10月16—18日，地铁1号线试运营基本条件预评审会议召开。
26. 2017年11月13—15日，地铁1号线顺利通过试运营基本条件专家评审，并获得专家组"具备开通条件"的高标准评价。
27. 2017年12月31日，地铁1号线正式开通试运营。

附录2　轨道交通1号线所获荣誉

序号	荣誉与奖项	时间	备注
1	中山公园站、莲花路口站等6个站点获得建设局颁发的2014年度"市级文明工地"称号	2014年	
2	镇海路站、文灶站等9个站点获得建设局颁发的2015年度"安全生产标准化优良项目"荣誉称号	2015年	
3	2015年，1号线第三项目部获得厦门总工会颁发的"工人先锋号"荣誉称号	2015年	
4	2015年，国家住建部检查获得综合评比第一名	2015年	
5	2016年，在全国勘察设计协会主办的第七届"创新杯"BIM设计大赛中获得了"最佳BIM应用企业"、"最佳城市轨道交通BIM应用"和"工程全生命周期优秀BIM应用"3项大奖	2016年	
6	2016年，1号线厦门北车辆基地、莲花路口站等获得"2016年度厦门市建筑施工安全生产标准化优良项目"的称号	2016年	
7	2018年7月，在工程项目建筑信息模型服务认证评价中，"厦门轨道交通1号线工程BIM技术应用项目的设计过程中的建筑信息模型（BIM）服务"获得荣誉白金级认证	2018年	